還珠樓主评传

现代武侠小说之王

倪斯霆 著

山西出版传媒集团 北岳文艺出版社

·太原·

图书在版编目(CIP)数据

还珠楼主评传 / 倪斯霆著 . —太原：北岳文艺出版社，2023.4

ISBN 978-7-5378-6693-4

Ⅰ . ①还… Ⅱ . ①倪… Ⅲ . ①李寿民（1902–1961）—评传 Ⅳ . ① K825.6

中国国家版本馆 CIP 数据核字（2023）第 050230 号

还珠楼主评传

倪斯霆 / 著

出品人
郭文礼

策　划
孙　茜

责任编辑
刘晓京
孙　茜

书籍设计
张永文

印装监制
郭　勇

出版发行：山西出版传媒集团·北岳文艺出版社
地址：山西省太原市并州南路 57 号　邮编：030012
电话：0351–5628696（发行部）　0351–5628688（总编室）
传真：0351–5628680
经销商：新华书店
印刷装订：山西人民印刷有限责任公司

开本：787mm×1092mm　1/16
字数：620 千字
印张：38
版次：2023 年 4 月第 1 版
印次：2023 年 4 月山西第 1 次印刷
书号：ISBN 978-7-5378- 6693-4
定价：128.00 元

创作巅峰期的还珠楼主

给傅作义当中文秘书时的还珠楼主

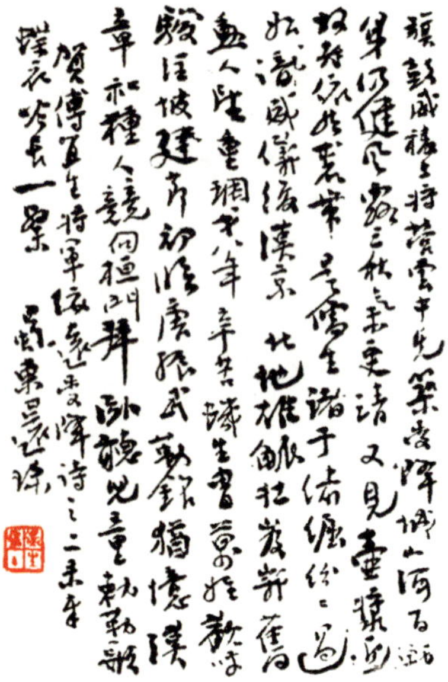

还珠楼主手书颂扬傅作义的诗作

还珠楼主夫妇1949年合影

还珠楼主与夫人孙经洵1954年合影

1950年代的还珠楼主

1956年7月，还珠楼主（右四）随中国文联参观团赴西北访问时与友人合影

1956年7月，还珠楼主（左二）与友人在西北参观途中合影

还珠楼主正在口授武侠小说

1930年代天津繁华的劝业场一带，还珠楼主便在此附近的秋山街选址安家

1940年代的上海远东饭店，还珠楼主一家曾租住于此

天津市锦州道（原秋山街）上还珠故居内景，《蜀山剑侠传》即在此开笔

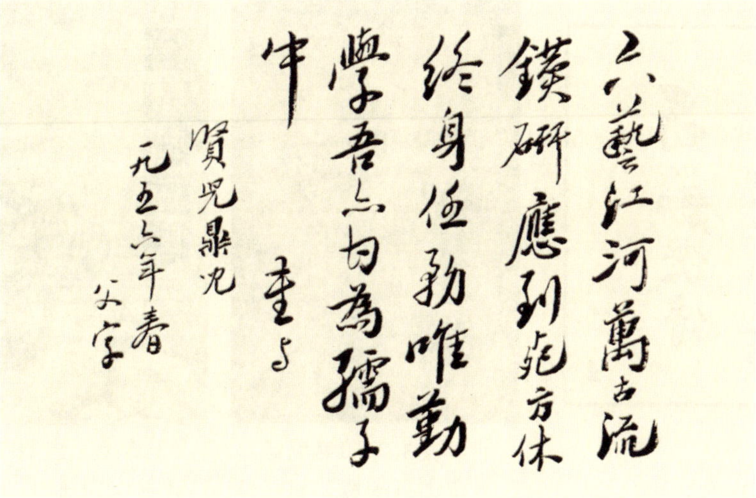

1956年还珠楼主手书赠给子女的诗句

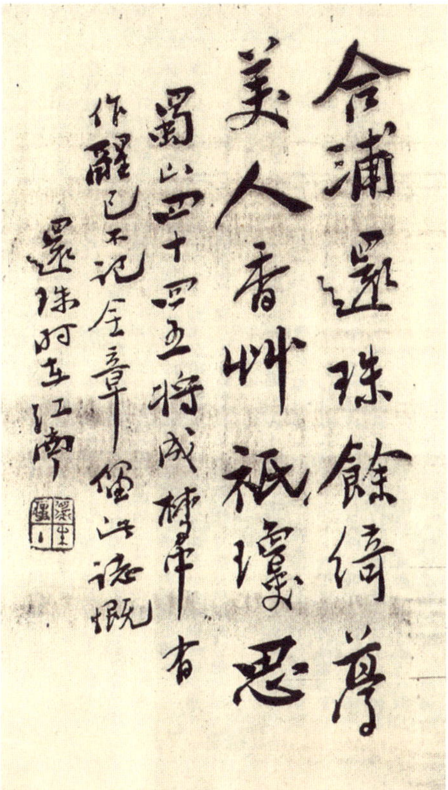

还珠楼主书法作品

上海正气书局版
《蜀山剑侠传》封面

北平文岚簃印书局版
《蜀山剑侠传》封面

天津励力出版社版
《蜀山剑侠传》封面

上海正气书局版
《云海争奇记》封面

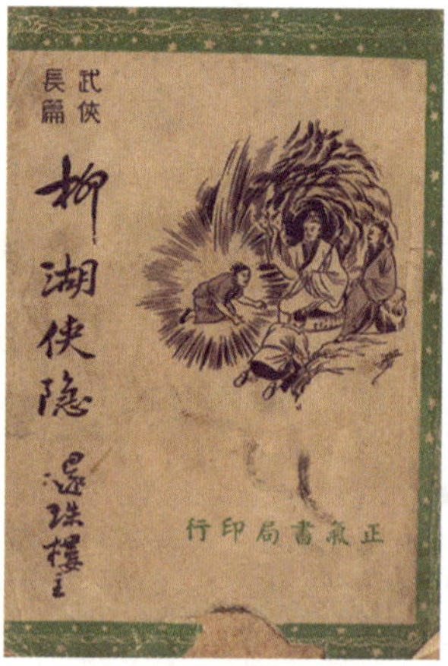

上海正气书局1947年
印行的《柳湖侠隐》

河北人民出版社1958年出版了
还珠楼主新作《十五贯》

1948年上海出版商印行的
还珠楼主部分作品

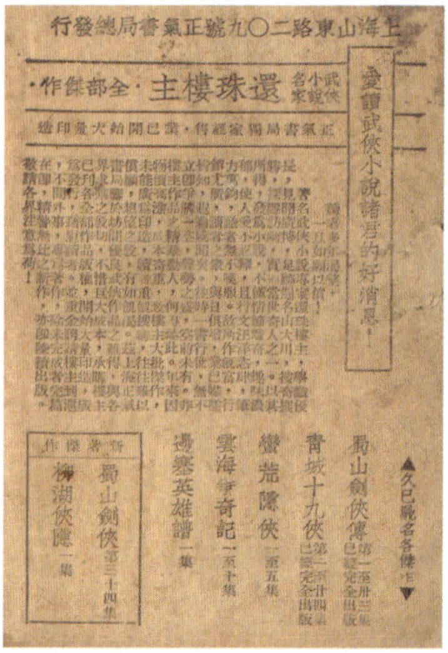

上海正气书局开始独家出版还珠楼主作品的广告

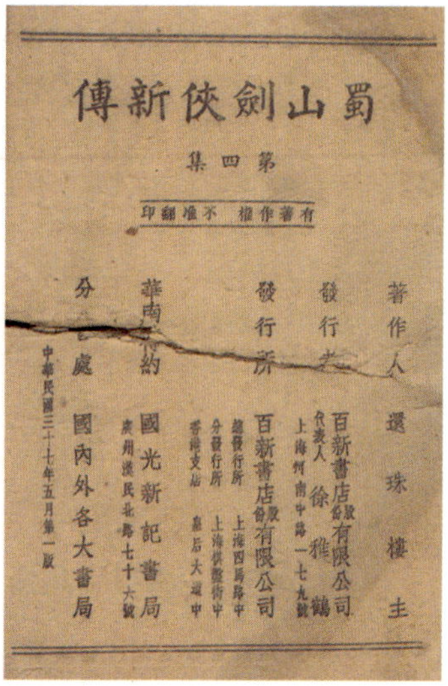

从版权页上看，1948年还珠楼主的作品已打入广州

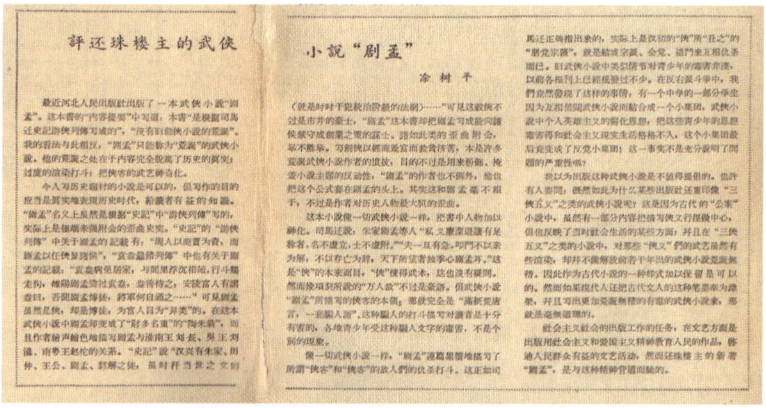

1958年3月，《读书月报》第三期（总第33期）上发表的涂树平文章《评还珠楼主的武侠小说“剧孟”》

当年的机关布景连台本戏《青城十九侠》广告

天風

中國墾業銀行儲蓄部

蜀山劍俠傳

還珠樓主

在《天风报》上连载中的《蜀山剑侠传》

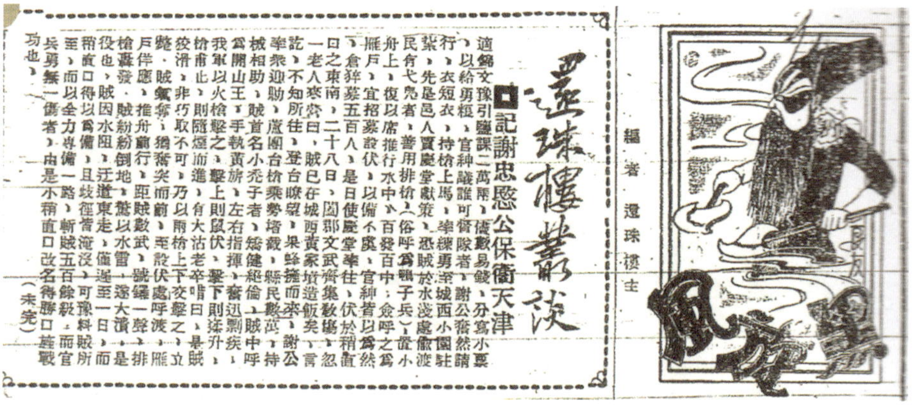

還珠樓叢談

編者 還珠樓主

黑旋風

（未完）

《天风报》副刊《黑旋风》上的《还珠楼丛谈》

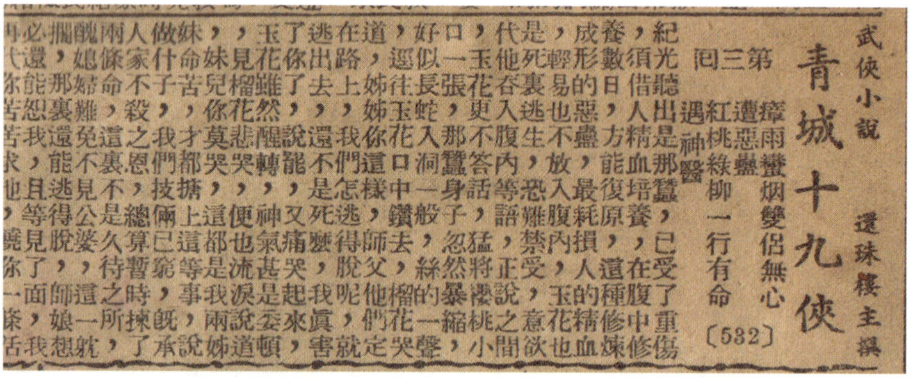

武俠小說

青城十九俠

還珠樓主撰

〔532〕

1937年1月8日《新北平报》上连载的《青城十九侠》

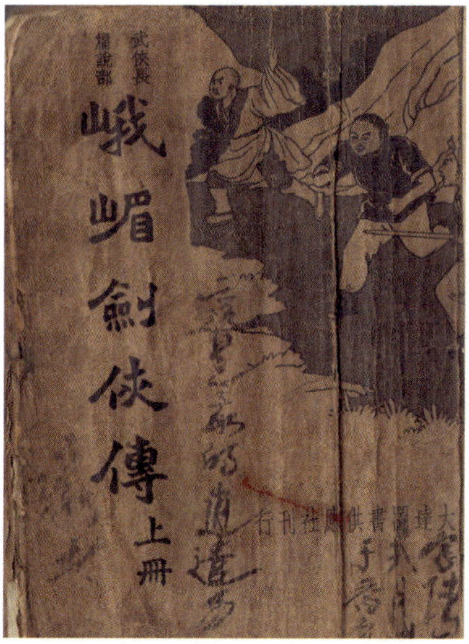

经常与《蜀山剑侠传》弄混的
汪景星所著《峨眉剑侠传》

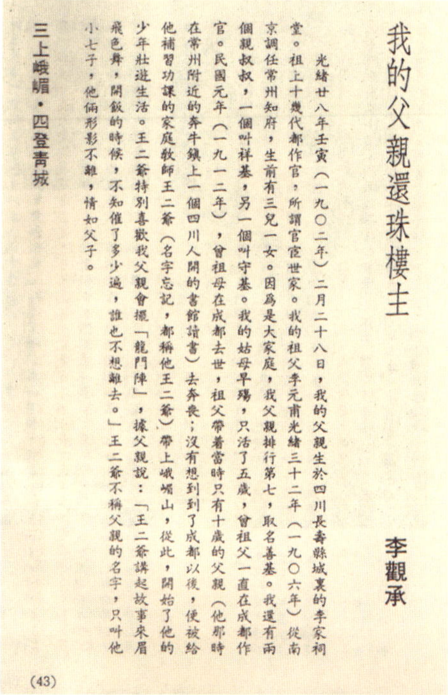

我的父親還珠樓主

李觀承

光緒廿八年壬寅（一九〇二年）二月二十八日，我的父親生於四川長壽縣城裏的李家祠堂。祖上十幾代都作官，所謂官宦世家。我的祖父李元甫光緒三十二年（一九〇六年）從南京調任常州知府，生前有三兒一女。因爲是大家庭，我父親排行第七，取名善基。我還有兩個親叔叔，一個叫祥基，另一個叫守基。我的姑母早殤，只活了五歲，曾祖父一直在成都作官。民國元年（一九一二年），曾祖母在成都去世，祖父帶着當時只有十歲的父親（他那時在常州附近的奔牛鎮上一個四川人開的書館讀書）去奔喪；沒有想到到了成都以後，便被給他補習功課的家庭教師王二爺（名字忘記，都稱他王二爺）帶上峨嵋山，從此，開始了他的少年壯遊生活。王二爺特別喜歡我父親會擺「龍門陣」，據父親說：「王二爺講起故事來眉飛色舞，開飯的時候，不知催了多少遍，誰也不想離去。」王二爺不稱父親的名字，只叫他小七子，他倆形影不離，情如父子。

三上峨嵋・四登青城

(43)

李观承所撰《我的父亲还珠楼主》，
载台湾联经出版事业公司1984年12月出版的
《近代中国武侠小说名著大系•还珠楼主卷》

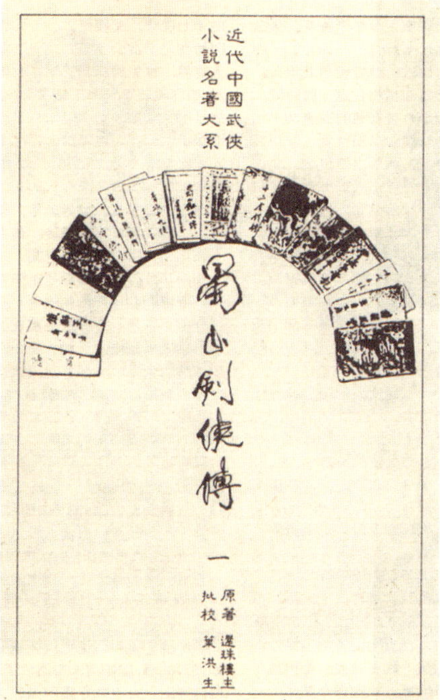

叶洪生批校《近代中国武侠小说名著
大系•还珠楼主卷》中之《蜀山剑侠传》，
台湾联经出版事业公司1984年12月出版

还珠楼主参与编纂的《四书新编》上下册，
封面印有“宋哲元赠”字样

1984年深秋，本书作者与台湾还珠楼主研究专家叶洪生纵论武侠

2009年5月，本书作者与
海峡两岸还珠楼主研究专家
叶洪生（左）、周清霖（中）
在还珠书法卷轴前合影

2014年，本书作者与还珠楼主
之子李观鼎（中）、李观洪（左）
在重庆大足石刻

还珠楼主论稿（代序）

/ 张赣生

在民国武侠小说北派四大家中，最早使读者着迷，又最受评论界斥责，被称为“荒诞至极”的便是还珠楼主。

对于还珠楼主的研究，早在（20世纪）四十年代末既有徐国桢作《还珠楼主论》，先在陈蝶衣主编的《宇宙》杂志1948年第3至5期连载，后由上海正气书局于1949年2月出版单行本，全文约三万字，篇幅不算大，但其中的很多论断在今天看来仍很确实，称得上是还珠的知己。（20世纪）七十年代以来，香港黄汉立、台湾叶洪生对还珠的研究致力颇勤，成绩卓著，我曾与洪生在蜗居促膝谈武论侠，相视大笑，唯时间短促，未能尽兴，是一憾事。近年来，内地研究还珠者，日渐增多，据我所知，上海周清霖收集还珠篇目最为完备，考订精详，曾在寒舍听他讲述，十分佩服。此外，在京津两地有些老友会面，总免不了要谈论还珠，对其才华无不推崇。还珠的知音遍及海内外，而且并非“庸俗小市民”。

一部小说，能够使上百万人入迷，历久不衰，百读不厌，常读常新，越读越能品味出其意味之隽永。这就值得研究。

还珠楼主有他鲜明的个性，他酷爱自然风光，遍游名胜古迹，这对他小说创作的成功起着重要作用。徐国桢在《还珠楼主论》中说：“他自己本来的意思，很想把所历所见的山水人物，写成笔记，恰巧其时天津有一家《天风报》，缺少一篇长篇武侠小说，他在人家鼓动之下，就不经意地采用了《蜀山剑侠传》作篇名，一天天写下去。不料读者异常欢迎。”这段话揭开了还珠楼主作品艺术魅力的部分奥秘，正是自然风光美所激发的诗情，把他导向了成功之路。还珠楼主的成功，并非一蹴即就，而是有一个探索过程。他应邀写武侠小说，内心却怀着自然风光激发的诗情，怎样使主观意愿与客观条件谐调起来？他很费了一番心思。《蜀山剑侠传》的前几回并非没有描写风景，只是现实的武侠情节总是显得与自然风光美不能结合得天衣无缝，这使他感到开始“写得甚不惬意”。直到他把神话和自然美结合起来，才找到了最佳的突破口，名山大川的雄伟或秀美与神话传说的奇幻融为一体，神话为山川添了灵气，山川使神话更为瑰丽，两者相得益彰。每逢写到这个时候，还珠楼主便抑制不住那奔放的诗情，笔底一泄千里，远近兼收，动静呼应，洋洋洒洒地连篇累牍说个尽兴。

一般地说，武侠小说不同于诗、词、散文，武侠小说作家们总是着眼于情节结构和人物刻画，很少把自然风光作为重点描述对象，他们大多只是在不得不介绍场地时，才把自然风光作为环境背景略加勾画，适可而止。还珠楼主则与众不同，他常常表现出一种难于遏止的对自然风光美的向往，一有机会就要宣洩出来。一般的武侠小说作家写风景，不外是两个层次：较低层次的是客观介绍具体景物，譬如登山，那山是荒山野岭还是石级蹬道，如此之类都是情节所需必不可少的交待；较高层次的是用以渲染气氛，譬如骇浪惊涛、秋风落叶之类，在交待地理环境的同时，赋予一定的感情色彩。还珠楼主远远超出了这两个层次，他不只是要交待环境、渲染气氛，更根本的是他要宣洩自然风光激发的诗情。我常常感到，还珠楼主写风景，并不是小说自身的需要，而是他在借题发挥。在还珠楼主的小说中，风景描写随处可见，只要有机会，他总要借题抒写他的诗情，也正因为他写的自然风光是诗境，不但不使读者感到冗长、厌烦，反而使读者兴味盎然，感到难得的审美感受。

还珠楼主写景的成功，来自景色与神话的融为一体。这正是庄子《逍遥游》、屈原《九歌》以降许多名篇所体现的共同规律，非胜境不足以显扬神话，非神话不足以渲染胜境。在我们中国，有胜境必有神话，诸如：巫山与神女，西湖与白蛇，石林与阿诗玛，如此等等，不胜枚举；且有胜境与神话的结合就必有诗。所以，就还珠楼主开始创作武侠小说时所处的主客观条件而言，采用神怪武侠小说样式，在他是势所必然，这是他能找到的最佳途径。了解这一点，就不会用“荒诞”二字轻率地否定他在中国文学史上的贡献。

将胜境与神话融为一体，使还珠楼主的武侠之作进入了诗化的境界，但是，这种境界绝不是轻易就能达到的，它需要作者具有极丰富的想象力，还珠楼主正具备这样的才能。

吴云心先生曾对我说，他在天津电话局与还珠楼主共事时，有一次问及《蜀山剑侠传》中的那些怪兽是怎样想出来的，还珠答：容易得很，取任何昆虫，如蝗虫、椿象、青蛙、蚯蚓、螳螂等，放大若干倍而描写之，其凶恶诡异之状可以想象。从这一点也可看出还珠楼主想象力之活跃。

还珠楼主的成功，也不仅仅是凭藉想象，还在于这想象是建立在广博深厚的学识基础之上，譬如他写五行生克即是一例，那抽象的五行生克原理经他的想象化为具体的情节，又更显得变化万端，生动有趣。读他的小说，常常会感到他对经史子集、医卜星相几乎无所不晓。除博览旧籍、熟知典故外，他还足迹所至，留意风俗。所以他的小说绝不仅仅是以“新奇”“荒诞”取胜，其容量是非常大的，诸如川、湘、云、贵民间的婚丧、食用、医药、巫蛊之类，往往信手拈来，涉笔成趣，使读者如入山阴道上，兴味无穷。他很善于把奇幻的神话与现实的生活交织在一起，仙境与红尘，出入两无拘。譬如他在《青城十九侠》的最末一集写洞庭君山的风光民俗，娓娓讲来，令人神往。洞庭月夜，波光帆景，君山十二螺朦朦胧胧一片静寂，岳阳楼上遥遥望去灯火犹存，天畔偶见一两道遁光若流星掠过眨眼即逝，舟中青城门下三四知己正临流对酌谈古论今，此情此景，虽亏他生花妙笔，若不曾亲历其境也断然描画不出。这段妙文与其说是精心结构，毋宁说是即兴抒发。惟其如此，方是大手笔，方是真诗人，方称得起见识广博，方说得上体味深刻。若是翻书检籍，搜索枯肠，字斟句酌，刻意求工，即使写得结构谨严，准确无误，面面俱到，合符文法，那也只是俗匠，难称大匠；只是死万字，难称活文章。

曾与几位年轻朋友谈及还珠楼主的作品，他们觉得还珠所写纯属虚幻，景是子虚乌有之景，人是“君子国里”的人，无可稽考，不能理解。这也难怪，几十年沧海桑田，人们的生活方式变了，景观也变了，哪里再去寻觅还珠描绘的风景民俗！（20世纪）四十年代后期，我曾在湘、桂、川、黔、滇的许多地方住过，多者半年，少则三月，虽然当时我不过十四五岁，可已经遍读还珠的著作，每到一处总免不了要把自己亲见亲闻的景象与还珠所写加以印证。就说岳阳，我住的竹楼即在洞庭湖边。每日饮用水，都向湖里去挑，须用白矾净过。居处距岳阳楼不过里许，那时的岳阳楼一片衰败景象，侧旁连着断壁颓墙，无人经管，自然也不必购票，早晚皆可循断壁登临。君山道士每每为游客导游，游毕取出缘簿，请结善缘，多少不拘，任凭尊便，少捐者或留吃一碗素面，多捐者尚可得道士回赠一包君山名茶。岳阳与君山之间全凭小舟摆渡，风大浪急之日便游人裹足，彼时在岳阳楼上倚栏远望，洞庭湖水阔天空，三五渔帆点缀其间，不由得就会触发思古之情。每逢掌灯之后，青石铺就的小街极少行人，听梆声清脆，由远而近，那是卖冰糖莲子粥的小贩，驰名的湘莲子在铜爨中煨得及烂，一爨一角钱，恰好一小碗。如此这般，大概也就是还珠所见的岳阳。1985年，我重至岳阳，岳阳楼已修饰一新，光彩夺目，映日生辉，筑墙围成一座公园。购票登临，见轮渡穿梭于岳阳、君山之间，游客摩肩擦背，万头攒动，欢笑相呼之声不绝于耳，好一派热闹景象，哪里还有仙侠容身之地！归途寻觅卖冰糖莲子粥者，遍求不得。向个体小饭铺探询，一位三十多岁店伙瞠目不知所对，另一五十许妇女插口道：“你家此话，少说也有三十多年了。”如此这般，便是现代的生活方式，顿使人有往事如烟之感，也难怪年轻朋友不能理解还珠！

至于说到“君子国里”人，还珠作品中的绿袍老祖之类自然不能算是“君子”。不过，还珠常爱描述云贵山区民风之纯朴浑厚，这也是事实。当年途径黔滇山区，荒村并无野店，打尖投宿全在民家。昔日山区居民生活甚苦，尤缺食盐，旅客食宿不必用钱，只须送主人二两盐巴，便端上大盘煮鲜笋、荷包蛋，热情款待。留客的空屋内只有一架竹床，上铺尺许厚稻草，被褥均由旅客自备。或半枝松明黑烟缭绕，或一盏油灯光焰如豆，主人尚谆谆叮嘱“小心火烛”。此种景况远非今日住豪华宾馆、睡席梦思床者所能想象。一次恰逢集日，见有山民卖皮蛋（北方所谓松花蛋），一篓一块银洋，竹篓密封，不许开视，若要打开竹篓便是不相信卖主，他便不卖。在沿海大都市受过“泥包草绳”之骗的我，对这种卖法总不放心，买回一看，一篓足足一百零四个皮蛋，个个是上等货色。山民之纯朴浑厚，即此可见一斑。（据此可知，）还珠笔下的“君子国里”人也并非全出虚构。

《蜀山剑侠传》和《青城十九侠》所写的剑仙，主要是一些道教徒，还珠的写作风格也颇有“水击三千里，抟扶摇而上者九万里”的遗风，在思想上也有些“不失其性命之情”的意味，追求自然真情的流露，连书中一些佛教徒也不免如此，这自然是作者自己重情的表现。譬如《蜀山剑侠传》中说：“佛家原以清静寂灭为宗，本来无魔，何有于降？出世入世，相由心生，……谢琳到‘我佛无缘无故，时以无上愿力普度众生，便是最情长的人。你看师父，法号忍大师，坐关那多年，一旦前生爱女再劫重逢，金刚不坏的门横巨木，为何只凭女儿两滴泪珠，便化乌有呢？’”作者笔下的这些“出家人”并未超脱人世之情。也正因此，《蜀山剑侠传》《青城十九侠》中的正派修道之士，总是特重外功的修积，随处济世救人，在此类情节描写中，作者常常对现实的民间疾苦做动情的揭示。譬如《蜀山剑侠传》中有一段描写川峡纤夫的文字，把川峡纤夫在饥饿线上挣扎的苦况活现在读者眼前。在《青城十九侠》中也有一段类似的描写，可见作者对此留有深刻的印象。徐国桢在《还珠楼主论》中也特意摘引了这段文字，并且评论道：“像上面一段文字，完全是现实的材料，忠实的描写，慨乎言之，十分动人。凡是长江下游的人，曾从水道出入川境，一定明白。这不是谎话。这是好文章！”四十年前，我也曾途径三峡，亲眼见过这种景象，不过当时是乘轮船，看得不真切，没有还珠感受深刻。

不知为什么，我总觉得还珠写纤夫并不只是对纤夫表示怜悯和同情，徐国桢的评论还显得太实太窄了一些。我每读到这段描写，常感到还珠是在借题发挥、抒写自己生活的感受。无论在《蜀山剑侠传》或《青城十九侠》中，关于纤夫的描写都不是故事情节所必需，那么，还珠为什么要一而再、再而三地写纤夫？天津人把生活负担叫做“拉套”，挑上生活的重担就好像套在大车上的骡马一般上了“套”；还珠是在奔波劳碌中挣扎多年的人，他难免有一种“拉套”的感觉，写着写着就不禁借题发挥一点自身的感慨。或许还珠本来没有这样想，而因为我是拉过“套”的人，是我把这种感慨强加给了还珠。

还珠楼主的才华，集中表现在《蜀山剑侠传》和《青城十九侠》两部传世之作中。平心而论，一般写实的武侠小说，很难达到如此自然的诗境，这并非插入几首诗就可充作“诗化”的。人们称赞还珠楼主“才华横溢”，绝非过誉。他的小说，别人很难仿效，便是明证。

在民国武侠小说作家中，还珠楼主也许是最能体现中国传统文化特色的人。在他的书中，始终保持着儒、道、禅的中国特色；他那浅近易懂的半文言半白话的文字风格，也毫无半点欧化腔。这也是值得特别提到的。

还珠楼主一生写了近四十部武侠小说，其中有神怪武侠小说，也有接近现实的技击武侠小说，但最能代表他的成就的仍首推神怪武侠小说《蜀山剑侠传》和《青城十九侠》。除了这两部书之外，他的《云海争奇记》《蛮荒侠隐》《峨眉七矮》《长眉真人专集》《北海屠龙记》《武当七女》《冷魂峪》《天山飞侠》等较为世人熟知。它如《柳湖侠隐》《大漠英雄》《武当异人传》《边塞英雄谱》《兵书峡》《峡丐木尊者》《青门十四侠》《大侠狄龙子》《女侠夜明珠》《皋兰异人传》《龙山四友》《独手丐》《铁笛子》《黑孩儿》《白骷髅》《翼人影无双》《黑森林》《黑蚂蚁》《万里孤侠》《虎爪山王》等，或由于篇幅太短；或由于一直未续写；或由于出版年代太晚，随出随禁；或由于写作太匆忙，过于草率，因而在读者中影响较小。总的来说，还珠的武侠小说是以《蜀山剑侠传》为主干，上溯、下延、旁出枝蔓，构成了一个系列。他还有一册言情小说《轮蹄》，记他与孙经洵的恋爱故事。

还有一点要附带提及的是还珠作品中的标点符号。今天的读者常感到还珠对句法和标点极不认真，一逗到底不分段落尚可说是传统的做法，有时简直连断句也断得不是地方。几年前我曾和观贤谈到这件事，她对我说，还珠自遭日寇非刑，目力已坏，不能自书，只好口授，请别人代录，为怕录者跟不上口授的速度，还珠便说四个字顿一顿，那录者也就每逢他一顿就点个逗号，录完之后，还珠也不再看，随之交付发表，结果弄成了这个模样，给读者造成阅读的困难。当时观贤正重新标点《蜀山剑侠传》，希望能弥补这一缺陷，不料她中年早逝，被癌症夺去了生命，直到半年后我才从清霖那里听到这一消息，起初我还不敢相信，这位李英琼的原型竟也仙去了。

——摘自重庆出版社 1991 年 5 月出版的《民国通俗小说论稿》

目录

引言　还珠楼主的『谜』与『奇』

旧时的峨眉山（蜀山）神秘莫测

1949年春节过后的二三月间，即将易帜的上海，风行一本名为《还珠楼主论》的小册子。该书开篇，便是以下文字：

> 三十七年十二月下旬，上海大公报的地方通信版面，登载着一篇台湾的通信稿。说有十三个日本人，在台湾探险，内中十一个人不知所往而终，只活着两个人还来，写得非常神秘。全文如下：

> 【本报花莲通信】山地同胞有一个褪色的故事：他们说台湾屏东与台东之间有一个大湖，祖先传说称为“天上大湖”；面积较之日月潭尤广，从来无人敢去凭眺。卅三年春天，这个神秘的传说把日本人诱惑了，当时就有十三个日本人邀着山地同胞领路，准备实践探险之梦。这条路也是神秘的，一路崇山险峻，人烟断绝，触目都是荒凉的原始森林。他们越过一山，山风刮得咄咄逼人，只见古木参天，森林阴暗，一种恐怖的景象，几乎已非人间。山地同胞指着说：“祖先相传，由此上去望大湖，从没有一人回来，我们至此也无法领路了。”日本人闻此并不气馁，

便奋勇自往。他们十一人著黑衣，两人著白衣。走过几里，两人忽然失足钻入地下，全身不见了。他们大惊，掘开看，原来是堆积着的千年古叶，深已数丈。此时四面围绕毒虫的声音，凄厉如哭泣，森林层层黑暗，人与树木几乎都不可辨别。须臾之间，几个人又钻坠积叶中了。当晚他们仍未出这惊恐的森林。阴风怒号，一举火即被熄灭，大家只得相唤坐到天明。但到天明，几个人又已失踪。再过一日，他们力竭之余，不负众望，果然见一大湖坦然，风光旖旎，独存天地怀抱之间。但是留下的仅四个人，而且都已迷糊不知归路，徒唤负负。就凭着各人的命运摸索而返，不幸半路两人竟又失踪。直到远见人烟，方知是误入屏东境界了。剩下两人就是当初著白衣的。后来县政府闻知此事，曾想集团探险，利用湖上的水力发电。但因战争正凶，这事也搁置了。据说回来的两个日本人，并画了路线，可惜并未为我们所接收，已经带去日本。

这篇通信，说来头头是道，似乎不是完全出于向壁虚构。只要有几分真实性的话，那真是宇宙之大，无奇不有了。故事虽然很简短，倒是包括着神怪小说中的各项要素：恐怖、神秘、阴森、诡异等等。简直有如一篇雏形的还珠楼主笔下的神怪小说。

现在是科学昌明的时代，可是，以宇宙万物之浩淼无际而言，人类克服自然的智力，终究还是有限得很。卑之无甚高论，连一个和人类本身最关切的生死之谜，至今仍未打破。谁是不死的？为什么非死不可？为什么不能不死呢？死了谁又知道是怎样的？为什么不能活转来呢？于是神怪小说就寄托在这些问号之下而生存了。

宇宙是一个大谜，神怪小说为科学昌明时代的流行小说，是一个小谜而已。〔《还珠楼主论》，徐国桢，上海正气书局 1949 年 2 月出版，第 1—2 页〕

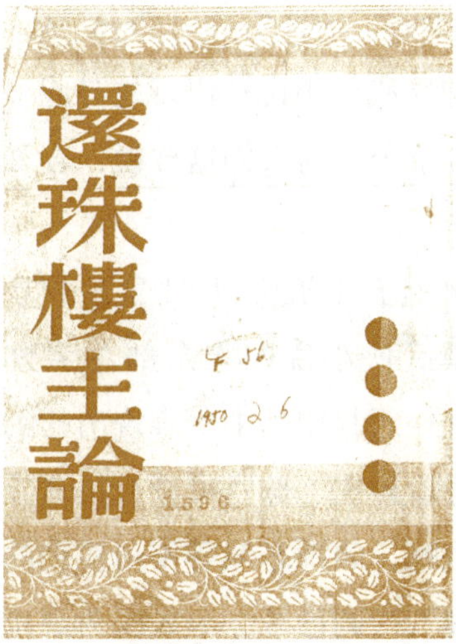

1949 年 2 月上海正气书局出版的《还珠楼主论》封面

台東湖上傳奇
「天上大湖」
十三個日本人去探險只剩了兩個平安回來

1949 年 1 月 5 日《大公报》上海版刊发的台湾花莲通信稿《台东湖上传奇“天上大湖”》

此段文字中，作者所引《大公报》上有关 1944 年春天日本人恐怖探险的报道，是否真有其事，当时无人核实，现在也很难考证了，但此来自台湾的“花莲通信”见诸《大公报》上海版报端，却是千真万确的事实。只不过刊出时间不是“三十七年（1948）十二月下旬”，而是 1949 年的“一月五日”，但此“通信稿”文末确有“慧十二月廿日寄”的标注〔《台东湖上传奇“天上大湖”——十三个日本人去探险只剩了两个平安回来》，《大公报·上海版》1949 年 1 月 5 日第 5 版〕。在这篇刊于报纸第二张第 5 版、标题为《台东湖上传奇“天上大湖”——十三个日本人去探险只剩了两个平安回来》的“通信”中，集“恐怖、神秘、阴森、诡异”等匪夷所思的内容，足以让人惊骇，但诚如作者所言：这仅是还珠楼主笔下神怪小说的一个“雏形”。

那么，还珠楼主又是何许人也？其神怪小说到底比这匪夷所思的“雏形”还要“恐怖、神秘、阴森、诡异”多少呢？

数十年来，其作为一个神奇之“谜”，始终在拨弄着人们的“好奇”心弦。即使到了今日，敲开“百度”，输入“蜀山”二字，其相关网页也是高达近三百万〔《蜀山剑侠之孽海情天》导读《情·侠·魔——别具一格的武侠世界》，陈洪，南开大学出版社 2019 年 6 月出版，第 1 页〕。虽然上文作者认为，在“科学昌明”时代，此“谜”只是“一个小谜而已”，但我们千万不能忽略其所述的前提——

那是与“宇宙”这个“大谜”相较而言。

因此，我们可以说，还珠楼主与其神怪武侠小说自出现之日起，便充满了匪夷所思的“谜”与“奇”。——八十余年前人们这样说，今天我们仍作如是言。

一部《蜀山剑侠传》连写十七年出书五十五集达四百五十万言仍未终结，已令人叹奇称谜；其一生共撰武侠小说四十余部总字数高达一千七百万言，更是奇上加谜、谜上加奇；而其作品中所表现出的剑仙飞侠、神兵利器、佛典道藏、医卜星相、奇珍异宝、珠宫贝阙、灵禽异兽、山精海魅、瘴气毒雾、奇峰险境、魑魅魍魉、凶神恶煞等不可羁勒的想象力与描绘力，则更是将这种“奇”与“谜”推到巅峰，令人叹为观止，连称：“奇！奇！奇！”“谜！谜！谜！”

然而，其“奇”与“谜”远非止此。

曾无枪挥笔身着戎装四入国共两党军队的经历便是一个“谜”，答案当然是“奇”。

其一生游历过多少河山，足迹到过哪些地方，也是一“谜”，粗略统计后，又是一“奇”。

《蜀山剑侠传》写了五十五集而未终，那么他是否写完该书，遗稿何方，仍是一“谜”，而答案亦堪称“奇”。

“拐带良家妇女案”与“还珠楼主”笔名之由来，未知究竟是个“谜”，知其真相更可称“奇”。

他让“蜀山系列”风靡南北、倾倒朝野的“法宝”是个“谜”，而知道了“秘诀”，那简直就是一部智慧传“奇”！

综观其一生，与之相知相交或打过交道的各界名流甚多，如吴佩孚、傅作义、宋哲元、张自忠、胡景翼、徐树铮、段茂澜、周作人、张季鸾、陆小曼、尚小云、周扬、田汉、夏衍、阳翰笙、张君秋、胡金铨、贾植芳、阿甲、冯至、王晓棠，等等。在这些不同时期的风云际会中，有些“故事”至今仍是难解之“谜”，但更多的则是传世之“奇”。

对其作品臧否轩轾各至极点，则更是这种“奇”与“谜”的具体体现：

褒者称其为“成年人的童话”〔数学家华罗庚语，详见1985年1月3日《光明日报》〕，七十余年前便有人认为，“中国最著称的章回长篇神怪小说”不是《西游记》，不是《封神演义》，而是还珠楼主的长篇巨制。“《西游》《封神》尤属小神怪，《蜀山》《青城》才是大神怪。”〔《还珠楼主论》，徐国桢，上海正气书局 1949 年 2 月出版，第 14 页〕当今海外更有学者断言其作品“乃开中国小说界千古未有之奇观”。〔《还珠楼主小传及作品分卷说明》，叶洪生，载《近代中国武侠小说名著大系·还珠楼主卷》，台湾联经出版事业公司 1984 年出版，第 4 页〕

而贬者则斥其小说“荒诞不经”“流毒甚广”“影响极坏”。就是作者自己也曾在1949 年后，于主流媒体上公开检讨说：“我所写的这些所谓‘武侠’的荒诞小说，内容都是凭空捏造的，也都是具有反动本质的。”“今天回想过去我写的那些坏书和它们对读者的毒害，我真不寒而栗，日夜不安。”〔《一个荒诞、神怪小说制造者的自白》，李寿民（还珠楼主），《北京日报》1955 年12 月25 日，第三版〕

虽然对其作品褒贬不一，但却有一个特殊现象颇值得人们注意，那就是他写的“故事”，越是在高知识阶层越是受到青睐，有些甚至成了业内后起“大咖”们的范本。

六十余年前香港媒体便称：“还珠楼主的武侠小说打进了知识分子的书斋，那是‘唐人传奇’以后的仅有现象。比诸同时代的那些武侠小说，他的作品有书卷气，有想象力，还有浩瀚的人生境界。他的成名作《蜀山剑侠传》，看似荒诞不经，但他并不是‘为荒诞而荒诞’——媚俗，那里面其实都是人生的境界。书中随处皆是佛道思想，但到他笔下，也都是入世的了。”〔《哀还珠楼主》，高翔，（香港）《真报》，1959年4 月12 日〕而南怀瑾则认为：“现在写武侠小说的都是乱写，很多都是偷还珠的东西。”近年更是有学者指出：“在金庸纵横江湖之前，武侠小说江湖上最亮的金字招牌是什么呢？毫无争议，《蜀山剑侠传》！”“‘点珠成金’，……意在指出一个有趣的事实，就是金庸大量（超出一般人想象的）‘偷意’于还珠楼主。”“在金庸的系列小说中，有一个反复出现的情节：外人搅闹少林寺。……而这些故事的重要源头恰在《蜀山剑侠传》之中。”〔详见陈洪所撰《蜀山剑侠之英琼传》导读《巾帼须眉第一人——还珠塑造的第一位“女一号”》，第 11 页；《蜀山剑侠之孽海情天》导读《情·侠·魔——别具一格的武侠世界》，第 1 页。两书均由南开大学出版社 2019 年 6 月出版〕

此外，21 世纪之初，由《亚洲周刊》与来自全球各地的文学名家联合评选的“二十世纪中文小说一百强”揭晓，赫然在列者，除鲁迅的《呐喊》、沈从文的《边城》、老舍的《骆驼祥子》、张爱玲的《传奇》、钱锺书的《围城》、茅盾的《子夜》、白先勇的《台北人》、巴金的《家》、萧红的《呼兰河传》等新文学作品外，还有还珠楼主的《蜀山剑侠传》。对此，诚如论者近年所言："还珠楼主的作品上榜，并非评委们制造噱头，而是反映出了评选标准更趋全面，更趋合理。若从社会影响力、文化传承，以及独创性来看，还珠上榜实在是实至名归。"〔《云海争奇之儿女恩仇记》导读《恩仇肝胆——还珠系列中最耀眼的明珠》，陈洪，南开大学出版社 2019 年 6 月出版，第 1 页〕

褒贬反差如此之大，这不能不说是一个耐人寻味的问题。其实问题本身就是一个"谜"，而且这个"谜"的答案，绝对可称拍案惊"奇"！

也正因此，近一个世纪以来，人们都在试图破译环绕在还珠楼主身上的这些"谜"与"奇"。

然而世事无常亦诡异。大红大紫于民间的还珠楼主，诚然让各色人等既"猜谜"又"叹奇"，但由于托举其"谜"与"奇"的一千七百万言神怪武侠作品，无论是在 1949 年以前或以后，均处于游离"普世价值"之外且"难登大雅"的文学"妾身"地位，故而造成"小报小刊"及民间市井喝彩者众、"主流媒体"与研究机构评骘者寡的局面。这种局面酿成的结果，那便是人们在对还珠楼主既"猜谜"又"叹奇"的同时，也试图揭开笼罩在其身世之上的神秘之纱。

其实，自还珠楼主神怪武侠小说面世之日起，对其人其书的褒贬与争论便已开始。

民国以降，与其作品畅销相伴而生的"褒贬"虽已频现南北"小报小刊"，然而目前除了个别篇目被发现并为研究者所反复引用外〔如牛史的《还珠楼主受警告，能否在上海保持小说家地位》（《风光》1946 年 3 月 24 日）；羽生的《还珠楼主像袁世凯？》（《大地》1946 年 6 月 21 日）；《还珠楼主的怪事》（香港《大公报》1956 年 3 月 1 日）；高翔的《哀还珠楼主》（香港《真报》，1959 年 4 月 12 日）等，都是对还珠楼主及其作品的评骘〕，其余则大多湮没于尘封的故纸堆中，有的沉睡经年尚待开发，更多的则随着历史烟云而灰飞烟灭。现今能看到且被研究者共同认为民国时期较全面评介还珠楼主其人其书的专著，便是本"引言"开篇所摘引的那本小册子——1949 年 2 月上海正气书局出版的徐国桢所著《还珠楼主论》〔《还珠楼主论》乃徐国桢根据他 1948 年在上海《宇宙》杂志复刊号第 3、4、5 期上连载的《还珠楼主及其作品之研究》一文增删整理而成〕。虽然该书极薄，仅有区区五十二页三万余字，但足以称其为民国时期对还珠楼主与其代表作《蜀山剑侠传》进行研究的“权威著作”，至今仍被海内外操此业者频繁垂青并广为引用。

民国时期还珠楼主研究专家徐国桢

《还珠楼主论》出版之际，正值国共对决的关键时刻。八个月后，国民党政府退守台湾，新生的中华人民共和国建立。此后一年，海峡两岸罕见地实施了同一文艺政策：武侠小说遭到全面禁毁。

自此之后，在中国，无论是大陆还是台湾地区，武侠小说的创作与出版均进入了冰冻期。

大陆武侠小说遭禁，后文将有详述；台湾地区武侠小说被禁，内幕则鲜为人知。据相关研究者近年披露，1949 年以后，台湾地区满天飞的文艺口号是“战斗的时代”，带给文艺以战斗的任务。以政治意识为主导的军中文学，占据了主导地位。文学创作与整个社会一样，处于僵硬板结的状态。纯粹的类型化的武侠小说受到打压。尤其是 1959 年 12 月 31 日，由“警总”负责规划执行，专门针对坊间流传的通俗文学展开了一次扫荡行动。1960 年 2 月 15 日至 17 日，在全省各地同步取缔所谓的“共匪武侠小说”，这次行动被称为“暴雨专案”。据 1960 年 2 月 18 日《中华日报》第三版记载，“警总”于数天之内，就取缔了九十七种十二万余册之多，许多武侠小说出租店，几乎“架上无存书”；而《查禁图书目录》所列“暴雨项目查禁书目”则高达四百多种，其中九成以上是大陆“旧派”及香港地区金庸、梁羽生的作品。〔《中国台、港、澳地区通俗小说的创作语境和价值评估》，汤哲声，《中国当代文学研究》2021 年第 2 期。参见《台湾武侠小说发展史》，叶洪生、林保淳，台湾远流出版事业股份有限公司 2005 年出版，第 133 页〕在大陆“旧派”书目中，还珠楼主的《大侠狄龙子》《青城十九侠》《蜀山剑侠传》（误写为《独山剑侠》）赫然在列〔《台湾查禁武侠小说之“暴雨专案”始末探析》，林保淳，《西南大学学报（社会科学版）》2018 年第 2 期，第 27 页〕。

香港地区是个例外。在大陆与台湾地区武侠小说噤声期间，港岛一地却独延一脉。不但20世纪50年代中期报纸连载热闹非凡，创作出版热火朝天，各名家纷纷崛起，竞相于“纸上江湖”摆擂开赛，直杀得硝烟四起、天昏地暗，而且在对武侠小说和还珠楼主研究方面，也是勇于发声，见地非凡。1959年12月，胡适在香港媒体发出“武侠小说是下流的”声音。旋即，身在港地的倪匡便公开撰文表示反对。几乎与此同时，金庸创刊了文史刊物《武侠与历史》。在创刊号上，他发表了燕人所写《还珠楼主的武侠小说》一文，其中针锋相对地指出：

> 一种小说能为广大群众所接受，必有其原因。多少年来，新式的卫道君子们，大声疾呼，反对神怪武侠小说，视如洪水猛兽，必欲置之死地而后快。而神怪武侠小说的作者面临社会对他们的谴责，似乎极少反抗。本来神怪武侠小说在这一情势之下，早该销声匿迹，无立足之余地了。为什么时至今日，神怪武侠小说不但未见绝迹，而且反而嚣张愈甚呢？这其间，自有配合于社会心理方面的必然的原因。换句话说，就是先有这么一个畸形的社会，然后才有那些畸形的小说的。

对于还珠楼主，作者更是盛赞曰：

> 在近代中国许多武侠小说的作者之中，以“还珠楼主”作为笔名的李寿民先生，一直是享誉最盛的一个。他的作品不但在若干年前的国内影响力极大，就是在今天的海外，仍然不断地流传着，使许多读者爱不忍释。
>
> 还珠楼主的作品究竟为什么能这样得到人们的普遍欢迎呢？在海外我曾经将这个问题请教过他的一位忠实读者，他的答复是这样的：
>
> 还珠楼主的小说，不论在文笔上、在结构上、在思想上，都是具有强烈的中国风味。他虽然采用了声光电磁等原理，仍是极其浅近，是把科学硬拉到玄学之内，不是正面的接受科学。

不能算是受到了欧西学说的多大影响，无损乎外形内质之同为“中国式”。

尤其是在文笔方面，像他这样富于保守性，在今日的小说作家中已不多了，欧化的句法，他那里决不会发现半句，就是新的名词，也少得几乎没有。不是纯粹的文言，也不是纯粹的白话，文言白话，常是互相夹杂着，字句很短练，修辞很简单〔《还珠楼主的武侠小说》，燕人，（香港）《武侠与历史》第1期，1960年1月11日出版，第26、28页〕。

此文对还珠楼主“讲好中国故事”和其作品的“中国气派”，做了高度赞许。

香港地区的这种“热闹”，也在刺激着海峡两岸。

虽然大陆于1951年在新文学家郑振铎的倡导和时任中央文化部部长、新文学家沈雁冰的批准下，自当年6月起全面禁止武侠小说，由此造成了此后30年武侠小说创作与出版空白期。但在民间，武侠小说却是不胫而走，仍在悄然流行。

相较大陆，台湾地区稍显松动，有禁难止。尤其是还珠楼主的《蜀山剑侠传》，不但让成年人难以忘怀，而且由于其光怪陆离的“童话”魅力，反而又重新吸引了一批新的少年“蜀山迷”。据台湾武侠小说研究专家叶洪生回忆：“首次听到‘还珠楼主’之名，是来自于先母，一位不折不扣的‘老蜀山迷’。不过她老人家生前闲话家常时，总是这样说：‘不知道是为啥，当时我们大家都习惯叫还珠楼；大概是真有一座写字楼也说不定，否则怎么有楼主呢？这个还珠楼主呀，可了不得！天上地下无所不知。他写的《蜀山剑侠传》更是想入非非，无奇不有！敢说远远超过《西游记》《封神榜》，真好看极了！’”〔《还珠楼主散文集》序一，叶洪生，（香港）天地图书有限公司2014年10月出版，第3页〕

正是在母亲的影响下，生活在台湾地区的叶洪生，很小便与还珠楼主及其《蜀山剑侠传》结缘：

回首前尘，与《蜀山》结下不解之缘，远在1956年我正念小学三年级的时候。说来有趣，初见《蜀山》并非在书肆中，而是在孩童们常用来玩耍的圆形纸牌上。那时，“打圆牌”的游戏极为风行，小学生课余均趋之若鹜！我由圆牌上所印的图案而认识《蜀山》人物；继而由“小人书”（连环图画）上，进一步得悉《蜀山》故事——及至看到神驼乙休被困铜椰岛、倒翻地肺这一折，不禁眉飞色舞，神为之夺！

然而好景不常，《蜀山剑侠连环图》流行一阵，忽焉绝迹市面。在这当口上，欲罢不能的“小蜀山迷”只好入书肆、寻仙踪，租来一本本《蜀山》原著，埋头苦读那密密麻麻、内蕴玄机的“有字天书”！记得那时年纪太小，识字不多，囫囵吞枣看《蜀山》，只能看热闹而不能看门道；于其中的精微奥妙之处，全然无法领会。及年事稍长，重温《蜀山》，方渐如倒啃甘蔗，真味尽知。

〔《蜀山剑侠评传》代序，叶洪生，（台湾）远景出版公司 1982 年 10 月出版，第 9—10 页〕

由此可见，在1950年以后的台湾地区，武侠小说创作与出版虽然遭禁，但在民间的少儿游戏中，还珠楼主的作品还是变相出现，而且在市井的租书铺中，还珠楼主等武侠名家的小说仍在暗中流传，并由此影响和造就了新一代武侠“粉丝”与“蜀山迷”。

正是在此环境之下，对武侠小说尤其是还珠楼主《蜀山剑侠传》情有独钟的叶洪生，开始广为收罗海内外市井民间的还珠楼主作品，“磨剑”二十余载，最终于 1982 年 5 月在台北《民生报》副刊连载《惊神泣鬼——话〈蜀山〉》长文，继 1949 年徐国桢《还珠楼主论》之后，再次向世人彰显了还珠楼主传奇与《蜀山剑侠传》魅力。随后，在此文基础上，他再贾余勇，经增补改写，完成《蜀山剑侠评传》一书，并于当年 10 月由台湾远景出版公司付梓。对此，他曾言：“为了打破台湾当局无聊的政治禁忌，我刻意在《蜀山剑侠传》的书名中加上一个‘评’字，以达到彰显《蜀山》之目的。”〔《天下第一奇书〈蜀山剑侠传〉探秘》新序，叶洪生，学林出版社 2002 年 2 月出版，第 13 页〕此书之后，叶洪生“再接再厉，又借主编、批校、评点《近代中国武侠小说名著大系》的机缘，排除万难，平反《蜀山》，重新出版叶批本，终于使这部绝代武侠奇书在冰封入土三十年后，能够霍然解冻，重见天日！时维 1984 年冬，距拙著《蜀山剑侠评传》之抛砖引玉，仅只两年光景，不可不谓是奇迹”。〔《天下第一奇书〈蜀山剑侠传〉探秘》新序，叶洪生，学林出版社 2002 年 2 月出版，第 13—14 页〕

这一系列行动带来的后果，便是促使台湾当局对武侠小说的全面解禁。十七年后，回首前尘，对当年情景，叶洪生仍感慨系之：“俗话说：‘天下无难事，只怕有心人！’单凭区区一股傻劲，仗义为中国通俗文学宝贵遗产——即所谓‘旧派’武侠小说请命，竟一举突破台湾当局‘暴雨专案’禁令，促使‘旧派’武侠名著全面解放，实乃个人一生最大的荣幸！”〔《天下第一奇书〈蜀山剑侠传〉探秘》新序，叶洪生，学林出版社 2002 年 2 月出版，第 14 页〕

据此可知，武侠小说在台湾地区打破“暴雨专案”，全面解禁，叶洪生先生厥功至伟。而他所执打开“旧派”武侠“禁库”的钥匙，就是还珠楼主的《蜀山剑侠传》。

与叶洪生“平反”武侠小说同时，还珠楼主旧友、掌故大家唐鲁孙与还珠楼主长子李观承，也分别于 1982 年在台湾地区媒体上发表了《我所认识的还珠楼主——兼谈〈蜀山〉奇书》《关于我的父亲还珠楼主》两文；随后，定居美国西雅图的还珠楼主研究专家黄汉立，又于 1984 年发表《论〈蜀山〉后传之真伪》一文。由于他们与叶洪生的相互呼应，一时间，“还珠热”升温。

台湾地区武侠小说的解禁，也让大陆文学界和出版业看到了还珠楼主“真面”。尤其是叶批本《近代中国武侠小说名著大系》（内收还珠楼主小说 6 部，分别为《蜀山剑侠传》《峨眉七矮》《青城十九侠》《柳湖侠隐》《北海屠龙记》《蜀山剑侠新传》），于 1984 年 12 月由台湾联经出版事业公司推出后，随着两岸各种文化交流的展开，“还珠楼主”遂不胫而走，通过各种渠道进入大陆。尽管这一时期仍是作为“地下读物”，仅在民间传阅，但毕竟聊胜于无，让大陆文学与出版业由此看到了“主流”作品之外的另一道奇幻风景。

转机出现在 20 世纪 80 年代中期。随着改革开放政策的深入，金庸、梁羽生、古龙等港台“新派”武侠小说“繁体本”在大陆民间开始悄然流行。严家炎、冯其庸、章培恒、范伯群、徐斯年、宁宗一、张赣生、潘芜等著名学者，敏锐地洞悉了"新派"武侠小说的文学成就，同时也引起他们对当年阅读"旧派"武侠小说的回忆，并进而发现了两者间的承继关系。尤其是1987年12月，香港中文大学主办了"国际中国武侠小说研讨会"，标志着武侠小说研究正式进入学术殿堂。此次大会邀请了余英时、刘绍铭、叶洪生、许倬云等诸多著名学者参会。翌年3月12日，在北京出版的《文艺报》以《武侠小说初登学术殿堂》为题，报道了此次大会。同年，北京等地的《读书》《文艺争鸣》《学林》等学术刊物开始发表评介武侠小说的文章。

学界的发声传递了禁锢松动的信号。自1951年6月大陆全面取缔武侠小说创作与出版之后，此时国家没有任何"文件"下发，一些出版社便在不失时机地推出"新派"武侠小说的同时，也"捎带"整理、出版了民国"旧派"武侠小说。而在初期，这些"搭车"出版的"旧武侠"中，十之八九则是直接"盗用"了叶批"大系"。

新中国正式整理出版"旧派"武侠小说，是在1987年以后。以还珠楼主作品为例，1988年5月至1989年7月，湖南岳麓书社陆续出版了署名"舒群"〔"舒群"乃岳麓书社编辑任国庆、黄定保、邬琨、朱纯四人笔名〕整理的十卷本《蜀山剑侠传》，此版本在当年曾引起学界关注，甚为风行；与此同时，1988年6月漓江出版社亦陆续出版了邵秋、凌建点校的《蜀山剑侠传》；1989年1月巴蜀书社组织专人整理出版了六卷本《青城十九侠》；1989年12月，中国书店分别出版了据"叶批本"重印的《蜀山剑侠新传》与《云海争奇记》（上下册）；1990年2月，巴蜀书社又推出五卷本《云海争奇记》；1990年至1991年，辽沈书社又分批出版了《黑森林》（上下册）、《龙山四友》（上下册）、《独手丐》（上下册）、《兵书峡》（上下册）及《长眉真人》与《峨眉七矮》各一册；1998年9月，由周清霖辑，裴效维、李观鼎编校的《还珠楼主小说全集》（46卷），由山西人民出版社与北岳文艺出版社联手付梓，这也是当时世上所见唯一一套还珠楼主武侠小说全集，虽有增删臆改之处，但毕竟呈现了还珠楼主武侠小说全貌；2003年3月，新疆人民出版社又一次性推出《铁笛子》《翼人影无双》《天山飞仙》《北海屠龙记》《峨眉七矮》《柳湖侠隐》《征轮侠影》等"还珠系列"，但此系列乃据民国版本直接排印，未做整理，且错讹颇多，疑为书贾所为。此后，还珠楼主作品出版渐成气候，至今仍时有新版本不断出现。

随着还珠楼主作品被持续整理与翻印，这一时期，对其生平的追记与研究也相继展开。

20世纪80年代初，天津老报人吴云心便在数种忆旧文章中，回忆起他当年与还珠楼主的交往，并披露了许多内幕史料〔这些文章散见于20世纪80年代天津出版的《新闻史料》《艺术研究》《天津文史资料选辑》等，后被收入《吴云心文集》，天津古籍出版社1990年10月出版〕；1984年7月，上海文艺出版社再版了该社1962年出版的《鸳鸯蝴蝶派研究资料》上卷“史料部分”，其中收有还珠楼主小传和作品名录〔《鸳鸯蝴蝶派研究资料》（上卷·史料部分），魏绍昌编，上海文艺出版社1962年10月初版，1984年7月再版〕，而在首次推出的下卷“作品部分”中，则编入了还珠楼主的《蜀山剑侠传》节选〔《鸳鸯蝴蝶派研究资料》（下卷·作品部分），魏绍昌、吴承惠编，上海文艺出版社1984年7月出版〕；1984年8月，福建人民出版社出版了芮和师等编的《鸳鸯蝴蝶派文学资料》上下两卷，内收还珠楼主小传和作品名录〔《鸳鸯蝴蝶派文学资料》，芮和师、范伯群、郑学弢、徐斯年、袁沧洲编，福建人民出版社1984年8月出版〕；1988年3月，复旦大学教授贾植芳以《记还珠楼主》为题，为北方文艺出版社出版的还珠楼主武侠小说《独手丐》作序，文中对还珠楼主晚年的生活多有记述〔《暮年杂笔》，贾植芳，汉语大词典出版社1997年8月出版〕；1988年3月，《人民日报》（海外版）罕见地以连载15天的方式推出了还珠楼主子女李观贤、李观鼎合写的《回忆父亲还珠楼主》，在海内外引起极大反响〔《人民日报》（海外版），1988年3月15日至29日〕；当年10月，《解放日报》记者许寅的《当代武侠小说之王还珠楼主》一文面世，洋洋洒洒近万言，以“忘年交”的身份追忆了1949年前后的还珠楼主，此文曾被多家报刊转载〔《上海滩》，1988年第10期。另见《还珠楼主小说全集》第46卷，山西人民出版社、北岳文艺出版社1998年9月出版〕；1989年，学者刘叶秋的《京华琐话》出版，内收《忆还珠楼主》一文，栩栩如生地勾勒出老朋友还珠楼主的奇事奇文，读至妙处，让人解颐喷饭〔《回忆旧北京》，刘叶秋、金云臻，北京燕山出版社1996年6月出版〕；1991年张赣生研究员在其专著《民国通俗小说论稿》中，专设“还珠楼主”

民国通俗小说暨还珠楼主研究专家张赣生

一章，详细完整地论述了还珠楼主的生平与创作，这是被学界公认的对还珠楼主最具权威的评论之一，其影响至今未衰〔《民国通俗小说论稿》，张赣生，重庆出版社 1991 年 5 月出版〕；1995 年，苏州大学徐斯年教授的《侠的踪迹——中国武侠小说史论》出版，书中对还珠楼主有精确评价，认为他“以其神话建构，展现其生命哲学的幽深，并且使之化为无数或崇高、或壮美、或清丽、或凄婉的花雨缤纷的意象”〔《侠的踪迹——中国武侠小说史论》，徐斯年，人民文学出版社 1995 年 12 月出版〕；同年西南大学韩云波教授的《侠林玄珠》面世，内中介绍了还珠楼主的生平和重要作品〔《侠林玄珠》，韩云波，四川人民出版社 1995 年 11 月出版〕；1992 年至 1996 年间，大陆连续推出三部武侠小说工具书——《中国武侠小说鉴赏辞典》〔《中国武侠小说鉴赏辞典》，宁宗一主编，国际文化出版公司 1992 年 2 月出版〕《中国武侠小说辞典》〔《中国武侠小说辞典》，胡文彬主编，花山文艺出版社 1992 年 8 月出版〕《中国武侠小说名著大观》〔《中国武侠小说名著大观》，周清霖主编，上海书店出版社 1996 年 10 月出版〕，三书中均对还珠楼主列有人物及众多作品词条。

1988年3月15日 星期二 第七版　　人民日報（海外版）

·連載· 回憶父親還珠樓主

觀賢 觀鼎

編者按　已屆中年的人，大約還能想得還珠樓主這個名字，記得他的《蜀山劍俠傳》、《春城十九俠》等小說。當年，這些武俠小說曾經不脛而走，風靡一時。

歲月無情，還珠樓主已於一九六一年與世長逝。但是，他的作品仍擁有讀者，海外也有流傳。七十年代，台灣等地還出過研究還珠樓主的專著。

還珠樓主的一生，似乎罩着一層迷霧。他本名李壽民，四川長壽縣人氏。我們特請還珠樓主長女觀賢，次子觀鼎共同回憶其父生平，以解迷霧。

一、虎年驚夢　寓生遺緣

四川省長壽縣鳳凰街上，有一座雅致幽靜的院落，這是當地有名的李家祠堂的一部分。二十世紀第一個虎年——一九〇二年農曆二月二十八日，父親還珠樓主（原名李善基，後名李壽民）便誕生在這裏。

說起父親的生辰屬性，有一件事情，雖不算大，卻也稱得上是他降生的“序曲”，對父親一生的事業都有影響。

那年，祖母懷胎十月，預產期已過了，還不見動靜，心中不免暗暗焦慮起來。她每天求神拜佛，虔誠禱告，還是平靜如故。一日黃昏，祖母獨坐窗前，只見爬滿院牆的爬山虎枝葉隨風飄曳，沙沙作響，使她忽然想起腹中胎兒是一隻“虎”。結想成夢，夜間果有一頭斑斕猛虎朝她撲來。祖母在大聲呼號中驚醒，一個圓滾滾、肉孜孜、達九斤之重的胖小子已經破胎而降。在祖母驚恐不安地講述了她的夢境之後，祖父抱起剛剛出世的“虎娃”，左右端詳着，喜出望外地說，“好嘛，好！你給我生下了一個超群出衆的娃兒。”並斷言，“這龜兒子將來必定才智橫溢，大有作為。”

可是，祖母此刻卻別有一種心情。祖母出生於仕宦家庭，條件優裕，從小嬌生慣養。她聰明伶俐，詩詞歌賦、琴棋書畫樣樣來得，又是獨生女兒，本就任性異常。這次生育的艱難和突兀，竟使她產生了一種厭惡心理。望着四肢亂動的胖兒子，她暗暗罵道，“怒煞那怕死鬼！”後來，這種厭惡心理，竟導致了她對父親生活起居、讀書學習的全面苛求。還在父親牙牙學語時，祖母就開始懲罰性教育，稍不如意，非打即罵。拿背書來說罷，規定就很嚴厲，站背不成跪背，跪背不成杖背（用竹板或棍子邊打邊背）。幸好父親天資聰慧，體魄健強，讀書既能專心致志，做事也肯吃苦耐勞，祖母的“家法”很少落到他的身上。

壞事變好事。祖母對父親的苛求，反倒“玉成”了他。正是在這種苛求之下，父親鍛煉了意志，增強了毅力，養成了做事做到底的良好習慣。這對於他日後在艱苦環境中奮鬥、成長，在一生的筆墨耕耘中完成四千多萬言的寫作量，有着重要的意義。聯想到我們的二叔祥基、三叔守基，由於祖母的溺愛而終未成器，這一點更顯得十分突出。

自然，父親的成長跟祖父的教誨也有很大關係。祖父李元甫光緒年間曾任蘇州知府，因不滿官場黑暗而棄官去職，返回故里，以私塾為業。說是私塾，卻又與衆不同。他的教法注重體味，強調筆耕，所教詩書，不但要求背得滾瓜爛熟，牢記在心，而且要求心領神會，口述手寫。父親在祖父的悉心調教下，聰明才智與日俱增。他三歲開始讀書習字，五歲便會吟詩作文，七歲時寫文許大對，已能揮灑自如了。九歲那年，他作《“一”字論》，洋洋五千言，備述“一”的用途、用法，一時在鄉里傳為美談。鑒於父親少年時代所顯露的才華，當時長壽縣衙還特製了一塊“神童”匾，敲鑼打鼓地送到李家祠堂來呢。（待續）

晚年的還珠樓主

《人民日报》（海外版）1988 年 3 月 15 日开始连载还珠楼主子女观贤、观鼎合写的《回忆父亲还珠楼主》

与此同时，台湾地区学者叶洪生于1997 年1 月和2002 年2 月，先后在大陆推出的《论剑——武侠小说谈艺录》〔《论剑——武侠小说谈艺录》，叶洪生，学林出版社1997 年1 月出版〕《天下第一奇书〈蜀山剑侠传〉探秘》〔《天下第一奇书〈蜀山剑侠传〉探秘》，叶洪生，学林出版社2002 年2 月出版。此书是在1982 年10 月台湾远景出版事业公司出版的《蜀山剑侠评传》基础上改写而成〕两书，均对还珠楼主及其作品进行了详细评骘，尤其是后者，可谓继1949年徐国桢《还珠楼主论》后，海内外第一部翔实、系统评析还珠楼主及其作品的专著；1998年，北京大学教授孔庆东在其博士论文的基础上，出版了专著《超越雅俗——抗战时期的通俗小说》，书中对还珠楼主的小说创作给予了高度评价〔《超越雅俗——抗战时期的通俗小说》，孔庆东，北京大学出版社1998年4月出版〕；1999年，苏州大学汤哲声教授的《中国现代通俗小说流变史》杀青，其在书中认为，“自30年代初，李寿民登上武侠小说文坛后，中国武侠小说的创作取向发生了根本的变化”〔《中国现代通俗小说流变史》，汤哲声，重庆出版社1999年3月出版〕；苏州大学范伯群教授继2000年4月出版了由他主编的《中国近现代通俗文学史》〔《中国近现代通俗文学史》，范伯群主编，江苏教育出版社2000年4月出版〕后，又于2007年1月独自完成并出版了《中国现代通俗文学史》〔《中国现代通俗文学史》，范伯群，北京大学出版社2007年1月出版〕，在这两部专著中，均设专章介绍评论了还珠楼主的生平与创作；南京大学张元卿博士于2001年所出《民国北派通俗小说论丛》中，为还珠楼主专列一节，对其生平与作品进行了专题研究〔《民国北派通俗小说论丛》，张元卿，山西古籍出版社2001年2月出版〕；中国社会科学院文学研究所袁良骏研究员2003年出版的《武侠小说指掌录》，曾为还珠楼主列出专章，誉其作品为“剑仙神魔化之集大成”〔《武侠小说指掌录》，袁良骏，新华出版社2003年1月出版〕；陈洪教授为南开大学原常务副校长兼文学院院长，2019年南开大学出版社一次性推出由他批点和撰写导读的还珠楼主小说精粹读本《蜀山剑侠之英琼传》《蜀山剑侠之孽海情天》《云海争奇之儿女恩仇记》，可谓删减巧适，评点精当〔《蜀山剑侠之英琼传》《蜀山剑侠之孽海情天》《云海争奇之儿女恩仇记》，陈洪，南开大学出版社2019年6月出版〕；笔者浸沉民国通俗小说三十余载，除2010年、2012年、2017年分别出版了《旧人旧事旧小说》〔《旧人旧事旧小说》，倪斯霆，上海远东出版社2010年3月出版〕《旧文旧史旧版本》〔《旧文旧史旧版本》，倪斯霆，上海远东出版社2012年7月出版〕《旧报旧刊旧连载》〔《旧报旧刊旧连载》，倪斯霆，上海远东出版社2017年4月出版〕，三书均对还珠楼主列有专节研究外，更是于2014年推出了一部20万字的《还珠楼主前传》〔《还珠楼主前传》，倪斯霆，天津古籍出版社2014年11月出版〕。

此外，近年出版的各种大学教科书、现当代文学史研究论著，以及各类学术期刊中，也不乏对还珠楼主的评骘，因限于篇幅，此处不赘。

从以上梳理可见，时至今日，对还珠楼主与其作品的研究，已不再是“旁门左道”，其已正式进入当代学人的研究视阈。然而与方兴未艾的还珠楼主作品论相比较，对其生平史实的描述，目前却稍显薄弱。虽然近年不乏篇目出现，但囿于资料匮缺，无论是对其人生还是业绩的阐述，均显现出陈陈相因且错讹频出之弊。

笔者长年生活、工作于曾推出还珠楼主、白羽、刘云若、郑证因、朱贞木等民国北派通俗小说大家的天津，且秉性所及，自幼喜读这些“难登大雅”的“章回旧体”，并积三十余年之力，收集、积累了一批民国北派通俗小说作家与作品的资料；多次走访、拜见了京津一批当年健在的文坛长辈与报界耆宿；并结识了多位已故“旧派”通俗小说作家的亲友。经过数年披阅与采访，如今从历史烟尘中“打捞”出还珠楼主这位现代文学史上的“失踪者”，写下这部尚不成熟的评传，虽不能深刻揭示传主那多彩神秘的一生，但作为对中国现代文学的一次尝试性“拾遗补缺”，自我感觉还是填补了一个“空白”。

下面，让我们随着时光的倒流，一起走进还珠楼主那多彩传奇的一生吧！

第一章　川东古城，神童降生壮游名山

1930 年代峨眉山（蜀山）入口

第一节　官宦世家诞下“虎崽”

长寿县坐落在原四川省东南部，往西不远便是川南名城重庆，其东南面与盛产榨菜的涪陵毗邻，并可遥望“鬼城”丰都〔重庆市已于1997年脱离四川省改为直辖市，长寿县划归重庆市管辖，现为长寿区。本书为了能还原历史原貌，故仍按1997年前的地理概念和属地关系叙述〕。泽惠数省的长江从它的南面逶迤流过，使这里自古便物华天宝、人杰地灵。由于“北纬30度线从长寿腹心横穿而过，东经110度线离长寿近在咫尺，长寿处在天下之中的神秘交叉点附近，因而文明起源甚早，至少七千多年前就有土著居民生息繁衍，后来成为古代巴人活动的中心区域”〔《还珠楼主的故乡文脉》，长寿新闻网，http://www.ccs.cn，2014年11月27日〕。

氏族部落阶段，四川东部一带缺乏文字记录。按长江流经之地古时氏族、部落分布情况判断，今长寿所据之地应属枳。据《长寿县志》记载：长寿县于唐虞夏属梁州，殷商属雍州，春秋属巴国枳邑，战国秦汉至北朝西魏（公元前314年—公元557年），属巴国枳县（邑）之地，其间蜀汉章武年间（221年—223年）首置常安县，在县历史三十余年。北周至隋朝时期（557年—618年），县地划入巴县。唐武德二年（619年）分巴县地置乐温县，以“县东北有乐温山，其地常温，禾稼早熟，民亦乐之”而名。同时又置永安县、温山县。后永安、温山二县分别于唐开元二十二年（734年）、宋熙宁三年（1070年）撤销入乐温。元至元二十年

（1283年），乐温入涪州，置为涪陵巡检司。永安在县历史115年，温山451年，乐温664年。元顺帝至正二十三年、大夏天统元年（1363年），西系红巾军将领明玉珍建大夏国定都重庆，改置长寿县〔《长寿县志》，四川省长寿县地方志编纂委员会编纂，四川人民出版社1997年10月出版，第2—3页〕。

关于长寿县名称的由来，民间传说颇多。但较一致的说法是：明代洪武年间，有一位状元及第官拜当朝的宰相，一次下乡察访民情，路过乐温县，突遇大雨滂沱，在酒肆歇息躲雨时，发现对面一家庭院内张灯结彩，鼓乐齐鸣，人来客往，热闹非凡。正待问个究竟，却见一位老翁，满头白发，银须齐胸，年九十有余，来店沽酒，自称是给爷爷做寿。宰相听后，兴趣油然而生，便向老翁问道："令祖父高龄几何？"老翁笑答："正满一百五十岁。"宰相越发惊奇，正欲细问，又见一个四十多岁的中年人来到老翁面前，口称爷爷，给您送来雨伞。片刻，又有一个童子蹦蹦跳跳前来，称送伞者为爷爷，要他回去拜寿行礼。宰相再也按捺不住，决定亲赴寿翁家祝寿。宾主寒暄中，主人深感来人谈吐不凡，遂取出文房四宝，请其题词留念。宰相也不推诿，接过笔来，龙飞凤舞地写下"花眼偶文"四个大字。主人不解其意，宰相便以每个字为句首，写下四句诗：花甲两轮半，眼观七代孙；偶遇风雨阻，文星拜寿星。下方落款为"天子门生门生天子"。主人方才恍然大悟，知客人是当朝宰相，又是皇帝的老师。这位宰相通过察访，了解到这个古老的乐温县，土地肥沃，物产丰富，山清水秀，民风淳朴，百岁老人家家都有，于是便回朝奏明天子，从是年九月始，遂改乐温县为长寿县。据说这个美妙的传说，历经数百年，至今还在当地民间盛传不衰。

但传说毕竟是虚无缥缈的臆撰，长寿县名的真实由来应为："1363年明玉珍建大夏国于重庆，以县东北有长寿山为由，更名为长寿县。"〔《四川省情》，四川人民出版社1987年5月出版，第7页〕此外，其县志亦言："'县东北有长寿山，居其下者，人多寿考'而名。"〔《长寿县志》，四川省长寿县地方志编纂委员会编纂，四川人民出版社1997年10月出版，第3页〕百年之后，明天顺年间，长寿知县于县城外环以深濠，万历年间不幸遇火，城衙俱毁，崇祯末年又遭农民起义洗劫，迨至清康熙八年，其知县余钰复于凤山处，以石头修筑城垣，辟有四门，东名"迎晖门"、南名"安庆门"、西名"集凤门"、北名“拱辰门”，八年方竣。至此，长寿县城规模始具，俗称“凤城”。“凤城”之得名，除其处于“凤山处”外，还因县城“滨临长江北岸，依山傍水，前临陡崖，后拥重岗，表里巩固，形如飞凤，故名凤城，又称小山城”。〔《长寿县志》，四川省长寿县地方志编纂委员会编纂，四川人民出版社 1997 年 10 月出版，第 76 页〕对此，近年其民间的描述更为生动——

长寿多山，城郭依山而建。县城所在地叫凤山，因为山形如同奋翼冲天的凤凰，故名。从凤山之巅远望，东有黄草山之雄，西有明月山之险，南有五堡山之秀，朝夕相处，人的胸襟自然会受到山的陶冶。主城附近有一座气象雄阔的菩提山，如一座巨钟反扣在平野之上，山上庙宇巍峨，香火旺盛，山顶燃放一只如炬的大灯，彻夜长明，光盈天地，远近皆见，有菩提圣灯之称。长寿多水，长江横贯境内，绕城蜿蜒而东，与黄草山相遇，形成险若夔门的黄草峡。境内还有二湖、三河、十三溪和众多水库，与长江一起，形成发达的水系。

就在本书传主家附近的凤山脚下，是一个巨大的城市峡谷三洞沟，桃花溪波光闪动，两崖绝壁，怪石嶙峋，飞泉喷珠，林木葱茏，素有桃源仙洞之美称。清朝中叶著名政治家陶澍，曾对长寿山水大为赞叹，挥笔写下过“水曲流巴字，山长幻寿文”的精彩诗句。本书传主的小说中，有大量山水景观的精彩描写，不能不说与童年时代故乡山水的启蒙有关。

长寿也是中国养生文化从蒙昧走向科学的演化中心，秦朝后期诞生过杰出的养生医药大师巴寡妇清。长寿还是程朱理学的传承枢纽，由长寿人创立的涪州学派，在国家危亡之际传承文脉，培养了一大批儒学大家，极大地推动了程朱理学由程颐、程颢到朱熹的转化发展。此外，长寿养育出的叱咤风云人物还有许多，如宋代儒学宗师谯定、制墨大师蒲大韶，元代文学家贾元，明代三朝元老聂贤、兵部尚书陈新甲，清朝工部侍郎韩鼎晋、陕甘提督胡超、云南学政汪叙畴、经学大师李滋然等。唐代诗人杜甫，宋代诗人范成大、晁公溯，明代诗人李敩、曹学佺等，都曾留下了赞美长寿的精美诗篇。〔《还珠楼主的故乡文脉》，长寿新闻网，http://www.ccs.cn，2014 年11 月27 日〕

或许是因了这种自然仙境与人文景观的双重驱动，康熙以降，随着香火绵延，外来人口逐渐增多，“凤城”遂呈人丁兴旺、书香飘溢之势。至清光绪晚期，“凤城”长寿县已成川东耕读俱佳的响镇名城。

正是在此时，本书传主出生了——

20世纪第一个虎年初春的一天傍晚，在长寿县城关镇凤岭街上显赫的李家祠堂里，一位怀胎十月预产期已过但仍未分娩的妇人，独坐窗前，手摸着滚圆的肚皮，于焦虑中暗想：这娃儿好生奇怪，怎么迟迟不肯出来见人，莫非他是个异类。今年是虎年，莫非我怀了一只虎崽？

也许是日有所思，便夜有所想。是夜，熟睡中的妇人忽生一梦：一只斑斓猛虎呼啸着向她扑来……

就在她惊恐呼号之时，一个重达九斤的男婴已破胎而出，高声啼哭着向世间报到。

中年添子的李家男主人——曾宦游数省如今辞官居家以私塾为业的李元甫，此刻闻声而至。他望着眼前这个头颅颇大四肢短粗的肉孜孜、粉嘟嘟婴儿，默不作声。仔细观察半晌后，突然放声大笑，连声高喊：“好嘛，好！你给我生下了一个超群出众的娃儿。这龟儿子将来必定才智横溢，大有作为！”〔以上情节详见《回忆父亲还珠楼主》，观贤、观鼎，《人民日报》（海外版）1988年3月15日〕

这一天是清光绪二十八年——农历壬寅年二月二十八日——公元1902年4月6日。

李氏家族在长寿县是宅大家兴的名门望户。据其后人回忆，长寿县城关镇凤岭街“明清时期叫小市街，位于长寿老城凤山的脊领之上，是由长江河街码头向北通往垫江、梁平等地必经的主干道，街道由宽阔的石板路和两旁的商铺民居构成。长寿的大户人家李氏、余氏、韩氏、傅氏、雷氏、孙氏等，都集中居住在凤岭街一带。其中，李氏家族在凤岭街上占据的风水宝地，后来成为李家祠堂。清嘉庆七年（1802年），为防备川楚白莲教，筑城垣于凤山之上，长寿县署从河街迁移到位于凤岭街附近的新署街，凤岭街变得更加热闹起来”。

明成化年间（1465年—1487年），李氏家族“五世祖李皙入川，开始在当时的小市街（后来的凤岭街）购置临街宅基地而构屋居住，这就是长寿凤岭街李氏的起源。到明末清初之际，由于家族的繁荣兴盛，李家祠堂发展成四个大院子、四个大朝门、两座小碉楼、临街房屋五十四间的盛大格局，整个家族拥有全县七十二个村庄的田产。因长寿傅氏始祖为李氏入川始祖之一李文彬入赘，李、傅实为一家，故凤岭街李家祠堂与傅家祠堂比邻而居，大门分置，后门直通”〔《还珠楼主家世考述》，李永明，《苏州教育学院学报》2016 年第 3 期，第 18 页〕。

2014 年 11 月，由重庆市长寿区政府主办的首届“还珠楼主高端论坛”与“还珠楼主纪念园暨墓园奠基仪式”，在长寿区长寿湖畔隆重举行。笔者作为论坛代表，受邀亲临其盛。会议间隙，蒙本书传主族孙、长寿县委前宣传部长李永明陪伴，曾完整考察了李氏家族在长寿的历史遗存。

如今凤岭街上长寿区第一实验小学校址，便是原先的李家祠堂。当我们走进校门，看到的是偌大的广场和校舍，虽当年景致无存，现今只遗留了部分围墙和一口老井，但李家祠堂的宏大与豪奢，则仿佛依稀可见。据李永明介绍，李家祠堂的大门开在凤岭街上，是一个庞大的石朝门，大门进去，是一条宽二米、长约二十米的石板路，路两旁是花园，路尽头是带有顶棚各向左右延伸二十米的回廊，经回廊折拐圈套出若干院落和房屋，并依地形起伏而呈高低错落之势。李家祠堂分为左右两个大院子，左为孝友堂，右为忠恕堂。而忠恕堂，便是那个“虎崽”当年的落生地。

在当年四川省长寿县凤岭街李家祠堂原址上建起的今重庆市长寿区长寿实验一小

这口水井是还珠楼主故居李家祠堂保留下来的唯一遗迹

随后我们考察了李家祠堂南面坎下著名的林庄坝子。这里最著名的景观便是林庄学堂旧址。据当地官网材料记载：清末光绪年间，康有为、梁启超等提出维新变法政治主张。特别是张之洞，他强调“中学为体、西学为用”，力主改革学制，提倡罢书院、兴新学。因张之洞是当时长寿知县唐我圻亲姑父，故唐深受张之影响，积极在长寿创办新学。经过四年筹备，长寿的新式学堂于光绪三十一年（1905 年）建成，取名“长寿高等学堂”，俗称“林庄学堂”，后来演变成长寿中学。知县唐我圻曾亲笔为林庄学堂落成题写对联：

世方求异等茂才，为吾道任干城，岂图柔史刚经，多能鄙事；
我自愧不学无术，与诸生开石室，应有幹家栋国，共济时艰。

横匾则为：

百年树人。

现代著名报人陈铭德、表演大师周空空、外交家孔庆宗等，当年都曾就读于林庄学堂。

当年李家祠堂南面坎下林庄坝子上的林庄学堂保存完好，它是还珠楼主曾祖父李彬然之兄李郁然的旧宅，据说是完全按照凤岭街李家祠堂的规制修建的，只是规模略小

2014 年 11 月 21 日，笔者与武侠文学研究专家罗立群（中）、步飞烟（左）在还珠楼主曾祖父李彬然之兄李郁然旧宅前合影

据李永明介绍，眼下的林庄学堂旧址，仍保留了当年的原样。它是“虎崽”曾祖父李彬然之兄李郁然的旧宅，是完全按照凤岭街李家祠堂的规制修建的，只是规模略小。至此，笔者在清晰地领略了当年李家祠堂的风貌

后，也从内心发出感叹——如此散落在山清水秀环境下林荫清幽的竹窗瓦舍，确是中国传统读书人修身养性的绝佳胜地。

对这个街巷古朴、民风淳厚的出生地，本书传主直至晚年仍眷恋有加；而故居的父老也没有忘记他这个长年漂泊在外的家乡人，甚至以他为荣。近年便有重庆媒体报道：“六十五岁的长寿人韩余生，从小生活在位于长寿城区林庄口的韩家院子，与还珠楼主故居相距不足百米。韩余生说，20世纪60年代，他就知道有位邻居叫还珠楼主，是公认的现代武侠小说宗师，‘我的父辈是他的粉丝，只是没见过他本人，想象中应该是仙风道骨的样子’。”“据他的儿子李观洪说，还珠楼主临终前最挂念的就是长寿故土”。在李观洪的记忆中，父亲“说得一口流利的普通话，但在家里，父亲却几乎都说长寿话，还烧得一手好川菜，我父亲做的回锅肉，那叫一绝，他告诉我们，这样的美味就是来自家乡的味道”。“父亲说起年少的那段时光，说起家门口的小巷，说起街尾的码头，总是眉飞色舞”。〔《武侠小说宗师还珠楼主》，《重庆晚报》2016 年 7 月 12 日〕“父亲在临终前曾躺在病床上悲叹：‘看来，长寿我是回不去了……’”〔长寿新闻网，http：// www.ccs.cn，袁颖、徐熙孟，2019 年 4 月 15 日〕其乡梓之情，可谓厚重浓烈。

正如中国古代世家大族均注重文化传承一样，凤岭街李氏家族也是将诗礼传家视为家风。对此，其入川九世祖李开先曾有评说：“吾家书声不断者，三百余年矣。父以是传之子，子以是传之孙，入学无谢师之束脩，行文有家传之捷诀，占此便宜，皆他家所难得者。故昔日子孙遵先祖之志，人人奋厉，日日潜修，以故科名迭出，极盛一时。”〔《长寿李氏族谱》，民国三十四年（1945 年）刻本，现藏重庆市长寿区档案馆〕

读书同时，科举进仕也是该家族传统。据考证，李氏家族“自明初从湖北麻城孝感乡入川落籍长寿后，诗礼传家，累世簪缨，繁衍为长寿第一望族”。其一世祖李文质原为湖北黄州府麻城县孝感乡林家店人，明洪武初年（1368 年）离鄂入川，定居长寿江南廖家坝，其乃庠生（秀才）出身，“以教授为业”。

二世祖李志善为李文质独子，其子承父业，亦为庠生出身，仍居廖家坝以教书为业。

三世祖李清为李志善独子，迁居长寿江北三洞沟，为明宣德四年己酉科举人，曾任陕西汉中府凤县教谕。

四世祖李功棐为李清长子，庠生出身。

五世祖李哲乃李功棐四子，亦为庠生出身，其为长寿凤岭街李氏宗祠分支之祖。

六世祖李秀春乃李哲三子，生子六人，仅三子有嗣，是为长寿凤岭街李氏三大房之起源，其为明嘉靖四年乙酉科举人，先授南直隶滁州全椒县及陕西西安府潼关县教谕，后升北京国子监助教，曾受嘉靖皇帝“学允行谨，才敏识优”嘉许，旋迁山西道监察御史，因业绩突出，遂又监管浙江、福建、山东、山西、广西、贵州七道，捻京城七十二衙。为扳倒奸臣严嵩，上书皇上有“陛下不斩严嵩之头以谢天下，宁斩臣之头以谢严嵩”之语。晚年先后出任福建侯官尉、陕西按察司佥事、云南按察司事等职。

七世祖李之胤乃李秀春长子，屡试后终为贡生。

八世祖李士震乃李之胤长子，举人出身，历任湖广辰州府麻阳县知县、云南嵩明州知州、福建按察司佥事、广西桂林府义宁县知县、广东韶州府翁源县知县等职。

九世祖李开先为李士震四子，贡生出身，任黔江县知县，后辞官隐居，著述颇丰。

十世祖李衡俦乃李开先次子，廪生，以教书为业。

十一世祖李世章为李衡俦次子，庠生。

十二世祖李希骞为李世章长子，庠生。

十三世祖李心潜为李希骞长子，乾隆十五年乙卯科举人。

十四世祖李能诗为李心潜长子，乾隆二十五年庚辰恩科举人。

十五世祖李仲白为李能诗独子，乾隆五十三年戊申恩科副榜，历任河南沈丘、西平、罗山、舞阳、息县、汝阳等县知县。

十六世祖李彬然乃本书传主曾祖，嘉庆二十一年丙子顺天乡试举人，嘉庆二十四年己卯科进士，钦点刑部山西司主事。

十七世祖李培本乃本书传主祖父，出仕后一直在成都做官。〔以上家族谱系详见《还珠楼主家世考述》，李永明，《苏州教育学院学报》2016 年第 3 期，第 22—25 页〕

由此可见，凤岭街李氏家族祖上均为仕途中人。而此刻辞官居家中年添子的李家男主人李元甫，则是十七世祖李培本的次子(其生平后文详述)。

对此，旅美还珠楼主研究专家黄汉立的考据可为互证。其据1928年汤化培修、李鼎禧纂石印本《长寿县志·萧湘李锺璜传略》所载“长寿李氏有二大宗，一名文质，一名应恺，俱由楚入蜀，其时代皆元末明初，籍贯里居不大舛异，疑其一本也”之信息，〔《长寿县志》卷十一，1928年汤化培修、李鼎禧纂石印本，台湾成文出版社1976年影印本，第817页〕又参以李元甫字、名及其三子字、名，考证出：李元甫“为文质一系后人”。〔《严迪昌黄汉立论还珠往来书札》，《天津记忆》（内刊）第9期，2009年5月16日出版，第10页〕又据《萧湘李锺璜传略》得知：“文质世居负郭，子孙繁衍，明清两朝，科第仕宦称极盛。”〔《长寿县志》卷十一，1928年汤化培修、李鼎禧纂石印本，台湾成文出版社1976年影印本，第817页〕

通过上述凤岭街李氏家族祖辈行实之梳理，可以得到三方面切实信息：一为该家族原籍乃湖北黄州府麻城县孝感乡林家店，明初迁入四川长寿江南廖家坝，后移居长寿江北三洞沟，明成化年间由其五世祖李晢定居长寿凤岭街；二为该家族一直诗礼传家，“书声不断者，三百余年”，且“行文有家传之捷诀”，即始终家族授业，父传子，子传孙；三为该家族世代科举中的，累世为官，一直是皇粮供奉。

此外，凤岭街李家始终人口众多，至李元甫此番获子时，其家族已五世同堂。但由于家中男人多在外为官为宦，此时掌管李家祠堂者，只有辞官居家的李元甫。李元甫娶有五房妻妾，〔《我的父亲还珠楼主》，李观承，载台湾联经出版事业公司出版《近代中国武侠小说大系·还珠楼主卷》，1984年12月出版，第45页〕梦虎产子者，为其幺房，名叫周家懿。据她所生“虎崽”后来以“木鸡”笔名所作纪实小说《珠还》披露：

（李元甫夫人）何氏，人甚贤淑忠厚，见丈夫寄人篱下，不能伸头，连急带气，郁郁病死，留下子女各一，年纪尚幼，中馈无人，好生烦恼。还算时来运转，第二年戊子（1888年）科乡试，中了一名举人，主考张百熙，是个有名的儒臣。怡庵（李元甫）中后，前往拜谒老师，一见赏识，说他学识气度，迥异恒流，大为器重。人情自来势力，怡庵中时，年纪已三十多岁，虽不算早，才名久已传播，再有这几句话，一传出去，各亲友闻知怡庵续弦未娶，都来给他做媒，结果仍由一位老长亲做媒，聘了涪州周家之女。周家也是涪州望族，周女曾祖父文慕公，是嘉庆皇帝的师傅，又曾出使过琉球，科甲书香虽不及李家久远，功名财产却都胜过李家。周母生了十多个儿子，末胎才生下这个女儿，从此年纪渐老，不再生育，加以周女品貌端秀，天资异常聪明，幼随父兄，博览群书，诗文书画，都有根底，女红烹饪，无不精妙，更抚得一手好琴，父母兄嫂，个个钟爱。因为择配太苛，年逾二十，尚在闺中待字。〔《珠还》，木鸡，《新北京报》副刊 1939 年 5 月 1 日至 11 月 6 日连载〕

也正因此，这个涪陵望族周家独生女，自幼聪明伶俐，琴棋书画皆能，诗词歌赋俱佳，但因从小娇生惯养，性格颇为任性。此刻她虽一朝分娩，解除了怀胎十月之苦，但并没有抒出胸中闷气，梦中的虎影时时在她眼前摇晃，她固执地认为自己生产的就是一个异类。当李元甫欣喜异常时，她却看着这个刚出生的长子，心生厌恶，低声骂道："恶煞星！倍死鬼！"以致后来她对这个长子的生活起居、读书学习均全面苛求，而对随后出生的二子祥基、三子守基及小女儿却宠爱有加。〔《回忆父亲还珠楼主》，观贤、观鼎，载《人民日报》（海外版），1988 年 3 月 15 日〕

这个刚刚出生的"虎崽"，李元甫为其取名李善基，因其生活在大家庭的堂兄弟中排行第七，故小名为小七子。虽然当时其母周家懿因厌恶而对他处处苛责，其父李元甫因他出生离奇而寄予厚望，但他们却都没想到，就是眼前这个其貌不扬的硕大婴儿，在他们的苛责与调教下，多年之后竟成了名震大江南北的一代武侠小说大宗师，并以"还珠楼主"笔名写出四十余部惊神泣鬼的武侠名著，最终导致其名其书享誉民国市井近二十年，其影响至今仍波及海内外，成为众多专家学者的研究对象。而其相貌，也由头颅颇大、四肢短粗变成了"帝王"之相。据 1946 年沪上媒体披露，此时的还珠楼主颇"像袁世凯"：

你读了还珠楼主的小说，闭起眼睛来假想一下作者的风貌，一定认为楼主必是一位中年人，瘦长的身材，有着很深的近视，写稿时必戴厚玻璃近视镜，用大指食指中指捏着笔杆，躬着腰伏案写完一段，再唧唧哝哝念一遍，如果他走起路来，必是甩着长衫的阔袖，踱着方步……

我以前也是这么想，等到我一看见他的时候，我才知道我是完全错了！——这位还珠楼主原来是矮而胖，双目炯炯有神，圆圆的秃头，衬上精干的身躯，看上去很像袁世凯，而且是喜欢穿西装的，一点不像个“文弱书生”模样。〔《还珠楼主像袁世凯》，羽生，上海《大地》周报 1946 年第 21 期〕

行文至此，民国年间领袖群伦的武侠小说大宗师还珠楼主的“出世神话”已交代清楚。由于这个出生反常的“虎崽”日后经历复杂，在不同时期均有离奇的故事出现，而且伴随着不同的离奇故事他又分别为自己取了不同的姓名与笔名——除其父赐名李善基外，他在不同时期分别又名李寿民、李红，并以还珠楼主、禅机、木鸡、寿七、老鵕、珠、阿七、李还珠等为笔名，故而其晚年档案簿上称谓复杂，“又名”甚多。本书为了叙述方便，从此刻开始，对其称谓均以目前海内外研究者对其昵称呼之，名曰“还珠”。而其在不同时期的姓名与笔名，只在文中叙述到特定时期时，予以说明。

第二节　李家祠堂里的“神童”

超乎常人的母腹孕育，使还珠一出生便给人以呆头呆脑之相。其幼子李观洪曾言：“父亲还珠楼主从小显得特别鲁钝，三岁之前几乎不会说话，这可没有让祖父祖母少操心。一次，祖母周家懿带着父亲去寺庙烧香，当年幼的父亲看到寺庙里四大金刚的凶猛塑像时，立刻惊恐万状，感到异常害怕，突然‘哇’地大叫一声，从此就会说话了。”〔《往事依依蜀山青——还珠楼主子女访谈录》，李永明，《品报》（内部电子刊物）第23期，2013年7月1日出版，第12页〕

或许是早慧的头脑被这迟来的呼声憋得太久，自此之后，幼小的还珠便突然变得聪颖过人。也正因此，精通诗文的周家懿，从还珠三岁起，便教他读书习字，而且规矩极多，要求甚严。据还珠次女李观贤、次子李观鼎后来描述：

> 还在父亲牙牙学语时，祖母就开始惩罚性教育，稍不如意，非打即骂。拿背书来说吧，规定就很严厉，站背不成跪背，跪背不成杖背（用竹板或棍子边打边背）。幸好父亲天资聪慧，体魄强健，读书既能专心致志，做事也肯吃苦耐劳，祖母的“家法”很少落到他的身上。
>
> 坏事变好事。祖母对父亲的苛求，反倒“玉成”了他。正是在这种苛求之下，父亲锻炼了意志，增强了毅力，养成了做

事做到底的良好习惯。这对于他日后在艰苦环境中奋斗、成长，在一生的笔墨耕耘中完成四千多万言的写作量，有着重要的意义。联想到我们的二叔祥基、三叔守基，由于祖母的溺爱终未成器，这一点更显得十分突出。〔《回忆父亲还珠楼主》，观贤、观鼎，载《人民日报》（海外版）1988 年 3 月 15 日〕

正是在这种看似“苛求”的严厉教育下，幼小的还珠养成了敏捷的思维与过目不忘的记忆，以致在他年稍长游历名山大川时，面对山势地形与崖刻碑文，均能瞬间领悟，过目不忘，并在多年之后，仍能牢记于心，信手写入他那卷帙浩繁的“奇书”中。

而父亲李元甫在还珠教育上，则是牢牢遵循祖上遗训：“子弟虽有读书之名，而无下帷之实，悠悠忽忽，虚度年华，可惜甚矣。今后急宜谢绝一切，闭户潜心，将前辈名稿名墨时文、四书经旨，一一领会，暇则古文诗赋、医卜地理皆当留心。久则自有一段悦心之处浸入肝脾，虽欲舍之而不忍舍者，否则心与理疏，读觉无味，上之何以承先，下之何以启后乎？且深于义理，则谈论风流，不致粗鄙，文词蕴藉，取重乡邦，取科第如拾芥，非大言也。”〔《长寿李氏族谱》，民国三十四年（1945 年）刻本，现藏重庆市长寿区档案馆〕

这种“家传之捷诀”的读书方法，让幼小的还珠获益匪浅；而“入学无谢师之束脩”的父传子、子传孙的授业家风，更是让还珠受益良多。因此，在李元甫的调教下，此时的还珠不但对“前辈名稿名墨时文、四书经旨”领会深刻，而且在读此之余，尚对“古文诗赋、医卜地理”亦非常“留心”。对此，在成年后他曾有如下表述：“不佞少涉世尘，学殖荒落，偶因山水登临，属词比事，类皆浅陋粗疏，随手弃去。代人酬应，事非由心，更为伧鄙，勉强凑成，即付属者，脑中从不再留痕滓。纵有一二儿时窗课，因得父师教改，差可入目者。”〔《答少选先生》，寿民，载天津《天风报》副刊《黑旋风》，1934 年 10 月 25 日〕而其代表作《蜀山剑侠传》等，能将山水地理、医卜星象等世间杂学信手拈来，也应该是这时“浸入肝脾”的结果。

还珠父亲李元甫乃长寿县凤岭街李氏家族第十八世祖，为光绪十四年（1888 年）举人。据 1928 年汤化培修、李鼎禧纂石印本《长寿县志·科举》记载：李元甫为“十四年戊子科．十四年戊子为光绪十四年，西元一八八八年。”〔《长寿县志》卷六，1928 年汤化培修、李鼎禧纂石印本，台湾成文出版社 1976 年影印本，第 421 页〕同时该《县志》卷十二艺文部录有李锺璜一诗，题为《辛亥书怀却寄元甫弟光乾》，又知李元甫字光乾。对此，还珠族孙李永明近年亦言："还珠祖父李培本，字立生，一直在成都做官，住宅位于盐道街。例赠修职郎。娶周氏，生二子：李光益、李光乾。”而且“李光乾与兄长李光益感情甚笃”，李光益后来“居住在天津”。〔《还珠楼主家世考述》，李永明，《苏州教育学院学报》2016 年第 3 期，第 25 页〕这也正是李元甫死后，还珠 1920 年北上谋生第一站，便落脚天津之原因。

从中举后到还珠出生前的十四年中，李元甫曾宦游云南、贵州、四川、湖南诸省，由于其生性耿介，不谙为官之道，仕途一直不顺，在浮沉官场十余年后，至还珠出生之时，便已居家赋闲。关于李元甫这一时期的官场情况，因至今尚无直接史料发现，人们知之甚微。目前只知其曾逐日写有有关云南、贵州、四川、湖南诸省风土人情、文物掌故的日记，“对于云贵川湘风土文物记叙甚详”。然该日记也仅是后人的回忆，目前已很难钩稽。〔《我所认识的还珠楼主》，唐鲁孙，1982 年 6 月 20 日台湾《民生报》副刊〕

此外，关于李元甫此时期的官职，囿于文献匮乏，其后人在追忆中亦均语焉不详。非但如此，就是在还珠出生后，由于缺乏文字记载，人们对其父再度出仕的时间、官职等情况，也是其说不一。即使还珠后人，对祖父一生的官场表述，有时也往往相互矛盾。例如，还珠次女李观贤、次子李观鼎20 世纪80 年代末曾言：“祖父李元甫光绪年间曾任苏州知府。”〔《回忆父亲还珠楼主》，观贤、观鼎，载《人民日报》（海外版）1988 年3 月15 日〕而还珠长子李观承则回忆：“我的祖父李元甫光绪三十二年（一九〇六年）从南京调任常州知府。”〔《我的父亲还珠楼主》，李观承，载台湾联经出版事业公司出版《近代中国武侠小说大系·还珠楼主卷》，1984 年12 月出版，第43 页〕其实以上两说目前均无档案史料支撑，很难成立，作为口述史，只能存疑。但即使如此，我们对李元甫一生的官场情况还是有迹可循，那就是还珠在其仅有的两部世情小说之一《征轮侠影》中，对其有所述及。

目前海内外还珠研究者均一致认为，写于 1940 年的《征轮侠影》，是还珠的一部自传体小说。〔此书原名《轮蹄》，写于 1940 年，1941 年 8 月 10 日连载于北平《新北京报》，未完。1943 年其第一集六章六万字由励力出版社出版，仍未完。1948 年更名为《征轮侠影》续完，由上海三新书店出版〕在此书第二章《有志振门楣佳儿任重 因嫌生间隙恶妇使刁》中，还珠写道：

> 那周元荪（即还珠本人）本是湖北孝感县的望族富家。父名光甫（即李元甫），乃前清光绪戊子科举人，以名孝廉服官江南诸省，品学兼优，性情慷慨，交游遍于东南，从不把金钱放在眼下。乃兄益甫，是光绪癸酉拔贡，报捐浙江知县，有循能之名，当时称为浙省州县中第一等人才，历任繁剧，曾经三任乌程等肥缺，可是花起钱来比光甫还要豪纵。尤其益甫之子少章是个少年纨绔，声色狗马无一不好，尤其爱赌如命，麻将牌九动辄一输万金无吝色。因此兄弟二人做了许多年阔州县，只是外表堂皇，不但没剩下钱，反把家中田产变卖了来填补亏空。周氏簪缨氏族，尤其益甫、光甫这一房，有好几代俱是单传，在本族中最称富有，单是稻田就有好几百顷，果园山地尚不在内。固然弟兄二人服官清廉，性喜挥霍，可是一多半都糟在这位大少爷的身上。益甫家教本严，无如误信枕边之言，受了闺人挟持，每任都使大少爷当账房，自身又不善于持筹握算，只当是自己任内亏空，始终瞒在鼓里。光甫弟兄情重，又敬兄长，明明知道又不肯说，终家业凋零一败涂地，已无可挽救了。
>
> 光甫先在江苏任了好些差缺，都因廉介好交，每任多少都有亏空。〔《征轮侠影》，还珠楼主，山西人民出版社、北岳文艺出版社 1998 年 8 月出版，第 18—19 页〕

通过上述文字，除了知道李家本是湖北孝感县的名门望族外，还可以得到有关李元甫为官生涯的如下信息：李元甫曾以名孝廉在江南诸省任官，并在江苏任了好些差缺（具体何年在何处任官，此处未讲，只知官至州县。还珠子女回忆，曾任苏州、常州知府，不知所据为何）；李元甫还有一兄（即李光益），乃光绪癸酉拔贡，人才杰出，做过浙江知县，曾经三任肥缺（肥缺为何，此处未提）；李元甫兄弟二人虽然做了许多年阔州县，但因为官清廉，生性好交，性情慷慨，花钱流水，故而非但没存下钱财，反而将家中田产变卖来填补了亏空（变卖田产多少，亏空多大，此处未提）；在李氏家族，李元甫兄弟这一房在族中最称富有，有稻田好几百顷，外加果园山地（究竟稻田几百顷，多少果园山地，此处未提）；李元甫有个亲侄子（即李光益之子李丕基），少年纨绔，除声色犬马外，尤其好赌，且在李元甫兄弟为官每任上都当账房掌管钱财，故而将家中积蓄输得所剩无几，加上李元甫兄弟二人好交挥霍，终于使家业凋零一败涂地（家业衰败的具体年月，此处未提）。

综合以上信息，其实已经约略窥见到了李元甫在官场的“蛛丝马迹”。虽然他在还珠出生前的为官情况仍“扑朔迷离”，但随着还珠出生，其此后的出仕经历，在以上“蛛丝马迹”的引领下，再揆之其他史料，还是有可能考辨还原出具体真相的。对此，本书将随着还珠的成长历程，在此后的叙述中一一予以披露。

据还珠子女回忆，还珠出生时，其祖父李元甫已结束了早期的游宦生涯，“弃官去职，返回故里，以私塾为业。说是私塾，却又与众不同。他教法注重体味，强调笔耕，所教诗书，不但要求背得滚瓜烂熟，牢记于心，而且要求心领神会，口述手写。父亲在祖父的悉心调教下，聪明才智与日俱增”。〔《回忆父亲还珠楼主》，观贤、观鼎，载《人民日报》（海外版）1988年3月15日〕

此外，就在李元甫这段赋闲时期，还珠两弟一妹先后出生。大弟取名李祥基（又名天生），二弟取名李守基（又名忝生）。小妹早夭，年仅五岁。

正是在母亲的严厉苛求与父亲的悉心调教下，幼小的还珠整日浸泡在古诗文中，其对中国传统文化的认知与理解已远超同辈。其在五岁时，举凡唐诗宋词、元曲明剧中的名篇佳作均已熟稔于心，且常常看到各种景物，自己找辙找韵地“诌”上几首，不但合辙押韵，对仗工整，而且言之有典，励志抒情，常常让族中父老及堂兄妹们欣羡不已，令周围乡邻惊诧有加，啧啧称赞。

李家祠堂的前院有一池塘，名曰“洗墨池”，传说是明朝大太师严嵩写字时的涮笔之处。幼年的还珠常常一个人坐在池边，临帖习字。2014年11月，笔者在长寿区参加“还珠楼主高端论坛”时，李永明曾带我考察过这个“洗墨池”遗址。其处于现长寿区第一实验小学（李家祠堂原址）的马路对面拐角处，如今池塘已荡然无存，取而代之的是繁华街巷的一角。

但由此亦可看出，当年李家祠堂之阔大，其不但占据了半个足球场之大的实验小学，而且还凸扩到马路对面的一片开阔地带。

当年李家祠堂的洗墨池原址。如今位于重庆市长寿区长寿实验一小的对面

据李永明后来撰文描述：洗墨池在长寿凤岭街李家祠堂大门口街道对面，乃一方用青石箍成的长方形水池。其南北走向，顺街而立，高约一米多，长约五米，宽约三米，青石厚度约合四十厘米，外立面石纹精细考究，池内常年盛水，且有浮萍。洗墨池旁建有小亭子，亭内立有石碑，竖书“进士及地”四个大字。还珠祖父李培本去世后分家时，洗墨池分给了还珠这一房，作为幼年还珠练习书法洗笔之用。1949年以后，洗墨池更名为太平缸，预示着太平盛世的到来。大约在20世纪60年代，洗墨池被拆除。关于洗墨池，一般读者多知其有洗涤墨汁之用，其实，洗墨池还与还珠祖先、明朝名臣李秀春弹劾严嵩的事情有关。据还珠纪实小说《珠还》记述，因严嵩专擅朝政、气焰嚣张，退休在家的李秀春草拟奏章，派专人进京投递，“草本之时，曾经立誓，此本如再参阉狗不动，从此不再执笔。文成之后，痛哭了一场，连笔带砚台，一起隔窗往院中掷去。半夜忽然大雷大雨，次晨起视，掷笔之处，陷了一个半亩方圆的大坑，坑中水将齐岸，天晴许久，水终不退，恰似人工掘成的一方池塘，位置形制无不合宜，池水甚甘，颜色却是黑的，与洗笔的墨水一般，据说是孤忠感动，取了个名字叫洗墨池”。

〔详见《还珠楼主家世考述》，李永明，《苏州教育学院学报》2016年第3期，第19页〕

严嵩作为明代的权臣，虽然一生劣迹为世人所诟，却写得一手好书法，做得一手好诗文。或许是其遗墨所为，还珠对书法颇有灵气，举凡真草隶篆，均能吸纳其精髓与神韵，得其真功夫，以致此后几十年均挥墨不已。其在生活无着时，曾于十里洋场的上海鬻字为生。时至今日，在中国港澳台地区文化市场及大陆书画拍卖会上，其书法作品仍时有出现。

著名武侠小说作家倪匡 1988 年曾在地摊上，以五百港元购得还珠书法卷轴一件，后转赠台湾地区还珠学研究专家叶洪生。卷轴书录清初大诗人吴伟业（梅村）诗二首。此“墨宝”笔者曾得以亲见。在 2009 年 5 月中旬于天津召开的“津门论剑——民国北派通俗文学学术研讨会”上，叶洪生先生将此卷轴及还珠书法印章一枚捐赠给筹建中的天津文学艺术馆（暂定名），使我辈参会者得以亲见还珠书法之真貌。〔2014 年 11 月，此卷轴又被转赠给还珠楼主故乡重庆市长寿区人民政府〕当时与会人员无论是海内外专家学者，还是民国北派通俗小说名家后人，均纷纷在悬挂的卷轴前合影留念，并一致认为，作为民国书法大家，还珠也是当之无愧。而这种书法成就的取得，并非朝夕之功，与还珠幼时常年不辍的临池摹帖密不可分。其实早在少年时期，他的书法天分便已初露端倪，在他七岁之时，所写丈许大对不但挥洒自如，而且已遍传乡里。〔《回忆父亲还珠楼主》，观贤、观鼎，载《人民日报》（海外版）1988 年 3 月 15 日〕

1910 年，李元甫再度出山，任江苏巡抚程德全衙门文案。

关于李元甫此番复出，在还珠自传体小说《征轮侠影》中，可以找到如下信息：程德全字纯如，号雪楼，四川人，四川《云阳县志》有其传略。其生于 1860 年，卒于 1930 年，早年曾任黑龙江将军，清末民初升任江苏巡抚。因同为四川人，程德全对李元甫早有耳闻，对其人品学问尤其服膺。故而其任江苏巡抚伊始，便将李元甫招至麾下，充任文书之职。由于李元甫诗文满腹，又兼之阅历颇丰，其在文案任上游刃有余。半年后，程德全恐辱没其才，遂与藩司商量，委其担任江苏省丹阳县奔牛镇厘捐局局长。奔牛镇为江苏省水运要冲，与上海、大散关、浏河号称江南水运四大金刚。当时江苏巡抚委任要员，多将其调至此地任职，以考察其才能政绩。差者撤职，能者再委以重任。李元甫履职后，发现厘金陋规颇多，不用作弊，同僚便有诸多好处可得，而局内却亏空严重。于是他殚精竭虑，励精图治，很快便将厘捐局的诸多陋规革除，建章立制，使各项工作均开展得井井有条。〔《征轮侠影》，还珠楼主，山西人民出版社、北岳文艺出版社 1998 年 8 月出版，第 19 页〕

为让长子得到更好的教育，也为了让长子能待在身边随时管教，李元甫将还珠带到了江苏丹阳奔牛镇，在镇上一个四川人开的书馆内读书习文。离开了久居的四川长寿县老宅，踏进了水路纵横的江苏丹阳奔牛镇，少年还珠兴奋异常。白天在书馆听课背书，晚上傍在父亲身边吟诗作文，此时还珠的功课与学问与日俱增。

然而就在父子其乐融融之际，辛亥革命爆发。据史料记载，江苏巡抚程德全在当地官绅的要求下，集合新军，挑了衙署的几片瓦块，以示“破坏”后，便在省会苏州挂起了“中华民国政府江苏都督府”的牌子，自任都督，通电全省，宣告独立。〔《中国帮会史》，周育民、邵雍，上海人民出版社 1993 年 3 月出版，第 393 页〕对此，还珠后来亦有记述，比这要鲜活得多：

本来革命党人数不多，器械更是缺乏，按说极难成事，无如政治腐败，当道昏庸，江南民智较为发达，受了革命党人报纸宣传，心早离叛，党军还没有一个到达苏城，早已谣言大作，一夕数惊。当谣言最盛这一天，总共只有四个革命党，年纪都在二三十岁之间，公然直入抚衙，要抚台率领全省独立，共举义旗。程雪楼和四人见面之后，匆匆没费多少唇舌便自成交，当时通电独立，自任江苏都督，响应民军。四人见电发出，方始离去。内一西装少年携一小木箱，人多说是炸弹，因是和平解决，也未开视，来人曾说民军已将压境，可是好些天还没见民军影子，后来渐有党人出入抚衙，又说因都督深明大义，无须用兵，现在大军都打南京去了。民心不附，固是致命大伤，然亦有数存焉。光复以后，程雪楼不久辞职，隐居沪上。〔《征轮侠影》，还珠楼主，山西人民出版社、北岳文艺出版社 1998 年 8 月出版，第 19 页〕

政府易帜，底下的官署自然重组。此时李元甫已无心为宦，于是便带着还珠重返故居四川长寿县李家祠堂。

辛亥的枪声很快传到四川，当湖北新军中的革命党人主动与四川革命党人联系时，四川革命党人遂决定先占领重庆以作为突破点。1911 年 11 月 5 日，新军排长夏之时在龙泉驿率士兵二百余人起义，向重庆进军。重庆革命党人积极布置联络会党、商团、民团及防营，迎接夏军入城。22 日，蜀军政府在重庆成立，张培爵、夏之时分别任正副都督。〔《中国帮会史》，周育民、邵雍，上海人民出版社 1993 年 3 月出版，第 398 页〕至此，四川也宣布独立。

虽然重庆作为当时省会，辛亥风云已经风起云涌，但与重庆咫尺之遥的长寿县，此时却是平静如常。乡人们仍是日出而作日落而息。城关镇凤岭街上李家祠堂也仍是一派祥和。再次归隐的李元甫此时已对官场心灰意冷，他把自己的希望全部寄托在还珠这个“虎崽”身上，每天调教还珠诗文便是他的全部功课。也正因此，还珠的文史功底益发精深。1911 年年底，九岁的还珠灵感偶至，随手写出了《“一”字论》，洋洋洒洒五千言，从各种诗书中广征博引，备述“一”字的用途与用法，一时在乡里传为美谈，并惊动县衙。鉴于还珠少年时代所显露的才华，长寿县县令沈兆翔特制一块“神童”的牌匾，敲锣打鼓地送到李家祠堂。〔《回忆父亲还珠楼主》，观贤、观鼎，载《人民日报》（海外版）1988 年 3 月 15 日〕

第三节　拜师古怪的王二爷

1912 年，还珠祖母在成都病故。十岁的还珠随父母奔丧来到成都，住进了盐道街其祖父李培本的老宅内。

大家族办丧事要唱堂会。李元甫请来了当时成都最好的川剧班子，每晚上演折子戏。川剧高亢的唱腔与多彩的行头让还珠发生了兴趣，尤其是那瞬间的“变脸”绝技，让还珠看得目瞪口呆。每次看到演员“变脸”后嘴里喷出的火舌，还珠都有一种异样的感觉。从此，此技艺便牢牢地记在他的心里，成为此后他写作神怪武侠小说的素材。而川剧，也成了他在中国传统戏曲开蒙上的首个剧种。曾有文章说，民国年间，有川剧“红灯教主”美誉的川剧大师王国仁，获知同乡“还珠楼主的《蜀山剑侠传》很走红，便登门拜访。两人一见，相见恨晚。据说还珠楼主与红灯教主便喝了血酒，歃血为盟，成了拜把子兄弟”。两人“合作很愉快，很快把《蜀山剑侠传》搬上川剧舞台。在舞台上有歌有舞，机关布景，打得热闹非凡，吸引了一批不喜欢老派川剧的中青年观众。川剧版《蜀山剑侠》一天上演一集，由于情节曲折给人悬念，演了 60 多场，场场爆满”〔腾讯网：https://new.qq.com/omn/20180204/20180204A0ECYC.html，2018 年 2 月 4 日贴出〕。此说是否属实，因目前未见其他史料相佐证，录此存疑待考。

丧事办完，为了给年迈的老父亲宽心，李元甫夫妇带着还珠便暂留在了成都。

作为蜀国故地，成都古时有“锦官城”“芙蓉城”之称。隋唐时与长安、敦煌、扬州并称全国四大名城，素有“天府之都”的美誉。其旖旎多姿、深沉厚重的自然与人文景观更是让它闻名遐迩、蜚声南北。住惯了长寿古镇的还珠，此刻看到成都的名胜与古迹，早已心旷神怡。虽然此前他已多次耳闻了父亲对“天府之都”的夸耀和对众多人文、古迹传说的描述，但当他真的目睹了这些多次出现在梦境中的景观时，仍是激动不已，急欲一游为快。不出多日，举凡杜甫草堂、武侯祠、青羊宫、望江楼、文殊院、宝光寺、都江堰、二王庙等名胜他都已玩过，有些古迹他甚至往返多次。尤其是壁画、塑像众多的观音寺与具有栩栩如生摩崖造像的花置寺，他更是数次前往。每每听到大人们的啧啧称赞和怪诞讲解时，他都似懂非懂地认真倾听，仔细体会，回到家中，便能眉飞色舞地讲给小伙伴们听。多年之后，这些听闻他还能如数家珍，并信手写入他的仙侠世界中。

也就是在这时，还珠还从大人的口中听到了许多有关巴蜀武林的传奇。这其中，让还珠记忆最深者，便是“峨眉十八郎”的传说——

清道光年间，江苏丹徒有个姓文的武举人，擅长拳术。有一天，他路过广陵，因口渴便到一座寺庙找水喝。但只见一位老僧人盘腿坐在蒲团上，似睡非睡。文举人上前请安，可老僧却不理不睬。文举人一气之下，便举拳击打老僧。然而拳头打到老僧胸口，老僧无恙，可他的手却是奇痛难忍。文举人知道遇到了高人，急忙下跪请求老僧宽恕。于是，老僧便给他讲了一段亲历往事：当年自己与十七个师兄弟一起在峨眉山拜师习武，各个身怀绝技，因他排行十八，故有“峨眉十八郎”之称。一日，十二郎和十三郎告诉师傅，他们探得有一对夫妇押送上百万两镖银南下，他们想去劫镖却又怕武功不敌，想将其他师兄弟一同拉下山。架不住众徒苦求，师傅最后同意了。于是，十八郎便随众师兄连夜赶到潼关，见到镖车已投宿旅舍，众人便决定凌晨动手。他们先派十八郎乘夜色跃上房脊，查看押镖夫妇的动静。十八郎看到男的已醉酒入睡，女的则在灯下纳鞋底，而百万银镖就放在床的后面。十八郎见此心里发痒，恨不得师兄们快来劫银。正在这时，只见那妇人不时地用针抹头油，往窗上刺去。突然妇人抬头说：“十八郎你可以下来了！”十八郎见逃已不能，便揭瓦而下。妇人领着他打开窗户指着院子说：“快弄回去，否则我丈夫醒来你就危险了。”十八郎伸头一看，院子里是师兄们的十七具尸体，而且每人眉心都有被刺过的痕迹。他这才惊觉，原来妇人用针刺窗时，师兄们便都中针而死了。十八郎在安葬了众师兄后，想到多行不义必自毙，遂弃恶从善，出家为僧，到如今年已七十岁了。讲过这些，老僧又问文举人："听了这些，你是否能猛省呢？"

这个传说不但让少年还珠印象深刻，而且还让他有了上峨眉山拜师习武的想法。

2018 年 2 月 4 日，腾讯网贴出了四川作家蒋蓝以"豹子头蒋蓝"笔名所写网文《中国武侠小说最伟大的宗师——还珠楼主》。此文先是对巴蜀江湖作了历史回顾：近代四川武林豪杰辈出。据史料记载，晚清时节，璧山县邓显扬（人称邓四教师），长于轻功，驰走甚捷，宛如神行太保转世，人誉"国技家"。光绪初年温江的赵华山，精于"铁汉碑"（臂）和弹腿，授徒甚多。光绪末年在成都设棚（开场子）授徒的马黑子，人称"神腿"。其徒马镇江腿功深得真传，人称"无影腿"。龙泉驿的谢昆山（"谢打滚"）曾任清军十营总教师，精于地趟拳。四川省都督尹昌衡的镖师马宝，人称"铁人"，精于南拳。其他如青神的杨海泉、绵阳的方和尚、简阳的余发斋及民国后的杜自明、郑怀贤、钟润生等武师，都曾为成都地区的武术发展起到积极作用，促使成都武术擂台赛的技击水准高超，风格多变。

随后，其文便有了如下描述："辛亥革命后，四川第一个官办组织'四川武士会'，1912 年在成都忠烈祠正街正式成立。四川都督尹昌衡任名誉会长，武林名将马镇江为会长，刘崇俊为副会长，都督尹昌衡的镖师马宝具体负责实施。"还珠"虽然出生在长寿县，自幼随父宦游，常驻成都。李家祖上十余代为官，他祖父一直居住于成都盐道街公馆。在成都尚武风气影响下，十一二岁就狂热地迷恋武术，尤其喜欢街头的'操扁挂'。那时，大名鼎鼎的宗师马宝住在白云寺街 12 号马公馆，名震川渝。马宝字飞熊，后改为哲良，成都本地人，生于 1864 年。据马宝的关门弟子杨季冰老先生回忆，马宝出身贫寒，却自幼爱武，他没钱拜老师，就常跑到场镇看江湖汉子卖艺，偷经学艺，回家后比比画画，无师自通。他还时常跑到锦江边举巨石练力气，沙滩狂奔乱跳，爬树取鸟蛋，树林中逮弄蛇虫……就是不肯正经读书，入私塾三年才念了一卷《人之初》，还不能背诵，只好停学。成人后身材高大，臂力过人，喜养雀打斗赌博。但他对母亲很孝顺，想方设法买好东西侍奉，乡里称他为‘马孝子’”。少年还珠此时“一心想拜马宝为师，但马宝却不肯轻易收徒，一见他骨骼远非‘清奇’之辈，尽管他哀求不已，却被马宝一再拒绝”。还珠“为表示他的决心和诚意，决心效法太极的杨露蝉，跑到白云寺街马宝住家的门口下跪，一跪，就是三天三夜。烈日当空，晒得他汗流浃背，马宝的外孙女王二小姐拉他不起来，瓢泼大雨，把他淋成落汤鸡，王二小姐拉他，还是坚决不起……马宝见此，自己的昔日似乎宛在眼前，于是收他为弟子”。于是还珠“在马宝的教导下，狂热习武。其实这段时间并不长，他已经手脚发痒，信心爆棚了”。

初读蒋蓝这段“栩栩如生”的描写，让自诩对还珠资料收集堪称“丰富”的笔者颇觉意外，也颇感兴奋。还珠确有武功，成年后他曾数次施展此技，或仗义行侠，或退敌自保。如此说成立，不但可以确定目前“语焉不详”的还珠习武最初时间和开蒙师父，而且还为还珠的人生传奇再添“异彩”。然而蒋蓝的这段文字毕竟是自家之言，于传奇描述中给人以虚实相生之感。

关于还珠习武经历，笔者曾面询过其子女李观贤、李观鼎、李观洪及其家族后辈李永明等人，他们都曾讲到，还珠是在少年时期，于峨眉山与青城山上与僧道交往时开始习武，均未言及蒋文所述的这段“逸闻”。而查还珠一生所撰文字，亦未出现上述“经历”。按还珠好“卖弄”的性情和喜“卖老”的写作风格，他若是有此等“经历”，肯定会写入自传体小说《征轮侠影》《珠还》或“还珠楼丛谈”等随笔中的。

此外，就在撰写此书时，笔者又数次请教川中文友，得到的反馈则是，镖师马宝的“故事”在成都乃至周边地区有记载有传说，但还珠拜师于他的说法则“闻所未闻”。对此笔者再联系蒋文以下描写的这一“桥段”，便感到他似乎是在“讲故事”了：

> 有一年，成都国术界把擂台由青羊宫搬到了少城公园（即今日人民公园）。公园内搭了一个两三米高的擂台。当时比武分三个组：老年、中年和少年。李红（即还珠，1949 年后还珠易名李红）在街上看见那轰轰烈烈的场面，看得他心猿意马、踢脚擦掌，暗暗下定决心，不在少年比武中拿下金章誓不为人。

那年李寿民（即还珠，1920年后还珠曾用名李寿民）16岁，分在少年组。打擂那天，少城公园人山人海，挤得水泄不通，擂主在一声锣响之后，宣布少年比武开始。他一身武打装扮，纵步飞身跳上擂台，据说只是这一跳，就赢得一片喝彩。

腰力十足的李红可谓少年轻狂，可能是看卖打药的江湖场面看多了，敞开嗓子炫耀说："小爷拳打北山猛虎，脚踏南海蛟龙。台上无父子，拳下无兄弟。若被小爷打成五劳七伤，瞎子跛子，口吐鲜血，鼻青脸肿，就不要跳上擂台……"

李寿民滔滔不绝，他没有料到一团红云宛如"红灯罩"施展的大法，已经空降自己身边。上台的是一个身穿红色箭衣、头上梳了两个小辫子的丫头。那小丫头不言不语，举拳就打，一来一往，才三五个回合，一抬腿，就把李寿民踢下了台。成都人总是幽默而直接的，笑声四起，有人说："草包一个！草包一个！"有的继续喊："真是脓包！"

在我看来，这一次教训对于李红（即还珠，1949年后还珠曾自取笔名"李红"）是深刻的。他自然明白拳怕少壮之理；更应该明白山外有山。那么低下头来，甚至闭目而视内心，那更可以看见自己的渺小……〔以上所引蒋蓝的文字均见"https://new.qq.com/omn/20180204/20180204A0ECYC.html"〕

此段描写可谓栩栩如生，颇似小说家言。然而，它确实就是小说家言。因为只从还珠生平履历考察，这个时间段便与史实不符。还珠十六岁是1918年，而此时他正随父母客居苏州。

此外，当时每年一届的成都青羊宫擂台赛，则是始于1918年。这一年，四川军政当局以"团结尚武"为号召，在青羊宫首次创办擂台赛，当时共设三组，三组擂主分别为李国超、余发斋、马宝三位武林高手，其每人主台三日。除第一、二组主台时有较少习武者上台较技外，其余时间大多是各地武术行家上台表演。凡能过五关斩六将，打到最后三名者，第一名可获金章，第二名为银章，第三名乃蓝章。获奖者赛后则如状元、榜眼、探花一样，帽插金花，身披红绸，跨骑骏马，鸣放鞭炮，由百姓及众师友们簇拥着巡游街市，喜气洋洋，好不风光。故此，这种擂台赛在四川也被称作“打金章”。虽然自1918年首创之后，每年遇逢青羊宫花会期间，都要举办一次“打金章”比赛，但均是成年人在参与。青羊宫擂台赛增设少年组和女子组，始于1922年。而这时，还珠已遭遇父疫家变，远走京津了。至于“成都国术界把擂台由青羊宫搬到了少城公园”，那更是在抗战胜利之后的事了。而且场地也不是“公园内”，而是少城公园后门左侧的“四川省国术馆”。〔《峨眉武术文化读本》，颜下里、龙海霞，天津社会科学院出版社2018年10月出版，第169—170页〕

由此可见，蒋蓝上述的那段“还珠少城公园打擂”，显系“小说家言”。但此说也未必就是空穴来风，出了大名后的还珠在家乡是有许多“传奇”般传说的。因此，蒋蓝所撰写的这些“桥段”，目前只能聊备一说。

在游览的快乐中，还珠也有极大的遗憾，那便是父亲在摆“龙门阵”时经常提到的充满神秘色彩与浪漫传说的峨眉山与青城山，他还没有涉足。一方面是因为两座名山相比其他景点，路途遥远且山高地险；另一方面则因为想要登山，需费时日。青城山一日尚可往返，峨眉山则需数日始还。年仅十岁的还珠如无成人带领，家人是万万不许他登临的。对此，还珠曾多次央求李元甫带其上山，无奈此时长寿故居多有“故事”发生，李元甫只能频繁往返于成都与长寿之间，根本无暇顾及还珠的请求。

看到长子到了成都每日外出野游，对功课渐趋疏远，周家懿甚是担忧。为此她多次与聚少离多的李元甫商量，在成都给还珠找一先生讲授学业。一天，李元甫忽然想到一人，他不但满腹诗书，笔墨精深，而且阅历甚广，对各地野史传闻更是熟谙于心，但由于脾气古怪，恃才傲物，始终未能发达，此刻正追随于还珠祖父身边。此人便是李家干亲王二爷。

关于这位王二爷，可谓是个神秘人物。还珠子女李观承、李观贤、李观鼎在回忆父亲时，均提到了他的“事迹”，可见当年确有其人。如李观承曾言：在成都，给父亲补习功课的，是“家庭教师王二爷（名字忘记，都称他王二爷）”。〔《我的父亲还珠楼主》，李观承，载台湾联经出版事业公司出版《近代中国武侠小说大系·还珠楼主卷》，1984年12月出版，第43页〕李观贤、李观鼎则回忆：父亲“能够做成这番‘业绩’，还多亏了王二爷哩。王二爷和我们家是干亲。这位秀才一肚子的诗书，却终于未能发达。一九一二年，曾祖母辞世锦里，祖父带着当时只有十岁的父亲前往奔丧，离去时把他留下给曾祖父‘宽心’，这样王二爷便做了父亲的家庭教师”。〔《回忆父亲还珠楼主》，观贤、观鼎，载《人民日报》（海外版）1988 年 3 月 24 日〕

然而吊诡的是，截至目前，除了还珠子女的“口述史”外，人们没有发现任何有关这位王二爷的文字资料。即使是还珠本人，在眼下所见其所有著述中，也没有丝毫有关王二爷的记载。还珠对于其早年老师的追忆，仅出现在他的那篇自曝身世的《国民第三军始末述略》中，但提到的仅是“刘允丞前辈”及“先师张衡玉先生”〔《国民第三军始末述略》，还珠楼主，天津《天风报》，1934 年 9 月 18 日〕（此二人后文将有详述），并没有提及王二爷这位“前辈”与“先师”。因此，现实中的王二爷，名称、籍贯、生卒年、履历，以及其与还珠家族的具体关系等一系列材料，目前均告阙如。以下笔者对其生平及行踪的叙述，均是以还珠子女的多处回忆为依据，所进行的一次“重回历史现场”的形象“描述”。

当李元甫将还珠领到王二爷面前，提出授业请求时，心中颇为忐忑，不知脾气古怪的王二爷是否会收下这个看似呆痴的徒儿。也许前世有缘，玩世气傲的王二爷看到眼前这个脑袋硕大、前额颇宽且四肢短粗的十岁娃儿时，眼睛一亮，似乎从这娃儿的眼中看到了什么，不但爽快地答应了李元甫的请求，而且在第一时间将还珠领到自己的住处，粗略考问了还珠几首诗文之后，便对还珠说：“看这脑壳，你龟儿子蛮有灵性！以后老子就叫你小七子，你跟我天生有缘。你就跟着我，保你这娃儿将来大有出息能成就一番大事业，但你必须听我的，老子叫你干啥子就干啥子。”

说也奇怪，十岁的还珠望着对面这个其貌不扬、面部古怪的王二爷，忽然玩兴全无，咧着大嘴，只是点头傻笑。此后，王二爷便随着还珠一家辗转成都、长寿之间，直至王二爷病故，他们师生二人都形影不离，情若父子。

王二爷的教学方式也是古怪的。平日里他每看到一草一木、一针一线，便引经据典、如数家珍般地向还珠细细道来，并且总是强调举一反三，学而时习之。还珠每次听懂后，都必须要列举出三四种相同或相当的例子来。如果说不上来，王二爷轻则半天不搭理他，重则立即便要打手板。除了这种随时随地的随意讲授外，每当要正式开讲大课，王二爷总是叫上邻里间的其他孩童，一同听课。他认为这样教学，既可以为还珠找到学伴，让还珠能有交流、切磋的同龄人，同时又能让其他无机会上学的孩子也一同受益。

正是在王二爷这种大小课堂的灵活教育下，还珠的学业有了突飞猛进的结果。或许是出于逞强好胜的本性，也许确实比其他孩童早慧许多，每当上大课时，还珠的功课总是优于或领先于别的孩子完成，而且时不时地还做出一些调皮的举动。对此，还珠次子曾写过一段从母亲处听来的父亲童年“趣事”：

> 那是在几十年前四川长寿县李家祠堂的私塾课上。一日，教课的王二爷要求学生当天背会《孟子》里的《寡人之于国也》。他因有事要办，布置完功课便离去了。这段书，父亲以前曾在祖母的监管下读过，加之记性极好，不到一个时辰，即已熟读成诵。见到其他小朋友或疾首蹙眉，或闭目嘬唇，一个个背得正苦，父亲一脸骄矜之色，言谈举止几近忘形。他捅捅这个：“喂，快些背呀！”逗逗那个：“怎么啦？背得那么慢！”后来，竟坐上了先生的“宝座”，拿腔拿调地讲起课来，甚么“以五十步笑百步”就等于现在的“以一百步笑二百步”啦，甚么“七十者食肉”是因为“老人家体虚而无肉不饱”啦，正说得起劲儿，突然后脑勺挨了一巴掌，回身一看，原来王二爷不知什么时候回来了。此刻，他那又一次举起的手，正要劈打下来。父亲见状，连忙捧住王二爷的手，恳求道：“先生莫打，学生知错了！”王二爷不依不饶：“知错了？你知啥子错？”父亲望着王二爷张开的手，怯声怯气地说：“人各有长短，就好像先生的手指，——我不该自恃聪明。”听了这番话，王二爷正在气头上的心便软了下来，只说了一声“下次不可”，便放过了父亲。……〔《代后记：沉淀下来的往事——父亲还珠楼主生活琐忆》，李观鼎，《蜀山剑侠传》，作家出版社 2012 年出版，第 4287 页〕

王二爷对还珠的影响是巨大的。数十年后，当还珠的儿女李观承、李观贤、李观鼎在回忆父亲时，都不约而同地提到了王二爷对还珠的影响："王二爷特别喜欢我父亲会摆'龙门阵'。据父亲说：'王二爷讲起故事来眉飞色舞，开饭的时候，不知催了多少遍，谁也不想离去。'王二爷不称父亲的名字，只叫他小七子，他俩形影不离，情如父子。"〔《我的父亲还珠楼主》，李观承，载台湾联经出版事业公司出版《近代中国武侠小说大系·还珠楼主卷》，1984 年 12 月出版，第 43 页〕"王二爷很推崇陆游'功夫在诗外'的主张，反对整天闭门读书。他经常鼓励父亲'须行千里路'，并兴致勃勃地带父亲去爬山。在父亲心目中，王二爷不仅是一位可敬可亲的导师，而且是一位最佳'导游'。"〔《回忆父亲还珠楼主》，观贤、观鼎，载《人民日报》（海外版）1988 年 3 月 24 日〕

由此可见，虽然还珠在自己的著述中，从未提到过这位古怪的王二爷，但他在夫人和子女面前回忆往事时，应该是对这位对他影响极大的"先师"屡屡提及且赞不绝口的。如果不是还珠在后来反复回忆并讲述王二爷的"故事"和对自己的影响，作为子女的观承、观贤、观鼎，又怎能知晓父亲少年时那些与王二爷的"往事"呢？至于还珠为何在自己的著述中或有意或无意地"隐去"王二爷，我们目前也只能以还珠生平中的又一"谜"与"奇"视之。然而无论最终的结果如何，古怪的王二爷在还珠心目中所占分量极大，却是毋庸置疑的。

因为正是这位王二爷，了却了少年还珠心中向往已久的两大夙愿——他把还珠带上了神秘莫测的峨眉山与青城山，而且还不止一次。更重要的是，正是对这两座名山的多次壮游，山上的一草一木、一寺一庙及群僧众道，都牢牢地嵌刻在了还珠的心中，以致二十余年后，他把这些记忆统统倾泻在他的两部扬名立蔓儿的代表作中，使得《蜀山剑侠传》与《青城十九侠》名冠其四十余部神怪小说之首，也使得还珠成为继吴承恩（《西游记》作者）与许仲琳（《封神演义》作者）之后中国最为著名的神话武侠小说作家，时至今日，仍后无来者。而这些成就的取得，与他少年时代随王二爷数登峨眉与青城密不可分。

第四节　三上峨眉　四登青城

旧时峨眉山（蜀山）之“云海”

峨眉山雄踞成都西南，因山势逶迤，“如螓首蛾眉，细而长，美而艳”得名，主峰金顶海拔三千多米，乃中国四大佛教名山之一，素有“秀甲天下”之美誉。纵览峨眉全境，可见山脉峰峦起伏，重岩叠翠，绿嶂巍峙，险峰峥嵘，其磅礴气势已经在告诉人们，这里自古便“传说”纷纭，“故事”众多。目前人们能够登临的，只是峨眉山脉的大峨，而依次而排的二峨、三峨、四峨，则自古鲜有俗人至境。因此，也就更增添了其神秘与悬疑——在这人迹罕见的重峦叠嶂间，几千年来，能有多少俗人想象不到的“故事”发生，而对这些“故事”的想象，便成了千百年来流传在世人口中的神话传说。例如，《峨眉山志》中就记载了这样一个传说故事：

战国时期的司徒玄空曾经隐居在峨眉山，修行剑术，这是有史料记载以来峨眉山习武第一人。因他本人姓白，而且爱穿白衣，加上长期生活在深山中，对山中灵猿的日常观察仔细入微，并在剑术招式中融入了白猿姿势，遂被弟子尊称为“白猿祖师”。此后，由司徒玄空创建的剑术不仅很快就流行于巴蜀地区，更是逐渐传播到整个中华大地。“猿公善剑”也成为众多诗人笔下的吟诵内容，如李白的“少年学剑术，凌轹白猿公”，李贺的“见买若耶溪水剑，明朝归去事猿公”，崔日知的“猿公论剑术，孙子叙兵篇”，杜牧《题永崇西平王宅太尉愬院六韵》中的“授符黄石老，学剑白猿翁”和陆游的《甲午十月十三夜》中的“少年学剑白猿翁，曾破浮生十岁功”等，都是将司徒玄空作为剑仙的代表。

除传说外，山上三千余种动植物的存在，更为这座川中名山增添了匪夷所思的想象空间。尤其是活跃在危崖陡壁或崎岖山路上的众多猴群，出于生存需要，它们整日游荡在群山峻峰间，既通晓天意，又在与大自然的博弈中，具备了人的灵性。当它们偶然与人相遇时，共同的遭际让人感觉这些猴子仿佛能与人类交流，且能做出许多人能想到但做不到的事情，而这又使人能蓦然产生在天地相合间生灵互通之感。正是这种凌绝古今的自然风貌与人类对它的奇思妙想，让峨眉山自古便充满了颠倒众生的神秘魅力。虽然千百年来，人类对它的想象与传说层出不穷，但能将这种自然风貌与奇思妙想，通过时空转换有机整合而达到天人一体、人神合一者，却是前无古人。对此，峨眉山在等待，芸芸众生也在等待……

1930 年代峨眉山（蜀山）上的猴群

终于，破解峨眉神秘的人来了，将峨眉胜景与诡谲传说有机整合的人来了，并最终将峨眉山整体演绎为一幅洪荒混沌时代仙邪共舞画卷的讲故事人来了。他就是少年还珠——尽管此刻他还没有完成上述任务的想法。

在还珠之前，用武侠小说的形式去讲述峨眉山的“故事”，古已有之。

它“可以追溯到司马迁的《游侠列传》、东晋干宝的《搜神记》和南朝刘义庆的《世说新语》中的《周处》篇。应该说从侠义小说到笔记小说，文人记载的武侠故事中不乏峨眉武术的内容。清末民初徐珂编撰的《清稗类钞》技勇类就记录着《夫妻走镖》《峨眉僧》《蜀中剑客金飞》等描写峨眉武功的故事。在《清朝野史大观》卷十二中的《清代述异》中也有类似《陆桴亭梅花枪法》《燕子尾》等峨眉武术轶事”。〔《峨眉武术文化读本》，颜下里、龙海霞，天津社会科学院出版社 2018 年 10 月出版，第 184—185 页〕然而这些故事或是因为内容短浅，或是由于讲述得缺乏精彩，虽然被历代文人做了记录加工，但很难在民间流传长久。到了 20 世纪初，峨眉山上的侠客故事固然纷繁杂陈，但能够给人以深刻印象者，却是少之又少；而由此产生卷帙浩繁的武侠超大说部者，更是亘古未有。也正因此，还珠此次的初涉“蜀山”，就显得意义非凡。因为距此整整二十年后，一部前不见任何古人所撰、至今也未见后者染指的“峨眉亘古大神怪”，便横空出世了。而他的创造者，便是此刻年仅十岁的少年还珠。

儿女们已考证不出具体的日月与场景，只是在还珠后来的回忆中得知，1912 年初秋时节的一日拂晓，还珠与王二爷悄悄起身，携带着已提前准备好的行囊，当众人还在熟睡时，师徒二人已出门上路了，目的地便是峨眉山。

1930 年代峨眉山（蜀山）上的枯叶蝶，其乃世界罕见珍奇生物

初次登山的感觉让还珠终生难忘。山上的一草一石、一寺一洞都让还珠感到好奇。尤其是看到在层峦叠嶂间仿佛由天而降的流云瀑布；看到在山泉绿树间那无际的古柏参天；看到在峻岭摩天间那薄雾轻纱般的云烟缭绕；看到在群山环抱间蜿蜒小路上的举步生烟；看到在万壑松风间有如世外桃源般的众多寺庙；看到在山重水复间生灵各异或上天入地或跳荡跃蹿……这些无

不让少年还珠心旷神怡，瞬间产生离世出尘的缥缈之感。

而那位古怪的王二爷，自登山那刻起，便仿佛换了一个人，不但满嘴野史杂说替代了往日的满腹诗书，就是行为举止也一改平时的恃才傲物，只见他时而放浪形骸，时而虔诚膜拜，而且口中振振有词，妙语迭出。从报国寺、万年寺、伏虎寺、雷音寺、华严寺、白云寺、华藏寺，到玉女峰、清音阁、洪春坪、洗象池、雷洞坪，每到一处胜迹，他都向还珠细细道出其中的历史与典故。尤其是对山中何处可望日出云海，何处可观奇花异卉，何处可赏朗月飞流，何处可沐林岚雾雨，他都有自己的切身感受与理解，说道起来娓娓动听、如数家珍，让还珠听得目瞪口呆、如醉如痴。

在白龙洞，当王二爷向还珠讲起此处就是古人传奇《白蛇传》中白娘子修炼千年并最终得道之处时，还珠惊讶不已，人与仙的无界之思此时已在这个少年的脑中萦绕。在遇仙寺内，当王二爷讲到当年一求仙者得到仙人之助，乘其所赠竹杖，化龙返回故里的奇遇时，还珠回首青峰浴水间鹰击长空、鹏程万里的展翅翱翔，从心底里生出，作为万物灵长的人类更应该能在这耸峙群山支撑下的天地间扶摇仰俯任逍遥……

就这样，一个绘声绘色地“摆”，一个凝神屏息地听，“龙门阵”从山下“摆”到金顶，在终于看到了日出、云海、佛光、圣灯四大绝景后，少年还珠的心中，已装下了数不清的传说典故与超乎常人的无限遐想。

虽然这些美丽动人的传说故事附着于自然景物之上，能让秀者愈秀、幽者愈幽、险者更险、奇者更奇，达到独处成趣、诸处妙极之境，但没有现实的情景与氛围，仍是让人感到些许虚无缥缈的遗憾。就在还珠生出此感之际，王二爷适时地给还珠做了补偿。

如果说上山时王二爷给还珠的只是山上的奇峰异景与美丽传说，那么下山时，他则要给还珠一些“关系”与“功夫”了。对此，还珠子女曾披露说：“早年在峨眉山上，王二爷还结识了好多和尚、道士，后来携父亲上山，就一一为他引荐，其中，父亲最佩服的，是仙峰禅院里的一个和尚，他有一身好功夫，能挥拳碎石，踢腿断木，随意吐口口水，便可将硬纸板射穿。父亲的气功，就曾得到他的指点。自然，那里的环境也是极其诱人的。禅院背负危岩，远离尘寰，深邃幽静，清凉宜人，且有花开如白鸽展翅之鸽子树可供观赏，有活蹦乱跳前来讨食之猴群可供挑逗，是父亲最喜

欢的去处。”〔《回忆父亲还珠楼主》，观贤、观鼎，载《人民日报》（海外版）1988 年 3 月 24 日〕

在峨眉山，还珠最大的收获，除了装满大脑的传说与故事外，他还随山上的和尚学会了气功与武术。

峨眉武术，是中国传统武术中独具特色的一大门派，其与少林、武当并称中土武术三大宗。考察春秋战国时的“白猿善剑”、南宋时期的“白云禅师创峨眉十二桩”、清代湛然法师所著《峨眉拳谱》等或传说或史料，可以发现，峨眉武术起源于春秋战国，自成体系于南宋，鼎盛于明清。近代以来曾产生了马静源、马德胜、杨畏之、余英等一批武功盖世者。

其门派虽然由于师承不同而有高桩、中桩、矮桩、满手、半手、主刚、主柔、有腿、无腿等各自风格，但基本上都有含胸、拔背、沉肩、坠肘、敛臀、束肋、扣膝、悬裆的要求。手法上更是强调掌不离腮，肘不离怀，紧骤机灵，圆转多变；步法上强调进如追风退如着火，起伏转折，难于捉摸；劲力方面强调似柔非柔谀之“绵”、似刚非刚谀之“脆”，均讲“绵劲”与“脆劲”。远取用“指”，近取用“五峰”（即头峰、肩峰、臀峰、肘峰、膝峰）、六肘（即顶肘、砸肘、架肘、盘肘、坐肘、压肘）。其所有技法，皆具“一撒通身皆是手”的特点。〔《峨眉武术文化读本》，颜下里、龙海霞，天津社会科学院出版社 2018 年出版，第 57 页〕

旧时峨眉山（蜀山）之“报国寺”

而最能对峨眉武术做形象描述者，当为明代唐顺之的《峨眉道人拳歌》，其诗云："忽而竖发一顿足，崖石迸裂惊沙走。去来星女掷灵梭，夭矫天魔翻翠袖。聃惔含沙鬼戏人，鬓髭磨牙贙捕兽，形人自诧我无形，或将跟绖示之肘。"诗人生动地描述了峨眉山道人习武时的手法和身法，表现了峨眉武术的刚劲有力与勇锐无敌。

正是在峨眉武术名师的指点下，还珠的功力与日俱增。等到下山之时，他除已能随意入境、吐纳自如外，还能兔起鹘落、龙腾虎跃。而且气功与武术从此成了还珠每日的必修之课，坚持数十年而不辍，并在此后的生活际遇中多次发挥作用。

本来计划一月往还的峨眉之旅，由于还珠的流连忘返及王二爷的诗文交游，师徒二人在山上足足待了近半年。还珠长子李观承在回忆父亲时曾著文说到此事："等到下山时已是民国二年（一九一三年）癸丑的除夕。大家忙着过年。我家成都盐道街的那所古老的房子大门外，红灯高悬，鞭炮齐燃，人们正在除旧迎新。……父亲的日记里写着：'可能是二爷算错了日子，如今我也不知为什么要赶到年卅回来。晚上给压岁钱的时候，妈的脸色是不好看的；嘴里却说着不要怪他们，今天是大年夜，不要讲背时话'。"〔《我的父亲还珠楼主》，李观承，载台湾联经出版事业公司出版《近代中国武侠小说大系·还珠楼主卷》，1984年12月出版，第44页〕

整个一个正月，还珠都沉浸在峨眉山归后的兴奋中。

作为大家庭，还珠的祖父家过年是有讲究的。从初一到破五，从破五到灯节，每天吃什么，做哪些节日习俗，都有着严格规定。但此时的还珠，已顾不上那许多。每日里，除了不间断地向小伙伴们重复着王二爷所讲的峨眉山传说和自己的所见所闻外，他的心中还有一个秘密，那就是何时能登上另一座名山——青城山。

正月一过，归家省亲的王二爷回来了。在还珠的多次软磨硬泡下，王二爷终于答应带他去登临青城山了。

地处成都西北部的青城山，三月初虽仍春寒料峭，但随着春木发枝，已显一片生机盎然了。作为中国道教名山，青城山古称丈人山，因诸峰环峙，状若城郭而得名。其山形多姿，深壑纵横，清溪长流，植被茂盛，丹梯千极，曲径通幽，素有"青城天下幽"之美誉。同时，这里也是中国道教发祥地之一。相传东汉末年，道教创始人张道陵曾来此地设坛布道。晋唐以后山上便宫观林立，极盛时达百余座，被道教称为“第五洞天”。其主要胜迹如山腰上的天师洞，丈人峰下的建福宫以及前山上的四望观、朝阳洞、清虚阁、轩皇台，后山上的金壁天仓、圣母洞、山泉雾潭、老君洞、群仙洞、神仙洞等，都有着许多优美神奇的传说。尤其在山巅上的上清宫，古树参天的庭院内有麻姑池、鸳鸯井。其海拔一千六百米，居此可观日出、云海及圣灯。极目远眺，川西平原万余顷，岷江滚滚数千米，皆尽收眼底。

青城山上清宫门前习武之人

饱览过峨眉俊秀景色的还珠，此刻登临山顶，顿生一种清幽静谧之感。特别是在麻姑池畔，当他听王二爷描绘古代美丽的仙女麻姑，自天外飘然而降、临池浴丹的情景时，他仿佛置身其境，大有天地轮回之叹。

在青城山上，王二爷是最佳导游。每到一处，他都口若悬河，详尽地告诉还珠，何处览胜最尽人意，何处探幽最感神秘，何处食宿最饶野趣，何处驻足最富仙气……就这样，师徒二人白天观景览胜，夜晚借宿道观，日出日落，不觉已有月余。

下山之后，还珠将在山上看到的一切景致和听到的所有传说都详尽地记在本子上，不时拿出在峨眉山上的记录进行比对观照。慢慢地，在他那少年心智中，已参出佛、道间的奥妙，并有了自己的心得与感悟，这对他多年后的神怪武侠小说创作产生了巨大影响。

一年后的腊月初三，王二爷莫名病故。还珠悲恸欲绝。在以其子身份祭拜完恩师亡灵后，他又亲自将灵柩送到重庆王家坟地，请其入土为安。自此之后，每当王二爷忌日，还珠都要焚香腊祭，郑重其事地祭奠一番。对于家中的这一固定习俗，还珠次子李观鼎至今记忆犹新：

> 父亲平时不拘礼俗，但每逢农历腊月初三，他必郑重其事地拜祭恩师王二爷。这一天，他一早就忙活上了：又是洗碗涮

盏，又是切肉剖鱼，又是温壶烫酒，又是端锅掌勺，事必躬亲，不劳家人相助。王二爷气绝辞世的子时（十一时）一到，父亲便恭恭敬敬地在先师遗像前摆好祭品，酒、菜、汤、饭、甜食、水果一应俱全。其中，父亲亲手烹制的麻婆豆腐、冬笋肉丝、豆瓣鱼和糖醋排骨四样小菜，虽非“珍馐”，却堪称“佳肴”，都是王二爷生前最喜欢吃的。

焚香礼拜之后，父亲侍立一旁，每隔十来分钟，还要为先师敬酒夹菜或添饭盛汤一次。在持续个把小时的过程中，父亲一直保持头容正直、气容肃穆、立容前倾、色容庄重，那眼神似在仰慕，那耳神似在聆听，那形神似在礼赞，那心神似在向往，……最后，他终于打破声容静默，在大段大段屈子《天问》的背诵中，结束了一年一度的腊祭。

起初，我并不理解一次普通的腊祭何以要如此认真、如此用心，便去问父亲，他说：“古语有云‘祭如在’。就是说，祭祀先人要像先人在自己身边一样。”“那么《天问》是背给王二爷听的吗？为甚么？”我好奇地追着问父亲，他说：“是的。《天问》是王二爷教我的最后一首诗，可惜还没有讲完，他老人家便走了。我这是在向他继续请教啊！”后来，我渐渐长大，读的书多一些了，才知道父亲的祭礼竟然和《礼记》上讲的“祭义”相通相应。再后来，当我也读到《天问》，在阅读中跟随着屈子的大胆想象和执著探索，在宇宙奥秘、历史沧桑中遨游，在神话奇境、物象变幻中诘问，对天人之际进行思考时，我才终于明白了王二爷导读此诗对于父亲成长的重大意义。正是这种少年时代的精神和审美的启迪，为《蜀山》一书提供了最初的、取之不尽的源泉。

父亲的腊祭，教我懂得做人须有感恩之心。正所谓“礼自心始，仪与情通”，礼仪之用，关键乃在有“心”有“情”，否则便成了表面文章。“恩重如山”的内蕴，一方面固然在于施者慷慨无私的付出，另一方面还在于受者心会情融的体悟。在父亲心目中，王二爷教导之恩重如峨嵋、青城，从这种内心深处的感纫出发，其所行祭礼的外在形式才有了“祭如在”的神髓，成为一次亲切的师生对话。〔《代后记：沉淀下来的往事——父亲还珠楼主生活琐忆》，李观鼎，《蜀山剑侠传》，作家出版社 2012 年出版，第 4287—4288 页〕

料理完恩师后事，还珠整日向隅而泣，黯然销魂。不久，他又只身去了峨眉山与青城山。

过了一年，他还约了五个同学再游峨眉，并登青城。青城山他先后去过四次，在他的日记中一再提到三上峨眉、四登青城的感受。他在这两座名山前后生活了十八个月，并把那里的名胜古迹都详尽地写了下来，还画了游览图。可以说，峨眉和青城，他是熟悉得很的，这从他和山上那些道士、和尚往还的书信中可以看出。那里的一草一木仿佛都跟他结了缘，所以后来他写小说大多以“蜀山”做背景。不仅如此，青城山的道士还介绍他去过贵州和广西。〔《我的父亲还珠楼主》，李观承，载台湾联经出版事业公司出版《近代中国武侠小说大系·还珠楼主卷》，1984 年 12 月出版，第 44—45 页〕

在这两座大山的怀抱里，父亲搜寻着，探访着，采撷着，终于有一天，他把从这里得到的全部收获载上了想象的翅膀，于是，读者便读到了《蜀山剑侠传》。〔《回忆父亲还珠楼主》，观贤、观鼎，载《人民日报》（海外版）1988 年 3 月 24 日〕

——几十年后，还珠子女观承、观贤、观鼎，曾这样追忆着父亲少年时期“三上峨眉，四登青城”的往事。

第二章　少年失怙，姑苏城里那场戛然而止的初恋

旧时峨眉山（蜀山）之“华严孤峰”

第一节　客居苏州　识“珠”生情

坐吃山空的日子令李元甫焦躁不安。

眼看着以前为官时的积蓄日渐减少，举人出身的他别无旁技，只得在教私塾的同时，又兼卖字。虽然他经纶满腹，其字亦享誉江南〔据还珠族孙李永明披露：“现今国内书画拍卖市场上，还时常可见李光乾（李元甫）的书法作品，有立轴、楹联、扇面等。其中一幅立轴行书收藏于长寿，录苏轼《题欧阳贴》”。见《还珠楼主家世考述》，《苏州教育学院学报》2016 年第 3 期，第 27 页〕，但因年岁已大，且身体日衰，常常力不从心，教书卖字也渐渐难以支撑这个大家族每日庞大的开销。无奈之下，他只得以高龄病体考取了县知事，于江苏候补。好在当时的江苏省省长齐耀琳颇念旧谊，对这个昔日同年及部下十分看重，先在苏州、南京等地委了些短差，以解其生活起居之急。〔《征轮侠影》，还珠楼主，山西人民出版社、北岳文艺出版社 1998 年 8 月出版，第 19—20 页〕

于是，李元甫打点行装，携夫人周家懿及还珠等子女千里跋涉，客居苏州。在苏州与南京间做一些“短差”的同时，等待接缺“候补”。

关于还珠一家“客居苏州”的时间，后人在叙述中，除长子李观承文章未涉及此事，还珠学专家徐国桢文章虽提到此事但未涉及具体时间外，其余均一致认为是在李元甫死后。正是因为父亲的故去，家道衰落，还珠方才与弟妹一同随母亲到苏州投亲靠友，并于此间发生了一段“言情”故事。

然而，揆诸目前不多的史料便可发现：此说于史实有误！持此说者，均讲述的是还珠家人第二次“客居苏州”的时间，而此时还珠已远赴北方谋事，并未留居苏州。其实，在此之前，还珠一家已经有过一次在苏州生活的经历，其时间便是此刻李元甫携家眷“客居苏州”等待“候补”之时。对这第一次“客居”，后人在回忆或研究中，不但没有述及时间与事实，反而将其中的“言情”故事也移植到了第二次“客居”中。

还珠一家第一次“客居苏州”这段经历，是还珠人生中的一个重要“桥段”——他不仅在杏花春雨的姑苏城内遭遇了一段缠绵悱恻的初恋，而且正是这段初恋的“戛然而止”，让他刻骨铭心，以致对其后来的生活与创作均产生了重大影响，并最终“分娩”出“还珠楼主”这个民国时期名震大江南北的笔名。因此，我们有必要费些笔墨，对此加以考辨与匡正。

除长子李观承外，后人在回忆或研究还珠及其作品时，都不约而同地提到，还珠在青少年时期，曾经在苏州生活过一段时间。

如还珠研究专家徐国桢早在 1948 年，便于上海《宇宙》杂志复刊号第三至五期上，连载了《还珠楼主及其作品研究》一文，后又结集为《还珠楼主论》出版单行本。他在此中便披露：“他用大江以南的口语，和我讲话，听去不觉得生硬。原来他在幼年时代，曾在苏州居留过一个相当时期。”〔《还珠楼主论》，徐国桢，上海正气书局 1949 年 2 月出版，第 7 页〕

还珠子女观贤、观鼎于 20 世纪 80 年代末曾于报刊回忆，祖父去世后，“祖母带着父亲和他的两个弟弟、一个妹妹，跋山涉水，到苏州投奔亲戚，住在养育巷，勤俭度日”。〔《回忆父亲还珠楼主》，观贤、观鼎，载《人民日报》（海外版）1988 年 3 月 16 日〕

还珠忘年交许寅亦于同时期著文《当代武侠小说之王还珠楼主》称：“元甫公逝世，家计困难，夫人周氏携子女跋涉千里来到苏州。”〔《当代武侠小说之王还珠楼主》，许寅，载《上海滩》1988 年第 10 期。另见《还珠楼主小说全集》第 46 卷，山西人民出版社、北岳文艺出版社 1998 年 9 月出版，第 391 页〕

还珠研究专家叶洪生在其专著《天下第一奇书〈蜀山剑侠传〉探秘》中记载：“唯因其父早丧，家道中落，故李氏（即还珠）仅在苏州中学读过几年书，即告辍学，一生未再进学堂接受正规教育，而全靠‘自学成才’。”

〔《天下第一奇书〈蜀山剑侠传〉探秘》，叶洪生，学林出版社 2002 年 2 月出版，第 4 页〕

民国通俗小说研究专家张赣生也在其著作《民国通俗小说论稿》中记载，还珠丧父后，“随即由他的母亲带往苏州投亲，家境骤变”。〔《民国通俗小说论稿》，张赣生，重庆出版社 1991 年 5 月出版，第 244 页〕

还珠研究专家周清霖在《还珠楼主李寿民先生年表》中亦称：“……父亲病故在六合任上。因家计困难，母亲携子女从长寿县启程，跋涉千里投亲靠友来到苏州，寄居养育巷某家，勤俭度日。”〔《津门论剑录》所载《还珠楼主李寿民先生年表》，上海远东出版社 2011 年 3 月出版，第 129 页〕

由此可见，除徐国桢外，以上文章均称还珠是在其父病故以后，方才随母首次到苏州生活。其实，这是讹传。

从目前发现的资料看，最早持此说者，应为李观贤、李观鼎姐弟。他们二人在 1988 年 3 月 15 日开始于《人民日报》（海外版）连载的《回忆父亲还珠楼主》（此文于同年 10 月 1 日被香港《大成》杂志第 179 期开始转载）一文中首次披露：1914 年其祖父去世后，祖母带着父亲跋山涉水到苏州投靠亲戚。而后来研究者皆受到他们姐弟文章影响，因袭其说，以致造成以讹传讹。

此外，关于还珠之父李元甫病故的时间，后人叙述亦多有误，而且其说不一。但经过对史料的辨析，我们还是能够得到准确答案的，那便是李元甫不是像李观贤、李观鼎姐弟所言，死于 1914 年，而是故于 1919 年 11 月。对此，下节将做详述。

也正因此，李观贤、李观鼎姐弟所持还珠是在李元甫病故之后方才随母迁居苏州，并住了多年，直至“父亲二十二岁那年（1924 年——此时间亦有误，应为 1920 年，还珠时年十八岁，下节详述），祖母托亲友在天津（应为北京，下节详述）给他找了一份差事”〔《回忆父亲还珠楼主》，观贤、观鼎，载《人民日报》（海外版）1988 年 3 月 16 日〕，还珠方才离开苏州的说法，是没有时间依据作支撑的，而且也与还珠本人“民九（1920 年）余饥躯北游，供职内务部”〔《还珠楼丛谈·京尘影事》，天津《天风报》《黑旋风》，1932 年 11 月 27 日〕的回忆相抵牾。

既然还珠一家首次“客居苏州”的时间不是在其父病故之后，而且还珠这次也确实在苏州“居留过一个相当时期”，并且还发生了一段刻骨铭心的恋情，那么还珠一家第一次“客居苏州”的日子又是发生在何时呢？这还要从还珠父亲李元甫晚年考取县知事，于江苏候补时说起。

还珠在自传体小说《征轮侠影》中曾描述，辛亥革命以后，其父李元甫“闲了两年，家况日窘，仗着写得一笔好字，名满江南，每年只得两千元收入，手散好交，又喜收藏，仍不敷用。最后无法，考取了县知事，仍在江苏候补，兼着卖字生涯。总算江苏省长齐耀琳颇念年谊，先委了些短差，最后委署六合县知事，到任未满一年，便病故在六合任上”。〔《征轮侠影》，还珠楼主，山西人民出版社、北岳文艺出版社 1998 年 8 月出版，第 19—20 页〕后人正是因此描述，而判断出李元甫死于 1914 年。但我们只要细核《征轮侠影》一书此段描述的上下文字，便可发现，这是明显的误判！

《征轮侠影》所言“光复以后”，李元甫“闲了两年”的“两年”，并非指确数“两年”，而是泛指等了“一段时间”。而这段“时间”或两年，或时间更长。其实，从上述引文可以发现，还珠表达的真实意思应是：辛亥革命以后，其父李元甫在家乡闲了一段时间，因收入无着落，时间一长，日子便过得很窘迫，无奈之下只能卖字养家。但由于生性好交又喜收藏，渐渐地卖字所得也难敷家用，最后只得以高龄之年考取县知事。但这只是个虚无的“职称”，只能在江苏耐心地等待“职务”。这期间，李元甫的科举同年齐耀琳已做了江苏省长，念及年谊，便先让李元甫在苏州、南京等地“政府机关”做做“临时工”，以解养家之急，直至有了机会，方才将其“转正”为六合县知事。但天不假年，李元甫“上岗”不满一年，便病故在此任上。在这段文字里，还珠所述除了“光复以后”“闲了两年”说得好像具体（其实“以后”“两年”也非实数）外，其余所言在时间表述上均为模糊之语，很难看出李元甫考取县知事、上任及病故的具体时间，这也就为后人的想象提供了空间。

但诚如上文所言，李元甫绝不是死于 1914 年，而是故于 1919 年 11 月。这除了有下一节的详细考辨支撑外，还有还珠在《征轮侠影》中的另一段自述为证：“元苏（还珠）自从十五岁随父亲南京候补，结交了许多小朋友。”〔《征轮侠影》，还珠楼主，山西人民出版社、北岳文艺出版社 1998 年 8 月出版，第 21 页〕还珠生于 1902 年，其十五岁时便已是 1917 年，此时李元甫不仅还活着，而且还携还珠在南京等待“候补”呢。由此可见，李元甫任六合县知事最早也应在1917年以后。从其“到任未满一年”便于1919年11月病故反推，其上任时间应为1918年底或1919年初。

此外，从还珠十五岁随父在南京候补可知，李元甫最迟在1917年便已考取了县知事，再结合还珠所言“光复以后”“闲了两年”，我们可以大略推断出：李元甫于辛亥革命后，在家乡闲了有四五年，1916年或1917年，方才考上县知事，1918年底或1919年初任六合县知事，1919年11月病逝于六合县任上。

据此推算，李元甫从1916年或1917年考上县知事于苏州、南京打“短差”等待“候补”，到1919年11月死于六合县知事任上，其此次出山应在江苏生活了三年光景。而这三年，正是还珠兄妹与母亲陪李元甫宦游江苏第一次“客居苏州”的时期。

据此，还珠一家首次“客居苏州”的时间已有了答案。这便是1916年底或1917年初，还珠全家从故居四川长寿县移居苏州；1919年底，还珠母子离开苏州赴南京料理完李元甫丧事，便又返回了四川故居。此间还珠母子在苏州大约生活了有三年时间，这三年还珠的年纪是十四岁到十七岁。

而就在这短短的三年，一段刻骨铭心而又戛然而止的恋情发生了——

民谚云：上有天堂，下有苏杭。苏州作为中国南方著名的园林城市，不但风光旖旎，水木清华，而且历来学人荟萃，文风甚浓。尤其是辛亥革命前两年，由柳亚子、陈去病等人于虎丘张东阳祠发起成立的南社组织，更是将大批江南文人汇聚于此，定期雅集，诗酒酬唱。此后不足几年，苏州便成为江南继上海之后的又一文化中心。正是在这种文风日炽之时，十四岁的还珠随家人暂离了巴山蜀水，踏进了这座饱受诗文浸染的江南名城。如前所述，此时已是1916年。

离开了相对闭塞的四川长寿乡间，来到了得现代文明之先的上海近邻苏州，自幼被传统诗书浸泡的还珠，感觉这里的文化有些异样。大量译自域外的小说和当时风云人物所撰的时髦说部，让他看到了与自幼所读古诗文不一样的另一道风景。于是他抓紧时间，如饥似渴地将能找到的坊间说部逐一畅读。这期间，举凡包天笑著译的《蓓德小传》《碧海情波》《孤雏感遇记》《红泪》《拿破仑之情网》《空谷兰》，徐枕亚著的《玉梨魂》

《毒药瓶》《双鬟记》《奇童侦探案》，叶小凤著的《古戍寒笳记》《蒙边鸣筑记》，周瘦鹃译著的《女侠茜格诺小传》《霖刃碧血记》《亡国奴日记》《血书》《无政府党美人》等坊间畅销书，他都收集无遗，反复阅读。或许从那时起，畅销书的风靡便让他欣羡不已。朦胧间，他的心中已埋下了写作畅销书的种子。但繁重的学业让他还暂时无暇顾及，身为人子的责任更让他觉得只有走进学堂，掌握知识，将来才能养家糊口，让双亲过上幸福生活。

苏州自六朝以来便办学风气极盛，流经数代，进入民国，这里更是名校荟萃，学堂众多。初到苏州，还珠插班进入了在当时苏州颇为著名的苏州公立第一中学堂。这是一所历史悠久的名校。据资料记载，该校为苏州当年第一所公办新式学堂，其历史可追溯自创办于 1805 年的苏州正谊书院。因学堂门前有一小桥，故亦称“草桥中学”。

当年的“草桥中学”声名远播，人才辈出。南社作家陈去病、语言学家吕叔湘、历史学家吕思勉、著名画家颜文梁、人口地理学家胡焕庸、国学大师钱穆等人，都曾先后在此执教。而出自该校的学生则更是名家迭出、星汉灿烂，如史学家顾颉刚与胡绳、教育家叶圣陶、版本目录学家顾廷龙、科学家钱伟长、前南京大学校长匡亚明、原国民党主席蒋经国，以及著名剧作家于伶、著名诗人严辰、袁水拍等，当年均负笈于此，寒窗苦读。

还珠的新式学堂教育就是在这座“百年树人”（钱穆语）的学校中度过的。1934 年底，他在写给当年同学灵丝的“代邮”中，曾两次言明：“幼时随宦吴门，一高及草桥二中，不少旧雨，兄或者即其一也。”“弟亦系一高毕业者，校长为杜鲁林先生。不闻二十年前同学旧雨，近忽有把对之期，快何如之！”〔详见天津《天风报》，1944 年 12 月 4 日、8 日〕

还珠一家初到苏州，李元甫经亲戚介绍，租下了离繁华街道观前街不远的养育巷中的一座民宅。建在灰色石板路上的房屋黑瓦白墙，加上气候潮湿形成的绿色苔藓顺着墙根往上浸染，使得养育巷房屋的色彩十分灵动，颇似水墨画中的烟境。如果说四川长寿县凤岭街或成都盐道街上的祠堂深宅因瓦竹相加而具庄重挺拔之美，那么苏州养育巷的白墙黑瓦，加上灰石板路边长出的绿苔，则让还珠感到了另一种美。这便是古人"小桥流水人家"意境中的美，而这种意境带给还珠的，则是如入画中、乐不思蜀。

很快，十四岁的还珠便喜欢上了这里，他从心底里感觉到，这真是上天赐给人间修身养性、读书作文的妙境，以致于近二十年后，他对此地的水木清华仍念念不忘，曾于媒体赋诗《吴趋怀古杂咏》四首，分别以《横塘春泛》《虎丘剑池》《白洋湾》《万笏朝天》为题加以赞咏。〔《吴趋怀古杂咏》，还珠楼主，天津《天风报》副刊《黑旋风》，1935 年 2 月 25 日〕也正因此，当时光进入 1948 年，为躲避大都市的喧嚣与国共对决的炮声，被出版商逼着赶写"蜀山系列"的还珠，则再次将家搬至苏州，并在此看到"东方红，太阳升"，迈入激情燃烧的"火红年代"。

安顿好家眷，李元甫便以多病之身赶往南京，在做"临时工"的同时，等待"转正"。还珠兄弟则与母亲安心地住在了苏州养育巷。只是在学校放假之时，作为长子的他不时前往南京住上一段时间，既陪父亲暂解宦游的寂寞，又从父亲那里得到学业指点，并听到众多有关家乡风土人情的传说。

十四岁正是人生无忧无虑的美好时光。此时的还珠已长得膀大腰圆，方脸阔耳，两目炯炯有神，颇得邻居间小伙伴们的喜欢。他每日除了进学堂念书外，剩余时间便和小伙伴们在一起玩耍。对此还珠子女曾有"故事"般的描述："住进养育巷没有多久，父亲便受到乡里间小伙伴们的欢迎，就连那些嗲声嗲气的小姑娘，也很乐意跟他一起玩耍，因为他从来不在她们面前摆'男子汉大丈夫'的威风。他说：'女孩看上去就显得软弱，怎好跟她们逞能？'有时，见到男孩子欺侮女孩子，他就上前打抱不平，三下两下把欺人者赶跑。父亲自小习过武功，身强力劲，俨然成了巷里女孩的保护者。有时做游戏，调皮的女孩子把花头巾或假辫子扎在父亲头上，叫他打扮成姑娘的模样。这本是他极不情愿的事，但为了不挫伤人家的热情，他竟强自'忍受'下来。"〔《回忆父亲还珠楼主》，观贤、观鼎文，载《人民日报》（海外版）1988 年 3 月 16 日〕

少年时代养成的品行，往往会伴随人的一生。也就是从这时起，这种"路见不平一声吼，该出手时就出手"的侠义之气已然在他的心中生成，以致没过几年，他便在京城再次出演"英雄救美"的主角儿。

十四岁也正是人生情窦初开的花季。虽然此时对爱情的理解尚显幼稚、朦胧，但在养育巷里，有一位名叫文珠的姑娘引起了还珠的注意。她年长还珠三岁，生得面目清秀，性情温柔，颇具江南女孩儿的灵性，尤其是她还弹得一手好琵琶。在众多的小伙伴中，还珠最与她谈得来。初始，二人以姐弟相称，渐渐地，在每日的游玩当中，两人都产生了异样的感觉。这种感觉的结果，便是两人渐渐疏远。但每次在街头巷口相遇，二人总是怦然心动，在相互深情地对望几眼后，便迅速走开。还珠心里明白，自己已经沉浸在人生最圣洁最美好的爱情中了。

或许是文珠手下时缓时疾的琵琶声与还珠幼时所读诗书的意境产生了契合，每当琵琶声伴随着日暮西山的黄昏到来之时，还珠总是闻之动容，难以自已。他最喜欢听文珠弹奏的《潇湘夜雨》，有好几次听到此曲，他都于紧闭的屋里潸然泪下。尽管平时他在见到文珠时，仍表现出颇为自负的男子汉气概。

终于在一个黄昏，伴随着《潇湘夜雨》哀婉的弦声，还珠于绵绵细雨中，走进了文珠的家门。本就对还珠怀有情感的文珠这一晚让他听了个够。而作为回报，还珠则为文珠摆起了“龙门阵”，他从峨眉山的佛光讲到青城山的洞天，从巴山蜀水讲到黔桂湘滇，而且在故乡美好传说中加进了他自己的杜撰……直听得文珠目瞪口呆，忘记了时间。自此之后，他们二人不但相处甚欢，感情日笃，而且也将恋情公之于众人。

对于还珠的初恋，母亲周家懿没有横加阻拦。因为文珠的美丽、聪慧给她留下了极佳印象，尤其是文珠的善良、温柔，让她觉得将来的长子媳就应该是这样。在她心里，已将文珠认作是自己的儿媳了。此时她能做的，只是不时地提醒还珠：“莫要耽搁了学业！”而还珠为了得到母亲对自己初恋的支持，也在学习上更加勤奋，他的成绩总是在班里名列前茅，得到奖励。

随着接触日深，还珠与文珠的感情已到了山盟海誓阶段。两人私下相许，未来不管生活如何艰难，不论遇到什么险阻，二人永不变心。还珠非文珠不娶，文珠非还珠不嫁。

可谓好事成双，就在此时，李元甫也终于等到了机会，被江苏省长齐耀琳委以江苏省六合县知事。面对着接踵而至的喜事，还珠一家沉浸在空前的喜悦与幸福之中。如前所述，此刻应该是 1918 年底或 1919 年初。

然而，世事总是难以预料。圣洁美好的爱情抵挡不住家庭变故的劫难，海誓山盟的承诺难以阻止不幸现实的到来。就在还珠与文珠经过近两年热恋，已在谈婚论嫁之际，还珠的家庭却遭到了“灭顶之灾”。

第二节　众说纷纭的丧父年月

1919年秋末，在六合县知事任上未满一年的李元甫，忽得急病。热恋中的还珠闻讯即刻休学，与母亲、弟弟等人急忙赶往六合探视照料。岂料未出两月，李元甫便在当年11月底病逝。

关于李元甫病故的时间，历来众说纷纭，就是还珠子女，也是各执一词。笔者于此书中提出李元甫死于1919年11月底之说，乃是根据下文考证所得。费此笔墨钩沉此事，绝非“喧宾夺主”、小题大做。正是李元甫的病故，方导致长寿县凤岭街李家祠堂的衰败，也正是李家大家庭的解体，方才使得还珠“饥躯北游”，从而在平津干出一番“惊天泣鬼”的大事业。因此，李元甫的病故时间，直接关乎还珠外出谋职的年代，而这个年代多年来一直众说不一、难有定论，其结果便是造成后人对还珠出川北上后事迹的歧说不一。

目前对还珠父亲李元甫病故的时间，存有以下诸说：

还珠次女李观贤、次子李观鼎在《人民日报·海外版》回忆父亲时记述：“父亲十二岁那年（1914年），祖父去世了。”〔《回忆父亲还珠楼主》，观贤、观鼎，载《人民日报》（海外版）1988年3月16日〕

还珠忘年交许寅于《上海滩》著文描述：“一九一四年，元甫公逝世。”〔《当代武侠小说之王还珠楼主》，许寅，载《上海滩》1988年第10期。另见《还珠楼主小说全集》第46卷，山西人民出版社、北岳文艺出版社1998年9月出版，第391页〕

还珠研究专家周清霖在所制《还珠楼主李寿民先生年表》中考证：李元甫“1910—1913年间任江苏巡抚衙门文案、丹徒县奔牛镇厘捐局长、六合县知事，到知事任未满一年，1914年病故于六合。”〔《还珠楼主李寿民先生年表》，周清霖，载《西南大学学报·社会科学版》，2008年第6期，第41页〕

民国通俗小说研究专家张赣生所著《民国通俗小说论稿》一书指出：“还珠楼主十二岁（1914年）丧父。”〔《民国通俗小说论稿》，张赣生，重庆出版社1991年5月出版，第244页〕

还珠长子李观承于台湾《民生报》追忆：“民国五年（一九一六年）祖父去世。”〔《关于我的父亲还珠楼主》，李观承，台湾联经出版事业公司出版《近代中国武侠小说大系·还珠楼主卷》，1984年12月出版，第44页〕

还珠研究专家徐国桢在《还珠楼主论》中写道：“他（还珠）出身耕读之家，从小就随宦在外，经过地方不少，苏州也是其中之一。十七岁（1919年）时候，父亲死去。十九岁开始在北平当公务员。二十三岁入军界。”〔《还珠楼主论》，徐国桢，上海正气书局1949年2月出版，第8页〕

还珠自传体小说《征轮侠影》记载：其父李元甫任六合县知事“未满一年，便病故在六合任上。……这时元苏（还珠）年只十九（1921年），已考入苏州天赐庄东吴大学预科，才升第二年级，便因父病请假往省，不满两月便遭父丧”。〔《征轮侠影》，还珠楼主，山西人民出版社、北岳文艺出版社1998年8月出版，第20页〕

还珠后来在《还珠楼丛谈》中回忆：“珠儿时随先君宦游大江南北，弱冠椿庭弃养，橐笔北游，足迹所经，都十六七省。”〔《还珠楼丛谈》，天津《天风报》·《黑旋风》，1933年1月3日〕

综观以上记述，李元甫病故年代可分四说：一为李观贤、李观鼎、许寅、周清霖、张赣生等，均认为李元甫病故于1914年；二为李观承认为其祖父病故于1916年；三为徐国桢认为李元甫死时还珠十七岁（1919年）；四为还珠自述，元苏（还珠）十九岁时（1921年），其父病故，故而造成“弱冠椿庭弃养，橐笔北游”。

其实，作为孙辈，李观承、李观贤、李观鼎兄妹对其祖父的生平描述，主要来自父亲还珠的回忆。而还珠子女众多（长子李观承、长女李观芳、次女李观贤、次子李观鼎、三女李观淑、三子李观洪、四女李观政），记忆难免参差。加之还珠成名后著述繁重，屡屡孤身独处，与子女聚少离多，言及家事往往支离破碎，故而造成还珠子女对其祖父卒年记忆失真，且各执一词，实在是在所难免。

而许寅虽为还珠忘年交，但他与还珠相识时，已是1952年。尽管交情尚深，然而每次见面也都是简短的寒暄。据许寅本人回忆，其对还珠身世的了解，也仅是“观贤姐弟不仅有问必答，且将家中珍贵的图片资料，还珠楼主手迹，倾囊任拣”〔《当代武侠小说之王还珠楼主》，许寅，载《上海滩》1988年第10期。另见《还珠楼主小说全集》第46卷，山西人民出版社、北岳文艺出版社1998年9月出版，第386页〕，而且其文《当代武侠小说之王还珠楼主》，也是在观贤、观鼎姐弟《回忆父亲还珠楼主》一文发表半年后才杀青，其文受观贤姐弟文章的影响显而易见。

民国通俗小说研究专家张赣生乃笔者恩师，其生前曾多次与还珠次女李观贤交流，他在书中所涉还珠之父病逝年代，显然是受李观贤影响。对此他曾多次对笔者提及，而且笔者也曾陪他赴京拜访过李观贤，并言及此事。

至于当今还珠研究专家周清霖所制还珠年表，也显然是依据观贤、观鼎的回忆文章，再参之以陈毅夫等修《长寿县志》及还珠自传体小说《征轮侠影》中“光复（1911年）以后，……光甫（元甫）闲了两年，……最后委属六合县知事，到任未满一年，便病故在六合任上”而得出。其实，诚如上节所言：参阅《征轮侠影》一书上下文字可以发现，这里的“闲了两年”，并非指确数“两年”，而是泛指“等了一段时间”，或两年，或时间更长。此外，1944年陈毅夫等修《长寿县志》对李元甫也只署了官职，其余均不详。

由此可见，李观贤、李观鼎的记忆影响了许寅、张赣生等人的文章和周清霖的年表。那么李观贤、李观鼎的说法，除了来自早年的记忆，是否还有另外旁证？因目前尚未找到支持此说的其他文字资料，故而李元甫病故于“1914年”之说作为孤证，尚且存疑。而李观承所持其祖父死于1916年之说，也因不知所据为何，况且他似乎还有“难言之隐”，更是让人生疑，对此下节将有详述。

作为与还珠生活在同时代之人，徐国桢在20世纪40年代末便对还珠其人其作品进行研究，据其自述：

“我和他相知甚浅，可也常有相遇的机会。却又是他很忙，我也不很闲，谈话的时间，不会很长。”但就在这多次不长的谈话时间里，他对还珠还是有了很深的了解：“他用大江以南的口语，和我讲话，听去不觉得生硬。原来他在幼年时代，曾在苏州居留过一个相当时期。他说话的技巧不很好，并无特别可称的地方；好像很性急，说得高兴的时候，兴奋之状可掬，语调也急促如连珠炮，恨不得十句话并在一句说完似的。对于修饰方面，也不考究，好像表示他的性格，是随便得很的。略带方形的一张圆脸盘，两只耳朵不小，颈项却不长，阔肩膀，粗腰肢，身材比长的人短些，比短的人长些，当列入中等里面去；肌肉比太肥的人瘦些，比不肥也不瘦的人肥些，当列入普通与肥胖之间，决不能言瘦，而且与胖为邻了。头发剪得很短，穿中装的时候为多，年龄大概在四十五这个数目的上下罢。”〔《还珠楼主论》，徐国桢，上海正气书局 1949 年 2 月出版，第 7—8 页〕

通过徐国桢的以上描述，我们除知道了人到中年的还珠“真面目”外，也看出了他与还珠的交情，而且其文其言乃当时人说当时事，不存在记忆模糊之嫌。因此，他所披露的“十七岁时候（1919 年），父亲死去”便显得较为真实，这从下文的考辨中也可得到验证。

《征轮侠影》是还珠的自传体小说，还珠在此书中写到：其父病故时，他已十九岁。其实在该书中，还珠有个笔误。

《征轮侠影》一书开篇便写，元荪（还珠）“是个十七八岁的少年，貌相白皙，颇为英俊，身穿一身重孝”(据此可知，还珠丧父不足一年)，坐在浦口开往天津的火车上，欲往北京谋事。〔《征轮侠影》，还珠楼主，山西人民出版社、北岳文艺出版社 1998 年 8 月出版，第 1 页〕但其在第二章又写到，其父病故时，元荪（还珠）“年只十九”。这前后矛盾之处，显然是还珠为赶连载，仓促下笔，未经斟酌所致。

此外，《征轮侠影》一书修订完成于 1940 年。该书开篇第一句便是

“去今廿年以前，约在五月初光景，一辆大火车头吐着蓬蓬黑烟，拖着一列急行客车，正从浦口起由浦而北”，〔《征轮侠影》，还珠楼主，山西人民出版社、北岳文艺出版社 1998 年 8 月出版，第 1 页〕而车上便坐有丧父不久身穿一身重孝的元苏（还珠）。据此可知，距 1940 年二十年以前的 5 月，应为 1920 年 5 月。另外，该书第二章在介绍元苏（还珠）身世时，称元苏（还珠）“才升第二年级，便因父病请假往省，不满两月便遭父丧”。〔《征轮侠影》，还珠楼主，山西人民出版社、北岳文艺出版社 1998 年 8 月出版，第 20 页〕由“才升第二年级”可知，时在仲秋刚刚开学之际，元苏（还珠）之父便发病，“不满两月后”便故去，此时应为还珠北上的 1920 年前一年的 11 月。

由此可见，还珠父亲李元甫应病故于 1919 年 11 月。而转年（1920 年）5 月，在丧父整整半年后，还珠就一身重孝“饥躯北游”了。同时，我们再参以还珠随笔《还珠楼丛谈》中“弱冠椿庭弃养，橐笔北游”一语，此结论便更可确凿。

“弱冠”是指古代男子二十岁行冠礼，表示已经成人。因为还没达到壮年，故而称作“弱冠”，此词后来泛指不到二十岁男子的年纪。而“椿庭”则为“父亲故去”的书面语。此文联系起来看，便是“在不到二十岁时，父亲便故去了”。此说正与《征轮侠影》中十七八岁丧父后身穿重孝的元苏（还珠）年纪相吻合，而且后面的“橐笔北游”也正与《征轮侠影》中所叙内容相一致——还珠就是在十七岁那年遭遇父亲去世后，于转年 5 月离家“饥躯北游”的，此刻他年方十八岁。按：还珠生于 1902 年，其十八岁时，应为 1920 年。

根据以上考辨可知：李元甫病故于 1919 年 11 月。还珠于转年 5 月，也即 1920 年 5 月离家北上谋事，至 1921 年在北京“当公务员”，其时年为十九岁。而此结论恰与徐国桢所言相符，同时也正与还珠后来反复回忆的“民九余饥躯北游，供职内务部”〔《还珠楼丛谈·京尘影事》，天津《天风报》《黑旋风》，1932 年 11 月 27 日〕“仆自民九重游春明，沉浮郎署”〔《还珠楼丛谈·国民第三军始末述略》，天津《天风报》《黑旋风》，1934 年 9 月 18 日〕的时间相吻合。

李元甫死了，死于 1919 年的 11 月。

家中男主人的突然病故，让还珠母子措手不及，仿佛陷入了“灭顶之灾”。由于人地两生，仓促间料理丧事，耽搁了些许时日。应酬完同僚的悼唁，还珠母子决定将李元甫灵柩运回长寿县老家。在这期间，还珠与文珠书信往还数次，文珠对还珠家中的变故均已知晓。返川前夕，还珠再次函告文珠：自己要在四川老家居住一段时间，等父亲后事处理完毕，守孝期满，便赶回苏州，迎娶文珠。

虽然文珠对还珠的父丧深感悲痛，对还珠也是眷恋有加，并且非常想与还珠一同归里，以儿媳名分共同守孝，但囿于身份与礼教，此刻也只能与还珠忍痛而别。她在回信中满怀深情地表示：回去安心守孝，照顾好母亲弟弟，不要惦记文珠。无论遇到什么难事，你要知道，在遥远的姑苏城里，有一颗珠子在思念着你，等着你，等着你来娶我……

接到此信，还珠心中也是五味杂陈。丧父之痛与对文珠的思念之痛，让他痛上加痛的同时，也感到了些许安慰与甜蜜。他真想抽出两天时间赶往苏州，当面向文珠一倾别离之思。但作为本房长子，且自幼接受中国传统伦理教育的他深知，当下尽孝乃头等大事，儿女情长也只能屈居其次了。何况此时他与母亲还遇到了一个棘手的大“麻烦”——一时半会儿筹措不到长途跋涉和移灵下葬的费用。

李元甫此番赔上老命重出江湖，最根本的原因，便是家无积蓄，已坐吃山空。他本想凭借此次出山为家中积攒一些钱财，岂料却是“出师未捷身先死”。他不但未能获得未来的财富，就是眼下移灵下葬的盘缠也未挣足。

就在还珠母子一筹莫展之际，长寿故乡的一位神秘人物出现了。他不但及时伸出援手，提供了李元甫回归故里和移灵下葬的费用，而且在十余年后，他还和还珠打了一场轰动平津的“拐带良家妇女案”官司，并最终被迫地成了还珠的岳父。此人便是这时的长寿县大富翁、未来的天津大中银行董事长孙仲山。

半月后，依仗孙仲山汇来的钱款，驮运灵柩的车马已准备妥当。作为李元甫遗孀，周家懿率还珠兄弟抚灵由江苏六合县启程，踏上了返回故乡之路。从此，她也结束了多年随夫宦游生涯，重新住到了长寿县李家祠堂里。而还珠此刻也只能告别了给他留下太多记忆的苏州，告别了初恋情人文珠，同时也告别了他的一段刻骨铭心的恋情，随家人重归故里。

第三节　未来岳父伸出援手

在还珠生平业绩中，孙仲山是个无论如何也绕不开的人物。20 世纪 30 年代初，如果不是他将还珠聘为家庭教师，还珠就不会与他的二女儿孙经洵发生“师生恋”；如果没有这段“师生恋”，就不会有他“导演”的“拐带良家妇女案”；如果没有“拐带良家妇女案”，就不会有还珠为体面地迎娶孙经洵而大赚稿费，写作、连载《蜀山剑侠传》；如果没有《蜀山剑侠传》，还珠则没有“开中国小说界千古未有之奇观”的业绩；如果没有这个业绩，那还珠就成不了民国武侠小说大宗师。由此可见，孙仲山在还珠生平中所起作用之重要。换言之，正是因为有了孙仲山的“恼羞成怒”与“步步紧逼”，方才成就了民国武侠小说大宗师“还珠楼主”。

关于孙仲山的生平和暴富内幕，此前由于资料匮乏，人们多是口口相传，而且愈传愈富传奇性。笔者此前所撰的《还珠楼主前传》，也因为史料所限，仅以寥寥数语作交代：

> 孙仲山原是长寿县大地主，因精明能干，以小本起家，靠贩盐发了横财。1919 年 6 月 29 日，他与重庆商人汪云松、王墨园、何鼎臣等十人联合发起，经北洋政府核准注册，创办大中商业银行，总行设在重庆，在成都设立分行。1920 年 3 月该行筹足百万资本，首开储蓄业务，并正式更名为大中银行。由于其与

政府关系密切，经常向“北洋”放贷，不出两年，便迅速发展，使其分行遍布哈尔滨、北京、天津、南京、上海等南北十三大城市。但随着1928年北洋政府垮台，该行所贷巨款无法收回，业务濒于破产。无奈之下，遂将北方各分行全部撤回，只保留重庆总行与成都分行。经过一年多励精图治后，1929年底，其业务开始复苏，于是再度设立天津分行，并委派孙仲山出任天津大中银行董事长。〔《还珠楼主前传》，倪斯霆，天津古籍出版社2014年11月出版，第151页〕

如今看来，随着新史料的相继发现，此段文字不但过于简单，而且亦有差错，甚至还在文字上轻慢了孙仲山。

2014年11月，笔者前往重庆市长寿区参加“还珠楼主高端论坛”会议时，还珠族孙李永明在见到我那本简陋的“前传”后说，孙仲山并不像你写的那样是个反面人物，他的经历非常复杂，富有戏剧性。他一生做了许多善事，包括资助还珠葬父以及为家乡建学校、医院、公园、桥梁、公路、义渡等。

在会议组织参观的大巴上，李永明指着新署街上的一排房屋说，这就是当年孙仲山在自家崇德堂门前开办的仲山药房，他特意延请在当地很有名望的两位老中医坐诊，无论是看病还是抓药，都很便宜，价格明显低于其他药房，如果是穷苦农民看病，则一律不收钱。随后他又指着远处的山上说，孙仲山为家乡做的善事中，最具社会价值且有长远影响者，首推桃花溪水电站的投资兴建，其1937年安装完成后，是长寿第一座水电站。

那天晚上，李永明在宾馆房间打开手提电脑，指着一篇正在写作中的文章说：“就是后来孙仲山因还珠楼主和他女儿谈恋爱而打官司，甚至数次加害还珠楼主，也是有着深层或者说是难以言说的原因的，我这篇文章就是要解开孙仲山身上的许多谜团。”

几年后，我看到了他那篇近三万字考证翔实的长文《还珠楼主家世考述》。其中不但对还珠的家族及祖居考证周全，而且对还珠岳父孙仲山的生平也是考述甚详，披露了许多鲜为人知的一手材料。

颇为巧合的是，就在笔者研读李永明这篇文章时，又无意间发现了一条线索，那就是由天津政协编辑的《天津文史资料选辑》第35辑上，还有一篇万余字的长文专讲孙仲山——《大中银行与孙仲山》。在这篇由原大中银行天津分行经理常铸九、副理冯昌照和天津东马路支行经理吕次言三人于1965年撰写的回忆录中，“如实地记述”了他们“所知道的孙仲山和大中银行内幕”。〔《大中银行与孙仲山》，常铸九、冯昌照、吕次言，中国人民政治协商会议天津市委员会文史资料研究委员会所编《天津文史资料选辑》第35辑，天津人民出版社1986年4月出版，第162页〕现据此文及李永明文章所披露的众多史实，特将孙仲山的发家传奇及资助还珠葬父善举，叙述如下。

孙仲山本名“原辅”，后名“鸿猷”，字“仲山”，清光绪三年夏历四月初四（1877年5月16日），出生于四川省重庆府长寿县千佛乡新场村之孙家湾。其在长寿老家的崇德堂，与还珠家的祠堂，虽然分别坐落于长寿县新署街和凤岭街，但却在同一条主干道上，两者相距不足二百米。孙、李两家，都是长寿望族，且比邻而居，祖上早有交往。〔《还珠楼主家世考述》，李永明，《苏州教育学院学报》2016年第3期，第29页、32页〕

孙仲山幼时家贫，其父乃乡间塾师。他在家乡读完“四书”后，由亲戚介绍，十六岁便到重庆永兴隆号糖庄当学徒。由于聪明早熟，为人机灵，深得糖庄主人唐某垂青，遂将幼女许配为妻。不久，他便继承了岳父的“懋迁砂糖”，并与他人合创了正兴隆号，亲任经理。后来他携十吊钱独闯津门，经人介绍于1903年加入陈志钧在津创立的钧记大米庄。该米庄位置在天津东北城角河沿大口萨宝石胡同附近，是个漕运便利、买卖兴隆之地。他们从四川运大米到天津加价销售，并兼做机器面粉生意。由于四川量米的斗比天津的斗大约一成，于是他们发了横财。

而孙仲山钱财的进一步聚拢，则是源于一次冒险的投机。当时天津有某洋商从香港地区运来大批面粉（时称“洋面”），最初“进口”时被谣传面中有毒，市民皆不敢食用，因此滞销。就在洋商焦虑无助当口，广东商人梁某介绍孙仲山代为推销。孙脑筋灵光，他先将面粉分成若干小包，免费赠送朋友及天津各大饭庄，经过他们试吃品尝后，证明面中无毒，随后便广为宣传，为这批面粉打开了销路。通过此事，洋商对孙仲山倍加信任，随后又继续从香港地区“进口”面粉，前后总共运来八十余万袋。这批面粉再次被推销出去后，孙仲山从中得到白银三十余万两。他立即向四川家中汇去十万两，托其胞姐（即原名王乃孙的上海大中银行经理王尔藩之母）管理家务，广置田园土地，从而成为长寿县中的巨富和地主。

这便是孙仲山发家的“第一桶金”，可谓颇富传奇。然而更具传奇者，则是其从政经历。

孙氏后来曾改名“鸿猷”，而这“鸿猷”的由来和用处也是蛮有“故事”。据常铸九等人文章披露：后来孙仲山不断从天津到北京，住在其兄孙鸿猷家中。孙鸿猷在清政府度支部工作，负责平银子，因体弱多病时常缺勤。孙仲山到京后，屡次代其兄在度支部上班。后其兄终因久病死去，而他就顶替孙鸿猷之名在度支部供职。由于头脑活络，遂同各部要人来往密切，并进行贿赂拉拢。光绪三十一年（1905 年），皇上办沪宁巡警赈捐时，孙仲山便充当了盛宣怀的随员。因业绩突出，翌年他又随端方办江南救灾赈济事宜等。孙仲山的阿谀奉承，颇得盛宣怀欢心，后由盛宣怀、吕海寰奏奖其为二品衔道员，捐官混入仕途。旋即他又投到中堂那桐门下，拜那桐为师，很快便谋到办理捐官的差事。通过卖官鬻爵，他又发了一次大财，从此活动范围更加广泛。

相传某要员（一说是段芝贵），为了运动差事，走清廷一位有权势王爷之子某贝子的门路，为此进献给某贝子北京八大胡同名妓谢姗姗。此事被御史得知，参奏一本，慈禧太后下令查办。某贝子后经疏通，想让孙仲山顶其名与谢姗姗姘度，以为掩饰。孙仲山则慨然应允，假戏真做。于是查办此案的大臣回复慈禧时，便奏称：某贝子实无此事，纯系传闻之误，实乃某部职员孙鸿猷，因赎娶妓女谢姗姗从良，引起纠纷，现此二人已成夫妻云云。由于此事，孙仲山又结识了不少当时的达官显贵、皇亲贵胄，并与谢姗姗真的举行了婚礼。为此事某要员与这位贝子对孙仲山很是感激，二人均有馈赠，孙仲山可谓“人财两得”。

辛亥革命后，孙仲山又成为袁世凯的拥护者。在 1915 年袁世凯“恢复”帝制时，成立了洪宪大典筹备处，孙仲山结识大典筹备处法典科主任顾鳌，到处招摇，拥护帝制，以期捞取政治资本。但不久洪宪帝制失败，袁世凯死去，顾鳌也被通缉。孙仲山见此摇身一变，转向银行界谋求出路。〔《大中银行与孙仲山》，常铸九、冯昌照、吕次言，中国人民政治协商会议天津市委员会文史资料研究委员会所编《天津文史资料选辑》第三十五辑，天津人民出版社 1986 年 4 月出版，第 163—164 页〕

如果说以上介绍是作者常铸九等人在1965年那个特殊年代所写，带有当年很浓的意识形态色彩，其对孙仲山的早期生平多含贬义，而且专写其“不光彩”的官场钻营、敛财的话，那么下面不妨看看孙仲山本人是怎么说的。据李永明披露，天津市档案馆存有孙仲山的一份亲笔自撰简历，对于其早期从政情况，所述甚详，其中便“有这样一段记述”：

> 光绪三十一年，办理两淮盐捐出力，保升知府。参赞各国商约事务得力，奏报以道员，仍留原省补用。三十三年，奉旨调福建办理洋务，整理茶木税捐出力，奏保军机处存记，遇缺即放。三十四年，奏调民政部丞参上行走。宣统元年，奏派福建驻京赈捐局总办。二年，奉旨为江皖赈务公所正提调。三年，奉旨为四川宣慰使兼办团练事宜。民国元年，总办直隶省高线铁路。三年，密保以巡按使存记。四年，保举人才，以道尹存记，特交内务部任用。又以财政专长，以财政厅长关监督，交政事堂存记。五年，为大总统府顾问。六年，任命四川赈务会办。七年，创办大中银行，选举为总经理。八年，聘任农商部顾问、币制局顾问。十年，聘任盐务署顾问、两湖巡阅使公署顾问、湖北省长公署顾问。十一年，创办京兆全蜀鸿丰矿务公司，聘任国务院顾问。十二年，组织豫泰（太）公司，包办长芦盐务运销河南商淮岸五县。十三年，聘任四川督军公署顾问、省长公署顾问。十六年，聘任财政部高等顾问、税务处高等顾问、八国庚款委员会副委员长。十九年，组织汝襄公司，承办长芦盐务运销河南襄城岸八县汝光岸十四县。〔转引自李永明所撰《还珠楼主家世考述》，《苏州教育学院学报》2016年第3期，第29页。原件现藏于天津档案馆〕

根据孙仲山以上“自述”，再参以其他史料可知，光绪三十一年（1905年）他作为候补知县，南下江苏被保为知府，随后便开始了频繁的宦海沉浮。这期间的复杂经历，其“自述”虽然所列甚细，但对他是因何退出官场而转入实业与金融业的，却是语焉不详。其实这里面也是颇有惊险“故事”或者说是“事故”可述的。

1911年10月10日武昌首义成功后，当时四川局面混乱不堪，与北京完全失去联系。当年12月31日，孙仲山奉特旨密任四川宣慰使，回川筹办团练事宜。然而船一进宜昌，就引起当地水警怀疑，遂将船上人员全部捕获，准备择日斩首。后经袁世凯反复斡旋，直至翌年2月，他方获救。由此，他看到了官场上的危机四伏与朝不保夕，从此不再志游宦海，而是在重操旧业、驰骋商旅的同时，有意无意间充当摇羽毛扇者，影响着官场人物与事件。

1912年秋天，休整了半年之久的孙仲山，开始了他回归实业后的第一个买卖：接办高线铁路。结果未及数月，营业骤盛，获得巨额利润。后受权势者逼迫，虽于1914年以低价出让高线铁路经营权，但此时其已俨然成为国内富翁一族。此后，他又经营盐业和煤矿，其财富数额进一步飙升，直至1919年与人创办大中银行总行，并出任总经理，他终于完成了由一介乡民向金融巨头的转变。

关于大中银行总行的创办，孙仲山在上引“自述”中写得非常简单，仅以“七年，创办大中银行，选举为总经理”数字带过。其实，正是在创办和运行大中银行总行的过程中，孙仲山的才能和精明得以淋漓展现。对此，与其共事多年、对其“门儿清”的常铸九等人，曾在文章中对天津大中银行开业以前，他在创办大中银行总行时的“事迹”，有过翔实记述：

> 孙仲山在未办银行之先，于一九一六年集资开办鸿丰煤矿（实际是煤厂），设在周口店附近，由门头沟运来煤炭，再转运出去，宣称为“本矿开采”。由于经营不善，赔累很大，后交其弟孙海波经营。
>
> 一九一八年，孙仲山通过朋友介绍，在北京认识了四川大中银行的股东汪云松、何鼎臣二人，他们准备到北京建立大中银行，由于人地生疏，苦无头绪。孙仲山趁机吹嘘自己门路宽广，号召能力大，怂恿汪、何在北方建立大中银行分行。汪、何二人因彼时正无门路，见孙仲山为自己同乡，又如此热诚，所谈又头头是道，因此就将建立北方分行之事交孙仲山全权负责。
>
> 孙取得汪云松、何鼎臣的信任后，于一九一九年正式在北

京前门外大马神庙设立“四川大中银行北京筹备处”，报财政部注册，资本为一百万元，实收不足四分之一即行开业。当时仅由股东汪云松、何鼎臣几个人陆续汇来十万元。开业以后，四川股东推孙为总经理。孙勾结财政部司长章佩乙取得发行权，终日奔走财政部刺探消息，进行投机活动，代财政部推销公债，两年期间赚到利润三四十万元的公债券。一九二一年北洋政府财政总长张弧因筹发军警欠饷，乃向北京各银行借款八百万元，大中银行除借与八十万元外，并开出若干定期存款的存单，供财政部向其它银行借款充当押品之用，双方订立借款合同时，财政部指定在来年发放的一月份盐余项下尽先偿还。但不久第一次直奉战争兴起，张弧下台，大中银行放给财政部的款项，到期竟因财政部无人负责偿还，被挤兑而停业。债权人向法院控告大中银行，孙仲山也向法院控告财政部，涉讼一年财政部才与孙达成协议，将欠款包括存单在内共约二百余万元作为财政部借款，规定利率月息壹分，每年分两期结息，订立正式契约。实际上当时财政部根本无力付息还本，因而各银行对财政部之借款均摊了“黄账”，将结账单、原账目等，视如废纸，弃之如遗。唯大中银行孙仲山将契约谨慎保留，后来在南京国民党政府实行法币政策，取消各私营银行钞票发行权时，作为凭证，促使南京政府财政部偿还此款。

……

一九二七年正是奉系军阀张作霖进关组织“大元帅政府”时期，当时担任奉系军阀政府财政总长的阎廷瑞过去与孙仲山相识，两人交情密切。阎曾向张作霖推荐孙仲山，并想把财政总长职位让给孙，孙推辞不就，后来发表孙仲山为财政部高等顾问。阎在任内办理筹款等事，多经孙居间参与谋划，大中银行也转危为安。〔《大中银行与孙仲山》，常铸九、冯昌照、吕次言，中国人民政治协商会议天津市委员会文史资料研究委员会所编《天津文史资料选辑》第三十五辑，天津人民出版社 1986 年 4 月出版，第 164—167 页〕

财政总长阎廷瑞如此看重孙仲山，是有“报恩”原因的。对此，还珠在成为孙仲山女婿后，曾揭秘说：

> 前财长阎泽溥（即阎廷瑞），本一商店掌柜，先与银行界巨子孙仲山相识，未达时常受孙周济，所居在孙对门，常为坐客。阎为人颇饶智计，知东三省土地肥沃，而价奇廉，异日必可大获，因说孙巨资，由渠携往东省，经营地产。孙为人任侠，经营商业，有远见，魄力甚大，闻言以十万两与之。阎少年时颇荒唐，至沈阳，睹地价方落，意在观望，因循数月，地未购成，而款已为嫖赌用去十之二三，自审无以报孙。孙人豁达，而喜骂人，归虽不责偿，必受辱，小损失既与大损失等，乃一面伪言地已置在某处，阴以余资，在沈阳小南关置洋房一所，纳交诸中下级军政界人士，早夜宴集。时值清末民初，东省地犹僻陋，风气闭塞，土坑茅价，其有洋式房屋，实以阎首创。又以阎寓饮食方便，烟赌咸备，人多乐于就之，因得与后来东省要人张雨亭（张是时官阶仅为营长）辈结识，往来日益亲密。及张为奉督军，遂渐升至吉、黑榷运局长，盐务美缺，虽所得甚丰，然以东省当道多喜豪赌，一掷巨万，应酬浩繁，倍出者亦复不少。嗣张入关为大元帅，总揽北方政局，阎乃一步登天，位至财政总长，富贵则交亲，孙款已早不究，且情感愈厚。阎本无学术，因缘时会，而跻高位，幕后策划，皆丐孙为之。〔《记前财长阎泽溥》，还珠楼主，天津《天风报》副刊《黑旋风》，1935 年 2 月 23—24 日〕

以上便是孙仲山早期的金融“创业史”。在经过这一系列“官商互动”后，大中银行在孙仲山的操持下，终于走上发财扩张之路。因为就在这次“转危为安”不久，大中银行便在北方这个既是最大商埠又是金融中心的城市天津开设了分行。而孙仲山在天津分行筹备与开业伊始，便与其长寿小老乡那时还叫李寿民的还珠，展开了一场是否能成为“翁婿”关系的较量。但这已是后话，本书在此后章节将做翔实记述。

在宦海沉浮、商旅驰骋及金融博弈中，孙仲山积累了大量人脉。据李永明考述：孙仲山广交朋友，早已为人所称道。涂凤书在《长寿孙仲山先生六秩寿序》中称赞其性格“豪迈，尚任侠，好结客，高朋广坐，尽达官贵人及一时知名之士”，如段祺瑞、吴佩孚、张作霖、九世班禅、李准、江朝宗、吴景濂、龚心湛、李思浩、潘复、陆宗舆、曹汝霖、董士恩、冷家骥、吴鼎昌、熊正瑗、何键、何成濬、刘骥、熊克武、刘湘、王陵基、杨森、吴毓麟、梁鸿志、齐燮元、齐耀琳、张澜、傅增湘、谭小培、叶龙章等清末和北洋时期的风云人物，政、商、军、文各界，都在孙仲山的交际圈内。

此外，孙仲山重视文化生活。他信佛，家有佛堂，挂佛珠，念佛经，印佛书，交高僧，受佛教慈悲博爱思想影响至深。他一生有三大爱好：喝茶、养花、听戏。孙仲山还是京剧迷，老生喜欢谭富英，旦角喜欢新艳秋。孙仲山非常重视传统文化，喜欢结交文人，如傅增湘、涂凤书、杨钟羲等，皆当世著名学者。他的为人信条与曹操刚好相反：“宁人负我，我不负人。”

〔《还珠楼主家世考述》，李永明，《苏州教育学院学报》2016 年第 3 期，第 29 页、31 页〕

李永明的考证，应该说是体现了孙仲山为人的特点。因为即使是后来颇受他挤对的还珠，虽对这个岳父微词颇多，但也不得不在文章中承认其“为人任侠，有远见，魄力甚大”。〔《记前财长阎泽溥》，还珠楼主，天津《天风报》副刊《黑旋风》，1935 年 2 月 23 日〕当然，还珠所言的“为人任侠”，肯定是包含着自己丧父无助之际，对伸出援手的孙仲山抱有的一些心理感受。

1919 年底，还珠之父在江苏六合县知事任上病逝时，孙仲山刚刚在北京完成大中银行的创办。作为该行总经理，此时他还兼着农商部顾问、币制局顾问和四川赈务会办，正在北京与家乡间频繁奔走。长寿县凤岭街李家祠堂男主人客死他乡的消息，很快便传到他的耳中，而且死者与未亡人被困于江苏六合的窘况，也被他知晓。本身就“为人任侠”且眼下又腰缠万贯、春风得意的孙仲山，立刻让家人给还珠母子汇去了足够他们扶灵返乡和祭奠安葬的费用。对此，许多年后，当还珠在天津与其女儿孙经洵谈恋爱令他大发雷霆时，在津四川长寿“孙氏同乡亲友”在《大公报》上刊登的“公启”中，还提到“孙氏之热心待遇李氏满门之恩厚”，并特别指出，还珠“每遇艰难，辄由经洵父力为帮助，及寿民（还珠）之父病故，殓葬之费，亦由经洵之父厚助”。〔《孙氏同乡亲友公启》，天津《大公报》1930 年 10 月 6 日〕

其实，孙仲山此番能够如此慷慨解囊，除了他为人的“侠气”外，还有一个此前鲜为人知的原因——据还珠族孙李永明近年披露：“还珠楼主与孙仲山本有亲戚关系”，只是“因为是老亲，平常通信不多”。对此李永明曾在文章中说：“据还珠楼主子女回忆，孙经洵曾经谈到，还珠楼主的父辈与孙仲山之间，其实早就认识，也有来往。据解放前长寿李氏同宗自治会会长李光耀之子李西林、李源仲介绍，他们的父辈经常提到，李家祠堂与孙崇德堂有老亲关系。”〔《还珠楼主家世考述》，李永明，《苏州教育学院学报》2016年第3期，第32页〕至于这种老亲关系具体为何，永明兄也有披露，但因其关乎着还珠后来的一系列遭遇，此处暂且按下不表，待“故事”发展到相应阶段，再作交代。

第四节　失怙少年眼中的“世态炎凉”

随着长寿县城关镇凤岭街上李家祠堂男主人的逝去，昔日显赫的大家族已失去了喧哗与排场。往日人丁繁杂、各房彼此往来的热闹场景已不复存在，取而代之的是各房房门紧闭、庭院萧索，而且不时还传来莫名其妙的指桑骂槐或嘲讽讥笑之声。

这些强烈反差让十七岁的还珠仿佛一夜间成熟起来，并在心中形成了一个解不开的结，以致多年以后他仍难以释怀地写出如下文字：

> 年轻人多苦无妨，母亲出身富贵人家，从未受过贫苦，便前些年家境艰难，仗着父亲情面甚宽，又有家藏珍贵之物可以变卖，加上卖字所得，也只常时添点愁思，实际未受甚苦，岂可使她老年来跟着儿子受罪过苦日子？越想前途越害怕。

但害怕归害怕，此时还珠已少年有志，心胸渐宽，此刻他想的是：

> 父亲在日吃了大伯父子无数的亏，祖业全被败光，从无怨言，余产更不容说，一则这话不好出口，二则母亲还决不许，想了想还是自己立志上进要紧，譬如父亲故时仍在赋闲，又当如何？〔《征轮侠影》，还珠楼主，山西人民出版社、北岳文艺出版社 1998 年 8 月出版，第 20 页、29 页〕

虽然此刻还珠已有了作为男子汉的担当，但毕竟还是涉世未深的年纪，随后大家庭中发生的一切，还是让他始料不及，无以应对。对此，还珠长子李观承曾有描述：作为李元甫的幺房，“祖母周家懿带着三个儿子，在李家这个大家庭里过着受人讥讽的生活”。〔《关于我的父亲还珠楼主》，李观承，原载 1982 年 4 月台湾《民生报》副刊，今据台湾联经出版事业公司出版《近代中国武侠小说大系·还珠楼主卷》，1984 年 12 月出版，第 44 页〕据还珠后来回忆，其母周家懿过门时，“前房子女多已长大，（周家懿）因性仁柔，时怄闲气。（前房）长子为人老实还好，这位前房长女实是难惹，虽能干，貌却不佳，嫁时年已三十，人前人后总说亲母已死，只有生父和一胞兄”。而前房长子之妻“罗氏虽不孝顺婆婆，因是大家规矩，以前表面上还在敷衍。自从公公一死逐渐放肆，当日更公然侮谩，毫不客气”。并且见“公公一死，知道家况只有日难，没什大望，难得还剩下七八千元遗钱，立即乘乱怂恿丈夫把将过来，借着治丧运灵，以虚报实，干没了一多半”。〔《征轮侠影》，还珠楼主，山西人民出版社、北岳文艺出版社 1998 年 8 月出版，第 24 页、27 页、30—31 页〕

面对如此境遇，年少的还珠虽然无能为力，但在心中却暗暗发誓，将来一定要混出名堂来，让母亲过上好日子。

或许这早年经历的世态炎凉对还珠刺激太深，许多年后，他仍不能释怀，以致在其神魔武侠小说创作达到高潮之时，他仍拿出一定时间，于 1940 年将上述家事写成一生仅有的两部现实题材小说之一——带有自传性质的《征轮侠影》中。同时，他也将自己少年时代所遭遇的这段世态炎凉多次讲给子女听。1982 年 4 月，台湾《民生报》副刊曾刊出还珠长子李观承的文章《关于我的父亲还珠楼主》，此文便是李观承对父亲“痛说家史”的“印象”记录：

> 民国八年，大家庭终于瓦解，大房二房分到田产，三房分到了城里的当铺，四房分到了房产后半部；父亲算是幺房，只得到房子的前边院落，包括门房。五伯父还说：“洗墨池也给他们，好让七弟善基练习写字！”这是大家庭的悲剧，中国几千年封建专制沿习下来的结果。树倒猢狲散，祖父一死，什么五代同堂，通统完蛋！
>
> ……

民国九年四川大旱，经济萧条，民不聊生。祖母带着三个儿子到成都投奔娘家，想在那里暂时住下来。怎奈世态炎凉，不能久留，于是他们又去乐山，找我的姨祖母（我祖母的大姊）。乐山是出强盗的地方，民性剽悍；他们投奔未遇，又不愿苦等，只好乘船沿岷江而下。

岷江两岸，峡谷相连，曲折逶迤，江水穿梭于群山之间，气势迫人。大诗人李白的《峨眉山月歌》就赞美过它："峨眉山月半轮秋，影入平羌江水流。夜发青溪向三峡，思君不见下渝州。"诗人借诱人的峨眉山月和明静的平羌江水，写出了他对友人怀念之情。虽然两岸风景如诗如画，可是这母子四人带着沮丧的心情投奔不成，只好泛舟东流。哪里是归宿呢？离开天府之国的四川，只有到他乡去生活了。

船行五日，来到了川东的丰都，相传那是"阴曹地府"的所在，是"鬼"的国土。普天下人死了之后，"魂灵"都要到那里去报到；接受"阴曹地府"的发落，安排"来世"。丰都城寺观庙宇之多也是四川其他县城所罕见。由于是"鬼国"，庙宇里塑造了数以千万计的道佛名家的神像，或仁慈，或狰狞，或怪异，或丑恶，凡人间诉讼、法庭、监狱、酷刑……应有尽有，构成一套完整的"阴间政府"机构。

四人上岸后，立即去烧香叩头祷拜一番才继续乘船东下。他们在浦口上岸，乘京（津）浦火车北上，然后到达天津。他们在天津投靠一个四川同乡。不久我的两个叔叔便去上海商务印书馆由张元济收留，在该馆作排字。只有父亲和祖母二人在天津生活。〔《关于我的父亲还珠楼主》，李观承，原载1982年4月台湾《民生报》副刊，今据台湾联经出版事业公司出版《近代中国武侠小说大系·还珠楼主卷》，1984年12月出版，第44—46页〕

从以上"印象"记录中可以看到，李元甫病逝后，其"幺房"周家懿一支的生存状况。如果不是少年时期所经历世态炎凉对还珠刺激太深，他怎能在多年之后仍耿耿于怀，并时常向儿女"痛说家史"？如果他不时常

“痛说家史”，其长子李观承又怎能写出以上“印象记”？

说李观承所写文字为“印象记”，这里面是有“玄机”所在的。

或许是还珠“痛说”不详，或许是观承记忆模糊，或许是当年时空不宜“据实而说”，更或许是“为尊者讳”。作为还珠长子，李观承在这篇忆旧文章中，不知是有意还是无意，竟漏掉了上文所述其父少年时期在苏州生活的那段重要史实，当然也就更没有述及其父与文珠那段“青梅竹马”的恋情，并且因此还将其祖父李元甫病逝的时间误定为“民国五年”（1916年），将大家庭的瓦解时间定为“民国八年”，将其祖母带还珠等三子离川时间定为“民国九年”，并称民国九年母子四人由老家经乐山乘船至浦口，再由浦口乘津浦铁路到天津，在“投靠一个四川同乡”后，还珠从此便在天津做编辑、写剧本、识名伶、进军队当秘书、做家庭教师、惹官司、娶媳妇，直至写出扬名立蔓儿的《蜀山剑侠传》。

其实真实情况并非如此。李观承此文不但“丢掉”了还珠一家两次“客居苏州”的重要史实，而且还“遗漏”了其父离川北上后，首在北京做编辑和小公务员及首次当兵的几个重要“桥段”。对此，我们将在后面的叙述中加以匡正。下面结合还珠不同时期的回忆，先大致还原一下其离川北上时的真实情景——

凭借着孙仲山的资助，还珠随家人扶灵返乡并料理完父亲李元甫下葬之事，便已是1920年的早春了。还珠在守孝期间，目睹了大家庭的分崩离析，看到了亲戚间的世态炎凉，这让他此刻变得愈加成熟，他深深感到，只有离开这闭塞的乡间，到大城市去闯荡一番，方能有所出息，才能有所积蓄，来日才能迎娶文珠，将来才能让母亲与文珠过上好日子。

也许是心想事成。就在还珠暗下决心之际，其远嫁京城的同父异母二姐瑞华，在闻知父亲死讯后，千里归蜀奔丧。关于此女，还珠族孙李永明曾有介绍：“周元苏（还珠）还有一个二姐名瑞华，出嫁到北京的时间大概在1910年前后，年龄已经三十岁。……据还珠楼主长子李观承先生回忆，还珠楼主确有一个姐姐住在北京。”〔《还珠楼主家世考述》，李永明，《苏州教育学院学报》2016年第3期，第27页〕再据还珠自传体小说《征轮侠影》描述，此刻瑞华见还珠少年老成，学问又好，便暗自思忖：这娃儿将来可能要有大出息，我何不将他接到北京去发展，将来混出人样我也可以老有所依沾沾光。于是她便向还珠母子提出，自己远嫁京城多年，目前已有根基，何不让弟弟赴京谋事，自己不但可以帮忙照顾生活，而且还能让当法官的丈夫帮助寻找差事。还珠母亲闻言，便在私下告诉还珠：你父在弥留之际，也曾留下遗言，认为你的学问能力都在同辈之上，他也曾叫你辍学北上，或许能在天津、北京干出一番事业，将来光宗耀祖。〔详见《征轮侠影》，还珠楼主，山西人民出版社、北岳文艺出版社 1998 年 8 月出版，第 22—26 页〕

本就有外出闯荡想法的还珠，此刻听母亲说出父亲的遗愿，便更坚定了北上谋事的决心。但一想到作为长子，自己一走，母亲及弟弟们在这本就受歧视虐待的大家庭中，日子恐怕将会更加艰难，便又有些犹豫不决。其实此刻还珠母亲周家懿已有了决定，那便是让还珠独自北上谋事，自己则带着另外二子暂居苏州，一方面能与文珠朝夕相见，互有照应，另一方面也在等着还珠事业有成，归来迎娶文珠之后，一同北上，定居京城。

还珠见母亲已有决定，自知母命难违，于是便将北上之事定了下来。在其二姐返京之日，便将自己的想法和盘托出。二姐说，你姐夫在北京高等法院当法官，朋友很多，你日后到京，谋个好差事料也不难，况且你又诗文满腹，知书达理，就这么定了，我在北京等你。

送走二姐，还珠与母亲便开始做移居的准备。这期间，周家懿不止一次地对还珠说："除了你二姐，你父亲在世时，还时常提起咱们有个长寿老亲，因为贩米在天津发了大财，我想这个人应该就是资助你父亲下葬的孙先生，你也可以去找他碰碰运气。再说你伯父现已定居天津，听说与孙家走得很近，还兼着在他家教私馆，你可以让伯父给你引荐一下，即使不成，将来遇事也好有个照应。如果实在不行，再去北京找你二姐也不迟。"

对于周家懿的这番话，还珠族孙李永明近年给予了证实。他认为，这个靠贩米发了大财的还珠家老亲，正是大中银行总经理孙仲山："李光乾的逝世，促成了还珠楼主北上谋生。但还珠楼主北上，目的地在哪里呢？是冲着谁去的？李观承在《关于我的父亲还珠楼主》一文中回忆，当年还珠楼主到天津是要去'投靠一个四川同乡'。那么，这位'四川同乡'是谁，至今还是一个谜。从《征轮侠影》的记述所折射出的史实看，这位'四川同乡'不是别人，正是孙仲山。当时，孙仲山已经是大中银行总经理，又在北洋政府兼任顾问，人脉之广、实力之强，在京津两地的四川人中堪称翘楚。还珠楼主在《前财长阎泽溥》一文中曾经评价孙仲山‘为人任侠，经营商业有远见，魄力甚大’。的确，孙仲山不仅政治背景厚实，且为人大气豪爽，侠肝义胆，极富同情心，特别乐于助人，口碑极佳，加之又是李家老亲，是理所当然的投奔目标。从《征轮侠影》可以看出，还珠楼主刚到天津时，其伯父李光益就急着把他带往孙公馆与孙仲山见面，而堂兄李丕基则极力作梗阻挠，最后还珠楼主不得不转赴北京，向姐姐姐夫求援。”

〔《还珠楼主家世考述》，李永明，《苏州教育学院学报》2016 年第 3 期，第 32—33 页〕

李永明的这段考述，可谓有理有据。还珠当年北上，确实是先到的天津，而且在看过伯父后，也确实有过与孙仲山见面的机会，只是由于堂兄从中搅局，在失之交臂后方才赌气转赴北京二姐处的。

在等待启程的日子里，还珠将欲赴京津谋事的决定写信告诉了文珠。文珠虽有不舍，但想到凭还珠的聪慧老成，不出时日，定有出息，于是便回函相告：你已决定，我便依你。母亲大人与弟弟们重返苏州，此计甚好，我会像侍候自己母亲与弟弟一样侍候他们，只是你要努力，我每时每刻都在等你……

1920 年 4 月底的一天，随着大家庭的瓦解与四川大旱，还珠一家告别了四川长寿县，他们母子乘船东流，来到苏州，这便是还珠家人第二次“客居苏州”的时间。

大概连还珠自己也想不到，就是这次离开故乡，在此后的时日他便再也没有返回过故土。一生漂泊云游四方的他，最终客死异乡，但他对故乡故土的怀念，却是缠绕一生。其幼子李观洪曾回忆说：“父亲说得一口流利的普通话，但在家里，他几乎都说长寿话。父母虽身在异乡，却始终在自己的家里保持着故乡特有的生活习惯，例如在天气干燥的北方吃着用干粮裹着淡淡麻辣味的咸菜。”〔2014 年 11 月 22 日晚，在重庆市长寿区长寿湖畔的长寿宾馆，还珠楼主之子李观洪接受笔者访谈时所讲。在座者，尚有还珠研究专家李永明、张元卿、顾臻〕还珠对长寿老家的眷恋之情，由此可见一斑。

到了苏州，还珠将母亲与弟弟们安顿在养育巷旧宅后，于第一时间赶到了文珠家里。

半年多的分离，让这对热恋中的情人一见面便涕泪涟涟，喜悲交集。

喜的是分别半年后终于再次相见，有多少话要一诉衷肠；悲的是虽久别重逢泪眼相望，但很快又要山水阻隔，挥泪作别。而且此一分离又不知要过多久才能相聚，想着劳燕分飞、前途难卜的境遇，二人真是“相见时难别亦难”！

分手之日，文珠送出还珠很长路程。终于到了惜别之时，还珠强忍离别之痛，强振精神，拉着文珠的手说：“别难过，等我混出名堂，就返回苏州娶你，往后的日子你要多保重，照顾好母亲与弟弟，遇有难事千万要写信告诉我。”

文珠的手紧紧拉着还珠不肯松开。此刻她已泪眼迷离，哽咽着一句话也说不出来，只是一个劲儿地深情望着还珠，生怕此一分手，再无相见之日……

“十八相送终须别，回吧……”还珠的眼泪也已流淌下来，说完此话，他缓缓转身，一步一回头地走向车站……

文珠的预感是灵验的。就是这次分手，造成了二人睽违27年。等到再次聚首时，他们已分别有了家室。这期间的沧桑之变颇多关节，也颇有故事，而故事本身也颇具传奇。还珠后来曾于天津报纸上自曝“仆少年绮孽，知者鲜少”，〔《代邮二则》，还珠楼主，天津《天风报》副刊《黑旋风》，1934年5月29日〕指的便是此事。

虽然这段“姑苏之恋”仅仅经过两年的光景便戛然而止，在还珠近六十年的人生中，时间很短，但其对还珠的影响却是刻骨铭心，以致在他此后的生活、创作中均产生了非同一般的作用，并直接孕育出了“还珠楼主”这一当年风靡大江南北并在今日仍影响海内外的笔名。

第三章　饥躯北游，京城仗义行侠的失恋青年

旧时峨眉山（蜀山）之“象池夜月”

第一节 沽上省亲谋事受阻 京华顾曲入职《晨报》

去年廿年以前，约在五月初光景，一辆大火车头吐着蓬蓬黑烟，拖着一列急行客车，正从浦口起由浦而北。就中一辆三等客车近门第三排椅上，……是个十七八岁的少年。貌相白皙，颇为英俊，身穿一身重孝，看去年轻，行路却极在行。自从浦口上车便把茶房唤来，低声说了两句，茶房立即喜笑颜开，代他把行李安置停当，将一床呢毯铺在座位上面。这一趟车客人不算很多，少年一人占了两个座位。开车以后脱去长衣，取出茶叶，命茶房取来开水空壶，当面将茶泡好。回身取下暖瓶，灌满开水，放在座下角落里。由手提箱内取出一双漆皮拖鞋和大半筒绿锡包香烟，两本线装书。将脱下来的一件灰布长衫和脚底白帆布鞋依次包好放入箱内，推向座位底下。拖鞋放在面前，两脚一抬，大半身靠在车壁上面，点燃一支纸烟，取书看了几页看不下去，手按书本搭在胸前，望着车顶出神，面有忧戚之色，纸烟自从点燃吸了一口便夹在手里。〔《征轮侠影》，还珠楼主，山西人民出版社、北岳文艺出版社 1998 年 8 月出版，第 1—2 页〕

1940 年，因为《蜀山剑侠传》与《青城十九侠》两部奇书而蜚声大江南北的还珠，开始了自传体小说《轮蹄》（后更名为《征轮侠影》）的写作。他在该书开篇便是这样描写自己“饥躯北游”第一天情景的——书中描写的这个光景应该是1920年的5月之初。

告别了故乡四川长寿，告别了居住三年的姑苏古城，告别了母亲与弟弟，也告别了热恋情人文珠姑娘，十八岁的还珠身着重孝，带着思念，带着憧憬，踏上了北上之旅。

《征轮侠影》对还珠这次北上之行还做了如下描述：“一路无事，车至德州，因有兵车耽搁，直到第四日中午，才到天津。”还珠在天津新站（即袁世凯任直隶总督后所建天津北站）下车后，雇一马车便往日租界驶去。〔《征轮侠影》，还珠楼主，山西人民出版社、北岳文艺出版社1998年8月出版，第64页〕

还珠此次“北游”第一站便到天津，是为了省亲——看望居津伯父李光益。前文已述，李光益是还珠父亲李元甫的兄长，二人均曾浮沉宦海，而且感情甚笃。据还珠族孙李永明考证：李光益，字吉甫，出生时间大约在1850年之前，廪生出身，同治十二年（1873年）癸酉科拔贡。初任内阁中书，后赴浙江，先后任金华、兰溪、乌程、天台等县县令。光绪元年（1875年）任《长寿县志》协纂；光绪二十一年（1895年）在天台县令任上主持编修《天台县志》，不一年而停。宣统二年（1910年）曾在绍兴府任职，据蔡元培为胡道南撰写的传记材料记载，秋瑾被捕杀，李光益曾与绍兴知府贵福一道参与其中。李光益夫人为徐氏，所生诸子早逝，仅存一子李隆基。因与唐明皇重名，改为李丕基，字绍文，又字绍闻，生于1870年，卒于1933年。据《清光绪实录》，李丕基曾捐任山西大宁县知县，因亏款延缴，于光绪三十二年（1906年）被革职，并勒追欠款。进入民国后，曾任山西介休县知县。〔《还珠楼主家世考述》，李永明，《苏州教育学院学报》2016年第3期，第28页〕

李光益在清廷结束后，已无心官场，于民国初年便举家移居天津，在日租界旭街（今和平路）与宫岛街（今鞍山道）相交处，置一“三楼三底”洋房而居。据还珠在《征轮侠影》中称，其子李丕基在山西县衙任职，“一年之中倒有多半年在太原大旅馆里住着，终日花天酒地，狂嫖滥赌”，不但挥霍光了父子官场上的积蓄，而且还因得罪了执政山西的阎锡山，此刻正携“临时太太”避祸天津。并曝料他这位堂兄李丕基在“前清就捐了知县，入民国后，仗着一个同乡亲戚孙伯岳相助，保了县知事，分发山西，彼时山西巡按使是金道坚，后任督军是阎锡山，均与孙家有交情”。〔《征轮侠影》，还珠楼主，山西人民出版社、北岳文艺出版社 1998 年 8 月出版，第 64—78 页、第 65 页〕

还珠笔下的这个“孙伯岳”，便是孙仲山。“伯岳”者，“岳父”也。这从还珠对他的进一步描写中，也可以得到证实：“那孙伯岳原是北方政商两届中最活跃的一个奇人。在前清只是一个阔候补道，项城当国时，知他善于理财，几次想要重用，都被婉言谢绝。一意经营商业，自身办有一家银行，资历颇为雄厚，交游极宽，又工心计，饶有权谋，北方屡次政局变动差不多都有他在幕后活跃参与，却不肯做官。历任财政总长十之八九都曾与他发生关系。”此外，“伯岳豪侠好友，坐客常满，又养着一些闲亲闲友和私人秘书、账房之类”，而且“他的来历家世”以及他在“民十七以前北方官场银行界”，均有“许多掌故趣闻”。〔《征轮侠影》，还珠楼主，山西人民出版社、北岳文艺出版社 1998 年 8 月出版，第 65 页、第 132 页〕

由此可见，这个“孙伯岳”的早期“简历”，与前述孙仲山的早期经历，“何其相似乃尔”。

还珠伯父李光益虽比孙仲山年长二十多岁，但二人却是“至交”。这不仅因为他们是同乡，而且当年在官场上也多有交集。此外，更拉近二人距离的，是此时两家都远离故乡而客居天津，正可谓“他乡遇故知”。因此，两家在天津不但走动频繁，而且因孙仲山子女众多，他本人又在政商两线“钻营”，无暇教导，居津赋闲的李光益便被孙仲山聘为了家庭教师。

孙仲山对长寿李家祠堂里的读书人是尊敬的，除了仰慕李光益和李元甫昆仲的学问外，就是对下一辈的还珠，也是“大名”久闻。据李光益讲：孙仲山曾和他说，还珠“九岁时已下笔动辄数千言，昔年寄来的文章同乡京官看了多说他是神童，很夸奖了几句”。〔《征轮侠影》，还珠楼主，山西人民出版社、北岳文艺出版社 1998 年 8 月出版，第 207 页〕按说还珠此次北上天津谋职，有了此等“神交”和伯父的关系，他进孙公馆做家教或是请孙仲山保荐个好差事，应是不难。但想不到的是，此次在津，他不但与孙仲山近在咫尺却失之交臂，而且还闹了一肚子不明不白的“窝囊”气。

话说还珠此时坐在马车上，边走边回想着父亲与伯父间的那些往事：

想起父亲在日二老友爱情景，只惜伯父服官多年，两袖清风，堂兄侄辈事情虽好，对于老人多是虚应故事，加以嗜好甚多，各人置有两三处外家，收入虽多，用得更多，依旧当年大少爷荒唐神气，老是亏空，以至伯父以七旬高年，犹在同乡亲友家中教馆，以充零用，……听说父亲去世时，伯父在津闻得噩耗，一恸几绝，此去见面不知如何伤心呢。一路悲思，也无心浏览街中景物。新站去旭街本远，马车走了个把钟头才行到达。〔《征轮侠影》，还珠楼主，山西人民出版社、北岳文艺出版社 1998 年 8 月出版，第 64 页〕

还珠行前已给伯父去函告知即将到津，只是由于堂兄李丕基将信函扣押，李光益并不知情。李光益看到还珠这个晚辈的突然到来，又惊又喜。他本来就喜欢聪颖的还珠，如今见“吾家千里驹，数年不见便自长成，又是丰神俊朗，少年英发，心甚喜慰”。于是在听过还珠讲述这些年的家中变故和父丧经过后，便立即将还珠到来和欲在津谋职的打算告诉了孙仲山。

孙仲山听罢，在夸奖还珠一番后，又问其父“身后如何，甚是关切”，并让李光益将还珠快快领来一见。但让还珠想不到的是，其堂兄李丕基对此事却是横加阻拦，他认为还珠父亲在“京中虽有不少交亲门人，大都多年不见，音问早疏”。还珠“姊夫只做法官，并不当道，乃姊又非同母，素来不和”，便断定还珠“此来是想依赖自家，心中烦恶，于是引出许多事来”。他先是甩闲话：“年轻人真荒唐，问三不问四，几千里路跑出来，京津一带多少有本事、有资格的人都找不到一碗饭吃，一个二十不到的年轻娃娃就敢跑这远的路来撞木钟，简直笑话！”随后便直奔主题：“这非教训他几句不可，除非他自己有本事找事，不走孙家这条门路我就不管。”还珠见他“越说越难听，以此例彼又气又伤心，决计孙伯岳也不想见，今晚禀明伯父，明早就走”。

于是在晚饭后，还珠便婉言与伯父说：“姊夫姊姊前已函催，适才想起也许有点机会，意欲先到北京看一看，不知可否。”伯父闻言道：“我本想留你多住几天，听你大哥说现在粥少僧多，谋事不易，那你再住两天就走吧。有事自不必说，如若无事，可快回来，拼舍老脸，我托孙伯岳想法子，能在这里谋得一事，时常在我跟前，岂不是好？”还珠闻此，便回他：“侄儿因想早一天定局，好使母亲早一天安心，打算明早就走呢。”

见伯父还在挽留，还珠又说：“事情虽说不定就有，二姊既来信催，妈在家又盼望，所以想先去看看，到底是在北京好在天津好也好作个定局，免得举棋不定。”〔《征轮侠影》，还珠楼主，山西人民出版社、北岳文艺出版社 1998 年 8 月出版，第 195 页、207 页、194 页、195—196 页、201—202 页、209—210 页〕

就这样，此番来津，还珠不但没能见到孙仲山，而且还带着一肚子“闲气”，去北京找二姐碰运气去了。

或许这“北游”天津的第一幕让他记忆深刻，多年后他曾将这段情节移入他的小说中，并清楚记得其伯父所居街巷在日租界，“是个小弄堂，一边通着旭街，一边通着日本花园”。只不过他将街巷的名称，误记为“平和里二号”。〔《征轮侠影》，还珠楼主，山西人民出版社、北岳文艺出版社 1998 年 8 月出版，第 64—65 页〕按平和里位于天津法租界，北起葛公使路（今滨江道），南到狄总领事路（今哈尔滨道），东起巴黎路（今吉林路），西至海大道（今大沽北路），其与还珠伯父居所毗邻的日本花园（今八一礼堂建其旧址之上）尚有一定距离。〔《天津市地名志 · 和平区》，何铁冰主编，天津人民出版社 1998 年 11 月出版，第 153 页〕按照还珠的描述，其伯父所居的小弄堂，应该是在梁启超所居第一代“饮冰室”的隔壁（此“饮冰室”非今日天津市河北区民族道上的第二代“饮冰室”，而是梁启超 1915 年全家定居天津后的第一个居所。目前该建筑还完整地保留在与鞍山道相交的新华路上，但其隔壁还珠伯父所居的弄堂已不复存在）。

1920 年的天津日租界日本花园，还珠伯父李光益便居住在旁边的胡同内

与伯父告别的当天下午，还珠便带着行李来到海河对岸的老龙头火车站（今天津站）。此时从天津到北京的列车缓慢，还珠“坐的是四点四十五分客车，到京已八点半，夏日天长，还未黑透”。北京站接客的伙计甚多，还珠“见内中一个无什匪气，所持店牌是长发栈，知道这是老牌子，京、津、沪、汉通都口岸均有分号，不致讹人，足靠得住，便把店牌接过，同去取了行李，走出站外，雇了一辆车，同往骡马市赶去”。

到得旅店，因“房价等等、灯水客饭等项在接客时已先讲定，店伙见他年纪虽轻，是个常出门的内行客人，本京又有亲友，原是规矩买卖，既非空子，也就竭诚招待，没得话说”。还珠洗漱完毕，叫得一碗木犀饭，吃罢便往二姐瑞华家打电话。二人约定，转天二姐接还珠到家暂住。〔《征轮侠影》，还珠楼主，山西人民出版社、北岳文艺出版社 1998 年 8 月出版，第 215—217 页〕

翌日中午，还珠便随二姐瑞华来到其宅——北京宣武门外校场四条的一个四合院中，暂住下来，等待着姐夫为其寻找谋事之所。

1920 年的北京，虽已迈入民国近十年，但老城内景物仍是一派旧时皇家气象。前清遗留下来的宫殿楼阁依旧，纵横交织的街道上红墙碧瓦随处可见，每一户或张或闭的朱漆大门，都仿佛在向人们诉说着前朝遗事。而在街道两旁密布的狭窄胡同里，遍藏着的座座灰墙黑瓦的深宅与四合院，则户户大门紧闭。宅院中的老北京们，每天在按部就班过日子的同时，眼中却闪现着焦虑与不安。

经过朝代更替的京城百姓，正在惶恐地看着眼下这变幻莫测的动荡时局——北洋政府各届总统与总理有如走马灯似的你方唱罢我登场，长则几年，短则数月，轮流执政着，每人上台新政唱罢便是政局吃紧；各省兵变与外强袭扰的传闻不绝于耳，且天天都在变换着不同版本；街上一波又一波学生游行、罢课传递出的各种讯息，时而叫人震惊时而叫人叹息；此起彼伏的革命与保守加之有度与无序的政治思潮，在刺激着人们神经的同时，也让人们看到了些许微亮；“五四”以后虽然请来了“德先生”与“赛先生”，但平民百姓尚未完全弄懂这两位“先生”究竟是干什么的，便又被别的“先生”搅得晕头转向；更何况在偏居紫禁城的后半部还有个“小朝廷”，年轻的“大清皇帝”仍在享受着太监、宫女及遗老旧臣的顶礼跪拜……

这一切，就是 1920 年 5 月老北京城的现状。而就在此等背景下，还珠来了。

还珠暂居的校场四条位于京城宣武门外，亦称“宣南”。此地环境与上述故都老城内的动荡不安多少有些反差，由于政府官署近年多迁址于此，故而游人如织，商贾麇集，而且周围报馆、游乐场所较多，文化味甚浓。

与宣外大街相交的骡马市大街路北魏染胡同内有家《实事白话报》馆，其所出报纸在当时颇为风行。该报创于民初，系当时时髦的各类“白话报”之翘楚。其连载的《白话三国》等书在当年不但名重一时，妇孺皆知，而且其不用标点，每句空一格的排版方式更是让时人颇感新鲜。而宣外大街路东的《晨报》馆，更是当时北京赫赫有名的大报馆，尤其是该报编辑孙伏园此刻在鲁迅相助下，首创的艺文版《晨报副镌》，不但由此开创了中国报纸“副刊”之先河，而且还将此“副刊”办得风生水起，有模有样，不仅名家荟萃，佳作迭出，更是成为当年风起云涌的新文学之大本营。

初到京城的还珠，对这两张报纸产生了浓厚兴趣，除每日必看外，还对报纸的小说连载和“副刊”小品文仔细研读，并做剪报收藏。北方报纸的风格尤其是艺文版上的文字，深深地吸引了还珠，并渐渐地影响了他。此刻他已感到，北方报纸与南方报纸有着很大不同。北方报纸休闲、娱乐性弱，没有南方报纸新潮、摩登与花里胡哨。北方报纸更关注时局与政治，其“副刊”连载的小说也更具中国古典小说的特色，文字简朴，叙事更像古代说书，不温不火，娓娓道来。而其娱乐版面，也仅仅是对以京剧为主的戏曲剧目的评骘和对演员身世与唱腔的介绍。加之北方报纸上各类“丛谈”“琐话”“摭拾”等专栏小品文所传递出的知识与掌故，无不使人增长见识，获得新知。南北相较，还珠更喜欢后者。这与他从小饱读诗书、深受中国传统文化濡染有关。其实从这时起，他的手已发痒，编小说、写丛谈的想法已在他的心里埋下了种子，在此后的岁月里，这种技艺不但成了他安身立命的本钱，而且陪伴他直至终老。

北洋政府历届大总统秉政期间，于宣武门之西设有参议院、众议院，两院议员共有数百人，他们在此花天酒地、选色征歌，极具声色之好。故而宣外大街每日车马喧阗，人声鼎沸，可谓“红尘十丈”之乐园。一些有识之士于此看到了商机，他们于1915年左右先在宣外先农坛地界征地兴建了城南公园，随后又以外坛北面之地分建先农坛市场与城南游艺园，以供两院议员选色征歌品茗赏艺。迨至还珠到京的1920年，城南游艺园已颇具规模，呈现出故都难得一见的歌舞升平之气。

此园占地宽广，游艺项目齐全。进园门向西，循走廊即入游艺场。这是一个南北东西曲折相连的大厅，京剧场和文明戏场均在北面，电影场居南，皆不出厅即可观赏，唯杂耍（即曲艺杂技）场于大厅西边门外院内。〔以上详见《回忆旧北京》，刘叶秋、金云臻，北京燕山出版社1996年6月出版，第15页；《春明旧事》，石继昌著，北京出版社1996年12月出版，第95—96页〕

此时客居二姐家等待“谋事”结果的还珠，每日除了读书看报外，便是漫步来到这距住所极近的游乐场，观影听戏看杂耍。城南游艺园的繁华之貌给他留下了深刻印象，以致二十年后，他仍津津乐道：

> 那城南游艺园乃先农坛的一角，粤商彭秀康租地建屋，浚池堆土，广植花木，仿效上海夜花园，设有新旧戏院、露天电影、中西餐馆以及各种杂耍游艺，应有尽有。门票只得大洋二角便可在内玩乐终日，至夜十二时方散，与附近沪商刘宝赓开设之新世界性质相同，为彼时北京最普遍而容人最多之娱乐场所。这时刚开办不久，日常游人如云，上、中、下三等人均有，鱼龙混杂。游艺园占地较广，无升降之劳，更多幽僻纳凉之地，有情男女借地幽会情话者趋之若鹜，以故风流艳迹层出不穷。〔《征轮侠影》，还珠楼主，山西人民出版社、北岳文艺出版社1998年8月出版，第272页〕

在杂耍场，还珠被刘宝全的大鼓书所折服，其余音绕梁的高门大嗓让他久听不厌。而焦德海、刘德治的相声，更是让他乐不可支。尤其是华子元的单口相声，让其记忆深刻：

> 当日因焦、刘二人告假，大轴坤角王讽咏梨花片大鼓也因城里有堂会，赶场未到。华子元例须马后等接（江湖话，慢使活，拖延时间），加以听的人多，说得细致，唱又格外卖力。开场交代过去，先学了两句龚云甫的《钓龟》，又唱了一段山东《秋

胡戏妻》和扬州《空城计》，末了又说了两段笑话。

一段是说当初大老板（程长庚）唱戏规矩甚严，配角下手和他同台唱戏，个个战战兢兢，唯恐出错。可是越害怕越出事，赶巧这天上场四龙套中有一个是生手，站门时心一慌，本该站下手的跑错了行站向上手，变成了一边三条腿，一边单摆浮搁。台下报以倒彩，叫好之声不绝。大老板只当是出场时照例的碰头好，上来并不觉察。及至念完引子归座，台下叫好之声越发来得邪行，料是出了毛病。可是自己身上并未出错，再往旁一看，才知龙套串了行，一张长二变成和牌。台上不便开口，便使眼色叫上边的过去一个。原该站上手的因自己没错装着不懂，走错的一个又胆小又死心眼，怕回头受责，合着谁也不肯过去，台下又直起哄，气的大老板没法，当时叫板，胡琴一拉，便唱道："孤王一见怒气发，一边一个一边仨，努眉弄眼全不懂，还得孤王把你拉。"唱到末句，伸手一拉那龙套道："过来吧，孙子。"那龙套被拉过去，这才重起锣鼓胡琴，归入正文另唱，台底下自然哄堂大笑，纷纷叫好。〔《征轮侠影》，还珠楼主，山西人民出版社、北岳文艺出版社 1998 年 8 月出版，第 273—274 页〕

六十余年后，重新复出的相声表演艺术家侯宝林凭借电台与电视，将这段相声重新送入千家万户。时至今日，当我们对此仍耳熟能详之时，再反观还珠写于 1940 年的这段文字，其内容与侯宝林的表演几乎一字不差，可见还珠当时对二十年前华子元的表演记忆之深。

杂耍场的节目令还珠难忘，但最让他兴奋的，还是京剧的表演。虽然早年在成都居住时，他看过川剧，也曾迷恋过其声腔、韵味，但毕竟那时年少，既看不出门道，也听不出奥妙，只记住了"变脸"与"喷火"。如今他一看到京剧，立刻被京剧的博大精深所折服。当时城南游艺园的京剧场内，名角荟萃，行当齐全，举凡当年当红大腕儿如余叔岩、梅兰芳、杨小楼、马连良等都在此献艺。

对京剧的台词与唱腔，还珠可谓"一听钟情"。余叔岩那清纯甜润中略带沙音之嗓和刚健苍劲中又显婉转细腻的腔调，梅兰芳那端庄秀丽的扮相与清婉的歌喉及婀娜的舞蹈身段；晚年杨小楼那出场时的英伟之气和清亮爽脆声如裂帛的嗓音；青年马连良那洒脱的身段与清朗委婉中复见俏丽的唱腔，无不深深地吸引着还珠，让他看得如醉如痴、乐不思归。即使归家，他也手捧《戏考》及唱词，深研细读，乐此不疲。

从此，京剧便成了还珠一生的爱好，如果不是后来机缘巧合，让他握管任侠，编演京剧肯定是他终生的职业。而且后来的事实证明，在还珠的文学艺术生涯中，初始便是做编剧，晚年又是搞“戏改”，京剧艺术可谓贯穿其人生的始终。尽管这期间神怪武侠小说的写作，占了他人生的大部分时间并让他名满天下。

除了城南游艺园的戏曲与杂耍，还珠对京城的风土人情也产生了兴趣，并且还数次跑到著名的“八大胡同”去一探究竟。十余年后，他的一篇讲述“八大胡同”的丛谈刊于报端，曾引发了多位“老京油子”的感佩。如今这已是一篇难得的旧京史料，其文不长，兹录如下：

北京庚子前，苏扬妓女只一二家，所谓八大胡同，为朱、李、王、柏、蔡、柳。朱者，朱家胡同与朱茅胡同；李者，大李纱帽与小李纱帽胡同；王者，王皮胡同与王广福斜街；柏者，柏兴胡同；蔡者，蔡家胡同；柳则柳树卫（后名留守卫）。

当时班子皆称大地方，茶室皆称中地方，三等皆称下处。而一班嫖客，以上举各处在正阳门大街以西，则统称之曰街西。其像姑堂子，均散处于石头胡同、陕西巷、韩家潭、栢顺胡同、外郎营一带。逛像姑者，多系一班公卿大夫、豪家富贾，普通人及书吏间或有之，然系少数。

逛妓茶资，多者大京钱十吊（合小铜元百枚），次者大京钱五吊，再次仅大京钱两吊，合铜元二十枚而已。

嗣于光绪三十年，由公家将大地方命改为清吟小班，中地方为茶室，三等则仍称下处，官定茶资亦照旧章。彼时路灯黑暗，茶客临行，妓女房侍必高呼点灯笼。其纸制灯笼，至今故都烛铺仍有售卖者。其他开市捧场，亦需高呼某爷摆酒。

所谓摆酒，亦不过上一桌果盒，随酒两壶，而客人所费，至多亦不过大京钱百吊（合铜元千枚），少则大京钱二十四吊即可敷衍，不似后来一酒一牌之聚，便耗中人半年食用之资也。

〔《记北京八大胡同名称沿革》，还珠楼主，天津《天风报》，1934 年 10 月 3 日〕

焦急中的等待终于有了回音。半月后，还珠二姐夫为其谋到了差事，而且还是两份：一为北洋政府内务部新设的义赈奖券处做小办事员，一为到《晨报》馆去当校对。

对此，还珠颇为踟蹰。选择间，又传来消息，奖券处因筹备未绪暂时无望，急着“就业”的还珠见此便选了《晨报》馆。虽然校对的薪水只有二十多元，与还珠的期待尚有距离，但二姐夫告诉他，只要肯干，一年之内准升编辑，那就有百元以上的薪水了，何况报馆离家很近，可以省却许多车马钱。闻此，还珠便点头应允。

其实，对这人生的第一份职业，还珠还是比较满意的。当然，这其中最重要的原因，还是他对笔墨行当的青睐和对《晨报》的好感。他后来曾言：

这时京中各大报只《晨报》办得最有起色，敢说话，对新文学提倡最力，如蔡孑民、胡适之、梁漱溟、鲁迅兄弟、许地山、谢冰心等均时有诗文发表。这些学者于旧文学皆有根底，词意流畅，能将心里要说的话有条有理写在纸上，认字不多的人看了固易明白，识字多的人看了也不讨厌，绝不似现在一班根本无学无识，不是东摘西抄凑字成篇，写上一大堆类似标语口号的新成语来欺人欺己，便是拿中国语言仿效欧西文体，闹得满纸的、吗、呢、哩、呀、啊新六字真言，别扭生涩，老太婆包脚布又臭又长，不知所云。别人看了固是头痛头昏，无法卒读，而自己事后也看不懂的洋八股。潮流所趋，《晨报》一纸副刊便受了学生拥爱，蜚声日上，独步当时。〔《征轮侠影》，还珠楼主，山西人民出版社、北岳文艺出版社 1998 年 8 月出版，第 224 页〕

说干就干，决定当晚，还珠在给伯父修书一封，详情尽告后，便于夜间到报馆报到去了——因《晨报》每早五点钟便要上市派发，故而报馆人员都是夜班。在此之前，他为应聘之需，已为自己取了一个新的名字，叫

“李寿民”，割不断的乡梓之情让他的新名字蕴含了“长寿县中一小民”之意。虽然此后该名陪伴他多年，但自“还珠楼主”大名一出，此名除他本人登记填表所用外，已基本为人所忘。

到得报馆，便去见总编辑刘崇佑。因是熟人推荐，刘崇佑只简单问过几个问题，便甚觉满意，遂派人引往校对室内当即开工，直至熬到凌晨三四点钟方才归家。

几日后，报馆编辑见他年轻肯干，又有学识，便让他专校副刊文字。因为此时的副刊稿件多为得风气之先的各院校学生所写，“五四”以后的各种新思潮、新名词充满稿间，还珠于此也接受了域外文明与新文学的熏陶，并开始阅读鲁迅、周作人、胡适、许地山的作品。

当然，偶有闲暇，他还是情不自禁地往京剧场跑。

第二节　“应差”内务部的“护花侠客”

就在还珠于《晨报》校对任上渐入佳境，并憧憬着一年后能转做编辑之时，内务部义赈奖券处也已开张，并通知还珠前去应聘。虽然对报馆工作眷恋有加，难舍难离，但一想到做办事员薪水每月有三四十元之多，家中母亲、弟弟在等钱度日，未婚妻文珠姑娘在等着自己赚钱迎娶，还珠还是恋恋不舍地辞别报馆，在返回天津和伯父说明原因后，便前去应聘。

作为清末民政部的延续，内务部乃民国元年（1912 年）由南京临时政府始设，直接受大总统管辖。其总管为总长，次长为佐官，下设承政厅，由秘书长掌管。内设民治、警务、礼教、土木、疆礼、卫生六司，各司均设司长。北京政府成立后，内务部与其他各部一同归属国务院。承政厅改为总务厅，虽仍分六司，但名称略有变更：民治司改民政司，礼教司改礼俗司，疆礼司改职方司。1914 年，六司重新组合为民治、警政、职方、考绩四司，转年又新增典礼司。还珠应聘的义赈奖券处为当年新设，归民治司所管，其总办乃由当时的民治司司长吕缓生兼任，具体事务则由股长吴甘侯负责。

应聘当日，还珠来到东城礼士胡同义赈奖券处。本以为二姐夫与吕缓生、吴甘侯颇为熟稔，事已荐妥，所谓应聘只是走个过场，但没想到作为当时内务部最红的司长，吕缓生已安排了众多亲友，对还珠姐夫所托之事并未买账，而是让还珠与其他应聘者一同考试。好在还珠真有学识，学问才能均在侪辈之上。结果出来，还珠名列第一。吕缓生、吴甘侯见此，也只能将其留下录用。

北洋政府的国务院虽为民国行政中枢，但因政局多变、各派争斗，人事更替频频。仅还珠应聘的1920年6月到1923年6月，其国务总理便先后由萨镇冰、靳云鹏、颜惠庆、梁士诒、周自齐、唐绍仪、王宠惠、汪大燮、王正廷、张绍曾、高凌霨等人轮流担任。而国务院下属的内务部，虽兼有清代吏、户、工、兵四部之权，在各部之中尚属事务繁杂之所，但也因总理的更迭，其总长于此期间频繁轮换，仅还珠于内务部“谋事”的三年间，便分别由田文烈（先后反复三次）、齐耀珊、高凌霨（先后反复七次）、谭延闿、孙丹林等人先后任职。〔《北洋政府总统与总理》，杨大辛主编，南开大学出版社1989年4月出版，第463—465页、478—483页〕一朝天子一朝臣。总理、总长频换如此，其以下司长等职的更替便可想而知了。

如此造成的后果，便是衙门内行政运行不畅，办事人员贪污腐化严重。据相关著述披露：北洋政府内外部许多官员不务正业、不尽职责。某司长一无所长却久能安位，有人总结他是“对上恭顺、对下和蔼，然专善做官，绝想不到办事”。不尽职责，却想方设法苦心经营升迁之道，日日奔走权贵之门。下级官员专事讨好上司，为自己升官铺路，成为官场“时尚”。人事任用方面，营私舞弊的情况更为严重，上级用人一般不问才识，只问与自己关系亲疏。此外，以公事之机谋私人利益，也是行政系统的一大通病。另据揭露，警政司发放各种凭照、护照，需贴用印花，一向以六折买入，十足收费，仅此一项每年盈余至少数千元，都由司、科长及其心腹私分。〔《民国初年的动荡》，周俊旗、汪丹，天津人民出版社1996年10月出版，第75—76页〕

正是在此等昏庸腐败的环境下，还珠到内务部民政司义赈奖券处上班了。

义赈奖券处亦非清廉之地。售卖奖券，名为“义赈”，实则当事官员也是中饱私囊。对此，曾有学者据史料揭露说：“赈灾是内务部民治司的责任，该司以赈灾为名发行义赈奖券，两年时间除以给奖外应收入50余万元，再有一些费用，至少应积存40余万元，但这笔款项被该司司长秘而不宣而用途不明。当时北京各报纷纷登报质问，该司长也充耳不闻，其实这笔巨款被司长等人把持，办理此事的某科长为其母祝寿花费七八千元，均多由奖券盗窃而来。‘除暗中舞弊侵吞外，并安措党羽，动支巨薪。于是收支相比，所存无多。于此而云办赈，不如谓之为吃赈’。”〔《民国初年的动荡》，周俊旗、汪丹，天津人民出版社 1996 年 10 月出版，第 76 页〕与此等贪官污吏为伍，还珠很是无奈，但除了洁身自好、干好本人职责外，也别无他法。

还珠在奖券处的工作是书记员，初始还以为“既名为书记，缮写必多。哪知缮写文件并没多少，多是些零碎事情，如校对奖券号码，查看有无空白，盖印骑缝以及分派开奖时号珠之类。每开一次奖必要忙上二十来天”。〔《征轮侠影》，还珠楼主，山西人民出版社、北岳文艺出版社 1998 年 8 月出版，第 254 页〕工作上的枯燥乏味尚可应付，但同僚间的无聊浅薄与花天酒地却让他如坐针毡、苦不堪言。他后来在回忆文章中所述“仆自民九重游春明，浮沉郎署，日以选色征歌为务”〔《国民第三军始末述略》，还珠楼主，天津《天风报》，1934 年 9 月 18 日〕，说的便是这时的境遇。有许多次，他都想丢下纸笔，一走了之。但一想到每月的薪俸，想到苏州的家人，想到文珠，他便没了辞职的勇气。好在此时他喜欢上了佛典道藏，渐渐地，他便把上衙门只是当作挣钱的差事来混，而把更多的时间用在钻研佛经与道篆上，并由此而入，深研起五行轮回、医卜星相之学来。

旅居台湾地区的著名掌故大家唐鲁孙晚年曾回忆，在北洋政府时期，“我治事之所，在北平西华门大街，靠文津街很近”。其闲来无事，便到中央图书馆去看书。正是在中央图书馆，他结识了此时正深研佛典道藏与医卜星相的还珠。据他追忆：

> 各机关入夏都改为上早衙门，午后是不办公的。我吃过中饭散值，日正当中，暑炎灼肤，总是到中央图书馆看书。风窗露槛，遥望北海，宫阙巍峨，金霓陈彩，绿荷含香，芳藻吐秀，灵台宽敞，暑气全消；当窗读书，真是赏心乐事。学友陈同文是在馆内专管珍本古籍的，所以涵芬楼秘笈、四库全书珍本，我都可以借出来阅读。馆内在不久以前以杨嘉训名义捐赠了一批释典道篆书籍，约两百四十余部都一千多册（我知道武生泰斗杨小楼藏有不少道教经典符篆，想不到在他晚年居然不声不响捐给图书馆了）。

馆方虽然不久就分门别类整理出来，可是一时未能制成卡片，无法供众借览。每天在阅览室里坐在我对面一个三十多岁中年人（时间久远，显然唐公记忆失误，此时还珠应为二十来岁的青年），风采雍穆，操着四川口音，一再要求借阅一部小楼赠书中的《玄天九转道篆》，馆方颇为为难。我看他情词恳切，经代向同文兄保证，他只是在馆内阅览，绝不携出。经过这点接触，我们彼此通过姓名，方知道他是李寿民，四川人。等到书一送来，他就沉潜汲古，一边看一边作起笔记来了。

过了半个多月我在办公大楼花圃散步，又碰到他在一株丁香树下沉思，才知道彼此在同一大楼内办公，而且是一墙之隔。他看的书涉猎极广，除了佛经、道书、练气、禅功之外，还喜欢研究性命、星相之学，一部抄本的《渊海子平录》是随身携带，没事就拿出来翻翻。他在口袋胡同买到三本杂志叫《新命》，书后注明北平寄售处是舍下，所以他以为我是同道，其实我只是《新命》杂志的征访史，对于子平不过是一知半解而已。由于我的介绍，他认识了北平名星相家关耐日。关给他批八字，说他“座下文昌，困于甲木”。关是留法华工，文字虽非高明，可是研几杜微，数理通玄，从八字里看出他的文名彰而未显，困于嗜好，终身不能摆脱。那时他只写一些小品文，用原名善基或“禅机”笔名，散在报章杂志发表，尚未着手写武侠小说。他因胃病，困于烟霞（鸦片）。当时禁令在华北地区虽不大严，可是公务员抽烟总是不敢公开的。他对关耐日给他批的八字，认为是知人之言，没事就拉我找关耐日给他算算。〔《我所认识的还珠楼主》，唐鲁孙，台湾《民生报》副刊，1982 年 6 月 20 日〕

在佛经道篆与医卜星相中，还珠找到了乐趣，也暂时减轻了在衙门中度日如年的痛苦。

从唐鲁孙的回忆看，此时年纪不大的还珠似乎已走入偏门，深陷“旁门左道”而不能自拔。但正是对这些“旁门左道”的深耕细读，让还珠的头脑产生了大量常人难以理解的匪夷之思，以致终于有一天，他将这些匪夷之思变作了轰动海内外的《蜀山剑侠传》。这也恰如还珠研究专家徐国桢所言："还珠楼主可算是个怪人，特别是他的头脑，怪得更出奇。有了那么奇怪的头脑，然后可以产生像'蜀山'、'青城'那么神怪的小说。"〔《还珠楼主论》，徐国桢，上海正气书局 1949 年 2 月出版，第 9—10 页〕

在官差痛苦中找到业余乐趣的还珠，逐渐将兴趣拓展，于佛经道纂、医卜星相之外，他还饱览京中各类图书馆中的经史子集、稗官野史，并由此引发出对历代笔记闻见、杂俎琐谈的关注。这一时期的广阅博览，加之他顿悟聪慧过目不忘的天赋，均为他日后的神魔武侠小说创作打下了坚实的基础。

此外，这一时期还珠为了强身健体，还将少年时期所练的气功与武术重新温习，每晚演练，不久，他的武功与气功便在生活中发挥了作用。

动静相济、文武结合乃历代文人崇尚之道，深谙中国传统文化的还珠对此深有同感。故此，少年时代于峨眉山与青城山随僧人和道士习来的气功及武功，成了他应差博览之余的又一功课。而且随着学问与见识的增长，他已深谙个中三昧。当功夫中注入了文化因子，功夫的长进便有了质的飞跃。此刻的还珠，在气功与武功的习练上，便处于此等状态。但他同时也深知，练习气功是强身健体、抵御侵害，练习武功于强健体魄之外尚有攻击之效。故而他平时演练气功尚能示人，而操练武功则尽量避开众人视线，以免引出麻烦。

此等习惯不但在他练功初期如此，而且贯穿一生，以致其次女李观贤、次子李观鼎在还珠故去多年后仍认为，父亲虽然"练过太极拳、少林拳、八卦拳，练五式梅花拳，还可以上桩子"，但"绝谈不上'精通'二字"。"如果说父亲有点本领的话，那不在武功而在气功。由于他从小曾随峨眉老道学练过，以后又坚持锻炼，未曾间断，在这方面还真有些'特异功能'呢！"并回忆"我们小时候，父亲曾带我们在院子里练'一炷香'，就是练'骑马蹲裆式'，蹲时燃一根香，直到香头燃尽才站起来"。〔《回忆父亲还珠楼主》，观贤、观鼎，载《人民日报》（海外版），1988 年 3 月 19 日〕

对此，还珠幼子李观洪的讲述更为生动。他在接受媒体采访时曾讲，父亲告诉他人身上有两个穴位，只需轻轻一点，对于治疗昏厥有特别好的功效，非常灵验。"李观洪曾向父亲学过气功，后来加入了北京气功协会，曾经靠父亲传授的气功知识，在九华山把一个昏厥的人点穴治好了的。李观洪特别强调，父亲传授的这两个穴位，目前没有看到任何气功书讲过，堪称绝学。”〔《往事依依蜀山青——还珠楼主子女访谈录》，李永明，《品报》（内部刊物）第23期，2013年7月1日出版，第13页〕

由此可见，气功是还珠常年的健身功课，不但自己练，而且还带着子女一起练。但对于武功，他则练而不露，否则观贤、观鼎就不会做出上述评价。其实，还珠的武功也是非同寻常。虽然在其成家与成名后，为了减少武侠迷的骚扰与麻烦，他将武功雪藏，秘不示人，但就在他任职内务部民治司义赈奖券处书记员的1920年冬天，却曾有过一次凭借武功于京城“救女惩凶”的壮举，尽管这仅是他一生中唯一的一次“大打出手”，但其侠肝义胆与武功造诣确已彰显无遗。

1986年秋冬之际，笔者在天津出版家协会举办的编辑培训班上，有幸聆听了著名学者刘叶秋的讲课。那时的叶秋先生已入高龄，且身体欠安，讲课中途忽感心脏不适，于是班主任便让我等陪先生休息。不久，先生感到有所缓解，为避免紧张，叶秋先生便与我们聊起了他年轻时在天津的编报经历，并说当年天津的刘云若与还珠楼主都是大才，其与二人颇为熟稔。此时我正对还珠和他的神怪武侠小说着迷，于是赶紧询问：还珠楼主小说中的武打与白羽、郑证因小说中的武打颇有差异，还珠楼主会武功吗？叶秋先生听罢来了精神，说还珠不但精通武林秘籍，而且本身就是练家子，他年轻时在北京还凭武功为一少女打抱不平呢，而且后来他还将这段经历写成文章发表在当时天津的《天风报》上。

笔者一听也来了精神，还想多问，但此时班上已安排同学要护送叶秋先生由津返京。分手时，叶秋先生曾给我留下居京地址，并说日后到京详谈。然而由于我的疏懒，并未马上成行。两年后的6月23日，叶秋先生病逝京华，我失去了再次面向先生请益的机会。几年之后，我于偶然中读到了叶秋先生的一篇忆旧遗文《忆还珠楼主》，文中竟有涉及还珠于京城“凭武功为一少女打抱不平”的内容，兹摘录如下：

> 还珠于文事之外，兼精技击。我曾听人说过，又从他一篇回忆旧交的杂记中，窥见一鳞半爪：还珠在北京时，一次游中

央公园（即中山公园），归途遇某洋车夫拉一少女，中途停车，于讲好的钱数之外，又复勒索高价，时雨后泥泞满途，路甚难走，少女窘极，不知所措。还珠见之不忍，乃请少女乘自己的包月车返家，而自下车步行。可是那一车夫，因讹诈未遂，迁怒还珠，认为文士易欺，而挥拳就打，还珠避过来势，转身一推，其人即跌至一丈开外，爬起来慌忙逃走，不敢再作较量。古人所说“余事足了数人”，大概还珠是可当之无愧的。〔《回忆旧北京》，刘叶秋、金云臻，北京燕山出版社 1996 年 6 月出版，第 82 页〕

刘叶秋先生的回忆又勾起了笔者对还珠这段逸事的兴趣，恰巧那时为撰刘云若生平，我有一段时间在天津市图书馆特藏部查阅民国天津旧报刊，于是我便按照刘叶秋先生生前的指点，忙里偷闲地翻阅起了该馆所藏为数不多的《天风报》。可谓天助我也，就在这时断时续并不很多的《天风报》里，我竟找到了还珠记述此事的《还珠楼丛谈 · 京尘影事》。但由于文章较长，并未刊在一天，而是中有间隔地分载于四日，而这四日的报纸又均被我找到，可谓幸之又幸。随后，我便将这段还珠逸闻分别写进了不同的文章里，但均未引用原文，只是按照还珠的原意进行了转述。岂料这又引起了众多还珠迷的兴趣，人们在不断引用这段逸闻的同时，也间或有熟识或不熟识的同道来函来电一询其详。为了满足同道的询问，也为了订正一下刘叶秋先生回忆中的漏误，现将还珠原文转录于下，内中凡有明显手民误排之讹，我均作了订正。

还珠楼丛谈 · 京尘影事

民九余饥躯北游，供职内务部。所居在宣武门外，相隔甚远，遂雇包车代步。旧日政界，暮气沉沉，上衙门恒在下午三时许。厕身闲曹，无所事事，除间拟一二寻常文稿外，惟与同僚茗烟谈笑而已。

时方冬杪，晴雪初融，道路泥泞没胫。旧都路政不修，每遇风雨，步履维艰。而车夫皆有恶习，长于敲诈，幸而有车，不为所苦。

散值后，车行至煤渣胡同口，忽见行人蚁聚，一洋车置地上，上坐一妙龄女郎，服饰华丽，容光照人，脸晕红潮，状若甚窘。予时穿皮靴，不畏泥污，性固好奇，乃下车询路人以究竟。时女郎已瞥见予，亟为予言曰："予过由戚串家返寓，此车为戚家代雇，价已付讫。渠拉至此间，即放下，予告以所雇为西口，何至东口即停。渠蛮横不讲理，允曰为添钱，彼亦不允，且不另他人拉，非坚索二元不可，尚需先付，而出言又绝侮慢，天下宁有是理。"言时气极欲哭。予又转询车夫，其人长大，状极凶横，甫接言，即答曰："你走你的路，你管不着。她叫我拉到煤渣胡同口，这不是她说的口吗？要拉西口，还有三里地，就待给我两块大洋。"其势汹汹，语多不甚，尚有未便形之纸墨者。予知其不可理喻，反问之曰："然则价给乎？"渠答曰："车价给矣，惟至西口之二元未付耳。"予乃向女郎曰："此人盖不可理喻，如不嫌冒昧，请女士登予车返寓可乎？"女郎本欲雇它车，皆为此万恶之洋车夫所阻，闻予言大喜，遂易登予车而去。

余方以为此事毕矣，甫举步欲行，此恶车夫，忽向余曰："凭什么，你给她车坐，这事你管得着吗？不错，我是打算讹她两块钱，没什么说的，你好人做到底，你就替她给吧。"余幼时曾学技击，虽未入门，自审仅对付此力笨者，尚能将就，微笑不理，仍欲前行。渠乃大声向予曰："不给两块钱，别打算走。"言时举起右手欲抓余衣领，余先以此苦人，不屑与较，今见其如此无状，且欲打人，不复能忍，乃以右手三指，扣其右手脉门，甫交手，已知其虚有其表，不经一击，恐其臂折，未敢用力。仅将其手向下微翻，举左腿，蹴其股际，此本就势使巧劲，渠猝不及防，跌出丈许，翻滚路旁积雪中，满脸泥污，厥状凶丑如鬼。（1932年11月27日文章至此，未完待续。下文乃1932年12月28日续刊）旁观者均大笑喝采，此凶横之车夫，经此一跌，不但不知进退，反而恼羞成怒，急奔往车厢中，取出一尺许长之木棍，照予迎头便击，余此时已知其毫无能为，态更消闲，其棍离予头未三寸许，予急举右手，接其右腕，偏身从其右胁下攻入，起右腿微跺其右腿腕，左拳顺势击其右肩，此次为势较急，一腾挪间，渠已扑倒泥浆中。渠本无赖，倒地之后，却放声大喊救命，起初巡警见女郎受窘，路人起哄，反远立视若无睹，及闻车夫狂呼，始缓缓而来，操其纯粹之京白，来作鲁仲连，最可气者，劈头第一句，就问您是哪的。盖京师鱼龙混杂，贵人往往微服出游，如遇有事发生，必先询明当事人来历，以做评判依据，庶免开罪显要。见予衣着，类上流人，故发问如此。予愤其满身习气，乃告之曰："子职居警察，遇有纠纷发生，理应上前排解，如不可能，便当照警章执行，车夫任意敲诈雇主，侮辱女性，子乃装聋作哑，不闻不问，今见事已闹大，不能不管，始来敷衍，子当问事之曲直，不当问闹事人之身份，如予身为总统，岂便打死人不偿命耶。"警察语塞，心疑予必系有大来历者，又经旁人附会，羞窘交并，只得强问事情究竟，复经旁观者异口同声，齐言车夫之可恶行状，历历如绘，时车夫起立，方欲诉苦，警察遂禁止其发言，谓予曰："车夫诚可恶，然渠已被你打矣，请稍给数十枚铜子如何？"予笑应曰："可，问要多少？"答曰："两三吊足矣。"余乃向怀中取纸币一张，交警察手曰："此一元合铜子为十六吊也。"言讫，既取车夫打人之棒，向车夫手臂间，连击不止，警察急拦，问何故又打，予曰："子不云钱可作打人之代价乎，予固乐为此也，如认为违法，则章由子定，请同带区可耳。"（1932 年 12 月 28 日文章至此，未完待续。下文乃 1932 年 12 月 29 日续刊）警察见话已说错，正无法转圆，一巡长闻讯赶至，此较先来之警察殊为高明，问明究竟后，温语向予曰："此车夫无赖，可恶，本应带区，然渠本苦人，一经拘罚，必受冻馁，先生请看诸位之面，恕其无知可乎？"言讫，不待予答言，急取先纸币交车夫手曰："你混帐已极，本该重办，这位先生打你，是管教你的下次，赏你这一块钱，是念你贫苦，还不磕头谢赏。"车夫会意，知闹绝难讨好，亦趁此转蓬，予未俟其跪下，而予之包车亦返，遂一笑登车而去。此巡长言时，如背履历，吐辞若贯珠，语尤得体，真妙人也。予以时好事，解前女郎之围，本无所容心，虽车夫告予，当时女郎送到后，曾赏洋一元，因路不甚远，且未奉予命，不敢收，予但一笑置之，事隔数日，便已淡然若忘矣。

此“丛谈”至此，篇末有“完”字，但1932年12月30日又有续文如下：

予旅京时，复晤幼年南方同学鲍君谷逸，鲍君新婚，其夫人为某高校高才生，美秀而文，伉俪间，感情颇笃，予亦时与鲍君夫妇往还。散值后，辄偕往公园酒肆，迭为宾主。及解女郎之围之次年，时届夏初，中央公园芍药盛开，乃约鲍君夫妇茗茶来今雨轩，互话儿时学校的故事。谈殊欢洽，忽鲍夫人起向邻坐点首为礼。偶回顾，则有时装闺秀四人，同桌茗饮，中有一女郎，着荔红衫子，秀眉星眼，容光照人。方觉其美，一转眼间，其人已来予等坐间，向鲍君夫妇寒暄，转谓余曰，李先生亦在此，真兴会也，状若熟稔。予以素昧平生，何由得知予姓，予拙于与女性酬对，觉未便冒昧通辞，只含糊应之而已。女郎复谓鲍夫人曰，今日予与姊妹等，拟在轩中聚餐，请李先生加入，而贤梁孟代陪可乎？言讫，不俟余答而去，微见邻座指予等笑语不已，予尝告鲍君夫妇，谓予孑身漫游，从无女友，今鲍君忽见有女郎垂青，转致诘嘲，予窘甚，力讳其无，且所谓女郎殆误认也。鲍夫人曰，适来者为旅京外交界名闺秀许剑萍女士，同学生彼最美，而文学操行，均冠出侪辈，倘非有故，彼绝无误认之理，君殆讳言耳。予知再辩亦决不信，方拟逃席，而对方已来请入座，予不复能再忍曰，不佞与女士虽似曾相识，但素昧平生，忽蒙厚贶，愧何以承，敢请明告如何。女郎曰，君仁人侠士，认济困扶危为分内事，宜乎不以萍踪遇合置怀也。请入座，容予细言其祥若何。言讫，便请鲍君夫妇劝驾，予辞不获已，乃就席。入座后，女郎细言前事，且言当时虽受予助，尚不知予为何许人，恐如其他士子，故施小惠，辄藉此纠缠，无法应付，及后并无嗣言，始知全出义举，心中钦佩，而不知寓所，无法函谢，今获巧遇，故以杯觞为谢耳。予备受席中诸人推崇，颇不自安，明日乃以鲍夫人之介，作东道主，从此遂共往还，订朋友之交者二年。后女士出阁，予且躬顶盛礼，其良人亦佳公子，今同负笈美国，诚天生佳偶也。〔《还珠楼丛谈·京尘影事》，还珠楼主，《天风报》副刊《黑旋风》，1932 年 11 月 27 日、12 月 28 日、12 月 29 日、12 月 30 日〕

以上便是颇为当今还珠研究者和“还珠迷”们津津乐道的还珠京城“救女惩凶”之全过程，且为还珠本人亲撰。需要说明的是，京城“救女惩凶”这段逸事，也是还珠本人津津乐道的一段佳话，他当年不但将其单独写成随笔刊于报端，而且还将其作为一段史实嵌入到他的自传体小说《征轮侠影》中。

第三节　孤身远游　上书吴佩孚“开发西北”

独居的日子是寂寞的。

不觉间，还珠到京城已一年有余。这期间，虽偶有“武侠”与“言情”的故事发生，但大部分时间，还珠都是由宣外所租住所（此时他已搬离堂姐家）坐车经前门到霞公府，再经霞公府至王府井转金鱼胡同到东四南礼士胡同，应付完奖券处的差事，再原路返回住所，独自一人钻研他的“旁门左道”。

1921 年 6 月，看到自己在北京已有了稳定差事和住所，并且也有了一定根基，还珠生出将母亲接到身边的想法。在与母亲及两个弟弟数次信函相商后，其母周家懿决定北上投奔长子。于是在这一年的夏天，还珠在天津新站（北站）迎来了母亲与弟弟。母子兄弟一别两年，此番相见自有别后重逢的欣喜与慨叹。在天津看望了还珠伯父李光益后，周家懿本想去拜访一下孙仲山，感谢他两年前的“雪中送炭”，但此刻孙仲山正旅居外地，无奈只得作罢。

还珠的母亲与弟弟均是第一次到津，还珠想让他们在这个北方大都市游览两天。于是全家便住进日租界旭街的“新旅社”（今和平路与哈密道相交处），在吃了秋山街（今锦州道）上“菜羹香”的美肴，并于“大舞台”（处于老南市，今不存）包厢看过戏后，母子四人便坐京津列车回到了京城还珠住处。或许自父亲去世与家人分别后，这次全家在北方相聚让还珠久久难忘，二十年后，他曾将这次团聚的全过程细致地写进了小说中。〔《征轮侠影》，还珠楼主，山西人民出版社、北岳文艺出版社 1998 年 8 月出版，第 370—377 页〕

不久，经过熟人举荐，还珠的两个弟弟李祥基、李守基“便去上海商务印书馆由张元济收留，在该馆作排字”〔《我的父亲还珠楼主》，李观承，载台湾联经出版事业公司出版《近代中国武侠小说大系·还珠楼主卷》，1984 年 12 月出版，第 46 页〕，并从此定居沪上。而还珠，则与母亲留在北京共同生活。

有了母亲的陪伴，还珠的日子不再寂寞。他每日除了到机关点卯应差外，其余的时间就是陪侍母亲，以此来弥补两年不能尽孝的遗憾。这期间，还有一件让他欣慰与快乐的事，那就是不时地能与文珠书信往还。

自从一年前与文珠分手后，还珠虽秋水伊人，日思夜念，但囿于“谋事”的压力与应差的无奈，他尽量地压抑着对文珠的挂念与思恋，除了在与家人的通信中了解文珠的近况外，他很少与文珠通信。而作为待字闺中的文珠，随着年龄的增长，对还珠的思念和对婚姻的渴望虽与日俱增，但碍于家中的“规矩”，也很少给还珠写信，她对还珠在外情况的了解主要是通过还珠的家人。而眼下因为还珠家人全都离开了苏州，她也就只能通过书信与还珠一诉衷肠了。在频频的来函中，她除了嘘寒问暖、叮咛嘱咐外，更多的则是表露着对还珠的牵肠挂肚与对婚姻的憧憬渴望。

每次接到文珠的信件，还珠都要激动许久。但作为男子汉的自负与骄矜，他总是将相同的思念深藏心底，回信时说得最多的则是在北京的闻见。尽管此刻他在北京正“想法子赚钱”，做着迎娶文珠的准备，并且已有了一定的积蓄。

然而，就在这种积蓄日渐增多的时候，还珠却遇到了麻烦。

1934 年已在平津出了大名的还珠，曾在天津《天风报》上发表了一篇《还珠楼丛谈》。在这篇名为《国民第三军始末述略》的文章中，他披露了众多个人行实的重要信息，此文目前已成为研究还珠生平不可或缺的史料。这其中，便有还珠此时遭遇麻烦及此后境遇的文字：

> 民十一，旧营公债，积数万金，于数月间，折阅悉尽，贫且多累。尽所有书籍衣服，典卖得年半事蓄之资，遂只身出走，遍游鲁、豫、秦、陇无所遇。咎己之学行无似，未足动人。慨

然发西北之狂想，携一奚童，间道入青海，得其图说（曾草《青藏番族志》，登十九年本市《商报》）以归，终无人一顾，劳厄所获，乃同废纸。而老母家粮垂尽，不能无返，碌碌依人，羌无好怀。〔《国民第三军始末述略》，还珠楼主，天津《天风报》，1934 年 9 月 18 日〕

此段文字看似冰冷简洁，但其所含信息量却是极大。它不仅明白无误地告诉了人们，还珠此时在想什么法子“赚钱”及此后的遭遇与行踪，还潜藏着多个鲜为人知的“谜”与“奇”的“故事”。

先看“民十一，旧营公债，积数万金，于数月间，折阅悉尽”这句背后的“故事”——还珠在自传体小说《征轮侠影》中，曾自述他于 1920 初夏入职内务部义赈奖券处时，便在工余大量购买公债。由于他精于算计，很快便有了盈利。然而就在这种“想法子赚钱”大有收益“积数万金”时，1922 年初他却遇到了“投机”失利。

据武侠小说收藏与研究专家顾臻推测，此时“还珠楼主极有可能遭遇了‘九六公债’风波。1922 年 2 月 11 日，北洋政府发行了用于偿还内外债的八厘公债 9600 万元，亦名九六公债，原定以盐税剩余和关税余额为担保。发行完毕后，因担保基金有无着落这一关键问题而几度陡升陡降，许多投资者因此蒙受巨大损失”。〔《再谈游历甘青与入胡景翼幕时间——还珠楼主事迹新考之二》，顾臻，详见《品报》（内部刊物）第 19 期，2012 年 9 月 1 日出版，第 71 页〕然而，鲜为人知的是，这场“风波”背后的策划者和操纵者，便是此时已是大中银行总行总经理的孙仲山，以及北洋财政总长张弧。据相关史料披露：

一九二二年北洋政府财政总长张弧发行“九六公债”，但当时军阀政府金融命脉操纵在外国人手中，发行公债必须经税务司英国人安格联的允许才能发行；因“九六公债”无发行基金，故安格联不许可发行，各银行也知道此公债无担保基金，所以都拒绝承销。张弧走投无路，乃找孙仲山经多次密商，许以大中银行不少优厚条件，让大中银行开出迟期本票共计五百万元左右，财政部持此本票向各银行借款。至本票到期时，各银行齐集大中银行要求偿付。这实际是孙、张勾串的一个大骗局，大中银行根本无力偿还。孙仲山去财政部索要欠款，财政部先是支吾，支吾不过就给部分印花税票，用来抵押成现款或打折扣销售。孙见此道有财可图，就不择手段地私自印制了大批假印花税票出售，非法攫取利润。但不久就被当时天津警备司令部查获，将孙仲山扣押。经其外甥王尔藩多方奔走，要求齐协民搭救（齐之弟为当时天津警备司令部参谋长），才将孙仲山保释出来。〔《大中银行与孙仲山》，常铸九、冯昌照、吕次言，中国人民政治协商会议天津市委员会文史资料研究委员会所编《天津文史资料选辑》第三十五辑，天津人民出版社 1986 年 4 月出版，第 166 页〕

从时间节点与“投机”项目看，还珠“数万金”应该就是于这“数月间，折阅悉尽”的。也正因此，他才发出“贫且多累”的慨叹。由此亦可知晓，坑了还珠等人的“九六公债”，其实正是还珠未来老丈人孙仲山与人做的“局”。只不过此时的还珠尚蒙在鼓里，而且他也不可能知道，当时正钦佩并感激的同乡善人孙仲山，此刻为了扩充财富，已是不择手段。

其次看“尽所有书籍衣服，典卖得年半事蓄之资，遂只身出走，遍游鲁、豫、秦、陇无所遇”这句背后的“故事”——遭遇“九六公债”赔得“悉尽”的还珠，很是无奈与郁闷。为了纾解“背运”，本就有“山水之癖”的他干脆将暂时不用的书籍、衣服等“典卖”，在获得“年半事蓄之资”后，他便安顿好母亲请了长假，孤身一人远走山东、河南、陕西、甘肃等地，在游览山水和体味民风民俗的同时，也为将来的发展和眼下的赚钱寻找机会。然而想法虽好，结果却是“无所遇”。

关于这次孤身远游的时间，顾臻依据还珠《青门十四侠》第一集（1948 年 1 月上海正气书局初版）所言，“不佞民十一二年，曾往青海，遍历穷荒，实地访查”推算，还珠此行实为“半年，最早时间段应在 1922 年 8 月至 1923 年 1 月，最晚时间段则在 1922 年 12 月至 1923 年 5 月。”〔《再谈游历甘青与入胡景翼幕时间——还珠楼主事迹新考之二》，顾臻，详见《品报》（内部刊物）第 19 期，2012 年 9 月 1 日出版，第 72 页〕而结合后面的史实看，笔者认为应该是“最早时间段”。

此外再看“咎己之学行无似，未足动人。慨然发西北之狂想，携一奚童，间道入青海，得其图说（曾草《青藏番族志》，登十九年本市《商报》）以归，终无人一顾，劳厄所获，乃同废纸”这段话背后的“故事”——在山东、河南、陕西、甘肃诸省游走考察中，还珠没有发现个人未来发展和眼下赚钱的机会，对此他很是不甘。他认为此等结果都是自己学识不逮和行踪不符所致，于是他突然产生了进一步考察大西北的想法。而且说走就走，在甘肃某地雇一土著少年，既作陪伴又兼向导后，二人便踏入了青海地界。在这里，他发现了大量青藏民间的独特习俗，由于颇具民族特色又因鲜有人至而鲜为人知，他便悉数收集并展开“田野调查”。1923年1月返京后，他立刻将此次西北之行的考察报告整理成《开发西北计划》书，托人呈交给因第一次直奉战争获胜而人气正旺的直系军阀吴佩孚。

此刻的吴佩孚，正掌握着直系最多的兵力，拥军数十万，虎踞洛阳，其势力影响着大半个中国。他收到还珠的《开发西北计划》书后，十分重视，马上派人到兰州，向甘肃督军陆仙槎索取“甘肃陆军测绘局，耗国帑巨万，费时四年”所绘青海全境地图。然而当地图被辗转送到洛阳时，吴佩孚正因“二七惨案”的民怨而焦头烂额，加之此时第二次直奉战争正在剑拔弩张中，他根本无暇顾及。因此，还珠的《开发西北计划》书及青海全境地图也就“无人一顾”“乃同废纸”了。但即使如此，还珠这个“上书开发西北”的“故事”并未完结。

1933年还珠曾在天津《天风报》副刊《黑旋风》版刊出《征求青藏番族志》一文。在这篇文章中，他不但回顾了自己当年上书吴佩孚“开发西北”的往事，而且还披露了他个人再次孤身赴青海考察并撰著《青藏番族志》的情况。由于该文乃还珠此时期行止的重要史料，特转录如下：

青海为西北重地、康藏咽喉、甘新孔道，幅员辽阔，物产厚富，山明水秀，沃野千里。顾以连年国家多事，国人徒致力于鸡虫之得失，作萁豆之相煎，对此神皋奥区，视为瓯脱，良可慨也！

曩吴子玉将军，方鼎盛时，不佞曾托友人致意，劝其注力西陲，上有《开发西北计划》一书，纲举甚详，当时颇蒙采纳，并派员赴甘向陆仙槎索取青海地图，洎地图取至洛阳，战祸旋起，吴亦无暇西顾；而甘肃陆军测绘局，耗国帑巨万，费时四年而成之青海地图，亦随劫火以尽。

方地图赍至北京时，至友名律师赵星缘，曾旅甘多年，知是图并无副本，乃以数百金，延制图专家，连夜照抄一份，以备异日有志西北者采用。

迨战事平定，不佞睹旧日各院，暮气沉沉，令人闷损，遂辞职携图入青，实地考察，单人徒步，经行崇山广漠、人迹不到之区，备见彼邦之特异风俗人情，犹与中古部落时代无异。足迹数千里，阅时年半，遇险频数，卒草成《青藏番族志》一书，归来遍谒当道。旧日官僚，多尸居余气、书生之见，除收到许多虚伪之温言嘉赏外，一无成就。

民十八供职傅宜生将军戎幕，乃以是书托王君小隐，登入《商报》。当时曾白王君，再三谆嘱，勿令原稿损失；及后王君有东北之行，不佞屡索原稿，迄今未蒙归还，未知是否散失。

不佞诚不如费县博士之多文而贵，雅不愿将自己心血，平空虚耗，用借本《风》，代为征求，读者如藏有民十八《商报》十一、十二、一月合订本者，敢乞割爱，或赐借一抄，谨备拙著《蜀山剑侠传》六集为酬，不胜企幸之至。〔《征求〈青藏番族志〉》，还珠楼主，天津《天风报》，1933 年 4 月 24 日〕

据此可知，还珠的《开发西北计划》书及青海全境地图，不但到了洛阳不久便因吴佩孚“无暇西顾”而“乃同废纸”，而且在第二次直奉战争中因吴败北，还“随劫火”而灰飞烟灭。幸运的是，当那份地图途经北京而至洛阳时，恰被在京的还珠好友名律师赵星缘所见。此人“知是图并无副本”，便花重金复制一份。

1923 年 6 月，国内战局暂时趋于平缓。直奉军阀表面上在“休养生息”，其实是在为第二次大战秣马厉兵。此时的还珠见内务部各院仍是“暮气沉沉”，遂下定决心辞职，打算趁着这难得的“天下太平”，再次远涉西北进行考察。他将这次远行的重点放在青海省的青藏交界处，为此，他找老友赵律师讨来了那张青海全境地图的副本。

没有了公差的牵挂，还珠此次行程单人徒步，历时半年，足迹数千里，遇险无数。不但多方面全方位地继续前一年山川地理、民风民俗的“田野调查”，而且还“经行崇山广漠、人迹不到之区，备见彼邦之特异风俗人情”，并在调查的基础上，撰写出了完备的《青藏番族志》一书。1929 年还珠在成为傅作义中文秘书的同时，将此书交与正在主持天津《商报》副刊的沽上文坛“盟主”王小隐，托其在《商报》连载。岂料王小隐在当年报纸副刊《古董摊》上只连载了三个月（1929 年 11 月—1930 年 1 月），便将其“腰斩”了，并且还弄丢了原稿。这让还珠即遗憾又气愤，遂于 1933 年在天津《天风报》上刊出了“寻稿启事”。

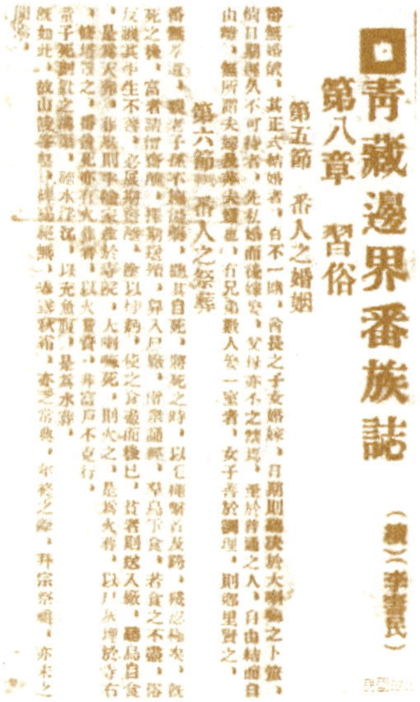
青藏邊界番族誌（續）（李壽民）

第八章 習俗

第五節 番人之婚姻

第六節 番人之祭葬

还珠在天津《商报》上连载的《青藏边界番族志》

至于还珠最终是否征集到了连载《青藏番族志》的《商报》合订本，因没有后文消息，目前已很难知晓。而刊载了《青藏番族志》部分内容的《商报》及还珠此书手稿，目前也尚未全部发现，故而还珠在《青藏番族志》中完整地写了什么，我们已难窥全貌。但对还珠逸文收集用力颇勤的武侠小说研究专家顾臻，近年却发挥了他“上穷碧落下黄泉”的功夫，最终在国家图书馆中发现了几张残存的 1928 年至 1930 年间的天津《商报》，“调来一看，（其中一张）其副刊之一的‘古董摊’上，赫然写着一个大标题：青藏边界番族志（续）李寿民”。兴奋之余，他立即将这一“发现”翻拍，并誊录于内部刊物上。为便于管中窥豹，兹将其内容转录如下：

第八章 习俗

第五节 番人之婚姻

番无婚仪，其正式结婚者，百无一睹。酋长之子女婚嫁，日期则听决于大喇嘛卜筮，倘日期持久不可待者，先私婚而后嫁娶，父母亦不之禁焉。至于普通之人，自由结而自由离，无所谓夫妇及非夫妇也。有兄弟数人娶一室者，女子善于调理，则乡里贤之。

第六节　番人之祭葬

番无孝道，亲老子孙不施汤药，听其自死。将死之时，以毛绳縶首及跨（疑应写作“胯”），残忍极矣。既死之后，富者请僧斋醮，择期送殡，舁入尸厂，僧众诵经，群鸟争食。若食之不尽，俗反讥其平生不善，必展期斋醮，涂以炒面，使之食尽而后已。贫者则送入厂，听鸟自食，是为天葬。葬毕则半输家产于寺院。大喇嘛死，则火之，是为火葬。以尸灰埋于寺右，修塔罩之。番酋死亦有火葬者，以火费资，非富户不克行。

既如此，故山陵峰壑，碑碣绝无，春露秋霜，亦乏常典，年终之际，拜宗祭祖，亦未之闻焉。”〔《还珠遗文〈青藏番族志〉叁篇》，顾臻，《品报》（内部刊物）第 8 期，2011 年 1 月 1 日出版，第 52 页〕

此外，还珠后来在武侠小说《青门十四侠》中曾言：“青海番人，习称玉树二十五族，不佞民十一二年，曾往青海，遍历穷荒，实地访查，竟有六十余种之多。”〔《青门十四侠》，还珠楼主，上海正气书局，1948 年 1 月出版，第 1 页〕其在《青藏番族志》中所述内容，由此亦可见端倪。同时，此前后两次青藏考察，亦为其后来武侠小说《皋兰异人传》的撰写，积累了西北边陲的风土人情素材。

民国时期，从政府到民间，各界人士都提出过开发西北的计划。孙中山先生就曾多次拿出过西北开发的构想。但由于军阀混战，时局混乱，始终未能充分实行。1928 年国民革命军“统一”全国后，开发西北又成为舆论热点话题，多种有关的杂志也纷纷创办，如《西北》《新西北》《开发西北》等等，刊登了许多相关文章，在当时社会上影响甚大。尤其在“九一八事变”后，开发西北的声音更是甚嚣尘上，对此，正如天津另一武侠小说大家白羽所言：“‘开发西北’这口号，在东三省失陷后，陡然宣传起来，当局的意思，或者是有‘失之东隅，收之桑榆’的作用吧。”〔《开发西北》，竹心（白羽），天津《中华画报》，1932 年 11 月 9 日〕但纵观当时的各种言论，像还珠这样既两次孤身遍游西北进行“田野调查”，又早于众人上书政府“开发西北”，并写有完备的西北风俗志者，则是十分罕见亦是非常难得的。

最后看“老母家粮垂尽，不能无返，碌碌依人，羌无好怀”这句背后的“故事”——还珠辞职后，为完成“单人徒步”考察青海的计划，他为母亲购置了足以吃用半年的粮食和生活用品，随后便再入青海。在历经近半年的考察后，他忽然感到独居北京的母亲或许已吃用告罄，于是便匆匆结束游历，迅速返回了北京。

而这时，已是 1923 年底了。

第四节　情殇初恋　厕身戎幕

正所谓“天有不测风云，人有旦夕祸福”。就在还珠返京数日，一个对他来说不啻为晴天霹雳、致命一击的厄讯，从苏州亲戚处传来——由于生活所迫，文珠竟被家人卖入烟花巷中！

还珠蒙了，呆了，傻了。

他大叫，他抓狂，他愤怒，他甚至将文珠的所有来信都撕得粉碎。

厄讯来得太突然，突然得让他没有一点心理准备。此刻，他已没有力气去“谋事”了，他整日闷居呆坐，两眼发直。他想不明白，怎么一夜之间，山盟海誓般的爱情就被现实击得粉碎，男女间最圣洁美好的情感怎么会瞬间便变得面目全非。他恨，他恨这个贫富悬殊的社会，他恨拆散他们爱情的人们，他恨自己的贫穷与无能，当然也恨文珠的软弱与不抗争。此事对还珠打击甚大，正如其子女观贤、观鼎后来所言：“这件事在父亲的心头留下深重的创伤，以致此后多年不交女友，直至他二十七岁那年遇见我们的母亲孙经洵，爱的心弦才又一次颤动起来。”并回忆：“父亲开始创作武侠小说后，曾以一部《女侠夜明珠》寄托情思。他希望女孩子要像书中女主人公那样，不仅聪颖、美丽，而且勇武、坚强。当年的文珠若能这样，该多好啊！”〔《回忆父亲还珠楼主》，观贤、观鼎，载《人民日报》（海外版）1988 年 3 月 19 日〕

其实也就是从这时起，聪颖美丽、勇武坚强，便成了他心目中女孩子的理想标准。近年有学者指出：“《蜀山剑侠传》是还珠楼主的开山之作，无疑也是影响最大的一部巨著。书中有名号的角色数以千计，但被作者特别标出‘第一’，而且一而再再而三地强调这个‘第一’身份的，却是一个女孩子——李英琼。”“五百万字的巨著，以一个少女为头号人物，这在中国文学史上空前绝后。”〔《蜀山剑侠之英琼传》导读《巾帼须眉第一人——还珠塑造的第一位“女一号”》，陈洪，南开大学出版社 2019 年 6 月出版，第 1 页〕而这个女侠李英琼，正是还珠受文珠遭遇刺激后，所着意塑造的一个反叛人物。他希望他所钟情的女孩子，应该都是李英琼式的人物。而后来的事实证明，他最终娶进家门者，也正是聪颖坚强具有女侠性格的“李英琼”。

渐渐地，还珠从悲愤中醒来。爱情没了，但日子依旧要过，母亲还需要他扶养，个人的理想还需要去实现。于是他强打精神，开始了新职业的选择，每日早出晚归，希冀用无结果的繁忙甚至匆忙来打发情殇之痛。而每晚归家后便是一头扎进卦卜之中不停地问算，试图以此来填补精神的空荡。他给自己算，也给文珠算，但算来算去，卦象总是凶多吉少，这更增加了他的不安与烦躁。

日子在孤寂与郁闷中一天天流逝。为打发这百无聊赖的时光，还珠此时又成了中央图书馆的常客。这时期，他博览了大量中国古代的典籍与说部，举凡《山海经》《太平广记》《抱朴子》《神仙传》《拾遗记》《西游记》《封神演义》《水浒传》《平妖传》《女仙外史》《绿野仙踪》《野叟曝言》《七剑十三侠》等，他均含英咀华，尽收眼底。尤其是对《红楼梦》，他更是反复研读，记忆深刻，以致于在二十余年后，他仍能凭记忆写出下面的文章：

> 曹雪芹《红楼梦》，几于家弦户诵，人手一编。盖其至情所感，引人入胜，非身处其境者，不能道此语也。唯曹君原著，仅写至八十回而止，其八十回以后，至一百二十回，则清乾隆间高某所续编。然高君文自不弱，大观园悲欢离合，一片凄凉之状，亦有其独到之处。
>
> 高君貌奇陋，其妻竟抑郁而殁，则其万种柔情，千行悱恻，竟不能见容于爱妻，亦可异已。赵瓯北有诗悼之。
>
> 余曾见有脂砚斋旧钞八十回本《红楼梦》，为徐颂阁氏旧藏。

题曰脂砚斋者，以贾宝玉喜食好女唇上口红胭脂，以脂砚名斋，其鲜艳可知。书中文字，与普通刻本颇有同异，然书头眉批，行间夹写朱笔之字，非评骘文字优劣，而叙述作者身世之经过，堪为是书之补注。如秦可卿致死，王凤姐为之办理丧事，分派家丁，开出仪式节目，宝玉在旁，为之执笔磨墨。眉端注曰："回想起来，已经二十年了。"又曰："作者真是具了佛心，笔下为之超生了不少。"宝玉生日，园中姊妹为之祝寿，宝玉房中丫鬟晴雯、袭人又为之凑钱做寿，原文写得何等细腻。书眉批曰："此情唯个中人方可以知之。"

惜书不在手边，记忆所及，仅此断语零爪，然借此可以窥见是书为曹雪芹原稿；纵非稿本，亦为与雪芹有关系之人所批者也。胡适之先生撰《红楼梦考证》即据是本，并为之跋于后。今其原书及跋，均藏徐氏。此拱璧之珍，仅于友人谢君处立观片时，未能竟窥全豹，至今思之，犹为怅惘云。〔《脂砚斋本〈红楼梦〉》，还珠楼主，上海《茶话》杂志第9期，1947年2月出版〕

与此同时，他对"三坟五典""诸子百家"等著述，更是手不释卷、口诵心惟。

一月后，还珠忽然得到亲戚从苏州传来的消息，文珠于平康之中幸遇良人，被一位姓朱的律师重金赎出，明媒正娶，做了朱律师的正室。近年得知，这位朱律师名叫朱鸿儒，是当年上海滩一位较有名气的律师。1947年已享武侠小说大师之名的还珠，暂居上海，曾携子女在南京西路同益里16号朱律师的家中，与分别二十七年的文珠相见，彼此认了干亲。〔《还珠楼主李寿民先生年表（第八次修订稿）》，周清霖、顾臻，《还珠楼主散文集》，（香港）天地图书有限公司2014年10月出版，第432页〕

巧合的是，就在笔者撰写此书稿之际，苏州大学徐斯年教授发来微信，称他托人查找了1948年朱鸿儒律师在上海的户籍卡，"此卡填于1948年，即还珠率子女登门拜义母之后一年"。据此户籍卡片上的信息可知："朱鸿儒律师登记的地址是南京西路479弄（同益里）16号，总住户为13人。从户口卡信息看，其中与他的夫人陈德宜（生于1909年10月10日），两个在读书的女儿，以及同住朱姓兄弟两人（比户主小几岁，从年龄上推断）一家，以及帮佣的佣人（户籍信息上显示的文盲）同住。”

此外，徐斯年教授还传来了户籍卡上陈德宜的照片。这是她五十岁前后所照，五官娇俏，典型的江南妇人，而且依稀可以看出年轻时的清秀文雅。据其外孙说：“外婆说得一口苏白，每日必往凯司令饮咖啡。”〔2018 年 4 月 21 日徐斯年教授给笔者所发微信〕

此户口卡所载内容为 1948 年朱鸿儒律师一家的真实信息，而在上一年还珠率子女登门认亲，去的正是卡中所填“南京西路 479 弄（同益里）16 号”。这里除了地址门牌相同外，户主朱律师也同是朱鸿儒。如果以上无误，那么这位朱鸿儒律师的夫人就叫陈德宜，而陈德宜应该就是上一年与还珠相见的文珠。如此一来我们便知道了，还珠少年时期在苏州“青梅竹马”的那个未婚妻文珠姑娘的大名叫陈德宜，生于 1909 年 10 月 10 日，其嫁给朱律师后便移居上海，并为朱律师生有两个女儿。

然而这样一来便出现了问题——陈德宜如果真是文珠，那么她的真实出生年份便是 1909 年，她应该比 1902 年出生的还珠小七岁。但还珠子女在回忆父亲时，却称“文珠年长父亲三岁，原以姐弟相称”。〔《回忆父亲还珠楼主》，观贤、观鼎，载《人民日报》（海外版）1988 年 3 月 16 日〕如果文珠真的年长还珠三岁，则其应该出生于 1899 年，而非 1909 年。而且从还珠与文珠在苏州相识、相恋及二人分别的年份看，文珠如果出生于 1909 年，1916 年至 1920 年这四年文珠应该是七岁至十一岁。七八岁的小女孩对男孩有好感很正常，但产生恋情则不太可能；十一二岁的小姑娘对男孩产生恋情有可能，但形成热恋并谈婚论嫁也不太可能。

如此看来，这个陈德宜是否就是文珠？换言之，还珠 1947 年在“南京西路同益里 16 号”朱律师家中见到的文珠，是否就是这个陈德宜？以及文珠的大名是否就叫陈德宜？文珠（陈德宜）是否出生于 1909 年？我们现在还不能完全肯定。一方面是还珠子女的清晰记忆，一方面是户籍卡上的真实记载，二者孰是孰非，目前还是难下判断。对此，还是应该寄希望于未来新史料的出现，眼下只能以“存疑待考”视之，这也姑且算是还珠留给世人的又一“谜”与“奇”吧。

绕过文珠，我们还是书归正传。1924 年初，文珠在苏州的烟花巷中，被朱律师解救，这让还珠那受伤的心灵稍感安慰。此时他想，既然心上人已“黄花有主”，再思也是无益，不如将这段“剪不断、理还乱”的情感暂收起来，振作精神，寻找机会，去干一番轰轰烈烈的事业。

也就是从这时起，还珠开始了笔墨生涯。他于饱览群书之余，陆续写下了大量丛谈、随笔，并将其中的部分篇章以“善基”“禅机”“寿七”“木鸡”“老䳘”“阿七”等笔名寄往北京各报刊。看着自己的文字变成了印刷品，还珠有些陶醉，这些许的成就感暂时冲淡了他的郁闷与不安。渐渐地，他完全沉浸在了写作的快感之中。每日下班归家，便是笔耕不辍，或随感，或考证，或谈今，或说古，直写得才性大发，忘乎所以。这样的日子持续了近一年，直至1924年底他跨入军界。

前文已述，1934年还珠在天津《天风报》上发表的《国民第三军始末述略》，披露了他许多重要行实。该文在回忆了1922年至1923年间，其“投机”彩票失利、孤身远游西北，并上书吴佩孚“开发西北”及撰著《青藏番族志》后，还曝出了以下史实：

> 隔一年，值冯军反旆，闻胡笠僧将军，开府中原，延纳豪俊，以友人李可亭之介，谒胡公于梁园，先未出所介书，径投刺焉，三往乃见。抵掌狂话天下事，颇谬蒙青眼。继李君及刘允丞前辈（名守中，今中委，为陕军元老，与先师张衡玉先生为至交）次来，备悉将军岳负海涵，爱士礼贤之盛，心大喜，遂入戎幕。方期能酬素日梦想，而翌年将军即疽发臂殂，落日啼鸟，大星宿草，眷言知遇，怆恻平生。〔《国民第三军始末述略》，还珠楼主，天津《天风报》，1934年9月18日〕

细品这段文字，它包含着三段史实，即“投胡”“知胡”“唁胡”。所谓“胡”者，乃北洋政府时期著名将领胡景翼是也。

首先说“投胡”。

1924年的北京，注定是个多事之秋。继1922年四五月间第一次直奉大战之后，1924年9月，第二次直奉战争再次开打。9月17日，北洋政府总统曹锟于北京任命吴佩孚为“讨逆军”总司令，率25万大军北上迎击张作霖。吴佩孚遂命第三军总司令冯玉祥出兵古北口，令京汉铁路护路使胡景翼为第二路援军司令，策应前方。岂料此时冯玉祥、胡景翼与孙岳三人密谋“反旆”，回师北京，联合倒直，在消灭了吴佩孚主力后，于10月23日将曹锟囚禁并迫使其下台，从而造成历史上著名的“北京政变”。

“北京政变”翌日，冯玉祥、王承斌、黄郛、李煜瀛、易培基、邓宝珊(胡景翼之代表)、徐永昌(孙岳之代表)等召开北苑会议，组织国民军，准备继续南征。冯玉祥、胡景翼、孙岳分任军长。10月25日，王承斌等通电推任冯玉祥为国民军总司令兼第一军军长，胡景翼、孙岳为副司令各兼第二、第三军军长。11月5日，冯玉祥、胡景翼等部将清废帝溥仪赶出故宫，并向南方的孙中山发出北上邀请。

随后，胡景翼被委任河南军务督办，率国民军第二军驻扎于开封城东南的梁园。此时的胡帅因手握重兵，豪气冲天，不但对内严整军务，而且对外招兵买马，“延纳豪俊”。原本就对“护国战争”“护法战争”时的胡景翼钦佩有加的还珠，此刻因情殇初恋，急欲出京换换环境，于是便安顿好母亲，经“友人李可亭之介”，直奔开封梁园面见胡景翼。

关于还珠是何时因何事与此次梁园之行的介绍人李可亭相识的，目前没有发现相关史料可证。但对李可亭的生平，近年有学者进行过考证：“李可亭的公开资料少得可怜……其人本名含芳，可亭其字，生卒时间为1884年至1928年，陕西临潼人。曾任国会众议院议员，后来任护法国会众议院议员、大元帅府参议、郑州商埠督办。……民国十七年，……李可亭最终被冤杀而死。”〔《青年还珠楼主师友志——还珠楼主事迹新考之三》，顾臻，《品报》(内部刊物)第20期，2012年11月1日出版，第71—72页〕

有趣的是，年轻的还珠初访胡帅，居然仿效《三国演义》中庞统初见刘备时，故意不拿出诸葛亮和鲁肃荐书的套路，他也不出示李可亭的“所介书”，而是直接投名请见，结果“三往乃见”。幸运的是，他不但获得了与胡帅“抵掌狂话天下事”的机会，而且还“颇谬蒙青眼”得赏识。这便为他随后加入胡景翼部并成为胡之“高参”创造了条件。通过此“故事”，我们不但看到了还珠的狂大自负，胡景翼的知人善任也跃然纸上。

其次说“知胡”。

在获得胡景翼赏识后，还珠还没有贸然提出“参军”，而是于李可亭及刘允丞等前辈处多方了解胡景翼为人后，方才决定厕身“戎幕”，出任胡之记室（秘书），并由此开始了平生第一次的行伍生涯。他后来在致友人信中所言“足下当系国民二军旧雨”〔天津《天风报》1934年9月6日还珠所刊“代邮”〕，说的便是此时加入胡景翼部之事。

与李可亭身世相似，刘允丞的生平资料亦是不多。目前仅知其生于1881年，卒于1941年，名守中，字允丞、允臣、允城，自号留运城，乃陕西富平人，原为辛亥元老，此刻在胡景翼军中任军师。还珠与之相识，是源于“先师张衡玉”。

相较李可亭、刘允丞，张衡玉的生平史料较丰。其名瑞玑，生于晚清时洪洞县儒学世家，二十三岁中举人，三十二岁中进士，曾于陕西数县为政，颇得陕西布政使樊增祥赏识。曾创办《龙门报》《兴平报》《兴平星期报》等，宣传新思想，与革命党人胡景翼交往密切。后加入同盟会，南北议和后被选为参议院议员，为当时国内政界及文化界所敬佩。其工诗善书画，自谓“书不如画，画不如诗，诗不如其为人”。曾于山西故居藏书十万卷，名列清末民初著名藏书家。1927年冬病死太原，时年五十六岁。至于他是何时以及怎样成为还珠“先师”的，目前也是无稽可靠。或许是缘于胡景翼的关系，但目前未见史料支撑。

最后说“啗胡”。

从小公务员到部队文职的身份转换，让还珠暂时忘却了失恋的郁闷与创作的快感，在此后的近半年时间里，他随部队辗转河南、山东、陕西、甘肃、宁夏、青海等地，遍历了泰山、华山、祁连山、点苍山等名山大川及边荒蛮野。每至一地，他于军务之外，总是忘情地欣赏着风景名胜，游览着各处古迹，收集着各种风土民情与掌故传说。当然，背包中的佛经道篆及医卜星相等典籍，仍是他的偏爱，只要稍有闲暇，总是拿出研读一番。这种浪迹天涯、广闻博览的生活，为他日后从事神怪武侠小说写作打下了厚实的基础。

关于还珠离开胡景翼部的时间及原因，其友人唐鲁孙晚年曾回忆说：“他（指还珠）在进入冀察政务委员会之前，确曾在胡景翼戎幕充当过记室。胡笠僧人虽痴肥，可是极富心机，而且反复无常，颇难相处。所以他考虑再三，最后决定还是回到北平在政委会政务厅担任书启工作。”〔《我所认识的还珠楼主》，唐鲁孙，见1982年6月20日台湾《民生报》副刊〕然而此说与事实却是不大相符。据还珠研究专家周清霖考订，还珠1936年才“进入冀察政务委员会政务厅担任书启工作”。〔《还珠楼主李寿民先生年表》，周清霖，《津门论剑录》，上海远东出版社2011年3月出版，第136页〕

解决这个时间节点上的歧义，还是要从胡景翼的生平入手。

胡景翼乃陕西富平人，生于1892年，1910年加入同盟会，民国成立后赴日留学。1914年归国入军界，1924年10月与冯玉祥、孙岳联合发动“北京政变”后，任国民军副司令兼第二军军长，同年11月任河南军务督办。1925年3月12日，孙中山病逝北京，噩耗传来，作为孙中山的追随者，胡景翼悲痛欲绝，精神受到沉重打击，右臂上的疔疮发作，病情急剧恶化，经医治无效，于1925年4月10日于开封故去，享年三十四岁。

这里便出现了时间上的差异。如果按唐鲁孙之忆，还珠因胡景翼“反复无常，颇难相处”而转投冀察政务委员会，时间最晚也应在1925年4月胡故去之前，这与周清霖所考订的1936年进冀察政务委员会，其时间相差最少有十一年之久。

若要回答这一问题，还是应揆诸史料。冀察政务委员会是南京国民政府于1935年12月至1937年8月间设置的行政机关，其直属行政院，负责处理河北省、察哈尔省、北平市及天津市的一切政务。据此可知，1925年4月胡景翼病故时，该委员会尚未成立，那又何来还珠因胡“反复无常，颇难相处”而转投冀察政委会之事。这显然是作为掌故大家的唐鲁孙晚年记混所致。因为还珠1936年确实在冀察政务委员会担任过书启之职，对此后文将有详述。既然唐鲁孙所记时间有误，那么其所述还珠离开部队的原因和时间也就不能成立了。

其实，还珠脱离部队的最直接原因，便是随着胡景翼的故去，其秘书处自然也不复存在。而且岳维峻很快就接掌了国民二军，通常他也是不会留用前任班底的。此外从还珠角度讲，他是因崇拜胡景翼，方才加入国民二军的。但此时“落日啼鸟，大星宿草”。既然“知遇”已去，他只能于“怆恻”中“退伍”了。对此，二十余年后，他曾撰文追忆过这段时光，可谓“唁胡”的最佳文辞：

胡（景翼）于不佞曾有知己之感闻。渠初不甚胖，被困时，陈日以精米白面肥肉相飨，但极缺盐，又终日饱食，少运动，于是体重较前增几两倍，日常多睡，往往与客剧谈未终，鼾声已惊四座。

其督汴时，死虽由于臂上所患红线疔以及延医不善所致；然喜睡嗜肉，卧不择地，易受虫蝎毒螫，亦与有关。否则，胡智勇过人，喜任使而不尚私财，识量亦复远大。当孙中山先生北上就医之时，群情惶惑，以为民党将难再起，独胡与于右任、刘元臣、寇胜浮、李龙门、李可亭、国民二军诸首要，最为礼敬。

当孙（中山）病重时，不佞以高参居所设宾馆，时复出入督署，横议事局，见桌上所积，由北平二军办公处拍来，关于孙先生病况之电报，日必二三十起。北政府之不敢轻视孙先生，多由于此；而民党中才智之士，往相依者，胡亦优礼延款。

张岳军时任其省会警察厅长，胡左右排外嫉视，环列进谗，胡辄装睡不听，愈加礼重。胡死，岳维峻继，非张机智勇退，几难免祸。胡、岳相去之远若此，使胡若存今日，当能有其事业勋名，惜哉！〔《前清西安外宫之狐》，还珠楼主，上海《茶话》第11期，1947年4月出版〕

就这样，在亲历了孙中山病危和胡景翼病逝后，还珠离开了国民二军，结束了自己第一次的军旅生涯，回到北京。时间是1925年的冬天。

从目前所掌握的各种史料看，1926年至1927年，还珠行踪的记载暂付阙如。即使是周清霖、顾臻二人历经十余年完成的《还珠楼主李寿民先生年表》第八次修订稿，也只是在1926年的后面标“在北平（？）”；在1927年的后面标“在北平曾于友人家见到以堆砌假山石的名家山子项之后人（见《还珠楼丛谈·山子张》）”。〔《还珠楼主散文集》附录，周清霖、顾臻，（香港）天地图书有限公司，2014年10月出版，第392页〕此外，便概无消息。然而笔者在阅读还珠自述个人行踪的随笔时，发现其早年有多次远游经历无年代可安插。如果用排除法将目前已知还珠一生的“年代踪迹”排除掉，我们会发现：1926年与1927年还珠的行踪是个空白；而其自述的多次远游经历又无具体年代可以安排。那么，是否有可能这些远游经历，恰恰就是发生在1926年与1927年间呢？对此，我们不妨从其自述中找找答案。

1934年秋，他在《记北京泥人张与泥人黄》一文中云：

天津亦有泥人张，所制行销南方，余曾在海上见之，虽亦工细，而神态木俗，不逮远甚。〔《记北京泥人张与泥人黄》，还珠楼主，天津《天风报》，1934年9月17日〕

1934年秋，他在《记王占元》一文中云：

仆早岁薄游，备历沧桑，旅食流转，遍乎南北，耳熟目经，对于各派军政财阀之家世轶行，颇积闻知。〔《记王占元》，还珠楼主，天津《天风报》，1934年9月20日、21日、22日〕

1934年秋，他在《记茶》一文中云：

不佞曩昔旅居港粤，有二三潮友，知不佞嗜茶，每至其家，必以自用茶具相待。〔《记茶》，还珠楼主，天津《天风报》，1934年10月16日〕

1935年初，他在《桂西旧话》一文中云：

余昔年至宁，曾访之。〔《桂西旧话》，还珠楼主，天津《天风报》，1935年1月6日〕

1944年初，还珠曾著文称：

余表兄秦午晴，幼曾随宦游黔，与余同有山水之癖，曩在江南相遇，选胜登临，几无虚日。〔《神峰灵柱》，还珠楼主，北平《民众报》，1944年1月1日〕

从以上自述，我们可以发现四点信息：一为他酷嗜旅游，有“山水之癖”；二为他“早岁薄游”，足迹“遍乎南北”；三为他早年曾去过上海、南京等“江南”；四为他曾“旅居港粤”。因这些自述均写于1934年甚至再往后，故所述行踪则肯定是在1934年之前。而1934年之前还珠的行踪，除1926至1927两年外，目前均有可靠的史料记载。这其中，即使将上海、南京之“江南”游历，放在其随父宦游江苏数地的孩提时期，那么广东、香港等远程游历，也是属于无年代可安插之旅。何况从其自述的语气看，其赴上海、南京的时间，也不像是少年时期，而更像是成年之后。综合以上研判，我们不妨将这几次的香港、广东、上海、南京之行，就放在这“行踪阙如”的1926年至1927年间，待有新史料出现，我们或可固定此推测，或再做新的考定。

然而即使将1926年、1927年两年设定为还珠的“旅游年”，但其“大本营”还是处在北京。因为他的老母亲还住在京城，他也有在京城重新谋事为生的想法。但此时的京城，因军阀连年混战，人员变动频繁，昔日的亲朋故旧多已星散。在多次求职未果的情况下，还珠决定暂离北京。那安身之地又是何处呢？还珠想到了同乡善人孙仲山与伯父两家安居的天津。

对于天津，还珠并不陌生，昔日在京当差时他已来过多次，而且他与家人莅临北方的第一站，也均是天津。这里八方辐辏、商贾云集的畸形繁荣与洋楼林立、软红十丈的奢华景色，曾给他留下深刻印象。或许“海纳百川”的津门能有立足的机会，或许“华洋杂处”的沽上能是用“武”之地。而恰在此时，还珠得到消息，孙仲山任总经理的大中银行正在天津筹备开办分行，而这分行董事长则由孙仲山兼任。

于是，还珠决定携母离开北京，到毗邻的天津去闯荡一番。

第四章　踏进津门，涉足梨园再入行伍

旧时峨眉山（蜀山）之“峨岭曙光”

第一节 《大公报》馆的杂学编辑

作为北方最大的商埠要市，天津自明永乐二年（1404年）设卫以来，便舟车畅达，商业隆兴。明朝定都北京后，天津作为拱卫首都的门户，由于其特殊的地理位置和便利的水陆交通，迅速成为衔接北京与南方及东北间粮饷、商品和装备供应的水陆枢纽，其政治和军事地位日益突显。同时作为“九河下梢”的海河穿城而过直入渤海，又使得天津成为南北漕运及海上贸易的集散码头，大批商人、水手夹带的各种土特产品和“洋货”多在此地交易，于是天津的商业功能与经济实力快速提升。

正是基于这种政治、军事、商业、经济的得天独厚，以及作为京畿要塞的地理优势，当1856年西方列强发动第二次鸦片战争，凭借坚船利炮攻入天津后，天津便被迫开埠通商，设立租界。据相关史料记载，从1840年鸦片战争到1900年八国联军入侵中国的六十年间，英、法、美、德、日、俄、意、比、奥九国先后在中国上海、天津、武汉、广州等十二城市设立租界达三十处，“其中唯有天津集中了九国租界，总面积达23350.5亩，是当时天津城区的3.47倍，城厢的9.98倍”。〔《天津的九国租界》，杨大辛，天津古籍出版社2004年8月出版，第2页〕

1902年袁世凯接管天津后，将宅邸设于中国地金刚桥附近。其去老龙头火车站（今天津站）乘火车赴京，需经多国各自为政的租界，由于其出行排场受到限制，于是他便在市北另建火车新站（今天津北站）和一条由其宅邸直通新车站的大马路（今中山路），并“决定开发距直隶总督府衙门最近的海河以北地区，以与老城区和城区东部、南部的租界区连接，形成城市平衡发展的格局。随即把总督衙门以北，东沿铁路，西至北运河，南起金钟河，北至新开路为新城区开发范围”。〔《民国天津社会生活史》，周俊旗主编，天津社会科学院出版社 2004 年 4 月出版，第 5—6 页〕

最终，形成了由旧市区、新市区和租界区毗连的近代天津城市规模。

随着城市化的加剧，进入民国后，天津更是以空前的速度迈向都市化。这一方面是由于租界中各国侨民的大量涌入，在将众多西方文化与生活方式带入的同时，为满足其生存必需，各式洋楼、商厦、银行、餐馆、影剧院，纷纷拔地而起，灯红酒绿间，形成风俗不同风格各异的城中之城；另一方面，伴随天津商业与各种制造业的不断隆兴，天津周边的大量游民迅速汇聚于此，他们在弃农而业工商的同时，其生存需求又激活了民间商品市场，使天津一跃而为商埠大市；此外，北洋政府走马灯式的轮流执政，使众多下野的总统、总理及大量政客、军阀、买办、遗老遗少等也麇集于此，纷纷购地建房，既享受着灯红酒绿又窥视着京中政局。无论是他们的政治需要还是生活需求，都使得此时期天津的金融、商业、交通、通讯、传媒、娱乐，当然，还有谍报业，达到空前繁荣，成为远东仅次于上海的摩登都市。

正是在这样的环境和氛围下，还珠决定到天津来谋发展了。

关于还珠移居天津的时间，历来也是多有分歧。不但研究者说法各异，即使其子女的回忆也仍是各执一词。

观贤、观鼎的回忆文章中写道：“父亲二十二岁（1924 年）那年，祖母托亲友在天津给他找了一份差事。”〔《回忆父亲还珠楼主》，观贤、观鼎，《人民日报》（海外版）1988 年 3 月 16 日〕

李观承则回忆：1920 年，其父便奉母移居天津，“在天津投靠一个四川同乡”。〔《关于我的父亲还珠楼主》，李观贤，台湾联经出版事业公司出版《近代中国武侠小说大系·还珠楼主卷》，1984 年 12 月出版，第 46 页〕

台湾地区还珠研究专家叶洪生考证：还珠“于十九岁时（1921 年）奉养老母移居天津”。〔《还珠楼主小传及作品分卷说明》，叶洪生，台湾联经出版事业公司出版《近代中国武侠小说名著大系·还珠楼主卷》，1984 年 12 月出版，第 1 页〕后又修订为“1924 年，李氏为谋生计，奉母离乡，北上天津找出路”。〔《天下第一奇书〈蜀山剑侠传〉探秘》，叶洪生，学林出版社 2002 年 2 月出版，第 5 页〕

还珠忘年交许寅也认为：“就在二十二岁（1924 年）那年，为了挑起家庭重担，善基北赴天津谋取生计。”〔《当代武侠小说之王还珠楼主》，许寅，《还珠楼主小说全集》第 46 卷《附录》，山西人民出版社、北岳文艺出版社 1998 年 9 月出版，第 391 页〕

民国通俗小说研究专家张赣生则写为：李寿民在苏州与文珠“青梅竹马，两小无猜，渐渐产生了感情，形影不离，到李寿民十六岁（1918）时，他终于察觉自己正处在热恋之中。但是李寿民为家境所迫，不得不北上天津谋生”。〔《民国通俗小说论稿》，张赣生，重庆出版社 1991 年 5 月出版，第 244—245 页〕

虽然说法各异，但持“1924 年”者则占多数。那么还珠究竟是何时移居天津的呢？笔者三十余年前在图书馆翻阅民国旧报刊时，无意间竟发现了这个答案。民国二十二年（1933 年），还珠曾在天津《天风报》上连续刊出随笔“还珠楼丛谈”，其中的一篇便云：“民十七，寄寓津门，岁月易得，忽忽五年。”〔《福鹣楼食谱》，还珠楼主，天津《天风报》副刊《黑旋风》，1933 年1 月3 日〕此后，他又在另一篇文章中称：“我自民十七来到天津，在这长久的过程中，居然得到了三四位有肝胆的好朋友。”〔《介绍吴北野先生篆书文字》，还珠楼主，天津《天风报》副刊《黑旋风》，1935 年8 月1 日〕可谓遍访他人无觅处，得来全不费工夫。还有什么猜测能比当事人对自己几年前行踪的回忆更准确呢？

据此可知：还珠移居天津的准确时间，应为 1928 年。

观贤、观鼎、许寅、叶洪生等认为还珠 1924 年移居天津，不知所据为何。张赣生所持 1918 年，乃是根据还珠幼年事迹推断而来。因为当年赣生师撰写此文时，我正追随先生左右，对此还曾帮着计算。当几年后我查到此年份时，赣生师的大著已获出版，他曾嘱我写文更正，以正视听。于是便有了那篇拙作《还珠楼主哪年到天津》。〔《漫话还珠楼主之三·还珠楼主哪年到天津》，倪斯霆，《天津老年时报》1993 年 11 月 27 日〕至于李观承回忆其父 1920 年移居天津，则是将北京与天津两地记混所致。诚如上述，1920 年还珠确已移居北方，但不是天津而是北京。虽然当年他乘津浦线火车确曾在天津下车，并且在此后的八年间亦曾多次到过天津，但均为中转或办事的短暂停留，其正式移居天津的时间应为1928年，并在此一住便是八载。

1928年初，还珠携母踏入津门。此时的他，对天津真可谓既熟悉又陌生。十余年后，他曾在小说《征轮侠影》中，借书中人物周少章之眼，写出了此刻他看到的天津卫：

两年不到天津，街上越发热闹。只见电灯辉煌，车马行人往来如织，电车铃声铛铛，一辆接一辆载满了人相继驶过，电线受了电咬子的摩擦不时闪出碧绿色的火花。大高个子的巡捕威风凛凛，手持短棍，在马路中间指挥，时而耍着棍花。洋车夫如拉空车走过，看去都似提着心，一个不留神，或是长就伤财惹气的脑袋，巡捕老爷一个看不顺眼，上去劈脸先啐一大口臭唾沫，上头一句“你妈的”，不问是车是腿，扬手一棍，底下就是一“脚鸭子”，越年老走得慢的越吃亏。年轻点的小伙子吃了亏，不甘心，走远了就骂，老是骂骂咧咧。行人路遇，无不互相寒暄招呼，二三四五六七八爷各自乱叫。照例是一声几爷，底下对方接着，至少“爷”“爷”还上两个“爷”字，口要紧一点，让耳沉的人听连了宗，直似当街认爷爷。再底下不是“老没见”“你啦好”，就是“老爷子好”“老奶奶好”“弟妹她好”。全家问遍，恨不能连猫狗都问到，才把这“回头见”三字离歌吐了出来开路。再不即是“爷”“爷”之后互问“吃了”，互答“先偏啦你啦”“赶明儿找我去”“咱们哥俩不错”“得聚一聚”“玩会子”。再要细致一点，“先偏”之后，接问“你吃的吗”，或是不等对方发问紧接自报食谱，不是名馆饺子，便是炖肉、馒头、打卤面、贴饽饽熬鱼之类，弄巧还有饶上几句“单你啦今儿没露”“这是怎么会说的”。对方自然也不示弱，甲说吃饺子，乙便说吃炖肉，说到归齐，还是“明儿见”。到底通商大埠，人们虽然多费一点唾沫，特别透着谦恭和气。〔《征轮侠影》，还珠楼主，山西人民出版社、北岳文艺出版社1998年8月出版，第103页〕

文中描绘的，就是当时天津日租界旭街（今和平路）的繁华景象。对于日租界，还珠还算熟悉。这不光是因为其伯父住在此界内，就是还珠自己，他首次来津，在日本花园附近找到伯父家后，在随后几日的居津盘桓中，其也是客居日法租界相交的秋山街（今锦州道）。此后，他虽去了北京，但每次来津，仍是住在秋山街上的旅社中。

就像此前每次来津一样，还珠这次携母踏入津门，仍是下了火车便雇人力车(天津俗称“胶皮”)过了法国桥（今解放桥），来到海河对岸，经法租界径奔日租界秋山街。很快，还珠便找到了日前托伯父家佣人选定的出租之房，与母亲在此安顿下来。

有了稳定的居所，还珠也结束了此前频繁的颠簸游历，母子二人在开风气之先的津城过上了团圆的日子。看到当初离家时的莽撞青年如今已渐趋老成，母亲周家懿不禁唏嘘慨叹。她一方面从生活起居上处处照顾还珠，以弥补缺失多年的母爱；另一方面则不断催促还珠赶快寻找女友，尽快娶妻生子，完成终身大事。对于后者，还珠总是以推脱作答，称还是先找份稳定的事由，先立业后成家吧。其实，初恋的阴影此刻虽已在还珠的心中渐渐散去，他对婚姻已有了些许渴望，但文珠的音容笑貌仍不时地出现在他的梦中。他在等待，等待一个可以在心底深处替代文珠的女子出现。

这期间，还珠一边熟悉着天津街景，一边在寻找事由。此时此刻，他可谓两眼茫茫。虽然此前他曾多次到津，但均是来去匆匆。此番却不一样，他是到天津来谋发展的，如何在天津立足，如何挣钱养母，这让此刻的还珠颇为迷茫。伯父处因有堂兄李丕基作梗，肯定指望不得。那么故乡长寿老亲大善人孙仲山呢？还珠决定去碰碰运气。但旋即他便从伯父那里得知，正忙于大中银行天津分行筹办的孙仲山，此时正处于“焦头烂额”之中。不但分行开业遥遥无期，而且孙本人也因资金问题长时间在外埠活动，难得回津一见。对这一时期孙仲山的状况，其老部下常铸九等人曾有详述：

天津大中银行是孙仲山创办的，自一九二八年筹备，至一九五〇年停业，有二十三年的历史。开业初，因流动资金不足，两次拉拢外人合作有八年之久。随着股东的变更，总经理一席，凡三次易人：第一任为阎廷瑞，任职两年；第二任为王宴卿，任职三年；第三任是总处迁至上海时由李思浩担任总经理三年，在李代表的股东退股时，他将管理权还给孙仲山，孙接收后，仍挽李任总经理名义二年。在这十年过程中，孙一直担任协理，至李思浩正式脱离后，孙才在天津设立管理机构，名为总处的办事处，虽然报财政部总处设于上海，但此时总处已空无一人，孙改称董事长，开始实行独裁统治。”〔《大中银行与孙仲山》，常铸九、冯昌照、吕次言，中国人民政治协商会议天津市委员会文史资料研究委员会所编《天津文史资料选辑》第三十五辑，天津人民出版社 1986 年 4 月出版，第 162 页〕

由此可知，大中银行天津分行在筹备和开业之初，并非十分顺畅，而是起步艰难。孙仲山名为创办人，但其身份只是个协理。但即使如此，他仍要长年奔波在外，为揽资金四处化缘。因此，仓促间到津的还珠，一方面由于难以捕捉孙之行踪，另一方面也是出于本能的自负与清高，在接连两次去孙府扑空后，他便暂时断了依赖孙仲山的想法，而是求助于京津间旧日的友朋。很快，他任职北京《晨报》时的老上司刘崇佑，将他介绍到了当时在天津报刊业最有影响、就是在全国也是声誉颇著的《大公报》馆做校对。

《大公报》创刊于 1902 年 6 月 17 日，是由当时维新名士英敛之主办。因英氏在报上欲鼓吹“变法”，需托庇于法国驻天津总领事馆和法国工部局，故馆址初设天津法租界狄总领事路（今哈尔滨道）东段南侧。后因与法国人发生冲突，遂于 1906 年 9 月 5 日迁址日租界旭街 21 号（今和平路四面钟对面）。由于其初创时期大力倡导白话文，加之敢于畅言，故甫一面世，便受到天津乃至华北读者的热捧。但随着辛亥革命后英敛之的出走，其很快便被安福系政客王郅隆盘收，变成安福系的机关报，其影响力与销量急速下滑，迨至 1925 年 11 月 27 日，便被迫宣告倒闭。

1926 年夏天，曾任上海《民生报》及北京多家报馆主笔的张季鸾来津赋闲，居法租界息游别墅。一日早上，他于旭街街头邂逅早期曾任《大公报》主笔后于上海自办国闻通讯社，眼下正客居天津日租界熙来饭店的胡政之。两位当年共同赴日留学，归国后又一同在上海《大共和日报》供事的故交他乡相遇，均兴奋异常，不知不觉间，他们走到旭街 21 号已倒闭的《大公报》馆门前。二人观望良久，张季鸾不失时机地提出要胡政之“收回老巢”。其实胡政之此刻也正有此意，但钱从何来？沉吟不语间，胡政之眼前一亮，他想起了既是同乡又是老友，同时还是“财神爷”的吴鼎昌。

吴氏早年任职大清银行，辛亥革命后出任中国银行正监督，曾负责发行第一批中国银行钞票。此刻他正居于天津日租界福岛街（今多伦道）一花园豪宅内（此豪宅 1949 年后曾为《天津日报》宿舍，著名作家孙犁曾偏居其一隅多年，现已拆除），以盐业银行总经理身份隐居。当张、胡二人踏进吴宅，说明来意后，吴慨然应允，立刻筹资。于是三人合谋共计，于 1926 年 9 月 1 日宣告新记《大公报》开张。吴任社长，张任总编辑兼副总经理，胡任总经理兼副总编辑。《大公报》的鼎盛时期，由此开始。

两年后，也即 1928 年初，当其副刊编辑何心冷将副刊一“艺林”与副刊二“铜锣”合并，创办“小公园”综合文艺副刊时，因编校人手紧张，还珠幸运地被刘崇佑介绍到该报，并充任了副刊“小公园”的校对。由于还珠青少年时期曾游历了“大江南北”，“足迹所经，都十六七省”，〔《福鹅楼食谱》，还珠楼主，天津《天风报》副刊《黑旋风》，1933 年 1 月 3 日〕加之其扎实的古文基础与钻研颇深的诸类“旁门左道”，故而他不但在校对任上游刃有余，而且于编校之暇，更是在同仁间大摆“龙门阵”，上下古今，纵横捭阖。其广闻博见与满腹杂学在吸引众人的同时，也深得总编辑张季鸾的赏识，不足一月，便被提拔为副刊编辑，并由此结缘天津报业。

天津作为北方最大工商都市，虽然自近代以来便经济发达、商业隆兴，但在文化方面却相对落后贫瘠，始终未能形成北方的文化中心。这与其特殊的地理位置、犷豪的人口素质及趋利的市民心态密切相关。迨至清末民初，随着九国租界的相继出现，天津的文化发生了一种畸形的骤变，其明显标志便是各种报刊如雨后春笋般出现。

报刊业的繁荣促使着报馆间的竞争，为了吸引大批贩夫走卒、引车卖浆者的阅读兴趣，一些情节跌宕诡异的通俗小说便纷纷于报上刊载，并受此影响，一些专以刊载通俗小说为主的娱乐报刊也应运而生。一时间，坊间大小报刊纷杂，各类“义侠小说”“侠义小说”“启蒙小说”“救国小说”“写情小说”“苦情小说”“哀情小说”等，充斥报端。本应宣传新思想、新文化的报纸版面，此时却被大批通俗说部所挤占，由此造成 20 世纪前四十年天津“新文学”不发达，反而出现了大批通俗小说作家与作品的局面。

还珠正是在这种特殊的文化背景下，踏进《大公报》馆门槛的，而且恰恰又做了专门连载通俗小说的副刊编辑。耳濡目染下，他没有成为当时“时髦”的“新文学家”，日后因生活所迫，反倒成了一名用中国传统章回体写作通俗小说的“旧文人”，便不足为奇了。

在天津现代通俗小说史上，1928 年应该是个值得纪念的年份。因为就在这一年，不仅还珠从北京来到了天津，而且另外两位日后蜚声海内外的现代武侠小说大家，也不约而同地从北京和绍兴登临津门。他们二人不但像还珠一样，很快在天津走上了握管任侠操觚鬻文的“纸上江湖”，而且也均是在天津成了“大腕儿”后蜚声海内外的。与还珠不同的是，他们二人没有像还珠那样，成名后便离开津沽，移居京沪等地，而是自打踏进津门起，直至终老，均未再离开沽上。此二人便是白羽与朱贞木。前者因他的“钱镖系列”而成为执民国社会武侠小说创作牛耳之大宗师；后者则以代表作《七杀碑》《罗刹夫人》等，被今日研究者誉为“港台新派武侠小说之祖”。

茫茫人海，此去彼来，这在天津这个北方最大的码头都市，应是再平常不过之事。但一个非常吊诡的现实却摆在我们面前——本来自幼受天津地域文化熏陶，看着旧小说听着评书与大鼓长大的年轻文化人，一旦走出津门，很可能就变身为新文学家，这其中最典型者便是弘一大师李叔同与戏剧大师曹禺；而一些本来经历过“五四”新文化洗礼，对新文学创作心想神往的外埠文学青年，一旦踏上津沽之地，稍不小心，甚至是一念之差，便成了“位卑体俗”的通俗小说高手，比如还珠、白羽、朱贞木。对此，我们不能只用一个简单的推理去解释——因为天津是座市民城市，市民特点就是俗，文人若想“沟通世俗”，就只有创作适合市民口味的通俗小说；因为通俗小说在天津有着广泛的阅读群体，于是天津就产生了众多通俗小说作家，而且无论本埠土著还是外埠移居，在天津若想操觚鬻文，除写作通俗小说外，别无他途。其实，问题绝非如此简单。个中尚有诸多奥秘可探，限于篇幅，此处不赘。

但即使如此，我们却绝不应忽视一个事实，那便是当时天津各种大小报刊的繁兴，直接推动了天津通俗小说创作，而通俗小说的丰产又使天津各类报刊层出不穷，这种互动现象不但直接拉开了天津乃至民国北派通俗小说大繁荣的序幕，而且最终形成以天津为大本营的民国北派通俗小说于20世纪30年代以后，力压南派，风靡全国，引发世人瞩目。

按照目前学界共识，民国通俗小说分为南北两大阵营。

南方起步较早，以上海与苏州为中心，作品直接承袭晚清小说遗风，在民初至20世纪30年代中期以前，曾经着实地“热闹”了一番。据资料统计，此时期南派通俗小说只作者便有五百人之众，而作品则数以千计。然而经过半个多世纪的筛汰，能够流传下来并在今天的读者中产生影响者，却只有海上漱石生、平江不肖生、姚民哀、李涵秋、顾明道、程小青、秦瘦鸥等人不多的作品。

北方通俗小说起步较晚，20世纪30年代以前，当南方已经沸沸扬扬之时，京津一带除了董濯缨、董荫狐、赵焕亭、张恨水、许吟秋、陈慎言、潘凫公等几人操觚翾文外，基本上是一片沉寂。直至20世纪30年代以后，随着戴愚庵、刘云若、还珠楼主、白羽、李薰风等人的崛起，北方通俗文坛才出现转机。他们的作品在当时的平津报刊一经发表，旋即引起人们的广泛注意。与南派相比，他们虽人单书寡，但却佳构迭出，以少胜多，很快便与南派分庭抗礼，平分文坛秋色。此后不足几年，随着李燃犀、郑证因、王度庐、徐春羽、李山野、耿小的、朱贞木等人的出现，北派通俗小说遂由北入南，迅速风靡海上文坛，并以质量尚高一筹而使南派作品相形逊色，终将民国通俗小说创作推上了最高峰。时至今日，他们的作品仍在华人地区流行。

如果说民国时期通俗小说创作肇始于南方，并统治着20世纪初到30年代中期以前通俗文坛的话，那么自20世纪30年代中期以降至四十年代末，则是北派作品一统天下并使之达到成熟与辉煌的时代。而在继南派之后联翩而起的北派作家群中，绝大部分作者又与天津有着密不可分的关系。他们或从天津开始写作，或在天津发表作品，或于天津创办报刊，或由天津走向全国，甚至有些人本身就是天津土著。因此，称天津为北派通俗小说的摇篮及创作与出版的中心，并不为过。

在这批“揭竿而起”将民国北派通俗小说创作推向高峰的作家群中，1928年不约而同由北京移居天津的还珠与白羽，可谓功不可没。因为十

1928 年与还珠先后踏入津门的宫竹心，十年后他以“白羽”笔名写出了轰动大江南北的社会武侠小说《十二金钱镖》

余年后，他们中的前者便以一部《蜀山剑侠传》奠定了其“神怪武侠小说”领袖群伦之地位，并直接影响了朱贞木“奇诡武侠小说”的创作；而后者则以一部《十二金钱镖》执民国“社会武侠小说”创作之牛耳，并亲自带出了郑证因“技击武侠小说”的丰产。在今天民国武侠小说研究领域，有人们评价最高的“北派五大家”之说。这其中，除王度庐原籍北京，后在青岛从事创作外，其余四家均出自天津。而这四人当中，除郑证因是天津土著外，还珠、白羽、朱贞木又均是经过“五四”新文化洗礼，尝试过新文学写作，后因生活所迫在外埠难以立足，而于 1928 年同时踏入津门的。

当然，此时他们尚不相识，也还都没有日后从事武侠小说写作的打算。此时的白羽除了在新闻圈里摸爬滚打外，仍在做着新文学家的美梦；朱贞木则一脚迈入天津电话局成了小职员后，尚在鼓捣着他的书法与篆刻；而还珠此刻却有了新的喜好——他在报馆做编辑的同时，迷上了此刻正在天津献艺的京剧名旦尚小云。

第二节　沽上过戏瘾　成了尚小云“专职编剧”

还珠子女李观贤、李观鼎在回忆父亲移居天津之初时，曾有如下描写：

绮霞，是京剧表演艺术家尚小云先生的表字。提起父亲与尚先生的结识、交往，也算得上是梨园中的一段佳话。

父亲自幼喜爱家乡的川剧，来到天津以后，很快又迷上了京剧。那时，他只身一人，工作操劳之余，唯一的去处就是戏园子。起初只是消遣消遣，渐渐竟着了“魔”，再也离不开了。特别是尚小云的戏，刚健挺拔，潇洒大方，节奏鲜明，铿锵有力，最符合父亲的性格爱好和欣赏趣味。每逢尚先生登台献艺，他都场场必到。平时，父亲省吃俭用，看尚小云的戏，他却不惜高价，非买前排票不可。有时手头宽裕了点儿，他就“包座儿”，干脆一次买下整月的戏票。父亲看戏，不但着迷，且能入境，听到妙处或是看到绝处，他会忘乎所以地领头给“好”，一下子引出满堂彩声。不断地玩味体验的结果，京剧艺术的三昧居然让他感悟到了。〔《回忆父亲还珠楼主》，观贤、观鼎，《人民日报》（海外版）1988 年 3 月 20 日〕

于是，便发生了下面这段“高山流水遇知音”的“故事”

1928年暮春的一天傍晚，地处天津法租界马家口福煦将军路（今滨江道）福厚里的春和大戏院（后易名工人剧场，已拆除）内，座无虚席。被时人誉为“伶界四大金刚”〔1930年8月上海《戏剧月刊》征文评比时，易名“四大名旦”〕之一的京剧名旦尚小云正在登台献艺，当天贴演的剧目是《昭君出塞》。其刚健挺拔、潇洒大方的台风与节奏鲜明、铿锵有力的唱腔不时博得满堂喝彩。

台下三排的一个包座上，身着蓝布长衫的还珠正聚精会神地看着演出。每当尚唱到精彩处，他总会忘乎所以地领头叫“好”；有时他又蹙眉凝望，似在若有所思；也有时他还会从袖口里变出纸笔，悄悄地记上几下。

此时台上的尚小云也在琢磨：台下这位穿大褂的是谁啊？我的戏，他怎么一场不落呢？看他那时而喝彩时而深思的表情，应该是个行家。可是他时不时地又在记什么呢？哟！别是哪的访员在记我的毛病，回头再在报上骂我吧……

又一个夜晚，当开场锣响后，还珠再次坐到包座上时，一个茶房弯腰送过一碗茶水，并悄悄说：“这是尚老板让送的。他请先生散戏到后台叙叙。”

终场锣鼓响后，还珠疾步走向后台。此时尚未卸妆的尚小云正手持小茶壶喝着滚烫的茶水，见还珠到来，他一边招呼跟包备茶，一边赶忙迎上前，握手间问道：“敢问先生大名，何处发财？我的戏您怎么场场必到呀？”

“我叫李寿民，在报馆做事。自小喜好听戏，在各位名家中，最喜欢您的戏。不知尚老板找我有啥子事？”还珠急促而又虔诚地答道。

“尚某有一事不明，您听戏怎么还在纸上写写画画呢？”尚小云见还珠果真是报馆的，而且一脸不安，一口川腔，便单刀直入径奔主题了。

还珠没想到尚小云会有这个疑问，他忐忑地说：“本人对史书和戏词都感兴趣，我是在记尚老板唱词中的典故，回去好与史书互证。”

尚小云听罢，刚放下心来，又忽有所悟，急切地又提出一个问题：“那李先生能否对尚某的戏词和表演做一番评价？”

还珠想不到这位誉满南北的名伶竟是如此谦虚坦诚，更想不到此时尚小云还有其他用意。他在感动之余，便没了拘束，也就以诚相见了：“戏词都是老祖宗留下的宝贝，李某不敢妄评。倒是对尚老板的表演，略有一二心得，说出来您别见笑。一般人只知武戏要文唱，却不知文戏也要武唱。其实，它们的道理是一个，就是讲究动静、冷热、刚柔、急缓的结合。武戏文唱，可避免过火；文戏武唱，可防止太温。不火不温，入情入理，才是好戏。譬如这出《昭君出塞》，尚老板的表演，能够做到文戏武唱，这正是秀出班行的独到之处。若是再多排些可供武唱的文戏，那就更好了。”

尚小云听罢，眼睛顿时亮了，颇有相见恨晚之态。他紧紧握着还珠的手说：“您果然是行家。李先生所言极是。看来您对梨园行研究很深，但不知李先生肯不肯屈尊为尚某写些本子？”

“本人不才，但若尚老板不嫌弃，我倒愿意一试。其实就刚才这出《昭君出塞》，如果对有些唱词与表演略加改动，那文戏武唱的特点就更突出了。我老家川剧中也有昭君戏，叫《汉贞烈》，在这方面较有特点，我可以结合着试写一稿。”还珠激动得有些不知所措，唯恐尚小云变卦，忙又找补一句：“一周后我给您送来！”

……

以上是笔者依据还珠子女观贤、观鼎的回忆，所作的一场还珠与尚小云初次相识时的“情景再现”。〔《回忆父亲还珠楼主》，观贤、观鼎，《人民日报》（海外版）1988 年 3 月 20 日〕至此，二人相识，一见如故，虽系初交，顿成莫逆。

三天后，还珠便将已易名《汉明妃》的《昭君出塞》修改本送到春和大戏院后台。尚小云散戏后仔细阅罢，深为剧本的扩展与几处增删拍案叫绝。他拉着还珠的手说：“就是您了！尚某今后的戏，还望李先生多多费神。新戏您写，老戏您改，咱哥俩这叫缘分。”

尚小云仅凭一次初交和一个剧本，就将还珠引为知己，让还珠为其写戏，绝非草率，这是有深层次原因的。

博采众家的京剧艺术自清末于京城形成后，历经几十年舞台锤炼，至 20 世纪 20 年代中期，已至炉火纯青。特别是经过新文化运动后，“社会民众的审美心理已大为改变。反映在京剧舞台上，生行、旦行的位置逐渐颠倒，已由生行为主转而为生、旦并重再到旦行占据着主角位置，观众看旦行表演的兴趣开始高于看生行的”。〔《梅兰芳画传》，王慧，作家出版社 1994 年出版，第 75 页〕正是在这种背景下，此时期京剧旦行空前繁荣，不但移植改编的传统剧目众多，而且流派纷呈，名家辈出。被后世誉为“四大名旦”的梅兰芳、尚小云、程砚秋、荀慧生便是逢此盛世，脱颖而出的。

尚小云原名尚德泉，又名绮霞，祖籍河北省南宫县，1900 年 1 月 9 日（清光绪二十五年腊月初七）出生在北京北城法通寺草厂大院一个官宦之家。后因家道中落，七岁开始学艺，十六岁出科闯荡江湖。1918 年 5 月，北京《顺天时报》发起投票评选京剧新秀活动，结果二十四岁的梅兰芳得票 232865 张，被评为男伶大王；与梅兰芳同岁的刘喜奎得票 228606 张，被评为坤伶大王；十八岁的尚小云得票 152525 张，被评为童伶大王。

1926 年，后来创办《天风报》推出还珠成名著《蜀山剑侠传》的沙大风，进入刚刚创办的天津《北洋画报》社，主编“戏剧专刊”。当时，北京城内称直系军阀曹锟的内阁大臣程克等四人为“四大金刚”，而京剧旦行演员梅兰芳、尚小云、朱琴心、程砚秋的名气在市井亦不亚于“四大金刚”，所以有人戏称他们四人为“伶界四大金刚”。不久，荀慧生因上演新戏，在沙大风的宣传下，声誉鹊起，后来居上取代了朱琴心，“伶界四大金刚”便转而专指梅、尚、程、荀。但沙大风认为“金刚”之名不雅，便率先在天津《北洋画报》上提出“四大名旦”这一称谓。随后《顺天时报》便正式开展了评选“四大名旦”活动，尚小云不但与梅兰芳、程砚秋、荀慧生一并顺利入选，而且还名列第二。

“四大名旦”的产生，标志着艺术特色迥然不同的京剧四大流派已然形成。戏迷们则将他们四人的艺术风格分别概括为：梅派端庄华贵，尚派婀娜刚健，程派含蓄深沉，荀派妩媚活泼。

然而随着他们的声誉日隆，观众对其剧目更新的要求也是与日俱增，加之同行间竞争激烈，如无新戏推出，只是反复表演那些传统老戏，势必很难长久拢住观众。一个较为明显的例子便是，当年最初评选出的“伶界四大金刚”为梅兰芳、尚小云、朱琴心、程砚秋，正是因为朱琴心新戏不多反而让荀慧生后来居上，夺了其位。因此，这时期梅、尚、程、荀于台上相互竞艺的同时，他们在台下也是使尽解数，各自组建自己的“智囊团”。

近年有学者提出：“四大名旦的竞争其实蕴含着文化的竞争。”〔《梅兰芳画传》，王慧，作家出版社 1994 年出版，第 61 页〕其原因便是在他们的身后，都有一批文化人在加以辅佐。比如，梅兰芳身边便有齐如山、李释戡、黄秋岳、吴震修、冯幼伟等在写剧本搞策划，程砚秋则得益于罗瘿公、金悔庐、翁偶虹等剧作家的鼎力之助，荀慧生则有赖于陈墨香“量体裁衣”式的剧本。而尚小云呢，身边除了创新能力不足的清逸居士〔清逸居士（？—1931），名溥绪，字菊隐，号清逸居士，民国后以庄为姓，称庄清逸（清季逸民之意）。其乃皇族出身，为清贝子。据说其一生剧作数量惊人，达六十余种，有“一日可成一剧”的美誉。但其所编写剧本大多翻衍传奇昆曲为皮黄，或据旧本加以改定，在新戏创编方面明显不足。《中国京剧史》称其剧作“精于剧本结构，巧于排场关目，其新撰剧本多能演出于舞台。其不足之处是，在技巧上沿袭旧套者较多，其晚期剧作词色益工，旧套倾向也愈重”。〕在做老戏剧本的整理、改编外，此时急需一位能为他量身定制写作新戏的文化人。因为就在一年前，1927 年 6 月 20 日，北京《顺天时报》曾举办了一次“五大名伶新剧夺魁投票活动”。所谓“五大名伶”，除梅、尚、程、荀外，又挤进一个徐碧云。这次的评选主要是针对五个人所演的剧目，对演员个人并没有多少评价。结果梅兰芳凭借新戏《太真外传》一举夺魁。由此可见，新剧本对演员的竞争有多重要，新人随时可以取代旧人。面对如此现实，尚小云急于寻找为其写新戏的作者，便可以理解了。

其实，凭借尚小云的名声与影响，找个学富五车的文化人为其写本子，并非难事。何况此时对其“捧角”的大文化人也确实不在少数，譬如洵疏盦、庄蕴宽、徐汉生、吴幻荪等墨客。无奈这些人所写的本子，难入目光刁钻的尚小云法眼。他要找的人，应是一位对中国传统文化有较深造诣，同时又能深谙尚派舞台艺术的行家里手。恰在此时，他发现了还珠。还珠那晚对其表演见解独到的点评，敏锐地发现其“文戏武唱”的特点，以及言谈举止间带出的一股书卷气，都让他怦然心动，大有相见恨晚之憾。凭借多年闯荡江湖的经验，他第一直觉便是，此人正是梦里寻他千百度的笔杆子。

还珠也确实没让尚小云失望，经他手整理扩容的《汉明妃》，尚小云凭借精湛演技再度出演，立马轰动菊坛，获得满堂彩声。尤其是《出塞》一折，尚通过情感充沛的唱词倾诉和环顾流盼的眼神，加之一连串的探海、蹦步、单腿勒缰等马上动作，鲜明地表现出王昭君出塞时那种留恋故土、怀念亲人、自请和番而又疑虑重重的复杂心理。据观过此剧的著名学者来新夏后来回忆：“特别是最后那一个犹如徐风轻掠的大圆场动作，是在‘四击头’锣鼓中挥舞马鞭，后退两步即疾速趋步搓动、上身前倾，头上双翎垂地，身后斗篷飞起，敏捷轻盈，最后用单手掏住双翎定位，这不但造型优美，而且把在漫长进程中，跋涉山川时的各种复杂心情，诗情画意地揭示出来了。”〔《谈史说戏》，来新夏等，北京出版社 1987 年 10 月出版，第 73 页〕

这虽得益于尚小云独特的唱功与扎实的武功根底，但作为唱词整理与剧情重新结构者，还珠也是功不可没。正是二人珠联璧合反复切磋的创作，方使得此剧被后来的研究者称为“文戏武唱”之典范，并因此成为独具尚派表演特色的尚小云看家戏。尚小云之子尚长春后来曾写文章说，《昭君出塞》变为《汉明妃》后，“改变了过去‘唱死昭君，翻死马童，累死王龙’的演法，使这三个人物表演技巧的安排，恰到好处，特别是丰富了昭君表演中的舞蹈性”。〔《尚小云与荣春社》，尚长春，《京剧谈往录续集》，北京出版社 1988 年 6 月出版，第 12 页〕

还珠于京剧编演，甫一亮相，便身手不凡，深得名旦尚小云青睐，绝非偶然。说来他与中国戏曲的渊源颇深。早在青少年时期，由长寿老家随父母到成都为祖母料理丧事时，当他于堂会上初次看到川剧，便立刻被其吸引。此后，他在苏州、南京等地又多次随父亲到茶馆、剧场品茗观艺，先后欣赏过沪剧、扬剧、锡剧、越剧及昆曲等剧种。也就在这一时期，故事各异风格纷呈的戏曲艺术让他深深着迷，但此刻他更关注的是剧情和戏词中的典故。后来到了北京，当他于城南游艺园第一次看到京剧，立刻被其博大精深所倾倒。且不说那演不完的剧目中之各类传奇故事，让他获得了众多书本里没有的闻见；只是演员那时而行云流水时而慷慨激昂的行腔与字正腔圆中抑扬顿挫的道白，就让他推崇不已、百听不厌。此刻，他已成了一个忠实的戏迷。只不过因为急着寻找差事，赚钱养家，他只能将戏瘾深埋心底，涉足梨园只能偶尔为之。

及至到了天津，他才戏瘾大开，乐此不疲。这是因为：其一，他已有了自己喜欢的稳定工作，《大公报》馆的编辑不但收入可观，而且工作清闲，他有闲钱和闲工夫去听戏；其二，他母亲周家懿是戏迷，为尽孝心，他时常要陪母亲去听戏；其三，也是最重要的一条，那便是此时天津戏曲舞台姹紫嫣红，热闹非凡，其繁荣程度远胜北京。

戏曲艺术在天津具有深远的历史。天津自开埠后，虽然文学出版业不甚发达，但演艺娱乐业的繁盛则要远超除京城以外的北方其他城市。以京剧为例，当其于道光年间形成于北京不久，便传入天津。与京城当时主要演唱于宫廷、侯门不同，京剧一到天津便接了地气，直接搬演于市井民间。清末艺压群芳的“同光十三绝”中的名丑刘赶三当年便是天津侯家后群雅轩票房的票友；而“后三杰”之一，曾培养了冯子和、尚小云的孙菊仙，则更是常年出入票房，被天津人亲切地称为“老乡亲”。尤其是1907年建成的“广东会馆”，其戏楼舞台顶部既拢音又传声的螺旋状回音罩，更是将中国古典戏楼的特点发挥到极致，吸引着谭富英、梅兰芳、龚云甫、尚小云等名角大牌轮番到津献艺。加之此时期天津戏楼、戏园、剧场鳞次栉比，家家昼夜联营；各报纸京戏广告连篇累牍，捧角文章层出不穷，天津实际上已成了京剧艺术的竞技场。

随着各路精英的纷至沓来，各种流派更是使人目不暇接，艺人们在相互切磋打擂的同时，也培养了天津观众挑剔的评判鉴赏水平。也正因此，众多京剧艺人产生了视天津演出为畏途，但不来天津就无法立蔓儿扬名，无蔓儿无名则挣不到钱的矛盾心态。这也正是当年戏曲界流行之名言“北京学艺，天津走红，上海赚钱”之来历。

进入民国后，随着天津租界地的不断繁荣，众多北洋下野政客纷纷在此置地建房，他们及家眷更是成为京剧演出的消费主体。此时期他们既频频出入各种戏楼、戏院，也竞相投资兴建具有现代风格的新式剧场。受此影响，这时天津的一些巨商富贾也看到商机，纷纷加入其中。一时间，天津各种戏院、剧场竞相拔地而起，闪烁不已的霓虹灯在打出各路名角儿与各种剧目的同时，也预示着京剧艺术在天津将迎来更大的辉煌。

1927 年，是天津京剧史上划时代的一年。随着北伐军节节胜利，国民政府即将定都南京，盘踞在北京的北洋政府已摇摇欲。此时大批军政要员及富商巨贾纷纷南下，北京的戏曲生意受到巨大冷落。艺人们为生存所迫，纷纷组班出京巡演全国。而天津作为水陆码头，各路名伶出京北上南下均要在津中转。按梨园行规矩，戏班中转凡遇人口稠密商业兴盛的“大码头”，都要打尖驻停演上几场，以攒足去往下一城市的盘缠。作为出京第一大码头的天津，观众懂戏捧角有闲钱，不怕你要高价就怕你没本事。于是各种有名无名京剧班此时走马灯似的在天津此来彼往，甚至有些名角就在天津租房长居，日日献艺。此时期几乎所有的京剧名角儿都曾在天津演出，使京剧艺术在天津得到空前繁荣。

此外，也在这一年，由华中营业股份有限公司经理高春和投资建造的“春和大戏院”竣工，更是成了天津京剧演出划时代的标志。此剧院为钢筋框架结构，建筑面积三千余平方米，对号入座座位1021个，特别是其吸收西方“四堵墙”式镜框舞台的建造，彻底摆脱了此前各种戏楼、戏园、茶园式小剧场的简陋与拥挤，加之声、光、电等设备齐全，堪称当时天津演艺场所之“摩登”，至1936年邻街中国大戏院开业前，其一直为天津最豪华的京剧剧场。也正因此，其开业伊始，便吸引着京津两地京剧名角大牌争先于此献艺。尤其是京剧名旦尚小云，自该戏院开业之初，便带班底长期在此演出，更是让其有了“尚派戏院”之实。

就在京剧于此刻天津闹得最热之际，还珠踏入了津门，进了日租界旭街上的《大公报》馆。又在编报之余，被锣鼓声吸引进了离报馆很近的法租界福煦将军路上的春和大戏院。又于春和大戏院欣赏到了仰慕已久的尚小云的表演，在买了包座连看多场“尚派”之后，最终被尚老板发现聘请为特约编剧。

为尚小云改编完《汉明妃》后，还珠在此后几年又连续为尚剧团编写出了多部适合尚派特点的新戏。如《芙蓉镜》《花蕊夫人》《林四娘》《白罗衫》《前度刘郎》《空谷香》《绿衣女侠》《比目鱼》《龙女牧羊》《虎彩飞仙传》《荒山怪侠》《青城十九侠》《卓文君》《北国佳人》《九曲黄河阵》《九阳钟》等。这其中，尤以《青城十九侠》最受尚小云青睐。“《青城十九侠》于1935年5月在《新北平报》开始连载，并不断有单行本出版，一直到1947年第25集出版后中断。1936年12月，《青城十九侠》第4集出版发行，同年底被尚小云搬上京剧舞台。于是，形成了一种现象，即《青城十九侠》的小说一边出版，戏曲一边在搬演，可见小说的轰动效应，而戏曲又扩大了这一效应。据现有资料统计，民国时期，尚小云曾五次搬演《青城十九侠》，分别为1936年、1937年、1938年、1940年和1948年。”〔《〈青城十九侠〉：从小说到戏曲》，鲍开恺、艾立中，《苏州教育学院学报》2017年第7期，第28页〕

与此同时，还珠还为尚小云改编整理了《梁红玉》《一粒金丹》《梅玉配》《乾坤福寿镜》《失子惊风》等传统戏。此外，在尚小云应萧长华之约，帮忙整顿富连成科班时，还珠又应尚之约，专门为班中名丑叶盛章编写了丑角剧本《酒丐》（即后来台湾电影《大醉侠》的原本）。

实际上，从1928年到1938年这十年间，还珠在做编辑、当秘书、写小说之余，已成了尚小云名副其实的专职编剧。

1938年以后，随着还珠武侠小说写作的轰动，各报馆约稿者此去彼来，最多时他一天要同时为七家报馆写连载，已实在没有时间赏戏评戏了，但他却慨然允诺，只要尚小云及其剧团需要，他不但为之撰写新戏，而且还允许尚剧团随便改编自己的武侠小说。1938年3月16日尚小云于北京中和戏院成立"荣春社"，所印《荣春社纪念刊》封二的"本社特排新剧惊人预告"中，便有如下文字："剑侠神秘伟大名剧《崔猛》、《十龙探海岛》、《五鬼一条龙》、一至八本《太平天国》、上古服装节孝佳剧《娥皇女英》、八本《目莲僧救母》带游地狱、全部《蜀山剑侠传》、飞仙剑侠奇情伟剧《蛮荒侠隐》、大贤大孝伟大名剧《大舜耕田》。"〔《尚小云与荣春社》，尚长春，《京剧谈往录续编》，北京出版社1988年6月出版，第19页〕这其中，《蜀山剑侠传》与《蛮荒侠隐》便是还珠武侠小说的扬名立蔓儿之作。当时这两部作品正在连载尚未完篇，他便答应了尚小云的改编要求。只不过因自己无暇分身，只能由他人代劳。

凭借着还珠所写的一系列新戏，尚小云在当时的京剧舞台上力压群芳，成为那几年上演新戏最多的京剧名旦，受到时人与舆论的热捧。据说王瑶卿有一次跟人谈起"四大名旦"时说："梅兰芳就是一个'样'，程砚秋就是一个'唱'，荀慧生就是一个'浪'，尚小云倒是能文能武，就瞧他的了。"王氏在梨园界有"通天教主"之誉，"四大名旦"都曾受其教益，他的这段话虽系玩笑，却也道出了尚派艺术文武不挡创新出奇之特征。而这种成就的取得，还珠那支生花妙笔可谓功不可没。

尚小云与还珠不但在京剧舞台上珠联璧合，而且在人生大舞台上也是颇为相似。尚小云也是早年丧父，而且也是少年"神童"——民国三年（1914年）秋，北京《国华日报》组织"童伶竞选大会"，十四岁的尚小云一路过关斩将，最后凭借精湛技艺被评为"第一伶童"。此外，尚小云与还珠一样，也有一妹二弟，而且其妹也是早年夭亡。共同的职业兴趣加上相似的家庭际遇，让他们二人越走越近。当然，这其中最最重要的，则是尚小云与还珠两人脾气相投，均为侠肝义胆的性情中人。

还珠曾言，他最佩服尚小云的，便是“尚绮霞于梨园行中，人最任侠好友”〔《记富连成之中兴》，还珠楼主，天津《天风报》副刊《黑旋风》，1935年1月21日〕，可谓人以群分。他们二人自1928年春天相识，相交四年后，终于在1932年的春天换帖相拜，结为金兰之好。

2014年11月，“第二届中华长寿文化暨还珠楼主高端论坛”在还珠故乡（今重庆市长寿区）长寿湖畔召开。会议期间，尚小云之子、时任中国戏剧家协会主席的著名京剧表演艺术家尚长荣特意发来贺信：

还珠楼主李寿民先生与先君小云公是至交好友，曾义结金兰，同时也是长期合作者。

李寿老以武侠小说名家，曾被誉为“现代武侠小说之王”，他同时又是一位多产的京剧剧作家。京剧鼎盛时代之代表人物，各自背后均有文化人士、剧作家之助援，而先君之合作者便是李公寿民先生。先君代表作之《汉明妃》即出自李老之手，随后替先君相继编纂、整理了一系列新剧目，如：《卓文君》《林四娘》《墨黛》《九曲黄河阵》《青城十九侠》等。李寿老不仅著作等身，而且气节凛然，抗战期间，他坚拒日伪引诱，虽身陷囹圄而志不为所夺，足令后人敬仰。

欣闻李寿老纪念研讨会于本月廿二日在渝召开，我因出访欧洲，廿三日才得回国，不克按时赴会，颇为遗憾！谨以此短函祝会议圆满成功！取得丰硕成果！

尚长荣（钤印）

2014年11月16日

第三节　结拜段茂澜　受聘傅作义中文秘书

诚如本书开篇所言，还珠的一生充满了“奇”与“谜”。这也正是其人生魅力所在。

还珠之所以“名垂文史”，至今仍被海内外新老读者热捧，其最重要原因，固然有赖于他那惊神泣鬼、卷帙浩繁的“蜀山系列”；但其人生的起伏跌宕，其在不同境遇下所产生的那些“故事”的“传奇”性，则也是人们在执迷其作品的同时又一津津乐道的话题。

笔者当年就是因为痴迷“蜀山系列”的“天马行空”，而对其作者产生了浓厚兴趣，并进而“穿越”到还珠人生旅程之中的。一旦进入了还珠的人生之旅，其多彩的“传奇故事”便深深地吸引了笔者，甚至可以说，最初产生为还珠作传的冲动，首先是因为还珠人生际遇中诸多的“奇”与“谜”。例如，当笔者多方钩稽史料，正式开写还珠传记时，就发现了一个非常吊诡的现象：

在排列还珠人生履历的过程中，笔者蓦然发现，还珠虽然一生“传奇”故事颇多，而且也颇具悬念与戏剧性，足够吸引世人眼球，但其“履历”却并不复杂。作为“个体”，职业的剧本与小说创作让其尽享殊荣；他的两次恋爱，前者荡气回肠，后者惊心动魄；他在社会上所任的“公职”，虽然是短暂的报馆编校、政府小公务员、电话局小职员和军旅文案，但就在这几个短暂的“公职”中，笔者又发现了一个秘密——还珠有着深深的军旅情结。

其一生曾在不同时期穿过四次不同军队的军装。此外，还有一次险些戎装着身。

还珠第一次穿上军装，是在1924年进入胡景翼戎幕出任记室（秘书）一职，但一年后便自行"复原"，对此前文已有详述；其再入行伍，则在1928年的盛夏，他被天津警备司令傅作义聘为中文秘书，但也仅一年有余，便再次"复原"转业；1936年，冬其第三次"入伍"，在冀察政务委员会委员长兼河北省政府主席宋哲元的政务厅出任书启（文案）之职，然而又是干了不足一年，便因抗战爆发，宋哲元移节保定而"滞留"地方；令人想不到的是，十五年后，他又一次"光荣入伍"，重着军装，但这一次他穿的却是中国人民解放军的军服，成了军委总政治部文化部下设京剧团的编导，虽然两年之后便因种种原因第四次"转业复员"，但这次"参军"足以为他一生的军旅生涯画上一个圆满的句号。

除以上四次踏入军营外，1931年，当他遭遇"拐带良家妇女案"官司时，由于许久不知心上人信息，遂以为未婚妻"知难而退"。心灰意冷之际，他"应南中友人电约，往佐戎幕，已治装矣"。但就在即将成行之时，忽接未婚妻来电，言明"去留生死，一惟余意，如不背盟，苦亦甘之"。于是他"幡然变计"，为爱情而弃戎装。〔《自家一页》，还珠楼主，天津《天风报》1935年2月25日—3月4日〕

关于还珠第三、第四次"参军"的情况，随着还珠人生之旅的进程，我们将在后文详述。此节依照时间顺序，讲述的是还珠第二次"入伍"的"故事"——

因将北平完整交到中共手中，而被委任为中华人民共和国首任水利部长的傅作义将军，在早年戎马倥偬中，也有诸多传奇经历。

傅作义出生于1895年，十五岁时从山西荣河县（今临猗县）老家考入山西陆军小学。翌年辛亥革命爆发，他参加了山西起义。十七岁被保送进入北京清河陆军中学，后升入保定陆军军官学校第五期步兵科。毕业后进入山西军阀阎锡山部，从见习官直升到中将师长。1927年，阎锡山附蒋反奉。当年10月，傅作义率部参与涿州守卫战，在十余天内击退奉军四次猛攻后，仍被阎告知固守待援。奉军第七次总攻失败后，采取围城方略，困熬城内军民。1928年1月5日，傅作义因不忍城内生灵涂炭，遂亲赴保定与张学良议和。几天后，虽议和成功，通电中外，但傅本人却被张学良软禁在奉军参谋长鲍文樾宅中。

涿州一战，傅作义威名大振。不但南京国民政府嘉奖电称其“涿州固守，弥见声威，立功殊伟”，就是在全国百姓口中，对傅也是称许有加。此时移居天津的还珠与沽上新老文人对傅作义更是钦佩不已，纷纷作诗赋词大加赞叹。寓津蜀南名儒樊增祥所作之诗，便集中体现了此刻还珠等沽上文化人对傅作义的爱慕之情：“新收涿鹿七千人，百日燕南立大勋。十六年来千百战，英雄我爱傅将军。”

傅作义有一莫逆至交，名叫侯少白（字元耀）。此人1885年出生于山西临汾，清末曾任家乡侯氏两等小学及平阳女子学校校长。辛亥革命爆发，他参加临汾起义时与傅作义相识，遂结友为朋。进入民国后，侯少白出任第一届国会众议院议员，后在天津长年经营营造业，与军旅中的傅作义过从甚密。

1928年初，侯少白听闻傅作义被张学良软禁保定后，遂与傅之同乡崔笑如策划营救。他先派人送信告傅作义一定稳住，每日只是吃喝玩乐，让张学良对其放松警惕。当年4月，他让崔笑如于保定物色一人助傅逃脱。4月24日，崔笑如找到在保定河北大学医科读书的段伯宇，让段买三辆自行车转天作接应，崔则去找傅作义游玩。翌日，崔、傅二人于澡堂与段碰头后，三人便各骑一车飞速跑出保定西城门，于郊外搭乘马车直奔天津。

傅作义脱险后，在天津立即集结旧部，待命归队。此时国民革命军北伐已告成功，阎锡山部接管了平津。旋即蒋介石、阎锡山便发布任命，委任傅作义为国民革命军第三集团军第五军团总指挥并兼任天津警备司令。

1928年6月12日，傅作义正式接管天津军务。当日，傅仅带身边几名随从便闯进直隶保安司令部，赶走奉系军阀褚玉璞。随后，在将旧有人员归顺后，他便接侯少白、崔笑如等人到天津警备司令部，充任幕僚。同时，他开始扩充军队，招贤纳才，以便控制天津治安。

作为傅作义的私人顾问，此时侯少白接到了傅的一个指令，告其在最短的时间内，为其物色中、英文秘书各一名，以便于在天津这个华洋杂处的都市中，和各色人等打交道。接此任务，侯少白第一时间便想到了南开大学外语教授段茂澜。

段茂澜，字观海，安徽合肥人，1899年9月27日出生于山东济南。早年就读于济南德文学堂，后考入天津南开中学，与周恩来为同班同学，并共同参与校内外活动。段茂澜中学毕业后进清华大学学习，后赴美留学，获纽约大学文学学士、哥伦比亚大学哲学博士学位。随后又前往法国巴黎大学等地进修，精通英、法、德、俄、日、西班牙等多国语言。1925年，在其族叔段祺瑞引荐下，他随徐树铮等人一同赴欧、美、日等多国考察。1928年初回国后，成为南开大学外语教授，教学颇有成就。据数学家陈省身回忆，当年在南开园，“段茂澜先生教我德文和法文，都达到了能读数学书的程度”。〔《学算四十年》，陈省身，（台湾）《传记文学》第五卷第五期，1964年出版，第37页〕

与此同时，段茂澜还周旋于天津名门富贾间，充任外语翻译，与天津营造业大户侯少白颇为熟稔。因此，当侯少白向段茂澜发出邀请后，本就因族叔段祺瑞关系而对军界颇为向往的段茂澜欣然允诺，遂将南开大学的教习改为兼职，自己穿上军装便走马上任了。

英文秘书有了，中文秘书哪里去找呢？此刻段茂澜想起了他的一个刚磕头拜把子的弟兄，此人便是还珠。

说起段茂澜与还珠的相识，殊可称之为缘分。那是还珠在《大公报》馆做编辑之余，刚刚为尚小云改写完《汉明妃》后的一天夜晚，尚小云散戏后约请天津的多位名流一同吃饭，酷爱京剧尤其也钟情尚派艺术的段茂澜便在被邀之列。席间，段茂澜对修改增扩后的《汉明妃》大加赞赏，并问如此改动不知是哪位高人操刀。尚小云笑而一指还珠说：正是此人。段茂澜这才仔细打量起还珠来。他见还珠虽方头大脸、颈短腰粗，但眉宇间却透着一股浓浓的书卷气，便觉此人并非等闲，赶忙递上名片。其实，从一落座，还珠便对段茂澜这位身着西装谈话间不时夹带外文的“假洋鬼子”发生了兴趣。此刻，二人相识，遂于席间交谈起来，直至席散，犹觉话没说完。

此后的几日，还珠每遇闲暇，便身不由己地坐车到南开园去找段茂澜谈天说地，他对段的多国外语和游学国外经历深深钦佩，而段茂澜则被还珠扎实的古文根底和众多的奇思妙想所叹服。二人话语投机，惺惺相惜，相谈甚欢，大有一日不见如隔三秋之感。随着二人感情日深，1928 年 5 月底的一天，在尚小云的操持下，二人遂结为拜把子兄弟。多年之后，还珠仍盛赞段茂澜："此公段姓，学识器度，迥异恒流，对友热肠，世罕其匹。"〔《自家一页》，还珠楼主，天津《天风报》1935 年 2 月 25 日 –3 月 4 日〕

经段茂澜的引荐，侯少白结识了还珠。深谈几次后，侯少白也为还珠的诗书满腹与广见博闻所倾倒，遂将聘其为傅作义中文秘书的想法相告。本就对傅作义钦佩有加的还珠，听罢没作任何犹豫，便点头应承下来。作为一个自幼饱读诗书，对文字颇为钟情的文人，同时又刚刚从事自己满意、别人羡慕的报馆编辑职业，还珠义无反顾地接受此职，其深深的军旅情结，由此可见一斑。

料理完《大公报》馆的善后事宜，还珠便来到了天津警备司令部，再次穿上军装，成了傅作义将军的中文秘书。笔者曾收集到一帧还珠此时期身着戎装的照片，但见此照中还珠脸方鼻阔、肩宽腰圆，仪容秀雅，双目有神，再配之以"不带肩章的少年将军"军服〔徐国桢语，详见《还珠楼主论》书首照片说明，上海正气书局 1949 年 2 月出版〕，真可谓气宇轩昂、仪表堂堂。

天津作为九国列强的"国外之国"和原北洋政府的"后花园"，经过十余年的城市开发，到 1928 年纳入南京国民政府管辖，其人口八方辐辏，全城软红十丈的都市格局已然成形。尤其是在 1928 年间，随着北伐初定，军阀混战渐趋平息，人们紧绷的神经稍作松弛，借此机会，天津在向远东现代化大都市迈进的步伐骤然加剧。

表现在城市建设上，便是众多与世界文明同步的现代摩天大楼相继崛起，其中不乏至今仍为津门地标建筑者。如杂糅了香港、上海等都市大厦风格的中原公司（今百货大楼）于 1928 年元旦在日租界隆重开业，其三十米楼高便成为当时天津乃至华北的第一地标。此楼"造价共计四十七万元（合现今人民币 94，000，000 元），其中楼房造价占二十六万元，电梯、货柜及装修设备占二十一万元。大楼外形为新古典主义，首层平面横向两跨三柱，竖向五间六柱；顶部上竖约四大层高的尖塔，塔尖为古典亭廊式，此塔出自设计师朱彬手笔。大楼楼身高六十六米，建筑面积九千零七平方米，气势恢宏，构成了俯视海河、鸟瞰全市的气概。‘中原公司’四个大字雕于楼身最显眼之处，颇有问鼎中原之气概，在当时，有‘燕赵第一楼’之美誉”。〔《中原纪程商之瑰宝》，刘伟平主编，天津社会科学院出版社 2009 年 10 月出版，第 82 页〕

1930 年代的日租界旭街，中间为当年天津最高建筑中原公司（今百货大楼）

随后，位于法租界“梨栈”的劝业商场旋于 1928 年 12 月 21 日开张纳客，其欧化造型设计与七层楼高已预先昭示了“梨栈”将成为津门繁华的首善之地。与此同时，位于劝业场对面的两大旅店——惠中饭店与交通旅馆也分别于 1928 年破土动工，不久后成为沽上集吃、住、玩于一体的龙头老大。尤其是前者，更是成为戏剧大师曹禺创作《日出》的取材之地。此外，加上此前已先后建成的国民饭店（1923 年）、天祥市场（1924 年）、泰康商场（1927 年）等摩登建筑，这一切，均显示出天津与世界发达城市接轨的标志。而这些建筑内的灯红酒绿、商贾云集，亦在向世人高调宣示：天津作为国内继上海之后又一现代化大都市正迅速崛起，其人员成分之复杂与中西文化碰撞之剧烈，已超过上海。

正是在这样的环境与背景下，天津警备司令傅作义开始履新了。

表面上繁华奢靡的背后是新军阀之间的剑拔弩张，战祸潜埋的大环境决定了一座城市主政者位置的颠倒。在 1928 年的天津，这座城市的实际长官是警备司令傅作义，而作为市党部与市政府的首脑则屈居次席。也正因此，莅位甫定的傅作义每天公务繁忙：他一方面要协调各国租界的行政事务与外交冲突，面对各国洋人的洋话与洋规矩，其英文秘书段茂澜用场颇大，折冲樽俎，尽职尽责；另一方面，他还要周旋于晚清遗族与北洋下野的政要及官僚之间，勤政礼下，纵横捭阖，而作为其中文秘书，还珠那深厚的传统文化功底与禅机命相之学，则得到淋漓发挥。此刻的还珠，可谓闻令而动，克尽厥职。几年之后，他曾将这一时期的闻见写进了他的多篇随笔中。

正是在段茂澜、还珠等幕僚的辅佐下，傅作义很快便将天津整顿得政通人和。

戎马生涯中的傅作义

作为转战南北的职业军人，傅作义身上鲜有世俗之气。在主政天津之前，其少有的爱好也只是骑马、打猎、照相、开汽车。掌管天津后，由于军政事务繁忙，就连这些爱好，他也无暇顾及。每日公余，他除了两手放在背后于院中独自踱步思考问题外，最大的乐趣便是学习。他除了与南开大学校长张伯苓、《大公报》总编辑张季鸾过从甚密，时常向其请教外，还随还珠与段茂澜学习传统文化与英语。尤其是还珠口中那些星相命理之学与壮游名山大川的广博闻见，每每让傅将军另眼相看，并时常感到与自己南北征战的经历闻见在某些方面所暗合。也正因此，他对还珠器重有加，待之不薄。

同时，曾经穿过军装混过行伍的还珠也发现，傅将军与其他军队中的长官不同。他不仅谦逊质朴，不摆官架，以身作则，肝胆照人，而且私生活也是严于律己，俭约谨严——吃的多是家乡的无碱馍馍，穿的与普通士兵一样。虽身居高位，但没有任何不良嗜好，除必须出面接待的活动外，其余非要事的应酬均由还珠、段茂澜等相宜之人代为出面。此外，他还与部下约法三章：不许吃喝嫖赌；不准敲诈勒索；不能贪赃枉法。傅作义的境界、品质以及他的传奇经历，让还珠印象深刻，以致在几年之后，他还念念不忘地付诸笔墨。如在1932年，他便写有两首《赠傅宜生将军》的诗作，用以颂扬傅作义的品格：

宏正夙能通左传，临淮暇辄读班书。
危城援绝军心固，坚壁谋深敌患纾。
渐觉江淮喧草木，争思钟鼓飨鶢鶋。
姓名三月闻天下，儒将如公誉岂虚。

单骑犹传诣垒时，将军飒爽发英姿。
恢弘庙略三囊矢，释尽兵权一酒卮。
迅似急雷难掩耳，转呼降卒感沦肌。
修期露布承家学，功业终看竹帛垂。

〔《赠傅宜生将军》，还珠楼主，天津《天风报》副刊《黑旋风》，1932年3月23日〕

据还珠族孙李永明解读：第一首诗前两句是赞扬傅作义腹有书卷的儒将风范。宏正即田宏正（764年—821年），曾任唐节度使，唐宪宗因其扫平叛乱，忠于朝廷，遂大加称赏，其平素嗜学，通晓《春秋左氏》；临淮指唐朝大军事家李光弼（708年—764年），《新唐书》称其平息安史之乱战功推为第一，且能熟读班固《汉书》。“而傅作义早年就学熟读《左传》，戎马闲暇好读《汉书》，背得滚瓜烂熟，每能学以致用，有古儒将风。还珠楼主把傅作义与田宏正、李光弼相提并论，足见傅作义在其心目中的地位之高。”三、四两句承接首两句，“以涿州之战为案例，继写傅作义的赫赫战功”。五、六两句“转写内战始息，全国统一，张作霖不计前嫌，反而延揽傅作义，施以隆礼，许以高位”。结尾两句“对傅作义再申赞誉，表彰其三月守城之战绩，肯定其一代儒将之风范，作为全诗的结束”。

第二首诗的前两句“赞美傅作义孤军远赴涿州、攻陷奉军阵地的壮举，高度评价其临危不惧的英雄气概和足智多谋的儒将风采”，三、四句“称赞傅作义的雄才大略，批评国民政府的消极抗战”，五、六句“再写傅作义突袭涿州时有迅雷不及掩耳之势，孤军远征如神兵天降，转眼之间即俘获者众，让人极受震撼，感受异常深刻”，结尾两句“对傅作义既作肯定，又寄厚望”。其“意思是说，傅作义的抗日通电所反映出来的爱国之情，实受傅家传统的影响，坚信傅作义抗日必会建立功勋，终将青史留名”。〔《还珠楼主诗赠傅作义》，李永明，《苏州教育学院学报》2019年第2期，第105—106页〕

或许与傅作义朝夕相处这一年有余的时光，让还珠实在难以忘怀。继以上两首诗作发表之后，1948年他又写作并手书了两首赞颂傅作义的《贺傅宜生将军绥远受降》诗歌，随徐国桢的论文《还珠楼主及其作品研究》一同刊出在上海《宇宙》杂志上。其诗云：

旗鼓威棱出将营，云中先筑受降城。
山河百战身仍健，风露三秋气更清。
又见壶浆迎故老，依然裘带是儒生
诸于绣䃜纷纷过，始识威仪复汉京。

北地雄觚壮岌峨，旧勋人望重雕戈。
八年辛苦虮生胄，万姓欢呼骏注坡。
建节初临唐振武，勒铭犹忆汉章和。
种人竞向桓门拜，卧听儿童敕勒歌。

关于这两首诗的写作，李永明解释为：“还珠楼主入幕傅作义时，正值涿州之战刚过，故对战况多有了解，且对傅作义的雄才伟略当有直接之感受。‘九一八’事变之后，面对国民政府的不抵抗政策和国土的日渐沦丧，年方而立的还珠楼主心有不平，殷忧不已，故赠诗自己的老长官傅作义，以赞颂傅作义为由，表达自己的抗日主张，拳拳爱国之心于斯可见。”这两首诗的主题“是祝贺傅作义将军绥远受降”，其写作背景则是“1945年8月15日，日本裕仁天皇通过电台向同盟国宣布无条件投降。8月26日，全国分为16个受降区，指定受降主官，绥远地区由第十二战区司令官傅作义将军为受降主官。9月下旬，受降仪式在归绥举行，傅作义将军主持受降仪式，日军投降代表为蒙疆军司令官根本博中将。自此，根本博与日本政府及大本营脱离一切隶属关系，改任热察绥三省日本官兵缮后联络部长，接受傅作义将军指挥。9月26日，蒙疆军司令部及其所辖的独立第二十一、二十四警备队在包头开始缴械，于10月2日缴械完毕”。

李永明认为，第一首诗的前两句“极赞绥远受降之威严盛况”，三、四两句“赞美身经百战、饱经磨难的傅作义将军身体依然康健，且精神风貌弥显清超”，五、六两句“赞美中国军队抗战立功而受到老百姓热烈欢迎，更赞美傅作义将军功高位显而儒生本色依旧”，结尾两句则为“赞美抗战胜利国家光复的景象”。

第二首诗的前两句“赞美傅作义的抗日功勋和社会美誉”，三、四两句“写傅作义将军抗日过程之艰辛与老百姓对骑兵战力高强的欣喜”，五、六两句“歌颂傅作义的抗日功勋和历史贡献”，结尾两句“赞扬傅作义的抗日功勋受到老百姓的称道，曾经烽火连天的北部边疆又恢复了和平宁静的日子”。〔《还珠楼主诗赠傅作义》，李永明，《苏州教育学院学报》2019年第2期，第107—108页〕

第四节 与朱贞木一同任职电话局

可以说，在傅作义身边这段时光，还珠是快乐的。因为除了每日里必办的公文外，他还有足够的时间去阅读闲书。这期间，他又成了河北省立第一图书馆的常客，该馆所藏《大乘妙法莲华经》《神异经》《搜神记》《博物志》等典籍及《镜花缘》《小五义》《永庆升平》《英雄大八义》《刘公案》《李公案》《施公案》《七剑十三侠》《剑侠飞仙传》《圣朝鼎盛万年青》《彭公案》《江湖奇侠传》《奇侠精忠传》等古今说部，他都一睹为快，大饱眼福。

尤其是1929年初，天津特别市教育局以本市学术文化亟宜提高为名，向市有关部门报备创立天津市立图书馆计划大纲时，作为天津警备司令部的文化人，还珠参与了计划的审定，并因此而结识被教育局委任为图书馆筹备处主任的督学姚金绅。在姚的斡旋下，他更是得以在省立第一图书馆内饱览从不轻易示人的各类儒释道及志怪、禅机、命理等馆藏。这种快乐中掺杂着贪婪的广阅博览，渐渐地让还珠头脑变得与常人不同，其友人徐国桢称之曰“怪得出奇”。徐氏并因此认为还珠正是“有了那么奇怪的头脑，然后可以产生像‘蜀山’‘青城’那么神怪的小说”，且在小说中将各色人物均塑造成“本来是李耳、庄周一般的襟怀，可生就了释迦牟尼的两只眼睛，却是替孔丘、孟轲去应世办事。于是儒释道混成一体了”。〔徐国桢语，详见《还珠楼主论》，上海正气书局1949年2月版〕

尽管这种“怪异”的结果是在此后生活的压迫下不经意间产生的，但与其先前的浪迹天涯、搜奇寻怪与此时期的奇闻博览应不无关系。

阅读的时光是快乐的，而比阅读更快乐的，则是他有充足的时间去欣赏京剧及为尚小云写本子。在此之前，他虽然在居津初期曾有过一段频繁观剧的经历，并由此结识了尚小云，但后来随着报馆工作的繁忙，他已有很长一段时间没有光顾剧场了。对此他后来曾有这样的回忆：“自国军北伐成功，南北统一，余流转沽上，日以笔耕自给，铅椠困人，尘忙特甚。津门戏院虽多，类不足顾，除偶有平中名角来津，时邀谈谯外，极少涉足歌场，亦无暇再问舞榭升沉矣！”〔《记富连成四秀》，还珠楼主，天津《天风报》1935年1月15日〕而今则时过境迁，脱离了每日埋首文字的繁忙编务，身处时间相对宽松自由、名为军营实为弹性工作的机关，还珠那久违的戏瘾再度被勾起。于是，他又成了各京剧场的常客。这期间，他还把傅作义带到了春和大戏院，在尽情欣赏尚派艺术的同时，还促成了将军与名伶的相识。

观戏之余，他还应尚小云之约，根据《封神演义》第47回至50回的内容，为其量身定做，编写了京剧剧本《九曲黄河阵》。据史料记载，此戏虽然由尚小云在1936年搬上舞台，但其也成为尚派剧目里“故事情节吸引人，角色行当齐全，表演上颇具特色，演员和观众都觉得不错，后来却再没有见诸戏曲舞台”的唯一。〔《失传的京剧〈九曲黄河阵〉》，苏育生，《当代戏剧》2007年第4期，第47页〕

尚小云与尚长春父子演出还珠编剧的京剧《九曲黄河阵》

据当年参与此戏首演的京剧名家袁世海回忆，《九曲黄河阵》的剧本是由还珠编写的，当年演出时演员阵容相当强大，尚小云饰大姐琼霄，芙蓉草饰二妹碧霄，张君秋饰三妹云霄，王凤卿饰闻太师，宋遇春饰陆压道人，李宝魁饰姜子牙，袁世海饰赵公明，尚长春饰哪吒。特别是尚小云当时很具号召力，这个戏又是为他写的，能充分发挥其唱念尤其是武打的长处，因而演出大受欢迎。但就在演出火爆之时，这个戏却意外地收场了。这是为什么呢？据袁世海说，这与他演的赵公明有关。

赵公明是在开头几场为全剧特别是为“三霄”铺垫的重要人物，他勾黑脸，画三只眼，两颊画金钱，身穿黑靠，手使双鞭，身旁紧随张牙舞爪的黑虎（虎形），上场后唱、念、舞蹈等表演，显得威风凛凛，杀气腾腾，十分火爆。加上袁世海表演的绝活，如额头上的眼睛“闪光”，左右两眼出“彩红”，翻“吊毛”，摔“硬僵尸”等，更使剧情紧张惨烈，剑拔弩张。特别值得注意的是，他为了让这位民间供奉的“财神爷”不至于死得如此凄惨，因而在赵公明死后，特意加了一段穿着财神爷行头跳“财神舞蹈”的情节，让观众从伤感中变得欢快起来。可是问题恰恰就出在这里，袁世海说：

> 这几场情节铺垫戏搞得很热闹，观众很欢迎。不料管事的却说：“这出戏唱的不是三霄唱的是赵公明！”旧戏班“角儿”讲究“水落石出”的较多，因此，戏只演几场就收了。
>
> 我听到这种评语，心中很难过。在三霄没上场之前，我将戏铺好，且是遵照剧本的安排，并不为过呀！我为演好此角色，花费了很多脑筋和心血，演出时又是“抢背”、“吊毛”，又得唱、舞、打、跑，累得热汗湿透水衣子，连“胖袄”都湿透……如此认真、严肃地将戏演好，得到的是几句冷嘲热讽，搭这样的大班社，难呀！〔《艺海无涯》，袁世海口述、袁菁整理，中国青年出版社 1985 年 6 月出版，第 201—203 页〕

从袁世海的回忆看，因为他演赵公明演得很精彩，很受观众欢迎，似乎夺了“角儿”的戏，引起“管事的”不满，因而《九曲黄河阵》就停演了。对此，也有研究者提出异议：“细细想来，总觉得这还不足以构成这个戏停演的原因。因为此时的袁世海，还是个才从富连成出科不久的青年演员，论年龄仅仅二十岁，即使演得再受观众欢迎，还能影响到如日中天的‘四大名旦’之一的尚小云的声誉吗？何况尚小云对袁世海是相当厚爱的，袁还在富连成学戏时，尚小云就给他们排过《霸王别姬》《昆仑剑侠传》《玉虎坠》等戏。正因为有这层关系，所以他毕业以后就顺利地加入了重庆社，在尚派名剧《汉明妃》中扮演毛延寿相当成功，大得尚小云的嘉奖，并成为重庆社少有的重要演员。对于自己一手培养、提携、重用的青年后生，演戏又如此认真卖力，如此深受观众欢迎，尚小云的心胸难道会如此窄狭吗？再说《九曲黄河阵》是专门为自己编写，排一出新戏也不是那么容易的，演出后观众又很欢迎，难道就因为莫名其妙的赵公明的原因随便扔了吗？当然，这个戏后来再没有演出确是事实，但原因很可能比较复杂，估计不会像袁世海说的那样简单。但到底是为了什么，恐怕现在很难说得清楚了。”〔《失传的京剧〈九曲黄河阵〉》，苏育生，《当代戏剧》2007年第4期，第47—48页〕

这便是民国京剧史上著名的“停演疑案”。而“停演”剧目，恰恰是还珠在1929年初忙中偷闲专为尚小云打造的《九曲黄河阵》。

就是在这种看书、观戏、写剧本的悠闲时光中，还珠突然产生了危机感。因为随着国内政局的变换，还珠已然意识到，部队毕竟不是机关，国内战局的进程与变化时时左右着部队的驻行。一声令下，甭管是警备部队还是集团军，即刻开拔是常有之事。对此，曾于部队服过役的还珠心知肚明。他深知，警备部队也是部队，何况傅作义还肩负着国民革命军第三集团军第五军团总指挥之职。天津警备司令之任只是权宜之计，部队随时迁徙才是常态。因此，作为傅作义的中文秘书，自己随军离津只是时间早晚问题。然而，这时的还珠却不想再离开天津这个客居之地。天津通都大邑的繁华与浓郁的文化氛围，让他产生了深深眷恋。此刻文人情怀战胜了军旅情结，他有了在津安居乐业的打算。为此，他在每日公务之余，除了看书写戏，又多了一项功课，即随时关注着报纸与军中文件上的时局变化。

1928年底，蒋介石在南京召开编遣会议，仿“杯酒释兵权”之法削弱各路军阀兵力，引发各方反抗。

1929年3月发生蒋桂之战，旋即蒋冯大战、张发奎反蒋之战纷起。

蒋介石疲于应对，遂许以阎锡山陆海空军副总司令之职，拉其参战。

阎虽因有兔死狐悲之感暂时按兵不动，但其被拉入战局只是时间问题。而一旦介入战事，作为阎锡山嫡系的傅作义部铁定要出津参战。

面对此等局势，还珠私下与段茂澜多次沟通。其实此刻的段茂澜因家室拖累也是不想离津，他已有了在政府任职的想法，并动用其族叔段祺瑞的关系开始活动。

恰在此时，一个机会出现了。

清末，天津作为洋务运动的中心，与各地联系颇为频繁，但当时主要依靠邮路。随着各种洋务的不断引进，电话这一新型通信工具率先在天津面世。清光绪二十五年（1899 年），由天津电报官局兼办的市内电话联络开始出现，虽然它只供衙署与官邸使用，并且很快便于八国联军攻占天津时被毁。1900 年底，丹麦商人璞尔生在各占领国领事团的支持下，于天津维多利亚胡同（今大沽路新成里）三号非法设立电铃公司，自英租界架线至塘沽，次年又延伸至北京，经营电话电报业务。北洋大臣袁世凯为了与其抗争，委派日本技师吉田正秀勘察架设中国自建的第一条长途电话线，于1904 年11 月4 日由北京架至天津总车站（今北站），与城区电话衔接，是为天津电话局之发端。迨至1906 年10 月，天津电报局将璞尔生电铃公司接管后，业务量急速增大。1909 年8 月，邮传部委杨毓璋任天津电话局总办，至此，天津电话局正式成立，不再由电报局兼管。

进入民初，电话已成了各级衙门、工商大户及达官显宦家庭里的必备通信工具。随着一次大战的结束，大批在津外国人纷纷回国，包括电话局在内的部分“高新科技”企业则需由国人接管。但作为当时最先进的电子通信设备，一般国人对电话的认知只限于通话应用，而对其结构原理则浑然不晓。因而，此时期对电话局局长的选择任用颇费周折。任此职者一要具有组织管理能力，二则需要精通外文与西方科技。但当时此类人才奇缺。

在经过近十年的频繁调换后，1929 年冬天，时任天津电话局局长的陈体荣另有他任，天津电话局局长的位置再次空缺。急于寻找出路的段茂澜抓住此机会，通过运作，很快便被市政府任命为天津市电话局第22任局长。此时天津电话局共有二、三、四、五、六等5 个分局，交换机总容量达 15600 门，其中自动机 9000 门，成为自动电话居全国之首，并被交通部《电话局章程》规定为全国第一等局，下设业务、工务、事务三课，课下设股若干，分理各事。

就在此时，在傅作义与还珠之间发生了一个小小的插曲。两人因一份公文上的文字闹得很不愉快，而且还珠还写了一首打油诗公之于众，以吐心中一时之郁闷。其实这种矛盾并不是第一次出现。傅作义虽对还珠的才气颇为赏识，但部队公文却非锦绣文章，它要求言简意赅，直奔宗旨。初始，他对还珠所拟的各种文稿，于字里行间飘逸出的才情尚能欣赏，然而随着前方战局吃紧，他已无心顾及各种函电公文中的文情雅趣，常常要求还珠文字要简明扼要，对不合己意的文稿常常下令重写，而且不满之情亦不时形之于色。对此，书生气十足的还珠不肯唯唯诺诺、阿谀逢迎，反而据理力争，其生就的自负与傲骨显露无遗。时间一长，双方都感到别扭，这也促使还珠离开部队的想法更加迫切。恰在此时，段茂澜拿到了天津市电话局局长的任命。作为段的八拜之交，还珠见状立即提出，欲与其一同“转业”进入天津电话局工作。对此段茂澜颇感欣慰，遂立即聘其为局长秘书。这个时间，应该是1929年的年底。

当他们向傅作义递上辞呈时，爱才的傅作义虽心有不舍，但见二人去意已定，也只能下令放行。不久，傅作义便奉命率部离津，赴山东参与蒋、阎、冯、李的中原大战去了。

关于还珠“转业”后的情况，其哲嗣李观承、李观鼎于2017年4月29日接受采访时，曾回忆说：

> 段茂澜担任天津电话局局长的时候，聘请我父亲当电报局的中文主任。经他介绍，我父亲曾给29军军长宋哲元当秘书，我想父亲当时还是有抱负的，想参加军队，为国做点什么事业，结果没有做成。1927年、1928年左右，随着日本侵略势力慢慢进入中国，这些旧军人就开始往保定退。当时我父亲生活上面临很大的问题。〔《怀念我的父亲还珠楼主李寿民》，李观承、李观鼎口述，徐红强撰稿，《世纪》杂志2021年第2期，第30页〕

在考察各种相关史料后，笔者发现，上述回忆其实多有误记。

首先，段茂澜出任天津电话局局长时，聘请还珠担任的职务并非“电报局的中文主任”。对此，李观承虽然在此前几篇怀念父亲的文章中，均回避了这一事实，此次是首次提出“聘请我父亲当电报局的中文主任”，但李观鼎与其姐李观贤早在1988年便撰文写道：“父亲初至津城，曾在天津警备司令部给傅作义将军当中文秘书。傅将军很欣赏父亲敏捷的才思，流利的书法，待之不薄。但自幼受诗书、山水陶冶的父亲，却不大适应军旅生活，不久就辞去秘书工作，转而到天津邮政局任职。”〔《回忆父亲还珠楼主》，观贤、观鼎，《人民日报》（海外版）1988年3月17日〕除电报局外，这里又出了个邮政局。而还珠老同事、当年任职于天津电话局的津沽老报人吴云心晚年则回忆：“‘九一八’以前，李（还珠）在天津电话局为局长段茂澜秘书，专办酬应函件，骈四俪六，顺手拈来，堪称能手。公余之暇，编写剧本……‘九一八’后不久，段茂澜离开电话局，李亦离去。”〔《吴云心文集》，吴云心，天津古籍出版社1990年10月出版，第645页〕此回忆又多出个电话局。

其实，这里的电报局与邮政局，均是混淆了它们与电话局的概念界限所致。作为通讯和邮件的服务部门，人们常常会认为电话、电报、邮政是“三位一体”，然而它们三者在当年确是分属于不同机构的。而还珠“转业”的，应该是天津电话局。这不但有他的老同事吴云心的亲历“笔证”，而且也被段茂澜的履历所实证——段任天津电话局长时的首任中文秘书，正是后来变成“还珠楼主”的李寿民。

其次，经段茂澜介绍，还珠是给天津警备司令傅作义当中文秘书，并非“给29军军长宋哲元当秘书”。对此，前文已有详述。而且1927年至1928年间，宋哲元任军长的国民革命军第二十九军尚未成立，此时的宋哲元作为国民军第二集团军北路军总司令，正随冯玉祥参加北伐，转战豫陕一带。还珠“给29军军长宋哲元当秘书”及“这些旧军人就开始往保定退”，是在1935年底“冀察政务委员会”成立之后和1937年“卢沟桥事变”之后的事。

通过以上史料可以证实，辞别了傅作义，还珠是“转业”到了天津电话局出任局长段茂澜中文秘书的。

值得一提的是，此时在天津电话局文书股里，有一课员与还珠的爱好相投，他就是1928年与还珠、白羽不约而同来到天津的朱贞木。

朱贞木名贞元，字试颛，1895年出生于浙江绍兴一个官宦之家。其幼读私塾，酷嗜诗文与绘画。据其女儿回忆，他曾考入浙江大学文学系。

与还珠同事于天津电话局时的朱贞木

但此说存疑，他考上的，可能是当时的之江大学。浙江大学成立于1928年，而恰恰在这一年，他来到了天津，经人介绍进了天津电话局，从此至死也未离开天津。1934年，他还将家属全部接来天津，并购下天津河北路一处住宅，当年的门牌是312号，与著名社会言情小说作家刘云若为邻。

据他在电话局的老同事吴云心晚年回忆：“朱多才，能诗善画，山水、花卉皆自有风格，题跋亦佳。治印篆刻亦很工整。”其“二十年代中期，在天津电话局为文书股课员。公余作画，并治印，皆达到一定水平，文章亦清丽，是一典型之幕僚人才。‘九一八’后，见李寿民为《天风报》撰小说《蜀山剑侠传》，朱也写武侠小说。他所写小说以诡奇见长，有时涉及历史传说，皆剑仙侠客之流，对武术则无任何技巧。在天津武侠小说中自成一派，亦有其读者。天津电话局在日伪时期一度在英租界抗拒日伪接管，是时朱尚在局。后在日方电信公司工作，日本投降后，电信局复员，朱离局”。〔《吴云心文集》，吴云心，天津古籍出版社1990年10月出版，第646页〕

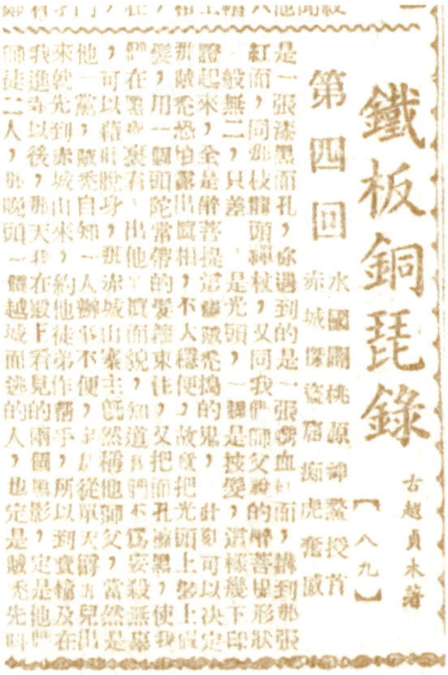

鐵板銅琵錄

第四回

古越貞木著

1934年朱贞木在还珠影响下，于天津《平报》连载了武侠处女作《铁板铜琵录》

朱贞木的《七杀碑》为民国武侠小说画上了句号

据此可知，朱贞木从事武侠小说写作，受还珠影响颇大。因公余他与还珠相交甚密，二人颇为谈得来，故1932年还珠在《天风报》连载《蜀山剑侠传》誉满平津时，他见状不仅颇为心羡，而且随后亦步其后尘，于1934年8月握管任侠，在天津《平报》连载了《铁板铜琵录》。这是他武侠小说处女作，虽因想象力不及“蜀山”而反响平平，但他从此与武侠结缘，乐此不辍，至1951年武侠小说被禁，他已写作此类小说十七部，终与“北派四大家”还珠、白羽、王度庐、郑证因并驾齐驱。也正因此，台湾地区武侠小说研究专家叶洪生认为，大陆学者张赣生首倡北派四大家，“而将朱贞木排摈在外，有欠持平，现笔者乃据史实，增列朱氏，改称‘北派五大家’”。〔《论剑——武侠小说谈艺录》，叶洪生，学林出版社1997年1月出版，第82页〕

其实与“北派四大家”相比，朱氏早期作品除《铁板铜琵录》《龙冈豹隐记》外，产生轰动者少。倒是在抗战胜利后，其作品质量明显提高。如这一时期写下的《飞天神龙》《艳魔岛》《炼魂谷》三部曲及《罗刹夫人》《七杀碑》《闯王外传》《庶人剑》等，则充分显示了他颇似南派的布局奇诡多变，描写脂香风雅的个人特色。这其中，最具代表性的便是1949年他创作的《七杀碑》。此书写得惊险离奇、环环紧扣，既有北派作品雄浑飞扬之神气，又借鉴了南派作家将“武侠、爱情、冒险”相结合的故事套路，堪称一部融南北派风格于一体的武侠力作。该书既为民国南北两派武侠小说创作画上了一个句号，又被后来兴起的港台新派武侠小说作家所仿效，并被研究者誉为“港台新派武侠小说之祖”。

1956年1月13日，文化部发出了《关于续发处理反动、淫秽、荒诞图书参考目录的通知（56）（文陈出密字第9号）》。其中第二条称：“有一些人专门编写反动、淫秽、荒诞的图书”，并列有作者排名，而排在“专门编写含有反动政治内容或淫秽、色情成分的神怪、荒诞的‘武侠小说’”首位者，便是朱贞木。随后依次为郑证因、还珠楼主、王度庐、宫白羽、徐春羽。《通知》要求：“为了肃清反动、淫秽、荒诞的图书”，全国“各省市文化局在审读图书时”，对于上述人等“编写的图书特别加以注意”。〔详见《中华人民共和国出版史料》第8辑，中国出版科学研究所、中央档案馆编，中国书籍出版社2001年10月出版，公开发行，第471页〕于是，从即日起，上述人等在此后的时光里，便被作为写作“封建的小市民文艺”〔中华人民共和国首任文化部长茅盾（沈雁冰）1932年12月13日语，见《东方杂志》第30卷第3号，1933年2月1日出版〕的代表，被文坛边缘化。此中如有例外，那就是朱贞木。因为他在1955年冬天，因哮喘病与心脏病并发，在天津总医院去世了。

站在今天“重回历史现场”的角度回眸朱贞木，不难看出，他之所以能在中国现代武侠小说“北派五大家”中占有一席之地，而且受到港台新派武侠小说诸名家之追捧，除其自身努力外，受还珠之影响也是重要因素。如果还珠不到天津电话局，到了电话局如果没有写出轰动南北的《蜀山剑侠传》，那么朱贞木可能一辈子只能作作画、刻刻印，加上写点清丽小文章而已。恰恰是还珠的到来，影响了他，刺激了他，最终也成就了他。

第五章　师生相恋，轰动平津的『拐带良家妇女案』

旧时峨眉山（蜀山）之“天门石”

第一节　紧闭的情窗再次开启

《益世报》是抗战前天津一张影响全国的大报。1930 年 9 月 10 日，该报“社会新闻版”上罕见地登载了一篇近一千四百字的“过去时”新闻特写。因这篇名为《打倒专制家庭力争自由之一个勇敢女性》的文章，有别于该版以往三言五句的“本埠消息”，又由于内容揭露了富家女子追求婚姻自由而惨遭家暴的悲剧，故甫一刊出，便引起市民关注，并引发舆论大哗。鉴于文章所曝“内幕”甚多，所涉时间跨度亦达三年之久，故将其全文引录如下：

【本市社会消息】本市某银行协理孙某之二女公子经洵女士，因饱受家庭压迫，强制主张婚姻，于昨日上午十一时投入妇协，女士出门已数日，中间曾经英工部局之传讯，兹将详情探得如左：

女士蜀人，年二十三岁，曾受家庭中等教育，其家庭系纯粹守旧式的。女士年前曾考取南开，因继母作梗，遂至辍学。女士生母殷夫人，在女士幼年逝世，赖其姑母抚养在川，至女士八岁时，始送来天津。其继母唐氏，颇不加善视，幸其姑母多所维护。及女士长成，姑母亦于民十五去世，遂饱经家庭间之痛苦。前年在津与李某相识，双方一见倾心，有至去年旧历年底，孙、李过从既久，感情亦同时臻进，遂进一步为爱情之商榷。李某知其父固执过人，自家平日以不善居积，清风两袖，恐其父不允，乃先订口头婚约，双方互守，各不婚嫁，遂拟赴东北，筹办实业，以期广殖阿堵，归津迎娶。李固不成弗归，而孙亦非李不嫁也。中间其父曾为女士主张婚事者数次，女士备受压迫，极力设法退却，均未成于事实，于是引起其父及继母之恶感愈深，而女士之待遇益酷。今年废历正月，李某正治装东行，女士之父，因家塾教授辞职，遂坚挽李君承乏。李再四推辞，终以情面难却，只允以朋友地位，互相研究，暂时维持数月。月前在《商报》鬻书助赈之孙经仪、经华两女士，一年十八，一甫十三，即李君在最短时间教成者。及八月三日，女士之父闻人言，女士与李君有婚姻之约，遂一面辞去李君，一面向女士严重质问。女士遂托其戚某君，代为陈情，并直认不讳。其父除将女士痛责外，并加以种种压迫。女士于婉转哀啼之下，含泪伸言，心志已定，如不获济，亦愿终身不嫁，或削发出家，其父终不见允，女士始终持坚忍态度，终不为所动。至八月二十八日，其父坚令女士，允许曾姓婚约（曾为四川士绅之子），女士仍坚执不从。其父当时加以毒打，家中男女数十人，咸作壁上观，毫无一人劝解。其父气尽力竭，乃限第二日答复，如不允许曾姓之婚，即行打死。女士万分无奈，遂于二十九日晨十一时逃出，赴法租界某小饭店暂避，行时只穿随身布衣一件，立志不携家中分文寸缕，并留有长函一封，详述自己志愿，并出走苦衷，只求给予自由，此后自己设法求学，不要家庭辅助分文，洋洋千言，字字凄楚。后女士电询其表兄以其父意见，当告以其父盛怒之下，不但不允要求，并将以严烈手段对付之云云。女士先以体面关系，不肯诉之法庭，今见事已至此，乃作第二次哀告之函，与父言如三日内不复，只好求法律保障云云。发信后三日，未见复讯，忽接英工部局传票，以其父控李君拐逃罪名，将女士与李君同传至工部局审讯。女士当将详情恳切申述，并言甘愿为自由而死，亦决不回家，一时声泪俱下，巫峡吟猿，无比凄楚，外人均为动容。又审查拐逃一节，女士除随身布衣外，别无长物，而李每日在某机关照常服务，均有人证明，始知其父所控不实，素负直名之英工部局总管张君，及督察陈君，对女士所怀真诚纯洁处，尤表示相当优礼，遂即刻将女士与李君同时释放。李、孙感情虽甚深，终以未完婚有男女之嫌，女士遂投友人某君家中暂避，李仍照常服务，一面延请律师对其父提起刑事诉讼。女士以此事终非了局，遂于昨日上午十一时自行投往妇协，并延请律师，请求法院，予以自由。女士并言，此次出外，实系受逼太甚。请求法院，给予自由，即仍赴校求学，俟李君服满后（李君在制期中），此时双方各有自立能力，再议婚事。〔《打倒专制家庭力争自由之一个勇敢女性》，天津《益世报》1930 年 9 月 10 日，第 2 版〕

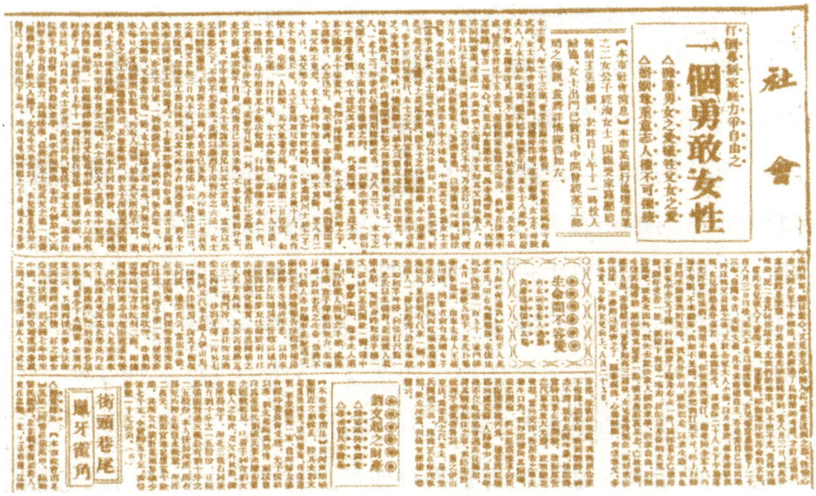
社會

打倒專制家庭力爭自由之

一個勇敢女性

1930 年 9 月 10 日天津《益世报》刊出长篇报道《打倒专制家庭力争自由之一个勇敢女性》

文中的“本市”，指的是天津市。事件的三位当事人中，“某银行协理孙某”，便是天津大中银行协理孙仲山；“二女公子经洵”，则是孙仲山的二女儿孙经洵；“李君”，就是户籍登记为李寿民的还珠。

这是怎么回事？自从 1928 年初来到天津地界“混事由”，无论是进报馆、入军旅、转业电话局，还是赏戏曲、写剧本、与尚小云与段茂澜等名流结拜，还珠在沽上混得可谓顺风顺水、事事如意。可如今怎么运交华盖摊上了官司，而且还是带有“香艳”与“暴力”色彩的“拐逃”官司。尤其是官司的对方还是对他及他的全家均有大恩的“乡贤”、如今在天津已是金融“大鳄”的孙仲山。熟稔中国戏曲故事深谙传统剧目编写的还珠，怎么将自己变成了这出与“旧戏”情节颇似的“改良戏曲”的主角？这究竟是因为什么？为了什么？

对此，还要将时间回溯到两年之前——

不觉间，还珠已到了二十六岁生日，即将迈入二十七岁门槛，但他的终身大事却仍未解决。此刻是1928年4月，他当时的身份还是天津《大公报》馆的副刊编辑。

自从二十岁那年惊闻初恋情人文珠堕入烟花巷中，爱情门窗骤然关闭，近七年来，他虽经历了由地方到部队，再由部队到地方的两次身份转换；其足迹也从北京辗转数省后，踏入津门；职业更是发生了由部队文案到报馆编辑，再到军中秘书，最后成为电话局小职员的转变，但爱情之窗却始终未曾开启。究其原因，一方面是由于七年之中军旅生涯占了他太多的时间，部队的环境与纪律不允许他去考虑儿女情长，但更重要的原因则是初恋的不幸对他伤害太大。这期间，每每遇到对他钟情的女子，他总是拿文珠的美丽、善良和才艺作比较，而结果则是始终难以让他心动。对此，朋友中诸如尚小云、段茂澜等人着急；他日趋见老的母亲周家懿着急；其实，还珠自己也是着急。深谙中国传统文化的他深知，不孝有三，无后为大。但无奈的是，他尚未遇到自己中意的心上人。

或许是年龄的缘故，也许是缘分使然，有别于青梅竹马式初恋的又一次爱情，此刻已经离他越来越近了。然而在成就这桩美好姻缘之前，他注定要经受一场惊心动魄的爱情保卫战。而且这场保卫战的始末，至今仍被其后人及研究者津津乐道，其传奇性亦绝不亚于他的“蜀山系列”。而这一切，都要从当年对他们全家有恩的“大善人”孙仲山说起。

据史料记载，“一九二八年孙仲山在天津筹备大中银行，报（财政）部声称增资，资本金额四百万元，实收二百六十万元。组织总管理处，（北洋政府末任财政总长）阎廷瑞为总经理，孙为协理”。〔《大中银行与孙仲山》，常铸九、冯昌照、吕次言，中国人民政治协商会议天津市委员会文史资料研究委员会所编《天津文史资料选辑》第三十五辑，天津人民出版社1986年4月出版，第167页〕阎廷瑞在未发迹前，曾多次受到孙仲山襄助，并有愧于孙。故此，大中银行的具体操盘人实为孙仲山。

此前孙仲山虽已在天津买房置地，但由于他娶有多房妻妾，子女众多，本人又常年在北京等地的商界与官场活动，故其家眷并未完全移居津门。早期在津陪他并为之看管家业者，是他的如夫人唐氏（即其早年在重庆永兴隆号糖庄学徒时的老板唐某之女）及其所生的多个子女。而他的原配与其他姨太太及所生子女，则先是留居四川长寿老家，直至后来他有所发迹，方才陆续接来天津。如殷氏 1907 年为他所生的二女儿孙经洵，便是因殷氏早逝，在老家由其姑母抚养到八岁时，方才于 1915 年随姑母来到天津的。但唐氏对这个非己生的"二女儿"却极为不容，"颇不加善视"。

其实这也是常情，孙仲山的一生，除了是传奇政客和著名社会活动家、实业家、金融家、理财家、公益慈善家外，他还是个妻妾成群的丈夫和儿女众多的父亲。据还珠哲嗣李观承、李观鼎披露："我外祖父家是一个大家族，我的姨、舅一共有 19 个。"〔《怀念我的父亲还珠楼主李寿民》，李观承、李观鼎口述，徐红强撰稿，《世纪》杂志 2021 年第 2 期，第 31 页〕多房太太多位子女多个家庭单元组成的超大家族，彼此间的鸡吵鹅斗和相互倾轧，实在是在所难免。

对孙仲山这十九个子女，还珠族孙李永明曾有过如下考述：

> 长女孙经兰，因肺结核早逝。
>
> 二女孙经洵，字少兰，与其姐孙经兰同为殷氏母亲所生，后为还珠楼主夫人。
>
> 三女孙经仪，初与钮先铭结婚，南京沦陷，闻丈夫逝世，改嫁其丈夫战友赖大光，后钮先铭生还，故事由张恨水写入小说《大江东去》，钮、赖，均为国民党中将。
>
> 四子孙经涛，曾在大中银行做事，后到甘肃落户。
>
> 五子孙经纶，字次山，先后留学日本、法国，回国后先从军，再进入大中银行，曾任天津大中银行经理，新中国成立后当工人。
>
> 六女孙经华，著名京剧票友，曾在上海大中银行工作。
>
> 七子孙经武，早年入聋哑学校，后在大中银行当会计，曾经救助过抗日志士，新中国成立后进玩具厂工作。
>
> 八女孙经羲，曾嫁青岛市长之子曾绍迹，晚年居美国。

九女孙经书，曾到香港工作，后回到天津。

十女孙经仁，先后就读于成都齐鲁大学化学系、辅仁大学家政系、震旦大学文理学院，新中国成立后，任天津总后职工医院营养师，1957 年调上海传染病医院。

十一子孙经义，毕业于上海震旦大学法律系，精通法语、俄语，新中国成立后在天津自行车厂任工程师。

十二子孙经品，早逝。

十三女孙经礼，从小在长寿长大，23 岁离开老家，定居台湾，长于生意。

十四女孙经智，1947 年就读于上海震旦大学教育系，1949 年 4 月随父回四川，到华西大学借读，新中国成立后进入中国人民银行，后调入中国工商银行。

十五女孙经信，著名歌唱家，1951 年考入上海音乐学院声乐系，是音乐芭蕾舞剧《白毛女》和《金瓶似的小山》《满山的葡萄红艳艳》等名曲的首唱。

十六子孙经九，1934 年出生，1951 年参加抗美援朝，后到中央警卫团当教员，转业后到山西太原商业局工作。

十七女孙经世，16 岁参军，分配到北京通讯总部，1955 年转业到北京市电信局工作。

十八女孙经忠，毕业于石家庄高等医士学校，先后工作于张家口第一人民医院、唐山市唐海县人民医院。

十九子孙经厚，字虎山，14 岁初中毕业考入中国人民解放军六十六军文工团，转业后到黑龙江农垦局八五六农场，旋进入北大荒文工团，1962 年回北京，落户北京汽车改装厂，后调到天津耐酸泵厂，历任车间主任、生产科长、副厂长。〔《还珠楼主家世考述》，李永明，《苏州教育学院学报》2016 年第 3 期，第 31 页〕

儿女如此众多，显然是多位妻妾所生，但除目前仅知的殷氏、唐氏、谢氏外，孙仲山的其他太太则尚无消息。然而即使如此，当时光进入 1928 年时，随着大中银行在天津的筹备，孙仲山已决定将天津作为其家族的大本营，并将散居各处的妻妾儿女及随身佣人陆续招至天津，则是事实。对此，1930 年天津《大公报》曾刊出的“四川长寿孙氏同乡亲友公启”广告〔《李寿民诱骗幼女孙经洵之罪恶》，天津《大公报》1930 年 10 月 6 日〕可资证明。已然成立了同乡亲友会，可见孙氏家族在天津的人丁之盛。

家中子女骤然增多，而且多是年岁相邻正处求知问学之期，如何对他们进行教育管束，这让孙仲山颇伤脑筋。加之这些孩子学业参差，孙仲山又属老派之人，不屑让子女去上新式学堂，于是便决定在家开办学馆。但塾师何来呢？这又让孙仲山颇费心思。虽然此前已聘请了移居天津的乡邦贤儒李光益为家庭教师，但李老先生毕竟年岁已大，教授以前的家馆尚可应付，教育眼下这一众儿女，他也多少有些吃不消。而恰在此时，他在为李光益祝寿的酒席上见到了李的贤侄还珠。

当时正为天津著名报馆《大公报》编辑的还珠，虽是与孙仲山初次见面，但不凡的谈吐和儒雅的举止，却给孙仲山留下了深刻印象。加上还珠在家乡少称“神童”，其幼年的文章传到京津，川籍名人大都过目，据说孙仲山不仅读过，而且还对少年还珠大为称赞，誉为“大才”。此外，孙氏用人，特别注重亲戚、老乡等亲近关系。如李光益就“备受孙仲山敬重，李家学问之好在长寿首屈一指，故晚年离开宦海的李光益，长期是孙仲山子女、侄儿、外甥的家庭教师。其子李丕基前清任山西大宁县知县时因为经济问题，曾经被光绪帝革职，而民国后却出任山西介休县知县，幕后运作者就是颇有政治背景的孙仲山，且后来继承父业成为孙仲山的家庭教师。孙仲山开办鸿丰煤矿，首任经理是李丕基长子李大钧，李大钧学养与能耐均在乃父之上，始终是孙仲山的红人”。〔《还珠楼主家世考述》，李永明，《苏州教育学院学报》2016 年第 3 期，第 32 页〕

由此可见，孙仲山不但喜用亲戚、乡人，而且对长寿李家祖孙更是格外看重。这一切，都让孙仲山对同为李家后人的还珠刮目相看。也正因此，他觉得同为李家后人的还珠，是与其伯父共同担任自家家庭教师的最佳人选。

然而让孙仲山意想不到的是，当他托李光益将其美意说与还珠时，此刻已度过初入津门时的无助，正在报馆大显身手并被尚小云垂青的还珠，面对孙家不菲的佣金，却是丝毫不为所动，他婉言谢绝了。这让财大气粗的孙仲山觉得窝火，但久经商旅具有天然商人本性的孙氏，不达目的决不放弃。于是他便暂取其次，提出还珠不必辞职每日按时到家教授，可以在工余协助伯父一同施教，来去自由。孙家除付有一定束脩外，还备有好饭好茶招待。碍于孙仲山当年的恩情和伯父的殷切相邀，还珠最终也只有答应下来，但提出仅是管饭管茶而已，束脩则坚决不收。至于时间，也完全由自己掌握。

就这样，还珠成了孙仲山家“客串”的家庭教师。时间是1928年的夏季。

当还珠踏进英租界马厂道（今马场道）那座占地二十余亩的花园洋房时，在孙家众多子女中，一位气质优雅、雍容文静的少女立即引起了他的注意。她就是二十一岁的孙家二小姐孙经洵。在以后的日子，每当还珠滔滔不绝地讲授古诗文时，他总是看到有一双明亮的眼睛注视着自己，似在专心听讲，又不时地眨着明眸若有所思。

一个星期天上午的课后，还珠还觉意犹未尽，便利用中午吃饭时间，为孙家子女讲了一个峨眉山“白龙洞”的传说：

话说西天如来佛祖莲台下有一只乌龟。一天，他趁如来讲经时悄悄跑了出来，驾起一朵乌云，在天上东飘西荡。飞累了，乌龟便落在了一个叫峨眉山的山头上。他四处一望，哎哟！这个地方可了不得了。但只见四时不谢之花、八节长生之草满眼，还有仙丹宝药、洞泉飞瀑、云岭翠峰。乌龟于是便在一个山洞里修炼起来。这一炼便是五百年，但要修得人形，还差五百年。乌龟不耐烦了，他听说附近‘真人洞’里一个叫孙思邈的孙真人正在炼丹，此丹仙人吃一粒能增五百年道行。于是他便前去偷吃了一粒金丹，结果他真的变成人形，在山上横行作恶，欺男霸女。不久，他的劣迹被正在山上‘白龙洞’内修炼的白蛇知道了。一天，白蛇突然发现乌龟将金丹吐出，正在吸纳天地灵气。白蛇便昂起头来，一下子将金丹吸入自己肚中。乌龟丢了金丹，马上减了道行变回原形，而白蛇则增添了五百年道行，变成美丽少女。只见她用葛藤变作金钩，钓住乌龟轻轻一甩，便将其甩到了东海底下。从此峨眉山又恢复了往日的平静。一日白蛇仙姑在山上遇到一个小伙正在挖药，经交谈得知小伙名叫许仙，家住杭州清坡门，世代为医。其所挖之药杭州没有，许多人因无此药而丧命，故此他特地前来采摘。许仙的善良感动了白蛇仙姑，从此她每天便帮许仙挖药。渐渐地，二人产生了感情。一月后，许仙要回杭州了，白蛇仙姑送了一程又一程，二人依依不舍，洒泪相别。后来由于日夜思念许仙，白蛇仙姑终于按捺不住，飞到杭州西湖去找许仙。团聚不久，二人便结为夫妻。正在这时，那个躲在东海底下的乌龟修炼得道行已满，他装成法海和尚，一路追赶，来到杭州，他是找白蛇仙姑报仇来的。……哎哟！时间不早了，想知道以后发生了啥子事情，且听下回分解。

讲到此，还珠不失幽默地学着茶馆中说书人的口吻，卖了一个关子，逗引得孙家众子女纷纷拽着还珠不让走，非要问个究竟。

从这以后，每次讲课结束，还珠都要讲一个有关峨眉山的故事。他从“兄妹巧修峨眉山”“峨眉宝光”“仙姑弹琴”等传说，讲到遇仙寺、伏虎寺、锡杖泉、六角凼、玉女池、枯叶蝶等景观得名典故。这些课堂上根本没有的峨眉与青城的优美传说，深深地感染着孙家子女。尤其是二小姐孙经洵，每当听到还珠所讲曾经游历过的名山大川的见闻时，她总是满含深情地注目倾听，她被还珠那渊博的知识和丰富的阅历吸引了，从心底里产生了一种异样的感觉。这种感觉很快便被怀着同样心态的还珠所察觉，只不过此时的还珠已不是初恋时的莽撞小伙，他在努力压抑着自己的情感。他明白二小姐是富家之女，自己只是个贫穷的小职员，二人没有那个可能，况且又是师生关系。

不久，细心的孙二小姐发现了还珠的一个变化。每逢到孙家授课之日，无论是中午还是傍晚，只要饭菜一到，还珠便一改往日的温文尔雅，张口便是狼吞虎咽，食必罄盘。观察多日后，孙二小姐终于从还珠口中得知，因电话局拖欠工资，他已囊中羞涩，但他事亲至孝，绝不让母亲受屈挨饿，仅有的一点薪水都孝敬了母亲，以致每次他都枵腹授课。谜底揭穿，孙二小姐对还珠更是由怜生爱，每次还珠到孙府之前，她便让厨房做好可口的家乡饭菜，等还珠一到，她便将其领到厨房，让还珠吃饱后再开口讲课。

随着二人接触频繁，终于有一天，孙二小姐在厨房里向还珠说出了自己心中的秘密。直到此时，还珠才有了“非分”之想。他仔细地端详着孙二小姐：她虽相貌平平，不及文珠远甚，但她的柔情、大家闺秀的气质、忠厚善良的品德，尤其是刚毅倔强的性格，既有不似文珠之处，但更有胜似文珠之处。终于，还珠那尘封已久的爱情之窗被推开了。他默默地接受了孙经洵的求爱，并在此后的时日，他将对孙二小姐的爱慕之情常常寄于书画信函，送与对方——因为他碍于师生辈分，实在难于言从口出。

就这样，他们的爱情在不为外人所知的情况下，偷偷地展开了。

对于自己的这次恋爱，还珠记忆深刻，并经常讲给自己的子女听。对此，还珠子女也是感动备至。观贤、观鼎后来便著文谈及此事，当年“母亲正值豆蔻年华，容貌虽然一般，却是气度不凡。初次见面，母亲温和文静的性格，雍容大雅的风度，便引起了父亲的注意。随着时间的推移，这些美好的印象日益深化，而当母亲倾心于父亲的品貌才学时，他更进一步发现，她的温情并不同于文珠姑娘的柔心脆骨，她是一位有主见，敢作敢为的女子，柔中有刚，宁折不弯。一次母亲生日，父亲画了一幅兰草相赠。他还给母亲写了封信，大意说：兰草，素心蕴藉，华彩风发，既质朴，又光耀照人，我以为你就是这等‘文质彬彬’的女子！兰草，叶丰泽，花明润，神貌泰然，却绝无骄矜之气，我以为你就是这样‘泰而不骄’的女子！兰草，不拒简陋，任凭水淡石荒，只要一株卓立，便能峻影高洁，清芬悠远，足以令石水生香，我以为你就是这种坚贞不渝的女子！……父亲欣喜地意识到，此番播种的爱情是可以收获的”。〔《回忆父亲还珠楼主》，观贤、观鼎，载《人民日报》（海外版）1988 年 3 月 17 日〕

时光添加了爱情元素，日子便仿佛过得格外顺畅格外快。接受了自家大恩人孙仲山二女儿孙经洵的爱情，还珠觉得一切都迅速变得一顺百顺起来。很快，他便脱离报馆，成了仰慕许久的傅作义将军的中文秘书；又是很快，他便脱下军装进了电话局，成为拜把子兄弟段茂澜的秘书；还是很快，他因为给京剧名旦尚小云编写剧本，成了平津间的文化名人；仍是很快，在他的公开讲课和秘密相授下，孙经洵的学业突飞猛进，在当年的秋季考学中，曾考取当时北方最好的女校天津南开女中，但因继母唐氏从中作梗，遂至辍学。当然，比这些都快的，是他与孙经洵的恋情在迅速升温，尽管还处在秘密进行之中。

1929 年就在这种甜蜜顺畅中快速过去，当时光跨入 1930 年元月也就是“去年旧历年底”时，他们二人的爱情已进入了谈婚论嫁阶段。

通过近一年来的频繁接触，还珠敏感地意识到，孙仲山不但固执自负，无论何事都注重成效，而且随着社会地位的不断上升，也非常趋炎附势，嫌贫爱富。这从他对儿女婚嫁时选择亲家，便可一目了然。因此，随着谈婚论嫁话题的到来，还珠愈发感到焦虑与不安。一方面他渴望着与孙经洵早日洞房花烛；而另一方面，他又恐惧于自己的家徒四壁和孙仲山的挑剔、势利。经过多日思考，他觉得“东三省土地肥沃，而价奇廉”，如若赶快下手，“经营地产”，“异日必可大获”。〔《记前财长阎泽溥》，还珠楼主，天津《天风报》副刊《黑旋风》，1935 年 2 月 23 日〕于是他决定在电话局请长假，“拟赴东北，筹办实业”，以期先赚上一笔，好回来迎娶心上之人。同时他也与孙经洵订下“口头婚约”：李寿民此番赚不到钱绝不回来；而孙经洵则非李寿民绝不他嫁。

然而就在还珠向段茂澜请了长假，积极筹措远行装备，准备春节后启程之际，已多次为二女儿寻找婆家均遭孙经洵拒绝的孙仲山，又一次找人提亲，欲将年已二十三岁的二女儿于春节期间嫁出。孙经洵当然坚决反对，誓死不从。这让不知二女儿已有心上人的孙仲山和唐氏大为震怒，他们对孙经洵的表现由不理解变成不容忍，甚至厌烦，管束亦愈加严苛。

1930 年 1 月 30 日，是旧历春节的正月初一。这天上午，因“守岁”熬了一夜的津城人们都没有走动，大多在家补觉休息。但此刻的还珠家却遇到了麻烦，他那年过六旬的母亲周家懿忽染重疾，卧床不起了。还珠见此非常着急，为请医他连走了几家诊所，但都因是大年初一不愿上门。就在他手足无措之际，已闻讯息的孙仲山，派长子孙经涛带着常年为孙家诊病的老中医赶到家中。经过诊断，郎中虽开出了药方，但新春正月头一天，各药房均“关门大吉”。因无处买药，周家懿的病情又耽搁几日，由此变得愈加沉重。

恰在此时，还珠伯父李光益因年老体衰，难以胜任繁重教习，已在正月拜年中明确向孙仲山提出辞去教职。看着手中的辞呈，孙仲山沉吟良久后提出，请李光益再次劝还珠来家做全职家庭教师，并言束脩多少由还珠定。此外，还可以派下人去家中照看其母。当李光益言辞恳切地将孙仲山的要求合盘相告时，还珠先是再三推辞，后见伯父愈发老态确已难胜其任，又想到孙仲山当年对自家的恩情，以及目前重病的母亲也确实需要自己照顾，于是便决定暂时延缓东北之行，利用已请的长假暂且应下孙仲山的聘请，但提出只是“以朋友地位，互相研究，暂时维持数月”。至于束脩，则依循伯父老规矩即可。

还珠此时之所以不顾清高接下束脩，是有难言之隐的。除了筹措迎娶孙经洵的费用外，他供职的天津电话局在此前数月大幅减薪，已使他囊中羞涩。1929 年下半年，受华北危局和即将爆发的中原大战影响，天津工薪阶层收入已是起伏不定，而且政府拖欠工资现象也时有发生。还珠供职的天津电话局便是如此。据当年史料记载，1930 年初，便发生了“天津市电话局职工抗议局方延期发放工资，推举代表向局长段茂澜请愿”事件，虽然最后“斗争结果，允照北平电话局规定办理”〔天津《大公报》消息，1930 年 5 月 2 日出版〕，但自 1929 年下半年起，还珠薪金锐减，确是事实。

接任了孙家教习，因每日都能见到心上人，家中病重的母亲也有孙家佣人照料，还珠的授课劲头倍增。但让他想不到的是，母亲的寿数已尽。就在这一年的三月，已重病卧床月余的周家懿辞世。因两个弟弟均在上海，往来不便，作为孝子也是长子，还珠一个人承担了母亲逝去的悲哀。在孙仲山的资助和安排下，还珠亲自料理了母亲的后事。

孙仲山不但当年伸出援手安葬了父亲，如今又慷慨解囊厚葬了母亲，还珠很是感动。他感到凭借目前自身状况，能够对孙家有所回报的，只有认真教书，使出浑身本事来为孙家子女授课。于是，在征得孙家同意后，在守孝期内他就来到孙府进行家教。

孙家系守旧式的老派家庭，孙仲山虽读书不多，但其发迹后便经常向子女灌输“惟有读书高”的道理，故孙家儿女在学业上可谓人人上进。尤其是孙经洵两个同父异母的妹妹孙经仪、孙经华，不仅勤奋聪慧，而且还在还珠的辅导下，兼习书法，技艺大增。当年 7 月，天津《商报》发起赈济南方水灾书画义卖活动，她们姐俩的作品不但入榜，而且还卖了高价。这让孙仲山在高兴之余，对还珠更是刮目相看，觉得聘他确是“物超所值”。

然而，天下没有不透风的墙。这一年的8月3日，还珠与孙经洵谈恋爱并已订立婚约的消息，传到了孙仲山耳中。对此，孙仲山一改对还珠的优礼，瞬间变脸。他立即将孙经洵找来，严词责问。孙经洵见事已捅破，遂决定如实相告，她托出同在孙宅居住的表兄代为陈情。岂料孙仲山听罢非但不允，反而更加恼怒，他让孙经洵立即解除这种恋爱关系。但想不到的是，孙经洵的回答却是斩钉截铁："我要么不嫁人，要嫁就嫁李寿民！"

孙仲山见女儿如此任性，遂恩威并施，左挡右劝。后见软硬兼施均不见效，他又转头去找还珠："你与小女恋爱之事我已晓得，这可是不大对头哟。师生谈情说爱，搞得什么名堂？这可是败坏我们孙家门风！我对你和你们家都不薄，只要你肯与小女一刀两断，要多少钱不是问题。"

"此事与钱无关，请您莫要太小看人了。只要二小姐亲自表示与我断绝关系，我立即远走高飞！至于您对我家的恩情，我是永生不忘的，将来我会根据我的能力来报答。"还珠的回答，让孙仲山半晌说不出话来。

第二天上午，还珠怀着忐忑的心情按时来到孙府授课，结果被门房告知："老爷关照，李先生不必再上课了。今后也不要再来了。"

还珠知道自己已被"炒了鱿鱼"，但他还是问："二小姐呢？"

门房回答只有三个字："不知道！"

还珠郁闷至极，呆呆地望着孙府的铁门不肯离去，嘴里喃喃地说："我真是走了背时了。"

此刻，被困在家中的孙经洵也是忧心如焚。她一方面希望还珠不要走远，另一方面又怕父亲再加恼怒，做出伤害还珠之事。情急之下，禁不住呜呜大哭起来。

其实，孙仲山赶走还珠，不但孙经洵悲伤难忍，就是孙家的其他子女，也觉得郁闷，感到父亲做得过头了，因为他们全都喜欢还珠。在这半年多来，还珠那有别于李光益呆板念书，而是活灵活现的讲法，给他们带来了许多欢乐，他们也不愿意这位既是老师又是兄长的人离开。这其中三小姐孙经仪头脑活络，鬼点子颇多。她见二姐伤心欲绝，便把她拉到一旁，悄悄地说："光哭没用，我有一个办法能保证你们每天都能联系上。"随后便将嘴凑到二姐耳边，悄悄嘀咕了几句。孙经洵听着，不住地点头。

当天傍晚，孙经仪借故溜出孙府，来到秋山街还珠住处，将自己的计谋悄悄相告。还珠听罢，他双手作揖不住地弯腰说：“还望三小姐多多帮忙，李某日后定做报答。”

翌日清晨，当孙仲山与众人于餐厅吃早饭时，已被佣人严加看管的孙经洵假装不思茶饭，走出餐厅，来到洋房前的花园佯作郁闷闲逛。当看到佣人对其放松警惕后，她迅速溜到后花园后的汽车房，趁司机尚未来到，悄悄地将一张折叠成心形的信纸，用橡皮膏贴在了孙仲山每天上下班乘坐的汽车后牌照的背面……

孙仲山吃罢早餐，一边吩咐下人牢牢看住孙经洵，一边穿上西装提着皮包来到汽车房，招呼刚刚到来正在擦车的司机赶紧开车去银行。

当汽车驶至大中银行门前，司机打开车门，陪孙仲山走进大门时，一个将帽檐压得很低衣领上翻的男子疾步跑到孙仲山汽车后面，在将后牌照背面信纸拿出的同时，又将一张折叠成长方形的信纸同样用橡皮膏贴在原处，然后迅速离开。此人便是在此“埋伏”已久的还珠。

原来，这正是三小姐孙经仪的妙计——既然二姐不能出门去找还珠，那就利用父亲的汽车作为二人传递“情书”的工具吧。

就这样，还珠与孙经洵的恋情非但没有终结，反而由于孙仲山的阻隔，以及情书比情话更能沟通情感，二人的感情快速升温。可笑的是，阅历丰富刚愎专横的孙仲山，自以为他的当机立断已然阻止了这场恋爱，岂不知自己却恰恰充当了这场恋爱的“月老”和情书“信使”。许多年后，还珠曾将这段经历写成文字，当他念给孙家其他子女听时，大家无不捧腹。

用“好事多磨”来形容还珠与孙经洵的这场恋情，再恰当不过。就在他们每日彼此车后徘徊，情书互换的“间谍”般恋爱持续了二十多天后，事情终于败露。知道了真相的孙仲山仿佛受了奇耻大辱，他把所有的火气都发在了孙经洵身上。面对父亲的怒气冲天，孙经洵丝毫不作妥协，她言称：“我这一生只嫁李寿民一人，如若不能如愿，我愿终身不嫁，遁入空门，削发为尼！”不听此话尚可，一闻此言孙仲山更是怒不可遏，他当即派人传出话去，马上为孙经洵寻找婆家。

两天后的 8 月 28 日下午，孙仲山将家中的所有人员召集齐全，在饭厅当众宣布：孙经洵自即日起，与四川一士绅之子曾某订婚，绝不允许反悔！

孙经洵闻言当即拒绝，坚决不从。此刻恼羞成怒的孙仲山已失去理智，上前一记耳光便将女儿打翻在地。随后，多日的愤懑此时一同爆发，他不管不顾地用力抽打着孙经洵。

眼见孙仲山如此怒不可遏，虽然家中人员心态各异，但慑于他的威严，竟无一人近前相劝。这场殴打，直至孙仲山"气尽力竭"方才停止，最后他发出了限期"通牒"："限你明日答复，如仍不肯与曾公子结婚，我就当没你这个女儿，打死为止！"

当晚，孙家人人紧张，饭也没吃便各自回屋歇息。三小姐孙经仪扶起已浑身青紫哭昏了头的孙经洵，陪她进屋后，劝说半天见仍无见效，只得退了出来。此刻，孙经洵已渐渐清醒。她呆坐一夜，反复思考着自己的处境与未来。

及至晨光曦微时，她毅然决定，既然事已至此，干脆离家出走！

主意已定，她给家中留下一封"洋洋千言，字字凄楚"的长信痛陈心愿，提出不要家中分文寸缕，只求给予自由，以后自己设法求学，也不要家中辅助分文。写罢看看日历和时钟，在信末签上"1930 年 8 月 29 日上午 11 时"后，她便摘下首饰，身着布衣，带着自己一点可怜的积蓄，乘人不备，偷偷翻墙跑出家门，雇车直奔法租界而去。

2017 年 4 月 29 日，还珠之子李观承、李观鼎在接受采访时，说起这段"父女冲突"，曾言：挨打后，"我母亲实在受不了了，在第二天凌晨时分离开了孙公馆，找我父亲去了。我父亲把所有的积蓄拿了出来，在天津租了一个旅馆，他们就住在了一起"。此语虽将其母离家出走后的结果说得清楚，但过程却并不是这样简单，其中的波折与惊险程度，诚如他们昆仲所言："我父亲跟我母亲的恋爱，如果拍成电视剧、电影，那简直是传奇。"〔《怀念我的父亲还珠楼主李寿民》，李观承、李观鼎口述，徐红强撰稿，《世纪》杂志 2021 年第 2 期，第 31 页〕

第二节 气功制服阻挠“师生相恋”的“混混”

还珠与孙经洵谈恋爱，惹得孙仲山反应如此激烈，这里面除了“师生相恋有伤风化”和“门不当户不对”等人所共知因素外，其实还有更深一层甚至是“难以启齿”的原因。对此，人们过去在解读还珠生平时，或是因为不谙其故，或是由于为贤者讳，均讳莫如深。即使其子女在回忆父亲婚恋时，对此也仅是隐约带过。但近年还珠族孙李永明发表的一篇文章，对这一鲜为人知的深层原因，给予了合理披露。据李永明考述：

> 还珠楼主与孙仲山本有亲戚关系，且辈分在孙仲山之上。还珠楼主的老家李家祠堂，与孙仲山在长寿的老家崇德堂，分别属于凤岭街和新署街，但却在同一条主干道上，两者相距不足200米。李、孙两家，都是长寿的望族，且比邻而居，早有交道。据还珠楼主子女回忆，孙经洵曾经谈到，还珠楼主的父辈与孙仲山之间，其实早就认识，也有来往。据解放前长寿李氏同宗自治会会长李光耀之子李西林、李源仲介绍，他们的父辈经常提到，李家祠堂与孙崇德堂有老亲关系。特别值得注意的是，孙仲山六十大寿时，还珠楼主堂侄李大钧送的寿礼，落款为“愚表弟李大钧、李大为、李大仪敬祝”，这是一个铁证，说明孙

仲山与李大钧早有表亲关系。换言之，还珠楼主不仅与孙仲山有老亲关系，应当还比孙仲山高出一辈。难怪孙仲山极力反对还珠楼主与孙经洵婚姻时，还有一句至今都让孙、李两家后人记忆犹新的话：“再说，辈分也不对。”因为，如果按照两家的老关系，还珠楼主当比孙经洵高出两辈。

还珠楼主与岳父孙仲山之间固有的亲戚关系到底是怎样建立起来的，过去一直是个谜。新近发现的还珠楼主纪实小说《珠还》披露了个中原委：

和庵（指李光益）弟兄，本极友爱，只妻孙氏，精明太过，人又吝啬，见怡庵（指李光乾）屡试不第，夫妻子女仆婢一大群，住在丈夫衙内，和庵待兄弟又厚，钱随便用，每月账房拿账进来，二老爷（指李光乾）名下，少说也得花个一二百两银子，日子一久，心中老大不悦。当着丈夫，故示优待；背着丈夫，冷言冷语，尽是刻薄挖苦。

还珠楼主的这个自述表明，李光益夫人即还珠楼主伯母，按照孙家辈分，当是孙仲山父亲孙继宽的姑妈，亦即孙仲山的姑婆，如此算来，还珠楼主当然要比孙仲山高出一辈了。按照《征轮侠影》的记述，李光益晚年给孙仲山当家庭教师，李光益之子李丕基出任山西介休知县乃孙仲山运作，还珠侄儿李鹏程为孙仲山管理鸿丰煤矿和大中银行之上海分行，都是基于这一层亲戚关系。〔《还珠楼主家世考述》，李永明，《苏州教育学院学报》2016年第3期，第32页〕

这便难怪了，按照故乡老亲关系，还珠比孙经洵高出两辈，孙经洵如若嫁给还珠，按照“夫妻同辈”计算，她岂不比父亲孙仲山还要高出一辈？！而孙仲山如若将孙经洵嫁给还珠，他怎么能容忍得来的女婿会是自己的长辈？！这岂不“荒唐”？！这也确实是让孙仲山的“老脸”无处可搁！因此，他那不近人情般的极力反对，便在情理之中了。当然，这其中肯定也包含着“师生相恋有伤风化”和“门不当户不对”等因素，但这些已不是主因了。

明乎此，我们从中也更能看出孙经洵的叛逆性格和对还珠的爱恋之坚。为了爱情，她已是不管不顾；为了还珠，她可以抛舍一切。这种对爱情坚贞不顾“伦理”的“壮举”，在那个新旧交替的年代，可谓是一个新女性的典型代表。当年天津《益世报》在报道他们这桩“公案”时，标题起名为《打倒专制家庭力争自由之一个勇敢女性》，可谓形象贴切。

解释清了孙仲山强烈阻止孙经洵嫁给还珠的“难言之隐”后，我们再看看孙经洵出走后的遭遇。

话说1930年8月29日上午11时，孙经洵翻墙逃离孙府后，她便雇了一辆“胶皮”直奔法租界，寻一廉价饭店住了进去。她知道这是洋人管辖的地方，相对安全文明，如若被家人发现或遭他人盘查，自己的遭遇应该能够获得租界工部局的同情。

住进饭店的翌日早上，孙经洵便通过电话与表兄取得了联系，询问其父对其出走的反应。当她得到其父不但仍不答应他与还珠的婚姻，而且在盛怒之下还要对她和还珠采取进一步惩戒的回答后，她彻底绝望了。她想，事情闹到如此地步，无论是亲情还是道理，父亲都是不会考虑的，看来只有不顾亲情不顾颜面诉之法院，与父亲对簿公堂了。思虑至此，她遂又修书一封，也对父亲发出了最后“通牒”：“我与李君的婚姻如三日之内仍不获应允，那我只好求助法律保障。此前碍于亲情颜面，未做如是之举，如今出此下策，实在是你们所逼之结果。”

然而信发三日后，她等来的不是父亲的回复，而是英租界工部局的传票。

原来，孙经洵出走当日，已在孙府掀起轩然大波。孙仲山怎么也没想到，这个平日里看起来贤惠规矩的二女儿，竟是如此倔强，如此有主意，如此敢作敢为。为了“家丑不作外扬”，他强忍心中怒火，吩咐家中所有人，此事不许外传。随后，便安排手下人连夜到孙府周围的饭店、旅社秘密打探，希望能够有所发现将人找回。但想不到的是，派出去的人马尚未问出个子丑寅卯，第二天一早，便接到了孙经洵托表兄向他询问结果的电话，这使他更为震怒，高喊“绝对不可能”的同时，还放出狠话，要进一步对他们加以管教。但又一次让他感到意外的是，孙经洵非但没有惧怕反悔，反而旋即便寄来了“最后通牒”，这就彻底突破了他处理此事的底线。

已被激怒的孙仲山固执地认为，女儿没见过任何世面，这一切的“家丑”，都是李寿民这个穷小子所为。如今走到这一步，也一定是李寿民在背后“捣鬼”的结果。既然女儿遭受蒙蔽不顾亲情与颜面要走法律程序，那就干脆彻底翻脸先下手为强，一不做二不休，先把李寿民这个穷小子送进大牢再说。至于女儿，她若看到李寿民因“诡计”被揭穿而服刑，或许就能幡然悔悟，重回家中。

于是，在做出决定的第一时间，孙仲山便赶到了位于英租界维多利亚道（今解放北路）东侧维多利亚花园（今解放北园）内的英国工部局。

天津英租界工部局成立于1862年，是设置于英租界内的最高行政机构，也是英租界董事会的执行机构，其英文名称为Britist Municipal Council，即“英国市政委员会”，依照清政府工部而俗称工部局，实质是英租界殖民政府，直接或间接受英国驻天津领事馆和英国外交部的领导。据《驻津英国工部局1930年报告》称，当年4月16日“英租界选举人第十二次常年大会选出董事会各董事”。“新董事会于1930年4月30日集议会推举杨嘉立君为董事长，庄乐峰君为副董事长，并分组成立下列各委员会。”这其中，公安委员则由卞白眉、钟蕙生、庄乐峰、裴恩德、杨嘉立诸人担任。而在他们之下，1930年下半年，巡（警）务处的督察长为英国人劳礼士，巡（警）务总管为华人张道宏。〔《天津英租界工部局史料选编》，天津市档案馆编，天津古籍出版社2012年11月出版，第2页、220页、255页、257页〕

1930年代的天津英租界维多利亚花园，后面的建筑为英租界工部局。还珠曾在这里经历了“拐带良家妇女案”

1930年9月1日，孙仲山来到英租界工部局，具体走的上述中外人士谁的门路，目前已不可考。但就在他来过翌日，英租界工部局便以“李寿民拐带民女孙经洵”的罪名，同时给还珠和孙经洵发出了传票，确是事实。工部局动作如此迅速，任务如此明确，目标如此清晰，若非上述人士中的某位直接安排指使，恐怕极难实施。同时，工部局在未做任何调查取证的情况下，便仓促发出传票，显见是听信了孙仲山的控告。以孙仲山当年的身份和财力，他到英租界工部局，决不会像普通市民一样按照一般流程走报案程序。至于他是采取了什么办法让工部局立刻相信了他的控告，这里面有没有钱权关系和舞弊行为，目前也已不可考。

查英工部局巡（警）务处统计的《1930年犯案总表》可知，该年“拐带”案件共发生十四起，而9月份确实出现了一起。〔《天津英租界工部局史料选编》，天津市档案馆编，天津古籍出版社2012年11月出版，第259页〕这一起是否就是“李寿民拐带民女孙经洵”的记录在案，目前仍是不可考。然而这些已不重要，重要的是还珠与孙经洵已被传唤到了工部局巡（警）务处接受审讯。

在英租界工部局巡（警）务处，当已销假回电话局上班的还珠，手持传票匆匆赶来，终于见到了日思夜想的恋人孙经洵时，格外激动。虽然二人均心存一月未见如隔数秋的挂念，但因身处警务之地，又有数名巡警在旁，他们只能以眼神交流。面对陈姓督察的审讯，未等还珠作答，孙经洵便“将详情恳切申述，并言甘愿为自由而死，亦决不回家，一时声泪俱下，巫峡吟猿，无比凄楚，外人均为动容”。随后在审查“拐逃”细节时，陈督察发现孙经洵“除随身布衣外，别无长物，而李每日在某机关照常服务，均有人证明，始知其父所控不实”。

在听取了陈督察的如实汇报后，当年元旦履新的巡（警）务处总管张道宏“对女士所怀真诚纯洁处，尤表示相当优礼”，他与陈督察商议后，遂“即刻将女士与李君同时释放”。〔《打倒专制家庭力争自由之一个勇敢女性》，天津《益世报》1930年9月10日，第2版〕

走出工部局，还珠与孙经洵在维多利亚花园的长椅上坐了下来。在相互倾诉了分别一月的思念后，还珠先是对未婚妻这些时日漂泊在外深表怜惜，随后又嗔怪她未和自己商议便贸然离家出走，实在是不顾安全的莽撞之举。最后二人商议，还是要延请律师，对孙仲山提起“虐待女儿，干涉婚姻自由”的刑事诉讼，走法律渠道讨回合法婚姻尚为稳妥。于是他们决定，因目前尚未完婚，为了不给孙仲山和社会上造成口实，在走法律程序之前，还是暂不相见为好，孙经洵先投奔朋友处暂避家人，而还珠则继续回电话局上班。

天津电话局局长段茂澜与还珠有金兰之交，还珠此次遇到“麻烦”，他在第一时间便获知了讯息，并且对事件的每一步走向都了如指掌。此前他不但安排还珠速回电话局上班以避风险，而且在还珠接到传票后，还亲自以电话局长的身份为“部下”作证，用英文给英租界工部局写下了还珠人品甚佳、“拐逃”之控纯系子虚乌有的证词。如今见到还珠，听其讲明与未婚妻的决定，他不仅表示赞同，而且考虑还珠母亲已丧，立即安排他退掉秋山街所租住房，移居电话局宿舍，以防孙仲山再下狠手。

还珠与孙经洵被释放的消息，很快便传到孙仲山耳中。这不但气得他发指眦裂，七窍生烟，而且也让他感到很没面子，大为沮丧。此刻他仍固执地认为，这一切都是李寿民在引诱自己的女儿。好！既然你小子恩当仇报，那也别怪我不仁不义！走官面让你侥幸逃脱，那咱就江湖道儿上见！此刻，他已恨从心头起，恶由胆边生，迅即派人花钱去联系天津黑社会的地痞流氓……

可谓有钱能使鬼推磨。不消两日，其手下人便联系到了一伙天津街头“混混儿”。其为首之人姓马，人称“马五爷”，是个专门欺良压善、作恶多端的地痞。他手下有几十个徒弟，均是打架斗殴的亡命徒。平日里，他们拿人钱财，替人消灾。轻者文斗“盘道”〔天津“混混儿”行规矩，即相互通报姓名、师傅及出身经历，将对方唬住〕吹大话，武斗“码人儿”〔天津“混混儿”行规矩，即双方规定好时间、地点及争斗方式，分别回去召集门徒集体械斗〕打群架；重者便是“单挑儿”〔天津“混混儿”行规矩，即双方规定每次各派一人上前较量，几番下来，分出胜负〕滚钉板、热油锅徒手捞铜钱；更甚者则为轮番一对一地跳油锅，手拉手一同跳海河。因此，津城良善之辈均闻之色变，唯恐避之不及。

当孙仲山通过手下之人把金钱送到马五手上之后，马五便召集几个得意门徒，商量起“了事”的办法。其实，在他们手下，弄死个把人，只是吹灰之力。但“盗亦有道”，按行内规矩，他们第一招应为“文斗”，也即“说大话压寒气”，通过酒席面上的“盘道”，用话语将还珠压服，以达到不武之胜。如果此招不灵，他们就向孙仲山提出“了事”困难，让其再追加金钱，直到他们觉得此钱已值一条人命，便施展刻毒阴狠的手段，致还珠残废或殒命。这本是一路套活，此刻，他们便决定上演“第一幕”了。

马五先让一个徒弟去了解还珠的出身、住址及行当。当得知还珠只是一个退伍的文化人，目前仅是电话局小职员，在津无亲无故后，他们便在旭街（今和平路）上的鸿宾楼饭庄包下雅座，派人去请还珠“赴宴”了。

尚在焦虑中的还珠，突然接到“混混儿”马五的请柬，心中便已明白了几分：这是孙仲山文戏不成，再唱武戏。于是他便去找段茂澜商量对策。段茂澜极力相阻，他说此去肯定凶多吉少。还珠也深知这是一场“鸿门宴”，但他想，即使不去，这帮拿了孙仲山好处的“混混儿”，也不会轻易便宜自己。最后他决定：事已至此，别无他法，只有硬着头皮去赴宴了！临走之时，他告诉段茂澜，如果今晚不归，便是出事了，让段赶紧报案。此刻，段茂澜虽未再阻拦，但心中却在盘算着营救之策……

当还珠被伙计引到鸿宾楼三楼雅座时，马五已带着几个徒弟在坐等。还珠进门一看，只见这马五“人生得又高又大，一张紫黑脸膛，浓眉大眼，枣鼻阔口，两排牙齿却是刷得雪白，一边镶着一枚金牙。长衣已然脱掉，上身穿着一件天蓝素缎面纽扣上盘蝴蝶的对襟小夹袄，却用紫酱色素缎做了夹里。胸前挂着一根黄得发出闪亮的金表链，也不知是真是假。两只小腌萝卜一般的无名指上各带着一枚戒指，看去足有三钱重一个，却是真金的。袖口卷着，露出雪也似白的绸小衣。下身一条与上衣同质的夹裤，两条缎带绑扎得又紧又整齐。一双千层底双脸缎鞋刷掸得一尘不染，底边却似穿日太久，磨去好些。一望而知是个混混一流的人物”。〔《征轮侠影》，还珠楼主，山西人民出版社，北岳文艺出版社 1998 年出版，第 98 页〕

马五见还珠已到，立刻假装笑脸，弯腰抱拳将其让为上座。还珠也不推辞，一边还礼一边快步坐在了迎门的椅子上。

“久闻李哥大名，今日兄弟略备薄酒不成敬意，主要是想交个朋友。兄弟我不通文墨，说话到不到的还望您啦海涵。”马五先礼后兵，话里有话，先开口了。

还珠看看在座的几位均是身上描龙刺凤的凶神恶煞像，便不动声色地说："我李某人无权无势，只是个电话局的小职员，不知诸位老大找我啥子事？"

说话间，跑堂的开始上菜。第一道菜是鸿宾楼名菜白斩鸡。这时马五的大徒弟站起来，骂骂咧咧地说："这叫嘛玩意儿，也不剁一剁，囫囵个儿的端上来，叫人怎么张嘴？"说着便用筷子去夹鸡，随着一阵阵"咯吱"声，那只鸡连骨带肉被他夹成寸断。这实际上是在向还珠炫耀功夫，以此镇住还珠。

还珠见他落座之后顾盼自得的样子，觉得十分可笑，但又不屑与他一争高低，便端起酒杯伸向马五面前。此人觉得还珠已然害怕，便得意忘形地夹起一块鸡骨头，随着一声"请"便递将过来。出于礼数，还珠端起眼前怀碟相迎，岂料那块鸡骨头却递到了碟子上方，而对方又不肯松筷子，他斜睨着还珠说："这年头儿，日子不好混，没本事，骨头也啃不着。还想娶富小姐，别他妈癞蛤蟆想吃天鹅肉了！"

还珠见状，知道今天这关非过不可了。于是他淡然一笑，拿起自己的筷子，慢慢插入对方筷子的缝隙，暗运丹田之气于手指，只轻轻一拨，那块鸡骨头便落在了自己的怀碟里。

马五见弟子第一招便"栽"了，遂大怒，他顺手夹起一片火腿，一直伸到还珠嘴前。此招着实厉害，你如果不张嘴，便证明你胆小无能，从此在这张桌子上便要遭屈受辱；如果张嘴，他便筷子直接伸入你口中，捣牙戳喉，那样不死必伤。这本是"混混儿"中最阴狠刻毒的招数之一，本不应在今天这个场合使用。但此刻马五已被还珠的不卑不亢惹急，又见自己的徒弟第一招便败下阵来，于是他也就不管不顾了。

还珠此时也被惹恼，他深知这一招的厉害，不是把孩子扔井里断不可使此手腕。他想如果不来点真功夫，今天这桌酒席算是散不了啦。这时只见他略一张口，对方那一双长长的银箸便直插进去。说时迟，那时快，还珠此时已将全身之力运于牙齿，将箸头牢牢咬住，再一发功用力，只听"嘎嘣"一声，箸头已被咬断。接着轻轻一吐，两支寸把长的银箸头如两支钢钉，从口中掉出，直戳戳地钉在桌面上。

马五等人顿时大惊，个个看着还珠，呆若木鸡。此时还珠身已站起，抖抖袖口，边往外走边说："各位老大若莫有啥子大事，李某人就不奉陪了。"

"别价，别价！老哥的功夫确实厉害，这回算是叫我们哥几个开眼了。请您了留步，今儿个咱们好好喝喝。我就说嘛，没有真能耐，谁敢惹开银行的，那不是在太岁头上动土吗？"马五还没从刚才的惊恐中回过神来，一着急，把实话说出来了。

正在此时，只听楼梯一通乱响，随即门被撞开，段茂澜已带着几个持枪警察涌进屋来。

马五一见，忙喊："误会，这是误会！不是闹事，我们正跟我们大哥学功夫呢！"

还珠见状，一边掏出一沓钞票塞给警察，一边对马五等人说："山不转水转，常赶集准会撞见亲家。再会吧！"说罢，便与段茂澜一同下楼去了。

出了鸿宾楼大门，还珠才从段茂澜口中得知，两人分手后，还珠是去鸿宾楼"赴宴"了，可把段茂澜急坏了。他连忙赶到位于宫岛街（今鞍山道）上的段祺瑞宅子，利用族叔的关系，联系天津警察局派人快快解救。

于是，一场根据还珠子女描述而"情景再现"的"鸿门宴"，就此收场。

多年之后，当还珠带领子女在家中练习气功时，曾经旧事重提，谈起了当年津门"吐箸制敌"的故事。当其子女问到当时为何能将银箸咬断并钉到桌面上时，还珠说："其实，也没有什么'神'的，人体内本来蕴蓄着无限的气力，只要把它集中于一点，奇迹就会发生。就像一根钉子，看起来很平常，当力量集于钉尖时，它就可以穿透很坚硬的物什。"〔《回忆父亲还珠楼主》，观贤、观鼎，《人民日报》（海外版），1988 年 3 月 19 日〕由此可见，还珠后来所写的神魔武侠小说中那些匪夷所思的功夫，并非全是向壁虚构。他是既有理论又有实践做依据的，只不过他将这种理论与实践均加以夸张与变形罢了。

此外，这次津门"吐箸制敌"，也让还珠对天津的"混混儿"深恶痛绝。1940 年，他在社会小说《征轮侠影》中，曾为"混混儿"马五设计了因"单挑"直隶省警务处长兼天津警察厅厅长杨以德而殒命的"结局"——

那是马二（马五，下同）在惹了一场大祸之后，在日租界无法再混，便仗着身材高大考了法租界巡捕，由此他便作威作福，鱼肉商民，而且"专和中国大官为难，以显威风。只要所坐汽车经过他的岗位，便没错找错，连骂带打，百般挑剔"。不料很快他便碰到了硬茬。"彼时正是杨以德的警察厅长，这日因往租界赴宴，经过他的岗位，马二正吃了些便宜酒饭前去值岗，认出那汽车是警察厅长牌号，知道西洋人专喜侮辱华人，每次和中国大官作对，洋人不但不究，反有奖语，说自己能守警章，不循情面，难得今天遇上老杨，他是当地警察厅长，我要把他窝下来，这个脸就露大发啦。”想到这儿，他酒胆一壮，便将杨以德的车拦了下来，先是不问青红皂白，对司机连骂带打，硬说不服指挥，随后便开了车门朝杨以德喊道：“你不就是杨以德警察厅长吗？到咱租界里就得归咱管。今儿二爷管教的就是你，你还别不服气，乖乖下来，跟我局子里去。”随行副官刚一分说，迎头就挨他一口唾沫。行人一见有人辱骂杨厅长，全围过来看热闹，此时马二更觉得意，不但边骂边吹哨，还要伸手打人。杨以德见此火撞脑门，正欲发作，却见法国巡捕闻声赶来。巡捕碍于杨以德地位，虽立马放行，但还是抄下车牌带走了杨的副官。杨以德气得无心赴宴，回到厅里立刻向法租界当局提出抗议，并放出狠话：“宁肯厅长不干，闯出大祸，也非报此仇不可。”法方如不交出马二，“以后洋人到华界决不保护”，同时扬言“要自率警队入界捕人”。法方见状，“只得屈服，仅在引渡之时再四和杨交涉，并请签字，不得将人枪毙。杨以德满口答应决不枪毙杀他”。然而将马二“引渡”到手后，杨以德立刻开堂，亲自审讯。结果马二在遭到数番折磨后，最终虽未遭枪决，却被活活打死。〔《征轮侠影》，还珠楼主，山西人民出版社、北岳文艺出版社 1998 年 8 月出版，第 160—190 页〕

通过一个虚构的“故事”，不仅将天津“混混儿”、租界洋人及真名实姓的杨以德，均描画得性格鲜明、栩栩如生，而且还地域凸显，津味十足。由此可见，经历了这场“鸿门宴”，天津“混混儿”给还珠的印象之深刻，憎恶之强烈。

还珠这场惊险经历，孙经洵初始并不知晓，那时她正在友人家中，悉心地准备着起诉父亲的材料。及至事后应段茂澜之约，在法租界法国花园（今中心公园）里听了段的讲述，她方才猛然间意识到了父亲的能量，感到离家出走终非了局，自己和恋人已随时处在危险之中，眼下必须尽快通过相关部门求得法律保护。于是，她便于 1930 年 9 月 9 日上午十一时，携带着准备好的报案材料，走进了地处东马路的天津妇女协会。

第三节　打赢了与大中银行创办人的“拐带”官司

天津的妇女运动起步较早，在1919年五四运动以后至1926年，曾先后出现过天津女界爱国同志会、天津女权请愿团、女权运动同盟会直隶支部、天津女星社、天津妇女国民会议促成会、天津各界妇女联合会、天津妇女协会等进步妇女组织或团体。

天津妇女协会的前身便是1925年6月成立的天津各界妇女联合会。其发起人为邓颖超、江韵清等二十余人，公推邓颖超为主席。其宗旨为“领导各界姐妹，告诉痛苦与地位并解放的途径”。同时推出“今后运动之方法：从团结入手，继之以精密的组织，便可以打倒一切的压迫”。此后，该会便以“打倒帝国主义和反动军阀，争取妇女的彻底解放”〔《邓颖超与天津早期妇女运动》，中国妇女出版社1987年3月出版，第460—461页〕为目的开展工作，在天津市民尤其是妇女界影响极大。1926年奉系军阀褚玉璞任直隶保安司令，严查各类社会团体，该会所倡导的妇女运动被迫转入低潮。1928年国民革命军入主天津后，天津各界妇女联合会便以天津妇女协会的名义重新开展工作，其宗旨仍是倡导“妇女问题研究”与“妇女解放”。

1930年9月9日的这个上午，离家出走已十天有余的孙经洵，径直来到这里，可谓义无反顾。当她向妇女协会总干事哭诉完自己的遭遇后，随即递上材料，强烈要求妇协支持自己的婚姻自主，称离家出走实在是受逼太甚，求助妇协之举也实在是处于无奈。因此，恳请妇协能够帮忙延请律师，希冀在公堂之上让父亲给予婚姻自由。并言获得自由后，自己还渴望自筹费用继续求学，等未婚夫李君母孝期满，那时双方都有自由之身，再议嫁娶之事。

天津妇女协会的工作人员听罢孙经洵的泣诉，均被这个富家女孩的刚毅勇敢所感动，决定暂时将其收留。她们一方面安排孙经洵做一些力所能及的工作，同时帮她联系律师打官司；另一方面，立即向各媒体通报了这一典型的“家庭专制”事件。于是，便有了翌日——1930年9月10日天津《益世报》上那篇《打倒专制家庭力争自由之一个勇敢女性》的文章。同日，天津《大公报》也刊出了社会新闻《弱女的奋斗》，披露了事件经过。

弱女的奮鬥

1930 年 9 月 10 日天津《大公报》报道孙经洵离家出走经过

随着媒体的报道，天津大中银行协理孙仲山“家庭专制”，其千金“为情私奔”“离家出走”等舆论，霎时在平津市井间掀起轩然大波，直闹得满城风雨，尽人皆知。人们在对孙经洵的遭遇深表同情的同时，也对孙仲山的专制及不近人情纷纷予以谴责。

本来安排完“混混儿”们的“鸿门宴”，坐在家中静候“佳音”的孙仲山，满以为面相憨厚文质彬彬的还珠，经不住吓唬，很快能就此收手，知难而退，自己的女儿随即便能重归家门。岂料等来的却是接二连三的坏消息。先是“混混儿”们不但没把李寿民吓跑，反倒是这小子把“混混儿”们吓得不轻；随后便是接到了女儿起诉自己的材料，以及律师的上门取证；旋即平津各大小报纸又纷纷刊出消息，除了抖搂家丑外，还要“打倒”自己。此外，天津妇协的干事还几次来到大中银行调查此事，结果不仅搞得自己颜面尽失，还搅得银行业务也受影响。这一切，都在他的意料之外。

此时的孙仲山，灰头土脸、狼狈不堪的同时，愤怒与怨恨已让他走火入魔，失去理智。他想，既然英租界工部局法律健全，英国人执法呆板，只会照章办事，那我干脆去找华人巡捕，将李寿民先逮入大牢再说。于是他拿出钱财，买通了天津市公安局，在未做任何审讯的情况下，便将还珠拘留在案。但没过几日，还珠便被把兄弟段茂澜营救出来。

孙仲山见一计不成，旋生二计。这回他花重金打通了天津警备司令部，以“诱女私奔”之罪再次将还珠抓捕。但出乎他意料的是，不但段茂澜在警备司令部余威尚在，就是还珠本人，在警备司令部也有大批旧同事。孙仲山可谓“有病乱投医”的昏招，结果自然是赔了钱财，仍然达不到目的。当然，还珠这两次有惊无险，除了段茂澜等人的营救有方外，此前《益世报》等媒体对他和孙经洵遭遇的报道，也在舆论上起了“袒护”作用。

最后，怒火中烧的孙仲山决定不计代价，以“拐带良家妇女”的罪名，将还珠起诉到天津地方法院，并贿赂法官杨某，要求判其入狱。与此同时，他还指使在津的长寿老家亲友，于10月6日在天津另一大报《大公报》上，以“孙氏同乡亲友公启”的名义，发表《李寿民诱骗幼女孙经洵之罪恶》的通告，对《益世报》等同情还珠与孙经洵婚情的文章进行舆论反击，“以正视听”。此文除揭了李寿民“每遇艰难，辄由经洵父力为帮助，及寿民之父病故，殓葬之费，亦由经洵之父厚助”的“短儿”外，还写道：

> 婚姻自由固是法律所许可，然如寿民之于经洵凭师生关系、亲戚关系（按亲谊，寿民长经洵两辈），平日恩厚相待关系，结果出拐骗手段，试请当世之名公评判，尚能以普通婚姻相提并论乎？经洵之父以川人在北方，由官而商，三十余年之名誉破坏，家庭曷深隐痛然？经洵之父以案经呈奉法院侦查，是非自有公评，不屑为之一辩。余等或为同乡，或为亲友，念及当日寿民虚伪之辞色，诡谲之行为，与夫孙氏之热心待遇李氏满门之恩厚，以及目前所得丧心病狂之报酬，似此人面兽心、揆之天理人情难安缄默，特公告，藉明寿民之为人及经洵被诱之真相，俾世之觉者得以略悉梗概云尔。〔《李寿民诱骗幼女孙经洵之罪恶》，

孙氏同乡亲友公启，天津《大公报》1930年10月6日〕

这一次，有了雄厚的“经济基础”和谴责式的“舆论导向”，孙仲山如愿了。

1930年10月10日，还珠以“拐带”罪被地处天津河北西窖洼李公祠东侧的天津地方法院传唤，旋即便被投入监狱。对于还珠此后的遭遇，其子女曾有大致相同的追述。

审理“拐带良家妇女案”的天津地方法院

据长子李观承描写：“一九三一年十一月四日，天津市地方法院开庭审理李寿民拐带良家妇女一案，这一天，地方法院大厅挤满了人，旁听席上一千多，报馆记者好几十。孙老太爷自不便出席，由他的大少爷孙经涛做代表。原告提讼后，由我父亲答辩，真是说时迟那时快！旁听席有一女子突然高喊：‘等一等！’众人目光全注视着她，她就是孙二小姐孙经洵。她接着说：‘我今年二十四岁，业已长大成人。我和李寿民情投意合，怎么能说拐带？我已离开孙家多时，这场官司打完就和李寿民结婚。’全场用惊异的眼光注视着她，人人佩服她的胆色。”随后，李观承披露说：“这场官司打赢后，他们不久便结婚，证婚人就是段茂澜。”

〔《我的父亲还珠楼主》，李观承，台湾联经出版事业公司出版《近代中国武侠小说大系·还珠楼主卷》，

1984年12月出版，第48页〕

对此，还珠的次女李观贤、次子李观鼎也在文中讲道："一九三〇年十一月的一天，天津市地方法院开庭公审父亲所谓'拐带良家妇女'一案，成为当时轰动津门的新闻。这一天，各报记者蜂拥而至，外祖父顾及身份没有出席，而由大舅孙经涛作他的代表。原告提讼后，父亲正欲答辩，旁听席前有一女子突然高喊：'请等一等！'众人顺着喊声望去，原来是孙二小姐孙经洵出庭作证来了。在众目睽睽之下，她理直气壮地质问原告：'我今年二十四岁，早已长大成人，完全可以自主；我和李寿民也是情投意好，自愿结合，怎么能说"拐带"？'这一问，原告竟成被告，那位孙大少爷蔫头耷脑，再也说不出话来。"而随后他们的披露则是：官司打赢了，但"婚礼一直拖到一九三二年才举行"。〔《回忆父亲还珠楼主》，观贤、观鼎，《人民日报》（海外版）1988年3月18日〕

虽然子女间讲述的"开庭"时间相差整整一年（后文将有确切考证），但事件经过却是大体相同。而后来人们在讲到还珠这场传奇婚恋时，也几乎是完全承袭了此说。2014年，笔者在撰写《还珠楼主前传》〔《还珠楼主前传》，倪斯霆，天津古籍出版社2014年11月出版〕时，因看到还珠子女均有如此描绘，便也确信无疑地加以采用，而且为了突出事件的传奇性，还在此基础上进行了"合理"的"小说家言"。

然而，近年随着新史料的不断挖掘，特别是还珠所撰忆旧随笔《自家一页》的重新面世，我们突然发现，还珠子女上述的说法，其实也是在点滴事实基础上展开的"小说家"笔法。

在20世纪80年代中期，身居香港地区的李观承，与人在北京的李观贤、李观鼎，相互间的联系还不是十分方便，但他们却在海内外不约而同地写出了几乎相同的文字，这只能归结于父亲或是母亲的一次讲述。或许是父母没有讲清，也许是他们记忆有误，反正都将当年《益世报》文章中提到的孙经洵在妇协"将详情恳切申述，并言甘愿为自由而死，亦决不回家，一时声泪俱下，巫峡吟猿，无比凄楚，外人均为动容"的情节，安放到了法庭之上，而且都进行了"小说"般的处理。

其实，还珠的此番入狱，虽然受惊不小，但却是有惊无险。而且此案的审理，也没有像子女们描述的那样"兴师动众"。案件审理的过程中，更没有出现孙经洵在法庭上“挺身作证”的情节。关于这次“莫须有”的囹圄之灾，事发五年之后，还珠曾在天津《天风报》所开的《微笑集》专栏中，以《自家一页》为名，进行了忆旧连载。在这篇新近发现的近六千字的长文中，他详细地回顾了自己遭受孙仲山诬陷入狱和平安脱险，以及最后胜诉的全过程。因史料难得，现将其择要摘录如下：

民国二十年秋，余为珠还，被陷湘累。原告为姻长某公，固银行界巨子，饶有财势，先控余于英工部局、公安局、警备司令部，且有大力者为之先容，以所控在国法人情之外，均摈不受理，乃转控余于法院。余以案情极微细，随传应质。初以为理直气壮，身系在职官吏，长官可为保证，且备有银号、书局铺保，法律虽有伸缩，案情应分轻重，当无收押之理。乃过堂时，法官杨某，略问年岁籍贯，即命收押，辩白不听，请求交保，复不准，询其故，曰：“子案虽未必成立，尚待侦查。”彼时冤气填臆，质问颇烈，乃杨某充耳如不闻，旋为法警挟出。自分仇家势盛，押所秽恶，又值炎暑未消，纵初审周纳，二、三审终得平反，然精神身体必饱尝痛苦，如何可了？取偿于谁？正愁愤间，忽法警传呼：李某拨入押所优待室。即随槛车同往，乃大怪异。

余非政治犯，若据原告所诬，一婚姻案当事人耳，身正落拓，无人缓颊，何以竟获优待？尤奇者看守所之优待室，仅只南号筒三十四号一长间。全所室不及百，均作狭长方形，入门处水桶与尿桶并列。室之最佳者，容八九人，多至十五六人，骈肩而卧，食息排泄，悉在其中，无灯无火，日给窝窝头一顿、小米干饭一顿、热水两次而已。唯此三十四号之优待室，室既较宽，且有桌椅灯火，可自制食饮，排泄亦可随便告假，不必随众放茅（所中早、午准犯人大小便各一次，谓之放茅，千百人同集厕所，肩挨背挤、秽气郁蒸，稍不如所丁之意，呵辱踢打随之。唯优待之犯与多年在押之老犯，或平素本分恭谨者，得不随众放茅，另在一广院走廊旁，排有十余小坑，内急时，向所官所丁告假而后出之）。余方视为委屈者，而全所之人，乃视为此中之天堂。

在押人犯一千三百余人，当有不少显贵富厚在内，不卜何修而能致此？百思乃莫得其解，神虑稍定，起与同室难友寒暄。先余在押者仅有三人，一韩姓，一程姓，一崔姓。韩为军阀李桂山家之总管，曾任陆军少将；程曾任某省地方法院院长，法律精娴，旧文学颇有根底；崔亦行政官吏，与程同案。此三人之获优待，谓是曾费不少心血与呼号，而后争得此比较好受之地。继其而求者，何止百数，无一获允，其难可想。互询始末，益叹所遭为异数，不幸中之大幸。

初杨某告余，只委屈三数日，乃收押以后，久不传询，屡上呈请愿，亦置不理。南冠坐对，心念伊人，日盼过堂，有如望岁，不觉形于颜色。

程、崔同谓余曰："子何急急？以法律立场言，子案即初审，亦决不成立，遑论判刑？子如过堂，势难再押，侦查期间两月，继续侦查，至多不过四月耳。韩案或难平反，如余二人，初审已判刑现上诉高等，羁押已年矣，纵公理得申，岂不较君所受，久之又久？此中已千余人，全国先后在押之人犯，更无量数，情真罪当，毋庸说矣；情不真罪不当，囹圄余生，幸得平反。然而一人涉讼，多人受累，一人被陷，全家失业，其所蒙受精神身体之牺牲、事业家庭之损失，满腹冤苦，又复向谁说也！身居地狱，德犹不孤，或设计以消遣乎？"

余闻是言，矜躁若失，先共联吟，又嫌韩、崔向隅，继弈棋，不耐用脑。偶谈扶乩一事，余固不信此道，而韩、程、崔三人则酷信之，互道神异不置。

……

余以十月十日被陷，案由已详见当日大报，颇受舆论援助，至一月下旬，犹未传询。于押所中，戏书十绝句，投登报章，一时转载，及于沪、汉（词长不及备录，现拟以己身经历，草一小说，即名《还珠记》，原诗均载，尚未脱稿）。诗见报之二日，忽传过堂。诸难友闻讯来贺，程君更力赞谓无事，至果略讯数语，立予开释。案未起诉，悉如程言，唯余妻已为其家人诳归。计在押凡四十五日，过堂两次，所有问答及经过，多类儿戏。人生梦幻，仿佛似之。及寻余妻，已为其家人伪称其父病重诳归。

独立苍茫，万感交集。余妻生母早逝，育于姑母，长抱芦花之痛。唯以生自旧家，习闻从一之义，迥非现时摩登女子可比（现归余已举一雄，荆钗布裙，佐余笔耕，逾时数岁，迄无间言），其被迫而出，良非得已，雅非余所心愿。此时孑然一身，更不敢再怀室家之想，虽心中不无怅惘，然颇以其归为得计。独此四十五日同难之友，恋恋于怀，书生无力，第时往存问而已。

翌春，忽接余妻电话，谓已摒绝衣饰，留书辞亲，二次出走，去留生死，一唯余意，如不背盟，苦亦甘之。盖以前此离家，未征得余同意，见时颇怨其冒昧也。人生最难得者，红闺知己，且渠首次离家，险阻艰难，已备尝之，今复如此，余一男子，忍相负乎？乃幡然变计（时余正应南中友人电约，往佐戎幕，已治装矣，因余在押时，余妻不来存问，归又音信毫无，以为知难而退，不虞其节志坚定若此也），锐身而前，随之牺牲一切，与同生死。顾以母丧未除，彼此均无长物，仅恃微俸，未能遽行婚礼。乃令内子暂寓友人家中，分租余屋二间，一居女佣，供洒扫，且为伴。余乃寄居官舍，公退往晤，相与慰勉，至夜而散，事不正当解决，决不远去（是时既欲同走，亦无余钱可供行旅，且有失业之虞）。

初意在法律范围以内，原所不畏，但天下事亦正难料，对方二次复又请求法院追保传人。初审逾期半年以上，起诉并未成立之案件，原告起诉驳斥十日之内，又未声请再理，揆之恒情，不特此案不当受理，即其保人，亦已消除责任；乃主是案法官，仍为杨某，再出传票，且将拘保。

余法律知识素极欠缺，屡询法律专家，均谓必无其事，反以余言为诳。余不得已，更恐复蹈前辙，仍以侦查收押虽为时至多四月，或又四十五日，唯先只己身一人，余妻自投妇协可得援助，囚辱在所弗恤；而此时再被收押，余妻将同受其殃。彼一弱女子，余无余财，复少戚友，人多远嫌，谁与为助？

再四思维，觉余所识之法律专家，对其所学尚无把握，余粗知皮毛，更南测其高深，转不若一任已意为之，福祸委之命定。乃将传票璧还，致函于首席检察官及庭长，列引条文，详述事实经过，并代原保声明责任（余寓某机关公舍，并未隐藏，法院早留有地址，乃不直接赴某机关传人，但由法警逼追已完案数月后之原保，仿佛一经与人作保，终身挑着一副千斤担子也者。愧余读律不熟，世不乏余所不识之法律专家，不知此保人，于当事人接到不起诉处分书，完案逾数月之后，其责任已脱卸否？余铺保为一书店主人，商人畏事，不堪法警之扰，时持传票相干，要余到堂，否则不敢回店。余是时处境至难，去则重有南冠之虞，不去则铺保有池鱼之累，不得已从权设词令其暂缓二日，先代其声明责任，使二次传票仍追铺保者，余决不连累好人，唯有冒险到堂矣）。函长二千余言，余素不工文，此独沉痛，读竟虽稍满意，觉能动人，尚恐法律无情，未必能动法官，心殊惴惴。

函去数日，嗣音寂然，不复再传铺保，心始稍安。

又半月，适有梁园之行，于役归来，倏又秋风。公役持最高法院公文见示，始悉余未到堂，而三审之案竟结，依然一纸不起诉与上诉驳斥之处分书也。知事大定，仍依旧日贤长官为记室（此公段姓，学识气度，迥异恒流，对友热肠，世罕其匹，当余患难忧危、丛谤交集之日，独排众议，信用弗衰。当时若无此公，虽欲如文箫之携韵，岂可得乎？），终以与余妻同在一方而分居两地，用既繁而不便，讼累负债孔多，某公廉而价寒，不忍多受赠给，无法之中，试以笔耕为副业，著小说以为挹注。经年幸获余资，民国二十二年四月，与内子正式行结婚礼于天津，各界友朋咸集。〔《自家一页》，还珠楼主，天津《天风报》1935年2月25日—3月4日〕

2014年，当这篇尘封已近八十年的还珠旧文重被发现，并由武侠小说研究专家顾臻编入《还珠楼主散文集》在海外出版时，香港天地图书有限公司总编辑孙立川曾邀还珠次子李观鼎作序。据该序披露："那八篇《自家一页》记述父亲因与母亲孙经洵相恋，而被富豪姻长所控，遭一杨姓法官无端收押四十五天，出狱后继续抗争，终于喜结良缘的经历。当年在天津《天风报》发表时，分作八次连载，实为一篇。这篇文章的手稿，连同父亲一些重要的书信、墨迹和剪报，一直收藏在一个蓝布面的包袱里，我家数度搬迁，母亲总是小心携带。'文革'初起，母亲嘱我寻一隐蔽处藏匿之，我才第一次看到这篇文字。稿纸虽已泛黄，行文的小楷却犹见清秀遒劲，令人想见父亲当年写此事时的神情意态。孰料斗室连遭三劫，家中字画尽被辇载远去，那个装有父亲手稿的包袱也被当场拆开，当作'四旧'付之一炬，真让人痛惜莫名。不想今日得与父亲其他佚文合璧成集，其喜出望外之情曷可言宣！"〔《还珠楼主散文集·序》，李观鼎，（香港）天地图书有限公司 2014 年出版，第 10—11 页〕

据此可知，观鼎先生当年是匆匆看过这篇文章手稿的。或许是因父母这场婚姻经历过于复杂，时隔多年已记不清细节，也许是当年和胞姐在回忆父亲时，为了突出父母婚姻来之不易，而将其文学化，他们姐俩讲述的"官司打赢"细节与其父自述是有出入的。其实如果细究其父的《自家一页》，可以发现，还珠在这里也是存有不少"作伪""笔误"和"遗漏"。

首先发现"存疑"者，是顾臻先生。他在《李寿民、孙经洵情难本事考》一文中讲道，关于还珠被天津地方法院传唤并被投入监狱的时间，还珠本人自述为"民国二十年秋"，亦即 1931 年的秋天。但当他"无意中根据《自家一页》中'民国二十年秋……余以十月十日被陷，案由已详见当日大报，颇受舆论援助'这段话，查阅 1931 年 9 月到 11 月间能见到的民国大报如《大公报》《益世报》，意外地发现上面竟然完全找不到此案报道！"于是他寻思，"还珠楼主记忆力之强是惊人的，而且他的子女文章中也都提到李、孙情难事件在社会上闹得沸沸扬扬，大报不登，小报也应该会有，何况妇女争取自己的恋爱权利、主张保障妇女权益是 20 世纪 30 年代兴起的风潮，大报对于这样重要的社会事件不会视若无睹。"可谓功夫不负有心人，经过多方检索，他"终于在 1930 年 9 月 10 日（中华民国十九年九月十日星期二）天津《益世报》的《社会新闻版》上，找到一篇题为《打倒专制家庭力争自由之一个勇敢女性》的专题报道，内容恰恰是报道孙经洵离家出走经过”。

但正是这篇报道的出现，将还珠被天津地方法院传唤后投入监狱的时间，弄得复杂化了。

“根据这篇报道的时间分析，李寿民被强行押入天津地方监狱开始吃牢饭的时间应该是 1930 年，而不是‘民国二十年秋’，至于具体日期应是 10 月 10 日。原因在于一则《益世报》文章并未报道李寿民入狱事；二则若 9 月 10 日李寿民入狱，正如《自家一页》中所写，‘先控余于英工部局、公安局、警备司令部，且有大力者为之先容，以所控在国法人情之外，均摈不受理，乃转控余于法院’。显然，孙仲山在工部局吃了瘪，气愤难平，手下人于是四处奔走，凭强大的社会关系又把李寿民告到公安局、警备司令部，摆明给他吃点苦头，幸好那两处的人没那么黑，自然也不排除有见到报纸报道的缘故。虽不知是否曾将李寿民传去问话，但结果总之是全不受理。这样一折腾总需要点时间，一天是不够的。再说，以孙仲山在天津的财势，女儿 8 月 29 日离家出走，几天后就能让他俩进去工部局过了一堂，而为了让李寿民继续在公安局和警备司令部吃些苦头，竟然花一年工夫，实在说不过去。一个月后找到个能够玩法的杨法官，把李寿民收进班房，应该是合理的。”顾臻这番分析，可谓合情合理，笔者不但赞同，而且做了完整引述。

至于还珠为何在《自家一页》中，将吃官司与入狱时间整整延后一年，发现“存疑”的顾臻也有解释：“并非还珠楼主记忆有误，而是有意用曲笔，将时间稍加改动，连笔名都用‘阿七’而非在当时（1934 年）已经闻名遐迩的《蜀山剑侠传》《还珠楼丛谈》的作者‘还珠楼主’，显然是在避讳。”〔上引顾臻文字均见《李寿民、孙经洵情难本事考》，《苏州教育学院学报》2015 年第 3 期，第 20—22 页〕但是“避讳”什么？为何要用“曲笔”，顾臻却没有下文。

窃以为，在《自家一页》的通篇文字中，还珠其实既有刻意的“作伪”，又有不经意的“笔误”，同时还有故意的“遗漏”。

先说“作伪”。

《自家一页》开篇所言作者屡被“姻长”所控，最终被法院收押的时间，是“民国二十年秋”，这便是在明显“作伪”。

前文已述，还珠与孙经洵的恋情受阻、被控，乃至经洵出走、还珠入狱，其时间均为1930年的下半年，这已是被《大公报》《益世报》等权威媒体及其他史料所证实的。而还珠记忆力超强，这也是“还珠迷”们的共识。还珠此文写作于1935年初，凭他超强的记忆力，他是无论如何也不会把刚刚不过五年，而且对他来说又是刺激极深的平生首次入狱的时间搞错的。何况他在文中对被押入监的所有细节和大小“奇遇”，均记忆清楚，描画得具体清晰“恍如昨日”，而却将作为整个事件的关键要素——事发时间弄错，这也是有悖常理的。在时间上如此“作伪”，他确实如顾臻所言是在“避讳”。那么到底“避讳”什么呢？笔者以为，他是在“避讳”此刻事实上已成为老丈人的孙仲山。

据天津大中银行旧人回忆，就在还珠写作此文的1935年初，孙仲山不但已成为“银行界巨子”，而且其势力也已由官场蔓延到“江湖”，除在天津地面呼风唤雨外，就是沪上的黄金荣、杜月笙，以及湖南、湖北两省主席何健、何成浚，也在买他的“账”。大中银行在孙仲山的操纵下，“当时在上海组成董事会，以张慕先为董事长；成立总管理处，（前财政总长）李思浩为总经理，孙为协理兼哈尔滨分行经理”，同时孙还“在伪满担任‘二区鸦片专卖处’的经理”。“大中银行自加入了湘、鄂、沪的新股东后，又有李思浩的实力支撑，业务为之一振。”〔《大中银行与孙仲山》，常铸九、冯昌照、吕次言，《天津文史资料选辑第35辑》，中国人民政治协商会议天津市委员会文史资料研究委员会编，天津人民出版社1986年4月出版，第169—170页〕

由此可知，此时的孙仲山可谓志得意满，风光无限。如果这时再将他五年前被闹得沸沸扬扬的“家丑”重提，孙肯定会“旧仇”复萌，甚至凭他和“黑社会”的关系，或许还会进一步加以报复。对此等“精神身体必饱尝痛苦”的折磨，还珠是心有余悸的。可是1935年凭借《蜀山剑侠传》的轰动，已成为华北地区炙手可热甚至名扬全国的著名作家，还珠对五年前所蒙受的冤屈和牢狱之灾，实在是难以忘怀。身份与名气的今昔悬殊，让他对五年前遭遇“痛苦”时，“如何可了”和“取偿于谁”的无奈与郁闷，有一种一吐为快的冲动。于是，他便以“复仇”和“炫耀”的心态，捅出了《自家一页》。

当然，随着爱妻已迎娶，他的这种心态更多是捅向天津地方法院和法官杨某的。但既然旧事重提，必定会刺激孙仲山。为了免除麻烦，还珠只能玩起了“障眼法”。他不仅将文章作者署名为“阿七”，而且将时间也“错后”了一年。这样，既避免了时下读者的“对号入座”，又让当年事件的所有当事人“心知肚明”。同时，既在舆论上为自己的冤屈“平反”，又保全了“亲不亲一家人”的老岳丈孙仲山的脸面。还珠此举，可谓高矣！

此外，还珠在《自家一页》中称：“民国二十二年四月”（1933年4月），“与内子正式行结婚礼于天津，各界友朋咸集”。这亦为“作伪”之笔。

据还珠长子李观承披露，其父母举行婚礼的具体时间，是“一九三二年的二月五日，阴历腊月廿九，民国二十年辛未除夕”。〔《我的父亲还珠楼主》，李观承，台湾联经出版事业公司出版《近代中国武侠小说大系·还珠楼主卷》，1984年12月出版，第48页〕而还珠另外两个子女李观贤、李观鼎也在文章中肯定地说，父母的“婚礼一直拖到一九三二年才举行”。〔《回忆父亲还珠楼主》，观贤、观鼎，《人民日报》（海外版）1988年3月18日〕还珠一生辗转漂泊，与家人聚少离多，即使一家团聚，也因文债甚多而笔耕不辍，而且年不足六十便逝去。因此，他与子女疏于交流或有些事情难于交流甚或来不及交流，实乃常情。但身为母亲，孙经洵不但养育了众子女并与他们长年厮守，而且作为女人，她对当年那惊心动魄的婚恋始末应是刻骨铭心的。因此，她不但会将这段难以忘怀的“往事”经常讲给子女们听，而且出于女人对爱情与婚姻的敏感，也会让她对一生中最为波折的这段时光中的每一个细节和日期，都会记得清清楚楚。而观承、观贤、观鼎则正是在反复听取了母亲的讲述后，方才将这个结婚日期牢记于心的。而且不仅牢记了年头，还牢记了具体日期。由此可见，在结婚的时间上，还珠也是在“作伪”。

至于原因，应该与上述分析相同。不同者在于，如果说捅出当年蒙冤入狱的愤懑，是为了向法院及法官杨某“复仇”，那么此番公布结婚时间，则是在向孙仲山“炫耀”，而且还带有向爱妻的娘家“报平安”的寓意。因为他不仅在报端通知了众人尤其是孙家，已经迎娶了孙经洵，而且还在后面写下了他们婚后的“幸福”生活：“版税所入亦与时俱增，粗食布衣，差堪自给。……遇春秋佳日，则觅河干清旷之所，徐行游散；夏夜庭院，沉李浮瓜；冬雪围炉，煮茶当酒。言笑晏晏，长年如此。时复清理笔孽，则为吮毫伸纸，代拟复信，铅椠校雠，合作分劳，相伴至于夜分。……苦乐尚属平均，国步多艰，扶摇无路，狂奴故态，逐渐消沉，转觉卷帘梳洗，犹望黄河之为多事矣！更有幸者，同难诸友，亦于余脱困之翌年，相继宣告无罪，患难之交，更得数人，时相过从，鳞鸿无间，唯多谓羁困日久，损失太大耳。”〔《自家一页》，还珠楼主，天津《天风报》1935年2月25日—3月4日〕

如此田园牧歌般幸福生活的描述，以及夫妻合力笔耕和小说“版税所入亦与时俱增”的张扬，这难道不是在向孙家“炫耀”生活富足和其乐融融吗？而这种“炫耀”，恰恰是在“报平安”！

再说“笔误”。

在《自家一页》中，还珠曾言：“余以十月十日被陷”，“至一月下旬，犹未传询。”而当他“于押所中，戏书十绝句”寄出，结果“诗见报之二日”，便“立予开释”，“计在押凡四十五日”。其实这里的时间已不再是有误，而是自相矛盾了。试想，他1930年10月10日被诬入狱，至1931年的1月下旬，这已是过去了三个多月一百余天，而此时尚未传询。等到他被开释出狱，其在狱中被困时间肯定会比三个多月一百余天要多，而决不会“计在押凡四十五日”。这种自相矛盾的说法，问题到底出在哪儿呢？笔者以为，丢掉一个“十”字，是症结所在。当然，这不是有意“作伪”，而是还珠“笔误”或报馆手民“误排”所致。

《自家一页》中出现的“至一月下旬”，实际应为“至十一月下旬”。如果将1931年的“一月”，改为1930年的“十一月”，那么在时间上，便是合情合理地吻合了——1930年10月10日还珠被诬入狱，在经过45天的关押后，他于当年11月23日出狱，而此时恰恰是1930年的“十一月下旬”。

如此一来，其下文的“翌春，忽接余妻电话，谓已摒绝衣饰，留书辞亲，二次出走”的时间，便不再是1932年的春天，而应为1931年之春。以此类推，随后《自家一页》中所披露的法院二次传唤铺保要还珠到案、还珠致函首席检察官及庭长、还珠的梁园之行，以及最后高法三审结案对还珠不予起诉等时间，则均需前推一年，也即均在1931年间完成。由此亦可反证，还珠被天津地方法院传唤并被投入监狱的时间，是1930年10月10日，而非“民国二十年秋”；同时，还珠迎娶孙经洵的时间，亦应为1932年的2月5日，而非“民国二十二年四月”。

最后再说“遗漏”。

还珠在《自家一页》开头称，其被诬入狱之始，“正愁愤间，忽法警传呼：李某拨入押所优待室。即随槛车同往，乃大怪异”。并自忖：“余非政治犯，若据原告所诬，一婚姻案当事人耳，身正落拓，无人缓颊，何以竟获优待？”对此，他不但开篇“百思乃莫得其解”，而且直至全文结束，也未给出答案，结果弄得读者也跟着“大怪异”。针对此等“遗漏”，顾臻曾有分析：“不知道是什么人帮的忙，连李寿民自己都觉意外地被关入特监，未进恶劣的大号监，与流氓小偷之流为伍，算是没吃什么大苦。或许这个人就是孙仲山，他的本意只是要折腾、教训一下这个胆大妄为的李寿民，并无意和他真过不去。”〔《李寿民、孙经洵情难本事考》，顾臻，《苏州教育学院学报》2015 年第 3 期，第 22 页〕

对顾臻的此番分析，笔者不能苟同。窃以为，此刻的孙仲山对还珠已不会再是简单的折腾、教训了。在通过英国工部局、街头“混混儿”、公安局、警备司令部等的折腾、教训均未得逞的情况下，已破费了不少银两此次再花重金买通法院，终于将“丧心病狂”引诱、拐骗女儿的“人面兽心”者送进监牢的孙仲山，是不会再对还珠网开一面的。已气急败坏孤注一掷的他，此刻想达到的目的，就是要让还珠饱尝铁窗滋味，永远断了成为孙家女婿的念头。因此，他不可能“逗你玩”式地让还珠进监狱去享福，而是要让他实实在在地皮肉受苦长记性。

那么不是孙仲山，又是谁发此善心关照还珠呢？笔者认为，应该是还珠的结拜兄弟段茂澜。前文已述，当还珠遭遇街头“混混儿”、公安局、警备司令部等的纠缠时，都是在关键时刻，由于段茂澜及时援手，方才化险为夷的。此番还珠被法院传唤，段茂澜理应也要前去救援。但无奈的是，这次由于孙仲山下了大赌注，法官杨某贪赃枉法，段茂澜的营救未能达到让还珠安全脱险的目的。段茂澜见一时不能将还珠保释出来，只能转而求其次，通过关系先让还珠在第一时间住进了优待室，容后再想办法施以它策相救。

需知，段茂澜这番运作，也是需要钱财的。这也正是还珠后来在《自家一页》中发出如下感慨的原因：“此公段姓，学识气度，迥异恒流，对友热肠，世罕其匹，当余患难忧危、丛谤交集之日，独排众议，信用弗衰。当时若无此公，虽欲如文箫之携韵，岂可得乎？”并特意在其他段落提到“讼累负债孔多，某公廉而价蹇，不忍多受赠给”。文中时而称“某公”，时而称“段姓”，也是还珠因慑于孙仲山的势力，不敢将段茂澜的大名与营救和盘托出所致。

通过以上梳理，还珠因与曾经的“恩人”，现为大中银行创办人的孙仲山女儿相恋，而遭孙仲山诬陷，屡经劫难直至入狱，以及平安脱险最终有情人终成眷属的整个经过，已完整地考证呈现出来。鉴于此事件前后波折颇多，还珠在《自家一页》中的叙述，情节跳跃，语言艰涩，现综合各种材料，并参考相关学者的研究成果，特将这一婚恋风波的始末列目于下：

1928 年夏季：还珠协助伯父兼任孙府家庭教师，与孙经洵一见钟情。

1928 年夏季至 1929 年年末：还珠与孙经洵在秘密热恋中。

1930 年 1 月：还珠与孙经洵谈婚论嫁，并立下口头婚约，还珠欲赴东北赚钱筹措结婚经费。

1930 年 1 月底：孙仲山欲将孙经洵嫁与他人，孙经洵强烈抗婚。

1930 年 2 月底：还珠在工余正式担任孙府家庭教师，放弃东北之行。

1930 年 8 月 3 日：还珠与孙经洵恋情曝光，孙仲山瞬间翻脸，坚决不允。

1930 年 8 月 4 日：孙仲山辞退还珠家庭教师之职。

1930 年 8 月 5 日至 8 月下旬：还珠与孙经洵利用孙仲山汽车传递情书。

1930 年 8 月下旬：二人秘密传情败露，孙仲山怒斥孙经洵。

1930 年 8 月 28 日：孙仲山勒令孙经洵与士绅之子曾某订婚，孙经洵誓死不从，惨遭孙仲山毒打。

1930 年 8 月 29 日上午：孙经洵留函一封，离家出走，暂住法租界一小饭店。

1930 年 8 月 30 日上午：孙经洵与表哥通电话，得知孙仲山大发雷霆，要对他们二人进一步惩治。孙经洵遂再致父一函，限三日答复。

1930年9月1日：孙仲山到英工部局活动，对还珠提出控告。

1930年9月2日：还珠与孙经洵同时接到英工部局巡（警）务处传票。

1930年9月3日：还珠与孙经洵先后到英工部局接受调查，英工部局警务处总管张道宏同情二人，遂将二人释放。

1930年9月3日：二人商议后，孙经洵暂居友人处，还珠回电话局上班。

1930年9月5日至8日：孙仲山买通天津街头“混混儿”教训还珠，结果反被还珠吓住，后在段茂澜帮助下还珠脱险。

1930年9月9日上午：孙经洵只身赴天津妇协求助，妇协遂将此事公诸媒体。

1930年9月10日：天津《益世报》刊发《打倒专制家庭力争自由之一个勇敢女性》文章，力挺二人自由恋爱。

1930年9月中旬至10月上旬：孙仲山先后买通天津市公安局、天津警备司令部，欲将还珠逮捕法办，但均被段茂澜救出。

1930年10月6日：天津《大公报》刊发“孙氏同乡亲友公启”，以《李寿民诱骗幼女孙经洵之罪恶》为名，进行舆论“反击”。

1930年10月10日：孙仲山买通天津地方法院，将还珠传唤到庭，法官杨某徇私枉法，将还珠投入监狱。还珠“享受”特监优待。

1930年10月底：孙经洵被家人以父病为由，诳骗回家，遂遭软禁。

1930年11月下旬：还珠在狱中见久不开庭，遂作诗投至报馆，刊出后引发关注，沪、汉报纸均作转载。

1930年11月23日：还珠在经过45天的羁押后，被无罪释放。

1931年春季的一天：孙经洵逃过看管，二次离家出走。她电话告知因久不得自己音讯，正欲南行入幕的还珠，生死相依。还珠遂取消行程，留津相伴。分居两处，每日探望。

1931年6月：孙仲山再次买通法院杨法官，追保传人，骚扰还珠。

1931 年 7 月：还珠致函首席检察官和庭长，引述法条，申诉冤屈。

1931 年 8 月： 还珠赴河南梁园出差。

1931 年 9 月：天津法院三审结束，高法回文，驳回孙仲山上诉，对此案不予起诉。至此，官司了结。还珠仍回电话局工作，孙经洵在外租房另居。二人每日相见，夜间分宿。

1931 年深冬： 还珠为还官司所欠之债，也为了筹措结婚费用，开始笔耕副业，著小说欲换稿费。此小说便是《蜀山剑侠传》。

1932 年 2 月 5 日：还珠与孙经洵在天津正式举行婚礼。

第四节 《天风报》重金预订"旷世奇书"

打赢了"拐带"官司，还珠与孙经洵并没有马上结婚。据还珠子女后来描述，当时"父亲这样想，母亲敢于走出优裕的家庭，跟自己过穷苦日子，确实很不简单。为了报答母亲的深情厚谊，自己一定要想办法多攒些钱，把婚事办得隆重些"。〔《回忆父亲还珠楼主》，观贤、观鼎，《人民日报》（海外版）1988年3月18日〕其次，打官司蹲班房，经济上也受到了一定损失，总是依靠老上司段茂澜的馈赠，还珠觉得亦非长策。此外，孙经洵此刻还"暂寓友人家中，分租余屋二间，一居女佣，供洒扫，且为伴"。这一切，都需要钱来做支撑。

但钱从哪儿来呢？此时还珠想到了手中的笔，想到了自己这些年的浪迹天涯，想到了峨眉山与青城山，想到了他听闻众多的有关飞仙剑侠的神奇传说，想到了自己所读太多太多的佛典道藏、医卜星相等典籍，当然，他也想到了当时天津众多的大小报刊。这一刻，他彻底决定操觚鬻文。几年之后，他在《自家一页》写下的"无法之中，试以笔耕为副业，著小说以为挹注"，〔《自家一页》，还珠楼主，天津《天风报》1935年2月25日—3月4日〕指的就是此刻这一决定。具体而言，便是以写作当时最有读者市场而且最有刊发空间的武侠小说来赚取稿费，筹措以上费用。

而要专心笔耕，就要有一相对安稳的居所。电话局宿舍不行，那里人来人往，有如旅舍。自己身为秘书，既然委身于局，就要随时听命，昼夜兼值。何况长期租用宿舍，也要产生一定费用。同时，已与家中断绝一切来往的孙经洵，总是租住他人房屋，也非长计。这样既不方便二人往来，又额外生出一笔开支。因此还珠觉得，还是先在单位附近买下一处住房，方为上策。

当他将这一决定说与未婚妻时，孙经洵没做任何犹豫，便将自己所有的体恤都交给了还珠。但若要在租界里买房，这些钱只是杯水车薪。无奈之下，还珠只能对局长段茂澜实话实说了。作为拜把子的金兰之交，段茂澜在拿出自己部分积蓄后，又让还珠在局里预支了几个月的薪金。就这样，在凑够了大部分房款后，还珠便选定了日租界秋山街14号（今锦州道42号）的一所住房，决定先租后买，半年后交齐所有房款。

2009年5月，海峡两岸学者龚鹏程（左）、孔庆东（中）、周清霖（右）在天津市锦州道（原秋山街）参观还珠故居

对天津的秋山街，还珠可谓情有独钟。不光是他初次莅津时，在此街租房盘桓数日，而且此后他每次到津以致移居天津之始，也都是暂居于此。

据史料记载，当时天津法租界与日租界的分界，便是秋山街。这里原是一片沼泽地，1900年八国联军入侵天津后，法国总领事馆乘机往西南扩张租界地，其总领事杜士兰与日本驻津领事郑永昌私相授受，将法国侵占的这块沼泽地让给日租界，并以此作为日、法两国租界的分界线。街道北面的房屋归日租界，街道南面的房屋属法租界。该地段1902年开始填土筑路，通行后便以日本人名命名为秋山街。1946年国民政府收复天津后，将此街易名为锦州道，并一直沿用至今。

还珠所购置的秋山街14号，位于街道北面的中段，属日租界管辖。这是一所典型日式二层楼的院落，门脸不大，但纵深很长。从秋山街进入院门，便是一个长方形的天井，拐角处有木制楼梯直通二楼的三间住房。

天井后面是一个纵深的院子，院子后墙辟有余门，门外是一条无名胡同（今称锦州道余门），胡同东面通向小松街（今热河路），西面通向芙蓉街（今河北路）。当年还珠为好友吴北野代售书法、篆刻，他在报上公布的收件处地址“日法交界秋山街十四号李宅后院”〔《北野诗文篆刻润例》，还珠楼主，天津《天风报》1935 年 8 月 25 日〕，便是自家的这个院落。

这里属于当时天津最为热闹的黄金地段。出了秋山街 14 号院门，往南刚过百米，便是当年最为繁华摩登的劝业场地区。此处不但洋楼林立，商场遍布，人头攒动，昼夜喧哗；而且霓虹闪烁，流光溢彩，娱乐业也极为繁盛。其现代化程度直逼当时大上海的十里洋场，几与欧美接轨。而其东面不足百米则是买卖兴隆的旭街（今和平路），此地除商业隆兴外，还是日租界表面繁荣内里藏污纳垢的“销金窟”。尤其是在还珠购房的“九一八”前后，日本人在这方圆左右更是神出鬼没，频繁制造事端。而还珠恰是在此时此地经历了一场名为“天津便衣队暴乱”的“火光之灾”——

《大公报》馆对面的德义楼饭店藏污纳垢

据老报人徐铸成回忆，就在还珠于秋山街置房的前几月，他奉大公报馆总经理胡政之之令，回到天津总部接编《大公报》副刊。1931 年 5 月，他住进了位于离还珠所购住宅咫尺之遥的报馆楼上的集体宿舍。关于周围环境，他晚年曾有如下描绘：“《大公报》设在天津的旧址，是在日租界最主要的大街——旭街。详细地址是：旭街四面钟对过。”“四面钟旁边，有一幢四五层的大楼，名为德义楼，是日商开设的最大旅馆，而真正的旅客却望而却步。据说，里面设有各式各样的鸦片馆；此外，经常出入的是穿和服的、旗袍的花枝招展的莺莺燕燕。每当春夏季节，我们编辑部的窗子打开，浓郁的烟‘香’和脂粉香味，不时阵阵飘来。我们就有一位同事何心冷，受到这种诱惑，染毒日深，以致工作时精神恍惚，甚至发稿时写了几个字，笔提不起来，旁边催发稿子的工友一看，原来是睡着了。也有一位专做夜班照料工厂的庶务先生周作恭，每当夜深精神不继，就到对过去‘香’几口，积久也成了‘老枪’。”

徐铸成提到的何心冷，其实也是还珠当年在《大公报》编副刊时的老同事。就是在这样的环境中，徐铸成也开始编副刊了。这期间，有些事让他终生难忘：

> 我先住在集体宿舍旁边的小楼上，后来，和一位同事在小松街合租了上下各四间的小楼庭院，我的家住在楼上。那里，离报馆不算远，只经过不到半里的一段马路，但每当看了大样回家时，常常会碰到抄身。上海租界的“抄靶子”是迎面来，尽管被周身搜索，感到受一场侮辱，但思想上还有些准备。天津日租界的抄身，却是从后面来的，夜深人静，正想急急回家，冷不防从后面某个角落里窜出一两个日兵和便衣汉子，当你正想回身看时，一个硬邦邦的东西，已顶紧你的背部，“举起手来！”一声吆喝下，被从上到下搜一遍。然后，这些人又“影”进黑暗里去了。
>
> ……
>
> 那时，我已改编地方新闻，“九一八”那天晚上，看完大样后，我还写了点东西，午夜一时许离编辑部时，并没有什么重大新闻。第二天翻开报纸，见要闻版下角有一小段加框的“最后新闻”，大意说，据北宁路（北平通辽宁的铁路，即今日的京沈路）局界接沈阳电话，北大营方面的日军，忽于昨晚起对我军发动进攻，枪炮声迄今晨尚未停止。这一短短的新闻，想不到就是中国乃至国际局势转入一个新时期的开始（第二次世界大战的序幕）。

〔《报海旧闻》，徐铸成，上海人民出版社 1981 年出版，第 183—185 页〕

当年与徐铸成同在《大公报》工作的孔昭恺，对此时期秋山街以北日本人的活动也有追忆，而且其所经历的“天津便衣队暴乱”事件，恰与徐铸成所述相衔接：

“九一八”之后，11月8日夜间，天津日人闹事。听说日本天津驻屯军指使汉奸制造便衣队骚乱（稍后得知，这是他们掩护日寇把溥仪从天津弄到东北），《大公报》被迫停刊6天，离开日租界，搬到法租界，于11月16日继续出版。

8日夜里，我也在夜班，突闻枪声四起，往窗外看，便衣匪徒骑着自行车沿旭街北窜，旭街上日军布岗，显然是给汉奸匪徒撑腰。《大公报》夜班人员困在编辑部里，报纸印好也无法发出。到9日下午，这种局面才有所缓解，职工们相率离开报馆回家。事后同业间传说那天夜里《大公报》夜班编辑饿得吃浆糊，是开玩笑，没有那回事。

9日下午，我知道了报馆就要搬出日租界，同时叫我在编辑部留守一夜。夜里，编辑部里空荡荡的，静悄悄的，没有灯火。往外瞧倒清楚。街上往来都是鬼子，连报馆对面四面钟楼顶上还有一个鬼子兵，端着枪站着，真是鬼影幢幢！一夜无眠，国难、馆难，都涌上心头，只盼天亮离开这里。转天清早走出报馆，过秋山街（原叫梨栈，今锦州道）进入法租界。日军在秋山街旭街十字路口北面架设铁丝网，仅留一个小窄道走人，两个持枪的鬼子兵把着路口。我从来没有见过这种阵势，也不免紧张，只是没有碰上什么麻烦，便跟着人群走出了“鬼门关”。到了法租界，因新馆址尚不能进，承同事吴微晒兄好意在法租界他家里暂住几天。〔《旧大公报坐科记》，孔昭恺，中国文史出版社1991年12月出版，第26—27页〕

就在这次“天津便衣队暴乱”中，还珠不但目睹了事件全过程，而且还受到了惊吓。

1931年11月8日是旧历九月廿九，皇历标注当天“最宜婚嫁”。是日，津城笙歌阵阵，喜气洋洋，人们纷纷在这一“黄道吉日”娶亲嫁女。这其中最具轰动和最有排场的婚礼，出现在旭街附近的永安大饭店内。新娘张傅珍之父乃北洋元老、曾先后出任袁世凯及黎元洪执政时期总统府秘书长和国务院秘书长等要职的张国淦，而新郎则是北洋政府前执政段祺瑞之侄、时下天津电话局局长兼南开大学教授段茂澜之弟段茂瀚。由于多年不露面的段祺瑞要出席担任男方主婚人，故此不但饭店布置得富丽堂皇，作为段茂澜的属下，天津电话局的大部分员工，也都赶来负责迎来送往招待宾客。

既是段茂澜秘书又是其把兄弟的还珠，这天下午除了负责接待学界、名流外，还肩负着对所有前来捧场帮忙的电话局员工统筹安排的重任。故此，他“前后忙碌，鞠躬如也”，直至送走了段祺瑞和所有来宾后，他才与众同事“大快朵颐”。然而就在他们吃罢欲归之时，旭街上突然枪声大作，日本人指使的天津“便衣队”发生暴乱，与街上负责维持治安的保安队发生了激烈枪战。刚出饭店大门的还珠一行见状急忙退回饭店，原指望暂避一时，没料想暴乱持续了一整夜，于是他们便在饭店里提心吊胆地整整躲了一宿，直到天明方才逃过这场“火光之灾”。

〔《张段婚礼补述》，天津《北洋画报》1931 年11 月19 日〕

以上便是还珠当年在津所购房屋位置和当时周遭环境。虽然日月沧桑已近百年，但与日新月异的天津其他街巷相比，秋山街的街道和两旁建筑变化不大。尤其是还珠的旧居，基本无甚改变，仍然保持原貌，只是院子里加盖了一排平房。如今这里已变成锦州道 42 号，旧居还是民宅，里面住着新的主人。笔者近年在接受多家电台、电视台采访时，每当涉及还珠，均带领媒体人员到此现场讲解。

2015 年中央电视台摄制《百年武侠》纪录片，当笔者在此讲解时，隔壁一位看热闹的老人说，他家几代在此居住，他也在此生活了七十多年，但从来不知道旁边曾经居住过“大作家”，只知道隔着几个门牌，在锦州道与热河路相交现为幼儿园处，当年是个汽车洋行，远近非常有名。近日笔者在查阅有关资料时，偶然发现在1934 年报端上，有一则还珠写给当年沽上著名文人姚灵犀的“代邮”，谓曰：“灵犀仁兄：手教奉悉。星期晚六七时，在舍间（秋山街同利汽车行旁十四号）恭候。已另约髀兄，杯觞小聚，座无他人，幸时惠降，勿靳临贶。”〔《代邮》，还珠楼主，天津《天风报》1934年12月6日〕由此可知，当年的汽车洋行名为同利汽车行。而还珠，恰是以此作为他家的地标。

搬进新居，还珠心情大好。在酝酿操觚鬻文的同时，他也再次走进剧场欣赏京剧，而且还时不时地写下些剧评，刊于报端。如名伶雪艳琴来津献艺，他便欣然前往，观后写道：“久闻艳琴以《玉堂春》为拿手，是以往观，艳琴演此戏无定例，有时自会审起，有时自嫖院起（予未聆过，闻人言者）。此次自嫖院起，其特别卖力可知。全戏唱至监会团圆，与尚小云本微有出入，似参加荀慧生本。”〔《谈雪艳琴剧艺》，还珠楼主，天津《商报》1931年9月12日、14日〕

但此时更令他神往的，则是心中盘旋了许久的那个虚无缥缈的“剑侠”故事……

经过多日的思考与构思，渐渐地，他脑中已孕育出了众多亦真亦幻的神怪形象和匪夷所思的情节碎片，并有了将这些“形象”与“碎片”连缀起来，放到他曾数次登临的峨眉山上的想法。灵感有时就在魂牵梦绕中闪现。一天，这些与峨眉山有关的奇人奇景与奇事，终于变成了一个“异想天开”的群仙“诛奸杀恶”故事的开端，而且让他有了不吐不快之感。

于是在1931年深冬的一个夜晚，在秋山街的新居里，还珠吃罢晚饭，端坐于临窗的写字桌前，面对着窗外鹅毛大雪，他铺开稿纸，信笔写下了如下文字：

> 话说四川峨眉山，乃是蜀中有名的一个胜地。昔人谓西蜀山水多奇，而峨眉尤胜，这句话实在不假。西蜀神权最胜，山上的庙宇寺观，不下数百，每年朝山的善男信女，不远千里而来；加以山高水秀，层峦叠嶂，气象万千，那专为游山玩景的人，也着实不少。后山的风景，尤为幽奇。自来深山大泽，实生龙蛇，深林幽谷，大都是那虎豹豺狼栖身之所。游后山的人，往往一去不返，一般人妄加揣测，有的说是被虎狼妖魔吃了去的，有的说被仙佛超度了去的，聚讼纷纭，莫衷一是。人到底是血肉之躯，意志薄弱的，占十分之八九；因为前车之鉴，

游后山的人，也就渐渐裹足不前。倒便宜了那些在后山静养的高人奇士们，省去了许多尘扰，独享那灵山胜境的清福。——这且不言。

四川自经明末张献忠之乱，十室九空，往往数百里路无有人烟，把这一个天府之国闹得阴风惨惨，如同鬼市一般。清早入关后，疆吏奏请将近川各省如两湖江西陕西的人民移入四川，也加上四川地大物丰，样样需要之物皆有，移去的人民，大有此间乐不思故土之概。这样的宾至如归，渐渐的也就恢复了人烟稠密的景象。

记得康熙即位的第二年，从巫峡溯江而上的有一只小舟。除操舟的船夫外，舟中只有父女二人，一肩行李，甚是单寒；另外有一个行囊甚是沉重，好像里面装的是铁器。那老头子年才半百，须发已是全白，抬头看人，眼光四射，满脸皱纹，一望而知是一个饱经忧虑的老人。那女子年才十二三岁，出落得非常美丽，依在老头子身旁，低声下气的指点烟岚，问长问短，显露出一片天真与孺慕。这时候已经暮烟四起，暝色苍茫，从那山角边挂出了一盘明月，清光四射，鉴人眉发。那老头儿忽然高声说道："故国不堪回首月明中，如此江山，何时才能返吾家故物！"言下凄然，老泪盈颊。……〔《蜀山剑侠传》，还珠楼主，《还珠楼主小说全集》，山西人民出版社、北岳文艺出版社 1998 年 2 月出版，第 1—2 页〕

是游记，还是笔记？是掌故，还是传说？尤其是最后老翁的慨叹，倒更像是京剧舞台上老生的道白与叫板。但怎么看，它都不像小说。对此，两年半后他在给友人的信中道出了真言："仆是苦人，不幸生为书香之商，略辨之无。又不幸少年得志，中岁蹉跎，数年前流转沽上，仅能以文自活。文本不佳，季世危言，复不敢多所论列，反不如写述武侠神怪，诛奸杀恶，悉随于心，可以畅所欲言，肆无忌惮。即或人不见谅，亦不过嗤我迷信荒诞，不合时代逻辑而已，不致有段胫穿胸之祸也。"〔《还珠楼主散文集》，还珠楼主，（香港）天地图书有限公司 2014 年 10 月出版，第 334 页〕

然而正是这似是而非"四不像"般的"武侠神怪"，却实实在在地成了民国时期千部各色武侠小说中，鹤立鸡群的《蜀山剑侠传》之开篇。而且它预示着一部连续写作十七年出书五十五集多达四百五十万言的超级长篇神怪武侠小说已经破土而出，并由此生发，最终形成绵延近二十年共计四十余部总字数高达一千七百万言，至今已影响了几代读者的“蜀山系列”。

虽然我们今天已很难考证出上述文字出现的具体时间，但历史至少是中国现代文学史应该记住1931年深冬这个大雪纷飞的夜晚。〔还珠之子李观承、李观鼎2017年4月29日在接受重庆历史名人馆工作人员采访时说，其父“大概是从1929年开始写武侠小说，由此走上了创作武侠小说之路”。（见《怀念我的父亲还珠楼主李寿民》，李观承、李观鼎口述，徐红强撰稿，《世纪》杂志2021年第2期，第30页），不知所据为何〕因为就从这一刻起，搅动着国民视觉神经且饱受争议、褒贬各达极端的“蜀山系列”，已经开始发轫。尽管此刻还珠对此等后果的出现没有丝毫预判，甚至连究竟要写成什么样、写多久、字数多少，他都没有一个大概预估。此时的他，只是想写，想将自己游历过的峨眉山奇观异景和心中所蕴藏的各种奇思妙想，用故事的形式表现出来，以此换钱，用钱将自己的心上人娶进家门，并让她过上好日子。

时间在写作的快感中过得很快，转眼已到了1932年的元旦。这期间，孙经洵已搬离友人家，带着女佣来到秋山街寓所与还珠同住。对此，还珠友人许寅曾著文写道，在二人结婚之前，“他俩已共同生活，白天同桌用饭，晚上同榻安眠——然而分头靠背，不及于乱”〔《当代武侠小说之王还珠楼主》，许寅，载《上海滩》1988年第10期。另见《还珠楼主小说全集》第46卷，山西人民出版社、北岳文艺出版社1998年9月出版，第396页〕。

对于许寅的这一说法，笔者曾问过还珠后人并查阅了相关史料，但旁证始终没有得到。如还珠之子李观洪便对笔者讲：“官司打赢后，我父母没有马上结婚，也没有同居。我父亲想多挣些钱，让母亲体面地过门。许寅说他们未婚便同榻安眠不准确。他们当时虽住到了一起，但我母亲是与女佣睡在一屋。”〔2014年11月22日晚，在重庆市长寿区长寿湖畔的长寿宾馆，还珠楼主之子李观洪接受笔者访谈时所讲。在座者，尚有还珠研究专家李永明、张元卿、顾臻〕而这个女佣，则是地道天津人，为孙经洵离家出走后，由孙府跟出来陪侍她的。此人勤俭持家，始终服侍着还珠夫妇。1948年还珠一家迁居苏州，学者贾植芳曾去其府上串门，看到“除过他们夫妇和几个孩子外，还有一个天津籍的老年女佣”。〔《记还珠楼主》，贾植芳，载《暮年杂笔》，汉语大词典出版社 1997 年出版，第 16 页〕可见其忠诚事主、从一而终之人性。

有了未婚妻的陪伴和佣人的照料，不必再为穿衣吃饭等琐事困扰，此刻的还珠已完全沉浸在他所构建的峨眉胜境与奇思妙想之中。他每日下班归来，吃过晚饭，便才思喷涌，神想连翩，笔走龙蛇，日成万言，直写得云霞满纸、气象万千。随着成稿的日渐增多，稿寄何处，如何才能“卖”个好价钱，这成了还珠必须思考的问题。

恰在此时，一个老朋友踏进了家门。此人便是还珠当年在京城内务部任职时相交旧雨，满清逊室唐鲁孙。提起此人，今天的读者可能不大熟知，但其在 20 世纪三四十年代的平津及七八十年代的台湾，却是颇为出名。他 1908 年出生于北京，满族镶红旗人，乃珍妃、瑾妃的堂侄孙，自幼出入宫廷，对老北京民风民俗及掌故秘闻了如指掌。年轻时只身外出谋职，曾遍游国内各地，见多识广，著述繁杂。1946 年赴台后历任多职，并出版有关旧京掌故与美食书籍多部，1985 年病逝台北。还珠的旷世巨著《蜀山剑侠传》日后能洛阳纸贵、风靡全国并波及海外，正是凭借此人此时的绍介之功。

唐鲁孙的这次登门，不但让尚在孕育中的“蜀山”巨著横空出世，而且还为还珠带来了可观收益——让还珠还清旧债体面隆重地将孙经洵娶进家门的同时，尚能够不为柴米所累，安下心来一门心思地构建他那“开小说界千古未有之奇观”的“蜀山系列”。对此，我们还需从当年天津的一张小报说起。因为正是这张名副其实的小报，不但推出了还珠楼主和他的“旷世奇书”《蜀山剑侠传》，而且还直接催生了另一位民国通俗小说大家，被时人誉为“五百年来无此奇”的现代社会言情小说霸主刘云若。

也正因此，近年来，该报迅速从民国天津众多小报中脱颖而出，被各种相关著述所关注。但囿于资料匮乏，人们在论述此报时，对其创刊时间及创办人生平、报纸内容等，往往陈陈相因，且时有错谬。故此，笔者略费笔墨，特将此报真实情况予以说明。因为若想做民国通俗小说两大巨擘还珠楼主与刘云若的生平研究，此报至关重要，是无论如何也绕不过去的。

本報合訂本出售廣告

天風

中原商業儲蓄銀行

中原酒樓

中南銀行

天風報

上海徐生記

天津北洋飯店

孫介夫診療所啓事

針科蔣伯鸞

東海樂吾氏

蔣委員長

戰區問題

副國務卿

推出还珠楼主《蜀山剑侠传》的《天风报》

1929年12月19日，天津《北洋画报》刊有如下消息：“津门名记者沙大风集资创办《大风报》，社址择定日租界福岛街（今多伦道）五十五号第四户。拟于明年一月一日起，按日出版，现在筹备业已大致就绪。”然而九天后，《北洋画报》又讯：“《大风报》本定来正五号出版，现又改名《天风报》。”但到了1930年1月底，该报仍未出版，直至当年2月18日，《北洋画报》方才揭开谜底：“《天风报》筹备多日，因未得日租界当局批准，故迟未出版。现经方药雨君斡旋，已被允许立案，出版期间决定廿日云。”〔以上消息见天津《北洋画报》1929年12月19日、12月28日及1930年2月18日〕两天后，也即1930年2月20日，该报终于面世。但当市民拿到这张四开四版的小报时，却是大失所望。

历经此前更名并数度延期折腾的《天风报》，于当时天津众多小报中，丝毫没有特别之处。其一版为并无自己特色的国内及本埠新闻；二、三版连拼为《黑旋风》副刊，四周为广告所环绕；四版上半部为小说连载，下半部为戏曲电影广告。无论从内容到形式，其格局均未出当时天津街头小报之右。故而，其创刊伊始，便遭遇发行低谷，这让该报主人沙大风颇为心焦。

说起这沙大风，其实亦非凡人，他乃20世纪二三十年代南北报界与戏曲界的风云人物，末代皇帝溥仪所著《我的前半生》对其都有记述。他

1900年出生于浙江镇海城关九弯弄，原名沙厚烈，字游天，号晚谭余室、沙氏乐府。其祖父以贩运生猪为业，父亲沙志甫擅于经商，曾供职宁波四明银行。沙大风在家乡念过小学后，于民国初年来到上海求学。中学毕业，便在沪上小报馆谋了职业，在几经磨炼后，终于成了一家小报的“娱记”。整日跑戏园子的结果，便是让他痴迷上了京剧。

1919年，当时艺名还叫“白牡丹”的荀慧生在上海献艺，艺惊四座。此刻袁世凯次子袁寒云，正吃喝玩乐于沪上。很快，荀慧生那俏丽扮相和柔媚唱腔便吸引了他，在每日的捧角中，他结识了同被“白姑娘”魅力倾倒的沙大风，由于兴趣相投，二人旋即结为莫逆。名不见经传的文艺青年加小报记者，就这样攀上了先“皇帝”的“二太子”。随后他们二人与画家天台山农、报人严独鹤等共同发起，成立了专捧荀慧生的“上海白社”。也就是从此时起，沙大风不但成为“白党”的中坚，而且终生与京剧结缘，并在此领域建树非凡。

1920年，沙大风随袁寒云来到天津。因此时荀慧生也长演京津两地，于是他便在津定居，除历任几家小报主笔外，还担任了名伶王瑶卿的私人秘书。据说“古瑁轩主”“国剧宗师”“菊部班头”“通天教主”等尊号，便是此时期他封给王瑶卿的。1926年，他进入刚刚创办的天津《北洋画报》社，主编“戏剧专刊”，并率先在报上提出“四大名旦”这一称谓。〔《梅兰芳画传》，王慧，作家出版社1994年出版。该书将沙大风首倡“四大名旦”的时间误定为1921年《大风报》创刊号上，目前各种有关著述亦多持此说，其实不确。彼时《大风报》也就是后来的《天风报》尚未创办〕此后北京《顺天时报》、上海《戏剧月报》等均袭此说。对此，他曾制有一枚闲章，上刻“四大名旦是我封”七字。

1928年沙大风辞别《北洋画报》，进入刚刚创办一年的天津《商报》，主编副刊《游艺场》，极力吹捧声誉日隆的女伶孟小冬。后因与该报主人王镂冰龃龉，便暗思自办一报。1929年底，他终于得到了荀慧生及天津中原公司（今百货大楼）经理黄文谦资助，于是他便开始了对自己报纸的筹划，并于1930年2月20日办起了自家小报《天风报》。但令他始料不及的是，历经改名延期“折腾”的《天风报》“出师不利”，第一炮便未打响，这让他倍感吃力。

但他很快便明白过来，这是报纸上小说连载失败造成的结果。

在民国天津众多报刊中，各色小说的连载乃是一个不可或缺的要素。一张报纸的成败，往往取决于其所连载小说的质量。尤其是当一份报纸刚刚创办之际，一部悬念丛生、扣人心弦的小说连载，不但能迅速提升报纸知名度，而且也能于瞬间便招揽来众多市民读者。例如当年火爆津门的《大公报》《益世报》《新天津报》等，其创刊伊始便行销天津乃至华北，凫公的《人海微澜》、董濯缨的《新新外史》、张杰鑫的《三侠剑》、常杰淼的《雍正剑侠图》等说部连载，便是功不可没。但常年混迹于报业的沙大风，却恰恰忽略了这点。

沙大风创办《天风报》的初始目的，除了想自己有个买卖当老板外，其更大的野心则是想有个自己的阵地去鼓吹他最喜欢的京剧。创刊伊始，他对报纸上的小说连载并未上心，只是仓促地拉来有名无实的求幸福斋主（何海鸣）等人的小说充数而已。因此，当他此刻意识到问题的症结后，便迅速地进行了小说连载作者的调整。但他并没有像其他报纸那样上北平去拉张恨水、李熏风、耿小的等名家之作，而是慧眼独具地选中了在《北洋画报》与《商报》既为同事，如今又被他拉来同办《天风报》的文学青年刘云若。

刘云若 1903 年出生于天津，名兆熊。早年于天津扶轮中学（铁路系统学校）读书时即喜欢填词赋诗，深得当时天津报界名人王小隐、吴秋尘的赏识。1926 年《北洋画报》创刊，经王小隐向该报主人冯武越力荐，旋被聘为编辑。1928 年，随着文名鹊起，刘云若不堪忍受冯武越盘剥，辞职转投《商报》，主笔“商报画刊”的同时兼办副刊“鲜花庄”。就在此时期，刘云若的文学才能与办报才干引起了两度与其共事的沙大风的关注。

同为文人，沙大风与刘云若的志向截然不同。刘云若的理想是做一个能“比肩曹（雪芹）施（耐庵），而与狄（更斯）华（盛顿·欧文）共争短长”〔《酒眼灯唇录·自序》，刘云若，百花文艺出版社年 2010 年出版，第 1—2 页〕的优秀小说家；而沙大风给自己的定位则是“文人中的商人”和戏曲活动家，他总想自办报纸，既当老板又能有自己的阵地去影响梨园界。故此，他在暂屈《商报》期间，一方面暗中筹措资金，一方面暗中寻觅人才，一旦资金到手，他便拉上刘云若去办他的《天风报》去了。此刻，当沙大风将更换小说连载作者的想法说与正在主编副刊《黑旋风》的刘云若，并约其撰写长篇连载时，本就对此跃跃欲试，想在长篇言情小说创作方面一显身手的刘云若，欣然允诺。

1930年4月，一部名为《春风回梦记》的长篇社会言情小说悄然在《天风报》上开篇，其作者正是刘云若。据刘氏后来回忆，其初始“仅以游戏出之”，并未郑重谋篇，但沙大风却从中看到了刘之潜力，极尽督促鼓励之责，于是刘便认真起来，产生“以此为资生之计”〔《酒眼灯唇录·自序》，刘云若，百花文艺出版社年 2010 年出版，第 1 页〕的想法。结果不出多日，此书便风靡津城，妇孺皆知，人们争相买报阅读，并在平津一带掀起了一股“刘云若热”。《天风报》也正是凭借此书一转颓势，发行份数扶摇直上。沙大风悬着的心终于放下。十年后他曾言“天风因春风而风行，春风因天风而益彰”〔《情海归帆·序》，沙大风，京津出版社 1939 年出版〕，说的便是此事。而刘云若也正是以此为契机，一发而不可收，终成一代社会言情小说大师。

刘云若成功了，《天风报》赚钱了，但沙大风的选择是冒险的。因为当时稍有不慎，其办报的真金白银便会付诸东流。而这种超人的眼力与胆识，随后沙大风又用在了还珠身上。

“春风”的“风行”，使刘云若的名气直逼北方言情小说霸主张恨水，约稿者纷至沓来。1931 年 5 月，他便辞去《天风报》之职，归家专以小说写作为职业。接替刘云若出任《天风报》副刊编辑者，为“老名士”何海鸣。

关于此人，可谓履历错杂，经历不凡。

翻阅辛亥革命尤其是武昌首义史料，我们总会发现何海鸣的名字。在国内出版的一些有关辛亥革命的书籍中，对这位当年武昌首义中的风云人物也多有记述。但遗憾的是，无论是内部史料，还是公开出版物，均是对其早年的“革命”生涯记载颇详，而对其后半生，或语焉不详，或错谬频出。如中华书局出版的《辛亥武昌首义人物传》，在“何海鸣”条目中，不但对其详前略后，而且对他结局的表述，也与事实不符。据词条文末称：“后来国民党南京政府也未给他一个嗽饭地。只能在上海写点无聊文章自活。一九三六年病死。”〔《辛亥武昌首义人物传》（下册），贺觉非，中华书局 1982 年出版，第 406 页〕其实，何海鸣并非死于 1936 年，更不是凄惨地在沪上苦度残年。

他的晚年除了“求幸福”于天津外，还过得颇有“故事”。

何海鸣1891年出生于广东九龙，十五岁来到武汉求学不成转投新军，曾与革命党人蒋翊武等办《大江报》，鼓吹革命，于辛亥前夜被捕获死刑，等待行刑之日，辛亥革命爆发，获救后为汉口军分政府少将参谋长。1913年在侦破宋教仁被刺案中身手不凡，立下殊功。随后在“二次革命”中，作为黄兴助手曾一度领导江苏独立。起义失败后，何海鸣亡命日本，据说袁世凯曾悬赏十万购其人头。在日本，他写下了在当时影响颇大的《讨袁计划书》。以孙中山为首的中华革命党在日后的活动中，一定程度上采纳了计划书的建议。

流亡日本时期的何海鸣

1915年3月，何海鸣以一介闲人身份潜回上海。虽然此时他意志消沉，思想正在发生重大转变，但他仍是和友人合办了《爱国报》与《爱国晚报》，继续撰文讨袁。翌年6月，袁世凯故去。闻此消息，何海鸣似乎感到自己的“革命”已经成功。虽然这年他仅三十岁，却时时发表看破一切的言论，处处以“老革命”炫耀。此时他已将早年的笔名“海”“一雁”“孤雁”等，变为“行乐”“求幸福斋主”。由此也可看出，多年的出生入死与颠沛流离，已使他厌倦政治，不愿再以斗士的面目出现，而是渴望过上幸福美满的生活。在随后爆发的五四运动中，虽然他已身居北京，但并未将自己再次融入到这场洪流中去，而是作为寓公，躲进小楼开始了小说创作。此时期他写了不少短篇小说，大多以妓女为素材。1922年1月，他终于下了鬻文为生的决心，在上海《半月》杂志登出了《求幸福斋主人卖小说的话》，并写出了一批“倡门小说”。

随着北京局势的动荡，何海鸣和许多北洋政客一样，于1927年迁居天津，买下了法租界三十一号路益安里14号住房，过起了寓公生活。为了应付日常开销，他仍是在不停地写作。好在此时天津报业繁兴，各报均需小说连载吸引读者，加上他的“名士”头衔，故此其作品还算抢手。但由于其小说议论过多且说教味道太浓，很快便引起读者反感。小说创作上的失利，使他颇为苦恼，但为了“求幸福”，他只得在寓所门前挂出“出售墨宝”的招牌，卖文不成又开始了卖字。抗战爆发，他附逆投敌，在津出任日军“北支派遣军”机关报《庸报》社论主笔兼文艺部长。1938 年初，他连蒙带骗将居津文人白羽的长篇武侠小说《豹爪青锋》，易名《十二金钱镖》，拿到《庸报》连载，阴差阳错间将白羽逼上“武林”，最终使其成为与还珠并驾齐驱的民国武侠圣手。抗战胜利前夕，何海鸣被日军抛弃，1945 年病死南京。

1931 年 5 月，何海鸣凭借前半生“英名”，接替刘云若进入《天风报》后，为了获利他又将自己的多部小说搬到该报连载。甚至在 1932 年初，他同时以本名“何海鸣”与笔名“求幸福斋主”署名，将自己的两部小说《此中人》与《湖海平生》，于《天风报》同一版面同时连载，从而引起读者极大反感，纷纷致函报社，要求“腰斩”。何氏此等做法，不但将《天风报》上的小说连载搞得江河日下，而且报纸因刘云若《春风回梦记》而积攒的高额发行量也将被损失殆尽。

面对此等窘况，沙大风急忙从北平约来报载小说大家陈慎言的《新旧爱潮》与逸庵的《洛河血腥录》救场，并不惜拿出版面，将以上四部小说同时连载。此举虽收到止跌成效，但报纸发行量却难企新高。而且报社随后便接到陈慎言来函，因笔债甚多，《新旧爱潮》只能供稿至当年6 月。获知此讯，沙大风再度心焦起来，眼看刚刚为报纸带来止跌效果的陈慎言小说一天天临近尾声，又有谁的作品能接住此书，推高报纸销量呢？刘云若不行，此刻他因赶写《情海归帆》与《红杏出墙记》连载，已忙得焦头烂额。赵焕亭、戴愚庵等成名者或云游江南，或笔债如山，亦是求之不得。恰在此时，他又遭遇官司。因大捧名旦荀慧生，贬低名旦朱琴心，而被朱告上法庭，他要全身心去对簿公堂。

情急之下，沙大风找来当时的报界名人唐鲁孙与赵又梅，让二人暂主报政，并反复叮嘱：尽快找到能接住陈慎言小说连载之人，不怕他出高价钱。对此，五十年后，唐鲁孙曾有如下回忆：“天津《天风报》社长沙大风因跟朱琴心涉讼对簿公庭，馆务乏人主持，于是托我跟赵又梅两人暂时给他照料。那时他（指还珠）已着手写《蜀山剑侠传》，写了十二回之多，本打算出书，又怕销路没有把握。当时《新天津报》登了评书说部《雍正剑侠图》，三月之间，报纸增加了一万多份。我想把《蜀山剑侠传》拿来在《天风报》上发表。”〔《我所认识的还珠楼主》，唐鲁孙，台湾《民生报》副刊，1982年6月20日〕

于是，在1932年1月的一天，唐鲁孙踏进了还珠的家门。

拿到还珠所写《蜀山剑侠传》前十二回文稿后，唐鲁孙第一时间便给沙大风过目。凭借多年报馆经验与大胆起用刘云若的成功范例，沙大风阅后便说：此稿文字优美，故事神乎其神，可用，而且日后必将大火。快快定下此人，稿酬一等，提前预付三个月。

听到唐鲁孙的回话，心怀忐忑的还珠兴奋异常。在拿到提前预付的可观稿酬后，还珠决定，尽快将孙经洵娶进家门。

经过多日筹备，秋山街寓所焕然一新。在年味已悄然逼近津门之际，各界友人欢聚一堂，还珠与孙经洵热闹体面地举行了婚礼。为新娘拉婚纱者是袁世凯的孙女桂姐，她后来成了孙经洵的义女。而证婚人则是还珠的八拜之交段茂澜，其另一把兄弟京剧名旦尚小云送来了全部家具。这一天是公元1932年的2月5日，阴历腊月二十九，民国二十年辛未除夕。按天津卫老例儿，“人生美事，连娶媳妇带过年。”选这个日子，还珠入乡随俗了。

据还珠友人许寅披露：“结婚前，专请妇科医生验明处女，然后登报声明，再行结婚。”而新娘子之父“孙老板虽然生气，倒也奈何不得”〔《当代武侠小说之王还珠楼主》，许寅，载《上海滩》1988年第10期。另见《还珠楼主小说全集》第46卷，山西人民出版社、北岳文艺出版社1998年9月出版，第396页〕。对此，笔者也曾查阅过诸如《大公报》《益世报》《庸报》《商报》《北洋画报》《新天津报》《新天津晚报》等当年天津的大小媒体，均未见有此“声明”登载；至于孙仲山的满腹愤懑而又无可奈何，则应在意料之中。

第六章　操觚譬文，《蜀山剑侠传》横空出世

旧时峨眉山（蜀山）之“洪椿晓雨”

第一节 “还珠楼主”笔名寓意与由来

新婚的日子是甜蜜的，尤其是饱经磨难后的终成眷属，更是让还珠与孙经洵这对有情人感到无比珍惜。因此，他们夫妻不但格外恩爱，而且倍加体贴。据还珠子女后来描述：

> 古语道：“饮食男女，人之大欲存焉。”父亲的婚姻总算得到了圆满结局，随之而来的就是饮食问题了。父亲想，自己娶的毕竟是一位“千金小姐”呀，饮食上可不能太委屈她了。尽管母亲并没有要求什么，父亲还是想方设法向她“日进美食”。
>
> 起初，父亲收入不多，又不懂烹调，只能参照《菜谱》，把那些极普通的菜物，尽量做得可口些。待到他从中悟出一些通则，才不再依“本”炮制，而敢于在“调和鼎鼐”中花样翻新了。母亲曾跟我们说起父亲烧豆腐的情景。那时他最善于做这种经济实惠的菜肴了，什么“家常豆腐”“捎子豆腐”“麻婆豆腐”“朱砂豆腐”“葱油豆腐”，一天换一个样，叫人总吃不厌。〔《回忆父亲还珠楼主》，观贤、观鼎，《人民日报》（海外版）1988 年 3 月 25 日〕

如果说从简单且日复一日的生活琐事里，可以看到还珠夫妻的相亲相爱，那么在知晓了“还珠楼主”这个笔名诞生的“完整”过程后，人们更是能够感受到他们夫妻间的理解与包容，以及在此基础上爱的升华。

在写作活动中，保留原名的同时，再为自己取个笔名，这大概是中国现代作家约定俗成的惯例。而且愈是著名作家，其笔名愈是“以假乱真”，反而使其本名鲜为人知甚至渐为人忘。此种现象在20世纪二三十年代文坛尤甚，举凡我们今天熟知的“主流”作家，如鲁迅、茅盾、巴金、老舍、曹禺、夏衍等精英，概莫如此。

就在这种笔名成为时尚的年代，一个既不简明也不响亮甚至略带怪诞与“迂”味的称呼出现了。这就是本书主人公李寿民的笔名——还珠楼主。此名自20世纪30年代初亮相津沽文坛后，不出几年，便风靡大江南北并远播海外，甚至做到了朝野上下皆知，妇孺老少咸熟，以致后起仿效者也是不乏其人。如20世纪40年代末青岛便有一位写有《胜字旗》《夜劫孤鸾》等武侠小说的作家，为创名立蔓儿就为自己取笔名为“望素楼主”；20世纪50年代港台新派武侠小说兴起后，在台港地区又有“伴霞楼主”“独抱楼主”“风雨楼主”“避秦楼主”“双鱼楼主”“湖海楼主”“观武楼主”“清霜楼主”“弹剑楼主”“岚楼主”等出现，可见其影响之大，遗风流布之广。

那么“还珠楼主”这个笔名寓意如何，又是何时出现的呢？几十年来人们屡有考证，但收效甚微。直至20世纪80年代末，还珠子女在《人民日报》（海外版）撰文回忆父亲时，方才揭开此谜。据观贤、观鼎披露：“《蜀山》问世前夕，父亲和母亲商量用什么笔名，母亲忽然想起文珠，想到父亲对她的思念，就说：我知道你心中有座楼，那里面藏着一颗珠子，就用‘还珠楼主’做笔名吧！父亲感佩地望着母亲，半天才说出一句话：‘经洵，我绝不会辜负你的情意！’”〔《回忆父亲还珠楼主》，观贤、观鼎，《人民日报》（海外版）1988年3月18日〕

这便是日后红透海内外的“还珠楼主”笔名之来历。自此之后，人们在解释“还珠楼主”时，均袭此说。甚至在2017年，还珠后人接受重庆历史名人馆工作人员采访时，仍在重复这个“典故”〔《怀念我的父亲还珠楼主李寿民》，李观承、李观鼎口述，徐红强撰稿，《世纪》杂志2021年第2期，第32页〕。由此可见，此说至今已成“定案”。其实，当我们读过还珠此时期所写的几篇文章后，便会发现，这个“定案”只是解释出了“还珠”的内涵，其后面的“楼主”，尚有更深的寓意。尤其是“楼”字，绝非单指“住宅”之意。

1933年初，还珠于《天风报》副刊《黑旋风》上刊有一篇《还珠楼丛谈》，文中写道：

> 民十七寄寓津门，岁月易得，忽忽五年，志事不应，意复慵散。事变沧桑，业以饱览苦乐滋味。自分鹏程路蹇，许身无门，所幸珠还合浦，楼号福鹣，笔耕所获，尚足温饱。笔椠之暇，戏作福鹣楼食谱，皆简而易作之家常菜，今借本风篇幅，陆续公之于众，有同嗜者，请尝试之。〔《福鹣楼食谱》，还珠楼主，天津《天风报》1933年1月3日〕

在此文中，还珠除对多舛婚事的“苦乐滋味”发出感慨，并自慰写作稿酬尚能维持温饱外，还向我们传递了一个重要信息，那就是他的居所除因笔名俗称“还珠楼”外，尚有雅号“福鹣楼”。按“鹣”专指古代传说中的比翼鸟，其与“鲽”常被后人连用，意指相亲相爱的夫妻。《尔雅·释地》云：“东方有比目鱼焉，不比不行，其名谓之鲽；南方有比翼鸟焉，不比不飞，其名谓之鹣鹣。”故此旧时形容夫妻情深意厚常用一个成语叫“鹣鲽情深”，同时古人又以“鹣鲽”或“鹣鹣鲽鲽”来比喻恩爱夫妻。由此望文而意，“福鹣”的通俗解释便为“幸福的比翼鸟”，进而引申为“幸福的恩爱夫妻”。结合还珠文中“所幸珠还合浦，楼号福鹣”之句，我们可以明白品味出，还珠在庆幸文珠幸遇良人逃出烟花有了好归处的同时，也在暗喻自己与孙经洵是一对幸福的比翼鸟。

由此可见，“还珠楼主”笔名的寓意应分两层：前面的“还珠”是指对文珠的怀念；而后面的“楼主”则是寓所雅号“福鹣楼”的主人，其深意为他与孙经洵是一对恩爱夫妻。前后相合，“还珠楼主”笔名的完整寓意应为：在祝福文珠有了好结局的同时，我与孙经洵已幸福地成为一对如比翼鸟般的恩爱夫妻。用“还珠”加上“楼主”做笔名，实际上是还珠对文珠与孙经洵这两位对其情感产生波澜的女子的一种纪念。

对此，叶洪生先生也有阐述。依照时间顺序，其分前后两说。

20世纪80年代初期，叶在批校《中国近代武侠小说名著大系》时，于“还珠楼主卷”中撰有“作品分卷说明”。其中写道：“由于婚后生活负担加重，又因染上‘烟霞癖’，开支浩繁，入不敷出，始在友人刘云若（言情小说家，有‘天津张恨水’之称）的鼓励下，以他自己过去的恋爱故事为题材，写出第一部小说《轮蹄》。为纪念这一段缠绵悱恻梦幻似的少年恋情，因取张籍诗‘还君明珠双泪垂’之遗意，定为笔名——此即‘还珠楼主’诞生之由来。”〔《近代中国武侠小说名著大系·还珠楼主卷》，叶洪生，台湾联经出版事业公司1984年12月出版，第2页〕由于落笔较早，囿于当时资料匮乏，叶洪生先生此文除没有揭开还珠少年时期“缠绵悱恻梦幻似的恋情”之“内幕”外，尚有几个商榷之处：一为还珠所写第一部小说是否为《轮蹄》；二为还珠第一部小说是否是在刘云若鼓励下所写；三为还珠笔名是否取张籍诗之遗意；四为还珠笔名出现的时间是否在“婚后”。

也正因此，2001年春天，为纪念还珠百岁冥诞，叶洪生先生将其早年在台湾地区出版的旧作《蜀山剑侠评传》中有关还珠生平部分，参考“还珠后人、亲朋故旧的回忆性文字”，“重新增补、整理成文”，在“已无负当年乱头粗服之原貌”后〔《天下第一奇书〈蜀山剑侠传〉探秘》自序，叶洪生，学林出版社，2002年2月出版，第15页〕，交由大陆学林出版社出版。在此书中，洪生先生对还珠笔名又有了另一番解释：

> 1932年春节前夕，李、孙联姻。婚后正愁生活拮据，恰巧友人唐鲁孙（为前清宗室，掌故名家）临时代理《天风报》社务，乃力促李寿民将《蜀山剑侠传》（已写十二回）交由《天风报》连载发表。李氏早年原有一青梅竹马，芳名文珠，不幸堕落风尘，是其心中永远的痛。为纪念这段初恋之情，遂取苏轼诗句“年来合浦自还珠”的祝祷深意，以“还珠楼主”为笔名，正式展开其近三十年的创作生涯；而其武侠处女作同时也是成名作兼代表作，即是这部长达四百余万言（旧版不分段，无新式标点）、总三百二十九回而风靡世人的赫赫巨著《蜀山剑侠传》（包括《后传》）。

在此文中，叶洪生先生对还珠小说的首次刊发及笔名的出处等又进行了新的阐述，指出还珠武侠处女作《蜀山剑侠传》乃由唐鲁孙力促而连载，还珠笔名亦是为连载《蜀山剑侠传》而起，笔名的深意乃是取苏轼诗句作祝祷——这看似与上文张籍诗之遗意相抵牾，但并不重要。重要的是，无论取自谁的诗，都是为了纪念少年时期那段缠绵悱恻的恋情。何况作为饱读传统诗书的还珠，无论是张籍的诗，还是苏轼的诗，他都了然于胸。当他决定在笔名中嵌入少年恋人文珠的遭遇后，这些诗都会不由自主地涌入口中，从而形成以文珠为典，从古人诗句中摘取“还”“珠”之字的笔名前半部。当他将这笔名前半部与含有祝福和孙经洵成为恩爱夫妻寓意的后半部“楼主”相结合时，其影响深远的笔名——“还珠楼主”便诞生了。

上述结论是否属实，我们也可从还珠作品中得到印证。对此，叶洪生先生曾有如下考述：

> 历来颇有人认为还珠小说最不善写“情”，因而满篇神话，独缺人性方面深刻。其实并不尽然！还珠写作的基本态度，可从他致友人徐国桢的信中看出端倪：“（上略）惟以人性无常，善恶随其环境，唯有上智者能战胜。忠、孝、仁、义等号称美德，其中亦多虚伪。然世界浮沤，人生朝露，非此又不足以维持秩序而臻安乐；空口提倡，人必谓之老生常谈，乃寄于小说之中，以期潜移默化。故《蜀山》全书以崇正为本，而所重在一‘情’字，但非专指男女相爱。又以个性强固而复杂，于是书中人有七个化身（按：指赤尸神君），善恶皆备也。……”
>
> 故此还珠写情具有多面性、复杂性；即除爱情之外，尚包含亲情、友情以及师徒之情等在内。但最耐人寻味的是，还珠本人的恋史竟被他自己一再“移情”“反射”甚至 “代入”小说中。据还珠之子李观承说，还珠幼年有一青梅竹马，名叫文珠，为其初恋情人，却因故未能结合。及迎娶孙氏（经洵）后，夫妇虽相爱甚笃，然仍对文珠不能忘情。加以还珠之母家姓周，而文珠“可能”原本姓齐；因此在还珠小说中，凡姓李、孙、齐、周或名中带“珠”者，多与还珠本人的“爱情影子”有关。例如：

——《蜀山》正传中的妙一真人齐漱溟与荀兰因夫妇（为四川长寿县望族）；极乐真人李静虚与五福仙子孙（经）洵夫妇（与孙经洵只差一字）；齐金蝉（前生为李承基）与朱文（即文珠之颠倒）等等；

——《柳湖侠隐》中的青山老人李、孙夫妇（为妙一真人夫妇之前生）；

——《新蜀山》中的李清茗与孙次娴夫妇（故居为四川长寿县凤顶街）；孙同康与孙毓桐乃“三生情侣”（详《新蜀山》分卷说明）；

——《女侠夜明珠》中李善（基）、孙（经）洵、浦文珠之三角恋爱；

——《大侠狄龙子》中李、孙、浦三人竟已结为神仙眷属；而又有周文麟与良珠情事；

——《大漠英雄》中的李琦与任兰珠情事；乃至《征轮侠影》（为还珠自传体社会言情小说）中的周文麟、《力》中的李强之恋爱史等等。

在上举诸例中，有关李善基（还珠真名）、孙经洵（还珠妻名）、浦文珠（还珠女友）三人之姓或名，屡见不鲜；甚至仅差一字，真人呼之欲出！他们或为书中男女主角，或为书中道行、法力、武功之最高者。这不是还珠“夫子自道”又是什么？！亦惟还珠如此这般“自我代入”“化身说情”，珠光四射，遂无所不在矣。此所以还珠好谈“身外化身”，在写自已的影子时每每真情流露；而写其他虚构人物时则淡扫蛾眉，轻轻带过——即使偶发雄心全力以赴，亦往往归于失败（如《蜀山》十九至廿二集写萧逸、欧阳霜、黄畹秋三角恋爱与萧玉、瑶仙情事）。这是吾人读还珠小说的一条重要线索，值得特别留意。〔《还珠楼主小传及作品分卷说明》，叶洪生，载《近代中国武侠小说名著大系·还珠楼主卷》，台湾联经出版事业公司1984年12月出版，第8—9页〕

由此可见，作为“性情中人”的还珠，不但在现实生活中对爱情、亲情、友情格外看重，就是在虚幻世界里，对孙经洵、文珠这两位对其情感产生重大波澜的女子，也是非常珍惜。尤其在“寄托”其“情思”的《女侠夜明珠》中，他更是将自己与孙经洵、文珠的关系设计为“三角恋爱”，让三人于同一部书中悉数登场，互为纠葛，俨为一体，借以希冀“女孩子要像书中女主人公那样，不仅聪颖、美丽，而且勇武、坚强。当年的文珠若能这样，该多好啊！”〔《回忆父亲还珠楼主》，观贤、观鼎，《人民日报》（海外版）1988年3月18日〕。据此而判：其在作品中已将三人情事用近乎真名进行演义，那么其于笔名中融进三人感情便亦不足为怪了。

在弄清了“还珠楼主”笔名寓意后，我们再看这个笔名出现的时间。

还珠子女表述为“《蜀山》问世前夕，父亲和母亲商量用什么笔名”〔《回忆父亲还珠楼主》，观贤、观鼎，《人民日报》（海外版）1988年3月16日〕，于是便有了孙经洵深知还珠对文珠的思念，遂取笔名“还珠楼主”之典。

对“《蜀山》问世前夕”这个时间概念，我们应作两种解读：一为二人婚前，在写作《蜀山剑侠传》初起之时，这应在1931年底至1932年初；二为二人婚后，在《蜀山剑侠传》即将于《天风报》连载之际，这应在1932年6月底至7月初。而叶洪生先生干脆指出，就是在“婚后”——虽然其对还珠小说连载与笔名出处前后两种说法不尽相同，但在还珠笔名出现的时间上，其前后两文却是说法一致，均为在“婚后”因“入不敷出”而“发愁”时，还珠方开始写小说赚稿费，并且这部小说叶洪生先生自己也更正为不是《轮蹄》，而是《蜀山剑侠传》，而“还珠楼主”这个笔名也恰恰是为《蜀山剑侠传》连载而起。

结合还珠子女与叶洪生先生的说法，还珠起笔名时间应在其“婚后”的1932年2月至《蜀山剑侠传》连载之前的7月之间；而“还珠楼主”这个笔名也正是为《蜀山剑侠传》连载而起；其首次出现于报刊并进入读者眼球的时间，也应在1932年7月3日《蜀山剑侠传》首次于《天风报》亮相之时。

然而，笔者所收藏的两张20世纪30年代初的天津《北洋画报》，却彻底颠覆了以上结论。

我们先看其中的一张。在1932年3月8日的《北洋画报》上有一则简讯，文曰：

> 名编剧家还珠楼主近为尚小云编一本戏，名为《芙蓉镜》。楼主谓取材于《双鹣缘》弹词前半部，似《今古传奇》中之女秀才移花接木云。〔《尚小云新戏〈芙蓉镜〉》，云文，天津《北洋画报》第二版，1932 年 3 月 8 日〕

还珠 1932 年 2 月 5 日结婚，《蜀山剑侠传》于同年 7 月 3 日首次刊出。虽然此简讯刊于婚后，但却是早于《蜀山剑侠传》连载近四个月，而且简讯中称其为“名编剧家”，可以肯定这也不是其笔名首次面世，应该是见诸报端很长时间且已为众多读者所接受，方可称“名”。佐证此说的，恰恰是早于刊载此简讯的另一张《北洋画报》。

1931 年 6 月 3 日，《北洋画报》第二版刊登了一篇当时天津名编辑吴云心所撰《花蕊夫人》的新戏预告：

春和大戲院
元興茶莊
戲劇專刊

1931 年 6 月 3 日《北洋画报》刊出尚小云演出还珠编剧《花蕊夫人》的剧照及报道

> 尚小云新排名剧《花蕊夫人》，已在平露演。尚对该剧购置砌末，所费甚多，一切均贴合剧情，颇博旧都顾曲家之好评。闻不久即将来津露演。又该剧编者还珠楼主，近更为尚编一新剧，已脱稿，名尚未定。（下略）

随同此文刊出的，还有尚小云演出《花蕊夫人》的两帧剧照。而提供者，《北洋画报》明确标明是“还珠楼主增刊”〔《花蕊夫人》，云心，天津《北洋画报》第二版，1931 年 6 月 3 日〕。据此可知，早在 1931 年 6 月初，“还珠楼主”之名便已出现于报端，而且从吴云心未对剧本编者做过多介绍看，此名亦非首次披露，而是此前已与尚小云之名同时出现多次。依据还珠笔名此次出现于报端时间推断，还珠“近更为尚编一新剧，已脱稿”之时，当为他在经过45天羁押被释后，孙经洵二次离家出走，二人“分居两处，每日探望”之时。而“新剧”，则应为《芙蓉镜》。

由此可见，“还珠楼主”笔名绝非“婚后”始用，亦非“《蜀山》问世前夕”所取，更不是刊载《蜀山剑侠传》时首次披露，而是在写作《蜀山剑侠传》之前，最迟在1931年6月初还珠与准岳父孙仲山“斗法”时，便已公诸报端了，它比《蜀山剑侠传》首次面世已早了整整十三个月。只不过那时除孙经洵之外的孙家所有人都知道有个“李寿民”，而不知这个“李寿民”即是当时的“王牌”编剧“还珠楼主”罢了。

但即使如此，这也是一个大致推断。笔者认为，“还珠楼主”这个笔名出现的准确时间，应为还珠在孙府正式做家庭教师并与孙经洵热恋的1930年春夏之时。其根据为：

由于受把兄弟尚小云之托，还珠此时期为尚写了多个剧本。而在新剧目上演之际，报刊为了宣传，需要介绍编剧。但身为电话局长秘书，还珠的身份无法署真名。况且按当时“潜规则”，编剧本、写小说一般均是以笔名代之。于是还珠便思考为自己取个何等笔名，并为此征询于孙经洵。热恋中的孙经洵已从还珠口中多次听到过有关文珠的往事，善解人意的她便想出了“还珠”这个笔名。还珠听罢，在感动之余，遂将暂租之所命名为“福鹣楼”，并自封“楼主”，用“幸福地成为一对如比翼鸟般的恩爱夫妻”之寓意，来回报未婚妻的深情厚谊。于是，在1930年春夏之际的新剧目署名时，他便使用了“还珠楼主”这个笔名。

行文至此，人们或有疑问。恋爱之事，变数极大。即使热恋之际，不可预知的变故也会不期而遇。作为有过此等经历、已老成持重的还珠，他怎会在恋爱期间就草率地将自己的暂住寓所命名为“福鹣楼”——如此浪漫地将自己与孙经洵的关系比喻为“一对如比翼鸟般的恩爱夫妻”呢？这本应是二人举行婚礼后，经过“灵”与“肉”的结合，方能出现的结果，怎么会在恋爱期间出现呢？其实，这是与还珠的“恋爱观”密不可分的。对此，早在1949年，徐国桢先生便给出了答案：

从还珠楼主小说的表面看来，他是一个“禁欲主义”者，可是，从小说的演变之迹中去寻找，可以找到一个“爱情至上主义”。因此，他的笔下，把男女之“爱”与男女之“欲”，看作两个极端，可以绝对分立，不相混杂。而且天堂地狱两条路的分歧点，就从这个关头出发。这种灵肉异趋论，和他全部小说中的哲理，仍是一致的。他的小说，其主要的意义，本来是认定“灵魂”为至高无上，甚而至于把灵魂写成一样可以辨认其形迹的东西，肉体死亡，灵魂可以存在，若非“形神俱灭”，不算死绝。双方斗法时，“元神”脱离体腔而起，或者体腔已为敌人所毁，元神遁走，重新觅到一个好“庐舍”而复活，在还珠楼主笔下，都是极平常的事。由此而推想到他的“恋爱观”上去，自然是站在灵肉一致论的对面，以灵肉冲突，作为男女情爱描写的哲理根据了。他并不在小说内歌颂“父母之命，媒妁之言”的结合，反之，夫妇情侣的遇合，倒是合乎自由恋爱这个方式的。所不同者，他的作品，实境中的无论哪一个所在，其上都有一种超现实的力量，在虚空中笼罩着，实境的演变，受到超现实的那种无名的力量所控制。因此，他的笔下的自由恋爱，在形式上是排除第三者加入作勉强的撮合，倘然寻根究底，又是属于“宿命”的。〔《还珠楼主论》，徐国桢，上海正气书局1949年2月出版，第21—22页〕

如果说徐国桢的答案过于“掉书袋”，那么徐斯年教授的最新解读可能会让我们感到更“现代”：

峨眉派之所以把‘灵肉异趋’立为修仙者爱情的最高准则，其中寄托着作者对那‘未同衿枕的爱’以及那位永远不可能回到自己身边的初恋情人刻骨铭心的怀恋。以弗洛伊德学说考察，主体潜意识中无法达成的欲求，经常会以‘白日梦’的样式表现出来。于是，李寿民——这位‘还珠楼主’——即以繁衍不绝的想象，构思出几组在‘灵’的意义上‘双美并得’的爱情—婚姻结构；并把‘灵肉异趋’确立为玄门正宗的‘仙界伦理’，要让那些奉行‘柏拉图式爱情观’的青年男女，都能成为地久天长、永不分离的仙侣。在此一意义上，这些故事都是藉以补偿自身现实情感缺失的白日梦，换一个说法，也就是‘苦闷的象征’——厨川白村认为，它昭显着一切文艺创造的根柢和共性。”〔《修仙者的爱——〈蜀山剑侠传〉里的“情孽”》，徐斯年，《苏州教育学院学报》2020年第3期，第14页〕

小说中的人物如此，现实中的作者又何尝不是这样？

正是还珠头脑中这种“灵肉异趋论”使然，他感到他与孙经洵的恋爱就是恋爱，恋爱期间可以海誓山盟，可以用各种语言去比喻神圣的爱情，但决不能未婚先乱；而结合就是结合，二人只有踏上婚姻的殿堂，有了仪式正式结为夫妻，方可使爱情升华为情欲，而一旦这种情欲生成，便是海枯石烂都不变心的一世姻缘。他与孙经洵的恋爱，恰恰没有“第三者加入作勉强的撮合”。他认为，茫茫人海中，他与孙经洵的相识恋爱就是缘分，而这种缘分又是“宿命”的；虽然尚未“执子之手与子偕老”，但他那“柏拉图式爱情观”已告诉他，他与孙经洵就是地久天长、永不分离的人间仙侣。因此，尽管是恋爱期间，他已认定孙经洵就是他命中注定的生命中的另一半。当孙经洵的善解人意与宽厚大度着实让他感动时，他便不自觉地将这种“宿命”姻缘观书之于墨，为自己的寓所取名为“福鹣楼”了。

“恩爱夫妻”本身就是对热恋期内情人间最深的祝福，只不过按还珠“灵肉异趋论”逻辑，在正式婚礼之前，二人应分清“爱”与“欲”的区别。这也正是那个流传很久的段子——他与孙经洵同居多时，而在结婚之前先请医生验明孙为处女，并登报声明——存在之原因。这种表面上看近似迂腐有“禁欲主义”之嫌的“灵肉异趋”，恰恰是他“爱情至上主义”之“恋爱观”于现实生活中的具体体现。

而在正式结合之后，“恩爱夫妻”则是要做一生一世的。对此，还珠也确实是这么做的。据其后人回忆：

经过这样艰苦的斗争，我父母才结为姻缘。所以父亲一直把母亲称作二小姐，非常尊重她，他们一直相敬如宾。〔《怀念我的父亲

还珠楼主李寿民》，李观承、李观鼎口述，徐红强撰稿，《世纪》杂志2021年第2期，第32页〕

父亲最让人钦敬的，就是他对母亲始终不渝的一往情深。母亲孙经洵这位豪门千金，舍弃了极其优裕的物质生活，冲破外祖父百般阻挠，执意嫁给身贫位卑的父亲，跟他一起担风雨、分忧患。如此一片冰心，感动着父亲所有的日子，而历久弥深的感纫，又醇化为一种对母亲无微不至的体贴：穿衣披氅，他在她身后仔细提携；上车下车，他在她两侧小心搀扶；每天午后，他都为她亲手沏好一杯龙井；每次用餐，他都给她送上第一筷子菜……请不要笑我在这儿抖搂"鸡毛蒜皮"，这样的小事父亲一做就是几十年，以后成了一种生活方式和习惯。试想，若是没有深厚的情感支撑，如何做得到？〔《代后记：沉淀下来的往事——父亲还珠楼主生活琐忆》，李观鼎，《蜀山剑侠传》，作家出版社2012年出版，第4285页〕

综上所述，虽然我们已考证出"还珠楼主"笔名的寓意与出现时间，但在《蜀山剑侠传》杀青之前，这个笔名之影响也仅局限于平津一带戏曲行内。真正使其遐迩闻名并饮誉海外，且被冠以"前有古人，后无来者"的"著名神怪武侠小说作家"而出现，则是《蜀山剑侠传》一书面世以后的事。关于该书在当年的轰动情形，今天的读者已很难想象，在此不妨借用一下当年评论家的描述：

当年《江湖奇侠传》风行一时，销行甚广。可是，书局方面对于此书的宣传，也很着力。《蜀山剑侠传》的风行，有所不同，书局方面未曾有过盛大的宣传，它是在读者互相传说之间，日益广其流传。而篇幅的浩大，在近年间即使不能说已经空前，可以与比者已很难见到了。〔《还珠楼主论》，徐国桢，上海正气书局1949年2月出版，第5页〕

早在1948年，徐国桢对《蜀山剑侠传》的风行，便有如此描述，可见该书在当时影响之大、读者之广、流布时间之长。

第二节 “蜀山”杀青誉满平津

1932 年 7 月 3 日，一个普通星期日的早晨，当津城市民因休息而赖床晚起时，每日清晨到点而出的新一期《天风报》，已按时上市了。人们从邮差或报贩手中拿到这一天的《天风报》后，没有感到丝毫差异。

一版照样是抄录各通讯社有关时局的报道及天津社会新闻，虽然有关日本人频繁在津活动的消息让人们感到惴惴不安，但这已不是当天的“新闻”，自上一年“九一八”事变后，类似的消息便一直充斥于津沽各报报端。二三版连拼的副刊《黑旋风》，仍然是各类戏曲演员及剧目的介绍，间或杂有相关民俗与知识掌故，四周环绕的广告也仍是以天津各戏院、影院的戏曲、电影预告为主，掺杂其间的专治“花柳病”“痣漏症”“遗精”等医药讯息，照样让人观之欲呕。

唯一的“重大”变化是四版上的小说连载。前一天所刊陈慎言的《新旧爱潮》与何海鸣的《此中人》，其前者已“无疾而终”，与《此中人》相邻出现的，一是此刻已在平津出了大名的天津社会言情小说作家刘云若的新作《小扬州志》，此外便是一部署名“还珠楼主”所撰名为《蜀山剑侠传》的“剑侠小说”。虽然该报早在此书推出的前三天，便已作了“名家还珠楼主”的“不落寻常剑侠小说窠臼”的《蜀山剑侠传》即将“按时登出”的预告，但从其第一回回目“月夜棹孤舟巫峡啼猿登栈道 天涯逢知己移家结伴隐名山”上看，并无出奇之处，而且在看过第一天的连载后，人们也未感到任何“不寻常”，觉得其与当时各报纷纷连载的各类“武侠小说”别无二致。唯一的差别，只是此书有关风光的描写明显比其他武侠小说技高一筹。

被当今学界称为“开中国小说界千古未有之奇观”的《蜀山剑侠传》，就这样在这个星期日的早上悄然面世了。

十个月后，《蜀山剑侠传》单行本第一集推出时，天津《天风报》上曾有如下描述：“还珠楼主所著《蜀山剑侠传》为近代武侠名作，情节惊险新奇，不落寻常剑侠小说窠臼，自在本报披露以来，大受读者欢迎。本报每月合订本，俱供不应求，迭接读者来函，每以未窥全豹为憾，敦促付印。”〔《剑侠名著〈蜀山剑侠传〉第一集出版了》，天津《天风报》副刊《黑旋风》，1933年5月5日〕“第一集出版风行一时，第二、三集亦不日继续出版。”〔《〈蜀山剑侠传〉廉价通告》，天津《天风报》副刊《黑旋风》，1933年5月19日〕此等盛况，起码在1932年夏天的这个星期日及此后的一段时间内没有出现。

此刻的还珠虽然正兴奋地陷入他那信笔而为的“蜀山”胜境之中难以自拔，但市场的冷淡还是让他甚感焦虑。据其友人徐国桢在1948年回忆，还珠曾言“他自己本来的意思，很想把所历所见的山水人物写成‘笔记’”，但报社“缺少一篇长篇武侠小说”，于是他便在“人家鼓动之下，就不经意地采用了《蜀山剑侠传》作篇名，一天天写下去”，“因为最初并未用心写，他曾经向我说：‘前几集写得甚不惬意。’”〔《还珠楼主论》，徐国桢，上海正气书局1949年2月出版，第8页〕半个世纪后，叶洪生的研究成果恰恰佐证了这一点：“《蜀山》前五集无疑深受平江不肖生《江湖奇侠传》（1923年）、《江湖怪异传》（1923年）及赵焕亭《奇侠精忠传》（1923年）之影响，故忽而武侠，忽而剑仙，体例驳杂不纯，难免令人有凿枘不入之感。”〔《天下第一奇书〈蜀山剑侠传〉探秘》，叶洪生，学林出版社2002年2月出版，第6页〕

面对自己“言由心生”的小说处女作遭遇出师不利局面，还珠颇感郁闷。为了调整放松此刻焦虑的心情，也为了舒缓一下半年多来紧张写作的身心俱疲，还珠决定暂时放下此书撰写，外出访友散心。更重要的，他是想借此换换环境，重新调整一下小说下一步的走向。

于是在这一年的8月底，也即《蜀山剑侠传》于《天风报》连载将近两个月之时，他交给唐鲁孙足够报纸连载半年的稿件，并向上司电话局长段茂澜请假后，便安排好新婚妻子，自己独自去河南找昔日友人“散心”去了。

事情有时往往就会这样出乎人们预料。就在还珠带着郁闷与失落的心情暂别天津不久，《天风报》上小说连载的效果却在悄悄起着变化。随着连载日深，《蜀山剑侠传》所描绘的“蜀山”（即峨眉山）胜景与神话、玄幻、志怪、剑侠、武侠等诸多热闹场面杂糅于一炉的新奇感，还是逐渐地吸引了读者，让常年生活于北方，读厌了此时期诸多老旧武侠小说中江湖绿林间恩怨争斗俗套的平津读者，仿佛见到了一片洞外之天。人们渐渐地感到，此书确实具有不落时下武侠小说窠臼的“不寻常”。

为了说明《蜀山剑侠传》在民国武侠小说史上的“不寻常”，在此有必要对 20 世纪 30 年代初期武侠小说的“前世今生”做一番交代——

民国武侠小说是随着中国文学史的长河漂流而来。溯其源头，从《韩非子·五蠹》《史记·游侠列传》《吴越春秋·越女试剑》《搜神记·干将莫邪》以及《燕丹子》等典籍中，均可发现，先秦时期的“侠”便已是今日武侠小说的滥觞。此后，它经过汉、魏晋、六朝、唐、宋、元、明、清“祖宗八代”，渐次走来，其面目与特征已日渐清晰。中国古代武侠小说概念中的“虚构铺陈”“武功奇幻”“侠气纵横”〔《中国武侠小说源头辨》，倪斯霆，载《文史知识》1993 年第 1 期，第 81 页〕内涵，与“剑侠”“传奇”“侠义”“神怪”“公案”“儿女”等外延，也日臻完善。

通过对典籍的梳理，可以发现，在中国远古漫长的岁月中，虽然“侠”既非是一个阶层团体，也不是某些人固定的职业特长，但它作为一种反抗强暴、扶危济困的精神品质，已深深地嵌入国民的心理。而当现实与理想发生冲突时，这种心理便成为人们的精神寄托，于是承载着国人理想人格的“侠”便出现在文学作品中，中国古代武侠小说便是在这种情形下诞生的。“也正因此，我们在阅读中国古典武侠小说时，首先感到的是一种无时不在的‘侠气’，看到的是歌颂锄奸除恶、济困扶危的侠义品格和傲睨王侯、蔑视封建王法的侠义壮举以及弘扬对正义与公平执着追求的侠义精神，其武功的炫耀只是一种陪衬。通览整个中国古代武侠佳作，这种品格、壮举和精神是它的灵魂所在，它们共同奏响了中国古代武侠小说激奋高昂的主旋律。”〔《拉开民国武侠小说“大繁荣”序幕的〈江湖奇侠传〉》，倪斯霆，见《旧文旧史旧版本》，上海远东出版社 2012 年 7 月出版，第 153 页〕

问题出在晚清。

1840 年被洋人坚船利炮轰开国门后，大清帝国便厄运频仍。此间虽不乏人杰俊贤寄希望于洋务与改良，但到头来却是灰飞烟灭，转瞬化为泡影。于是一些仁人志士便纷纷投身江湖，参加会党，欲以武力拯国救民于水火。一时间，振兴国术、强身强种成为时尚。据记载，20 世纪初叶，天津、上海、北京、南京等地纷纷成立“精武会”“国术馆”，使得中国武术在华夏大地得以空前普及。这种时尚反映在文学作品中，便是以任侠尚武为题材的小说颇为风行。加之此时梁启超等人又极力鼓吹“小说救世说”，喊出“欲新一国之民，不可不先新一国之小说”〔《论小说与群治之关系》，梁启超，见阿英所编《晚清文学丛钞·小说戏曲研究卷》，中华书局 1960 年出版，第 14 页〕的口号，将小说抬到空前的地位予以推崇，并用西方小说理论去观照当时的中国小说，务求小说走向高雅，终将小说推到脱离大众的地步。

然而，恰恰是这种貌似“高雅”的背后，却潜藏着“回俗”危机。随着辛亥革命成果被篡夺与袁世凯复辟“帝制”，当时的小说潮流顷刻间便急转直下。被前期“救世小说”累坏的作者与读者，此时一下子便重又投入到“消闲有趣”的通俗小说怀抱。而被视为通俗小说“娇子”但尚未开宗立派的武侠小说，此时期由于恰好吻合国人“强国强种”以及“尚武”心理，于是便大为受宠。人们纷纷握管任侠，以编写武侠小说为时尚。

流风所及，一些仁人志士此时期亦愤起操觚，握笔任侠。1914 年，周恩来在天津南开中学求学期间，便在《敬业学报》以“飞飞”笔名连载了武侠小说《巾帼英雄》〔见天津南开中学《敬业学报》，1914 年 10 月和 1915 年 4 月第 1、2 期〕；曾官至国民党中宣部部长与中央秘书长的叶楚伧亦于同年以“叶小凤”笔名写作武侠长篇《古戍寒笳记》；国学大师钱基博（钱锺书之父）此时期更是首倡“武侠”一词，编出短篇小说集《武侠丛谈》。武侠小说在当时之热由此可见一斑。

然而这些啼血之作毕竟凤毛麟角，大量充斥市井坊间的则是无论思想还是艺术均不足称道的庸常之作。它们一方面承袭着晚清武侠小说侠义公案的余绪，一方面迎合着当时国人的“尚武”心理，在旧武侠模式中嵌入一些所谓的新内容，这就是“旧瓶新酒”式的民初武侠小说状况。即丢掉了中国传统武侠小说中的“品格”“壮举”与“精神”，又没有形成日后“纸上江湖”的现代路数，更没有将其类型化而走进中国现代小说阵营。实际上这是由古代武侠小说的旧模式向现代武侠小说新风格的转轨，但由于受当时思潮与急功近利思维的驱使，它没有调整好速度与方向，而是慌不择路，急于求成，最终造成 20 世纪 20 年代初期以前十余年间，中国武侠小说不新不旧亦新亦旧、不文不白亦文亦白的尴尬混沌局面。

扭转这一局面的契机出现在 1923 年。

这一年，民国武侠小说史上出现了两件大事：其一便是湖南平江向恺然以平江不肖生笔名，在上海《红》杂志连载了其武侠成名作《江湖奇侠传》，引起轰动；其二则为河北玉田赵焕亭亦于同年推出武侠力作《奇侠精忠传》，大获成功。虽然二人写作风格不同，作品题材也相异。前者以一种近似荒诞的文笔，将故乡佚文及清人笔记中之奇闻逸事讲得生动有趣、险象环生；而后者则用一种近似拙朴的笔墨和说书人口吻，将清季绿林豪侠写得古朴豪壮、荡气苍凉。但由于两书均摆脱了民初旧武侠桎梏，采用了通晓的白话文体，故而让读者耳目一新。他们此时期南北呼应，被时人誉为现代武侠小说肇始之时的“南向北赵”。

“南向北赵”的成功，极大地刺激了南北两派通俗小说作家的转型。他们不约而同地于同一时间相继扔下手中言情、滑稽、社会、侦探等诸类型小说写作，纷纷“揭竿而起”，闯进了“纸上江湖”。遂造成 1923 年以降至 1932 年这近十年间，武侠小说作家极众，产量激增。但在这种貌似“繁荣”的数量之下，却是作品内容的粗制滥造和文笔的粗俗低劣。持平而论，此时期除顾明道、文公直、姚民哀、戴愚庵等人作品尚有可观外，其余大多已无昔日武侠小说的“豪侠之气”，流于一种眼花缭乱、花拳绣腿的武打套路之中。其作品主人公亦非昔日行侠仗义之士，而多为聚啸山林拉帮结派的绿林之徒。作者往往置古代侠客的气质与精神于不顾，误将“武打”作为侠客的天职，其重武轻侠之风显而易见，终于导致了此时期武侠小说多变种为“武打小说”且泛滥成灾的局面。

此等局面造成的后果，便是极大地挫伤了读者对报载武侠小说的阅读热情。尤其是在北派武侠小说发源地与大本营的天津，此时期受“五四”新文化运动洗礼的新一代武侠小说作家，如还珠楼主、白羽、郑证因、朱贞木等人尚未崛起，占据各报刊武侠小说连载之位者，多为无名无实的混饭之作。不但作者鱼龙相混、成分复杂，而且作品也鲜见南方那些花里胡哨的海派热闹与时髦。虽然此间也产生了像张杰鑫、常杰淼、顾桐峻、蒋轸庭等人的《三剑侠》《雍正剑侠图》《大宋八义》《五女七贞》等“引人入胜”的评书式剑侠小说，但读者久读也要生厌，如无“惊世骇俗”的佳构出现，民国北派武侠小说可谓“命悬一线”。

正是在此等“危机”时刻，还珠那“挽狂澜于即倒”的《蜀山剑侠传》逆市而出了。

该书经过了连载初期的“反响平平”，当时间进入到1932年的九十月间，被后来研究者称之为民国“蜀山现象”的轰动场景，率先在天津出现。虽然此等结果对《天风报》主人沙大风与编辑唐鲁孙而言来得稍晚了些，而对此时仍身在河南“散心”的作者还珠来说更是浑然不知，但此结果一经出现，便势不可挡，很快便在沽上形成沸沸扬扬之势。

持平而论，《蜀山剑侠传》能在1932年夏秋之际的天津不捧自红、不胫而走，固然端赖于还珠本身的才华横溢、出手不凡和作品所展示的云蒸霞蔚、异彩纷呈，但此时此刻天津的特殊社会背景与环境，也是造成该书能凭借报纸于民间“疯传”的重要原因。

在1932年这个炎炎夏季，对津城百姓来说，鲜有让他们兴奋的事情出现，时局的动荡让他们感到多少有一些不祥之兆。

继不足一年前“九一八”事变东北落入日本人之手后，隐居于沽上宫岛街（今鞍山道）原驻日公使陆宗舆豪宅内的清废帝溥仪，又突然不知了去向。就在人们纳闷之际，半年前，沦陷的东北长春突然间冒出了一个叫“满洲国”的小朝廷，而溥仪则如戏法中“大变活人”般突然在此重新做了皇上，且为其站岗放哨的又不伦不类地变成了东洋日本兵。不但如此，盘踞在“满洲国”的日本人还时不时地叫嚷要打到关内，其虎视眈眈的狼子野心已是尽人皆知。故此，作为关内首个大都市的天津，此刻便成了中日较力最为紧张的危险之地。

再看看眼下的天津：各色日本人频繁活动和各式日本货栈（实为情

报机关）不断涌现；从沦陷的东三省流落出来的难民一天多于一天；天津各级政要有如走马灯似的不停调换；各类商品物价飞涨一日几变；衙署警察整日间穿街走巷到处抓人；反日志士街头巷尾此起彼伏地进行着抵制日货的宣传……这一切，都让天津百姓惴惴不安，预感中仿佛将有大事发生。也正因此，闲来无事的人们便尽量减少了外出的时间。不识字的呼朋唤友聚在一起边打牌边议论时局，稍识字的便每天买来报纸研究时局以作打算。但诚如老天津卫俏皮话所言“夜晚千条路，早起卖豆腐”，研究来研究去也没研究出个子丑寅卯，倒是“报屁股”上每日的连载小说渐渐地吸引了人们的眼球，于是更多的人便纷纷买报争着传看小说连载，以消磨时光。

时间不长，人们便发现，《天风报》上的一部连载小说最好看。不但文字佳妙，内容离奇，而且仙佛神怪、医卜星相、瘴气毒雾、神兵异器，无所不有，讲述妙绝，直看得人们眉飞色舞、手难释卷。不久，《天风报》便在天津再次风行起来。每日一早，人们便不约而同地涌到报摊，争着抢购新一期报纸。而更多的人，则是买到报纸，不及回家，便于街头细读起来，并且经常出现众多陌生人分别买到报纸后，聚在一起高声争论“金蝉”“朱梅”“醉道人”谁的“功夫最奇”的景观。

让津城百姓争相阅读且引发争论者，便是此时正在《天风报》上连载的还珠长篇神怪武侠小说处女作《蜀山剑侠传》。

凭借着《蜀山剑侠传》的轰动，一时间，《天风报》在天津可谓炙手可热，在数月内其发行份数扶摇直上，甚至远超当初连载刘云若《春风回梦记》时的最高发行量。对此等盛况，唐鲁孙后来回忆：“谁知（报纸）销路直线上升不说，从平津远及沪宁都有读者请求从刊出《蜀山》第一期把报份补齐。”〔《我所认识的还珠楼主》，唐鲁孙，台湾《民生报》副刊，1982 年 6 月 20 日〕

报纸的风行，让报馆主人沙大风乐不可支。他在重金谢过对此等结果有首介之功的临时编辑唐鲁孙的同时，更是对还珠充满期待，每日频繁地向唐鲁孙询问，这个写出如此怪书又飘忽不定的怪人何时能够返津。岂料不但唐鲁孙无言以对，就是登门询问新娘子孙经洵与电话局长段茂澜，得到的也是同样焦急与毫无音讯的结果。这下子沙大风有些坐不住了，眼看着连载的稿件日渐减少，而作者却失踪近三个月杳无音信，于是他急急发动唐鲁孙及友人写信、拍电报，向河南的朋友们打听还珠行踪。然而结果不是不知其踪，便是不见回音。

那么还珠到底去了哪里，又为何近三个月踪讯皆无呢？对此，还珠于1932年年底曾写有《还珠楼丛谈》之《鲖阳纪游》一文，详细地披露了此次“失踪”的全过程：

客夏南游，新蔡县长张警吾，为天津警备部旧雨，为人任达聪明，常识极丰富，于书无所不读，曾在天津大公报主编儿童周刊，署名大孩子，与予旨趣虽殊，而互引为平生知己，往往抵掌剧谈，终日不倦。客抵重逢，言笑更欢，遂同往新邑，拟一视豫南民生疾苦。由开封乘汴洛火车至郑州，转京汉车至驻马店，易火车上路，沿途大雨，泥泞难行，衣履皆湿，旱路二百十里，行三日半乃达，适前任已辞职迁省，仅留科长办交待。张君抵任后，一切宏愿均阻于军人，每日支应繁忙，无暇更谈庶政，令人有知易行难之叹。会淫霖不止，山洪暴发，路阻不可行，予以客乡佐治，留滞三月，使得云归。新邑久苦污吏，张君承苛政之后，虽梗于军人，志事弗应，一切均本良心行。抵任不久，已为民间所爱戴，有好官之目。予告行时，张君置酒祖饯，席间慷慨论政兴革，并云将以绝大毅力，与民更始。闻者动容，予也留诗纪别。纪实之作，愧未能工，录之以博方家一笑。

鲖阳留别张使君

臂鞲脱去朔风飏　意冷中原会猎场
健翮幸存吾已足　九霄天际任回翔
酒阵诗坛自一军　笑他绛灌太无文
相逢不待青梅熟　好为苍生问使君
动如天马静如斋　谁识当前一士佳
起看斗南森剑气　干将岂便久尘埋
半生误解古人书　潦倒乾坤一蠹鱼

酒肝琴心收拾却　长卿自是慕相如

〔《鲖阳纪游》，还珠楼主，天津《天风报》副刊《黑旋风》，1932年12月18日〕

由此可知，“意冷”的还珠于当年盛夏到河南新蔡县，与昔日《大公报》同事、后为天津警备司令部旧友，时任该县县长的张警吾相聚后，恰逢其调任新地，于是便陪其前往新地履新。但此时正值豫南风雨交加，山洪暴发，不但北返已无可能，就是写信也投递不出，加上穷乡僻壤尚无电报，无奈中的还珠只得暂留下来，辅佐老友治理县政。结果不但成绩斐然，政通人和，而且于沾沾自喜中早已把小说连载忘于脑后。等到想起此事，已是三个月后大水退去的“朔风飏”之时了。于是，他赶紧打点行装，于当年初冬时节的11月底返回天津。

当还珠风尘仆仆赶到日租界福岛街《天风报》馆，向沙大风与唐鲁孙说明“失踪”原因后，此刻已急得五官变形如坐针毡的沙大风终于放下心来，他拉起还珠叫上唐鲁孙，三人急急走出报馆，拐弯去了旭街鸿宾楼。接风洗尘间，沙、唐二人便将《蜀山剑侠传》在天津大火的详情和盘相告。还珠听罢，自然也是欣喜异常。然而，就在此时，唐鲁孙却提出因北平有生意需要打理，不能再为《天风报》效力了。

沙大风闻言，先是极力挽留，但随后便不失时机地力邀还珠加盟《天风报》。沙大风此时的本意是想几好并一好，将连载《蜀山剑侠传》的《黑旋风》副刊交予还珠，目的在于牢牢将其拴住，别再四处瞎跑。让还珠这棵摇钱树写连载为报馆赚钱的同时，还可利用其此刻的炙热影响力与号召力，为报纸拉来更多的名家之作。此外，此举亦可将还珠此前在其他报刊所发各类随笔、札记、丛谈，统统归于《天风报》一家，在小说连载叫好叫座的同时，也捎带让副刊《黑旋风》发光出彩。因为此时的还珠已今非昔比，其“还珠楼主”四字已是平津乃至华北各报刊的金字招牌，有他便有读者群。

但出乎沙大风的意料，还珠此时并未应允，而是说道，通过这段时间的休整，他对“蜀山”已有了一个通盘考虑，这将是一部超大规模的神怪武侠小说。因此，他眼下需要时间，尽快地调整全书的故事与结构，等将来写顺了，再考虑《黑旋风》的编务。沙大风见此，只得暂时休了此念。

随后，他便急急招来沽上另一文人朱青原顶替唐鲁孙之职。但他心中却仍在谋划，这只是顶缺的权宜之计，此位置的最佳人选，还是还珠。但这需要时间。

见过沙大风等人的翌日，还珠便去拜会把兄弟段茂澜。当还珠将欲辞职归家安心写小说的想法说出后，段茂澜沉思良久，只说了三句话："既然你主意已定，我不阻拦；《蜀山剑侠传》是一部好小说，凭你的才华，此书今后必将大火；如果写书写烦了，想回局公干，我随时给你留着位置，辞职手续暂可不办。"

还珠闻言，感动之余，只用一句话作答："知我者，观海兄也！"

归家之后，还珠便立即开始了对《蜀山剑侠传》的重新结构与设计。经过多日慎重思考，此时他已知道了读者的阅读心理与市场需求，对该书及此后的"蜀山系列"也有了一个"完整计划"〔详见《冷魂峪》书前"还珠附启"，上海正气书局 1947 年 8 月出版〕。于是他一改当时"想把所历所见的山水人物，写成'笔记'"的初衷，而是将已写成尚未刊出的五十余万字（后出单行本二至六集，总第 19 回至 84 回）内容重新调整结构，加大了对人物神形的刻画与对故事传奇性的渲染，而且力避当时众多"武打小说"之沉疴，极力展开他那"怪得出奇"（徐国桢语）的头脑中之极富奇幻的想象力，遂使全书"经过第六集的'伐毛洗髓'，迨至'晶球凝幻影，怪叫化惊魔青螺峪'（总第 85 回）时，便峰回路转，奇兵突出；宛如大鹏鼓荡风云，神龙破壁飞去，扶摇直上九万里。以后越写越奇越精彩，乃自成其仙、凡统一的'剑侠世界'。卒能纵横所之，了无窒碍，隐然为武林'奇幻仙侠派'开山宗主"〔《天下第一奇书〈蜀山剑侠传〉探秘》，叶洪生，学林出版社 2002 年 2 月出版，第 6 页〕。

以上所引还珠研究专家叶洪生之语，虽重点道出了《蜀山剑侠传》后来的结果与影响，但该书在经过还珠精心调整结构与重新酝酿后，其"奇兵突出"且场面宛如"大鹏""神龙""扶摇直上九万里"的形容，确是客观事实。对此当年将《蜀山剑侠传》拉到《天风报》连载的还珠老友唐鲁孙之回忆可资佐证："凭良心说，《蜀山》从一至五集，是还珠文坛试笔；五集以后因为大受读者欢迎，他才聚精会神地写下去。因为他书看得多，《蜀山》一集比一集精彩，从此奠定基础，开创了惊天地泣鬼神的巨

著。”〔《我所认识的还珠楼主》，唐鲁孙，台湾《民生报》副刊，1982年6月20日〕

作为还珠的“知音”，叶洪生与唐鲁孙二人对《蜀山剑侠传》第六集前后变化的评判可谓独具慧眼，明察秋毫。但问题是，此等评判乃是在《蜀山剑侠传》全书55集完全杀青后，站在比较级层面，于通览全书的基础上因“果”溯“源”使然。因为正是有了第六集之后的“峰回路转，奇兵突出”的“一集比一集精彩”，方才反衬出前五集的“试笔”之作“体例驳杂不纯”，“令人有凿枘不入之感”。况且作为整个民国武侠小说史上领袖群伦之巨著，《蜀山剑侠传》本身就是一座丰碑。其“越写越奇越精彩”的结果，非但让民国其他武侠小说作者难以望其项背，就是还珠本人，在此书生成初期，因其“不经意”的率而操觚，其想象力与描绘力，亦是难以达到第六集之后因“聚精会神”而产生的“扶摇直上九万里”之峰巅。

因此，笔者以为，我们不应因《蜀山剑侠传》后来的辉煌，而掩埋其在“峰回路转”之前的光泽。因为正是连载初期的“碰壁”和反复调整，不但让还珠逐渐找到了创作感觉，而且其已经“不同凡响”的效果也为此书积攒、聚集了大量拥趸与人气。迨至还珠感觉已到，祭出“奇兵”，此书也就“水到渠成”地达到“纵横所之，了无窒碍”之势了。

对此，市场上的反馈亦可参之为证。

《蜀山剑侠传》总第85回于报上连载的时间，已是1934年的年初。是时，该书凭借前84回的结构调整，重新“计划”，不但在平津妇孺皆知，不胫而走，而且已经轰动华北，名震江南。正是在此等“疯传”的基础上，遂造成第85回以后，其风靡全中国的“蜀山狂潮”——揆之史实，将《蜀山剑侠传》在当年风行全国书肆和书摊的现象，称之为“狂潮”，实非笔者妄言。

如此说可以成立，对民国时期“蜀山狂潮”的生成不妨做如下结论：在没有任何重大宣传的前提下，“蜀山狂潮”的出现，绝非一蹴而就；其在民间近二十年的风靡，实乃该书魅力使然；而此等魅力的形成，又实在是该书经年累月渐入佳境的结果；若想追溯这种佳境的渐入契机，其初始之时的报端“试水”与及时“调整”实为关键；而在这关键时刻，天津读者的挑剔眼光、识货能力及慨然捧场可谓功不可没。

换言之，是天津的读者造就并捧红了还珠与其《蜀山剑侠传》。因为正是天津读者的挑剔、宽容与鼓励，让还珠及时调整了写作计划，并使他有信心将这慢热而又悠长的《蜀山剑侠传》耐心地写下去；而聪明的还珠也是不负众望，及时调整好方向并快速进入佳境，最终使《蜀山剑侠传》轰动天津，名噪华北，风靡全国。

第三节 《蜀山剑侠传》超凡魔力解密

神怪武侠小说空前精彩第一巨著
读者愈久愈众历久不衰唯一伟构
情节离奇　兴趣浓郁　文笔优美
描写细致　结构谨严　气势充沛
紧张、热烈、恐怖、诡秘、雄伟
侠客除暴安良，剑仙斩妖降魔
强中更有强中手，能人背后有能人
众妖魔张牙舞爪，各剑仙神出鬼没
看得你爱不忍释，看得你俗虑全消

这是1946年至1947年间，《蜀山剑侠传》单行本出到第35集至37集时，书局主人在该书封三上连续刊出的广告词。

核查全书内容与当年史实，此中除“结构谨严”有溢美之嫌外，其余文字绝非妄言。对此，台湾地区还珠研究专家叶洪生曾有解读：“它（广告）的确如实反映出《蜀山》的小说特色及其所以能颠倒众生的主因。据知当时国内上自名公巨卿、下至贩夫走卒，几乎无人‘不迷’还珠楼主，以争睹《蜀山》为快。半个世纪以来，恐怕唯有金庸武侠作品有此魅力；然以小说的想象力及原创力而言，金庸受还珠启发之处不一而足；当瞠乎

其后，自叹弗如。”〔《天下第一奇书〈蜀山剑侠传〉探秘》，叶洪生，学林出版社 2002 年 2 月出版，第 3 页〕

五十余年后，叶洪生先生所言亦非妄言。事实就是如此！

既然半个世纪前后评价均相一致，那么《蜀山剑侠传》全书内容究竟如何？其“颠倒众生”的魔力又到底何在呢？正可谓欲识“蜀山”真面目，还应“身在此山中”。下面我们就从几个方面“拾级而上”，去一览其云蒸霞蔚之“胜景”吧。

所谓“蜀山”，即是指还珠少年时期三次登临的四川峨眉山。此山乃邛崃山之余脉，介于凉山与邛崃山之间，因巍峨雄秀，百里可睹，故清人谢文明曾于山中万年寺前字碑上，题有“峨眉天下秀”之辞。其实，如果对此山细细体味，则可发现，它远非一个“秀”字可以概括，而是具有雄、秀、奇、险、幽等特色，故唐李白称之为“仙山”。当代更是有文人对此山做过如下描绘：

峨眉山主峰万佛顶海拔 3099 米，在川西南坝上，孑然独立，气宇轩昂，耸立天际。登上山顶，极目远眺，原野空旷，沃地千里，山峦起伏，江河如带，令人心怀开朗，神驰气壮，这是雄的特色；全山重峦叠嶂，千岭万壑，佳木繁翳，修竹茂荣，郁郁葱葱，呈蓝露翠，这是秀的特色；每当云海茫茫，登顶俯视，则霓彩摄身，霞光护体。入夜则磷灯万点，闪烁迷离，不时地惊涛响于幽壑，雷霆动于谷底，这是奇的特色；加以山中草木繁翳，有许多世界稀有植物，栖息着不少珍禽异兽，更增添了那奇的色彩；山中到处有悬崖绝壁，高者达七百余米，游山大道或筑于半崖之上，或辟于绝壁之间。拾级而登，坡有钻天之号。履水而前，天有一线之名，这是险的特色；山中有许多深邃的岩洞和如练的飞瀑，到处是宁静的深壑，清澈的泉流，水声淙淙，应和着猿啼蛙噪，鸟唱虫鸣随处可听，这是幽的特色。此五大特色是其它名山所不能兼备的。它处名山，游人只要登上绝顶，全山之胜，尽收眼底，花一两天时间，即可游完。而峨眉山则不然，峰峦交错，互为屏嶂，谷深壑险，道路迂回，地域深广，景物殊异，如不花上半月时间，细心观摩，或无行家给予指点，便难于认识它独特的神韵。这又是不同于其它旅游名山的特点。〔《话说峨眉山》，骆坤琪，西南交通大学出版社 1995 年 12 月出版，第 2 页〕

旧时峨眉山（蜀山）之“金顶日出”

正是因为这雄、秀、奇、险、幽的五大特色，自古以来，有关峨眉山的优美传说与传奇故事，便绵延不绝，而且越说越新，愈写愈奇。迨至 20 世纪 30 年代以降，更是伴随着还珠的《蜀山剑侠传》，让峨眉山盛名声震遐迩，远播海外。

《蜀山剑侠传》内容所讲，便是以峨眉山为背景，以还珠自命的峨眉派为首的正教群仙与各旁门邪教间善恶争斗之故事。由于作者在书中调动了过去壮游生涯的所见所闻，并经过奇特而夸张的想象与变形，编织出了一个遍布天地间庞大的仙邪世界，营造出了另一个匪夷所思的宇宙时空，遂使故事情节跳出了当时一般武侠小说之窠臼，形成了一种云诡波谲、超凡入圣的神话境界。使人阅之如行诡异莫测的山阴道上，顿生头绪纷繁目不暇接、悬念丛生高潮迭起之感。对此，当年曾有文人香石者赋诗盛赞此书曰：

霜锷星镡述列仙，蜀山神秘现毫巅。
奇文自足供欣赏，胜读庄周说剑篇。
牛斗龙光剑气寒，诸魔劫运挽回难。
燃犀温峤心良苦，莫作搜神志怪看。
驭气排云入紫枢，上元六甲又飞符。
神铓出匣风雷吼，尽在牟尼一串珠。
文章藻绩赋晴虹，腕底云烟便不同。
烈烈天风吹海立，挥毫力障百川东。

〔《题〈蜀山剑侠传〉并柬还珠》，香石，《天风报》1934 年 5 月 27 日〕

全书通过慈云寺斗剑、戴家场比武、凌浑夺取青螺峪、紫青合壁斩谷晨、三仙二老诛绿袍、都天烈火困峨眉、藏灵子紫玲谷寻仇、天狐宝相夫人御天劫、大破紫云宫、初探幻波池、杨瑾夺获九疑鼎、郑颠仙元江取宝、叶缤施冰魄神光、天都二女斗毒手摩什、冥圣徐完大举犯峨眉、佛火心灯消灭血神子、峨眉开府宴群仙、众弟子试闯火宅十三限、韩仙子力战天痴上人、神驼乙休大闹铜椰岛、枯竹老人限制红发老祖、幻波池圣姑显灵迹、艳尸崔盈形神俱灭、天残地缺苦斗乙休、峨眉七矮除万载寒蚿、尸毗老人驱遣十二神魔、群邪轮攻幻波池、鸠盘婆魔阵困易静等大大小小数十个故事情节的铺陈，为读者描绘出了一幅光怪陆离、波澜壮阔的环宇奇观。全书奇想超妙，凌绝古今，尤其是对各色妖邪与诸多天劫的营造更是出神入化，颠倒众生。可谓前无古人，至今亦后无来者之佳构。

以崇尚“玄门正宗”为首的峨眉派仙侠固然是书中的主角，但他们作为万物之灵长，除了“灵魂可以离体，身外可以化身，借尸可以复活，自杀可以逃命，修炼可以长生”，“不食可以无饥，不衣可以无寒，行路可缩万里成尺寸，谈笑可由地室送天庭”〔《还珠楼主论》，徐国桢，上海正气书局 1949 年 2 月出版，第 12 页〕外，其形态则基本与人类无异，因此对其刻画也就束缚了作者的奇思妙想。倒是妖邪这些子虚乌有之怪物，为还珠那不可羁勒的想象力与描绘力提供了施展的良机。

例如他在书中第 39 集第三回曾这样描写过一个妖魔：

台中心孤零零设着一个椭圆形的宝榻，上面侧卧一个身蒙轻纱的赤身妖女，睡得正香。生得肤如凝脂，腰同细柳，通体裸露，只笼着薄薄一层轻纱，粉弯雪股，嫩乳酥胸，宛如雾里看花，更增妖艳。尤妙是玉腿圆滑，柔肌光润，白足如霜，胫趾丰妍，底平趾敛，春葱欲折，容易惹人情思。活色生香，从来未睹。而当她：坐起后，只朝众人星眸流波，作一媚笑，懒洋洋把玉臂一挥。那般人面上立现喜色，纷纷起立，目注妙女神色，倒退十数步。

一会儿，妖女忽由身后摸出一面金镜，朝那玉臂云鬟左右照看了两次，顾影自怜，柔媚欲绝。无意中右腿一伸，脚尖朝那道童的脸踢了一下。道童忽然兴奋起来，纵身站起，两臂一振，所穿短装一齐脱卸在地，立时周身精赤，一声怪叫，便朝妖女扑去。

然而就是这样一个风流冶媚的艳女，当被具有特异功能的金蝉、石生用透视云雾的慧目法眼看穿原形之后，其真实面目却为：

妖女竟是一个极奇怪的妖物：体如蜗牛，具有六首九身四十八足。头作如意形，当中两头特大，头颈特长，脚也较多。一张平扁的大口，宛如血盆，没有牙齿。全身长达数十丈，除当中两首三身盘踞在宝榻之上，下余散爬在地，玉台几被它占去大半。那道人残尸已被它吸向口边，六颗怪头将其环抱，长颈频频伸缩，不住吮啜，隐闻咀嚼之声。形态猛恶，从所未见。想不到一个千娇百媚、玉体香温、冶荡风骚、柔媚入骨的尤物佳人，一现原形，竟是这等凶残丑恶的妖孽！〔《蜀山剑侠传·第38—43集》，还珠楼主，岳麓书社1989年6月出版，第104—108页〕

这便是对凶残淫毒的“万载寒蚿”之描写。前后两相比较，可谓人妖之变，天地之别。尤其是对后者的刻画，可谓狰狞恐怖，骇绝人寰。

然而就在这“万载寒蚿”被“神驼乙休”等仙神围剿，即将神形俱灭之时，还珠又在第40集第四回凭空杜撰出一只雄性前古妖龙“元鼍”，且看此精怪骇人之长相：

> 本身其形如龙，少说也在百丈以上，约有一丈多粗。前半节生着两片肉翅，四只龙爪；后半近尾之处却生着两排粗约尺许、长约三四尺的兽足。尾作扇形，约有三四丈方圆，上面尽是逆鳞倒刺。通体红色，满生三角鳞片，其大如箕，闪闪生光。除前半身近头一带昂起向上，口发鼓声，不住怒吼，尾部兽足挺立湖底而外，长躯竟将湖心一带盘满，形态猛恶长大，平生仅见。
>
> 〔《蜀山剑侠传·第38—43集》，还珠楼主，岳麓书社1989年6月出版，第172页〕

类似此等妖魔的恐怖描绘，在还珠“蜀山系列”中，随处可见，俯首即拾，以上只是仅举两例为证。那么还珠这种栩栩如生的奇特描绘之依据，又是来自哪里呢？

据已故老报人，当年还珠在天津电话局的同事吴云心晚年回忆：“李（还珠）想象力颇为丰富。在小说中写动物怪异，身长数十丈，六足或八足，或能飞善跃，其状凶恶可怕。我曾问过他，这些形象是怎样想出的？他说：‘容易得很，取任何昆虫，如蝗虫、椿象、青蛙、蚯蚓、螳螂等，放大若干倍而描写之，其凶恶诡异之状可以想象。’”〔《吴云心文集》，吴云心，天津古籍出版社1990年10月出版，第646页〕

此外，还珠自己在20世纪50年代中期，亦于报纸上披露过他当年塑造妖邪的秘密。大意是说用高倍放大镜去观察各种昆虫，通过高度夸张，再添上别的动物的爪、牙、角、尾，便创造出人世间所没有的狰狞奇异的怪物了。如以蚂蚁为例，若把它扩大一万倍，就变得十分惊人，再添上大象的鼻子，犀牛的尖角和鳄鱼的尾巴，就成了骇人之极的恐怖怪物。〔《武侠小说话古今》，梁守中，江苏古籍出版社、中华书局（香港）1992年1月出版，第194页〕由此可见，还珠笔下奇特妖邪的描绘，是有实物做模特儿的。只不过经他重新整合，加以夸张、变形后，别人难以想象难以发现罢了。

对妖怪的刻画是这样，对各种天劫、自然现象及各种神怪争斗场面的营造，亦复如此。关于这些，七十余年前徐国桢曾概括为：“关于自然现象者，海可煮之沸，地可掀之翻，山可役之走，人可化为兽，天可隐灭无迹，陆可沉落无形，以及其它等等”；“关于故事的境界者，天外还有天，地底还有地，水下还有湖沼，石心还有精舍，以及其它等等”；“关于战斗方面者，风霜水雪冰，日月星气云，金木水火土，雷电声光磁，都有精英可以收摄，练成功各种凶杀利器，相生相克，以攻以守，藏可纳之于怀，发而威力大到不可思议”。因此他认为：“还珠楼主的神怪小说，和‘尘世’隔得很远很远，和前人笔记中所写‘飞剑取人首级百里之外’那种剑侠，其色彩不知要浓重到若干万倍，实是长篇神话也。”〔《还珠楼主论》，徐国桢，上海正气书局 1949 年 2 月出版，第 12—13 页〕

为了说明这部巨著“神话色彩”之浓重，且看《蜀山剑侠传》第 14 集第七回“本是双清翻成投怀燕 剧怜同病难为比翼鹣”中，有关北极“月儿岛”的恐怖描写——

几个剑侠听说地球的北极那边，有个“月儿岛”，岛上有个深广的火穴，穴中藏有众多威力不可思议的“法宝”，于是他们决定前去探险取宝。甫到北极，但只见：

> 离月儿岛，还有老远，便见前面浊浪滔天，寒飙四起。愁云惨雾中，灰沉沉隐现着一片冰原雪山，迥非前次所见红光烛天的样儿。及至飞到岛上一看，昔日火海俱被寒霜冰雪填没，不知去向，连山形都变了位置。知道火海业已封闭。正在定睛注视，白、朱二人已经车熟路般走向一座冰壁面前。只双双将手扬了几下，便带了金须奴一同飞起空中。耳听脚底先起一阵音如金玉的爆裂之声，接着便是震天价一声巨响，那一排耸天插云的晶屏径自倒塌下来，立时四山都起了回应，冰尘千丈，海水群飞。左近冰山受了这一震之威，全都波及，纷纷爆散震裂。附海一带竟是整座冰山离岸飘去，砰訇排荡，声势骇人，半晌方止。
>
> 冰壁稍静，三人同时飞身而下。地面上又换了一个境界。除了到处都是断冰积雪外，冰壁陷处，现出一个深穴，下面隐隐冒着一缕缕的轻烟。朱梅首先走向穴边，手先朝金须奴一挥，

命他留意。然后两手一搓，朝穴中一放，便见一点红光飞向穴底。转眼之间，下面轰的一声，一道火焰，倏从穴底升起。三人早有准备，未等火起，早已二次飞向空中。金须奴低头往下一看，那火势真个厉害！先见地穴只有亩许大小，火刚上来，便是万丈火苗夹着一股浓烟直冲霄汉。那穴便相随震裂，越来越大。所有地面上如山如阜的坚冰积雪，立时都消融成水，波涛滚滚，夹着少许碎冰块，恰似万股银流，互相挤夺争驰，往海中抢去。不到半盏茶时，附近数百里内的冰山雪峰，全部消灭。只剩下围着火海的一片石峰，仍回复了当日火海形状，才略止崩裂烧融之势。〔《蜀山剑侠传·第11—15集》，还珠楼主，岳麓书社1988年12月出版，第349—350页〕

对此等景观的恐怖描绘，徐国桢曾解读为，这恰恰是还珠作品吸引人的“魔力”所在。“还珠楼主作品抓住读者的魔力，是常常用恐怖的描写，压迫读者的情绪：‘已经够怕了吧？’‘没有够；’‘怕的还在后面呢！’描写到极度紧张之处，真有压得你透不过气来的魔力。但是，无论你头脑中的幻想如何丰富，故事间的玄理如何泛滥，笔力的纵送如何恣肆猛悍，要在千百万言长篇叙述之下，始终像平地登山般，一步紧张一步，步步相逼，越走越快，永不松懈半步，使得文字间的紧张程度，作无限制的进展，在事实上决无此种笔力。”〔《还珠楼主论》，徐国桢，上海正气书局1949年2月出版，第18页〕

如有，则是还珠。徐国桢将还珠这种吸引人的“魔力”归结为，实乃作者个人“玄思幻想”的“绝技”使然：“还珠楼主在小说中创造出光怪陆离的幻境，加以恐怖的描写，而增重其小说上的神怪色彩，是他所最擅长而且最动人的‘绝技’。要没有像他那么一颗满满地盛着‘玄思幻想’的头脑，是写不出来的。”〔《还珠楼主论》，徐国桢，上海正气书局1949年2月出版，第23页〕为了证实这种“玄思幻想”，徐氏曾以《蜀山剑侠传》第14集第二回“虎啸龙翔冲波戏浪 山崩海沸熔石流沙”中的“安乐岛因火山爆发，由而海啸陆沉”为例，加以说明：

冬秀一眼望见，适才所见来路上那片乌云，忽然越散越大，变成一个长条，像乌龙一般，一头直垂海面，又密又厚。映着云旁边的月光，幻成无数五色云层。不时更见千万条金光红线，在密云中，电闪一般乱窜，美观已极。海滨的云，变幻无常，本多奇观，尤以飓风将起以前为最。像今晚这般奇景，却是自来安乐岛三年之中，从未见过，不禁看出了神。……一言未毕，便听呼呼风起，海潮如啸，似有千军万马，远远杀来。岸上椰林，飞舞摆荡，起伏如潮；晃眼之间，月光忽然隐起，立时大地乌黑，伸手不辨五指。猛觉脚底地皮，有些摇晃。……猛的又听惊天动的一声大震，脚底地皮，连连晃动。……一股海浪，已像山一般，劈面打来。……一片轰隆爆炸之音，已是连响不绝，震耳欲聋。……忽然平地崩裂，椰林纷纷倒断，满空飞舞，电闪照处，时见野兽虫蛇之影，在断林内，纷纷乱窜。这时雷雨交作，加上山崩地裂之声，更听不见虫兽的吼啸，只见许多目光，或兰或红，一双双，一群群，在远近出没飞逝罢了。海岸上断木块石，被风卷着，起落飞舞。打在头上，立时便要脑浆迸裂。……（按：书中冬秀等数女，已纵身潜入海底避灾。）身一露出海面，那如山如岳的海浪，便都一个跟一个，当头打到，人力怎生禁受？……再往回头一望，一股绝大火焰，像火塔一般，直冲霄汉。算计海中，只有安乐岛一片陆地，这场地震，定是火山爆发，全岛纵不陆沉，岛上生命财产，怕不成为灰烬？……打算游往回路，看个动静：前行不及十里，海水渐热，越往前，越热得厉害。探头出去一看，远远望去，哪里还有岛影，纯然一个火峰，上烛云霄，海面上和开了锅的水一般，不时有许多尸首飘过。〔转引自徐国桢著《还珠楼主论》，上海正气书局 1949 年 2 月出版，第 23—24 页。详见《蜀山剑侠传 · 第 11—15 集》，岳麓书社 1988 年 12 月出版，第 293—295 页〕

还珠“玄思幻想”之“魔力”，从以上于书中信手拈来的两段描写可见一斑。虽然这些如火如荼的笔力、绘声绘色的笔法，分明是还珠向壁虚构之妄，但却有如耳闻目睹之真。其实这些匪夷所思的自然现象，也还是有迹可循的。对此，还珠“知音”徐国桢解读说：

这种描写，“有物理与玄理之别”。如以金木水火土为例，属于物理原理者，人们仅知水能灭火、火可煮水等浅薄理论。而还珠书中最最具有吸引读者魔力之处，也正是属于这一方面的描写。这些浅薄的物理知识，通过还珠的头脑和笔墨，便化出了匪夷所思的神怪故事。读者对于那些浅薄的物理知识，意识上都有现实生活上的经验积累。因此，尽管还珠写得海阔天空，读者依然具有亲切之感，觉得他写得并不是绝对违反科学。还珠把水、火、风、雷、冰、雪、雨、雹、山、云、雾、日、月、铁、磁、土、木、石等等，加以神化而发挥种种威力时，对于各种自然物的本性，还是完全保存，绝无“诬蔑”之处，在“荒唐”之中，有一个限度，这样，读者就愿意接受他这个“荒唐”了。

“把物理和玄理混成一片，这就是还珠楼主小说之所以神秘。把‘假话’说‘真理’，把‘真理’化而为‘玄谈’，于是乎似是而非，疑然而幻，‘非’从‘是’中而来，‘幻’由‘真’中所化，这小说中的神秘作用，就发生吸引读者的魔力了。还珠楼主在小说中，对‘魔道’十分痛恶，实际他的小说的引人入胜的力量，也是具有魔道的作用的。”也正因此，徐国桢将这种“魔道作用”归结为“把物理的作用，纳于玄理的运用中”，亦可称“物理的玄理化，玄理的物理化”。〔《还珠楼主论》，徐国桢，上海正气书局1949年2月出版，第28—29页〕

徐氏之论可谓一语中的。例如“海可煮之沸”是不是得意于壶中煮沸之水，“地可掀之翻”又与地震何其相似。这种以小见大、以偏概全、变微为巨、易实为幻的奇思妙想岂不正与“蚂蚁变怪孽”的妖邪刻画同出一辙。当然，由彼及此的“物理”变化容易理解亦容易破解，难解复难辨的是那些由此及彼的近于“玄理”的铺陈，这需要有更为丰富的“两仪”“五行”“五相”“八卦”“九宫”“大衍”等知识作钥匙，方能开启还珠那睿智的思维宝库之门。唯其如此，读者与作者的审美才能处于同一节拍产生共鸣。这也正是“蜀山系列”为什么愈是在高知识阶层愈是备受青睐之原因。明乎此，我们便不会再用“荒诞不经”与“流毒甚广”去评价还珠与他的神怪武侠小说了。

除对各色妖魔与各种天劫的超现实描绘外，还珠对神魔格斗中各种兵器与法宝的“发明创造”，亦堪称凌古之绝。三十年前，梁守中在《〈蜀山〉的法宝与怪物》一文中，曾对这些“兵器与法宝”做过如下介绍——

《蜀山剑侠传》中的法宝既多且奇，除常见的利器刀剑之外，五花八门的异宝奇珍，使人目眩神迷。宝剑中以长眉真人留下的紫郢、青索二剑最为厉害；双剑合璧，威力更加奇大。另有一口南明离火剑，乃达摩老祖渡江前所炼，亦堪与之匹敌。宝刀之中，红发老祖的化血神刀颇为神异，此刀连穷凶极恶的绿袍老祖也抵挡不了。另有英姆取自番僧的“九九修罗刀”，经她祭炼后，专克邪魔妖物，亦具无上威力。

刀剑之外，钩、戈、斧、钺、弩、箭、錾、钻、锤、剪、环、圈、钉、杵、锁、轮、瓶、镜、尺、盘、针、梭、筝、箫、灯、钟、环、球、簪、圭、伞、鼎、网、罩、罗、锦、沙、石，以致火焰、青烟、光线、声音等等，都可成为法宝，应有尽有，神妙之极。这些法宝名称，玄妙怪异，五光十色。以宝珠和宝镜为例，就有雪魂珠、火灵珠、牟尼珠、寒碧珠、伽蓝珠、阴燐神火珠、天遁镜、太虚神镜（昊天宝鉴）、迦叶金光镜、两仪天昙镜、禹王鉴等等。具有惊人爆破力的法宝则有太乙神雷、五行神雷、天罡雷珠、土木神雷、石火神雷、癸水雷珠、寒焰神雷、乾天一元神雷（霹雳子）、诸天十地如意神雷等。还有一种无音神雷，可以把爆破声音隐藏起来，如同近世的无声手枪一样。

而混元一炁球与九子阴雷，则像核弹一样，具有极其巨大的杀伤力。书中这样描写九子阴雷的爆发之威：“那九子阴雷大只如杯，随着主人意念，发出极强烈的威力。照例出手，光并不强，暗紫、深蓝二色互相闪变，无甚奇处。一经发威，立发奇光爆炸。当时火焰万丈，上冲霄汉，下透重泉，方圆千里之外，无论山川人物，一齐消灭，化为乌有。那被阴雷激荡起来的灰尘，上与天接，内中沙石互相摩擦，发出无数量的火星，中杂熔石沸浆。由千里以外远望，宛如一根五颜六色的撑天火柱，经月不散……”20世纪30年代的这段描述，与当今核试验爆炸，颇有相似之处。真是奇思奇笔，令人难以置信。

然而，还有比上述更奇者。梁守中认为：“在林林总总、五光十色的法宝当中，要数易鼎易震所驾的九天十地辟魔神梭最为神异奇特。此梭乃易氏兄弟祖父易周采取海底千年精铁，用北极万载玄冰磨冶而成，没有用过一点纯阳之火，形如一根织布的梭。不用时，仅是九十八根和柳叶相似、长才数寸、如纸样薄的五色钢片。一经使用，这些柳叶片便长有三丈，自行合拢，将人包住，密无缝隙，任凭使用人的驱使。随意所之，上天下地，无不如意。如要中途救人，只须口诵真言，将梭中心七片较小的梭叶一推，便现出一个小圆洞的门户，将人纳入，带了便走。如再有敌人法宝飞剑追来，那七片梭叶便立即旋转，发出一片寒光，将它敌住，一转眼便破空穿地而去。此梭可上天、入地、潜海，具有多功能的作用，较之今日的太空梭、潜水艇还先进得多，真是异想天开、构思巧绝，不知还珠楼主当时扯动了哪条神经，能想象出这种奇妙的法宝来。”〔《武侠小说话古今》，梁守中著，江苏古籍出版社、中华书局（香港）1992 年 1 月出版，第 191—192 页〕

如此超强之想象，我们真要怀疑还珠是否有“穿越”未来之“特异功能”了。此等超前描写，恐怕吴承恩、许仲琳再世，亦难以望其项背，自叹弗如。对此叶洪生亦言：“众所周知，现代人类 21 世纪最先进的武器，莫过于加上导航投射系统的超级核弹，其爆炸力最大约相当于两百万吨黄色炸药，足以把一个小岛夷为平地，甚或炸沉；而其核子辐射尘流毒所及，可令当地生机灭绝，寸草不生，达数十年之久。……但世人万万想不到，早在半个世纪之前，《蜀山》即开科幻小说之先河，大量引进现代核武器原理，制造各种能够‘混沌宇宙、震撼乾坤’的超级核弹，殆非‘原爆’始作俑者所能想象。”〔《天下第一奇书〈蜀山剑侠传〉揭秘》，叶洪生，学林出版社 2002 年 2 月出版，第 207 页〕

对有形之物的超绝想象已如上文所言，而对“形而上”的意识形态，尤其是对儒、释、道三大思想之融合，亦复如此。

还珠自幼饱读诗书，遍览典籍，对儒学造诣颇深。其于抗战前奉“冀察政务委员会”主任宋哲元之命，曾参与将“四书”另行分类，编撰《四书新编》的工作，即可见其儒学之功力。而于释、道两家玄学，还珠更是自幼至长，浸淫其中。举凡大乘佛学如《大方广佛华严经》《阿弥陀经》《无量寿经》《大乘妙法莲华经》《大佛顶首楞严经》《金刚般若波罗蜜经》《般若心经》《大智度论》《俱舍论》，乃至禅宗《传灯》《指月》诸典，悉为他化入小说。至于道学，由最早的《易经》《道德经》《庄子》《列子》，以迄《抱朴子》《参同契》《皇极经世》《太上灵宝经》《太清金阙玉华仙书》《云笈七签》，以致道教中最神秘的《玄天九转道录》

及谭峭《化书》等等之奇妙素材，亦均散见于还珠说部，不可胜数。

故此，叶洪生在历数上述儒、释、道典籍对还珠的影响后，断言："概乎言之，在过去千余年的中国小说传统中，有谈儒家忠孝节义者，有谈佛家因果报应者，更有谈道家神仙、术数及狐鬼修行者；但从未有一名作家或一部作品能将儒、释、道三家之思想学说精义共冶于一炉而予以高度艺术化之发挥者——有之，则自还珠楼主始，且迄今无人能出其右！"〔《天下第一奇书〈蜀山剑侠传〉揭秘》，叶洪生，学林出版社 2002 年 2 月出版，第 15—16 页〕

徐国桢亦曾形象地将其概括为："还珠楼主所创作的小说人物，在行为上可说如下：本来是李耳、庄周一般的襟怀，可生就了释迦牟尼的两只眼睛，却是替孔丘、孟轲去应世办事。于是儒释道混成一体了。"〔《还珠楼主论》，徐国桢，上海正气书局 1949 年 2 月出版，第 38 页〕由此可见，还珠对各种"形而上"典籍教义的"精研"与"运用"——这是精通儒、释、道诸家之后的"大而化之"。

此外，《蜀山剑侠传》的魔力，还应归功于还珠对自然风光的痴迷。写作此书之初衷前文已述，那是还珠"很想把所历所见的山水人物，写成笔记"。虽然最终他奉献给读者的是一部"千古未有"的超级长篇小说，但正是自然风光之美所激发的诗情，把他导向了小说创作的成功之路。尽管这种"诗情"有时会割断他对故事的叙述，然而奇怪的是，读者在阅读过程中，却丝毫没有厌倦之意，反而是饶有兴趣地将其作为"散文"来读。其实，正是这种"诗情"与"故事"的完美结合，方才使得二者相得益彰，形成《蜀山剑侠传》傲睨民国武侠小说群雄之超凡魅力。对此，张赣生在《民国通俗小说论稿》一书中曾有评价：

> 一般地说，武侠小说不同于诗、词、散文，武侠小说作家们总是着眼于情节结构和人物刻画，很少把自然风光作为重点描述对象，他们大多只是在不得不介绍场地时，才把自然风光作为环境背景略加勾画，适可而止。还珠楼主则与众不同，他常常表现出一种难于遏止的对自然风光美的向往，一有机会就要宣泄出来。一般的武侠小说作家写风景，不外是两个层次：较低层次的是客观介绍具体景物，譬如登山，那山是荒山野岭

还是有石级蹬道，如此之类都是情节所需必不可少的交待；较高层次的是用以渲染气氛，譬如骇浪惊涛、秋风落叶之类，在交待地理环境的同时，赋予一定的感情色彩。还珠楼主远远超出了这两个层次，他不只是要交待环境、渲染气氛，更根本的是他要宣洩自然风光激发的诗情。……我常常感到，还珠楼主写风景，并不是小说本身的需要，而是他在借题发挥。在还珠楼主的小说中，风景描写随处可见，只要有机会，他总要借题抒写他的诗情，也正因为他写的自然风光是诗意，不但不使读者感到冗长、厌烦，反而使读者兴味盎然，感到难得的审美享受。

还珠楼主写景的成功，来自景色与神话的融为一体。这正是庄子《逍遥游》、屈原《九歌》以降许多名篇所体现的共同规律，非胜境不足以显扬神话，非神话不足以渲染胜境。在我们中国，有胜境必有神话，诸如：巫山与神女，西湖与白蛇，石林与阿诗玛，如此等等，不胜枚举；且有胜境与神话的结合就必有诗。所以，就还珠楼主开始创作武侠小说时所处的主客观条件而言，采用神怪武侠小说样式，在他是势所必然，这是他能找到的最佳途径。了解这一点，就不会用“荒诞”二字轻率地否定他在中国文学史上的贡献。

将胜境与神话融为一体，使还珠楼主的武侠之作进入了诗化的境界，但是，这种境界绝不是轻易就能达到的，它需要作者具有极丰富的想象力，还珠楼主正具备这样的才能。〔《民国通俗小说论稿》，张赣生，重庆出版社 1991 年 5 月出版，第 248—249 页〕

够了，无需再述。从以上笔者所引诸前贤对《蜀山剑侠传》的索考与评骘，我们已能管窥到这部连写十七年出书五十五集高达四百五十万言，被后来研究者称为“开中国小说界千古未有之奇观”的皇皇巨著之魅力了。如若结论，还珠“知音”叶洪生之语可谓句句破的：

在近代武侠小说发展史上，还珠楼主李寿民天才横溢，成就独特，居于一个承先启后的关键地位。他的代表作《蜀山剑侠传》及其系列作品，云蒸霞蔚，大放异彩；挟“神怪武侠小说空前精彩第一巨著”之盛名美誉，曾风靡了（二十世纪）30、40年代海内外无数的读者。对于50年代以降，港台两地的武侠小说界而言，他的笔名仍然具有某种不可思议的魔力，令人联想到古老中国神秘幽玄的文化底蕴，极富于传奇色彩；而其旷世巨著《蜀山剑侠传》则有如武侠小说的“百科全书”，可谓取之不尽、用之不竭！持平而论，当代武侠作家几乎无一人能跳出他那森罗万象、博大精深的“无形剑圈”之外；其影响力既深且广，以迄于今。〔《论剑——武侠小说谈艺录》，叶洪生，学林出版社1997年1月出版，第121页〕

第四节　亘古未有的“大神怪”

1932年7月，就在还珠的《蜀山剑侠传》于《天风报》杀青之际，新文学家、后来官至中华人民共和国文化部副部长的郑振铎，出版了其散文论文集《海燕》，其中收有《论武侠小说》一文。郑氏在罗列了当时众多武侠小说与电影的“危害”后，写道：

武侠小说的作者们，你们在想要收入并不甚高额的酬报，而躺在烟榻上，眯着欲睡的双眼，于弥漫的烟气里，冥构着剑客们的双剑，如何的成为一道两道白光，而由口中吐出，如何的在空中互斗不解之时，也曾想到过他们出版的影响么？

武侠小说的出版家们，你们在欣喜的一批一批印出、寄出、售出这些小说时，又曾想到他们的对于我们民族的将来的危害么？

武侠电影的编者、演者们，你们又曾注意到你们的勾心斗角的机关布景与乎明白欺人的空中飞行，飞剑杀人的举动，竟会在简单洁白的外省热血的青年中发生出可怖的谬误观念出来么？

在如今“三不管”的时候——政府不管，社会不管，“良知”不管——你们是在横行无忌着，诚然的。但总有一个时候，将会把你们这一切谬误行为与思想，整个的扫荡而去靡有孑遗的。而这一个时候，我们相信并不在远。〔《海燕》，郑振铎，新中国书局 1932 年 7 月出版，第 8—9 页〕

七个月后，正以“逃墨馆主”笔名写作长篇小说《夕阳》（后更名为《子夜》）的左翼新文学家、1949 年 11 月被任命为新中国首任文化部部长的沈雁冰（茅盾），于《东方杂志》发表了《封建的小市民文艺》一文，在回顾了 1930 年以来武侠小说“盛极一时”的状况后，指出：“这种‘武侠狂’的现象不是偶然的。一方面，这是封建的小市民要求‘出路’的反映，而另一方面，这又是封建势力对于动摇中的小市民给的一碗迷魂汤。”“所以，从各方面看，武侠小说和影片是纯粹的封建思想。”〔《茅盾文艺杂论集》（上集），上海文艺出版社 1981 年 6 月出版，第 359、360 页〕

虽然郑振铎一文写作时，《蜀山剑侠传》尚未问世；沈雁冰文章刊出时，《蜀山剑侠传》刚刚连载。此二人文章的矛头显然不是对着还珠和他的《蜀山剑侠传》，而是针对 1923 年平江不肖生推出的《江湖奇侠传》和据此改编的系列影片《火烧红莲寺》，及其此后电影、小说中的武侠乱象。但两位左翼新文学家“先后对武侠小说大加挞伐”，其实已经“在主流文化层面宣告了 20 世纪 20 年代‘南向北赵’式武侠小说的终结”〔《还珠楼主武侠小说序跋研究》，韩云波，《苏州教育学院学报》2016 年第 3 期，第 4 页〕。而且他们二人的观点也明白无误地告诉人们，“总有一个时候”，将会把作为“封建思想的文艺”的武侠小说，“整个的扫荡而去靡有孑遗”。而且“这一时候”还“并不在远”。而结果则是，在 20 世纪 50 年代中期，民国武侠小说果然遭到了“禁毁”。

还珠的《蜀山剑侠传》破腹分娩之日，偏偏赶上了左翼新文学家们如此发誓“扫荡”武侠小说，可谓“生不逢时”。好在这种“扫荡”的日子被推迟了二十余年，眼下只是喊喊而已，此刻他们还没有能力去实施。因为此时的图书市场，不但依然“欢迎”还珠和《蜀山剑侠传》的到来，而且整个民间社会，仍然还是“武侠狂”的时代。对此，仅以为还珠这部新作“预热”的《江湖奇侠传》为例，便足以说明《蜀山剑侠传》杀青前后的武侠盛况。

据沪上老报人郑逸梅1935年在《小品大观》一书中描述：

近年来小说更如雨后春笋，络续出版，读者们大都喜欢读武侠小说，据友人熟知图书馆情形的说，那个付诸劫灰的（上海）东方图书馆中，备有不肖生的《江湖奇侠传》，阅的人多，不久便书页破烂，字迹模糊，不能再阅了，由馆中再备一部，但是不久又破烂模糊了。所以直到（1932年）“一·二八”之役，这部书已购到十有四次，武侠小说的吸引力，多么可惊咧。因此书贾的收买小说稿，抱着除却巫山不是云的宗旨，非武侠不收，非武侠不刊。〔《武侠小说的通病》，郑逸梅，《鸳鸯蝴蝶派文学资料》，福建人民出版社1994年8月出版，第135页〕

与小说数次再版同时，据《江湖奇侠传》改编的连台本戏也是久演不衰。更为轰动的是，1928年由明星影片公司据书中部分情节改编拍摄，由影后胡蝶主演的电影《火烧红莲寺》，更是风靡大江南北，连拍十八集而未终。对此等现象，沈雁冰虽极为反感，但他在批判这种现象的同时，却真实地记录了如下场景：

《火烧红莲寺》对于小市民层的魔力之大，只要你一到那开映这影片的影戏院内就可以看到。叫好、拍掌，在那些影戏院里是不禁的；从头到尾，你是在狂热的包围中，而每逢影片中剑侠放飞剑互相斗争的时候，看客们的狂呼就同作战一般，他们对红姑的飞降而喝彩，并不是因为那红姑是女明星胡蝶所扮演，而是因为那红姑是一个女剑侠，是《火烧红莲寺》的中心人物；他们对于影片的批评从来不会是某某明星扮演某某角色的表情那样好那样坏，他们是批评昆仑派如何、崆峒派如何的！在他们，影戏不复是“戏”，而是真实！如果说国产影片而有对于广大的群众感情起作用的，那就得首推《火烧红莲寺》了。

从银幕上的《火烧红莲寺》又成为“连环图画小说”的《火烧红莲寺》，实在是简陋得多了，可是那风魔人心的效力依然

不减。〔《茅盾文艺杂论集》，上海文艺出版社 1981 年 6 月出版，第 360—361 页〕

此等现象引发的后果，那便是掀起了民国电影史上争拍武侠片的狂潮。据主演《火烧红莲寺》的电影“皇后”胡蝶晚年回忆，从 1928 年开始的一二年间，武侠片几乎成了当年国内拍摄影片的主要题材。一时间，整个电影界摄影棚的上空都是身怀绝技、飞檐走壁、锄强扶弱、除暴安良的侠客，刀光剑影。大约三年间，上海大大小小五十家电影公司，共拍摄了四百部影片，而武侠片却占了二百多部。〔《胡蝶回忆录》，胡蝶，新华出版社 1987 年 8 月出版，第 48 页〕

就是在这样的环境和背景下，《蜀山剑侠传》在北方大都市天津“横空出世”了。这对其作者还珠而言，福焉？祸焉？对此，我们不妨听听同为新文学家的柯灵先生的声音。柯老晚年在他那篇有名的《遥寄张爱玲》中认为：

> 中国新文学运动从来就和政治浪潮配合在一起，因果难分。五四时代的文学革命——反帝反封建；三十年代的革命文学——阶级斗争；抗战时期——同仇敌忾，抗日救亡，理所当然是主流。除此之外，就都看作是离谱，旁门左道，既为正统所不容，也引不起读者的注意。这是一种不无缺陷的好传统，好处是与国家命运息息相关，随着时代亦步亦趋，如影随形；短处是无形中大大减削了文学领地。

因此，他曾：

> 扳着指头算来算去，偌大的文坛，哪个阶段都安放不下一个张爱玲；上海沦陷，才给了她机会。日本侵略者和汪精卫政权把新文学传统一刀切断了，只要不反对他们，有点文学艺术粉饰太平，求之不得，给他们什么，当然是毫不计较的。天高皇帝远，这就给张爱玲提供了大显身手的舞台。抗战胜利后，兵荒马乱，剑拔弩张，文学本身已经成为可有可无，更没有曹七巧、流苏一流人物的立足之地了。张爱玲的文学生涯，辉煌鼎盛的时期只有两年（1943—1945），是命中注定，千载一时，

“过了这村，没有那店。”幸与不幸，难说得很。

并断言：

张爱玲不见于目前的中国现代文学史，毫不足怪，国内卓有成就的作家，文学史家视而不见的，比比皆是。这绝不等于“不能为同时代的中国人所认识”，已经有足够的事实说明。往深处看，远处看，历史是公平的。张爱玲在文学上的功过得失，是客观存在；认识不认识，承认不承认，是时间问题。〔《遥寄张爱玲》，柯灵，见陈子善编《私语张爱玲》，浙江文艺出版社 1995 年 11 月出版，第 23—24 页〕

善哉斯言！张爱玲如此，还珠又何尝不是这样？

中国新文学运动从“五四”发轫时起，便是于“论争”与“战斗”中发展、壮大，以致最后成为文坛“主流”的。“呐喊”与“斗争”乃是贯穿其始终的主旋律。虽然其内部派别林立、争论不断，但在对待与“政治浪潮”相“离谱”的“旁门左道”——尤其是以休闲为主要特征的通俗小说方面，却是能够不约而同地团结一致，“同仇敌忾”。如以 1930 年 3 月于上海成立的“中国左翼作家联盟”（简称“左联”）为例，便是很能说明问题。

“左联”诞生初始，是以原创造社、太阳社等文艺社团的成员为班底，以鲁迅、沈端先（夏衍）、郭沫若、沈雁冰（茅盾）、冯乃超、钱杏邨（阿英）、田汉、郑伯奇、蒋光慈、周扬等新文学家为中坚的一个文学阵营。虽然此前几个文学主张并不相同的新文学社团，此时于上海结成了联盟，但作为同是著名新文学家，当年也在上海居住且文学成绩斐然的郑振铎、巴金、叶圣陶、老舍等人，却被排斥在外，甚至屡遭挖苦与指责。这不能不归咎于“左联”当时的关门主义与宗派主义使然。

但即使这样，也并不影响“联盟”内外的他们对共同“异己”的讨伐。如果说他们对被视为“反动文人”或“资产阶级和小资产阶级”的自由主义作家，如沈从文、梁实秋、林语堂、俞平伯、李金发、朱光潜等从事新文学之人的批判，尚是“有理有据”，仅就文学思想与创作手法进行抨击，且并未“群起而攻之”的话，那么他们在对于通俗文学作家的讨伐和斗争上，则是空前一致的“扫荡”了。典型的例子便是沈雁冰与郑振铎。作为“左联”内外的两个著名新文学家，前者在对待“反动文人”或“资产阶级和小资产阶级”的自由主义作家方面，斗争严厉毫无情面，而后者则要态度暧昧忠厚宽容得多。但在面对通俗小说尤其是武侠小说作家方面，二人却是真的声应气求，“同仇敌忾”，这从上文所引二人文章可见一斑。

其实，这是以沈雁冰为代表的新文学家们对“通俗小说”的偏见使然。

中国的“通俗小说”源远流长。千百年来，它已深深地渗透在中国人的生活中，发挥着潜移默化的作用，直至近年，它仍在文坛时时掀起波澜，刺激着读者的阅读兴趣，如金庸，如琼瑶。然而，纵观中国林林总总的古今小说理论，对于“通俗小说”这一概念的界定及名称由来、内容诠释，却大多语焉不详。偶有论之，也大抵是从与所谓的纯文学的关系着眼，着重指出的是人们的阅读心理及欣赏趣味，真正从“通俗小说”本体特性及与民族文化心理相照应的角度去研究者，却是寥若晨星。也正因此，百余年来，在人们的观念上造成一种混乱，总是人为地将“通俗小说”与“新文艺小说”对立起来，抵牾视之。

殊不知，中国小说自其确立之日起就因其乃“街谈巷语，道听途说者之所造也”〔《二十五史·汉书·艺文志》，上海古籍出版社、上海书店1986年12月出版，第531页〕的原因，便与“通俗”紧密地拴在了一起。可以说，“通俗”是中国古今深受读者喜爱的经典小说艺术生命之所在。举凡《三国演义》《红楼梦》《阿Q正传》《骆驼祥子》《家》《小二黑结婚》，甚至包括沈雁冰自己的《子夜》等名著，概莫如此。

让“通俗小说”走上“逆流”背上“恶名”，而遭“主流”文学谴责、抨击的事实，发生在民国。

所谓民国通俗小说，即是指辛亥革命前后至中华人民共和国成立之前所产生的中长篇章回体白话小说。在现代文学史上，它是作为“五四”以后兴起的新文艺小说的对立面而出现。持平而论，通观这一时期的通俗小说创作，确如有些论者所言，思想平庸，以流行价值为标准，以迎合社会大众趣味为宗旨，片面强调娱乐性与趣味性，脱离时代精神，一味追求一种有趣、探奇、刺激的审美愉悦，是一种不新不旧亦新亦旧的趋时媚俗之作，它在当时势力极大，几乎控制了整个文坛。也正因此，它曾遭到沈雁冰、郑振铎、阿英、叶圣陶等有“责任感”的新文学家们的猛烈抨击。这在当时无疑是振聋发聩、切中时弊的。

但中国现代文坛在经过近百年的风雨洗礼后，在小说社会功能得到多方完善与健全的今天，我们再回过头去重新审视这一段文学现象，是否想到，在当时被抨击的“通俗小说”中，有无玉石俱焚、伤乌及屋的偏颇呢？对此，有学者已给出了回答：“沈（雁冰）氏批评当时上海的商业化的‘通俗’小说，这本来很有道理，但他把根源归结于中国国民性和章回小说的艺术风格，企图从本质上肯定西方小说，否定中国小说求通俗的传统，这就走得太远了，其偏激与谬误毋庸讳言。”只就“严肃”而论，“沈氏也不得不承认《石头记》《水浒》等好几部是杰作，那么这些杰作是不‘严肃’的吗？当然不是。按中国的传统，通俗与严肃本来是性质不同的两个问题，根本无所谓对立”。因为“离开‘通俗’二字，既不可能写出严肃面对人生的小说，也不必去写那只有自己懂得的严肃。换句话说，离开通俗即无小说，‘通俗’是中国小说的根本属性，是中国小说艺术生命之所在。民国作者承继‘通俗’传统，实乃理所当然”。〔《民国通俗小说论稿》，张赣生，重庆出版社 1991 年 5 月出版，第 11—12 页〕

此等答案说得合情，亦在理。即以还珠写作《蜀山剑侠传》为例，其写作态度中，严肃、郑重是占主导的。他曾在给友人徐国桢的信中郑重地表露过创作心迹：“惟以人性无常，善恶随其环境，惟上智者能战胜。忠孝仁义等，号称美德，其中亦多虚伪。然世界浮沤，人生朝露，非此又不足以维秩序而臻安乐。空口提倡，人必谓之老生常谈，乃寄于小说之中，以期潜移默化。故全书（指《蜀山剑侠传》）以崇正为本，而所重在一情字；但非专指男女相爱。又：弟个性强固而复杂，于是书中人乃有七个化身，善恶皆备。”〔《还珠楼主论》，徐国桢，上海正气书局 1949 年 2 月出版，第 10—11 页〕

正是因为避免将复杂深奥的人类“美德”变成“空口提倡”的“老生常谈”，故而还珠方才将其“寄于小说之中”，以达到“潜移默化”之功效。此等“求通俗”又是何错之有？此等“寓教于乐”不也正是左翼新文学家们所提倡的吗？在 1930 年至 1934 年间，国内文坛展开的三次“文艺大众化运动”大讨论，不也正是由“左联”直接领导与发动的吗？沈雁冰

《子夜》的开篇，不也是以“肉欲”的“求通俗”形式，去解读深奥的“政治经济学”吗？

民国通俗小说作为中国通俗小说的一个组成部分，既是历史的延续，又是历史的发展。我们在评判这些作品时，首先应将它放到大文化系统中去加以考察。“五四”以后新文学的出现，在很大程度上是西学东渐的结果，非但作品中带有明显的欧化倾向，而且在小说批评上，也往往是用西方的小说观念去观照当时的中国小说。明乎此，我们便会看到，民国通俗小说与新文艺小说的冲突，实际上是两种文化观念的冲突，是文化传统的区别，而不是如一般所言有孰优孰劣之别。

新文艺小说中也充斥着大量赝品与“水货”；反之，通俗小说中也不乏精品与名著，如张恨水的《啼笑因缘》、还珠的《蜀山剑侠传》、白羽的《十二金钱镖》、刘云若的《旧巷斜阳》、王度庐的《卧虎藏龙》、秦瘦鸥的《秋海棠》等。对此，柯灵老人的论断是实事求是的：张爱玲及其作品作为客观存在，在公平的历史面前，“认识不认识，承认不承认”，只是“时间问题”。同理，对还珠与其《蜀山剑侠传》的“认识”与“承认”，亦复如此。况且，时至今日，“历史”与“时间”已对张爱玲、徐訏、钱锺书，甚至是还珠、白羽、张恨水、刘云若、王度庐、秦瘦鸥等人，给出了客观公正的答案。

如果说张爱玲的文学生涯，辉煌鼎盛的时间只有1943年至1945年三年，这是命中注定的“千载一时”，那么，与之相较，“辉煌鼎盛”的时间对于还珠来说，则要慷慨得多。从1932年到1951年，还珠的《蜀山剑侠传》等神怪剑侠小说，已连续写作并于国内风行了近二十年。究其原因，无非有二：

首先，是《蜀山剑侠传》自身魅力使然。用“中国语言讲述精彩中国故事”的本身，该书便已具备了深受读者欢迎的先决条件。具体而言则为：传统道德与民族表现形式，加上博大精深的中国气派，无不与当年深受中国传统文化滋养的读者之审美情趣相合拍。而内容有如中国画“留白”般的想象空间，更是给读者提供了无以穷尽的意会与遐想。全书云蒸霞蔚，森罗万象，悬念频出，高潮迭起，从其杀青之日起，其超凡入圣、奇绝天下的魅力便牢牢地刺激着读者的神经。使人阅之，恰如行进于山阴道上，既目不暇接，又欲罢不能，看了前集，便想后传。加之还珠所独具的绝代才情与不竭慧思，终使“蜀山剑侠”纵横20世纪上半叶近二十年。

其次，“章回旧体”的外在包装使《蜀山剑侠传》难登“大雅之堂”，难以成为新文学家们心目中的“文学”，故而也就幸免于当年“左翼”文人们的“靶心”。《蜀山剑侠传》的风行完全来自于民间的“不胫而走”，大众抬爱。这种流落于市井间的“地摊读物”，新文学家们是不屑一顾的。等到他们发现该书已从民间走向庙堂，已被众多达人名流所推崇，“虎已养大”，为时已晚。

张爱玲没有还珠幸运。作为用新文艺腔写作连载小说的畅销书作家，因为她写得内容太“现实”，形式又太“新文学”，故而她总是遭到同是新文学阵营中人的抵制。只有在上海全面沦陷后，“左翼”作家们或是离沪或是“潜伏”时，文坛方才让位于她，让她尽情地“表演”了两三年，于是我们今天看到了一个中国现代文学史上“五四运动以来最有才华的中国作家”〔《中国现代小说史》，夏志清，复旦大学出版社2005年7月出版，第225页〕。柯灵先生将此归结于“命中注定”“千载一时”，然而“那个特定年代产生的张爱玲作品却是任何年代的人们可以欣赏可以品味可以研究的。这就是真正的文学的价值”〔《永远的张爱玲》，季季、关鸿编，学林出版社1996年1月出版，第3页〕。

如果将“任何年代的人们可以欣赏可以品味可以研究”作为判断“真正的文学的价值”的标准，那么还珠的《蜀山剑侠传》应该是具有“真正的文学的价值”的优秀作品之一。因为它不仅在今天被人们所欣赏、品味，甚至形成“蜀山学”在研究，而且在七十余年前，便已引起了学界的关注，甚至发出对其研究的呼声：“一位作家，能够得到多数读者的欢迎，一部作品，能够广远行销于各地，都不是偶然的。我们可以在主观上说这位作家或这部作品的不合于某种标准，从而以为不好，或好得不够，甚至于低劣；可是，同时在客观上决不能抹杀其超过了同时各作家与各作品之上的优势。凡是一位真正的批评家，决不作恶意的谩骂，或者盲目的颂扬，一定虚心地考察及研究其原因。”而“还珠楼主李寿民先生，是一位如今受到多数读者欢迎的通俗小说作家，他所著的《蜀山剑侠传》《青城十九侠》等作品，都是如今行销广远的作品，那是不可否认的事实，因而也是值得研究的作家与作品”〔《〈还珠楼主论〉序》，徐国桢，上海正气书局1949年2月出版，第1页〕。

文学评论家徐国桢在尽情欣赏、品味了还珠作品后，不但早在1948年便发出了上述对还珠与其作品进行“研究”的呼声，而且还身体力行地付诸实践。下面我们且看其研究成果：

> 中国最著称的章回长篇神怪小说，一部是《西游记》，一部是《封神榜》。《西游记》以唐玄奘取经为主要人物，《封神榜》以周武王灭纣为演述题材，虽然缺乏真确性，多少有些依附。还珠楼主的神怪小说完全脱离正史，完全用他自己的玄想为主，海阔天空，无奇不有，随意所之，怪不堪言。用神怪的范围作比较，《封神》《西游》犹属小神怪，《蜀山》《青城》才是大神怪。看过《蜀山》《青城》，觉得《西游》《封神》笔墨的运用不够肆畅，玄想的幅度不够广远，法宝阵势的应用和布置不够新奇；总而言之，有些拘谨的感觉。同时可也觉得，《蜀山》《青城》不无太不拘谨之感，不免有些杂乱。他那枝写小说的笔，好比一匹怒马，是给谁加上了一鞭，那匹马一声长嘶，立刻舞动四条腿，电一般快，向着千山万水的前程猛冲而去，只觉得一路烟尘翻滚，尘头不住地向山高水深所在怒卷而去。性急的人说：“马呀马呀，收住奔势，歇脚了吧”！那匹马兴头正酣，溜顺了腿，还是奋鬣扬蹄，向高上高深中深的所在，绝尘飞驰而去。
>
> ……
>
> 写神怪小说完全凭着玄想，在质和量双方，不论以前及现在，没有比还珠楼主色彩更浓重了。《西游》《封神》虽也神怪，性质和他还是差得相当远。再则，《蜀山》等作的山脉河流地势等，和最近的实况不离左右，而近世科学上的研究，也往往通过了他这枝神怪的笔，而加以化用了，这更是和以前神怪小说所不同的地方。〔《还珠楼主论》，徐国桢，上海正气书局1949年2月出版，第14—15页〕

岂止是近世科学研究成果已被还珠那神怪之笔所化用，其作品中对一些法宝利器的大胆想象，简直就是在昭示科学的未来。对此，叶洪生曾有如下发现：

——“九天十地辟魔神梭”可上天、下海、入地；

——“子午宙光盘”可改变磁场效应；

——“千叶神雷冲”可攻穿任何铜墙铁壁；

——“佛火神灯”可放出“死光”，无坚不摧；

——“无音神雷”出手时无形无声，好比“掌心雷”加“灭音器”；

——“传音法牌”效果可比国际越洋电话；

——“吸星神簪”具有录放音功能；

——“晶球幻影”则有录影功能；

——“魔宫照形”诸宝更有卫星转播电视传真之妙，凡千里方圆之内任何动静，皆了若指掌；而其各种“防空禁制”则又无殊于现代高效能雷达网了。

此外，最不可思议的是，《蜀山》中描写魔教所炼的“九子阴雷”“大小十二诸天秘魔雷”“诸天星辰秘魔七绝乌梭”，以及旁门左道所炼的“青雷子”“二行珠”“混元一炁球”等神奇爆炸物；其任何一种都具有超级核弹的威力（即百倍于二次世界大战结束时美国所投的原子弹），甚至有的还能毁灭地球！凡此，在半个世纪以前均令人难以想象，而今则有一部分业已实现；“物理的玄理化，玄理的物理化”的确妙不可言。〔《论剑——武侠小说谈艺录》，叶洪生，学林出版社 1997 年 1 月出版，第 126—127 页〕

也正因此，自《蜀山剑侠传》问世以来，不但让贩夫走卒、引车卖浆者看得神魂颠倒、手舞足蹈，而且在知识阶层也掀起了“蜀山热”，而且愈是在高知识阶层，其愈是受到青睐。对此，台湾著名作家白先勇曾说：“还珠楼主的《蜀山剑侠传》，从头到尾我看过数遍。这真是一本了不得的巨著，其设想之奇、气魄之大、文字之美、功力之高，冠绝武林，没有一本小说曾经使我那样着迷过。”〔《蓦然回首》，白先勇，文汇出版社 1999 年 10 月出

版，转引自《蜀山剑侠传·1—5集》封底，岳麓书社 1988 年 5 月出版〕

著名学者金开诚近年回忆："生平读书往往甚觉其艰苦，只有一次饱尝读书之乐。那是在刚进初中之时第一次阅读还珠楼主的《蜀山剑侠传》，由下午拿到书读起，一直读到第二天早晨上学，终于在数学终考的课堂上酣然入睡。这一乐极生悲的事例，连同阅读中的惊喜之感，一直深印在我的脑海之中。"并忆及与两位老友侯公、沈公谈及小说的文采与词汇等问题，这两位老友不约而同地指出：

> 中国的作家和文人，要说掌握词汇的丰富，恐怕没有人能与还珠楼主相比。沈公说，研究文学的人都称赞莎士比亚词汇丰富，还珠楼主恐怕不输与他，这特别表现在自然景物的描写中，正因为掌握词汇极其丰富，所以能曲尽姿致，富有色彩和声势。侯公则转述其老师的话，认为还珠楼主必精于辞赋骈文，所以能掌握如此大量的词汇。他对书中一些重要景色的描写，就其铺叙丰足来看，是与辞赋的作风一脉相承的。我认为，掌握大量词汇也与还珠楼主的丰富想象很有关系。因为从心理学的角度看，在个体的记忆积累中，表象总是和语言难分难解地交织在一起；而想象活动则是在大脑中调动记忆表象，进行分解综合、组合或熔铸成新形象的过程，这一过程也是得到"内部言语"和词汇记忆的提示、指导与催化的。所以还珠楼主擅于想象的确是与他掌握词汇、富有语言素养分不开的。

随后，金开诚引用前辈学者的话说："写武侠小说不难在武，而难在文。"由此他反观"现在我们看到某些所谓最新潮的'武侠小说'，其中的侠客蜕化为'刀客'，其实不过是穿上了古装的现代浪子或流氓杀手，在文化上几乎已剥个精光，哪还有什么特色和美感。"〔《得新书，思故人——再谈还珠楼主的小说》，金开诚，《艺术欣赏之旅》，中国工人出版社 2000 年 1 月出版，第 121 页〕

歌词作家阎素也是还珠拥趸，据其后人回忆："爸爸对武侠小说的喜爱程度，那也是非同小可。""最多提到的'武侠名宿'是还珠楼主。他小时候看的基本上都是这位大师写的。”“爸爸觉得，还珠楼主就像是武侠小说的祖师爷。他的代表作《蜀山剑侠传》，那可称得上是武侠小说的教科书，……爸爸说现在流行的大师们书中所用的招式、拳法、门派组织、奇山怪石等名称，很多都是从还珠楼主那儿趸来的。”〔《我和我的阎素爸爸》，雨歌，中国妇女出版社 2005 年出版，第 115 页〕

此外，第一位华裔宇航科学家王赣骏博士在谈到还珠等人作品时说：“我从小就很喜欢读武侠小说，特别佩服那些会‘轻功’的人，没想到我今天也有这个本领了。”〔原刊 1985 年 5 月 20 日《人民日报》，转引自《蜀山剑侠传 · 1—5 集》封底，岳麓书社 1988 年 5 月出版〕而著名数学家华罗庚则认为，包括还珠作品在内的“武侠小说是成年人的童话”。〔原刊 1985 年 1 月 3 日《光明日报》，转引自《蜀山剑侠传 · 1—5 集》封底，岳麓书社 1988 年 5 月出版〕著名文史掌故大家郑逸梅还回忆：“外国文学翻译名家傅雷，也喜欢阅读还珠楼主之《蜀山剑侠传》。”〔《艺林散叶》，郑逸梅，中华书局 1982 年 12 月出版，转引自《蜀山剑侠传 · 1—5 集》封底，岳麓书社 1988 年 5 月出版〕著名物理学家何祚庥甚至认为，《蜀山剑侠传》“想象的奇特与丰富前无古人后无来者，其中写中国的山水之美，无人能够超过他。过去柳宗元写《永州八记》为人称道，但我觉得《蜀山剑侠传》超过了柳宗元”〔详见《蜀山剑侠之英琼传》导读《巾帼须眉第一人——还珠塑造的第一位“女一号”》，陈洪，南开大学出版社 2019 年 6 月出版，第 9 页〕。香港地区武侠小说名家倪匡更是发出如下心声：“在我的心目中，天下第一奇书是还珠楼主所著的武侠神怪小说《蜀山剑侠传》。”并认为：

> 《蜀山剑侠传》之奇，是奇在全书充满丰富的幻想力，古今中外，未曾有过任何一部小说，是充满了如此奇妙不可思议的幻想力的。就武侠小说的本身而论，还珠楼主的作品，结构严谨，文笔流利，及不上金庸；性格激荡，感情现代，又比不上古龙；但是论想象力之丰富，则前无古人，后无来者，还珠认了第二，无人敢认第一者也。香港的武侠小说爱好者，对《蜀山剑侠传》都很陌生，但港台的武侠小说作者，对之却绝不陌生，翻开近二十年来的所谓“新派武侠小说”中的任何一部来看看，其中都可以找到还珠楼主作品的影子。这并不是说每一个作者

都在抄袭还珠楼主的作品，而只说明了一种情形：在一代宗师的光芒笼罩之下，很难能摆脱他的影响。〔《天下第一奇书》，倪匡，（香港）《武侠春秋》月刊创刊号。转录自《还珠楼主小说全集》第 46 卷，山西人民出版社、北岳文艺出版社 1998 年 9 月出版，第 470 页〕

不特如此，在现当代政治家中，青睐还珠者，也是不乏其人。据《中华读书报》《老年日报》所刊文章记载：1939 年，身在延安的毛泽东曾托林伯渠买了一批书，给在苏联求学的儿子毛岸英、毛岸青寄去，但中途却丢失了。1941 年 1 月，他在给岸英、岸青家书中说："关于寄书，前年我托西安林伯渠老同志寄了一大堆给你们少年集团，听说没有收到，真是可惜。现在酌捡一点寄上，大批的待后。"〔《毛泽东为何爱读奇书〈何典〉》，刘继兴，《羊城晚报》2010 年 8 月 25 日。另见《毛泽东手迹》丛书，中央档案馆编，北京出版社 2013 年 12 月出版〕并随信附上一张此次寄书的书单，这其中便有小说《峨眉剑侠传》。2013 年北京出版社出版的由中央档案馆编定的《毛泽东手迹》丛书中，有"罕见家书"专辑，其中所收此函，可资佐证。〔参见《从毛主席给儿子的"书单"聊起》，《南京日报》2013 年 12 月 31 日〕

其实，此家书中，《峨眉剑侠传》实乃《蜀山剑侠传》之误。2004 年 10 月 23 日，南怀瑾在上海国家会计学院，为高级工商管理硕士及商界人士千余人做讲座时，曾说道："不久前在上海给清华大学学员讲课，讲完了，有一位提出问题，问我看过武侠小说没有。我说，对不起，要说武侠小说，古今中外武侠小说，我看过十万卷以上，这是真的。"随后他介绍说："过去有一部旧小说，叫《蜀山剑侠传》，也叫《峨眉剑侠传》，这个人还写了《青城十九侠》。我说他真会写小说，他把各地各样的菜怎么做都写出来，写小说要知识渊博啊！"〔www.360doc.cn/article/3775395—447515026.html〕

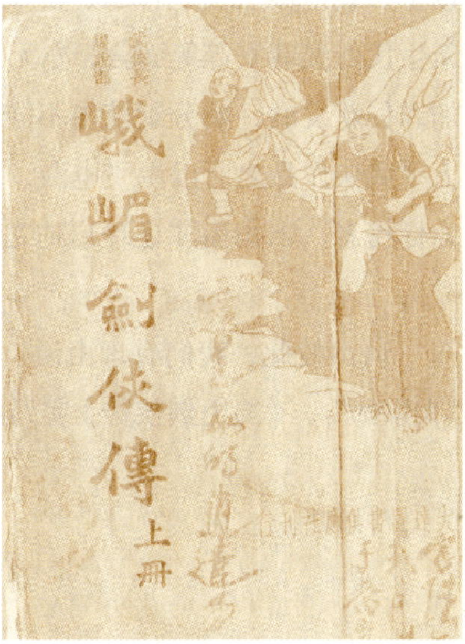

经常与《蜀山剑侠传》弄混的汪景星所著《峨眉剑侠传》

由此可见，就连“看过十万卷以上”的“老武侠迷”南大师，也将《峨眉剑侠传》误为了《蜀山剑侠传》。《峨眉剑侠传》实乃当时上海小说家汪景星所作，内容粗陋，充其量也只能算作是现代武侠小说中的三四流作品，它是不可能进入毛泽东视野的。

笔者在 1988 年随张赣生老师赴京拜访还珠女儿李观贤时，观贤曾为我们讲了一则逸事——

20 世纪 50 年代，她与邓小平的女儿为中学同学，有一次小平女儿问观贤：“你爸爸为什么不写武侠小说了？我爸爸特别喜欢读他的武侠小说，特别是《蜀山剑侠传》，但他没读全，他问你家还有存书吗？”观贤则答：“没有，全烧了。”

从以上诸名家的论说及领袖逸事中，可见《蜀山剑侠传》魅力之大、影响之巨、波及之广。对此，叶洪生更是举例指出，该书“影响所及，不但 30、40 年代的武侠名家郑证因、朱贞木、望素楼主等深受启发，神功秘艺层出不穷；即如 50 年代以降港、台两地的武侠名家梁羽生、金庸、蹄风、张梦还、郎红烷、海上击筑生、卧龙生、司马翎、诸葛青云、伴霞楼主、独抱楼主、上官鼎、古龙、萧逸、东方玉、柳残阳、司马紫烟以迄新生代的温瑞安等等而言，亦无一不是自还珠小说的奇妙素材中‘取经’，加以创新发展，始分别获得不同层次读者的肯定。甚至我们可以说，当代上乘武侠作品之所以星飞电漩、多彩多姿，且好谈玄说偈，相率以‘境界’为标榜者，未始而非还珠启迪之功而蔚为风尚的结果”〔《论剑——武侠小说谈艺录》，叶洪生，学林出版社 1997 年 1 月出版，第 148 页〕。

诚然故此，我们有理由说：还珠楼主可谓中国武侠小说界实至名归的“大宗师”，《蜀山剑侠传》实乃中国武侠小说史上亘古未有的“大神怪”。

第七章 小报苦耕，推出《还珠楼丛谈》与《蛮荒侠隐》

旧时峨眉山（蜀山）之“九老仙府”

第一节　披露众多掌故的《还珠楼丛谈》

就在《蜀山剑侠传》于《天风报》上连载到 142 期，作者和读者都渐入佳境之际，1932 年 11 月 20 日，《天风报》副刊《黑旋风》在没作任何预告的情况下，突然推出一个新专栏——《还珠楼丛谈》。与那些散篇短文不同，此专栏甫一亮相，便显得位置突出，分量超群。不但四周加了粗线框，而且栏目题头，也是明显大于其他文章标题的作者手书。由于题头已含“还珠楼”三字，故所刊文章虽然不再属名作者，但人们一眼便能看出，这是《蜀山剑侠传》作者还珠楼主的专栏。

一年多后，还珠在文章中道出了这个专栏的由来：“自老母见背，状益潦倒，志事弗应，意更慵散。近应友人大风属，就半生闻见，草《丛谈》以充篇幅，随忆随写。”〔《国民第三军始末述略》，还珠楼主，天津《天风报》1934 年 9 月 18 日〕据此可知，这是在《天风报》主人沙大风邀请下，还珠在该报连载“出世”神怪剑侠小说同时，又开的一个以回忆此前所历所闻为内容的系列“入世”随笔。

其实，这又是沙大风的一个“买卖道”。

沙大风此前曾力邀还珠加盟“天风”，是有用意的——既可凭借已享大名的还珠经营《黑旋风》，提高报纸副刊知名度；又能借此拴住这棵“摇钱树”，不让他再为其他报刊撰稿，以免“肥水流入外人田”。岂料他的如意算盘落空，还珠当时并未应允。于是他只能拉来文人朱青原暂作权宜之计，但他心中属意者，仍是还珠。怎样才能让还珠全身心地为自家报纸效力呢？沙大风想到了还珠此前曾在各报发表过散篇随笔，如自家报纸上的《顾复初》〔《顾复初》，还珠楼主，天津《天风报》1932年3月24日〕和《商报》上的《谈雪艳琴剧艺》〔《谈雪艳琴剧艺》，还珠楼主，天津《商报》1931年9月12日、14日〕等。于是他找到还珠，提出让其在《黑旋风》上开专栏，写系列随笔连载。并允诺专栏占位突出，题材不限。

此时的还珠，笔意正酣，文如泉涌。在写作神怪武侠的同时，“半世江湖，十年戎马”〔《微笑集·前引》，还珠楼主，天津《天风报》1935年2月22日〕的他，正有一肚子闻见和掌故无处宣泄。因此，一经此邀，立即应允。就这样，《还珠楼丛谈》杀青了。

从《天风报》副刊《黑旋风》所刊“丛谈”看，此栏目始于1932年11月20日，终于1934年7月2日。在不到两年的时间里，时断时续，共连载85篇。除此之外，在1944年北平《民众报》上发现1篇，在1947年上海《茶话》杂志上又发现5篇，再加上《天风报》上虽未置于“丛谈”栏内，但文章性质相似的14篇，目前所见“丛谈”类文章，共计105篇。这些文章有长有短，短者百余字甚至两篇合刊，长者数千字分几期连载，文章全部总字数应在10万字左右。

至于内容和写作状态，还珠后来有所追忆：“不佞所编‘丛谈’，虽云旧话，大都信史，材料尚多，苦无载记，每日于百忙中，抽一二小时闲到馆，匆匆忆写，便付铅椠。文多枯索，词难达意，章成急就，宁有佳理？”〔《还珠楼主散文集》，周清霖、顾臻主编，（香港）天地图书有限公司2014年10月出版，第335页〕但就是在这些被作者认为是“急就章”的篇什中，我们却看到了写作“出世”小说之外的另一个还珠——他原来还写有如此众多史料鲜活、掌故频现的“入世”随笔。这些随笔，按性质划分，大致可为六类，计“政治军事类”“餐饮游记类”“文史掌故类”“市井百态类”“休闲娱乐类”“灵异志怪类”。下面结合篇目，分类述之：

一、政治军事类——十写“远威将军”徐树铮

此类内容在整个“丛谈”中所占比例最大，也是还珠在“入世”随笔中倾心打造的内容，共有43篇。计为：《记名将褚其祥》《记少年飞将军石友信》《记张勋复辟始末》《梁任公通缉老师》《三友图》《俺的名字》《项城善用人》《记辛亥革命》《庆邸门包》《荫昌轶事》《徐又铮与袁、段、徐之遇合》《记广水撞车》《段幕两智囊》《北洋之龙》《记杨宇霆》《安福系名称之由来》《徐又铮与吴子玉之遇合》《记辛亥广水兵变》《记王秃子》《徐又铮上袁项城谏书原文》《辛亥杂忆》《记秦皇岛截收军械始末》《军棍贺喜》《洪宪琐闻》《辛亥武汉轶闻补记》《读徐又铮将军遗诗后记》《记徐又铮与张雨亭之遇合》《吃洗三饭》《记徐张龃龉之杂因》《国民第三军始末述略》《记王占元》《徐又铮与卢子嘉》《银蛋》《记徐又铮两广之行》《因军训风潮回忆正志中学》《陆承武打滚烧芙蓉》《徐又铮轶事》《满洲八旗制度之沿革》《前清西安外宫之狐》《记谢忠愍公保卫天津》《某要人之一页》《逸闻》《撒手营长》。

从标题便可看出，此类“丛谈”均为政治、军事人物与事件的内幕揭秘。通过这些文字，我们不但看到了擅写荒诞怪异的还珠还有另一面——对现实政治和军事的关注和留心，而且也为他数度从戎的军旅情结，找到了“从军报国，建功立业”的思想依据。对此，叶洪生总结得非常到位：

还珠自二十二岁起，即因缘际会，得以先后进入西北军胡景翼、傅作义、宋哲元三将军之戎幕，担任秘书工作，整个时间跨度竟长达十三年（1924—1937）之久。“其间虽然缘起缘灭，追随诸将军左右的时光皆不长，且始终未有机会得到重用；反而屡屡被迫弃武就文，以卖稿为生。但由其接二连三转战诸将戎幕的政治抱负观之，显然其从军报国、建功立业之心仍然不死；只是千里马未遇伯乐，不能大展宏图，徒呼负负而已。”而正是因为有了此种情结，他才在《还珠楼丛谈》中十写北洋史上赫赫有名的“远威将军”徐树铮，盛赞其人雄才大略、智勇双全；能以非凡手段迫使当时外蒙古取消独立，保持了中国领土的完整，堪称功莫大焉！“文中并为其英年猝逝而深感痛惜。因徐树铮早年亦是由段祺瑞帐下幕客起家，与还珠本人入幕经历颇为类似，故其钦慕徐氏事功，再三致意，良有以也。”并从中亦可“看出作为一代武侠宗匠的还珠楼主并不满足于《蜀山》奇幻绝伦的艺术成就，在他心目中‘文武合一’的英雄典范显然就是‘立奇功于绝域’的徐树铮将军——当年甚至连革命领袖孙中山先生也曾专电颂扬‘远威将军’之功堪比汉代班超与傅介子，便可概其余了”。

也正因此，叶洪生认为“还珠有此‘英雄不遇’的遗憾，心灵欲有所寄托，故《还珠楼丛谈》乃有多篇涉及北洋军阀史话，对北洋各系将帅间之言谈举止、恩怨关系，历历如绘，恍若身临其境一般。此中诸多内幕殆非局外人所能知晓，作者或许是由昔日同僚幕友口中听来；是以言之凿凿，语多有据，实可补民国初叶现代史料之不足，提供当今治北洋史学者参考”。〔《水穷处看云起时》，叶洪生，《自家》，中国文史出版社 2018 年 3 月出版，第 2—3 页〕

其实，作为一个心怀“军政”情结的文人，还珠的这些“北洋史料”，确是他从“昔日同僚幕友口中听来”，只不过是说者无意听者有心罢了。1934 年他在致友人片石的信中便言：“连日拜读大作，颇疑足下为城北旧日袍泽。至友桂君，曾随城北共患难多年，近日拙著‘丛谈’，半为桂君口述。”〔《还珠楼主散文集》，还珠楼主，（香港）天地图书有限公司 2014 年 10 月出版，第 331 页〕由此可知，为其“曝料”者，实为“桂君”。“桂君”大名桂茂林，其乃还珠旧日幕友。据还珠自述，“丛谈”是在“随忆随写”中进行，“有未详者，复请教于老友桂君茂林（桂与徐又铮将军为生死患难之交，随徐掌机要多年，资深倚畀。徐遭狙击，桂君家境非裕，而任何佳事均不就，独为徐营身后事，历时数载，备极辛劳，有古义士之风。人则笃实勤能，博闻强记，为余畏友）”〔《国民第三军始末述略》，还珠楼主，天津《天风报》1934 年 9 月 18 日〕。

原来如此！还珠在忆写这些“北洋史料”时，其身后是有一位深谙徐树铮的“顾问”在为其提供素材。这也从另一方面补充了还珠之所以在“丛谈”中十写徐树铮之原因。除了他对这位“远威将军”的敬重崇拜外，还因为“曝料”者桂茂林“随徐掌机要多年”，对其知根知底，并“博闻强记”。因此，在还珠笔下，徐树铮的事迹，便比其他史料鲜活生动得多。例如，他在介绍徐树铮（又铮）和其后人时，曝出的“内幕”便是细节颇多：

> 徐又铮将军，英姿卓荦，文武兼资。其挟数十从者，兵不血刃，平定外蒙，宣勤万里之外。轸忧未来，目光如炬。虽以同室操戈，形格势禁，垂成不世之功，败于环境；然其雄才大略，已为举世所推重。其本人事功，如促成共和、参加欧战诸大业（事迹略详拙著《丛谈》），国史自有定评。限于篇幅，兹仅记其

禀赋与习尚，以启人向往英豪之志耳。

徐才自天生，资禀特异，气体英健，餐必兼人，从不计及精粗。于书无所不读，记忆敏强，起居动作，悉有恒则。唯读书则无论何时何地，必以自随。当合肥秉政，国事贤劳，往往日不暇给，常一手持烧饼数枚，一手挟书卷，于车中且读且啖。即由家往公廨，与出门拜客之寸晷，亦不任其虚度。

以故用功太勤，获有目疾，常年眼角红丝密布。医谓宜节劳静养，徐爱书如命，终不能纳。闻蛇胆能明目，乃遍托南中亲友为之物色。

中国唯粤人最喜食蛇，与兔同烹，谓之龙虎斗。每三条为一套，以杀蛇多，得胆亦多；然蛇在未杀时，胆已为蛇王取去（广东专门捉蛇为业者，门悬木牌，上书蛇王某某，盖以蛇王自况，非真蛇王也），售诸药肆制酒，且道远难至。乃托近友韩次军、陈明侯辈，于安徽山中觅之，以油纸包裹，快邮寄递。

蛇非近惊蛰不出土，南方天暖，稍延时日，即变色有味，不能服用。递到后，徐即纳口内，生咽之，以愈眼疾，几成必需之品矣。

徐律躬治家，无不严整。其长、次两公子，以行、道邻两君，幼读父书，少长负笈海外，中西文学，无不淹贯博通；即一昆曲游艺余事，亦殚精极致，饶有父风（徐一门风雅，昆曲最精，能剧可二百余出）。

现长公子以行，奉母居津，时有著述。次公子道邻，供职国防委员会，时参大计，久为蒋、汪两公所器重。近著《敌乎友乎》一文，详论中日情势，远瞩机微，洞彻利害，迥非高调奢谈之流所能比拟。即日人如土肥原，亦认为不刊之论；一纸风传，中外钦服。名父之子，其学有自，独惜奸人一弹，大星宿草，不及睹其两公子之成立。英灵未沬，不无遗憾耳。〔《徐又铮逸事》，还珠楼主，天津《天风报》1935年2月22日〕

如此鲜活之“野史”，盖非身边之人，实难述之。此等“史料”，在“丛谈”的“政治军事类”中，可谓多矣。甚至有些本身就是“掌故小说”，如《记徐又铮与张雨亭之遇合》《徐又铮与卢子嘉》《记徐又铮两广之行》《记少年飞将军石友信》《某要人之一页》等，既有情节，又有冲突，还有性格描写与人物对话，小说元素足矣。

此外，为了搜集“军政”材料，他还有意识地采访了相关人员。如拜访北洋名将、山东督军张怀芝手下的炮兵营管带褚其祥便是一例：褚氏乃“西北边防军旅长，随徐又铮入库伦，为徐部下名将；徐被害后，即无志进去，以兴办实业为务。不佞曾为讨论西北边防事，因南大名教授段观海先生之介，晤于天津大陆大楼”〔《军棍贺喜》，还珠楼主，天津《天风报》1934 年 7 月 7 日〕。段观海即还珠金兰之交段茂澜，其段祺瑞家族的身世加上中外阅历，让他在军政两界如鱼得水。还珠能够经常混迹于军政圈内，并采得大量一手资料披于报端，与他的引荐绍介密不可分。这些在“丛谈”中，还珠多有透露。

除了亲身经历外，既有圈内“顾问”提供素材，又经常采访相关人员，还珠所写的“政治军事类”丛谈，内容鲜活，材料独特，确实可补北洋军阀史料之不足。

二、餐饮游记类——打了一场“回锅肉官司”

此类内容分餐饮与游记两部分，共有 17 篇。计为：《回锅肉》《福鹅楼食谱》《金银肉》《李公鸡》《砂锅豆腐》《荠菜荷包豆腐》《红糟鸭》《辣烧鸭子》《四干炒什锦丁》《福建肉松》《青蛤奇嗜》《之乎者也》《鲖阳纪游》《石岛湾天草》《妙峰山》《神峰灵桂》《有轨飞车》。

在这类随笔中，影响最大者，便是那组有关“回锅肉官司”的文章。

1932 年 12 月 9 日、10 日两天，还珠在“丛谈”刊出一篇随笔《回锅肉》，记述“回锅肉以成都桂湖之大班（蜀中轿夫名称）所制为最佳”，“其制法甚简，取带皮半肥肉一斤或者两斤，加白萝卜一二斤，切成二指宽的方块，同置釜中，用清水煮（最忌放盐），以半烂为度。再将肉取出，切成厚两分许、宽寸半至两寸许之片。铁锅置火上，不放油，将切成之肉片，分摊锅中，随时用锅铲拨转，则肥肉之油爆出，视瘦肉略带黄色，用青韭百十根，切二寸长，加置锅中，微炒。再放酱油或面酱，家糟少许，略一烹炒，即成。如喜加辣，味尤美”。而其得名，则因庚子事变慈禧西逃，夜至河北怀来已人困马乏，怀来县令吴永之妻因才就简，仓促成一菜肴，“西后方在饥疲，食时赞不绝口，问其名，曰回锅肉也”。〔《回锅肉》，还珠楼主，天津《天风报》1932年12月9—10日〕

此文刊出后，旋即接到一署名“四川人”者来函，称“回锅肉”辅料不应是“青韭”而应为“青蒜”。还珠接函遂于12月16日发表《答“四川人”》一文，在回应其指谪的同时，家国情怀尽显：

> 日前在本《风》发表之《还珠楼丛谈》，记怀来县令吴永之妻为那拉后制回锅肉川菜事，并附制法。“四川人”君以拙记易青蒜为青韭，虑损川菜价值，为文以正其缪，博达精详，不胜佩服之至。
>
> 吾蜀近年群魔肆虐，战祸不休，国难期中，尤复内讧不已，天府之国夷为丘墟，贻民族之羞，抱偕亡之恸，西往妖云，几令人有耻为蜀民之叹。“四川人”君，不以医国妙手医四川，一治群魔之丧心病狂，而独斤斤于蒜韭之是非，不亦舍本逐末也耶？虽然，珠亦逐末之流，窃尤有辩。
>
> 按：回锅肉制时，例需加菜码少许拌炒，或韭或蒜均可，既不限定是韭，亦不限定是蒜，视其人之嗜好与当时之有无为定。尝于川友家中尝此菜者，不止百回，除有一两次系用蒜薹（非青蒜）拌炒外，余用青韭与黄韭，并无一次有人用青蒜拌炒者。用蒜只能提味，不如用韭之清香脆嫩。而南人多不喜食蒜，韭则南北方人，多喜食之，为求普遍计，故直书用韭，并无损于川菜价值，‘四川人’君以为如何？
>
> 珠频年流转，皆尝各省异味，间谙制法，有时亦以己意创作，曾戏作《福鹣楼食谱》，皆极平凡简易而好吃之家常菜，稍暇，当陆续在本《风》发表，公之于世。“四川人”君既称知味，届时再来检讨检讨。

文中所提的《福鹣楼食谱》，便是还珠于1933年1月3日至12日，在“丛谈”上刊出的“金银肉”“李公鸡”“砂锅豆腐”“荠菜荷包豆腐”“红糟鸭”“辣烧鸭子”“四干炒什锦丁”“福建肉松”等菜谱。既有用料又有做法，殊为专业。此外，十五年后，他又在此基础上专门写了一本《名菜谱》，由上海北新书局出版。由此可见，在餐饮方面，还珠堪称“老饕”。

然而，“回锅肉”的争论到此并未完结，反而愈演愈烈。除了发难的对方不依不饶，在报端继续争辩外，甚至还有外人不嫌事大，“起哄架秧子”般发起了针对“韭”“蒜”的“投票”。对此，还珠当时曾有记述：

> 日前在本《风》记怀来县令吴永妻为西后制回锅肉事，原补野史之余，所重非肉也，而‘四川人’君乃龈龈然于蒜韭之争。珠以为蒜与韭均是菜之俏头，韭蒜之加，皆无不可，视个人之嗜而定，固不强‘四川人’君之必食韭也，亦不否认蒜之可用也，又为文复之，何敢‘怒’哉。君犹以为不满意，复于十八日又草一文登本《风》，谓回锅肉绝无用青韭者，且以平生所食千百次回锅肉而自豪，以证实其言。阔哉，阔哉！夫食肉小问题也，论肉而及于韭蒜之加，小之又小之问题也，而反复争论之，不亦令阅者哈哈，而本《风》皱眉叫苦乎？……至于十九日老饕君之回锅肉投票，跑到广正隆粤菜馆，食生平第一次之川菜回锅肉焉，根本误矣，此票，废票也。虽然，老饕君，珠之小弟弟也，爱打哈哈，乃化名而来凑热闹，不佞亦唯有哈哈而已。”〔《之乎者也》，还珠楼主，天津《天风报》1932年12月25日〕

至此，这场“回锅肉官司”方才了断。本是一篇无关紧要的小稿，结果却闹出了一场事关众人的“回锅肉”笔战。还珠在构建他那庞大的“蜀山”神话的同时，惹出的这场笔墨“官司”，也着实让读者开了眼。让痴迷于他的“粉丝”们，不但看到了一个会吃人间饭的“还珠楼主”，而且也领教了他在“偷换概念”技巧下的“强词夺理”与“能言善辩”。

当然，即使是写作这类餐饮游记文章，还珠也时刻不忘他那“家国情怀”。如在《答“四川人”》中的“耻为蜀民之叹”，其“匹夫有责”情怀便已跃然纸上。而在《石岛湾天草》里，他在阐述了中国海藏之丰后，笔锋一转道："当局日日高唱建设，若大宝藏反任其荒置，又何怪乎外人垂涎乎！"〔《石岛湾天草》，还珠楼主，天津《天风报》1933年1月30日〕在近九十年前，竟有如此超前意识，还珠可谓高人矣！

三、文史掌故类——披露徐志摩在英国的"风流韵事"

此类内容分文史揭秘与书话两部分，共有14篇。计为：《徐志摩康桥遇艳》《诗翁受窘》《记北京八大胡同名称沿革》《山子张》《谈射》《脂砚斋本〈红楼梦〉》《龚定盦先生飞靴处》《顾复初》《征求〈青藏番族志〉》《读完〈稚莹〉以后》《齁鼻合室漫存·日记自序》《桂西旧话》《介绍吴北野先生篆书文字》《〈柔乡摘艳录〉序》。

在文史揭秘部分，最吸引人们眼球者，便是《徐志摩康桥遇艳》。

1931年11月19日早八时，新文学代表人物徐志摩搭乘中国航空公司"济南号"邮政飞机，由南京飞北平，欲参加"红颜知己"林徽因当晚有关中国建筑艺术的演讲会。当飞机抵达济南南部党家庄时，不幸撞上白马山（又称开山），当即机毁人亡。徐志摩的新诗代表作《再别康桥》，在当年传诵一时，影响甚大；而他离婚张幼仪痴迷林徽因而不得，最后迎娶海上交际花陆小曼的风流韵事，更是人们津津乐道的话题。因此他的空中遇难，自然成为中外轰动的大事，各种演义与传言在其逝后的几年间闹得沸沸扬扬。而在这些"小道消息"中，"丛谈"所刊《徐志摩康桥遇艳》，可谓悦读与揭秘俱佳之作：

> 康桥或译剑桥，又音译冈比利日，英都邑名，在伦敦东北二十八里，英国著名学府剑桥大学在焉。康河在其前，两岸嘉木繁阴，锦厚如织，一水潆环，澄澈见底，游艇三五，时载情侣双双，打桨其间。诗人徐志摩，曩昔游学是邦，每值假期，辄往游钓读书，曾草《我所知道的康桥》一文，盛赞其富于自然美，归国后，每与友朋谈及，犹称道弗衰。其实康桥地属平原，河身并不宽广，又无崇山峻岭可以登临，即徐氏文中所载，其自身所经历的乐境，亦只是河边去撑撑船。"……带一卷书，走十里路，选一块清净地，看天，听鸟，读书。倦了时，和身

在草绵绵处寻梦去……”，有时“手把着一家村庄的篱笆，隔着一大田的麦浪，看西天的变幻……”和在大道上，冲着放羊群人背后的太阳光下跪而已。那么，康桥何以就这般值得徐氏的赞赏呢？这是有原因的。原来徐氏旅居康桥时，其夫人陆小曼女士尚在姓王，外国人市政办理完善，荒原沙碛，一样可以用人工造成富丽清雅的名区，令人留恋不舍。彼时徐氏孤身远家异国，生活上未免感觉单调。他因看见康河中有侣皆双，无踪不艳，心痒痒地，也去租了一只船，到河中去撑。撑舟的技术，徐氏外行得利害，船撑到河中，七颠八撞，老是“把河身一段段的腰斩了去”，结果是赢得英国绅士对他都皱眉蹙额，自己却饱载臭汗而归。可是徐氏老不服气，天天去撑，非学成不止。有一天正在狼狈不堪之际，一位游人中的法国密斯，看他弱得可怜，跳过船去，帮他将船拢岸，两下由此成了朋友。诗人最富情感，这位法国密斯又长得很美，于是由订交之后，徐氏便几乎变成不得开交。谁知这位密斯，罗敷有夫，她是随母亲旅行来的，住了不到二月，便告辞而去。徐氏无可奈何，只得把这单纯的情感，寄托到诗文上去。徐氏性灵颇好，对于人生观是抱自适主义的，心中虽有些恋恋，却偏要说想的是康桥。在他文中，对于那位密斯，只轻描淡写的，用旁观的态度，除形容她撑舟时的穿戴同姿势外，只赞赏了几个字，“……那敏捷，那闲暇，那轻盈，真是值得歌咏的”而已。至于行文的轻灵、幽美、大方，含义的狡猾，徐氏作品，有目共睹，无须乎我来介绍的。可见一个人，对于平凡的旧游之地，要是念念不忘，其中总有多少心痕影事啊。〔《徐志摩康桥遇艳》，还珠楼主，天津《天风报》1933 年 1 月 13 日〕

在醉心写作被新文学家们蔑视和攻击的通俗小说的同时，还关注着新文学家的“故事”，这便是还珠等民国北派通俗小说名家们的“新文学意识”。还珠如此，张恨水、白羽、刘云若、王度庐等，亦复如此。

至于书话部分，最具特色者，则为《脂砚斋本〈红楼梦〉》与《读完〈稚莹〉以后》。前者前文已述，后者后文详述。

四、市井百态类——"英雄传奇"与"香艳小说"

此类内容均为坊间"故事"，亦为 14 篇，计为：《情海一勺》《巧》《斗鱼》《京尘影事》《记旧都飞贼捻儿长》《某相国奇癖》《一撮毛》《记殷焕然》《臭窃》《雅量》《周本德略述北京旧日赌局》《因答斋主轩主便论星命》《风流大王》《駿偷》。

这其中，最重要的一篇，便是本书第三章所引还珠自述当年京城"救美"传奇。

除此之外，颇值一说者，是《情海一勺》。文叙天津英租界球场道（今马场道）某宅内住一妙龄女郎，因貌美见者无不倾倒。某军阀之子相貌丑陋，狂追女郎而不得，遂视同学程某为情敌，对其大打出手。程某虽寒门学子，但与女郎家为世交，其挨打后满腹委屈，欲往女郎家诉苦，但到门前又不敢贸然而入，便在寒风中独站两小时。这一切，都被窗前女郎看在眼里，于是她扔下一柬，约程某翌日于光明影院相见。"次日如约，果得相见。程遍陈受苦辱，女郎大加矜怜，谓程曰：'余近已悟虚荣之误，从此后当屏除繁华，专心学业。倘彼此学成，同为国家社会服务，相见期正长远。彼辈行尸走肉之军阀遗孽，特庸人自扰耳，何尝值余正眼一顾哉！君宜速与之绝，从此努力前途，异日好相见也。'程闻言，知女郎深意，狂喜。女郎本借如厕得与程谈，惧为家人所见，又多是非，遂别程归座。程昨晤余，谓从今后当专心发奋，誓不负此红闺知己云。"〔《情海一勺》，还珠楼主，天津《天风报》1933 年 2 月 3 日〕

此文与张恨水、刘云若的北派社会言情小说在情节上何其相似。还珠自谓"才力经验不够，不敢作社会言情小说"〔《读完〈稚莹〉以后》，还珠楼主，天津《天风报》1934 年 6 月 4 日、5 日〕。不知此市井"故事"是当事人的完整叙述，还是还珠的刻意加工，但读过原文，我们分明会感觉到，这就是一篇典型的北派香艳社会言情小说的雏形。

五、灵异志怪类——动物界的怪事奇谈

此类内容多为有关动物的奇闻异事，共有 9 篇，计为《发变蛇》《仙女》《异镯》《仁犬乳猫》《千年古刹中受戒的畜生》《深山杀熊记》《石岛奇鱼》《蓬莱异蛇》《说蛇》。

与《蜀山剑侠传》那庞大神怪世界中各类匪夷所思的怪兽相比，此等动物传奇可谓“小巫见大巫”。但即使其小，还珠写此，仍是有其宗旨。对此，我们不妨看一下《仁犬乳猫》：

> 刘君叔培，文采奕奕，丰渠夷冲，把臂津门，相逢恨晚，昨言一事，颇非常见，用泚笔记之。刘君臧获中，有姓王者，喜畜猫犬。所豢猫，巨额丰颐，通体作虎豹纹，爪利若钩，雄肥健硕，善于捕鼠，又且温驯解人意，举家皆钟爱之。更有一犬，亦是佳种。唯猫犬素不相得，见必鸣吠，追逐不休，此盖其恒性。月前猫方临产，忽为偷猫人捕去。王大痛惜，几忘寝食。所遗三小猫，初生未二日，骤失将母，绕地哀鸣，咪咪之声不绝，饲以米糕，皆不知食，势将饿毙。忽见犬从外来，就小猫旁侧卧，方虞其搏噬，乃小猫正饥觅食，竟趋就犬腹下哺乳。犬复以舌遍舐其周身，若甚爱怜者。由是日以为常。月余小猫皆渐长成，犬或出游，三小猫则尾随其后，生人稍拂弄，犬必狂吠不止，若慈母之护其子。犬能哺猫，揆之物理，可谓反常，想亦不忍见其哀鸣，遂施以一朝之惠，积久而情感自生耶？王以犬乳之猫，雄肥可爱，献其一于刘君之太夫人，并言其异。刘君初谓其妄，及驾临视之而信，为予言如此。哎呀，且住！天傲宗邦，强夷内劚，举世方以残杀同类为能，是又猫犬之弗若也已。〔《仁犬乳猫》，还珠楼主，天津《天风报》1932年11月25日〕

此文妙就妙在结尾。本是述动物之反常，可在收尾处，笔锋一拐，便言及人类。异类的动物间尚有爱抚哺养，而人世间却是同类相互残杀，这个世界到底是怎么了？！

六、休闲娱乐类——戏曲、曲艺及民间艺人的往事钩沉

此类内容为演艺与艺人的掌故记述，共有8篇，计为：《记刘喜奎》《八角鼓》《记富连成之中兴》《谈送客戏》《韩小窗》《王紫稼》《记富连成四秀》《记北京泥人张与泥人黄》。

这其中，除《记北京泥人张与泥人黄》外，余者均为戏曲、曲艺掌故或人物钩沉。对于戏曲和曲艺，还珠可谓行家里手，不但精通，而且时不时地还参与其中，因此，他写下这类“丛谈”，并不稀奇。珍稀者，是带有掌故揭秘性质的《记北京泥人张与泥人黄》。其文云：

清光绪间，京中耍多盛以木匣或锦匣，玻璃为盖，长约六寸，高厚约四五寸，中为泥制戏剧一幕，盔甲刀枪咸与真者无异。普通者每匣四五钱，佳者约值银四两。均藏有春宵图，观时须将匣盖抽开，先取出戏剧，另抽开一纸格，始见。制绝工细，情景逼肖，尺寸悉中规度，眉目隐含荡意，生动欲活。业此者颇多，以泥人张所制为最佳。其材料取自细泥，经文武火锻炼而成。制泥法极珍秘，虽至戚不以告。用时始上色，制成人物以后，质坚如缶砖，落地铮然有声，色亦永久不褪。非泥人张所制，其价只三分之一，盖以精细耐久，均弗及也。当时照相之业尚未盛行，神影多用画像，慢而难真。独泥人张所制之像，妙肖自然，众乐趋之。唯其人虽怀绝技，而性情古怪，面目可憎，谈吐尤粗鄙无状，索价奇昂，且不二价，故王公大人少与交易。……又内城有泥人黄，先亦业制泥人，后自知非外城泥人张敌手，乃改制宫殿、楼台、园林、庙宇及一切家具、静物，均极精工，亦非一班同业所及。所制颐和园及宫殿全景，陈列一茶盘中，幅员仅一尺四五寸。黄砖绿瓦，凤阁龙墀，回廊曲槛，金鹤铜鹿，部位井然，着色如真，如从空中以照相机摄园中全景，无不逼似，真神工也。及清光绪末年，其子供职陆军部，黄即绝口不谈此调，有相烦制者，多以婉言谢绝。〔《记北京泥人张与泥人黄》，还珠楼主，天津《天风报》1934 年 9 月 17 日〕

世人皆知“泥人张”是天津的民间传统工艺，而北京还有“泥人张”与“泥人黄”，他们所制不但与天津“泥人张”不同，而且天津“泥人张”与之相比，虽“亦工细，而神态木俗，不逮远甚”，则是鲜为人知。作为一则民间工艺掌故，此文无论是史料性还是揭秘性，都不可小觑。

从以上对还珠系列随笔内容的披露与分类评介看，作为记人记事的“入世”之作，《还珠楼丛谈》自 1932 年诞生之日起，便伴随着作者的“出世”传奇《蜀山剑侠传》，在天津《天风报》上形成“亦真亦幻”的两个“世界”。它们几乎同时出现，互为表里，不但向人们展示了还珠博大精深的奇思妙想，而且也让世人看到了还珠身上实实在在的“烟火气”。

第二节　为刘云若献出《蛮荒侠隐》

1933年初，年已三十一岁的还珠做爸爸了。

这年1月30日（农历正月初五），孙经洵为他生下了一个“肥白”而“健实”的男婴。在为这个长子取名时，还珠想到，多亏把兄弟段茂澜数次伸出援手，方才使自己在几度危难中化险为夷，过上幸福生活。因此，为了表示对段的敬重，他为长子取名“李怀海”。因为段茂澜字“观海”，“怀海”便是经常感恩怀念“观海”。但后来由于子女众多，“怀海”后面无法接续，于是他就干脆采用了“观海”的“观”字来排行，分别为七个子女取名为李观承、李观芳、李观贤、李观鼎、李观淑、李观洪、李观政。

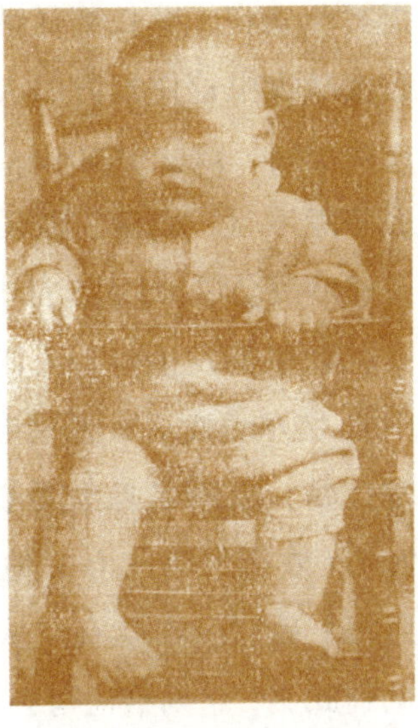

天津《天风报》上登出的还珠楼主长子李观承婴儿照

许多年后，还珠年近九十的长子李观承回忆说：“在我父亲一生当中有一个人非常重要，此人就是段茂澜。段茂澜是段祺瑞的侄子，又名段观海，他对我父亲帮助很大，所以我出生以后，父亲给我取名李怀海，就是为了怀念他，后来我的名字变为李观承，也是为了纪念

他。”〔《怀念我的父亲还珠楼主李寿民》，李观承、李观鼎口述，徐红强撰稿，《世纪》杂志2021年第2期，第30页〕

长子的出生，为这个来之不易的三口之家增添了许多欢快。两年之后，还珠曾在文章中自曝过此时的“天伦之乐”：“翌年春，举一雄，颇肥白，而健实。”而当他“每日劳作归来，内子辄抱儿相迓于门。儿牙牙学语，张手索抱，余则解衣接儿，逗引欢跃，饮食既竟，更衣偕出”。到了夜晚，“每闻儿啼声，乃谓时晏，而同就卧。时厌夜短，而喜懒床，必余妻催促乃起”。〔《自家一页》，还珠楼主，天津《天风报》1935年2月25日—3月4日〕

然而，小家的欢乐很快便被国难频仍所吞噬。

继两年前“九一八”事变东三省沦陷后，日军为了转移国际视线，并迫使南京国民政府屈服，又于上一年的1月28日晚发动了进攻上海中国守军事件，是为“一·二八”事变。虽然国民革命军第十九路军在总指挥蒋光鼐、军长蔡廷锴的指挥下奋起抵抗，给日军以迎头痛击，并在数次战役中迫使日方四次换帅死伤近万人，但由于三月初日军偷袭浏河成功登陆，致使中国军队被迫退守第二道防线。1932年3月3日，日军发表停战声明。同日，国联决议中日双方下令停战。24日，在英领署举行正式停战会议。5月5日中日双方签订了《上海停战协定》。

此事件发生时，天津《天风报》主人沙大风正客居上海，在目睹了中日双方鏖战后，遂又赶往南京打探时局。1933年1月初，他接到法院传票，京剧名旦朱琴心与他的官司将于3月20日开庭，于是在1月26日（农历大年三十），他赶回天津，旋即将沪宁闻见以观感形式刊于《天风报》副刊。本就有“从军报国，建功立业”之“军政”情结的还珠，见到此文，立刻给他写去一函，将心中的忧患和对时局的识见一吐为快。

沙大风接获信函，在为还珠崇论闳议击节的同时，旋将此函以《致沙大风兄》为题刊于《天风报》副刊《黑旋风》上。透过此函，我们可以看到还珠此刻的家国情怀：

> 大风我兄：岁前一别，忽如调饥。顷读本风副刊，获观大作，知已倦游归来，南辕北辙，想见贤劳。甚慰甚仰。人间何世，

海水群飞，强夷内侵，靡有宁止。书生忧时，惟有伤心，家山盱衡，欲哭无泪。南方民气发扬，不似北地暮气沉沉，民众救国工作，有无具体办法。客岁一二八之变，商业菁英所聚，鞠露茂草。我十九路军，精忠激烈，铸成伟绩，垂死人心，赖以一振。战后碧痕，谅曾凭弔。前传沪当局，曾有大上海市计划，实行成绩，已届何若。中央抗日，已具决心。吾侪小民，未敢预闻存亡大计，党内团结，能未一致，积“瘉”所在，至所关怀。若仍党同伐异，虽有坚甲利兵，未必优于棘荆粗耰。况乎贫弱，惟恃血肉。言念及此，怆然涕下。故宫古物南迁，赞反各非，同有怀抱。使中央果有宏算嘉猷，迁宝以后，组织清廉机关，由人民监督，暂以无用抵有用，一转移间，使得若干万利器，翌日公里战胜，再以金钱收回，愈增古物价值，倍切人民愿望，否则皮之不存，毛将焉附。视此国防空虚，屏藩洞澈，大好神州，何处非供敌人蚕食之地。国家将亡，宝物何有？主迁者，内容莫测，尚有一二分厌沃吾人之希望；主留者，抱玉石具焚之决心，壮则壮矣，未敢云智。凡事须有通盘之计算，抱牺牲之毅力。丁此厄运，除爱国家爱民族外，余均可以为后图。轻重倒置，良用痛心。执事资禀瓌厚，当识敏赡。斯游见闻较广，当有好怀，以告故交。琴农中年凋谢，同所凄怆，身后一切，尊论良是。弟抗尘走俗，羌无良故。近病齿，眠食乖戾，益复无聊。副刊稿，亦未能按时奉至，殊愧良友。先此布候，馀俟晤言。伫候还云，不尽心驰。

〔《致沙大风兄》，还珠楼主，天津《天风报》1933年2月3日〕

家事国事天下事，可谓事事关心；“国家兴亡，匹夫有责”的脾性，更是跃然纸上。而就在刊登这封信函的《黑旋风》背面，还珠那“荒诞不经”的神怪剑侠小说《蜀山剑侠传》正连载得如火如荼。一方面是“地气”十足的忧国忧民，一方面是“仙气”盎然的神魔神话。正是在这亦真亦幻的时空转换中，还珠于《天风报》上尽情地经营着他的《还珠楼丛谈》与《蜀山剑侠传》。在声名日隆的同时，其所获稿酬也让他的全家暂时衣食无忧。

同样，《天风报》也凭赖还珠这“入世”“出世”的“人间”“天堂”，不但知名度和发行量与日俱增，而且冠盖津门娱乐小报之首的声望，还让它热闹地举办了1933年2月20日的创刊三周年纪念。据当日报纸所载，除了刘云若、还珠、何海鸣、姚灵犀、王伯龙等沾上文坛名家的贺文外，还登有沙大风同以上“本报同人纪念留影一张”，以及由尚小云所画兰花、已故名伶王琴农添蝶、还珠题识“大风珍藏”的国画一幅。

就在这次纪念会上，1931年5月辞去《天风报》编务、归家专心写作社会言情小说的刘云若，偷着向老朋友还珠透露，他打算自己办一张小报，并约还珠再写一部武侠小说，在自己的报纸上连载。虽然《还珠楼丛谈》和《蜀山剑侠传》的写作已让还珠忙得焦头烂额，此前他已推掉了多家报馆的约稿，而且他也从心底里看不起当时的一众社会言情小说作家，但这次他却爽快地答应了。因为约稿者，是他钦佩的刘云若。

对于当时步刘云若后尘所产生的众多社会言情小说，一年多后，还珠在文章中有过如下评骘：“我虽然也在作小说骗饭吃，但是对近十年来所出版的小说，却极少瞻仰，尤其是社会言情之作，其不常看的原因，不外乎下列两点”——

其一为“今人所作的章回体社会言情小说，多喜影射当世达官贵人，讦发或伪造别人的隐私、贪污劣迹、豪奢纵欲以及家庭间的丑事，或者用上几个青年男女做主角，演出一幕单角、双角、三角以致于多角的恋爱把戏。明明他心中想把某主角写成一个了不起的人物（其人大都夫子自道），其表演的事实，却把那人形容成一个荡子，或意志薄弱的废物。同时书中的歹角，除了作者笔底下硬给他派下许多穷凶极恶、卖国贼等等名称外，并描写不出他的真正坏处来，叫稍微聪明一点的人看了，觉得好的坏的都不过如此。至于描写阔人日常生活，多稍寒酸之气，与实况不符”。

随后他举例说：“如现已出名之某小说家，当年在北京某报上撰小说，写某某数阔人，在班子吃花酒，用去百余元，又叉五十元底幺半麻雀（一种赌博形式），以为穷奢豪赌之类。其描写恋爱，不管书中人身份程度如何，男女主角一见面，先不谈家常话，由平凡中生出至文来，先把许多带有流行感冒性的恋爱口头禅，一本正经、新旧合掺地发挥了个淋漓尽致；起初总是情有独钟，后来再自己给自己制造痛苦，由专爱变为兼爱，结果熊掌没熟鱼先滑，一个也到不了手，再小题大做的，宣布书中人一个死刑，完成这幕滑稽的悲剧。我为免得周身起鸡皮肤起见，只好少看。”这里所举之例，显然是指北平报载小说名家李熏风与他的社会言情小说。

其二则是当下操此业者，“既乏创造力，又无撰述力，书更读得不多，为迎合一班浅薄青年的心理，便于自己成名起见，自己虽住在繁华的都市，却偏要梦游到农村里去找材料；尽管自己物质上有过分的享受，却偏要写民生疾苦与资本家的罪恶（中国本来就没有资本家，如果再把这有限的几个‘似’资本家一打倒，人民更饿坏了），于是马屁股对不上驴脑袋。他所谓农民的痛苦，都是书中人所欲求享受而不得的。谈到书中的歹角，也是和前一种一样，除了给作者硬加上什么土豪劣绅、压迫农民、万恶的地主等等农民所不知的新名词外，多是不近人情的描写，结果叫农民联合起来，将歹角打倒，喊几声民国‘五十年’以后农民才能喊出的口号了事”。

而“以上两种，还算好的，其余生硬别扭、连胡（适）圣人也看不懂的妙文妙事，尚多尚多，恕我篇幅有限，未便悉举”。随后，他在揶揄这等社会言情小说的同时，也道出了他不写社会言情而独撰神怪武侠的真实原因：“我有时也忽发奇想，自己开自己的玩笑，打算买一本回去，坐在恭桶上寻寻开心，多打两个屁，无奈以上两种书，都以贵价为号召，花钱多了，觉得怪不合算似的，只好拉倒。我自知才力经验不够，不敢作社会言情小说，描写民生疾苦，幸而跑的地方还多，为吃饭计，不得已，拿实地实景、真山真水，加上些武侠神怪，编慌造魔，骗几个钱，回家养活大人孩子，固然迫于环境，亦藏拙之一道也。”

虽然“针砭”了大部分社会言情小说，而且当时的众多此类作品也确如还珠所言，但他认为“好的也有”。如对专写此类小说的大家刘云若，他便分外推崇，颂扬其“专一为天津社会中下层写实的《春风回梦记》之类，我也曾经拜读完过，并且对于作者的聪明与风流，有相当的佩服”〔《读完〈稚莹〉以后》，还珠楼主，天津《天风报》1934年6月4日、5日〕。

真可谓人以群分！在民国文坛，报载通俗小说作者甚众，但写的达到超一流者，也就是天津的刘云若、还珠、凫公、白羽，再加上外埠的张恨水、王度庐、蔡东藩、秦瘦鸥数人而已。即使如李涵秋、毕倚虹、顾明道、郑证因、朱贞木、徐春羽、姚民哀等名家，亦是难以望其项背。也正因此，当刘云若向还珠发出约稿时，无论是“相互赏识”还是“惺惺相惜”，即使再忙再累，还珠也是义无反顾地应承下来，埋头赶写，何况刘云若还许下了不菲的稿酬。

1933年的还珠可谓否极泰来，好事不断。在拥妻抱子、笔耕获利、声名大噪、“客串”《天风报》副刊《黑旋风》编辑的同时，他的处女著也被隆重出版了。这年3月8日，《天风报》刊出一则“剑侠名著《蜀山剑侠传》第一集出版了”的广告：

> 还珠楼主所著《蜀山剑侠传》为近代武侠名作，情节惊险新奇，不落寻常剑侠小说窠臼，自在本报披露以来，大受读者欢迎，本报每月合订本俱供不应求，迭接读者来函，每以未窥全豹为憾，敦促付印。楼主复费两月心力，增删改定，较原作尤为精彩，准本月二十三日由天津法租界廿九号路百城书局印行。每集十余万言，定价七角，外埠函购，每册加寄费一角一分，邮票九扣五。爱读武侠小说者，幸勿交臂失之。

翌日，还珠自己也在《天风报》上回复读者半月轩主人时写道：“《天风》转来惠书，具见懃拳。谬承太夫人借奖过情，益令人惭感无地。执事人伦至性，时于行间流露，想见膝下承欢之乐，曷胜钦佩！拙著《蜀山剑侠传》，原稿潦草太甚，致讹误甚多，兹经重行修改，编定第一集，三星期之内即可出版，先售预约（请参阅今日广告）。李宁之女英琼，为本书第一流人物，其事迹奇险冗长，破慈云寺后，当即归入本传。北平分销尚未觅定妥人，正设法中。”〔《代邮》，还珠楼主，天津《天风报》1933年3月9日〕

而到了23日那天，当《蜀山剑侠传》在《天风报》连载到第256期时，该报副刊《黑旋风》版头旁，果然打出大字标题广告：“蜀山剑侠传第一集出版了！”随后，人们便在这部因提前预热而大卖的“奇书”版权页上，看到“编辑者：还珠楼主”；“印刷者：百城书局”；“总发行：百城书局（天津法租界二十九号路）”；“经售者：天风报社、各埠书局”；

“民国廿二年四月初版”；“实价大洋七角”等标识。其封面为紫红色，黑色边框，中间有还珠自题反白书名“蜀山剑侠传”。该单行本共计10回，据还珠日后自述：因连载时并未分章节，故“目录多由内子付刊时代拟”，而“校对皆由书贾进行”。〔《达少选先生》，寿民，《还珠楼主散文集》，（香港）天地图书有限公司2014年10月出版，第327页〕

四天后，《天风报》主人沙大风又在该报亲撰广告《介绍一部武侠名著》，称“还珠楼主所著《蜀山剑侠传》，布局谨严，设想新奇，写景写人，无不佳妙，不落寻常小说恒蹊。闻全书计百万余言，诚空前武侠名著。一集业已出版，约十万言，预约券先期售卖一空，一纸风行，可徵盛况，兹将目录列左，以公同好。（目录略）”〔《介绍一部武侠名著》，大风，天津《天风报》1933年3月27日〕。

随着《蜀山剑侠传》单行本第一集的面市，舆论也开始对还珠及其作品进行评骘。如此刻正执掌《天风报》副刊《黑旋风》笔政的朱青原，在将还珠与此前已在国内享有盛名的武侠两巨子湖南平江不肖生向恺然和河北玉田赵焕亭进行比较后认为，平江不肖生和赵焕亭不如还珠。赵焕亭已不足论，平江不肖生“《江湖奇侠传》的描写未免有冗长可厌之弊，叫人看了描写的事实，往往会忘记掉原传的头绪”，而“还珠楼主并不像不肖生这样做法，这是此书的优点”。〔《谈谈三位武侠小说家——不肖生、赵焕亭、还珠楼主》，原，天津《天风报》1933年5月8日〕

需知，不肖生的作品在当年被公认为是“武侠正宗”，他与赵焕亭的武侠小说早在还珠《蜀山剑侠传》轰动前十年，便已风靡全国。当年南北呼应的“南向北赵”，曾被誉为共同“拉开民国武侠小说大繁荣序幕”者。作为后起之秀，还珠在他们二人爆红十年后，跨过“后南向北赵”时代的一大批武侠作家，仅凭一集《蜀山剑侠传》便争得与“南向北赵”平起平坐，且呈“后来居上”之势，可见还珠武侠“处女秀”的出手不凡和舆论界对他的青睐。

此外，这一时期还有署名“桐庵”“江北老”者，也先后于报端刊出《读〈蜀山剑侠传〉赋赠还珠楼主》〔《读〈蜀山剑侠传〉赋赠还珠楼主》，桐庵，天津《天风报》1933年5月12日〕《此恨绵绵——恨的是还珠楼主》〔《此恨绵绵——恨的是还珠楼主》，江北老，天津《天风报》1933年7月18日〕等诗文，对还珠及其作品进行褒扬。

《蜀山剑侠传》单行本第一集的热销，大大出乎报馆与书局的预料。除百城书局与《天风报》社自办本市与外埠的零售、邮购外，在天津市区，商务印书馆天津分馆、世界书局、大东书局、天津书局、大成书局、松涛书局、大陆书局、佩文斋书局、劝业场三楼德记书局、泰康公余读书社等书肆，亦纷纷代销此书，而且外埠的经销商亦在不断增加。因这些商家屡次售罄屡次添货，造成因加印赶不上发货速度，坊间遂出现了不同形式的盗印本。针对此等状况，还珠在沙大风的提议下，迅即采取了版权保护措施。当年6月19日，《天风报》在头版报眼处，醒目地登出了《赵从韶律师受任还珠楼主李寿民常年法律顾问通告》：

> 本律师受任还珠楼主李寿民常年法律顾问，对于李君所著《蜀山剑侠传》之著作权、版权依法尽保障之责，特此通告。
>
> 本律师事务所：天津日租界秋山街洪德里四号
>
> 电话：23523

有了第一集的铺垫和法律保障，《蜀山剑侠传》单行本第二集很快大量印制上市。当年6月30日，《天风报》刊出如下广告：

> **《蜀山剑侠传》二集出版预告**
>
> 还珠楼主著《蜀山剑侠传》意境高超，文笔优美，情节惊险新奇一气呵成，写名山胜境尤极详尽。手此一编，可抵卧游之乐。现第二集业已付印，准七月十日出版。此次印书较多，成本减轻，预约券减售四角，外埠加寄费十一分，邮票九五扣，持券连购一二两集特价八角，单购第一集仍照原价九折。
>
> 【预约券代售处】特别三区一纬路天风报社、法租界天津书局、天祥市场大陆书局、西北城角博古书局、河北松寿书局、三益庄益民书局
>
> 【第一集】商务印书馆、大东书局、世界书局、大成书局、佩文斋书局、德记书局仍有代售〔《〈蜀山剑侠传〉二集出版预告》，天津《天风报》1933年6月30日〕

然而到了7月10日，第二集并未如期面世。为了安抚欲“先睹为快”的读者，《天风报》翌日不得不登出启事：“《蜀山剑侠传》第二集原定10日出书，因发现装订错误多部，故准于16日出版。”到了16日，在《黑旋风》上果然见到“已出版”三字。但当人们将书抢购到手后则发现，虽然封面和版式均与第1集完全相同，但版权页在注明“民国廿二年七月初版”之后，其出版印行者，已不再是第一集的天津百城书局，而是变为地处“北平前门外樱桃斜街路北”的“文岚簃奎记古宋印书局”〔北平“文岚簃奎记古宋印书局”是由英静斋于1903年在北京和平门外樱桃斜街创办。开业之初只是一家刻字铺。1917年开始经营手工雕刻古体仿宋铅字并对外出售，故其店名中有“古宋”二字。后又增加铜版制作和图书印刷、出版业务。当时其为北平唯一的仿宋字体印书局，买卖极盛，并在天津开有支局（实际是个印刷作坊），由宁波来津商人刘汇臣经营，地址在天津东马路一二九号〕。在“总发行：大陆书局、天风报社、商务印书馆”后所标的天津“发行人”，则为位于“天津东马路马栅胡同对过”的“文岚簃”天津支局老板“刘汇臣”。这其中的缘故，虽然当时媒体未做任何披露，但却颇具“内幕”，对此后文将做详述。

《蜀山剑侠传》单行本第二集出版三个月后，就在第三集仍由“文岚簃”付梓之际，人们突然发现，还珠的又一部有别于此书的新武侠，于一张新创刊的小报上面世了。

在天津秋山街（今锦州道）上，从还珠住所往西五百米，步行不足十分钟，左侧有一胡同宽窄却称“兆丰路”的街道，其与马路对过曾住过多位文化名人的寿荫里及还珠住宅归日租界不同，它属法租界管辖。“兆丰路”很短，但有名，当年在华北颇为畅销的“黄色报纸”《风月画报》的编辑部，便在此街巷内。其中段有一小道往东通一胡同，名曰“兴义里”。从秋山街上看，“兆丰路”与“兴义里”其实是两个相邻而且宽窄差不多的小巷。1933年10月17日，一张名为《大报》的四开四版小报在此创刊了。创刊号上标的“本报社址”，便是“天津法界兆丰路兴义里三号”。其主人，则为在当时平津已大名鼎鼎的社会言情小说作家刘云若。

刘云若之所以为自办小报取名《大报》，是因为当时天津办对开大型报纸如《大公报》《益世报》者，不自觉地轻视甚至看不起小报，他这样

人到中年的刘云若

取名其实是故意调侃贬损大报。虽为小报，但其版型却是按照当时天津《庸报》《商报》等大型报的样式拼出的。全报依次为要闻版、文艺版、小说版、社会版。刘云若十分看重这张报纸的小说版，认为小说是自己的强项，与其将自己的小说放到别家报纸连载，让人家报纸凭借自己小说而畅销，还不如自己办张小报，专门刊登自己的作品，让自己尽快地富裕起来。这也是他创办《大报》的主要原因。

因此，在创刊号上，刘云若不但将自己的言情成名作续写，以《续春风回梦记》之名连载，借以唤起读者的记忆让报纸迅速上位，而且还特意约来当时已在华北地区名声大噪的还珠的武侠新作，为自己的“才子佳人”保驾“挎刀”。

还珠这部友情出手的武侠新作，名曰《蛮荒侠隐记》，这也是他继《蜀山剑侠传》之后，开写并连载的第二部武侠小说。据周清霖研究，还珠在他的另一部神怪武侠名著《青城十九侠》中，透露了“一个重要的创作‘计划’，即将峨眉、青城这‘殊途同源’的两派剑侠的‘诛奸杀恶’‘除暴安良’行为，同反抗‘异族’压迫的大业联系起来，希望读者中的‘有心人’能够‘略其’‘迹涉虚幻’之‘妄’，而‘取其’反抗‘强夷内赑’之‘真’。然而，这一重要‘计划’却未能在《蜀山》《青城》二书中得到实现”。究其原因，大致有二：“（一）《蜀山》故事日趋神奇，正邪斗法如火如荼，作者浸沉其中不能‘自拔’；（二）《青城》故事极慢，‘铺陈’过多。”因此，“其间很难插入或转向反清斗争内容”。

但是，“身处日寇侵华铁蹄南逼、全民族抗日情绪日趋高涨的形势之下，还珠这位‘具有国家种族思想、又富有聪明才智之士’，绝对不愿放弃上述‘计划’”。于是，他从 1933 年到 1944 年，亦即在抗日战争全面爆发前直至整个抗日战争期间，便接连写出了《蛮荒侠隐记》《边塞英雄谱》《云海争奇记》《皋兰异人传》《天山飞侠》五部人物、故事密切相关的重要作品。“至此，还珠武侠创作的‘整个计划’已初见端倪，即一手构筑以《蜀山》为主体，‘出世仙侠’诛灭妖邪、抵御天劫的‘神魔世界’；

一手描绘以《云海》为主体，‘入世武侠’反抗异族、拯救黎民的‘人间图卷’。”〔《论还珠楼主的“入世武侠”小说》，周清霖，载《侠与中国文化》，台湾学生书局1993年4月出版，第512—516页〕

而在“入世武侠”系列中，《蛮荒侠隐记》是他的第一部。其主要描写由“醉方朔陆地真人”单鹗、余独师徒保护云南云龙山老小山主“南王”——南明永历帝的子孙王承嗣、王人武等明室遗民免遭清廷剿杀的故事。

《大报》由于在创刊伊始，便连载了当时天津最炙手可热的两位小说家——刘云若与还珠的作品，故很快便以日销3000份的佳绩，从沽上一众小报中脱颖而出。转年5月16日，该报又连载了后来成为民国“北派武侠五大家”之一郑证因的武侠处女作《风尘三杰》，由此造成其在当时沽上“小型报中原可称霸”〔《〈闲话皇帝〉与天津〈大报〉》，希鸿，天津《星期五画报》，1948年5月14日〕的可能。但由于一次“意外”，《大报》不但中辍了以上几部作品的连载，而且旋即便被迫“夭折”了。

关于此中原委，学者张元卿曾有揭秘：“《大报》大约在1935年6月14日停刊。”至于因何停刊，“1948年5月14日《星期五画报》上的《〈闲话皇帝〉与天津〈大报〉》一文说出了原因：‘后来云若有时事忙，便把编发副刊的工作请报馆的一位校对张先生代替。’张看到《新生》周刊上的《闲话皇帝》，觉得很好，‘便剪下来，分三天在副刊上转载了出来’。剪报发表后，天津一家《中美晚报》是给日本人作间谍的报纸，每天搜集本市大小报纸，查看有无反日文字。因《闲话皇帝》提到日本军人把权，日本皇帝只是一个傀儡，他们看到后，便把它翻成日文，送到宪兵队，宪兵队又转到日本领事馆，最后领事馆向甫经上任的天津警备司令商震提出抗议。不久天津新闻检查所和警备司令部派人来调查此事，追问《闲话皇帝》的来源、投稿人姓名，便把剪下来的原稿带走了。那夜，警备司令部来命令：‘查该报措词失检，有碍邦交，着即暂时停刊。此令。’”〔《刘云若评传》，张元卿，天津古籍出版社2016年10月出版，第82页〕

《闲话皇帝》本是邹韬奋创办《生活》周刊时的助手艾寒松化名“易水”所写的一篇随笔，首发于1935年5月4日上海《新生》杂志第2卷第15期。其文曰：“日本的天皇，是一个生物学家，对于做皇帝，因为世袭的关系，他不得不做，一切的事，虽也奉天皇之名义而行，其实早就做不得主。接见外宾的时候，用得着天皇，阅兵的时候，用得着天皇，举行什么大典的时候，用得着天皇；此外天皇便被人民所忘记了，日本的军部、资产阶级，是日本的真正统治者。”

此文刊后翌日，上海的日文报纸马上称《新生》侮辱了天皇，在上海的日本浪人和侨民亦上街游行。日本驻上海领事馆随即向国民政府抗议，要求“国民党及国民政府向日谢罪”，“处《新生》作者、编者徒刑”，以致最终酿成震惊全国的“新生事件”。南京国民政府畏于日方压力，于“七月九日，江苏高等法院第二分院开庭审讯此案，仅到该刊编辑及发行人杜重远，该文作者易水未到”。最终，震惊中外的“新生事件”，以杜重远获刑一年两个月，《新生》周刊第2卷第15期没收，作者艾寒松避祸域外而结束。

在全国闹得沸沸扬扬的“新生事件”，很快便传到天津。特务告密导致的直接后果，便是《大报》被查封。幸者，则是刘云若安全度过此劫，但从此他便告别报人生涯，归家专心写他的社会言情小说去了。

《大报》关门了，《蛮荒侠隐记》的连载也惨遭“腰斩”。但可慰的是，此书还珠实已完稿。据1934年5月28日《天风报》广告称：

> 大陆书局主人王君幕孔，以本风编者还珠楼主所著武侠小说风行一时，而楼主所著武侠长篇，多先经报纸登载后，始克付印，好读楼主小说者，每以不能一气得窥全豹为憾，乃于去冬特约楼主编著一武侠长篇，全书共分四集，都数十万言，现已完全脱稿，即交大陆主人付印，一集预约期满，即继续出售二、三、四集预约云。

这里所说“完全脱稿”的“武侠长篇”，便是《蛮荒侠隐记》。只不过出版商为了增加广告效果，有意避开了此书在《大报》上的连载，并且故意隐去书名而说成是书局主人“特约”所撰。然而，还珠本人在报上答复读者时，还是道出了实情：“诸君公鉴：拙著《蛮荒侠隐记》，在天津天祥市场大陆书局出版，本馆及仆寓均不代售。寄来之邮票，已

于便中转交大陆、天津、德记各书局代办矣。”〔《代邮》，寿民，天津《天风报》1934年6月12日〕

果然，一个多月后，《天风报》登出了《蛮荒侠隐记》第一集出版的消息，称该书已在“六月底出版，计划月出一集”〔《还珠楼主又一武侠小说〈蛮荒侠隐记〉第一集出版》，天津《天风报》1934年7月3日〕。但此消息却让急欲先睹为快的读者颇为着急，因为他们在刚刚过去的六月底并没有见到该书。针对读者的不断问询，还珠7月17日在报端答复云：“拙著《蛮荒侠隐记》，原定上月底出版。为承印此书之印刷局所误，致大陆书局不克按时出书。现经大陆主人再四催促，昨始印就，闻初版预约，售达两千册以上，半出外埠函购，想系邮寄手续较紧，遂致迟迟，顷已催其即日寄奉矣。此书版权，现归大陆，仆虽不任愆期之咎，然亦同所歉疚也。”〔《代邮》，寿民，《天风报》1934年7月17日〕

然而当几日后读者终于看到该书时，除了天津大陆书局版本外，还有北平文岚簃奎记古宋印书局版本。对于此中奥妙，还珠随后曾有“语焉不详”的解释：“《蛮荒侠隐》，原定八册，先售十四万字之版权于大陆书局，一集字数太多，二集字数不够。及大陆易经理，本是吃亏事，又以条件与先讲不合，遽尔搁浅。是书自二集起，以系在家兴到时所作，较《蜀山》差胜，非不胜其苛吝者，不佞亦不愿其中辍也。《蜀山》与《蛮荒》二书，当时校对皆由书贾进行，两书目录多由内子付刊时代拟。”〔《答少选先生》，寿民，《天风报》1934年10月25日〕

但是再次出乎人们意料的是，此书虽然如还珠在回答文友何海鸣时所言“拙著《蛮荒侠隐记》，销路尚不恶”〔《代邮》，寿民，《天风报》1934年8月14日〕，但随后并未“月出一集”，而是“二集”没了音讯。人们看到的，则是还珠另一部“新作”的预告：

> 本《风》主编还珠楼主，文武兼资，志趣高迈，遭时不遇，以笔耕自娱，所著武侠小说，久已为世推重。近复为北平《益世报》撰一小说，名曰《紫电青霜》，中述清初志士西南二十七侠之轶闻异迹，穿插以各地名山胜景蛮风猺俗毒岚恶瘴之奇，对于武术内外家功力，弹述尤极详尽，别有会心，允称

必传之作。准于十月一日起，开始按日刊登云。〔《还珠新作预告》，风，《天风报》1934年9月30日〕

《紫电青霜》倒是如约在《益世报》北平版上连载了，几个月后，还珠在致友人的信中，自己说清楚了这部小说与《蛮荒侠隐记》的关系：

> 甪酉先生左右：顷接损书，滋愧宏奖。拙著《蛮荒侠隐》，已为书贾所误，不克再续矣。北平益世报《紫电青霜》，即拙著之后集，赐教为幸。读尊函地址，知共一方，颇以未获良晤为憾，能于下午枉顾二楼一谈否？〔《代邮》，寿民，《天风报》1935年1月21日〕

据此可知，《益世报》北平版连载的《紫电青霜》，实乃《蛮荒侠隐记》的续集。此两部书后来均以《蛮荒侠隐》之名出版单行本。从目前可见版本信息获悉，《蛮荒侠隐》单行本的出版，直接承继了天津大陆书局《蛮荒侠隐记》第一集，其第二集与第三集分别于1937年2月与8月由天津文岚簃印书局付梓，而第四集与第五集则于1938年10月和1940年5月由天津励力印书局印行。

至于该书第一集的出版为何多次“乌龙”般的折腾，还珠又为何不能自圆其说地“王顾左右而言他”，该书第二集的出版印行为何从“北平文岚簃奎记古宋印书局”移为“天津文岚簃印书局”，“天津文岚簃印书局”与“北平文岚簃奎记古宋印书局”及“天津励力印书局”之间到底是一种什么关系，其实这里面还是大有“内幕”可揭的。

前文已述，《蜀山剑侠传》单行本第2集的印行出版，虽“莫名其妙”地由天津百城书局易主为北平“文岚簃”，但天津是有发行人的，他就是“文岚簃”天津支局的老板“刘汇臣”。这所谓的“天津支局”，只不过就是一个挂靠北平“文岚簃”的简易印刷作坊，而刘汇臣，当年也仅是一个从宁波跑到天津“淘金”的印刷小业主。不同寻常的是，身无分文闯津门的刘氏，天生具有宁波商人的精明。当《蜀山剑侠传》甫于《天风报》连载时，便引起了他的注意。很快，他便“慧眼识珠”，认定该连载日后肯定会火，而且他还盘算，如果能够买下作者版权，结集分辑印刷出版单行本，那将是稳赚不赔的买卖。但问题是，他乃小本经营，没有足够的钱款去预付定金。就在他反复盘算并最终下定决心，准备筹款买断还珠时，天津百城书局却捷足先登，突然推出了《蜀山剑侠传》单行本第一集。

刘氏见状，颇为焦急，他连忙带着此书跑到北平，找到其挂靠的上家“文岚簃”，经过一番巧嘴游说，加上有实物为证，遂说通了“文岚簃”老板，让其出高于“百城”的酬金拿下《蜀山剑侠传》后续单行本印行出版权。随后，他又拿着“文岚簃”的稿酬支票返津找到沙大风，二人商量好后，便连蒙带唬地劝还珠与“文岚簃”签下了《蜀山剑侠传》第二集及此后数集的印行出版合同。

而天津百城书局老板邵某，因缺乏刘汇臣的眼力与魄力，没有预先和还珠签下续出和买断协议，只能眼巴巴地看着“煮熟的鸭子又飞了”。在率先推出首集后，此后近五十部《蜀山剑侠传》续书的初版与再版，均与邵某的百城书局再无关涉。同为出版人，刘汇臣与邵某，无论是眼力魄力还是理念手段，都可谓天壤之别。据史料记载，天津百城书局大约成立于1930年，主人邵某为北京师范大学毕业生，在津教书之余，于法租界山东路吉祥里35号（位于今狗不理包子铺对面小楼，现已不存）租房经营书局店面，既售书又出版，其编辑和印刷部设在法租界老西开教堂后的中和里。

就这样，《蜀山剑侠传》单行本从第二集起，印行出版商便由天津“百城”变成了北平“文岚簃”，而刘汇臣也如愿地拿到了该书在天津的总发行权。仅凭这一部书的发行，便赚得盆满钵满的他，遂有了更大的野心。

这一次，他又是两头忙活。先是找到北平“文岚簃”老板，要求将自家作坊由“天津支局”变为“天津分号”。在用钱达到目的后，他便将位于天津东马路马栅胡同对过的印刷作坊，迁址到有天津“文化集散地”之称的娘娘宫右侧的宫北大街大狮子胡同转角处，并添置设备，挂上了“天津文岚簃印书局”的牌匾。随后他又用同样手段做通沙大风工作后，便再次找到还珠，提出《蜀山剑侠传》单行本的印行出版，要由北平“文岚簃”换成天津“文岚簃”。当时不知内情的还珠见预付稿酬不但没减反而增多，就痛快地答应了。刘汇臣见状，遂又趁机与还珠签下了“重金买断”该书版权的合同。

于是在 1934 年 11 月 22 日面世的《蜀山剑侠传》单行本第 7 集上，印行出版商便变成了“天津文岚簃印书局”，而刘汇臣则理所当然地成了该书版权拥有者。

有了《蜀山剑侠传》这棵“摇钱树”，刘汇臣迅速发迹。至 1937 年 8 月津沽沦陷，他已累计印行出版该书单行本到第 17 集，天津文岚簃印书局也因此由一个小印刷作坊，变身为天津著名的通俗小说印行出版机构。

然而正当刘汇臣踌躇满志准备进一步扩大经营时，作为“中国地”的宫北大街大狮子胡同一带，已沦为日本人的天下。日本宪兵和特务不但对有危害其统治的言行严厉管制，而且对于印刷出版等直接威胁其“政权”的行业更是严加审查，不断取缔。为了平安生存和继续赚钱，刘汇臣当机立断，立刻注销了已出大名的天津文岚簃印书局，而将全部家当搬到了日本人尚未进入的法租界三十号路（今哈尔滨道）效康里 22 号。业务虽然还是出版《蜀山剑侠传》，但招牌经向法租界工部局注册，已易名为一个全新的名号——天津励力印书局。

经过这一番折腾，《蜀山剑侠传》单行本第 18 集出版时，已是 1938 年的 5 月。这一集的版权页上，印行出版者已由天津文岚簃印书局变成了天津励力印书局。还珠老友唐鲁孙所言“他（还珠）的书最初是交天津励力印书局发行的，每集一版出六千本，书一应市，就被抢购一空”〔《我所认识的还珠楼主》，唐鲁孙，台湾《民生报》副刊，1982 年 6 月 20 日〕，说的就是这一时期。

有了租界的庇护，刘汇臣扩大经营范围的想法变成了现实。很快，除了还珠外，他又将刘云若、陈慎言、耿小的、郑证因、朱贞木、李山野等多位平津沦陷初期仍在从事通俗小说写作的名家聚拢起来。通过洽谈，买断印行了他们的大部分代表作。

在挖掘通俗小说作家和判断作品上，刘汇臣确实精明。在“慧眼识珠”和买断以上诸名家的同时，他又盯上了客居青岛此时名气尚未走出胶东的旗人作家王度庐。在看到《青岛新民报》上王氏的几部武侠小说连载后，他果断出手，立刻买断了王氏武侠单行本的版权。王度庐后来誉满南北的侠情小说“鹤铁五部”，就是这样被刘汇臣的天津励力印书局推向全国的，而且台湾地区电影导演李安据其中部分情节改编的影片《卧虎藏龙》，还于2001 年荣获了第73 届奥斯卡最佳外语片奖。此外，同一时期，青岛的另一武侠小说作家陈挹翠，亦被刘汇臣买断，由“励力”推出了《金罗汉》《血溅青锋》《泰山屠龙》《孤雏喋血》《风云儿女》《蛰龙惊莽》等一批作品。

因为这些通俗小说的印行出版，天津励力印书局在沦陷时期的平津声名鹊起。面对如此“佳绩”，刘汇臣的野心再次萌发。他已不满足自己的买卖仅是一个简单的印制发行机构，他要招兵买马，成立自己的图书编辑、出版、印刷、发行“一条龙”。于是在1940年11月，他便将“天津励力印书局”变成了“天津励力出版社”，而该社的“打炮儿”书，便是《蜀山剑侠传》单行本第21集。此后，直至1943年9月，当《蜀山剑侠传》出版到第23集时，因还珠遭到日本宪兵队的迫害远走沪上，天津励力出版社方才结束了还珠作品的出版。然而即使如此，刘氏靠着还珠发财的买卖，仍在继续。随着抗战胜利，自1946年10月起，他不但将《蜀山剑侠传》单行本第34集及此后十余集的初版权先租后卖地给了上海出版商陆宗植，而且还将该书前33集的再版权也一齐转售。

从以上梳理可知，刘汇臣从一个开印刷作坊的小业主，变身为此后在津京沪均有分号的励力出版社大老板，凭赖的完全是还珠的《蜀山剑侠传》。还珠《蜀山剑侠传》50集单行本的出版，恰是刘汇臣经营“励力”的整个“发家史”。而还珠与他的神魔武侠小说，能够从天津走向华北，杀入江南，最终风靡全国并在上海形成“狂轰乱炸”，除了作品本身的超凡魅力外，刘汇臣的“慧眼识珠”和精明运作，亦可谓至关重要。

天津励力出版社标记

《蜀山剑侠传》由天津百城书局转到北平“文岚簃”，又由北平“文岚簃”换成天津“文岚簃”，随后又变为“天津励力印书局”与“天津励力出版社”，并最终易主上海出版商的传奇出版经过，已如上述。而还珠为刘云若献出的《蛮荒侠隐》，由天津大陆书局变为北平“文岚簃”，又由北平“文岚簃”转为天津“文岚簃”和“天津励力印书局”的经过，亦复如此。

第三节　接手"天风"　一人独编《黑旋风》

前奏曲

（小生赤足科头，手执秃笔一枝上引）笔秃墨干，闲茶饭，日日年年。

（坐白定场诗介）烟雾沉沉蔽日昏，人间何事总难论。匡时莫话书生志，漫将秃笔写鬼神。

（白）卑人李寿民，别署还珠楼主，自幼熟读怪书，善说鬼话。只因秉性孤僻，不为达官贵人所喜，浮沉湖海，不觉十有余年。数年前，流转津沽，家有妻儿老小，吃饭要紧，只得抛却军门上书的牛皮主义，权且以卖文为业。虽然书贾难缠，生涯清苦，倒也无拘无束，逍遥自在。适才山妻言道，今早买来新鲜莞豆黄瓜，小鸡一只，与我解馋，但盼无有恶客前来打扰才好。

（净内白）哇呀呀！

（小生）糟糕！

（净扮沙大风上引）老李代老何，换汤不换药。

（白）来此已是，待我走进。

（小生接介）适才一阵黑旋风，当是来了什么恶客，却原来是沙兄驾风而来，请坐。

（净）有坐。

（小生）沙兄有何见教？

（净）无事不敢相烦，只因俺报馆主笔何兄，另有高就，特地前来聘请李兄接任。

（小生）这个！

（净）那个？

（小生）小弟才疏学浅，不敢当此重任，沙兄还是另请高明吧。

（净）休得过谦，这里备好聘书，李兄收下。

（小生）小弟事忙才短，不敢从命。

（净）你待怎讲？

（小生）实实不敢从命。

（净怒介）不动武力解决，谅你也是不允，再不依从，俺就要祭风了。

（小生）慢来慢来，容我思忖思忖。

（净）快去思忖。

（小生）这人性子太急，如不依从，被他祭起一阵黑风，将房子吹倒，房东岂肯善罢甘休？如要依允，又恐一人才力有限，贻笑大方，这便怎么处？

（沉思介）呵呵，我自有道理。

（转对净介）既然沙兄盛意殷勤，小弟谨遵台命。只是日后文稿不济，休得怨我。

（净改京白）你这么推三阻四的，原来是怕稿荒吗，你且听道。

（唱）自从那，四年前，本报开张，有不少，大文豪，奖许推扬。将奇文，和异事，源源赐降。还有那，好诗词，锦绣文章。劝李兄，只管把宽心来放。投稿的诸君子，定要捧场。

（小生白）沙兄。

（唱流小板）听罢言来心欢畅，尊声沙兄听端详，剪子浆糊，与我全备上，文剪、文抄，是我专长。有时乘机打笔仗，钩心斗角闹嚷嚷。虽然是，丢盔掉甲脸发胖，骗得妙文也无妨。骂大官，避小将，最怕惹流氓。阎王不要紧，小鬼实难当。多说冠冕话，紧做俏文章。骂别人，不抵抗；自己天天入舞场。进烟馆，打麻将，捧明星，瞎揄扬。不花真洋钱，专爱假米汤。这都叫做消息采访，哪管荒唐不荒唐！似这样，浪漫记者谁不当，莫怪人称无冕皇。你听后面饭碗响，我先请你吃鸡汤。用罢晚饭，同把报馆往，等拿着没毛的笔，再作思量。

（净）来此就要叨扰。

（小生）自己弟兄，何须客套，沙兄，请啦。哈哈！

（同下）〔《前奏曲——就职声明》，还珠楼主。转引《天下第一奇书〈蜀山剑侠传〉探秘》，叶洪生，学林出版社 2002 年 2 月出版，第 325—329 页〕

这不是还珠创作的京剧片段，也不是他写的戏曲小品，而是 1934 年 5 月他接替《天风报》主笔何海鸣及副刊编辑香石时所撰的“就职声明”。虽然读来让人忍俊不禁，但其中的意思却是明明白白——他就要一人承担两人工作，出任《天风报》主笔与副刊编辑了。

《天风报》主人沙大风终于达到了目的。之前几番动员敦请还珠接掌报纸副刊《黑旋风》而不得，没料想此次没费多少口舌，还珠便应承下来，而且还允诺承担全报主笔，这让沙氏颇感欣慰与得意。此前由于报纸主笔何海鸣和《黑旋风》编辑朱青原另有他就，沙氏临时拉来喜好文墨的律师香石救急，但香石的能力实在难以胜任这两份重担，忙乱间使得众多老作者流失，报纸发行量只靠连载还珠互为表里的《蜀山剑侠传》和《还珠楼丛谈》支撑。对此，沙氏颇为心焦。他明白，还珠如若稍有变故，报纸就有“大厦将倾”的危险。如今好了，还珠“上天台”的《蜀山》与“接地气”的《丛谈》不但排日而登，而且他本人还执编务主笔政。报纸有了他这“金字招牌”，何愁没有好稿子到来？何况如此这般还能拴住还珠，避免他有三心二意再为别家报纸效力。

其实，还珠这次假装“推三阻四”，最终答应了沙大风的邀请，是有原因的。

首先，前一年的 12 月 26 日，时任天津电话局长的段茂澜因另有他任，卸职离局，而由与其有“总角之交”的老同学顾德铭接任。作为段的秘书、拜把子兄弟的还珠，自然要与段同进退，于是他便于 1934 年 1 月 5 日新局长履新之际，辞去了电话局公职。少了一大笔俸禄而有了充裕的个人时间，还珠在写作之余，便想找个媒体兼差补回收入上的这个大亏空。而无论于公于私，《天风报》都是最好的去处。

其次，《蜀山剑侠传》此时的写作与连载，都在如火如荼进行中。尤其是随着各集单行本的不断上市，《天风报》馆每日都会收到大量读者来函，或是称赞或是指缪，或是提问或是函购。而在这些来信中，有一位署名“燕北愚人”者，其所提问题则让还珠颇感震惊。

那是 1933 年的秋天，《蜀山剑侠传》在《天风报》上连载一年有余，其合订本第 1 集刚刚出版之际，一些“蜀山迷”先后致函《天风报》馆，垂询该书写作内幕并请转信还珠，询问去蜀山的路径。其中一位署名“燕北愚人”者，更是言辞恳切，对《蜀山》一书推崇备至，以致生出入山修炼之想。当沙大风将这些信函转交还珠后，还珠在震惊之余，不免暗暗自责：想不到自己信手杜撰的这些虚幻文字，竟被一些读者信以为真，以至于要离家出走上山学剑。此时他再也不敢小觑自己随意编造的“蜀山”故事，他要将故事的“谜底”告诉大家。

于是在这一年的年底，他在报上登出了《复燕北愚人》一文。其中他写道：“昨日本《风》编辑部，转来燕北愚人致不佞一书，对《蜀山剑侠传》推崇备至，并垂询蜀山路径，有超世出尘之想。奖饰过情，愧曷敢任。垂询诸事，未已于言。昔日蜀中号称天府之邦，山川灵秀，涧谷幽奇，多有高僧异人结茅其间，用作养性名心之所。”而《蜀山剑侠传》就是“多闻之于野老逸民，加以搜葺成书，前应友人沙大风之约，充塞篇幅，所述皆清初剑侠轶闻，俚语荒言，聊供读者酒后茶余谈笑之资而已”。随后他笔锋一转，针对当时日军侵占东北之暴行，愤然写道：“今者人间何世，国难靡宁，天儆宗邦，强夷内蝨；川中群魔，尚复丧心内哄，神皋奥区，大都鞠为茂草。灵山依旧，道阻难行，更无桃园可以避地。如青山能隐，仙迹可寻，不佞亦早已披发入山矣。大抵吾国武术，代有传人，野老之言，半涉虚幻。承示一节，灵山自在方寸间，愧未能代为借箸。倘异日公理战胜，时转昌明，则处处尽是桃源，城市亦可安神，又无需乎远涉山川，觅地高蹈矣。质之高见，以为何如？”〔《复燕北愚人》，还珠，《天风报》1933年12月24日〕

在当年一些武侠小说作家纷纷标榜自己作品中人物、事件、武功等，皆有据可考有案可查的年代，还珠主动揭穿自己精心构设的“蜀山谜底”，敬告广大“蜀山迷”不可信其真，这是非常难能可贵的。而信中字里行间所流露出的拳拳爱国之心，更是跃然纸上。

同时，也正是从这一事件上，还珠猛然悟出，自己已经拥有了一大批忠实读者，他们每天都在阅读自己编造的故事，故事的进程可能就要影响到这些读者的人生。因此，作为一个接受过中国传统劝善文化的讲故事人，他认为自己有责任有义务去引导和帮助这些忠实的读者，为他们指点迷津。而要想达到此目的，最好的办法便是经常及时地与读者交流互动。可谓机缘凑巧，就在他萌生这种想法时，恰逢沙大风又旧事重提，再次敦请他执掌《天风报》笔政。而这次，有了时间做保障的还珠，便半推半就地允诺了。而且为了找回电话局的经济损失，他还承诺一人身兼两职。

答应了沙大风，还珠便迅速进入角色。在1934年5月刊出了名为《前奏曲》的“就职声明”后，21日他便在《天风报》上登出了名为《我的愿望》的“施政纲领”。

首先，是对前任的肯定和对报馆今昔境遇的介绍：

香石之去，的确是本《风》的一个损失。我是个忙人，既无暇兼顾，复有才力不够之苦，当不住老友情殷，一再敦劝，只得勉力承乏。想起去年一个冬夜，我曾同大风、香石两君围炉话旧。偶谈起《黑旋风》编务，大风、香石都说目前真苦极了。以前《黑旋风》初孕育时，真是盛极了，外稿来得又多又好，如黄缺翁、湖居士、姚灵公、胡苹公、冀北抱真，还有许许多多一时想不起的名作家，都来义务帮忙，佳稿源源不绝，编辑室抽屉中待发的稿件，老是满满当当的。不特篇幅生色，主编的一丝也用不着操心。如今却不然了，爱护本《风》的许多位中坚分子，走的走了，不走的又多公忙，无暇赐教。虽则有伯龙、汝痴、侠堪、觚叟、警钟、圣人、有年狂且、天厂、云公、稚芹、味芹、参荟、哀沙诸君子，不断地以佳作见贻，而灵犀、频秋、抱真，也还在丝连藕断，到底美则美矣，犹患其少，时常发生稿荒。香石律师事业，从去年起，失去特别多而且忙，每晚在百忙中，赶到报馆发稿。东拼拼、西凑凑，耗去许多精神，才能毕事，以致香石所拟的一个革新计划，始终没有功夫实行。他二人谈起来，总是摇头。

随后，他便公布了说是前任其实是他自己新拟的对副刊《黑旋风》的具体“革新计划”：

办报本是苦事，尤其办小报的副刊，更是苦事，好稿子不一定是花钱能买得到的。如今偏偏轮到我来办，盛难为继。以香石之才，尚且感到为难，何况区区！我也没有什么新的贡献，只不过萧规曹随，将香石兄拟而未行的计划，期能加诸实行罢了。

（一）本《风》近来佳作虽多，幽默俏净之作尚嫌其少，以后当设法增多，并以至诚祈祷，希望先后爱好本《风》投稿诸君，继续源源赐教；

（二）诗词登得稍多，白雪阳春，知音者寡，为销路计，打算稍为割爱酌减，每日只登一二篇，如遇真正佳作，能启发灵思，老妪都解者，不在其列；

（三）编者频年旅食，所见每次政变主角之逸闻、伟人之艳迹韵事，均有日记，拟在最近期间加以整理，择有趣能动人者发表；

（四）关于伶优逸事、旧剧考证消息，拟与沙大风君另辟专栏，共同努力；

（五）记者素不喜骂人，故人亦不骂我，唯近世贵官闻人之言行，实多幽默，不可不为之记述，以为有志宦达者考镜，且亦爱护国家至宝之美意也；

（六）关于世界工艺发明、奇闻逸事，亦拟辟成专栏，以飨读者。唯个人见闻孤陋，是不得不借重于剪子糨糊矣！

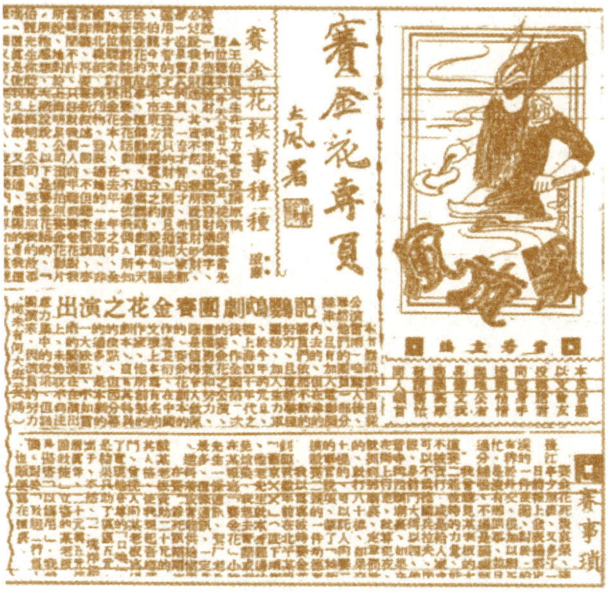
賽金花軼事種種
太風著
賽金花專頁
黑旋風
記鵝鳴劇團賽金花之演出

《天风报》副刊《黑旋风》

对以上六项“革新计划”，还珠没有急于求成，而是视时机成熟而实施。

他首先动手的，是将过去曲高和寡的诗词大为削减，代之以“老妪都解”的朗朗上口篇什。而这其中，又多为对他本人及《蜀山剑侠传》的吟咏，这其实是他在为自己的小说做广告。如在“革新计划”公布的翌日，他便登载了桐厂的《天风报社延还珠楼主主撰深庆 得口占绝句三章贺之》；五天后，他又将前任香石的辞章《题蜀山剑侠传并柬还珠》刊出；而7月18日发表的松岩居士所作《次木犀轩主观〈蜀山剑侠传〉偶作原韵》一诗，则更是直接“吹捧”了《蜀山剑侠传》：“一纸琳琅锦绣篇，万流汇海各源泉（该书正人皆得入正派为剑仙，然遭际各个不同）。日来暑气郁蒸甚，正好挟书伴午眠。藕花风里采莲歌，一叶轻舟荡野河。如此清凉如此景，不如一卷慰蹉跎。”此后，这类诗词便经常出现在《黑旋风》版面上。当然，不光是“颂扬”编者和他的作品，时不时亦有“启发灵思”的观景、杂感之作。

至于“政变主角之逸闻、伟人之艳迹韵事”之类，此前便是《还珠楼丛谈》中的主项，此番他接手《黑旋风》编辑后，更是一如既往地自写自编连续刊登。同时，对“近世贵官闻人之言行”的“记述”，他也是立马刊出了亲撰“样稿”《巧》，虽“不喜骂人”，但字里行间却充盈着贬损：

> 近几月来，报章杂志所载，首都连出了几桩不幸事件：（一）财政部长孔庸之先生的公子乘车出游，汽车夫因不服警察的指挥，把枪伤人（此事以前津申各报，均有记载）；（二）仍是财政部长孔庸之先生的小姐，因见前面大车行走迟缓，阻住自用汽车的去路，于汽车行过，自出身佩手枪，连击该大车之轮，然后风驰电掣而去，幸未伤人（此事大约是《论语》或《人世间》所载）；最近的一件不幸事，仍还是出在财政部长孔庸之先生的汽车夫身上，其经过详见十八日《益世报》及各大报。第一次、第二次之汽车手枪肇祸，大约都是孔先生男女公子、汽车夫，占点小便宜（没有下文），这次想是两下积怨深了，不自量的路警，竟敢抄前人的文章，端起枪来就放，伤人以后，并将孔先生的副官、汽车夫加以逮捕，肇因虽听说仍起于汽车夫不服路警的指挥，但是谁叫受了伤呢？既受了伤，当然就有了理，而况于是……

在摆出了孔祥熙子女及身边人诸般“丑行”之后，还珠便揶揄道：

> 真正巧得很，也许孔部长这辆汽车是犯点星宿，有点不大吉祥，最好请孔部长换一辆才好，更不知这车是敞篷还是轿式，若是敞篷，最好换一辆轿式的，同时再将汽车夫的手枪取消，那么下次男女公子赴交际宴会之时，纵然遇见有警察、大车讨厌，想要把枪伤人或打车轱辘时，一想到开车门还得费事，也就高停贵手了。至于这次行凶的路警，竟敢开枪伤人，违法拘捕，当然是岂有此理！〔《巧》，还珠楼主，《天风报》1934年5月22日〕

"记述"中富含幽默，"幽默"中说明了事理。在"不喜骂人"的前提下，为"有志宦达者"提供了"考镜"，同时亦达到了"爱护国家至宝之美意"。

而"借重于剪子糨糊"的"奇闻逸事"，则是到了当年7月中旬方才见诸报端，这便是还珠亲自"操刀"的《文剪集》。据其在该集序中称：

> 办报难？有雄厚资本和真正人才，终可发展；办副刊难？编者常识充足，头脑清楚，尤其是有了好人缘，便可求得佳稿，为篇幅生光。这都不难，最难还是抄袭和转载，这玩意儿可是复杂得很。条件之一，一要原文精警，二要有时间性，三要具幽默性，四要会摘采，不可全抄。叫人看了，说不出什么地方好笑来，而又由不得有些发笑，说不出什么地方伤心，却又觉鼻子酸酸的，这要笑不笑、要哭不哭的劲儿，是够人寻味的。原文非具以上资格，则不可以抄。虽说是抄，得比较我自己作，写起来费劲。好文章百读不厌，哪有令人看了讨厌的道理？为免使佳文埋没起见，作文剪录。再编者除有人缘一项外，如常识充足，头脑清楚，并不一定合并声明。今日篇幅已完，要知所抄是什么东西，且看下回分解。〔《文剪集自序》，还珠楼主，《天风报》1934年7月18日〕

7月21日，《文剪集》正式亮相，这一天共发文四篇，首篇《是知之者》曰："报载行营秘书长杨永泰，在行营收复县区地方善后讲习会之演讲词，标题为《革命先革心，变政先变俗》，语极警切。"翌日又刊出四篇，末篇《十分旖旎》云："近纽约盛行露天裸体运动，各裸体俱乐部入会会员，至现在止，共达四十万人以上云。"据此可知，所谓《文剪集》，实乃中外时政、社会及文化的文摘，看似文字简洁，信手拈来，但却需要广采博闻，精摘精编，确实是比"写起来费劲"。尤其是标题的拟定，颇吃功夫亦颇见功力。

此外，"关于伶优逸事、旧剧考证消息"类稿件，集中刊出时，已是到了1935年年初。而且此类稿件一经出现，便频现报端。既对舞台新秀进行了颇具专业水准的评点，又蕴含了京剧往昔的历史，同时还写出了自己当时的生活、工作状态，这便是还珠写这类稿件的特点。

在“革新计划”中，最迟完成的，是“尚嫌其少”的“幽默俏净之作”。此等文章的杀青，已是1935年春节之后了。个中原因，则是因为此类稿件要求甚高，一般来稿难入还珠法眼。无奈之下，他只得亲为，并为之特设专栏《微笑集》。对此，下节再做详述。

以上便是还珠接手《天风报》主笔和副刊《黑旋风》后，他的“革新计划”和落实情况。对此，他在回答友人提问时曾言：“前编者因忙辞职，本‘风’经理大风君，嘱为承乏，前此所抱不得罪人主张，不得不就极小限度中稍稍更易。到馆翌日，曾写类乎启事之小文，对本‘风’前途，思略为改进。乃以每日尘冗，笔债繁多，稽迟至今，终未符读者之雅望，自抱採薪，遂益荒置，此诚咎心之事，其中难处，惟有自知。”〔《代邮》，寿民，《天风报》1934年6月23日〕

这里所说的“难处”，便是因他眼光刁钻，用稿苛刻，外来稿件庸者不取而又佳构难觅，故此他也只能点灯熬油地自编自撰了。虽然《天风报》无稿费已有言在先：“本‘风’外来稿件，均属以文会友性质，向无酬例”，“如必欲得酬，即以赠阅本报为酬”〔《代邮》，编者，《天风报》1935年4月19日〕，但沙大风对自家人还珠还是特事特办，不仅给予高额编辑酬劳，而且也付不菲的副刊稿费，谁让还珠是他“三顾茅庐”请来的高手呢。当然，超高的稿酬也促使还珠“笔债繁多”，以致在《黑旋风》上连篇累牍地“笔耕不辍”。此等“难处”，也“惟有”他“自知”了。

此外，除了编辑业务和撰稿，还珠每日还要偿还“挂单鬻字”之债，按“登报悬润”为求字者挥毫书法。同时，报馆内所有的应酬、通联、代邮、寄送样板、合订本发行等一系列编务事项，也均由他一人办理。仅以“代邮”一项统计，他从1934年5月24日至1935年7月31日，便撰写并在报上刊出了近八十则，短者寥寥数十字，长者洋洋数千言。而这一切，都是在他每日必须亲撰《蜀山剑侠传》等几部武侠小说和《还珠楼丛谈》连载的间隙，插空完成的。其在写给友人何海鸣等人的函件中称“仆每日仅七时至九时许在馆”〔《代邮》，寿民，《天风报》1934年6月14日〕“仆每日六至七时在馆”〔《代邮》，寿民，《天风报》1934年9月3日〕“仆星一至星五，均每日下午七时至八时在馆”〔《代邮》，寿民，《天风报》1934年11月6日〕等等，便是指每日这一时间段，他既来报馆处理编务杂事，又在馆中接待友朋及读者。

对于这一时期写作任务之重和编务工作之苦，他也在致朋友的信中有过多次披露。如1934年6月20日，还珠在复信友人时称："仆为二竖所侵，数日弗痊，笔债愈积愈多，案头只便面一项，已堆积尺许。既受人酬，岂容失信，小屋如舟，天复溽暑，病中墨汗齐挥，苦不可言。仆登润例，原欲藉此规避，不图弄巧成拙，转至烦恼。吃饭要钱，要钱便须受苦，理所当然。"〔《代邮》，寿民，《天风报》1934年6月20日〕三天之后，还珠在给读者灵丝的信函中，曾对其指谬答曰："承示拙著《蜀山剑侠传》情节，尊论极是，惟仆笔债甚多，日草七八千字尚虞不给，难免不有疏漏之处，尚希不吝教益，无任感祷。"〔《代邮》，寿民，《天风报》1934年6月23日〕无独有偶，当年9月的一天，又有一位"蜀山迷"致信还珠，指出《天风报》上《蜀山剑侠传》的连载相互抵牾：

> 还珠楼主大主笔台鉴，敬启者：
>
> 昨阅《天风报》载第七三七期尊著《蜀山剑侠传》，内有寒萼被救回太元洞内醒后，"见有司徒平，站在自己面前……"，并有"司徒平向紫玲低声说道，寒妹……"等语，但不知司徒平系何时回山？当灵云等破青螺山时，司徒平曾留在玄冰窟伴邓八姑，嗣邓八姑因算定五鬼天王尚和阳，于青螺山破后，必来抢雪魂珠，又恐许飞娘同来，遇见司徒平不利，始将司徒平用隐身法隐于山顶，后被某道人（记不清名字）空中路过看破，将司徒平带走，并有司徒平于一、二月后，即自行回山等语。但自破青螺起，至灵云等转回凝碧崖止，中间并未述及司徒平几时回山一节。此处忽然发现司徒平在前，令人不无惊讶。或于前几期叙过，阅者疏忽，未曾入目，亦未可知。即祈不吝指教，无纫感盼。如有赐答，并请刊登明日《天风》为荷。专此奉渎，即颂，撰祺。诸维亮察。
>
> 爱读《蜀山剑侠传》鹤启

接获此信，还珠立即在《天风报》上回信作答。除了向"鹤君"致谢和向读者致歉并有所解释外，还首次向众人公诸了他的写作状态及“狼狈”遭遇，其中不乏“不堪”之囧：

仆常年尘劳，每日文债在六七千字间，拙著《蜀山剑侠传》，除印单行本时因须编目修改，重阅一次外，自今未暇从头至尾覆观一遍。全书贰佰肆拾万言，人物多至三百以上。前文全凭有限脑力记忆，信笔诌去，错误之处，自忖当不在少，因之不特不敢自吹自捧，近二年以来，迭接读者谬奖函件，不下四百余封，除诗词批评，近此偶以盛情难却，少择一二，载在本《风》外（尚非自动），对于读者之过情奖饰，惟有愧感，从不敢觍颜将原函发表。昨奉读爱读《蜀山剑侠传》鹤君大函，对于拙著有所教质，甚感。仆决不愿护短强辩，兹将原函披露，并谨答复如左。尚祈鹤君及本《风》读者，如再遇有鹤君同样之发现时，不吝加以指正，无任祈祷。

（一）仆每日由家中将小说稿拟好，带至报馆，今夏在电车上，被窃数次，匆匆忆写，较诸先作，尤为苦恼，又值苦热，神思不宁，拙著头绪繁多，偶一回忆不慎，错误殊难避免，重承明教，惟有留心。

（二）拙著本系创作，诡思从出，当写至司徒平在玄冰谷山顶，被一道人带去时，曾拟有一段比较新奇之节目，而后三日之稿，适于电车中遗失（被窃，此为第二次，稿并少许纸币同置皮夹中，故一并失去。有一次因时间不及补写，至缺数行，曾在小说栏声明，盖仆除与报馆解约，或因极特别原因外，因以读者多谬赏，虽病不辍也），重拟时，又值时晏事繁，烦忙中竟将昨拟节目忘去，及拟至青螺人归，司徒平遂尔不飞而至（拙著书中人，大半能飞），此则平地钻出程咬金（比云端里杀来尤为可笑）。第二日山荆见报，即谓爱我者多，必有以此来相教正者，今果应验，相与拊掌，然错已成矣。平生不愿打诳语，既不肯节外生枝，另拟一段，作为司徒平被道人带去，中途发生事故，将其遣归，得与紫玲谷二姝相值（青螺人归途中，时间甚可左右，且未另叙，为文过计，尽可补充），除自任错误，向鹤君道谢，及本《风》读者道歉外，只有留俟八集出书，再行改正而已。〔《以志吾过并答谢鹤君》，寿民，《天风报》1934 年 9 月 18 日〕

如此疲于奔命般的杂乱繁忙，让还珠深感其苦。不久，他便在回复朋友蘋秋的信件中，发出了“弟日夕劳劳于铅椠笔砚间，苦至不可言”〔《代邮》，寿民，《天风报》1934 年 10 月 28 日〕的哀叹。正是在如此超负荷的忙乱中，三十二岁的还珠身体发生了问题。在他这一时期致友人的信中，已多次出现了“数日弗痊”“病中墨汗齐挥”〔《代邮》，寿民，《天风报》1934 年 6 月 20 日〕“不佞病尚未瘉”“因病辍笔”〔《代邮》，寿民，《天风报》1934 年 6 月 23 日〕“仆复病冗相因”〔《代邮》，寿民，《天风报》1934 年 9 月 30 日〕“因患腹疾”〔《代邮》，寿民，《天风报》1934 年 11 月 19 日〕等记载。为了减轻劳累，也为了减轻病痛，还珠不得已采取了两项措施：

其一为收徒。

記津門南方小吃

还珠弟子拜珠在《天风报》上刊发的有关还珠谈南方美食的文章

1934 年夏季，《天风报》副刊上，忽然冒出一个名为“拜珠”者，写了多篇有关名旦尚小云的文章。因人们都知道还珠既是该副刊编辑，又是尚小云的“编剧”，故认为是还珠又使用了一个新笔名在报上发稿。而且还有人致函还珠，提出与“拜珠”的文章商榷。对此，还珠不得不在报上发出解释：“拜珠为仆新收弟子”，以前并不相识。其“年仅十六，颇聪颖，励学不倦”。虽然“仆行能无似，学殖荒落，尤患为人师”，但“其就学之念甚坚，情不可却”，于是便“令其每日剪抄各报章杂志中应世之文，及国内外大事，随读随记，自为按语”。其实还珠此举，意在几得。既培养了弟子阅读、领悟能力，也为自己责编的《文剪集》攒出了稿件，同时还为写作《还珠楼丛谈》与《微笑集》提供了素材。由此可见，弟子拜珠已分担了还珠一部分笔墨劳作。

至于弟子在报上所发尚小云文章，还珠解释为：“此生好舞弄文墨，间亦作小文登本《风》，尚清顺，以可启其文思，故亦任之。拜珠是其投稿笔名，以绮霞与仆为风尘之交，鳞鸿不断，每来书，渠即据作小稿材料，人多谓为仆之化名，非也。仆珠已早还，幸能共寒素，从而日日拜之，不亦劳乎。”

此外，为了不让弟子读“死书”，还珠还让拜珠“拟答古今名人尺牍，日数小时”，然后“每晚至仆寓贡所业，再互为问难”。〔《代邮》，寿民，《天风报》1934 年 8 月 12 日〕

对此，拜珠曾有文云：“昨随家大人，往吾师还珠楼主家中受业，执经问难，不觉夜分，近处食肆，均已上门，师命随赴奇香（法租界二十四号路《新天津报》旧址旁之奇香夜宵馆）小饮，因得大快朵颐。吾师博学强识，虽极微细之事物，经过从不遗忘，酒间，述津门小吃源流甚详。”〔《记津门南方小吃》，拜珠，《天风报》1934 年11 月2 日〕据此可知，虽然拜珠分担了一部分报纸编写任务，但每日晚间，还珠又多了一项工作，那便是辅导弟子功课。而且由于熬夜超负荷，还珠每夜还要进餐，进餐时为了提神助兴，也为了减轻疲劳或者病痛，遂恋上了杯中之物。据还珠之子李观洪近年对笔者讲，其父有饮酒的习惯。这种酒瘾，应该就是始于此时。

其二则为抽烟，既抽纸烟亦抽大烟。

民国时期，文人抽纸烟是一种时尚，即使抽大烟也是一种常态。当年与还珠齐名的天津著名社会言情小说大家刘云若，就是一个既吸纸烟又吸大烟的瘾君子。其享年不足五十岁。抛去求学苦读的前二十年，上苍留给他真正创作的时间也就二十年出头。然而就在这正常人生的四分之一时间里，他却写出了四十余部长篇社会言情小说，加上散见于各报刊的杂文随笔、诗词歌赋，其创作字数竟高达千万余言。二十余年内能如此高产，而且佳构频出，除了源于其文学天赋外，也不排除烟草与鸦片暂时缓解了病痛对他的折磨和苦耕后的身心俱疲，同时更不能排除此二毒给他带来的瞬时“文思泉涌”。

刘云若如此，作品同样质高量大的还珠也是一样。然而这种以纸烟和大烟舒缓病痛与压力的生活方式，无异于“饮鸩止渴”。成为瘾君子后不但于疗疾无益，于减压无补，反而变本加厉地损害着他们的健康。如此的结果，不仅还珠此后病魔伴随一生，而且“作者因病续稿未到”，也成了刘云若的常态。最终，刘云若四十七岁英年早逝，还珠也在五十九岁撒手人寰。

然而此时的还珠尚未意识到这些，反而在烟酒与鸦片的几重刺激下，除了出现暂时的“舒坦”与“兴奋”外，还产生了“精力过剩”和“闲情逸致”，尽管这是在牺牲健康与睡眠的前提下得到的。

民国早期著名社会小说作家皂公，是从天津走上文坛的。其原名潘式，又名潘伯鹰，1904年出生于安徽怀宁。早年从北京交通大学毕业后，与后来在津成名的另一社会小说名家王余杞，同时被分配到天津北宁铁路局实习。1927年，皂公长篇小说处女作《人海微澜》一经《大公报》连载，旋即风靡津京。查朱自清、季羡林当年日记，对此书均有阅读记载。时任清华大学教授的吴宓，更是在日记中详细记录了他与陈寅恪等知己聚会时，对《人海微澜》的评点。而章士钊在读完《人海微澜》后，遂将皂公引为终生知己。1933年，上海明星影片公司郑正秋又将《人海微澜》易名《春水情波》拍成电影，由胡蝶、王献斋等主演，上映后造成全国轰动。此后皂公又在平津《实报半月刊》《大公报》等媒体连载了《隐形》《强魂》《稚莹》《蹇安五记》等说部，使之一跃而为当时华北地区最有名的社会小说作家之一。尤其是他假托雪山寺火工僧

正在读书写作中的皂公

人蹇安所作的仿唐人传奇小说集《蹇安五记》，在托曹聚仁转呈鲁迅后，鲁迅阅罢赞叹不已，并将其记入日记中。

正是在皂公如此“炽热”之时，还珠由于烟酒的作用，于紧张写作和编报间隙，还“精力过剩”忙里偷闲地读了他的社会言情小说《稚莹》。看后不但激赏有加，而且还于报上予以“广告”宣传：“在多少人渴望中，‘皂公’竟把《稚莹》‘造’出来了，这是值得我们欣赏与介绍的。”在褒贬了一番当时社会言情小说的现状后，他写道：

我这里预先声明，直到如今，我并不认得《稚莹》作者“皂公”是什么长相，我脑筋里印着“皂公”两个字，是打在友人的扇子上，读着“皂公”的《贫女拾煤核诗》起始。我因为他那首诗沉雄悲壮，音节苍凉，连读若干遍，爱不忍释（至今我还记得，因为本文太长，过一日再写出来，请大家欣赏）。又问起他是一个青年作家，益发钦佩得了不起，当时便满处去收罗他的作品来看。后来我除了见过他作的许多好诗外，又读过他在《大公报》发表的两篇小说，真奇怪，同是一样白话文，不知怎的，读起来，会叫人心里舒服痛快，看上三遍五遍，还想再看。至于书中情节，俱都平常得很，一样写得有恋爱的事迹，确实丝丝入扣、合情合理，觉得书中主人，怪逗人喜欢似的。至于文心之空灵，文笔之优美与自然，属词命意之耐人寻味，处处都足以表现出作者的绝顶聪明与腹笥之博大，无怪乎《大公报》自从登了“皂公”作的小说之后，盛难为继，直到最近，还空着了呢。可惜，“皂公”作品不多，常令人引为憾事。后来，《天津半月刊》出世，不但“皂公”任主干，还有许多好作家，如老郝、紫瑛、玄珠、灵犀诸君，各有各的长处，大饱我的眼福。也不知为了何事，销路正一个劲飞涨的时候，忽然停了刊，这真是北方文艺界的一个损失。我去天津书局问了几次，都不得要领。正在闷闷的，忽然看见有《稚莹》预约的广告，立刻抢先订了一部。前日出版，我特为它熬了半宿。看完后意犹未尽，又趁热锅煎饼，再翻了一过。我以为这部小说，比《隐刑》还好，最不同于流俗的，是书中几个主人的地位、环境、态度、言谈，好比初写《黄庭》，恰如其分。无论我假想是去当哪一个，而其结果，必和他一样。别的好处还多，恕我卖关子不在这里一一奉告，只好请读者花一元大洋，到书店内去买上一本。看完之后，如觉出我说的话不对者，愿代此书作者，当面挨您一顿臭骂，决不还口。〔《读完〈稚莹〉以后》，还珠，《天风报》1934年6月4、5日〕

凭借《蜀山剑侠传》名声大噪的还珠，对尚未谋面而且素不相识的凫公及其作品如此研读如此热捧，可见其见贤思齐的真性情。起码“文人相轻”的陋习，在他身上并未出现。虽然同在此文中，他对当时众多平庸乏味的社会言情小说进行了揶揄与嘲讽，并言“打算买一本回去，坐在恭桶上寻寻开心，多打两个屁”，但对凫公和刘云若这两位天津社会言情名家，他却是充满了敬意，这便是高手间的彼此欣赏惺惺相惜。当然，这种评骘和敬意，是他在烟酒甚或大烟的作用下，“熬了半宿”甚至彻夜未眠换来的。但此时他不但不以为忧，反而“乐在其中”。

酒与鸦片的刺激，除了让还珠“精力充沛”外，还使他有了“闲情逸致”去“享受”生活。对此，他在此时期写给友人的信函中，曾这样写出了他的“惬意”：

多年旧雨，劫后重逢，抵掌今昔，允为平生之快。翌日伻来，复奉颁江郎茶一包，深州蜜桃五枚，携归已午夜，仆媪小儿子皆就卧，只荆人相待庭院中。时正烦渴，取湿巾略拭拂，先分食连皮桃二枚，渴犹未解。不欲以佳茶假俗手，倩荆人涤宜兴小壶，自往厨下，以瓦罐接新水就炉煮，撮茶少许入壶，甫沸即倾壶内，茶泡就，始同入室，约三分钟，以二粉定磁杯盛之，灯光下视之，碧乳湛然，与白杯相映，甚调和，未食已爱。先作徐饮，甘芳胜齿颊，意未足，立尽五杯，终就壶嘴作狂吸。荆人睨其旁作微笑，频为添水入壶，而色香味不变，饮竟赤足仰卧床上，觉百骸皆舒畅，日间尘乏，为之悉去，旋沉沉睡去，至酣适。明晨醒视壶中，旗枪俨然，间有全叶舒展者，其为来路货无疑。忆自来北地，北人好以香花焙嫩茶，茶之真味尽失。焚琴煮鹤，并此而三。间获南来绿茶，多出伧手制过，或掺色药，其少佳趣。”〔《谢华伯》，寿民，《天风报》1934年9月12日〕

此外，这一时期他还经常呼朋唤友，把酒夜谈。如在写给文友姚灵犀等人的《代邮》中，他便屡有“俟兄二次南归，当具小酌奉邀”〔《代邮》，寿民，《天风报》1934年11月3日〕“星期晚六七时，在舍间（秋山街同利汽车行旁十四号）恭候，已另约髀兄，杯觞小聚”〔《代邮》，寿民，《天风报》1934年12月6日〕等语。

而且在聚谈中，他还有了或寺庙晨钟暮鼓或南北云游览胜的打算：“月前与一二知己，抵掌放言天下事，偶有所动于中，遂发狂奴故态，拟挟书生之见而南，为撞木钟之计；不成，则间关浙、赣，重搜雁荡、天台之胜，复由国道至金陵，稍览沿路风物，薄游栖霞、牛首，以趋白岳，转登泰岱，言游孔林，再由青齐，遵海而北，稍祓积年尘垢，以为快意。”虽然此计划后来因“后顾忧多，俗冗牵人”而未成，但却“未容罢去”。尤其是想到自己“质薄才浅，功名之事，自难如人，而频年流转都市，尘蒙腐心，终须一请山灵，为之湔涤”。故此，他打算在“交冬后，当刻苦营谋，以竟此愿”，并预计来年“开春花时，或是行期”。〔《代邮》，寿民，《天风报》1934年10月28日〕

就是在这种表面惬意实则伤身透支的状态下，还珠送走了小报生涯中最为紧张忙碌的1934年。

第四节　病中撰新著　援手“富连成”

1935年的元旦，还珠是在北平度过的，直到元月5日，方才返津。〔1935年1月6日，还珠在《天风报》所刊《代邮》中有“髀生、灵犀我兄史席：弟昨日返津”之语〕据其行前自述，此次赴平，乃是“顷接平友电话，有要事相商”，遂于上一年的最后一日动身。〔《代邮》，寿民，《天风报》1934年12月29日〕而到了元月底，他“又以事赴平”，而且要在“春节前夕”方归。〔《代邮》，寿民，《天风报》1935年1月31日〕在一月之间，两次因“事”赶赴北平，所商何事，又见了何人，还珠没有透露。但他在当月写给文友何海鸣的信中，却曝出如下信息：

> 前谈小说事，值弟有一长编在手，重以鼎嘱，只须对方稍过得去，即可应命。多日未闻嗣音，已另应海上友人之约，俟全稿拟成，同时出售，稿费已先付清。此后笔累更多，难以兼顾，祈转告前途，不必再作考虑矣。〔《代邮》，寿民，《天风报》1935年1月11日〕

“前途”者谁？目前尚不可知，但此人是何海鸣认识的出版商或报馆主人，则是无疑。既然决定了手中的“长编”“小说”不给“前途”，而是许给了“稿费已先付清”的“海上友人”，并且还是两部“同时出售”，那么这后来居先的“海上友人”是谁，还珠也没挑明。但从后来的结果看，他应该是还珠的老主顾、此刻已买断了《蜀山剑侠传》与《蛮荒侠隐》单行本出版权的刘汇臣。凭着独家印制发行《蜀山剑侠传》与《蛮荒侠隐》这两部畅销书，已赚了大钱的宁波商人刘汇臣，此时他的印书局除了在天津已买卖兴隆外，在上海也有了分号。因此他对于不方便提前透露自己两部新“长编”归属的还珠来说，只能是“海上友人”。

至于这两部新“长编”书名为何，还珠信中也未披露。对此，我们还需从还珠小说的面世先后去寻找答案。

通过梳理可以发现，继还珠最早的两部武侠小说《蜀山剑侠传》与《蛮荒侠隐》（含《紫电青霜》）杀青之后，其第三和第四部武侠小说，无论是在报端连载还是出版单行本，按顺序皆为《青城十九侠》与《边塞英雄谱》。而它们的面世时间，又恰好在1935年和1938年之间。这期间除了《蜀山剑侠传》《蛮荒侠隐》（含《紫电青霜》），以及《青城十九侠》《边塞英雄谱》外，还珠并未再开新书。此外，《青城十九侠》与《边塞英雄谱》单行本的首次推出者，亦恰恰正是刘汇臣。只不过前者是由天津文岚簃印书局印行，而后者则已易名为天津励力印书局了。因此可以断定，还珠这两部新“长编”的书名，已非《青城十九侠》与《边塞英雄谱》莫属。

具备宁波商人精明特性的刘汇臣，虽然此前已在还珠身上发了大财，但他并不满足。凭着“慧眼识珠”的眼力，他早已有了买断还珠眼下和以后所有武侠小说出版权的欲望。因此，他在将《蜀山剑侠传》与《蛮荒侠隐》一集集出版的同时，始终留意着还珠的一举一动。此刻，当还珠于紧张撰写以上两书的间隙，又“有一长编在手”时，商人的嗅觉让他很快便得到消息并迅速找到还珠。而就在还珠因已将新“长编”《青城十九侠》许给何海鸣，对他的买断尚犹豫不决时，又是商人的精明让他承诺，还珠尚在腹中的下一部长篇《边塞英雄谱》，他也一并出版，并提前“付清”了两书的稿酬。

当然，刘汇臣“慷慨”地“买断”不知还珠所云的下一部，除了他已深谙还珠的写作实力和影响力外，也是因为还珠那部已“在手”的“长编”，着实地诱惑了他。在与还珠讨价还价地洽谈这部新“长编”时，他已知道了还珠对此书倾注了大量心血：在这部名为《青城十九侠》的新著中，还珠不但要对此刻已大火特火的《蜀山剑侠传》追述前情和补叙后事，而且还要以《蜀山剑侠传》为假想敌，在叙事写人状物等诸方面，处处避之。还珠就是要在“蜀山”之外，别树“青城”，以显示自己创作路数多变之能力。

获悉这些，刘汇臣已深深感到：《青城十九侠》将是还珠继《蜀山剑侠传》之后的又一部超级长篇力著，肯定大火。正是因为有了这样的预判，刘汇臣不计代价地预付稿酬买断还珠已“在手”的新“长编”《青城十九侠》，以及尚在腹中的《边塞英雄谱》，便很好理解了。

其实，对于《青城十九侠》，还珠本人也是看好。他的主观愿望，就是要认真地写一部与已轰动平津的《蜀山剑侠传》相“抗衡”的巨著，而且他也相信自己有这个实力。苦恼的是，出名之后杂事冗事实在太多，时间对他来说已不敷使用。因此，他才在致何海鸣的信中言道“此后笔累更多，难以兼顾”，除了要全身心地投入到“蜀山”与“青城”的写作外，其余均“不必再作考虑”。因为他要达到的目的，就是凡已阅过“蜀山”者，均要读“青城”；而读过“青城”者，更要阅“蜀山”。

为此，除了郑重谋篇布局和以“卖一带一”的高稿酬与刘汇臣签下单行本出版合同外，他还在考虑应该给《青城十九侠》找个高回报和有影响力的连载平台。天津已不可能，《蜀山剑侠传》在《天风报》上的连载如火如荼，坊间反应空前高涨，如若再在天津另一家报纸连载《青城十九侠》，势必造成读者分流，这岂不是自己跟自己打架拆自己的台？那么除了天津，也只有北平的媒体具有影响力和高回报了。选择哪家呢？曾在北平媒体“混”过的还珠破费思量……

恰在此时，他接到了北平一个老朋友的电话。此人便是他早年在《晨报》同事，如今已是故都知名报人的凌抚元。

凌氏也是在《晨报》“混”过的能人，他后来脱离该报，与其子凌昌元于 1931 年 10 月 10 日在北平创办了《新北平报》。其“报馆在宣武门外大街路东，和实报馆遥遥相对”。报纸创办初期，“内容充实，副刊阵容整齐，颇多大手笔。著名武侠小说作家赵焕亭，曾为副刊撰写笔记小品，隽永有味，栏目似是‘幻亭戏墨’”。此外，当时北平报载小说名家“陈慎言的社会小说《庸人多福》，耿郁溪的言情小说《半夜潮》《凤求凰》，也在副刊连载”。〔《京华报馆忆宣南》，石继昌，《春明旧事》，北京出版社 1996 年出版，第 213 页〕由于注重经营文艺副刊和擅于小说连载，故而几年后小报便办得风生水起，日销量高达一万四千余份。

但即使如此，凌氏父子仍有遗憾。这便是虽然当时北方的通俗小说名家如赵焕亭、何海鸣、陈慎言、李熏风、耿小的等，均在该报有武侠、社会、言情等类型的小说连载，但此刻在平津地区最炙手可热的报载小说大家“还珠楼主”，却没有作品登上该报，这让凌氏父子颇感遗憾。于是，在 1934 年的年底，志在必得的凌抚元将电话打到了天津《天风报》馆，找到了如今已被人们称作“还珠楼主”的老同事李寿民。

寒暄过后，凌抚元便郑重其事地提出重金约稿请求。本就“有一长编在手”待价而沽的还珠，在和凌氏沟通之后，感觉对方的报纸和许出的条件甚合己意，遂答应将《青城十九侠》交与《新北平报》连载，并称自己将立刻赴平送稿详谈。

这便是 1935 年元月还珠两赴北平的原因。而且在此后数月，他还有多次平津间的往返。

谈妥了《青城十九侠》的出书和连载事宜，还珠心中的一块石头算是落了地。虽然他知道此后将“笔累更多”，不但要“数箭齐发”地忙于赶稿，而且因“青城”要处处避开“蜀山”，还要费心劳神地另辟蹊径，身心俱疲肯定会是常态。但那毕竟是此后的事，眼下新年刚过春节将至，而且夫人孙经洵又刚刚为他生下长女李观芳，他先要好好地放松放松，享享有儿有女的天伦之乐了。

如果说写作剑侠小说是还珠最乐于的赚钱谋生手段，那么欣赏京剧则是他发自内心的休闲最爱。在这新一年的元月，还珠于编报、赶稿和两赴北平的间隙，还忙里偷闲地参与了把兄弟尚小云的艺事。除了于 7、8 两日在《天风报》副刊新设立的专栏《菊花锅》上，连载了他此前为尚改编的京剧剧本《汉明妃》外，他又于当月在津与前来商演的尚小云相聚，并应邀观看了尚新收的四位徒弟的演出。

据还珠当时所写《记富连成四秀》一文记载，早在 1935 年元月之初，尚小云便从北平给他打来电话，“谓新收富连成科班数人为弟子，资禀特异”，并言近日将携这几位新弟子到津公演其亲授之《青门盗绡》等剧。当月 13 日，尚小云率李世芳、毛世来、叶世长、袁世海四位“富连成”

新人及自己班底，由平来津，下榻位于法租界繁华要冲的惠中饭店。是日晚，当还珠以地主之谊，前去探望这位盟兄弟时，“世芳、世来、世长、世海诸童伶，已相待于室，睹余至，趋前为礼”。还珠见这四位新秀，“或仪态秀美，或容止英俊，已知其非凡品”，继而再与之攀谈，更觉他们应知尽知，谈吐不俗，于是不由得心生喜欢，另眼相看。

翌日晚，还珠应尚小云之约，本拟与家人及朋友一行数人前往北洋戏院观看新人演出，但因票务紧张，“仅得中排九张，尚系分座”，而且当日还珠因报馆编务繁忙，其赶到剧场时，已是晚上十时，此时《青门盗绡》已将开场。关于这出戏，他翌日曾写有评论如下：

> 甫坐定，即见世长（世长年仅十四，为叶春善第五子，盛章、盛兰之弟，学老生）饰小生出场，扮相英俊，台步大方，动作既敏捷，做派尤极精细，几于浑身是戏，已诧为童伶中所仅见；而世海（世海姓袁，学净，亦梨园世家，数日前出科，仍留本班出演）之昆仑奴，咬字正确，吐音沉雄，几于郝、侯可以比肩，而规度过之，不似喜瑞之常以无理取闹也。俄顷，万众掌声中，世芳饰红绡，款步而出，容光照人，星波欲活，宛然一畹华胎子。其扮相之丽都、嗓音之腴润以及做功之细腻，匪特二三十年来童伶中所仅见，即以彼所似者论之，旧未成名时，唱做均嫌板滞，当筵应对犹似一乡下孩子，不似世芳之年甫十四，见人故举止从容，语言爽朗，而登台又音歌曼妙，仪态万方也。

此后，还珠又于第三天晚上观看了毛世来饰演的花九娘，并评价说：“世来姓毛，年十五，长世芳一岁，而身材较矮，习花衫，以花旦最为出色。”其“扮相美艳，神情复荡逸飞扬，令人心醉，其跷功、武功之稳练，盖自小翠花以后，叹为仅见，而声音之娇婉圆润，则有过之，及下台晤对，又复彬彬儒雅，举止安详，不似某某两花旦，见人辄红巾掩口，支颐龋笑，做诸丑态；时于谈吐中，想见其能知自爱，尤为难得”。

至此，尚小云新收四位弟子的戏还珠已全部看过。在会晤老友、过足戏瘾的同时，他还对四位新秀做出了整体评价：“综观四童，世海音节苍茂，

毛世来与李世芳演出照

直逼黄三；世芳、世来，秋菊春兰，各擅其胜；而余尤赏世长之风采英俊，颖慧绝伦，使改所业，以为世用，则其成就，当甚难量。”〔《记富连成四秀》，楼主，天津《天风报》1935 年 1 月 15—17 日〕

还珠可谓慧眼，让其另眼相看的叶世长，不但两年后在北平《立言报》举办的童伶选举中荣获了生行冠军，而且出科后易名叶盛长，很快便成为著名京剧老生演员，曾与梅兰芳、程砚秋、盖叫天以及兄长叶盛章、叶盛兰等长年同台献艺。

就在这次于津相聚中，还珠还应尚小云之请，答应再为其编写一部表现侠女的新戏。而且两人还就具体剧情进行了构思，并设定了剧中的三个主要角色：风尘名妓苏兰娘、将门侠女王翠娥、闹市醉侠范大杯。然而当还珠于几日内便将这出名为《青白居》的剧本写就，交与尚小云后，尚却没有排演，而是再次找到还珠，让其将此剧按照“富连成”武丑叶盛章的戏路，改编为以范大杯为主角的武戏。还珠获知原委后，没有推诿，而是在第一时间便完成了改编。而叶盛章也正是凭着还珠这部已易名为《酒丐》的新戏，一举奠定了他此后三十余年武丑宗师的地位。

那么尚小云为何要将自己“专职编剧”还珠所写新戏，让给“富连成”的叶盛章呢？他这番亲率“富连成”尚未出科的“四秀”仓促来津公演，又是为了什么呢？其实这背后是尚小云与还珠两人的一次行侠仗义之举。

事情还需从戏曲班社“富连成”说起。清光绪三十年（1904 年），叶盛章之父叶春善在京创办了培养京剧人才的科班“喜连成”。进入民国后，“喜连成”易名“富连成”，后全称“北京富连成戏剧学社”。在经过叶春善、萧长华等名家近三十年的苦心经营后，到 20 世纪 30 年代初，“富连成”已成为国内名副其实的“京剧第一科班”，即使如梅兰芳、周信芳等大师级名伶，也曾作为“插班生”在此借台练戏。

然而，盛极则衰。就在刚刚过去的 1934 年春天，班主叶春善突然患了脑出血。在他住院期间，班社三十余名已成“台柱”的“盛”字科学生经人诱惑集体出走，私自与上海天蟾舞台签订了演出合同。此事件造成的结果，便是“富连成”瞬间台上缺兵少将，台下座客稀疏，整个班社命悬一线。

危急时刻，正是擅演女侠具有侠肝义胆的名旦尚小云挺身而出，对行将倒闭的“富连成”伸出了援手。他不但无偿献出私家剧目和行头，主动邀请科内学员在自家剧团出演角色，并站在台口为其“把场”充当活广告；而且还立马收李世芳、毛世来、叶世长、袁世海四位“富连成”尚未出科的后起之秀为徒，在为他们排演新戏《青门盗绡》的同时，又带其外闯江湖，踏入津门“大码头”，接受包括还珠在内的天津“挑剔”观众的检验。

与此同时，他还让还珠将为自己所写新戏《青白居》，按照“富连成”武丑叶盛章的戏路，量身改制成《酒丐》，并与还珠联手，亲自为二十岁出头的叶盛章说戏排戏。此剧于 1935 年 10 月在平首演时，由于票房打出了还珠编剧、尚小云亲授的彩头，再加上武丑叶盛章扎实的功底和借鉴武侠电影吊钢丝“空中飞人”等舞台特效，旋即造成轰动。据叶盛章之徒张春华后来讲，这是一出当年能让“观众跺着地板叫好”的戏，一出当年贴出就会让剧场爆满的戏，一出牵连着众多传奇人物和传奇故事的戏。也正因此，行此善举的尚小云与还珠曾被“富连成”总教习萧长华誉为“戏铺里的义气豪杰”。

叶盛章主演《酒丐》剧照

其实，对于“富连成”的这次“遇难成祥”，还珠在 1935 年元月刊出《记富连成四秀》的三日后，亦曾于报端有过披露，只不过那时他和尚小云凭《酒丐》襄助叶盛章的义举尚未发生，他在文章中只是讲了此前尚小云行侠义救“富连成”之事：

按“富连成”规矩，“每一名角出科之先，须留科一年，为本科帮忙”。岂料去年“班中台柱盛藻、盛莲及重要配角三四十人（均已出科而留科帮忙者），突然同时脱离，虽有叶氏昆玉（盛兰、盛章）勉维现状，然继起无人，吉光片羽，独木究属难支”。因此，科班“大势已去，无可挽回，由每日上座九成以上，降落到九十余人，情况极为凄惨。终至脱离哈尔飞（戏院），仅在广和楼卖极廉戏价”。然而就在这“苟延残喘，入不敷出，行将崩溃”之际，“不意此时来一救星，不特挽狂澜于既倒，且为该班造成空前绝后之优秀人才，使富连成呈从来未有之盛况”。此人便是“于梨园行中，人最任侠好友”的尚小云。是他挺身而出，为“富连成”尚未出科的李世芳、毛世来等龄童作辅导，“令日往椿树二条家中排演”，并将自己“独步当时，每演辄座无隙地”的《新天河配》悉心传授。随后又在“七夕”前夕，“大登广告，以尚君小云亲授之《新天河配》为号召。初意不过借尚声誉，略试一时耳”。不想“此剧一经露演，万人空巷。先一日即告座满，连演十余日，车马盈门，座无隙地。世芳小梅兰芳之名，亦喧腾于旧京”。〔《记富连成之中兴》，楼主，天津《天风报》1935年1月20—21日〕

此文刊出不久，便到了1935年春节。趁着《天风报》休刊两期，还珠闭门谢客，昼夜不停地为尚小云赶写出了新戏《青白居》。随后，便出现了还珠改《青白居》为《酒丐》，并与尚小云一同为叶盛章排《酒丐》的那段梨园佳话。

春节期间，还珠开始了《青城十九侠》的写作，写得很急也很快，据其长子回忆：“他写东西之快也是有名的，五天的功夫就写完了《青城十九侠》第一集。”〔《张君秋和还珠楼主在日本沙滩宪兵队》，阿澜（李观承），香港《明报月刊》1980年12月号，第83页〕

正月过后，万物复苏，转眼便是清明。但对还珠来讲，这个春天过得并不惬意。或许是节前节后那段时间，夜以继日地为尚小云编撰剧本和赶写《青城十九侠》所劳累；也许是在烟酒及大烟刺激下，超常透支造成的春天身体失衡，自二月下旬起，还珠便遭受了时断时续的疾病困扰。先是头疼头晕，随后便是频繁腹泻、浑身疼痛。查三月份他在《天风报》上写给友人的“代邮”，可发现其中多次出现“因病稽覆”“病滞北平”“病稽覆”“宿疾未瘥”“在家调摄”等字语。〔详见《天风报》1935年3月13日、17日、30日《黑旋风》版所刊“代邮”〕故此，其上一年底所萌生的“开春花时，或是行期”

的“南北云游揽胜”计划，也再次泡汤。

为了调养病体，也为了舒缓一下常年紧张的情绪，此刻他只能“舍远求近”，在友人的蹿腾下，时不时地来到海河东岸的意租界回力球场散心。然而这种“消遣”不但于康复无益，反而使病情进一步加重，因为他染上了赌球。据其当时撰文描述：前两月为养病“与友数辈，时盘桓于义商回力球场，赌性甚浓”。后来因为病情加剧，“为内子所阻，多日未去”，但是“心常耿耿。每预测各球员胜负，翌日见《商报》回力球员分数揭晓，居然猜中，深以不能前往，致失赢钱良机，引为遗憾”。好在“昨晚小愈，借词访友，出门立雇一快车，仓皇入场，至则千人熙攘，已无隙地”。他按照来前预测，“购独赢位置各一，倚网观赛”。结果在“末三分钟，所购之号已两次落空”。正悔恨间，“偶一回首”，看到了让他惊骇的一幕：

> 见看台上数千百观众，类多一手持所购之票，伸颈瞪目，黑睛密若繁星，随球员之动作以为转移，球东则东，球西则西，各人所冀之胜负不同，而其表情亦迥异，喜怒忧乐，瞬息百状。偶一球落空，安详者，颦蹙咨嗟，气盛者，时嘬口吁吁作怪响，盛且骂大街焉。厥状丑怪，唯其头与目睛之转向则一，较诸素有训练之军队，尤为齐整。余不禁大骇，因思己亦此中人也，得失之心，乃至于此，更悟连日致病之由，因舍票疾趋，仓皇出场，捧腹而归。能否遂绝迹不去，则犹未敢必也。〔《球场书感》，还珠楼主，天津《天风报》1935 年 4 月 10 日〕

自以为找到“病根儿”的还珠，此后是否戒了此赌，未见记载。但一个事实却是，既抽纸烟又抽大烟外带喝酒对身体的戕害，他不但“浑然不知”，而且还将其作为医病的“良方”，乐此不疲。也别说，这种饮鸩止渴式的“治疗”，还真让他暂时摆脱了病痛。想到此前因忙因病，进行中的《天风报》副刊“革新计划”已停滞多时，他心中颇为心焦。此刻病体刚见好转，他便试图再次革新《黑旋风》。为此，当年四月下旬，他在报上刊出了“改革”新策：

珠今春抱病月余，每日只勉草《蜀山剑侠》约千字，编事久荒，深觉愧对读者。前届本《风》五周年纪念，曾与大风共商改革，以珠疾延缓。比疾渐瘥，重理故业，除拟添辟小说一种，尚在物色佳作外，关于本《风》整理改进诸端谨布如左：

一、除拙著《丛谈》外，新增《微笑集》一栏，以极平凡之笔调，记述中外古今富有幽默之事迹，及作者个人经历种种矛盾生活之实供，以博读者会心的微笑（此栏与《丛谈》更番按日登载）。

二、充实《菊花锅》，专登梨园富有趣味之逸事、忠实之批评与珍贵之剧本。

三、《眼底虫沙》。此栏系新增，专登人世间一切富有幽默性与美性的新闻，大而至于达官伟人之小姨与大舅、洋博士之口香糖与抽水马桶，小而至于苍蝇之放屁，均属之。有闻必录，以求迅捷。不实则据来函更正，庶免多所开罪。与《微笑集》用意略同，而稍有虚实之分，是在诸善读之士明鉴。

四、《文剪集》。此栏目前已有过，甚得读者赞赏，嗣因阿七（即还珠）君接受某君警告，暂时中止，迭承读者函催，特请阿七君勉为其难。此栏间日一有或按日均有，视材料有否而定，专登当日报纸上之大事小事，加以归纳缩减。另附隽永标题一二字或十数字，以供读者玩味。

五、新增《谜语》，编者因病暂停，兹辟《春灯语》一栏。每星期登载一次，前期揭晓，在本星期日与后期谜面同时公布。此栏除请小壶天主人、髀生、灵犀及编者主办外，并欢迎读者参与。

六、《雅什》。此栏为爱好旧文艺之读者而设，专载诗词及文章佳作。

七、《零金碎玉》。关于笔记杂俎之类均属之。

八、《世界珍闻》。专载世界上各种新奇事物。

以上八栏均于本月二十六日开始披露，兹先谨志概略，未尽之处端赖读者明教。〔《病后新话》，还珠楼主，天津《天风报》1935年4月23日〕

其实以上八项“革新”，除新增《谜语》栏目外，其余均在还珠一年前接手《天风报》时，便已陆续实施，此次只不过又安上个栏目名称罢了。例如其所谓“新增《微笑集》一栏”，便是他在接掌《黑旋风》伊始的“革新计划”中，公布的“尚嫌其少”的“幽默俏净之作”。而且此专栏早在年初正月十九，便已亮相报端。据其以“阿七”笔名所写“前引”云：

> 笔人昔时只为城府不深，路阻扶摇。近年窃得微名活命，笔耕烦恼，文字固属谫庸，学殖久已荒废，难登大雅，何堪问世！差幸半世江湖，十年戎马，饥驱所届，亦半国中，经历见闻，应非少数，胸中牛鬼蛇神，未尝不呼之欲出。唯所记多为实事，非登虚文，若乎各地人情风土、鸟兽虫鱼，以及名山胜域、异闻奇迹之记述，已成陈迹，仅供读者消闲之资，尚无观乎宏旨。至如当代达官显宦军阀名人之逸闻嘉话，其人不远，余烈未沫，倘因搜索枯肠，凭忆写就，报章不比 集，传播之广，万一误触忌讳，干犯威严，岂不自蹈前辙？虽读者观之笑断肚肠，并无妨害，而笔人一付铅椠，便树强敌。为此再四斟酌，谨效幽默滥觞，不敢肆为狂论。关于大人先生之前言往行，或假借名姓，或少去事迹，只据实录，不为铺陈，使读者观竟，但发微笑，而笔人借此骗取一些稿费，吃碗平安苦饭，交易而退，各得其所。交待已毕，看我扯淡。〔《微笑集·前引》，阿七（还珠楼主），《天风报》1935年2月22日〕

而在这一系列“幽默俏净”使人“但发微笑”的“扯淡”中，最典型也最引发读者关注者，便是其自曝因与孙经洵恋爱而遭孙仲山“报复”的《自家一页》。因这篇“作者个人经历种种矛盾生活之实供”，前文已有详述，故此处不赘。

就在还珠刚刚“痊愈”，重新振作欲改革《黑旋风》之际，北平传来好消息：他手下正在全新打造的超级长篇武侠小说《青城十九侠》将于《新北平报》上连载了。报馆主人凌抚元在电告此佳音的同时，还邀还珠立刻来平，面交预付的连载稿酬。于是还珠在料理完《天风报》近几日的编务后，便乘火车赴北平领取他那不菲之资去了。

而此时，他的《蜀山剑侠传》则在《天风报》上正连载到“大破紫云宫”这一热闹关口，其单行本第8集也刚被天津文岚簃印书局老板刘汇臣推出。

第八章　北平罹难，《青城十九侠》名震南北

旧时峨眉山（蜀山）之“舍身岩”

第一节 “青城”爆红 移居北平

1935年5月1日，《青城十九侠》在故都《新北平报》上如约面世。在连载首日的“前引”中，还珠开宗明义写道：

> 四川成都府西北方，有一个小小的县城，地名叫作灌县。地当岷沱分流之冲，又是通康藏的交通要道。秦时李冰，于此凿石导江，灌溉田亩。数千年来，民殷物阜，号称大邑。而境内水秀山清，古迹名胜，冠冕全蜀，尤为脍炙人口。距县城西约三十余里，有一座青城山，群峰环卫，叠翠萦青，宛如城郭一般，它的得名，便由于此。名山胜域，多为仙灵窟宅，何况这山周围面积，长大约千余里，有三十六个名峰、七十二洞、一百八十多胜景，自来道书上，都称它作仙人第宅呢。
>
> 西蜀本是一个神秘之国，因为民间传说和当地若干年前留下的种种仙灵遗迹，人民对于神仙剑侠、奇人异士本来就很崇拜；又值康、雍之间，满人入关未久，孑遗之民怀念旧君，目睹新廷暴虐，忍受压榨，敢怒而不敢言；庸懦一流，自然把一切都委之运数；具有国家种族思想、又富有聪明才智之士，既不愿委身异族，为仇敌的鹰犬，又不忍若干万亡国同胞俯首受人宰割，于是群趋剑侠一流，以诛奸杀恶为己任，冀略快意一时，

> 虽然明知劫运难回，光复故业暂时无望，总想在除暴安良之中，种一点兴灭继绝的根子。风尚所归，奇人辈出，尤以峨眉、青城两派殊途同源，为个中巨擘。
>
> 本书所记，便是这两派剑侠的轶闻奇迹。虽迹涉虚幻，难免铺陈；而笔人哀乐中年，浮沉人海，足迹流转，几半国内，蜀中故土，更是祖宗庐墓之乡，对于各种风土人情、衣服食饮、名山大川、珍禽异兽，大都有所本历，不同虚构。际此天傚宗邦，强夷内爨，×匪为患，氛沴相寻，蜀更兵冲，民无安堵，举世正注目西南之会，略供读者卧游之资，有心人或亦略其妄而取其真耶？闲话少说，书归正传。〔《青城十九侠（卷一）》，还珠楼主，北岳文艺出版社 2014 年出版，第 1 页。参见《还珠楼主散文集》，周清霖、顾臻，（香港）天地图书有限公司 2014 年出版，第 411 页〕

据此可知，《青城十九侠》故事发生的时代背景为明末清初，还珠的写作思想具有明显的抗拒异族、反清复明倾向。他“将峨眉、青城这‘殊途同源’的两派剑侠的‘诛奸杀恶’‘除暴安良’行为，同反抗‘异族’压迫的大业联系起来，希望读者中的‘有心人’能够‘略其’‘迹涉虚幻’之‘妄’，而‘取其’反抗‘强夷内爨’之‘真’”〔《论还珠楼主的“入世武侠”小说》，周清霖，《侠与中国文化》，（台湾）淡江大学中文系主编，台湾学生书局 1993 年 4 月初版，第 512 页〕。

联想到此书的开笔时间，为东北已沦陷，日军急欲将华北变为第二个“满洲国”，而国内各种政治势力则相互厮杀之际；再想到还珠一以贯之的“国家至上”情怀和“国家种族”思想，便可发现，他推出此书，绝非如一般论者所言，仅是要“超越‘生命哲学’”“构筑‘峨眉、青城两派殊途同源’的仙侠世界”。其写作动因，应该是有感而发；其创作宗旨，就是要让读者“略其妄而取其真”，以此“成人童话”来抒发书生报国之志。小说注重现实之意十分明显，具有很强的红尘俗世中的“武侠隐喻”意味。

有研究者认为，直至此书杀青，“作家才理顺思路”，决定在《蜀山剑侠传》之后，不再像《蛮荒侠隐记》《紫电青霜》那样“一味追求西南边疆地区的奇情异事，而是通过对传统文化的创造性融会来构建‘蜀山’

的宏大格局，此时作家才真正走向成熟”。而成熟的“突出标志，是还珠楼主第一篇正式的小说序跋所阐发的理念，这就是 1935 年 5 月《青城》连载之初的‘前引’”。从此“前引”可以看到，“作家试图将《蜀山》体系扩展为‘尤以峨眉、青城两派殊途同源，为个中巨擘’的更大格局，地理空间虽同在西蜀，而文化空间则有不同”。这种“文化空间”将涵盖“中国传统‘三教文化’空间”“历史现实的社会空间”及“武侠隐喻空间”。〔《还珠楼主武侠小说序跋研究》，韩云波，《苏州教育学院学报》2016 年第 3 期，第 9—10、13 页〕笔者以为，在上述三种“空间”中，作者应该更注重于“武侠隐喻”。

也正因此，该连载甫一推出，便火爆京华。这固然缘于因《蜀山剑侠传》而风靡的还珠大名，已在北平市民中颇具号召力；但更重要的，则是书中内容暗合了众多故都市民的“国家种族”意识。东北失守，华北危机，而日军此时又相继制造了“察东事件”“河北事件”“张北事件”，并疯狂策动华北五省自治和内蒙古独立。身居此等民族危亡家国险境的北平市民，或焦虑或惊恐或彷徨的心态与情绪，此刻已弥漫坊间，而《青城十九侠》的适时“现身”，纸上“抗拒异族”的侠义壮举，无疑给予了苦闷无助的读者以心灵慰藉和情感宣泄。

从后来的成书结果看，《青城十九侠》虽不像《蜀山剑侠传》那样，连写十七年出书 55 集高达 450 万言仍未完篇，但其也是十载苦耕、卷帙浩繁。在这部时断时续写作十二年共 107 回 230 万字出书 25 集仍未终卷的鸿篇巨制中，还珠为人们讲述了武林“青城派”弟子纪登、陶钧、杨诩、陈太真、呼延显，罗鹭、尤璜、裘元、虞南绮、狄胜男、狄勿暴、纪异、吕灵姑、杨永、杨映雪、方环、司明、涂雷、颜虎等十九人修仙炼剑、行道诛邪之“故事”。与《蜀山剑侠传》刻意表现武林正宗“峨眉派”不同，《青城十九侠》所着重展示的，是与“峨眉派”有“异派同源”之称的“青城派”。据史料记载，青城武术一直是中华武术的一大门派，其最鼎盛期是在有清一代，三百多年内曾出了 1 名武榜眼和 111 名武举人。而到了民国时期，“青城派”更是涌现出了名动江湖的二十四侠，或劫富济贫，或抗日救国。

早在青少年时期，还珠便“三上峨眉，四登青城”。两座名山的壮游，不但让他领略了大自然的丰赡秀美，也使他深谙了“峨眉”与“青城”两派武术的真谛。现如今，国破山河在，他盼侠客归。“峨眉派”精髓已被他在《蜀山剑侠传》中尽情阐释，而长久憋在心中的“青城派”要义也即将得到彰显。

在写作《青城十九侠》时，还珠亦是将“青城派”的“武功”予以拓展，首创了“内功”之说。中国传统武术本没有内外功之分，直到明末，黄宗羲、黄百家父子提出了内家拳，才有了“内家拳”和“外家拳”的区别。但在《青城十九侠》中，还珠不但据此发明了“内功”，而且还将其呼吸吐纳之法演变成了高深莫测的武功招式，甚至超过了“外功”。对此，“后起之秀”金庸、梁羽生等人看了也是叹为观止。他们在后来的创作中除了不断丰富“内功”的想象外，还进一步延展光大。如金庸在《天龙八部》中提到的“六脉神剑”“无相神功”，梁羽生在《女帝奇英传》中反复渲染的“金钟罩”“铁布衫”等，均是对还珠所首倡之“内功”的典型再创造。

《青城十九侠》全书结构宏大，内容庞杂，既饱含着儒释道之经和经史子集之典，又充满了天文地理之奇和民俗风情之妙。因其与《蜀山剑侠传》相为表里，故亦可视其为《蜀山剑侠传》之别传。“还珠学”研究专家黄汉立在为《青城十九侠》所撰“导读”中写道：“‘青城’一方面可视为‘蜀山’的别传，一方面又可以独立成书。所以它一方面继承了‘蜀山’之余绪，一方面又有它自己的特色。所以要说明它的优点特色，大可以从它与‘蜀山’比较长短而知其梗概”：

第一，《青城十九侠》可以补苴《蜀山剑侠传》叙述所未及的情节。凡已读“蜀山”的读者，应阅读“青城”，俾知“蜀山”情节的发展；而已读“青城”者，更应阅读“蜀山”，俾知事情的原委。

第二，还珠在撰写《青城十九侠》时，心中的意图，就是以自己所作的《蜀山剑侠传》为假想敌，处处要在“蜀山”之外别树一帜，以见自己创作的多变化。这也正是齐梁刘勰《文心雕龙》第二十九《通变篇》所说的：“参伍因革，通变之数也。”“因”就是依据自己前作，更加改善；“革”即是另创新意，这也正是“青城”与“蜀山”不同的地方，亦即“青城”特色之所在。“蜀山”写飞剑法宝，奇思妙想，层出不穷，在在出人意表，达幻想之极限；而“青城”则在还珠众多作品中，特重人情的描写，其所述青城派弟子的遭遇，主要是“人间”的。

因此，《青城十九侠》自有其不容否认的优点和存在价值。对此，黄汉立曾言：因为作者一切奇想妙思都表现于“蜀山”，自然容易写得精彩；“青城”则要避开“蜀山”所已用过、写过的广阔题材而不用或尽量减少使用，只能在极有限的范围内取材。在“缚手缚足”的情况下，要想出奇制胜，自然不太可能，所以不容易写得精彩。因此两书的优劣，在先天便已命定了。但我们不能不佩服作者在“青城”中所从事的种种创作上、构思上的尝试和突破；尤其不能不佩服作者在如此有限的范围内，“曲径通幽”地取得如此卓越的创作成绩。

黄汉立认为，“蜀山”虽然体大思精，有笼罩宇宙横绝古今的气势，但其写作前后逾二十年，其内容及写作技巧亦随作者的生活体验和年岁而演进。我们固然因此可了解作者心灵的成长过程，但其思想系统驳杂、内容前后矛盾在所难免，致有失平衡完整之美。反之，“青城”则内容首尾连贯，结构较为完整，文字风格较为统一。单就此点而论，“青城”是胜于“蜀山”的。至于文字的秀雅清逸、写景的精致超妙、幻想力的丰赡茂美，则为“蜀山”与“青城”两书的共同特色，而非其他作者所能望其项背。“所以这两部书正好比一天一地或一日一月，虽有优劣大小，而息息相关，缺一不可，堪可称为还珠的两大代表作”。〔《从〈蜀山剑侠传〉到〈青城十九侠〉——代〈青城十九侠〉导读》，黄汉立，《近代中国武侠小说名著大系》第一册，台湾联经出版事业公司 1984 年 12 月出版。转录自《还珠楼主小说全集》第 46 卷，山西人民出版社、北岳文艺出版社 1998 年 9 月出版，第 529—533 页〕

其实产生如此佳绩，还珠是付出了超常智力和身心俱疲代价的。长时间透支肌体本钱、殚精竭虑地苦耕“蜀山”与“青城”，而又处处避让以免雷同，这“天上”“地下”的“遨游”，确实是大大伤耗了他的精力与心血。以至于 1935 年春天的那场大病刚刚“痊愈”，就在再次发布革新《天风报》副刊措施的三个多月后，他便不得不因身体原因和“精力不够”，于当年 8 月初发表了辞去《黑旋风》编务的《还珠拜语》：

> 我真是太低能了，我运气又是那么不好，为着生活的累太重，使我不得不同时担负着五六个小事。虽然，哪一个都不够我吃的，可是，把收入聚在一块，也就够过的了。因为事多，而能力又

不够，于是乎每天便忙得不可开交。偏偏月初又到北平跑了一趟，回来就病起，好一天歹一天始终没有正式痊愈。今儿才对付着将病养好。病中除了一处对我情感极好的地方，我还带病去帮着写写做做，余下的也并非有什么歧视，多半因时间的不相宜，或精神上实实的不能兼顾，只得以“对不住”三字了之，以致除小说仍勉力照写外，许久不曾为本《风》提笔写稿。愧对读者，是无可讳言的。我平常常说，做一天和尚撞一天钟，拿不起钟棰就别当和尚。此意曾和(沙大)风兄一再提及，虽承他盛意殷殷，一再慰留，无如我自己觉得实在精力不够，只好暂时退避贤路，以免误己误人。至于（本报连载的）《蜀山剑侠传》，仍当有头有尾地诌下去。本来不好，我也不求好，只求其读者诸君，看我把这谎编圆了，就得。同时我在本《风》改进发扬未来的过程中，稍有余闲，必仍为本《风》略贡其愚。人虽去而精神依旧是相联系的，尚乞平时爱护我的诸君，继续惠教为幸。〔《还珠拜语》，还珠楼主，天津《天风报》1935 年 8 月 1 日〕

所谓“拜语”，其实就是“告别”。话说得伤感，并透着深深的无奈。这种“心有余而力不足”的真情流露，道出了此时身体和处境的真实状况，也深含着他为了全身心写作《蜀山剑侠传》与《青城十九侠》而忍痛割爱的心态。此时的《蜀山剑侠传》，无论是报上连载还是单行本出版，都已在平津乃至华北、东北地区呈现出“洛阳纸贵”的局面，依着还珠“乐山乐水”好讲“故事”的性格，“不求好”显然是自谦的说辞，“编圆了”才是他的旨趣。只不过不争气的身体，已不容他“不可开交”地“同时担负着五六个”差事罢了。况且除了天津《天风报》上的《蜀山剑侠传》，故都《新北平报》上的《青城十九侠》也已开篇，并迅即赢得了一片叫好声，他也绝不会让这部苦心孤诣打造的佳构落个“高开低走”的结局。

正是在这种“主客观”状况和“忍痛割爱”心态的双重作用下，还珠只能“对不住”地辞去他苦耕了一年又三个月的《天风报》编务了。何况，就在此时，他在北平已与一个“大人物”有了牵连，眼下也正在紧锣密鼓地与其手下商谈着一件“大差事”。他知道，不久之后，除了不能辍笔的几部小说连载外，他的精力恐怕都要投入到这个新“角色”中去了。

还珠发表辞职“拜语”翌日，《天风报》刊出了《黑旋风》继任者阎汝痴的就职声明《照例第一章》。随后，又相继登出了沽上文人灵丝、不知轻重斋主等的《别还珠楼主》《还珠珠还还珠楼》〔详见天津《天风报》1935年8月2、6、12日副刊《黑旋风》〕等诗文。这些文字的出现，引起了一个人的注意，他便是天津文岚簃印书局老板刘汇臣。

凭着独家出版还珠武侠小说单行本发家的刘氏，早已将还珠视为自家“摇钱树”。此刻当他正将《蜀山剑侠传》单行本出到第10集，并且已与还珠谈妥，此后的几部武侠小说也均由他独家出版之际，他突然发现还珠有了“异动”——7月31日，《黑旋风》副刊还刊有还珠向文友姚灵犀索稿的《代邮》：

> 灵犀兄：前取去之稿，末有跋语一则忘登，希赐抄示，或将原作掷还，悉听尊意。费神，谢谢！寿民〔《代邮》，寿民，天津《天风报》1935年7月31日〕

然而到了翌日，报纸上就登出了还珠辞职的“拜语”。前一天还在约稿子，转天就不干了，而且随后便是继任者的“就职声明”和多人“惜别”诗文。商人的敏感让刘氏立刻意识到，“摇钱树”一定出了问题。于是他赶紧去“拜访”还珠，打探真相。而还珠给他的答案，则是不但有可能在北平“另谋高就”，而且正积极筹划举家迁平。这让他颇为不安，生怕“摇钱树”真的被大风刮跑了。经过几日权衡与盘算后，他迅速汇拢资金，向还珠提出，二人需重拟一份具有法律约束的出版合同：还珠应承诺《蜀山剑侠传》《蛮荒侠隐》《青城十九侠》《边塞英雄谱》及此后写出的所有武侠小说，其单行本出版权均归刘氏所有；而刘氏则在签订合同之日，应按照新的标准，预付上述四部武侠小说单行本的稿酬及“买断”未来作品单行本独家出版的定金。

此时的还珠，正为在北平买房置地筹措资金。他听了刘汇臣的提议，看了其新拟的出版合同，那超出他想象的预付稿酬和定金，确实让他心动。于是在常年法律顾问赵从韶律师的操办下，他与刘氏迅速重签了合同，并如期拿到了那笔不菲的酬金。

在赴平"高就"尚未谈定的情况下，还珠之所以决定在北平买房并全家迁移，除了方便有可能在故都入职外，他还有一个更现实的想法，那便是赶紧离开此时已"山雨欲来"的津城。多年的军旅幕僚经验告诉他，津门此刻已是危险之地。

随着东三省沦陷，日军对华北的觊觎已日甚一日。中日在华北问题上的冲突已箭在弦上，大有一触即发之势。虽然从表面上看，距"满洲国"最近的关外国际大都市天津，此刻还是灯红酒绿、歌舞升平，但暗中已是剑拔弩张、战云密布，中日双方的明争暗斗在这个城市已到了白热化程度。尽管直至此时，南京政府仍是一再迁就，忍辱求让，但日方却是得寸进尺，咄咄逼人。尤其是进入1935年后，日方的狼子野心已暴露无遗，同时国人的反日情绪也在急速升温。截至还珠决定举家迁平的7月中旬，天津不但政局已如危卵，而且社会环境也在急剧恶化，甚至各级国民党党政机关已经相继外迁。据1935年1至7月的媒体披露：

1月4日，日本关东军在大连召开幕僚会议，决定以旁敲侧击的形式逐步吞并华北。

2月14日，面对日方的步步紧逼，蒋介石对日媒《朝日新闻》记者发表谈话，强调"中日亲善"。

4月4日，日商务参事官横竹平太郎携鲸吞中国经济的日外务省对华经济方针来华逼签。

5月2日夜晚，天津亲日报纸《国权报》社长胡恩溥，在天津日租界寿街（今兴安路）北洋饭店被不明人士枪杀殒命；3日凌晨，天津亲日报纸《振报》社长白逾恒，在天津日租界须磨街（今陕西路）义德里22号私宅，再次命丧不明人士枪下；29日，日华北驻屯军参谋长酒井隆与日使馆武官高桥坦，晤见国民政府北平军分会代理委员长何应钦，借口天津两亲日报纸社长被杀，向国民政府提出无理要求；30日，驻津日军在天津国民党河北省政府公署门前举行武力示威。

6月1日，国民党河北省政府由天津迁往保定；4日，日方第二次晤见何应钦，再提无理要求；同日，国民政府决定，天津直属行政院管辖，免去张廷谔天津市长职务，任命亲日分子王克敏为天津市长，任命商震为天津警备司令；7日，在津的国民党河北省党部移往保定，国民党北平军分会政训处撤销；9日，日方第三次晤见何应钦，强令河北省内一切党部完全取消、国民党五十一军撤出河北全省、中央军必须离开河北省境、撤废蓝衣社与励志社及类似机关、禁止全国排日行为；10日，日方第四次晤见何应钦，何答复全部承认日方要求；同日，国民政府发布"邦交敦睦令"，命令中央军第二与第二十五师撤出河北省、国民党平津各级党部停止活动；14日，刘云若在津所办《大报》因转载《闲话皇帝》一文，在日方逼迫下，被天津当局查办停刊；18日，国民政府任命王克敏代理北平政务整理委员会委员长，商震兼代天津市长；25日，国民政府任命商震为河北省政府主席，程克为天津市长。

7月6日，何应钦致函日方梅津美治郎，正式承认日方所有要求，并与之签订了丧权辱国的《何梅协定》。〔详见《华北事变资料选编》，南开大学马列教研室、中共党史教研组编，河南人民出版社1983年出版〕

就是在此等步步惊心、一步紧似一步的危局之下，还珠为了一家老小安危，也为了能有一个相对安稳的写作环境，当然，更是为了加盟那个"大人物"的班底，他决定离开有如一点即炸的火药桶般的津门，去相对平和一些的故都去避祸。

但此刻的北平，也已风声鹤唳、人心惶惶。既有南方关系又有实力的人家，或谋划或已经南迁，空出的代售之房很多，这让还珠看到大有低价购房的可能。而且就在此时他获悉，他正在积极接触的那个"大人物"，眼下正在做着"和平"的努力，而且即将出任中方在平津甚至华北地区的头面人物。紧张的华北局势和平津危局，在南京国民政府的步步退让和这个"大人物"的操纵下，眼下又渐呈趋缓之态。有了这颗定心丸，还珠反倒不那么急了，他决定沉下心来，一方面慢慢寻觅北平物美价廉的安居之所，一方面暂在天津静观局势之变。

有了这样的打算，又辞去了《天风报》编务，还珠心情放松许多，也感到肩上卸下了一大重担，觉得身体似乎也比原先有所恢复。本就有行侠仗义脾性的他，此时也有了替朋友出力的时间和情趣。这期间，他除了加速为平津报纸撰写《蜀山剑侠传》与《青城十九侠》的连载外，还分别为两位挚友解除了烦恼和了结了心愿。

笔名“髀生”的吴北野，是当年居津著名书法家，尤擅金石、篆书。他与还珠相识，是因为《蜀山剑侠传》。据还珠当时自述：“我和北野订交，一无朋友之介绍，二无文字之标榜，只是他在去年初夏闲中无事，偶观本《风》之《蜀山剑侠传》，一时兴至，与我通了一封信。”“我接到一看，文长千余言，思想写作，无不佳妙，真情挚意，流露行间，使我万分感动。当时因为事忙，匆匆先复了一个短简，过一二日抽空又复了一封长函。先则书札往还，不久约地相晤，便成至好。”并认为“人生最难得者知己。我自民十七来到天津，在这长久的过程中，居然得到了三四位有肝胆的好朋友，而吴北野便是其中之一”。然而就在“今年春间，北野每见面时恒攒眉蹙额，若不胜烦。惊询其故，始知北野旅食沽上，已历数年，虽韫璞藏珠，极自韬晦，终以真体内充，光辉久而外露，笔墨之债，纷至沓来，应此不能却彼，荣誉日隆，苦恼亦随以日增，公余返舍，偶获余闲，仍须提管握刀，写作、篆刻，应酬文字与金石，因之常废眠食，时无宁晷”。

得知好友此等烦恼，还珠立刻替其想办法解脱。他先是“现身说法”地出主意：

> 余写作均弗逮北野远甚，曩昔亦感笔债之苦。自去夏登报悬润，除收入年增约千金外，较诸未悬润前，笔累大减，且可得钱，助妻子多购衣物粉饵。今年并报亦不登，曩索者以余要钱，大半裹足，而以值来易者，复以不见报征亦日少。余乃大乐，以为得计，因力劝北野，效余故智，既却恶宾，兼可得真识者，减忙可以安身，得金可以疗贫，二者必居其一，奈何不为？然而北野心有主宰，而外实和易，以为将引朋辈误会，弗听，结果其劳愈甚。今夏且以致疾，病床数日。北野家固不丰，而累甚重，未闻有多存问者，疾愈复就余谈。于是又重申前情且告之曰：“余与足下，情逾弟昆，当可代主，再不允，将强为之矣。”北野尚踟躇，余已持笔写润例，即以前书箑（扇子），令人制版，复本《风》刊布，即昨日本《风》所登者（书文润例，并见本《风》后页广告）。〔《介绍吴北野先生篆书文字》，寿民，天津《天风报》1935 年 8 月 1 日〕

对朋友事，还珠可谓尽心尽力。如果说以上文字尚是他在《天风报》任上的举手之劳，那么他在卸任以后，有了闲暇，则要为朋友的事亲自操持了。继7月31日他在《天风报》广告栏刊布了亲撰的《北野金石篆书润例》后，翌日也就是他登出辞职“拜语”的当天，他又在上述有关吴北野的文字下端，另撰了一大篇《还珠附志》，称“北野文章，恒见本《风》，虽多游戏之作，已可见其一斑，当蒙有目共睹。其篆书金石，读者不获恒见，昨登铜版便面，一鳞半爪，亦仅略窥规矩法度，未足罄其高深。兹将北野所作篆书美点列后”。

文章在全面详细地佳评了吴氏书法尤其是篆书后指出：“北野天才迈特，性复沉毅，夙好篆引，所收历代篆书石刻甚伙，研习綦勤，初广为摹抚，近年则潜心玉箸，专致力于秦篆，一扫晚近数十年之恶劣风尚。唯平夙仅应友好浼求而作，知者殊少，故力劝其悬润，以广流传，俾世人知篆书之尚有正法眼藏，而免终为野狐外道，久于淆混夺席也。”〔《介绍吴北野先生篆书文字》，寿民，天津《天风报》1935年8月1日〕

此文刊出二十余天后，还珠再次重撰广告。此次除了打出“还珠代订”的招牌外，还特意将办事地点放在了自己家中，标出“收件处：日法交界秋山街十四号李宅后院”。〔《北野诗文篆刻润例》，还珠楼主，天津《天风报》1935年8月25日〕

还珠为人之侠情仗义，由此小事可见一斑。

就在为吴北野解除烦恼期间，还珠的把兄弟尚小云找上门来了。

作为一代名伶，尚小云自得到还珠在剧本方面的鼎力相助后，这几年在戏曲舞台可谓大放异彩。尤其是在剧目的出新出奇上，他已将“四大名旦”中的另外三位远抛身后。然而盛极遭损，随着其在南北氍毹上的佳誉不断，非议也随之而来。如当时便有剧评家撰文批评云：

> 尚伶也要迎合上海滩上人们好奇心理起见，于是也学海派，便“新”了起来。所谓“新”的玩意，乃是于各戏上皆加一“新”字，如新《玉堂春》、新《三娘教子》、新《十三妹》、新《珍珠扇》、新《摩登伽女》，果然叫座极佳……我记得海上有班评剧家对于外江派的戏用“新”字相号召，曾作过严厉的批评，

说戏上加“新”字，便是毫无意思的举动，外江派现已被指责的不再用了。而尚伶如今拾人唾余，拿来当真正“新鲜的玩意”，真是令人齿冷。〔《尚小云的出奇》，菊蕊，《结晶》杂志1934年第三期，第14页〕

对于此等言论，尚小云起初并未放在心上，仍是我行我素地一味创新。但随着异议加甚，他心中不免憋了一口闷气，决心要搞出一出彻底出新出奇的大戏，让人们看看不带“新”字的“京朝派”的创新。为此，他将还珠此前为他量身定做的新戏《林四娘》精雕细排，在保留传统唱腔并创新身段后，于1936年1月11日首演于北平能容纳千余观众的华乐戏院。同时他又反复追看《新北平报》上连载的《青城十九侠》，觉得如果能将其搬上舞台，那将有更大的空间对传统京剧进行彻底创新。

于是在1935年初冬的一天，他轻装简行由平至津，来到还珠家中，请求把兄弟尽快将《青城十九侠》移植成京剧。还珠没有推辞，二人一拍即合，随后便进行了舞台构思。当晚，情绪颇佳的二人余兴未消，又唤来好友颜伯龙等人相聚。既是画家又是票友的颜伯龙酒酣之际，以笔墨相娱。而且他每成一画，还珠均题诗相贺。其中在画给尚小云的那幅《乔松佳禽》上，还珠挥笔写下：“乙亥冬夜，炉火熊熊，轻暖轻寒，有如春暮，长夜无俚，折简邀伯龙、是林诸友作笔墨之戏，伯龙每成一画，辄以属题，随便写些，应主人之命，所谓‘短笛无腔信口吹’也。”随后，他便题诗云：

清风稷稷鸣秋涛，乔松百尺参天高。
铁皮苍鳞相窈窕，虬枝欲飞云垂条。
中有佳禽共翔翱，羽衣如雪鸣仙韶。
我欲从之定石交，千年风雨盟后凋。

题罢诗文，还珠等人分别钤印“寿民长寿”“伯龙”“颜云霖”“且作笔耕”，而收藏者尚小云则钤“芳信斋鉴赏 平南后裔”之印。是夜众人皆欢，黎明方散。

翌年初，在赴平观看《林四娘》彩排时，还珠将改编后的《青城十九侠》剧本交给了尚小云。尚连夜通读，在为还珠深厚的戏曲功力叫好的同时，也深深感到，这正是他此前苦苦寻觅的那出让传统“京朝派”真正出新出奇的剧本。转天，他怀着兴奋的心情召来了北平华乐戏院老板万子和，同其商量送审上演之事。指着名伶吃饭的万子和，见尚小云对剧本如此青睐，便看也没看，立即将本子呈送北平市社会局审查。

北平市社会局是南京国民政府于1928年成立的社会管理机构，对娱乐业的审查管理是其近年履行的职责之一。1932年北平特别市党务整理委员会对该局发出公函，称“本市旧剧种类繁多，内容复杂，剧情取材极应注意，凡一切有违本党党义，消沉民族意志，及妨害良善风俗之歌词均应严予取缔，以免摇惑人心”。〔《市政府、社会局等单位关于取缔妨害良善风俗之歌曲、成立戏曲审查委员会的指令、训令及审查委员会的常会记录》，现收藏于北京市档案馆，档案号：J002—003—00048，1932年〕同年10月4日公布的《北平市社会局戏曲审查委员会章程》又称：“本会以审查北平市剧院所演戏剧及一切评书词曲、幻灯片等力谋改善社会风化及辅助教育为宗旨”，并规定“（甲）应提倡者：（一）富有民族意义者；（二）描写社会生活富有感化力者；（三）能增进民众常识者。”“（乙）应取缔者：（一）违反党义者；（二）有伤风化者；（三）违反事理人情者。”〔《北平市社会局戏曲审查委员会章程》，北平市社会局，《时代教育》杂志1934年第三期，第84—85页〕

1936年1月，正是在这些条框的管束之下，北平市社会局通过了《青城十九侠》剧本的审查，在下发的《北平市华乐戏院万子和关于送审〈青城十九侠〉〈元夜观灯〉剧本的呈文、申请书及社会局的批示》中，其审查意见为：

> 查《青城十九侠》小说，系还珠楼主所编，载在《新北平报》之内。惟此本所演，并非该小说内一章或一段之事实。仅系就小说内，其剑侠叙述之寥寥数语，将其铺张扬厉，编为剧本。本内所演，系孝女报仇，淫贼伏法，妖道受诛，侠义成功。各情形提倡伦常，针砭社会，尚无不合之处，拟准予备案。〔《北平市华乐戏院万子和关于送审〈青城十九侠〉〈元夜观灯〉剧本的呈文、申请书及社会局的批示》，北平市社会局，现收藏于北京市档案馆，档案号：J002—003—00531，1936年〕

据此可知，还珠所写京剧剧本《青城十九侠》，与其同名小说在情节上并不一致，它是将小说中有关“剑侠叙述之寥寥数语”铺张繁衍，从而形成一个专讲“孝女报仇，淫贼伏法，妖道受诛，侠义成功”的另类武侠故事，这显然是为尚小云量身定制的新作品。与该剧同时通过审查的，还有尚小云呈送的还珠为其专门打造的另一剧本《北国佳人》，北平市社会局对其评语为：“意在提倡伦常道德，并未触犯审查章程第五条乙项各标准，拟准予备案。”〔《尚小云关于送审〈北国佳人〉剧本的呈文及社会局的批示》，北平市社会局，现收藏于北京市档案馆，档案号：J002—003—00529，1936 年〕

备齐了各种演出手续，尚小云便率其班底对《青城十九侠》进行了严格排练，并增设了最为时髦的舞台美术和机关布景。1936 年 12 月，就在小说《青城十九侠》单行本出版到第 4 集时，此后成为尚小云代表作的京剧《青城十九侠》，在北平能容纳三千人的最大戏院第一舞台隆重首演了。至于该剧为何由华乐戏院老板万子和呈报审查后，却没在华乐首演，反而挪到了“晦气”十足的第一舞台，这里面还有一段故事可讲，对此笔者将在后文详述。

在忙活以上这些朋友事的同时，还珠还频繁赴平，与那位“大人物”的手下洽谈即将接手的“大差事”，并继续寻找全家在平落脚地。此外，他便将其余时间都用在了居津撰写《蜀山剑侠传》与《青城十九侠》报纸连载和单行本编辑上。是年底，《蜀山剑侠传》单行本第 11 集付梓出版；1936 年 2 月、4 月、7 月、10 月，该书单行本第 12 至 15 集，也相继上市发行。与此相伴，1936 年 5 月，《青城十九侠》单行本第 1 集，也在刘汇臣的天津文岚簃印书局杀青；随后，该书单行本第 2、3、4 集，又分别于同年 7 月、9 月、12 月陆续面世。

从以上两书单行本的密集出版可以看出，在 1935 年 8 月以后到 1936 年底，还珠除“助友为乐”外，明显将主要精力放在了小说写作与单行本编辑上，不但两部书的内容已入佳境日臻完美，而且单行本的编辑与出版速度也在明显加快。这是因为，一方面他有大部分时间在心无旁骛地潜心写作，另一方面也是按照与刘汇臣的合同，他在替已拿到的预付稿酬“还债”。讲信用重承诺，是还珠的品行之一，而这也恰恰是他侠情仗义的另类表现。

随着《蜀山剑侠传》《蛮荒侠隐记》《青城十九侠》等书内容愈发出彩和单行本的密集推出，读者对这些书的痴迷程度亦在加深，还珠的名气在北平可谓与日俱增。据后来成为著名文史学者的刘叶秋回忆：“三十年代中，我正在北京上大学，读还珠说部，非常倾倒，急欲一识其人。适《天风报》社长沙大风先生与吾家有世谊，乃得于赴天津时在沙府见到还珠。对其学识渊博、才思横溢，表示佩服，并谓其书造武侠小说之高峰，成就空前。同时指出楼主所叙述描绘者，即细节亦多有来历。如《蜀山剑侠传》叙紫云三女之‘天一真水’，实出道书；……《蛮荒侠隐记》之记野骡阵，据《野叟曝言》变化。还珠大乐，以为知言。”

此外，刘叶秋认为，还珠这些作品“奇情异彩，层出不穷。其中人物众多，头绪纷繁，情节曲折，波澜叠起，而前有伏笔，后必照应，结构谨严，眉目极清，确非俗手所能望其项背。故发表以来，还珠声名大振。盖其人才思纵横，文笔健劲，且广历山川，多读奇书，幻想丰富，构思新颖，故能熔铸古今，挥洒自如。虽为小说，亦等游记，所写地理风物，民俗风情，皆为实录，非出耳食，是以可贵”〔《忆还珠楼主》，刘叶秋，《回忆旧北京》，北京燕山出版社 1996 年出版，第 79—80 页〕。

日子在写作中过得很快，转眼便到了1936年初冬。就在《青城十九侠》与《蜀山剑侠传》于平津报端连载正酣、两书单行本接连推出之际，北平“大人物”那儿的“大差事”终于有了结果——还珠被上一年底出任国民政府冀察政务委员会委员长兼河北省政府主席的宋哲元选中了，他将赶赴北平，担任冀察政务委员会下设秘书处的书启（秘书）工作。

还珠是如何与冀察政务委员会扯上关系的？又是怎样被华北“大人物”宋哲元相中的？目前没有任何史料可以说明。但一个双方都“愿意”的事实，却是客观存在。那就是还珠心中“从军报国”“建功立业”的军人情怀始终未泯，他一直在和胡景翼、傅作义军中的友人保持着联系；而这些友人中便有此刻就在宋哲元麾下效力者，无论是还珠当年的文笔功力，还是当下名震华北的声望，都使这些昔日的“战友”对他刮目相看。因此，当有一日，无论是还珠还是其“战友”，一经提出“归队”的话题，那双方应该立刻就是“一拍即合”了。有了“战友”的举荐，还珠的才情和名气自然也会让宋哲元动心。因为此时已成为华北“第一要人”的他，除了要延揽能人做幕僚外，他也确实有一件“大差事”，急需像还珠这样具有深厚传统文化功力的人去做。

冀察政务委员会的差事已然谈妥，在北平购房的钱款也已筹措到手，经过多处选址之后，还珠最终看中了北平东单东观音寺85号的一所院落。

1936年冬，还珠告别了居住八年、让他有过太多喜怒哀乐和传奇历险经历的天津，携家眷迁居北平。想当年，来津谋生时，是两手空空的母子二人。如今离津赴平，老母亲已长眠地下，他是“挈妇将雏”一家四口走出津门的……

第二节　辅佐宋哲元　沦陷中开写《云海争奇记》

1935年12月18日，是决定华北乃至中国未来十年命运的关键日子。

是日，在日本关东军的步步进逼下，含有“华北自治”性质的冀察政务委员会正式成立。国民政府任命国民革命军第二十九军军长宋哲元为该会委员长兼河北省政府主席、张自忠任察哈尔省政府主席。据《华北事变资料选编》所收《关于华北自治运动》一文称，“设立这个冀察政务委员会的目的，乃是衡虑到暴露在日军直接威胁之下的冀、察两省特殊情况，以谋一面避开日军压力，一面便于行政上的运用，俾遏阻日本对于‘华北自治’的策进。这是在无损于领土、主权完整的范畴之下，不拘于形式，而能确切作实质上的维护。”〔《华北事变资料选编》，南开大学中共党史教研组等编，河南人民出版社1983年出版，第483页〕但此举最终导致的结果却是：不但因此失去了国民政府对冀、察两省和平津二市的管控，而且亦为日后的华北沦陷乃至日军大举进攻中国埋下了隐患。

至于国民政府因何种原因任命宋哲元为冀察政务委员会委员长，而日方又为何能暂时接受这一任命，可谓说来话长。

宋哲元，字明轩，1885年出生于山东省武定府乐陵县一个耕读之家。虽幼年家贫，但读书刻苦，酷嗜国学，曾在家乡义务教授私塾数年。二十二岁考入北洋陆军随营武备学堂，毕业后投至冯玉祥麾下，随之征战南北，成为西北军“五虎上将”之一。1930年蒋、冯、阎“中原大战”，冯玉祥所率西北军败北，其残余万余人在宋哲元、张自忠、刘汝明、秦德纯、冯治安等名将带领下，败退晋南一隅休养生息。翌年初，该部被张学良收编改为东北边防军第三军，6 月成为名义上隶属南京中央政府的国民革命军第二十九军，宋哲元出任军长，下辖冯治安、张自忠、刘汝明三个师，驻防山西正太路一带。

据当年该军创建人之一萧振瀛回忆：建军之初，“宋与余商议，决定以张自忠、冯治安、刘汝明、赵登禹、张维藩、秦德纯及吾二人为核心，凡事八人共议，谋定而后动。张冯刘赵及李文田、何基沣等负责部队，张维藩仍任参谋长，过之翰仍负责军需财务，我任总参议仍兼管军法。在此组织下，我军逐步成长壮大”。〔《华北危局纪实》，萧振瀛，中国国际广播出版社 1989 年出版，第 24—25 页〕“九一八”事变后，宋哲元晋升察哈尔省主席兼二十九军军长。1933 年 2 月，二十九军被移调北平以东驻防，旋即便参加了著名的长城喜峰口、罗文裕抗战，其大刀队勇杀日寇的壮举受到国民广泛赞誉。

综观这一时期及此后两年还珠在《天风报》所发“还珠楼丛谈”等随笔，便可发现，其颂扬西北军的掌故逸事颇多。这一方面源于他曾两次厕身西北军戎幕，担任过名将胡景翼、傅作义的秘书，对西北军情有独钟；另一方面也是看到西北军“五虎上将”之一宋哲元率部长城抗战后的有感而发，而且他还受其感召，再次萌生出从军报国的意愿。

长城抗战虽大败日军，让日本《朝日新闻》也不得不承认“明治大帝造兵以来，日军名誉尽丧于喜峰口外，而遭受六十年来未有之侮辱”。但无心恋战的国民政府面对日军的大兵压境，却再次忍辱求和。1933 年 5 月 31 日，受国民政府军事委员会北平分会代理委员长何应钦委任，华北中国军代表熊斌与日本关东军司令官武藤信义所指派的副参谋长冈村宁次，在天津塘沽签订了卖国的《塘沽协定》。其中规定“中国军一律迅速撤退至延庆、昌平、高丽营、顺义、通州、香河、宝坻、林亭口、宁河、芦台所连之线以西、以南地区。尔后，不得越过该线。”〔《华北事变资料选编》，南开大学中共党史教研组等编，河南人民出版社 1983 年出版，第 54 页〕该协定首次默认了日军侵占东三省和热河的合法性，并承认冀东为“非武装区”，不仅巩固了日方在华攫取的利益，而且也助长了日军的侵华野心。

《塘沽协定》签订后，日外务省情报部长天羽公开发表声明，反对别国插足中国，表明了日本企图独霸中国之野心。1935 年 1 月，日本关东军制造借口，大举进犯察东地区。时任察哈尔省政府主席宋哲元受上峰指示，“抱和平宗旨，不加抵抗”。〔《一周间国内外大事述要》，天津《国闻周报》第 12 卷第 6 期，1935 年 2 月出版〕6 月 5 日，日军借口“张北事件”，再次向宋哲元提出无理要求。6 月 19 日，为避免冲突升级，国民政府下令：“（一）察哈尔省政府委员兼主席宋哲元另有任用，宋哲元应免委员兼主席职”；“（二）派察省府委员兼民政厅长秦德纯暂行兼代该省府主席”。〔《国民政府命令》，天津《大公报》1935 年 6 月 20 日，第 3 版〕四天后，秦德纯与关东军特务机关长土肥原就“张北事件”谈判，随后签订《秦土协定》，其中规定：“将驻于昌平和延庆一线的延长线之东，并经独石口之北、龙门西北和张家口之北，至张北之南这一线以北的宋（哲元）部队，调至其西南地区。”同时，“解散排日机构”。〔《华北事变资料选编》，南开大学中共党史教研组等编，河南人民出版社 1983 年出版，第 193 页〕与此同时，何应钦与日本“支那驻屯军”司令官梅津美治郎，也签订了丧权辱国的《何梅协定》。

至此，整个河北省的军事、政治、经济都处于日方控制之下，日方在华北的势力得到极大加强，为其进一步制造“冀察特殊化”和分割华北创造了有利条件。

《何梅协定》生效后，国民党中央军关麟征、黄杰等部先后撤出平津地区。1935 年 8 月 28 日，国民政府任命宋哲元为平津卫戍司令。翌日，国民政府行政院北平政务整理委员会撤销。9 月 6 日，秦德纯正式就任察哈尔省政府主席。

在此我们应该看到这样一个既成事实——就在《何梅协定》签订前夕，还珠带有明显反抗异族倾向的《青城十九侠》，开始在日本人急欲染指的华北中心城市北平杀青。“目睹新廷暴虐”，其在“前引”中开宗明义地呼唤：“具有国家种族思想、又富有聪明才智之士，既不愿委身异族，为仇敌的鹰犬，又不忍若干万亡国同胞俯首受人宰割”的“剑侠一流”，要赶快行动起来，要以“除暴安良”“诛奸杀恶为几任”。而且他还特意告诫读者中的“有心人”，读此书一定要同反抗“异族”压迫之大业联系起来，要“略其”“迹涉虚幻”之“妄”，而“取其”反抗“强夷内衅”之“真”。

由此可见，《青城十九侠》与《蜀山剑侠传》的写作宗旨是完全不同的。后者就是要写稿挣钱，用钱娶妻。因此他便尽情讲述“山光水色”与“仙侠神怪”，不但没有对现实的有感而发，而且所着力表现的也是不食人间烟火的“超人”与“神兽”，以及匪夷所思的自然界之奇观。前者则不然，残酷的现实已对作者的职业取向和创作思想产生了深刻影响。还珠除了本人欲进入他心目中的“英雄”宋哲元麾下去“从军报国”外，其潜在的“不接受”与“反抗”意识，也在不自觉地拱入脑中，流入笔端，只不过碍于生存环境，他不得不采用了一种近乎于神话的形式，将其倾诉出来。而且愈诉愈悲壮，越写越惨烈，这是与严酷的时局相呼应的。

1935年11月至12月，是中日双方在“华北自治”问题上较劲最为紧张的月份，同时也是国民政府步步退让的月份。

11月6日，国民政府任命秦德纯为北平市长，萧振瀛接任察省主席；11日，宋哲元致电国民党五全大会，要求开放政权；12日，日本关东军司令官南次郎下令做好进军华北的准备，关东军特务机关长土肥原则要挟宋哲元于11月20日前“树立华北五省自治政府”；22日，蒋介石会见日驻华大使有吉明，提出以取消华北自治为条件，承认日方实为灭亡中国的“广田三原则”；24日，汉奸殷汝耕通电全国，宣布冀东22县“自治”；25日，伪“冀东防共自治委员会”成立，同日日方唆使汉奸流氓在天津游行“请愿自治”；26日，国民政府行政院决议，撤销北平军分会，撤销蓟密、滦榆两区专员公署，任命何应钦为行政院驻平办事长官，任命宋哲元为冀察绥靖主任；27日，日华北驻屯军司令部警告国民政府不要武力镇压“自治运动”，同时向平津增兵；30日，宋哲元致电蒋介石，要求“华北自治”。

12月1日，天津市长程克、北平市长秦德纯致电南京行政院，要求“华北自治”，北平自治会、新经济学会、天津市商会、天津市自治界代表刘孟扬等，通电要求“自治”；2日，平津教育界发表宣言、通电，反对“自治”；3日，何应钦由宁赴平，应付华北局势，并“展开与日之会谈，在日本要将中央势力排出华北以及认定宋必反中央之判断下，双方激烈讨价还价，最后产生‘冀察政务委员会’”〔《华北危局纪实》，萧振瀛，中国国际广播出版社1989年出版，第47页〕；5日，北平“民众代表请愿团”到中南海门前请愿“自治”，天津学生代表发表对时局宣言，反对“自治”；9日，震惊中外的“一二·九抗日救亡运动”爆发，北平大中学生数千人举行示威游行，反对“华北自治”；11日，国民政府发布命令，组织“冀察政务委员会”，任命宋哲元为该会委员长兼河北省政府主席，萧振瀛为天津市长，张自忠任察哈尔省政府主席；16日，北平学生和各界群众一万余人再次举行示威游行，迫使“冀察政务委员会”延期成立，同日日谍川岛芳子在津秘密组织“华北自治委员会”；18日，“冀察政务委员会”正式成立，宋哲元就任委员长，同时兼任国民革命军第二十九军军长、平津卫戍司令、冀察绥靖公署主任等职。同日及此后数日，天津学生南下宣传团组成，上海、广州、武汉、杭州、南京等地，相继爆发游行示威。

在一片反对声中成立的“冀察政务委员会”，挂牌首日，其委员长宋哲元便发布了“就职通电”，其中称：“此次中央为行政便利起见，特设冀察政务委员会，处理河北察哈尔两省，及北平天津两市一切政务，……应本善邻原则，力谋邦交之亲睦，凡以平等互惠精神待我者，皆我友也，况自塘沽协定以来，冀察两省与日本有特殊关系，为两国利益计，为东亚和平计，尤应互维互助，实行真诚亲善，哲元愿以最大之诚意，为最后之努力，此外尊重礼教，……发扬东方文化精神，促进人们自治能力，亦为哲元素所主张。”〔《宋哲元就任冀察政委会委员长的书面谈话及通电》，天津《大公报》1935年12月19日，第3版〕

从以上文字不难看出，其对日方仍心存“亲善”幻想。也正因此，在这个委员会所列高层中，除委员长宋哲元外，尚有委员秦德纯、张自忠、程克、万福麟、商震、王揖唐、刘哲、徐诵明、李廷玉、齐燮元、胡毓坤、高凌蔚、萧振瀛、周作民、门致中等，其中亲日派占有多数。对此当年媒体曾有报道：“以上人选之充满亲日反满气味及冀察政务委员会将努力与日本提携排除国民党等，均值注目。闻此名单系宋哲元决定者，即由何应钦转示南京政府，南京政府之完全承认当无问题，又日本方面亦将表示赞同。”〔《冀察政务委员会名单》，《满州报》1935年12月10日，第1版〕

但反对之声也有，主要来自二十九军内部。据萧振瀛1944年在重庆撰文回忆：“宋在群奸包围下，坚令发表齐燮元等分任政委会委员。迨齐等十余人自津乘火车将抵平，冯治安等人正在余寓相聚。副官长王培臣向冯报告齐将抵平车站，冯起而曰：‘此等汉奸如不杀之，将何以对国家。’语毕即走。赵登禹拍案而起曰：‘今必尽杀群奸。’起而行。刘汝明亦击桌而起曰：‘当杀此辈汉奸，以明示天下。’言毕亦去。余呼冯等不应。秦德纯、张维藩奔出力挽再四曰：如此大事容作商量，众始回。余曰：‘如此群奸固死，而宋将无以自容，日寇藉之起衅矣，恐将误国。’言至此，不禁痛哭。众始罢。”〔《华北危局纪实》，萧振瀛，中国国际广播出版社 1989 年出版，第 60—61 页〕由此可见，二十九军大多数将领虽愿“华北自治”，但在对待汉奸态度上，则是颇具民族气节的。只可惜，这种态度受到了当时仍“力谋邦交之亲睦”的宋哲元之压制。

冀察政务委员会委员名单由自己拟定，国府已同意，日方亦将赞同，这正是宋哲元所希望的。而且从日后的结果看，宋氏正是凭借这个“委员会”，在坐稳华北的同时，迅速“成长壮大”。到 1937 年卢沟桥事变前，其统率的二十九军已拥有驻防北平西苑、卢沟桥一带的冯治安三十七师；驻防天津附近韩柳墅、小站、廊坊、马厂、大沽等地的张自忠三十八师；驻防南苑团河及河北省任丘、河间一带的赵登禹一三二师；驻防张家口、宣化、怀来一带的刘汝明一四三师；驻防南苑、固安、易县等地的郑大章骑兵第九师，以及在北平城内、南苑一带留守的孙玉田特务旅；在冀东、保定一线活动的石友三部两个保安旅。而在行政领域，冯治安兼任河北省主席；刘汝明兼任察哈尔省主席；张自忠兼任天津市长；秦德纯兼任北平市长。至此，冀察二省与平津两市，已完全掌控在宋哲元的二十九军手下，甚至脱离中央高度“自治”。

除“励精图治”谋“壮大”外，旧学根基极深的宋哲元这期间还干了一件文化上的大事。那便是组织俊贤英才，将传统“四书”分门别类另行编纂，重新注释，并定名《四书新编》，分上下两册付梓，而且同时推出精平装两种，据说当时印行数万册。按《冀察政务委员会暂行组织大纲》规定，该会共设秘书处、政务处、财务处三个职能处室。而这个“四书新编编纂处”，便设在秘书处。还珠就是在此时被友人推荐，进入秘书处，与他人共同承担《四书新编》的编校工作。时间是 1936 年的年底，他一直在此工作到“七七事变”，宋哲元移节保定为止。

据当年与还珠共事的唐鲁孙回忆：“政委会委员长宋明轩（哲元）是

极为讲求旧学的，他把四书分门别类另行编纂，定名《四书新编》，共分上下两册，三寸见方，皮面烫金。说是由刘春霖、潘龄皋几位名儒朔彦主持的，其实十之八九都出自李寿民手笔，那些翰林公不过是顶个名而已。”〔《我所认识的还珠楼主》，唐鲁孙，见 1982 年 6 月 20 日台湾《民生报》副刊〕自 1982 年唐于台湾地区《民生报》曝此料后，这个“说法”便成为后来治“还珠学”（亦称“蜀山学”）研究者所反复渲染的“史实”。

然而撰之史料却可发现，唐氏此说并不十分准确。或者说，其回忆明显有误。

1936 年底，还珠进入冀察政务委员会秘书处，成为宋哲元的秘书之一，确是事实。对此，当年已四岁的还珠长子李观承之回忆可资为证：“父亲在北平宋哲元的政委会当了一个短时期的秘书，前后不到八个月。”〔《我的父亲还珠楼主》，李观承，载台湾联经出版事业公司出版《近代中国武侠小说大系·还珠楼主卷》，1984 年 12 月出版，第 48 页〕这个时间段，恰好是 1936 年底到转年“七七事变”前夕。但同样有一个事实也不可否认，那就是在还珠到来之一年前，宋哲元初任河北省政府主席时，便已聘请刘春霖、潘龄皋等名儒为参议员。秀才出身的潘龄皋还为宋手书四条屏《治家格言》，其被印制后曾在二十九军广为散发。同时宋哲元出于对名儒的敬仰，又拜末科状元刘春霖为师，学习经史典籍。当时刘对宋的谈话内容曾以《刘春霖之言过》为题，登在当年北平的报纸上。此外，为了使部下将领和省府官员学习传统文化，这一时期宋哲元还在保定古莲池公园，开设了经学讲习班，聘请刘春霖、傅增湘、潘龄皋等老翰林轮流讲学，并在此时便已开编“四书”等简明讲义。等到还珠进入“冀察政务委员会”秘书处时，编写讲义的工作不但已经完成，而且在此“雏形”基础上成立的“《四书新编》编纂处”，也已挂牌。

除了时间上还珠未赶上后来定名为《四书新编》的“雏形”编写外，还有一个更直接的证据可以证明，《四书新编》“十之八九都出自李寿民手笔”是误传。这便是在该书平装本封面上，书名之下明白无误地印有“江希张编著”。对此，在爬剔相关史料后，我们可以得到以下真相。

说起这江希张，其实亦非凡人，其一生也是颇具传奇。他小还珠五岁，1907 年出生于山东历城县，亦为晚清神童。鲁迅 1918 年在谈到“鬼话与科学”时，曾言“现在有一班好讲鬼话的人，最恨科学”，这“其中最巧妙的是捣乱。先把科学东扯西拉，羼进鬼话，弄得是非不明，连科学也带了妖气”。而“捣乱得更凶的，是一位神童做的《三千大千世界图说》。他拿了儒，道士，和尚，耶教的糟粕，乱作一团，又密密的插入鬼话。”

〔《热风·随感录三十三至四十三》，《鲁迅全集》第2卷，人民文学出版社1973年出版，第17—18页〕

被鲁迅指斥的这位“神童”，便是当年不足十一岁的江希张。据他晚年回忆，因其少年聪颖，遂被父亲江钟秀打造成“神童”，并得到山东巡抚孙宝琦的激赏，上报学部差点做了宣统皇帝溥仪的伴读。而这部《三千大千世界图说》则是别人假冒其名而作，内容确实荒诞绝伦，纯属胡说八道。但他本人确是年少才高，在他七岁那年，其父突发奇想，请人和他共同编写了一套《四书白话解说》丛书，但在付梓时，只属了他一人之名，即“七岁童子江希张”。此书一出，学林轰动，印行有百万部之多。大儒康有为过目后盛赞其“堪称民国第一神童”，并破例将其收为弟子。此后他更是以第一名的成绩，考入了北京汇文大学。

1927年春，二十岁的江希张负笈法国勤工俭学，入读巴黎大学化学专业，并由此结识时任中国驻澳大利亚总领事之女宋以莲，不久便娶之为妻。在岳父指点下，他旋又考入法国国际关系研究院，毕业后携妻赴澳，在岳父身边谋事。一年后夫妻回国，定居北平。其妻做私人钢琴教师，而他本人则开始重新编注《四书白话解说》。此书在1935年竣编后，甫一梓行，便大获佳誉。此时正值宋哲元主政河北，并在保定开设经学讲习班。他在组织刘春霖等名儒编写讲义时，看到了江希张的《四书白话解说》，阅后大为赞赏。在亲自登门拜访并征得江希张同意后，遂决定在此书基础上编纂《四书新编》，并在刚刚成立的“冀察政务委员会”秘书处下设立“《四书新编》编纂处”。除江希张外，他还礼聘刘春霖、潘龄皋等为顾问，另揽社会贤才协助江重纂《四书新编》。还珠便是在此时加盟“政委会”秘书处的，他在给宋哲元当秘书的同时，也参与了《四书新编》的编辑工作。但因该书的注解文字多由江希张完成，故付梓时，便署名“江希张编著”。由此可见，唐鲁孙称《四书新编》“十之八九都出自李寿民手笔”，显然是不准确的误传。

《四书新编》一经出版，立刻供不应求，据说两年内印了14版，二十九军将士人手一册。北平沦陷后，江希张与妻子经上海到广州，旋赴南非约翰内斯堡任当地华侨报纸《侨声报》总编。抗战胜利，他回国任沪上一家化工企业工程师。1949年后调入化工部等部门，于2004年春病世，享年九十七岁。晚年他经常引以为豪的，便是当年编著的《四书新编》，曾鼓舞着抗日将士用大刀砍下了日本侵略者的头颅。

关于《四书新编》，目前国内藏家手中尚有少量收藏。此书实为7.2厘米见方、2厘米厚的袖珍手册。全书350页，分上下两册，有精平装两种。精装用硬牛皮作封面，裁口刷金，书脊和封面均有烫金题字。封面除烫金的麦穗图案和书名外，还特意标有“宋哲元赠”和“民国二十五年”的标识。平装则为厚牛皮纸作封面，上面直接用黑墨色印书名和编著者。

据说在“七七事变”前后，这本小巧精致、便于携带、既有原文又有浅显注释的“孔孟之道”，在“冀察政务委员会”高级官员和二十九军长官中，人手一册。翻开封面，整个扉页印有大红篆字“为国家扶正气，为民众解痛苦”的印章。随后便是宋哲元为该书所写之“序言”，其文开宗明义便云：“人生本来是应当快乐的”，具体而言便是夫妻、子女、朋友都应该是和谐相处的，但是“事实上竟多不然，家庭社会处处皆是烦恼。有父不慈，有子不孝，夫妇相怨恶，兄弟不友爱，朋友无信意。使我们不禁自问，人生何以如此的痛苦？世路何以如此的崎岖？至终我们才渐渐的觉悟了，根本的原因，是在我们不知传统道德。”因此，编印《四书新编》便是“当务之急”。

除此书外，当时宋哲元还要求单编一本《孟子择要》，其开本、装帧、版式均与《四书新编》同。该书163页，封面在书名下另标有带括弧的“正心篇”三字，而在“宋哲元赠”的下方，则标有出版时间“民国二十五年双十节”。据此可知，其亦出自江希张及还珠等才俊之手。

虽然《四书新编》《孟子择要》等宋哲元“项目”的主纂者，不是还珠，他只是协助江希张做做编辑工作而已，但在冀察政务委员会秘书处，还珠的工作还是蛮紧张的。此刻的华北，无论是地理位置，还是其主政者，都处于十分微妙的地位。而南京中央政府对这块具有半独立特殊性质地盘上的一切军政事务，已无力直接控制指挥。“而自认为羽翼丰满，不可一世的宋哲元在截留税收、白银南运、故宫宝物南迁等一系列关乎国家民族大是大非问题上，更是不把中央政府放在眼里，双方矛盾加剧。日本人瞅准机会，借以操控宋哲元并不断向其施压，企图将其变成一个受日本人指挥的傀儡政权。日本外务省在《对华北新政权的方针》一文中，直呼冀察政务委员会为‘宋哲元政权’。对此，蒋介石曾对国民政府军政部长何应钦慨叹道：‘我们只能希望宋哲元等几个人听命令，并不能命令他们。’”〔《南渡北归·第一部·南渡》，岳南，湖南文艺出版社 2015 年出版，第 5—6 页〕

就是在此等军政繁杂、外逼内催的状态下，冀察政务委员会开始了运行。作为撰写、掌管各类文书并处理一切日常事务的秘书处工作人员，还珠公务之忙碌可想而知。而且除了公务之外，他还要每日不停地赶写那已经引起平津乃至华北市民高度关注的《蜀山剑侠传》和《青城十九侠》。尤其是迁居北平后，《新北平报》主人凌抚元催稿方便多了，但凡《青城十九侠》连载稿件稍有短缺，他便上门急催。此外，盛名之下，其他各报馆约稿者也是纷至沓来，还珠可谓疲于应对。

忙碌之下，还珠的身体再次出现问题。先是腹泻，随后便是发烧、打摆子，刚见好转的老毛病又犯了。好在北平曾是天子脚下，宫里走出的名医不少，民间悬壶者亦众，在看过几轮知名郎中后，病情很快便得到了控制。然而个体的疾病虽然能医，但国家此刻却已是沉疴难愈、病入膏肓了。华北沦陷的灾难，正一步步向人们逼近。用二十九军副军长兼北平市长秦德纯当时的话说，就是“日方使用武力侵略之企图，已成弯弓待发之势”。〔《七七卢沟桥事变经过》，秦德纯，载《七七事变——原国民党将领抗日战争亲历记》，中国文史出版社 1986 年出版，第 13—14 页〕

很快，这支待发的弯弓，便在 1937 年 7 月 7 日之夜，射出了磨砺已久浸满火药之箭：这天下午，秦德纯邀请北平教育文化界名流胡适、梅贻琦、傅斯年等二十余人至市政府大厅出席会议，报告平津局势。秦在讲话中称，当下北平乃至整个华北局势，如同一个巨大的火药筒点燃了引线，烟雾升腾，火星四溅，天崩地裂的时刻就要到来。胡适等群贤大儒闻此凶讯，无不惊骇。于是，会议在忧愤、激昂、悲壮、失望与希望，甚至激烈的争吵中，一直持续到夜间十点多钟方才散去。随后的事实让秦德纯不幸而言中，此次会议散罢不到两个钟头，巨大的火药筒便在北平郊外沉沉的墨色中轰然爆响了。〔详见《南渡北归·第一部·南渡》，岳南，湖南文艺出版社 2015 年出版，第 2 页〕

1937 年 7 月 7 日，这注定是一个被写入中国乃至世界反法西斯战争史的日子。是夜，早已占领北平市郊宛平城外的日本军队，以走失一名士兵为由，欲强行进入城内搜查。在遭到拒绝后，日军突然向驻守在卢沟桥龙王庙的中国守军发起进攻，继之炮轰宛平城。中国守军第二十九军冯治安师何基沣旅吉星文团奋起抵抗，震惊中外的“卢沟桥事变”爆发。日本军队蓄谋已久的先占领平津继而征服整个华北和中国的全面侵华战争，由此开始。同时，中国军民艰苦卓绝的全面抗战也随之展开。

事变当天，宋哲元正在山东乐陵老家为父修墓。当他得到秦德纯电报后，没有立即返平，只是给部下发出了“只许抵抗，不许出击”的命令。后在蒋介石的恩威并施下，方于四天后，秘密潜入天津，与三十八师师长兼天津市长张自忠密商对策，并随后与日方展开“谈判”。然而此时日军侵华方针已定，对于与宋等的“磋商”，实乃虚与委蛇，其真实目的是拖延时间好向平津增兵。7 月 25 日，日军完成了军事部署，随之便向平津之间的廊坊进攻，守军第二十九军将士奋起反击，双方伤亡惨重；26 日，日军增援部队赶到，守军将士抵挡不住，被迫撤出廊坊；27 日，守军收复廊坊，但终因寡不敌众，再次败出，至此廊坊失陷；28 日夜，宋哲元、秦德纯、冯治安等二十九军高级将领率部仓皇撤离北平，移节保定，留下张自忠接任冀察政务委员会委员长“独撑危局”；29 日，北平沦陷；30 日，天津陷落。对此，当时的媒体是这样报道的：

> 几个上级将领的和战不定，失陷了平津，但是廿九军兵士们的英勇精神是很可敬佩的，过去喜峰口战斗就是个事实，卢沟桥的固守，已使全国人民大众钦佩和深知。在宋哲元由津返平后，廿六日和平谈判完全绝望，松井向冀察当局提出通牒，华北战争便开始了。英勇的廿九军弟兄们接到抗战的命令，都兴奋得跳跃起来，抱着必死决心，奋勇杀敌，廿七日的炮声在北平四郊响起了，每个角落都是很激烈的，每个市民的心都被这炮声震得欣喜，几年来压抑的气息，终于痛快的吐出了。
>
> ……但终于因了日方拼命的挣扎，和廿几天的准备，用新式武器，新的战争方法，屠杀了有大刀而无组织的英勇的战斗弟兄！当日深夜，宋哲元因为部队受创过巨，和日方的威胁（据

说将要放毒瓦斯）被汉奸一头包围。各国领事的‘调停’——其实也是一种威胁，这样北平便变了颜色。军队在深夜里悄悄的退出了这个文化名城，宋、秦等据说也是很狼狈的随着军队走出的。

廿八日的夜里，这一个可纪念的可耻时候，是分成两个世界。十一时以前，还有清晰激烈的枪炮声；但十一时以后一切声音都停息了。两点多钟的时候，就有日方的唐克车在街头巡行了。这个时候可怜得很，街头只有警察在孤独的站立着，但无有子弹和枪械的佩戴。这时已不戒严，开始无有行人。这个夜，便是这样阴沉的死静的过去了。〔《北平沦陷的前前后后》，佚名，《早报》，出版日期不详。此文被收入阿英等著“战时小丛刊之四”《铁蹄下的平津》，战时出版社出版，第4—5页，此书未标出版年月，从书中内容推测，应出版于1937年底〕

这便是故都沦陷之夜。这一夜，身居北平的还珠和家人经历了什么，此前的二十余天他们又是怎样度过的，目前未见任何文字记载。但他在此“事变”之前，便因身体原因已在冀察政务委员会请假，“以病家居，杜门却扫，经卷药炉”〔详见1938年10月还珠在北平《实报》连载的《云海争奇记·前记》。此书1989年已被中国书店再版〕，则是事实。

已到“冀察政务委员会”就职的张自忠，因原委员已多星散，遂宣布将秦德纯、萧振瀛等八位委员除名，而另行任命张璧、潘毓桂、江朝宗等亲日派为委员，同时任命汉奸潘毓桂为北平市警察局长。“虽然表面上日军在八月八日以前并未入城，而事实屠夫潘毓桂已代替了日人执行了。各文化团体无形解散，各文化机关均已停止。各学校亦无人影，城郊虽无炮声，但北平已经成了一个死城，新闻纸比较好的几家封门了。记者被捕。一切，只有汉奸在活动，在市面上活跃，全市的人们在油锅里煎熬。”“文化人死的死了，逃的逃了，沉默的沉默了。我们的文化城就在这无言的抗议里面，被支配在日本帝国主义，和他的走狗们的血手下了。”〔《北平沦陷的前前后后》，佚名，《早报》，出版日期不详。此文被收入阿英等著“战时小丛刊之四”《铁蹄下的平津》，战时出版社出版，第6页，此书未标出版年月，从全书内容推测，应出版于1937年底〕

身处此等环境，作为患病的文化人，还珠身心之苦便可想而知了。此时的北平与天津的通信已经瘫痪，同样沦陷的津城内，《天风报》是否安在，他不得而知；而连载中的《蜀山剑侠传》续稿，也因邮路中断而无法寄达；局势下一步将向何方发展，他更是因信息失真而难以预测。因为此刻北平的"《东方快报》首先停刊，这小型报纸虽然消息并不'快'，但在这次抗战的表现上是非常尖锐的。其次是《华北日报》《北平新报》和英文《北平新闻》等。而在这期间曾被我们当局强迫停刊的汉奸报《新兴报》又在街头出现了，专门造谣，专门骗人"。尤其是停刊的"《华北日报》，党报也。负责人员首先逃亡。铅字机器，原封授之敌人。不数日，敌方之《华北日报》首先出版，言论最为荒谬，市民均不睬。……其余各报主笔或逃或匿，亦各代以倭狗汉奸。故北平之报纸名称如故，内容则千篇一律，除日本同盟社所发不通之汉文消息，则系卖国求荣之奴才言论。虽贩夫走卒，亦不屑一顾"。〔详见《故都沦陷前后杂记》，李辉英，《申报周刊》；《故都暂别记》，北向，《宇宙风》。两文出版日期不详，均被收入阿英等著"战时小丛刊之四"《铁蹄下的平津》，战时出版社出版，第2—3页、第25页，此书未标出版年月，从全书内容推测，应出版于1937年底〕

好在熬到8月5日，平津通车邮路恢复，直至此时还珠方知，天津沦陷伊始，日伪特务机关便对报纸进行了重新审查登记，《天风报》因新闻无特色又没有社论与言论，只是以小说连载和演艺界花边取悦读者，故而在停刊两日后得以涉险过关。这几日，支撑该报副刊版面的可读内容，便是继续连载了还珠剩稿《蜀山剑侠传》。还珠知悉这些消息后，立即应沙大风之嘱，快速寄出了此前已写就的此书续稿。

与此同时，随着北平戒严解除，停刊数日的《新北平报》也得以出版，其主人凌抚元在街上刚刚恢复人迹时，便匆匆跑到还珠家中索要《青城十九侠》的续稿。因为此时"北平各报，除若干已停止出版者之外，少数照常发行的，均已换上一批编辑者。其新闻的来源，仅华北驻屯军司令部情报处，及维持会宣传部之二途。每日所载的，都是些骇人听闻的消息、荒谬绝伦的记载与言论。若不是印着一纸的中国字，读之几令人怀疑着这种报纸，不是由中国人编的，而且也不是供中国人看的。这种报纸的推销，大部也都是靠警察们的挨户带吓带骗而做的"。故此，"销路均大减，篇幅也多缩小"。为扭转市民拒看新闻而造成的报纸滞销局面，各报便纷纷想方设法增加副刊的可读性。《新北平报》上连载的《青城十九侠》，本在战前就因“好看”而轰动，此刻更是成了“拯救”凌抚元及其报纸的“救星”。

然而当凌氏从还珠处拿到续稿，刚刚连载月余，便又遇到了新麻烦。“北平自为敌军盘踞，而由一般大汉奸、傀儡登场，组织了所谓地方维持会之后，立即改‘北平’为‘北京’。一切伪公牍公告之类，均冠以‘北京地方维持会’字样。”“该所谓地方维持会，更出示布告，自十月一日起，全城不准再用‘北平’二字，违者以‘通敌’论罪。所有一切文件契据等等，自十月一日，及其以后，所订立往来，若上有‘北平’二字，除论罪之外，该项文据，概作无效。”〔《如此北平》，仲某，《辛报》；《敌骑纵横下的故都》，佚名，《立报》。两报出版日期不详，文章均被收入阿英等著“战时小丛刊之四”《铁蹄下的平津》，战时出版社出版，第36、32、34页，此书未标出版年月，从书中内容推测，应出版于1937年底〕正是在此“维持会”和“布告”的逼压下，凌抚元不得不将《新北平报》易名为《新北京报》。而《青城十九侠》则成为报纸更名后最耀眼的招牌，作者在给沦陷中的市民带来些许阅读快感的同时，仍在皮里阳秋地抒发着他那“抗拒异族”的情绪。

在惴惴不安中连续为平津报纸赶写连载的还珠，由于精神高度紧张和注意力集中，反而觉得身体有所好转。当腹泻和打摆子刚刚停息，他便迫不及待地去供职处察看动静。然而他看到的，却是汉奸当道、日伪横行。此时的冀察政务委员会已经名存实亡，表面上看还是张自忠主政，但实际上却是日伪扶植的张璧、潘毓桂等附逆者在操纵。面对此番光景和国人的责骂，张自忠又气又悔，遂于8月18日宣布冀察政务委员会解散，他本人则乔装打扮秘入津门，乘船至青岛而后达济南，由山东省府主席韩复榘“陪同”，赶赴南京面见总裁。在得到蒋介石“安抚”后，他便重返抗日前线，最终战死疆场。

冀察政务委员会解散了，还珠既没有随军南下，也没在伪政权任职，而是无奈地留在了沦陷区北平。据他当年老同事唐鲁孙回忆：“抗战军事爆发，宋明轩移节保定，政委会财务处长张剑侯一再劝他（还珠）也随军内移。”但“他感觉家累甚重，携眷随军困难重重，一动不如一静，写写小说也可勉强糊口，所以他最后决定留滞京华，没有内移”〔《我所认识的还珠楼主》，唐鲁孙，见1982年6月20日台湾《民生报》副刊。引自山西人民出版社、北岳文艺出版社出版的《还珠楼主小说全集》第46卷，1998年出版，第377页〕。

还珠之所以“感觉家累甚重”，是因为其妻孙经洵此刻刚刚产婴完毕。这一年的4月，在长子四岁、长女刚刚两岁之际，他迎来了次女李观贤，也就是后来被他写入小说中的“李琼儿”。夫妻俩拖带着三个年幼的孩子和一个女佣，在已完全陷入日寇魔掌的北平度日，“家累甚重”可谓事实。好在此时他的小说在平津地区很火，收入也还可观。

天津《天风报》在经过日伪两轮审查后，不但此刻已“轰动”的《蜀山剑侠传》被准以继续连载，而且该报还被破例允许进入北平销售，因为“其他各地的报纸，已在平绝迹”，北平只允许“伪国各地，及天津来的报纸”售卖〔《如此北平》，仲某，《辛报》，出版日期不详，此文被收入阿英等著“战时小丛刊之四”《铁蹄下的平津》战时出版社出版，第36页，该书未标出版年月，从书中内容推测，应出版于1937年底〕；而在北平，《新北京报》上的《青城十九侠》已经脍炙人口、满城皆知。这两部书连载的轰动，以及《新北京报》和《天风报》借此出现的畅销，在让还珠稿酬水涨船高的同时，也引起了一个人的注意，他便是北平《实报》主人管翼贤。

管氏1899年出生于湖北蕲春，早年留学日本，归国后因担任天津《益世报》驻京记者及神州通讯社记者，而成为当时旧京新闻界活跃人物。1928年10月4日，其在北京创办《实报》。“小实报是半个世纪以前风行一时的北京小报，本名《实报》，是四开小型，不是对开大张，读者爱其短小精悍，习惯以‘小实报’呼之。实则报名本无‘小’字，报头用碑刻拓本集成的黑地阴文，‘实报’两字固赫然在目，老北京对《实报》并不陌生。”其报馆在宣武门外大街“北头路西”，与连载还珠《青城十九侠》的新北平报馆遥遥相对。报纸“用小五号铅字排印，开张虽小，内容尚丰，副刊尤为出色”。〔《京华报馆忆宣南》，石继昌，载《春明旧事》，北京出版社1996年出版，第211—213页〕由于该报读者定位明确，主要以下层民众为对象，并采取“小报大办”方针，故而颇受读者欢迎，发行量逐年增高。1931年“九一八”事变当晚，管翼贤接到东北电话报料，翌日一早便将消息抢在各报之前发出，同时还在报上开展了为抗日捐物活动。此举不但受到民众嘉许，而且还使报纸发行量超过14万份，成为“华北各报发行之首”。

然而北平陷落后，为追回被人强占的《实报》资产，管翼贤竟投靠日军报道部，并逐渐沦为文化汉奸。据当年《国闻周报》报道："《实报》，是北平一个销行最广的小型报，社长是管翼贤。事变后就一反原来的口气，和每日发表一些与时局不关痛痒的社评。这也就可以反映出，在敌人摧残之下，新闻界苟延残喘之一面。"〔《平津失陷后的新闻界》，莫青，《国闻周报》，出版日期不详。此文被收入阿英等著"战时小丛刊之四"《铁蹄下的平津》，战时出版社出版，第 97 页，该书未标出版年月，从书中内容推测，应出版于 1937 年底〕为了让"苟延残喘"的《实报》"起死回生"，管翼贤可谓动了一番脑筋。他发现，时下在北京销量最好的报纸，是平津两地出版的《新北京报》和《天风报》；而这两份报纸之所以畅销，不是因为新闻，而是仰赖于一位名叫"还珠楼主"所撰的武侠小说。于是他便找到《新北京报》主人凌抚元，托其向还珠约写武侠小说。

虽然凌抚元从心里不愿让还珠在《实报》上与自己唱对台戏，但慑于管氏的靠山和气焰，只得违心去办。然而他却碰了壁，身经战乱且病体刚见好转的还珠，称此刻只想将《蜀山剑侠传》与《青城十九侠》的"故事"编好，其他暂不欲考虑。志在必得的管翼贤闻讯后并未善罢甘休，而是在凌抚元的陪伴下亲自来到还珠家中，威胁利诱齐上，最终逼得"写写小说也可勉强糊口"的还珠动了心，答应再写一部长篇。

就这样，在"家累甚重"和报业"强人"的双重逼迫下，还珠开始了其第五部长篇武侠小说的撰写。此书便是在其一生所撰武侠小说中，与《蜀山剑侠传》和《青城十九侠》并称"三甲"的《云海争奇记》。由于此时还珠已决定在沦陷期间绝不出任伪职，只想以写小说来维持一家温饱，故他对这部新开的说部格外用心，处处以眼下已轰动的"蜀山"与"青城"为标尺，力争写得出新出奇，这也正是他将这部新作定名为《云海争奇记》之原因。

第三节　“十九侠”大闹红氍毹　陆小曼来函述仰慕

1938年一开年，还珠便遇到了伤心事。刚刚过完三岁生日的长女李观芳，因突染传染病而夭亡。身遭沦陷又逢此不幸，还珠的心情坏到了极点。从腊月到整个春节，他与妻子孙经洵一直沉浸在失女的悲痛中，唯一让他们得到舒缓的，是出生不足一岁的次女李观贤那时常出现的天真笑脸。两个女儿的一得一失，直接影响到还珠的笔端。

近年有学者指出：在《蜀山剑侠传》中，“谢氏二女是李寿民写得最美丽、最纯真的一对女孩；她们‘洒泪破情关’的故事是《蜀山》书中最为凄美、动人的故事之一”。而且“可知收入以上故事的《蜀山》第20集（单行本）出版发行于1939年6月；而李寿民的长女李观芳，即夭折于1938年1月；次女李观贤（琼儿）则出生于1937年4月。由此可知，作者描绘谢氏二女的笔墨之中，浸润、寄托着对夭折的长女和才出生的次女极其浓厚的爱怜之情。作者又特别交代：小寒山女尼（即‘忍大师’）俗家姓‘孙’，因此这一形象显然又是孙经洵夫人的‘代入’，所以上述故事同时也是对于现实中这位痛失爱女的母亲的深情慰藉”〔《修仙者的爱——〈蜀山剑侠传〉里的“情孽”》，徐斯年，《苏州教育学院学报》2020年第3期，2020年6月出版，第13—14页〕。

由此可见，现实的不幸已被性情中人还珠代入了作品。好在这一时期他笔累甚重，除了要为平津两报续撰《蜀山剑侠传》与《青城十九侠》外，他还要为管翼贤的《实报》赶写《云海争奇记》。因为按照协议，《云海争奇记》将在当年10月于《实报》开始连载。三部超级大长篇同时写作，不但情节、人物各不相同，而且还要让三部书同时出彩，互相竞争，还珠可谓已身陷其中不能自拔。

此外，他还有两部已经写就并连载过的长篇武侠小说，急需整理出版单行本：其一便是那部40万字的“入世”武侠《蛮荒侠隐》，该书虽已完稿，但也仅是由天津文岚簃印书局出版了前三集，4、5两集目前尚在零乱中；其二则是在签订《青城十九侠》单行本出版合同时，他已预先拿到稿酬但彼时“尚在腹中”的那部“捎带”的《边塞英雄谱》。此书虽然经过连载，但至今仍未完篇。而此刻已将“天津文岚簃印书局”易名为“天津励力印书局”的刘汇臣，对这两部书催得亦是甚紧。也正因此，失女的痛楚便逐渐地被既烧脑又繁重的笔累所替代。何况就在此时，他还要分出精力，三天两头儿地往椿树胡同尚小云府上跑，去帮助把兄弟筹建荣春社科班。

说起组建荣春社，这也是尚小云一个无奈的侠义之举。北平沦陷后，原先在此的很多京剧科班均已无法维持，如富连成、中华戏校、志兴成、文林社、长庆社、常升社等，或已解体，或正裁减人员，很多带艺的梨园子弟此时便纷纷投到尚小云门下。看到这些孩子既可爱又可怜，尚小云就来者不拒，尽量在自己的班社安排演出。结果不但人数越聚越多，而且孩子们技艺的参差也直接影响到演出效果。于是，尚小云有了组建正规科班荣春社、既跑江湖又授艺的想法。

当有一晚他与还珠说起此事，还珠除了表示完全赞同此义举外，还慨然允诺，再为他新写几个剧本，以供荣春社亮相时“打炮儿”所用。

就在这个夜晚，在尚宅那间到处摆放着翠瓶玉磬、晶盘珣鼎的“芳信斋”中，尚小云与还珠这两位困顿风尘的老友，做了彻夜长聊。他们聊到了在天津的一见如故，聊到了编创新戏上的相见恨晚，聊到了肝胆相照时的义结金兰，聊到了沦陷前后的不同际遇。当然，聊得最多也最兴奋的，还是此刻仍被故都人们所津津乐道的京剧《青城十九侠》的成功首演——

那是在1936年的年底，经过近半年的紧张排练，还珠亲自操刀的京剧《青城十九侠》，即将由尚小云领衔在能容纳千人的北平华乐戏院首演了。查阅当年演出海报可知，除尚本人亲饰侠女吕灵姑、花脸名宿范宝亭饰演吕伟外，菊坛新秀袁世海和张云溪分别扮演毛霸和雷迅。然而就在万事皆备之际，却发生了意外。尚小云与负责呈报该剧审查的华乐戏院老板万子和，因演出时间上的争议谈崩了，尚小云一气之下要改台口。而且就冲着万子和的一句：“您不在我这儿演，您上哪儿演去呀？哪儿还能找出像我这样的上千个座位的戏园子呀！”尚小云便毅然决定，将此剧的首演剧场定在当时北平唯一能容纳三千观众但却名声不佳的第一舞台。

地处前门外西珠市口柳树井街路北的第一舞台，是民国元年由巨绅孙学士与京剧武生泰斗杨小楼、名旦姚佩秋等集资兴建的。其格局是京城第一家仿上海新式剧院建造的现代化剧场，楼下全部是池座，楼上有花楼、包厢，舞台上设有转台和机关布景，这在当年是极为时髦的超大演出场所。然而此三千人的大剧场建成之后，却很难叫座。当时有人将其归结为剧场建在火神庙旧址上，风水不好。

因为1914年5月12日剧场甫一开业，就遇到不吉之灾。虽然当日戏码和角儿都安排得硬硬邦邦，日场所演十出戏中，有龚云甫的《目连救母》、王又宸的《黄金台》等；晚场的七出戏则是王瑶卿、路三宝的《樊江关》，朱幼芬、王凤卿的《朱砂痣》等，可谓大腕齐聚，观者云集。可戏没演完，就因剧场餐厅起火而散场。后来谭鑫培、余叔岩、梅兰芳、尚小云、荀慧生、孟小冬、小翠花、言菊朋等，也都在此演出，但开张不到半年，又发生了雷雨天电死人事件。此后又多次遭遇火灾，尤其是1937年11月28日夜，尚小云在此演完还珠编剧的《九曲黄河阵》后，由于剧场伙计在后台烧香祭祀火神爷时，犯瞌睡而失火，更是将舞台和演出设备全部烧毁。剧场修复后虽照常使用，但经此大劫，除了大腕的联袂公益演出外，已没有一个名角敢独自挑梁来此商演。

如今，尚小云不但不以此前的火灾为教训，反而还以个人名义挂牌首演机关布景连台本新戏《青城十九侠》，而且所配的四梁八柱及班底，还多是些刚出科的小字辈，此举实乃“铤而走险”。不但同行和观众感到不可思议，就是编剧还珠也因为心里没底而捏着一把冷汗。

但尚小云毕竟是尚小云，他除了不信邪，敢在“火神”肆虐的舞台上创新出奇外，在新戏的宣传策划上，也是颇能标新立异、独辟蹊径。

首先，他不惜拿出钱财将第一舞台内外油饰一新，并在剧场门前竖起巨型广告，广告牌上悬挂着各色霓虹彩灯，营造出五彩缤纷、光怪陆离的效果。再看广告牌上的宣传词也是透着火爆——“惊人的消息！”“霹雳一声，年只一演！”演的什么？“新戏《青城十九侠》！”并且曝出“尚小云出巨资聘请著名武侠小说作家还珠楼主亲撰剧本”“明清剑侠轶闻奇情慈孝奥妙无穷”的内幕。与此同时，尚小云还学习商业广告的做法，制成五颜六色小纸旗，上面写满《青城十九侠》的戏名，然后将其穿成串儿，悬挂在剧场的方前左右，甚至在前门外的大街小巷，也是纵横交错地高高飘扬。于是，尚小云即将在第一舞台上演新戏的消息、正在报上连载的《青城十九侠》已被原作者还珠楼主为尚小云改成新戏的新闻，便一传十、十传百地宣传开了。戏没上演，“惊人的消息”早已轰动九城。

尚小云主演还珠编写的京剧《青城十九侠》

尚小云主演京剧《青城十九侠》剧照

其次，尚小云在戏票价码上也动了脑筋。剧场外广告牌上，“票价平民化”五个彩色电光大字格外醒目。当时看尚小云的戏，往往戏票需要一块多钱，现在则票价减半，只卖六毛。这个亲民的举措着实吸引了戏迷，多年不遇呀！于是，不光是城里的观众闻风而至，就是城外郊县的百姓也是纷至沓来。结果不但首演当日剧场客满，而且往后多日甚至数月，仍是一票难求。

然而，如此火爆的场景，却随着北平沦陷而消失。

忆念至此，尚小云抬头看着窗外阴霾的夜空，眼含热泪地对还珠说，事变爆发的三个月前，自己还和程砚秋为二十九军军长宋哲元等演出《青城十九侠》和《弓砚缘》，当时观众席中还有副军长佟麟阁及师长赵登禹。

而如今，他们二人却已双双战死沙场，阴阳两隔。还珠闻此，也是泪盈双目，慨叹不已。

天将破晓时，二人终于结束了这次“彻夜长谈”，并言定，尚小云尽快组建荣春社，还珠则回去抓紧赶写剧本。

1938 年 3 月 16 日，尚小云用变卖一处房产所筹措的资金，于北平中和戏院创立了荣春社科班。时年三十八岁的他亲任董事长，同时聘任赵砚奎担任社长。因班社主要以学员为主演，故排演新戏颇多。据史料记载，从当年 4 月开始，荣春社便先后上演了还珠或新编或整理的《九曲黄河阵》《九阳钟》《北国佳人》《一粒金丹》《十龙探海岛》《五鬼一条龙》《太平天国》《娥皇女英》《目莲僧救母》《大舜耕日》《催猛》《乾坤福寿镜》等剧目。此外，还珠还将自己的武侠成名作《蜀山剑侠传》及《蛮荒侠隐》献出，允许他人改编后，供荣春社上演。

时间在忙碌中飞快流逝，转眼到了这一年 6 月。还珠的《边塞英雄谱》已被刘汇臣的天津励力印书局推出了单行本，全书一集五回九万字，未完，几年后还珠续撰《天山飞侠》（后改名《冷魂峪》）与之衔接。两个月后的 8 月 31 日，当《蜀山剑侠传》连载到 2818 期时，天津《天风报》在日伪特务机关的又一次审查中，被迫停刊。好在报馆主人沙大风急中生智，在第一时间便跑到北平，求助《一四七画报》社经理朱复初，由朱出面向驻津日军报道部部长山家少佐疏通斡旋。五天后（9 月 5 日），报纸以刊登日方图片并易名《天风画报》为条件，获得照常配给印报用纸，得以继续出版。而《蜀山剑侠传》的连载，亦因此而继续。

进入10 月份，还珠上半年的紧张笔耕有了更大收成。首先是《蜀山剑侠传》第19 集、《蛮荒侠隐》第4 集、《青城十九侠》第7 集，分别由天津励力印书局出版了单行本。随后便是其投入巨大心血的新撰武侠小说《云海争奇记》，开始在北平《实报》上连载。他在刊出首日的“前引”中，首先对此书写作缘起，做了如下交代：

仆自客岁（1937 年），以病家居，杜门却扫，经卷药炉，自安禅悦。匪惟无心世事，即笔墨生涯亦拟抛弃。顾以《新北京》《天风》两报主者，均为多年朋友，拙著《蜀山》《青城》

两小说，同未完卷，欲罢不能，延至今迩。仆既病且懒，初意此二报而外，不复肆为笔孽，再有写作矣。上月《实报》主人以某君之介，嘱撰小说，以跻栏尾。辞不获允，迄未报命。顷又一再敦迫，词意殷勤，若欲必得。勉草斯篇，用图塞责。窃思武侠小说久成滥觞，仆更伧荒，何当俊赏？明知巴里之言，难为《实报》增重，第幼随宦辙，性适嬉游，长更旅食四方，频年流转，足迹所经，实半国内，兹者志事弗应，意复慵散，未了中年，几类枯僧，独于山水癖嗜，结习难忘，登临莫遂，犹存遐想，每当风雨晦明，烟晨月夕，辄复坐温旧梦，神往竟日，以是道里山川，时萦胸臆，每借小说，寄其幽情，虽笔致庸凡，学殖未逮，不足以状丘壑林泉烟云变态之奇；然景因实践，记类写真，篇中道里山川之所由涉，风土人情之所由履，以及草木鸟兽虫鱼之微，多半闻见身经，非尽向壁虚构也。行李孔艰，蜡屐何从，以供同嗜，其视此为卧游之资乎？

随后，他便讲出了此书写作情怀和故事出处：

江南为吾国文物富庶之邦，而两浙山水之秀丽，又复由于东南诸省江山毓秀，人才辈出，岩壑幽栖，尽多奇士。惟以此辈英男侠女，大都遁迹林泉，神游物外，襟怀淡泊，性慕冲虚，即有任侠尚义之行，亦多是我行我素，不喜世知。乡里老儒，标榜性理之学，偶涉奇迹，便认为怪力乱神之言，子所不语，志怪谈鬼之人，大都坎凛终身，我何人斯，敢犯时忌！偶有闻见，往往掩耳疾走，若将浼焉，匪惟不敢言，且亦不敢闻，笔之于书，更无论矣；其身受者，又多无告穷黎、寡识编氓，以故敢言者不能传，能传者不敢言，豪情胜事，只在民间，终不达于士大夫之耳目。文人笔记间有载列，亦以忌避孔多，语焉弗尽。冠带之人尚且谓其非情，譬之寓言，甚或目为邪说，多所诟病。岁年淹没，于是乎其传者寡矣。作者漫游四方，喜闻异事，登临之顷，每就山僧野道、村老逸民，促坐清谈，询以所知，而于游侠迹事尤多向往，廿年尘迹，闻见殊多。本篇所纪白岳十四侠士，即昔年江南之旧闻也。本书结局虽在黄山，而诸侠事迹都散在江、浙一带。这里先从浙江省金华府永康县，一个姓虞的开始写起。〔《云海争奇记》，还珠楼主，中国书店 1989 年 12 月出版，第 1—2 页〕

全书便是在这种“欲罢不能”“辞不获允”的“卖弄”中，开始了对“昔年江南之旧闻”的娓娓道来。书叙浙江省金华府永康县富户虞舜民因婚后久无子嗣，遂携妻顺江而下觅妾求子。途中偶遇隐姓埋名之苏半瓢等侠客，遂结为友人。苏因识破贼党暗记助虞氏夫妇脱险而遭群贼围攻，并被贼人邀来的江湖高手侯绍误伤致死。弥留之际，他将养女兰珍许与舜民为妾。侯绍本为苏之老友，他因误伤朋友悔恨不已，便暗中保护舜民夫妇及兰珍安抵故里。舜民之兄尧民在福建为官，因得罪督抚被人陷害，遂告老还乡。岂料途中多次遭闽抚所派歹人行刺，幸得隐身保护的侠客司空晓星及师侄黑摩勒所救。舜民、尧民兄弟刚刚团聚，兰珍便祸事上身。她随身携带的武林至宝，遭到绿林中人铁扇子等多次窃夺，但均被侯绍、司空晓星等侠客所救。恰在此时，一场恶斗已经降临。女丐村首领花四姑为人刁狠，勾结广派丐帮及左道群邪，摆下擂台，借与浙派丐帮比武之名，欲向正教群仙复仇。司空晓星、黑摩勒及天山飞侠马玄子等，力助浙派丐帮多次潜入女丐村打探虚实。比武之日，双方登场恶斗。司空晓星、黑摩勒、马玄子等大显身手，最后由丐帮祖师出面清理门户。此时左道群邪中的高手已遁往黄山，于是司空晓星、黑摩勒等众侠客寻迹追赶，一场正邪较量随即展开……

全书共 24 回，字数高达百万言，时断时续写了近十年而未终。1949 年还珠续作《兵书峡》24 回 61 万字，仍未完篇。后因时代变迁，此一正续全书终成“烂尾”之作。

与“蜀山”“青城”相比，虽然《云海争奇记》情节相对简单，但因其为还珠“入世武侠”中最成功也最具代表性之作，故而颇受研究者青睐。如有学者便认为：“还珠楼主的作品以《蜀山剑侠传》名气最大，但论起全书的文学水准来，却是以本书——《云海争奇记》为第一。”“在 20

世纪三四十年代的几百部武侠小说中，论及情节丰富、结构紧凑、人物生动、虚实相生等几方面的均衡，当以这部作品列于榜首。”此外，经过“粗略统计，《云海争奇记》及续书《兵书峡》共计写了二十个孤儿，这种情况实属罕见”。“还珠楼主创作中的这种‘孤儿情结’明显地影响到了金庸。金庸的十五部作品，大半以孤儿为主角。”〔《云海争奇之儿女恩仇记》导读《恩仇肝胆——还珠系列中最耀眼的明珠》，陈洪，南开大学出版社 2019 年 6 月出版，第 1、10、5、6 页〕

还珠专家周清霖则称此书“可视为（还珠）全部‘入世武侠’小说的主体”。〔《还珠楼主的“入世武侠”小说》，周清霖，《侠与中国文化》，台湾学生书局 1993 年印行，第 513 页〕

作家倪匡对此书更是迭加赞赏：“就武侠小说本身而论，《蜀山》也不是还珠全部作品中的精品。”“精品却是还珠楼主的一部《云海争奇记》。”〔《天下第一奇书》，倪匡，（香港）《武侠春秋》月刊 1969 年 12 月创刊号。转录自《还珠楼主小说全集》第 46 卷，山西人民出版社、北岳文艺出版社 1998 年 9 月出版，第 470 页〕“《云海争奇记》是正宗的武侠小说，主角和近年来流行的武侠小说并无二致，是人而不是半神或神仙。虽然到最后，又走上了‘神仙’的路子，但所占地位极少。”“《云》，写了十一本，并未写完，有续集，叫《兵书峡》。《云》的优点，一到《兵》，已消失无踪，因为《兵》全部走上了‘剑侠’的路子。”“《云》中的几个武林高手，其造型、性格、武功甚至姓名之特出，早已成为武侠小说的典范，其中大段写丐帮的斗争，更是全书精华，精彩绝伦。”“《云》是极其精彩、出色的武侠小说，几乎在武侠小说大部分作者之中，也承认这是一部武侠小说的经典之作的地位。”〔《写在前面》，倪匡，《倪匡增删、标点、评注〈云海争奇记〉》，（台湾）远景出版事业公司 1981 年出版，第 1 页〕

按照倪匡说法，此书之所以被称为“正宗的武侠小说”，是因为书中主角“是人而不是半神或神仙”。其实，即使是书中被倪匡贬损的“神仙”路子，还珠也写得精彩纷呈。对此，早在该书连载不久，便有署名羽生者云：“几年前，他（还珠）曾为北平某报写一篇连载小说，题目叫做《云海争奇记》，我不晓得后来是否也有单行本。他在那部小说里面，也许为了‘争奇’的缘故，构想出不少奇禽异兽，一条蜈蚣可以有头二三等混合列车那么长，翻一翻身也许就可以闪电交作，那种‘神来之笔’真比看《山海经》有趣。”〔《还珠楼主像袁世凯》，羽生，上海《大地》周刊 1946 年第 21 期〕

因为有了《新北京报》上的成功连载和尚小云的新奇主演，《青城十九侠》在沦陷的北平已闹得家喻户晓、轰轰烈烈，再加上连载《蜀山剑侠传》的天津《天风报》这时也在北平大行其道，故而还珠的大名在故都已是街谈巷议名噪一时。正是凭藉着“还珠楼主”这一金字招牌，《云海争奇记》甫一亮相，便迅即风靡京华，由此也使得管翼贤经营的《实报》发行量扶摇直上，很快便与连载《青城十九侠》的《新北京报》挨肩。据当年亲历北平沦陷的燕京大学国文系主任于力（董鲁安）1942年在解放区回忆，两年前的北平，“小型报纸现在是以《实报》、《新北京报》两种，销行区域极广”〔《人鬼杂居的北平市》，于力，群众出版社1984年3月出版，第10页〕。而个中原因，则是因为这两张报纸上，正连载着还珠的《云海争奇记》与《青城十九侠》。

与几家报纸上还珠小说连载相辉映，此时尚小云领衔的机关布景连台本大戏《青城十九侠》，再次在北平的京剧舞台上放出异彩。据当年媒体报道：“前年尚小云开排《黄河阵》和《青城十九侠》时，就引用了不少海派切末和行头，不过，究竟因为班中大多数人都是地道北平的缘故，所以场子穿插开打趟子等，倒还都是本着京朝派的一贯的路子的。”“不幸自事变以来，戏行大受其累，戏界在紧缩之余，必须想个办法来振兴营业，于是‘海派化’尚矣。”〔《北平旧戏海化的趋势》，《十日戏剧》1938年第1卷第36期〕而在这次勃兴的“海派化”中，真正能够“振兴营业”的剧目，则非重新加工完善的《青城十九侠》莫属。该剧之所以能够“逢演必爆”“大卖满堂”，除了仰仗编剧还珠的生花妙笔和尚小云的精湛演技外，更重要的原因则是它在舞台上的出新出奇。

核查1936年初送交北平社会局审查的剧本可以发现，此剧共有23场，是一个典型的机关布景连台本大戏。而到了是年底被正式搬上舞台时，此剧已改成了按“幕”出演，全剧共分14幕，每一幕均标有名称。与当初送审本相比，演出本主要是在第二幕“红裳侠女独门斗灵猿，七首真人飞行越绝岭”中，增加了侠女“吕灵姑”勇斗真“灵猿”的情节。这种真猴上台与名伶共舞的噱头，可谓吊足了观众胃口。再加上天光幕布和旋转多变的场景，遂造成该幕每每开演，便掌声、惊叹声和叫好声响成一片的火爆。以至于有一次尚小云由于情绪高昂，竟出现了演出意外——“尚小云演《青城十九侠》于新新，剧中有小猴一群，系借自荣春社，尚有提猴一幕，不料用手提猴尾，用力过猛，将猴尾揪掉，此小猴乃成一光屁股矣。台下为之莞然。”〔《趣事：尚小云演〈青城十九侠〉于新新》，阙名，北平《立言画刊》总第86期，1940年出版，第26页〕

虽然京剧《青城十九侠》凭借着“海派切末和行头”，已唱红了京华舞台，但当年人们对荣春社的这种“海派化”，也出现了反对之声。如当时便有评论认为：“尚小云的荣春社新科班又出现，根本的不排老戏，专卖弄‘夸张’，上龙套上下手讲究上四堂八堂，一个摆队相迎的过场就七八分钟。又因为全班小孩子，不能在技艺上叫真儿，于是必须在技艺之外取巧，这就深得海派之精神了。尚小云曾说过‘不排海派戏，这些小孩子吃什么’！这也难怪，不为艺术而艺术，是为挣钱而艺术！谁叫海派戏确比《四郎探母》《六月雪》叫座呢。”〔《北平旧戏海化的趋势》，《十日戏剧》1938年第1卷第36期〕

这显然是老观众的保守声音，其对京剧的创新尤其是荣春社接受了“外江派”亦即“海派”影响后的创新，显然心怀不满。但尚小云却不为所动，因为他已经认识到，“现在的年口，要想拿玩意儿卖钱，不比先前容易了。倘使不拼命挣扎，向前迈进，真有不能生存的危险。”〔《奋发图强中之尚小云》，梅花馆主，《半月戏剧》1937年第1期，第17—18页〕对于尚小云的“执迷不悟”，保守派愈加恼怒，于是他们便把矛头直接指向了尚和他的新戏：

> 查尚小云已四十余岁，其演戏年龄，当不止有三十年之过程。《摩登伽女》及《青城十九侠》等一类神怪不经之戏，皆为近年新排者，岂前此廿余年中，一百余出老戏内，无一为其拿手者欤？……但以愚外行人来观察，觉其诸老戏，如《探母》《雷峰塔》《御碑亭》《二进宫》等戏，不敢说独步一时，也可以说能垂范后昆，不以此等戏谓为拿手，而以时装异服、机关布景两出荒诞不伦之新戏，谓为绝活，其真不知尚小云也耶？〔《尚小云以武戏最为拿手》，许稺良，《十日戏剧》1939年第22期，第1页〕

一出创新的京剧《青城十九侠》，在故都闹得沸沸扬扬，甚至掀起了一场“京朝派”与“外江派”（“海派”）孰是孰非的大争论，这实在出乎编剧还珠的预料。但让还珠更未预料到的是，或许是这场由京剧《青城十九侠》引发的争论已波及沪上，也许小说《青城十九侠》单行本已流入申城，此刻，还珠的大名和他的《青城十九侠》，已引起了海上一位声名显赫之名媛的关注。此人便是与国民政府陆军中将王赓离异后嫁给著名诗人徐志摩，如今因徐殁于空难而与帝王业师翁同龢之孙翁瑞午同居的陆小曼。

风华绝代的陆小曼

陆小曼小还珠一岁，1903年出生于江南名门，自幼天生丽质，资性聪慧。年稍长便习钢琴，懂音律，谙昆曲，嗜皮黄，擅绘画，精外语，有深厚的古文功底并写得一手好文章。十八岁就被外交部请去担任口语翻译。三年的外交生涯，奠定了她风华绝代的名媛地位。胡适赞美她“是一道不可不看的风景”，郁达夫评价她是“震动20世纪20年代中国文艺界的普罗米修斯”，刘海粟则称赞她的“旧诗清新俏丽，文章蕴藉婉约，绘画颇见宋人院本的常规，是一代才女，旷世佳人”。此后的几番情场“故事”，更是让她香艳南北、名满天下。褒者称其为“名媛”，贬者名之曰“交际花”。然而就是这样一位“绝代佳人”，在芳华已过即将进入“不惑”之际，却突然在摩登上海倾慕起了身在故都的还珠。

1939年4月1日，由天津《天风报》改名的《天风画报》，再次易名为《新天津画报》。翌年10月15日，该报头版登出斑翁的一篇涉及北平还珠与上海陆小曼的文章，吸足了人们的眼球。据这篇名为《陆小曼的妙语——寄给还珠楼主的两封信》的文章披露：

> 久违雅教的徐志摩夫人陆小曼女士，最近忽有两封写给武侠小说名家还珠楼主的长信，在北京的某报上发表出来，引起许多读者的注意。
>
> 这两封信的内容都是竭力赞扬还珠楼主的武侠小说《青城

十九侠》，她说：“平生还没有见着像您这样的一只神笔”（笔以只论，颇有别致），又说：“大才实令我万分钦佩。志摩在日，每恨不能写小说，散文写得甚为美丽，一写小说，终不能满意，我也觉其然。当日若能见先生之大笔，一定喜极狂跳，因吾二人均爱才若命”云云。可见她对于还珠楼主的小说，真实万分倾倒了。信末还有两句极妙的话，是“回信请寄上海某某坊某某号徐公馆，徐志摩夫人陆小曼女士就是我”。

这“就是我”三字真是惊人之笔，也是神来之笔。我想还珠楼主看到这里，也会觉得眼前一亮，心头一跳的。

一个曾经风华绝代如今已然徐娘半老的风韵犹存佳人，突然倾慕起一个虽然满腹经纶但却其貌不扬、老气横秋的章回小说作家，这不能不让好奇的人们产生丝丝“花边”联想。很快，有好事者找到了“北京的某报”，即正在连载还珠《青城十九侠》的《新北京报》；而且也在该报上找到了这“两封写给武侠小说名家还珠楼主的长信”。在这篇早于《新天津画报》“曝料”前四天，亦即1940年10月11日《新北京报》头版所刊文章上，先是登有标题为《眼前放出异彩，叹为一只神笔》的导语：

中国名诗人徐志摩逝世后，其夫人陆小曼女士，即寓居沪滨，数年以来，很少人知道她的芳踪。原来她蛰居沪上，近年以学画自娱，并且编辑徐志摩全集，已经快要出版了。她在上海已成了一位女画家，而且是一个武侠小说迷。最近，她寄给本报转交本报《青城十九侠》著者文学家还珠楼主李寿民先生的信，说她最爱读武侠小说，对于李先生的大作《青城十九侠》《蜀山剑侠传》等崇拜极了。现在把她致李先生的两封信，照登于次，藉知其近况。

导语之后，便是陆小曼写给还珠的第一封信：

还珠楼主先生：

我是一个武侠小说迷，海上的武侠小说没有一部没有看过，自从见到您的《青城十九侠》等等，我才觉得眼前放出一种异样光彩，我敢说我平生还没有见着像您这样一只神笔呢！白话写得像您这样的美丽活泼，还真少见呢！古今的名小说我也不知看了多少，像您这样的文字，能使我如此的钦佩，我自己都难得感觉着的，可是最使我难堪的就是看了前几本以后就买不到了，各书局都问过，也曾出过重价，还是买不全，所以我忍不住给您去信。请您告诉我，如果我寄钱给您，您能给我将您所有的著作都给我寄来么？一个不相识的人来这样的麻烦您，一定要使您不高兴，可是您只能怪您自己为什么写出那样好的小说来，才找出这意外的麻烦。我是一个最懒于动笔的人，同时也是最难得崇拜别人的文字的，我今天竟肯突然去信给一个不相识的人，也是平生第一次，可见先生的文字动人了。请您快给我一个回信，并请告诉我您的真名。陆小曼敬上。

回信请寄上海法界福煦路福煦坊卅五号徐公馆，徐志摩夫人陆小曼女士就是我。

紧随第一封信刊出的，是第二封，其内容为：

寿民先生夫人同鉴：

蒙赐回书已觉万幸，再赐大作，真使我何以为情，然盛意殷殷，又不便过却，奈何，奈何。思之再三，意欲书一小张或扇面，也可送与贤伉俪作为纪念，不知意下如何？曼学画数载，虽不能言精，然颇蒙社会之赞许，但粗拙之作，不知能入大家之目否？他年贤夫妇如能南来定当扫阶以待。曼数年来闭门谢客，每日与我为伴者惟书与小说耳，自阅先生大作以后，其他武侠小说已觉不堪入目，近在病中每思及青城中之隐居深岩与山川草木为友的几个老人，真使我神往，虽明知其为空中楼阁，然作者如无其意，岂能写得如此活跃，即此可见先生之胸襟矣。贤夫妇之韵事著作，不知何日印好，此书写来定能别有风味，又可一饱眼福矣。曼他日也思将志摩一生之事，及曼幼年遭遇之不幸，写成一书，一洗社会对我等所有误解之处，但自恨无才，笔不达意，不能尽吾之思，又加年来多病，精神日废，但等志摩全集印出，此书即为其中之一，共十大本，现在商务印书馆印，若不因我病，则早已出版矣，他日定当赠阅，还望先生指导，因大才实令我万分钦佩耳。志摩在日，每恨不能写小说，散文写得甚为美丽，一写小说，终不能满意，吾也觉其然，当日如能见先生之大笔，必定喜极狂跳，因吾二人均爱才若命，每见一奇才，即相对讨论，即至深夜也不觉其倦，惜乎天不容人，一至于此，夫复何言！匆匆复此，病后无力，草草不堪入目，望勿见笑。书如寄出，请赐一佳音，以感渴望。

即颂内安。

陆小曼上。

虽然两封信均未注明书写时间，但从刊出之日可以推断，应该是相继写于1940年9月、10月间，而且两信之间还应穿插一封还珠写给陆小曼的回信。尽管这封回信我们已不可寓目，然而通过陆小曼这前后两信，还是可以得到此中很多“隐情”。

如果说第一封信在表述“最难得崇拜别人的文字的”“徐志摩夫人陆小曼女士”，“平生第一次”因为喜欢一部书，“竟肯突然去信给一个不相识的人”时，还表现出名媛“撒娇”式“强词夺理”般请求的话，那么信末的那句“请您快给我一个回信”中的“快”字，则彻底暴露了她对还珠的由衷“钦佩”和对《青城十九侠》等作品言之切切的渴读。而在第二封信中，则透露的内容就更为丰富，梳理归纳后，可得到如下信息：

第一，还珠在接到陆小曼第一封信后，应该是马上就回信了，而且还随信寄去了“青城”“蜀山”诸书。对此，称陆小曼为“表姨妈”的庄篪先生，近年所发回忆文章亦可为证。其在《我所知道的表姨妈陆小曼——为纪念陆小曼诞辰110周年而作》一文中，专门列有《陆小曼与还珠楼主》一节。据此文披露：庄篪四岁时其父庄慕云病故苏州，母亲在将他送到舅婆家抚养后，便带其兄庄埙住进了陆小曼家。为了避免埙儿吵闹，其母就在静安公园北面弄堂口的书摊上，租了些小人书给他看。想不到陆小曼一见却看上了瘾，而且她特别爱看武侠小人书。“不知怎么搞的，（此事）竟让《蜀山剑侠传》的作者还珠楼主知道了”，他就写了封信给陆小曼，并寄来了他写的一批武侠小说，要陆看后提意见。并且此后还珠每出一本书，他都专函寄送。于是——

> 陆小曼从此就放下了小人书，专心一意的看起了《蜀山剑侠传》。《蜀》书有几十本，陆小曼一本一本的看，后来，我母亲吴锦也看上了“瘾”。表姨妈有没有给还珠楼主通过信，是否向作者提过什么意见、建议之类，我不知道。但有一次，陆小曼与乐亶、吴锦三人谈及此书时，说到，书里面有一百多人，怎么写得一点不乱时，小曼曾说：作者在写人时，是做了模型的，写一个做一个，写完了，把模型放在旁边。另外再做一个模型，看看是否有异同？有类同，就毁掉。再做一个模型，与众不同的。然后再编写这个人的故事情节。就这样一个一个的写下去，做到了不雷同不重复。并说：还珠楼主从小在四川峨眉山区长大，熟悉那里的山川地形，了如指掌，所以写起来得心应手。我不知道陆小曼是怎么会知道的。看来陆小曼与还珠楼主是写作上的一个朋友。非常可惜的是，这一套《蜀山剑侠传》作为陆小曼的遗物，带回常州后，我母亲借给了她的好朋友潘某。文革时潘某被抄家，此书后来落实政策时未还给潘某。此遗物也就无法寻找了。

作为晚辈，庄篪先生显然不知道其表姨妈曾经给还珠写过“倾慕”并“索书”的信函，所有他才有“不知怎么搞的，（此事）竟让《蜀山剑侠传》的作者还珠楼主知道了”等语，但从其回忆中我们可知，还珠确实给陆小曼寄了书，而且陆亦确实在“专心一意”地“一本一本的看”。至于其在文中所言陆小曼揭秘还珠写作“内幕”之语，是还珠曾写信告诉于陆，还是陆自己的猜测，因目前未见其他旁证，暂可存疑。因为在已知史料中，这个“内幕”是不存在的，而且考察还珠一生的写作实践，也未发现有此“内幕”。后来在上海与还珠频繁往来并写有专著《还珠楼主论》的徐国桢便言："据我所知道，他（还珠）并无备作查考的各部小说的人名等简表，竟就随随便便地一篇一篇续写下去，记忆力之强，实足惊人。"〔《还珠楼主论》，徐国桢，上海正气书局1949年2月出版，第9页〕此外，还珠自己亦曾说过，其"蜀山系列"欲写"千三百万言，已成近七百万，头绪稍繁，其中人物事迹悉凭追忆"。〔《还珠楼主小说全集·边塞英雄谱》，还珠楼主，山西人民出版社、北岳文艺出版社1998年8月出版，第141页〕

第二，陆小曼在接到还珠首封回信及赠书后，激动之余，是准备画一幅国画或一幅扇面回敬给还珠夫妇的。至于此等"投之以桃报之以李"的文人雅事是否成真，目前尚不可知。但陆小曼肯放下矜持与傲慢，提出用自己的书画"送与贤伉俪作为纪念"，是对还珠倾慕至极的表现，则乃无疑。因为丧夫之后的陆小曼整日潜心绘事，曾先后师从刘海粟、陈半丁、贺天健等名家。其作品除在当时确如她所言"颇蒙社会之赞许"外，而且在晚年还参加了新中国第一和第二届全国画展，其本人亦被上海中国画院吸收为专业画师。

第三，徐志摩空难后，陆小曼的近况也已曝出，那便是"闭门谢客，每日与我为伴者惟书与小说耳"。然而自读过还珠作品后，"其他武侠小说已觉不堪入目"。尤其是《青城十九侠》所描写的山野之幽，更是使她"神往"，由此亦更让她佩服还珠的"胸襟"。

第四，还珠不但关注过徐志摩留学海外时的"情事"，曾写有随笔《徐志摩康桥遇艳》，而且对徐后来和陆小曼的婚事及与林徽因的关系，也是知之甚详。他在首次回信中，应该是提到了这些，并在叙说了自己那跌宕起伏的恋情与婚事后，还讲到欲以此为素材写一本小说。由此方才引出陆小曼所言"贤夫妇之韵事著作，不知何日印好"的问候，以及她所嘱"曼他日也思将志摩一生之事，及曼幼年遭遇之不幸，写成一书，一洗社会对我等所有误解之处"的内情。

第五，在信中陆小曼还透露了自己眼下正在干的一件大事。那就是在编"十大本"的"志摩全集"，而且此书将由商务印书馆出版。由此可见，徐志摩空难后，陆小曼不再外出交际，而是默默忍受着人们对她的批评和指责，践行"遗文编就答君心"的誓愿，确是事实。

第六，陆小曼在信中还披露了徐志摩的一个秘密——徐虽新诗、散文写得好，但却“每恨不能写小说”，“一写小说，终不能满意”。并曝料说，她与徐志摩“二人均爱才若命，每见一奇才，即相对讨论，即至深夜也不觉其倦”。此等夫妇间“秘密”，应是此信中首次披露。

陆小曼对还珠小说之嗜爱，不仅体现在她初读《青城十九侠》时，惊叹作者那只“神笔”，并产生“眼前放出一种异样光彩”后的“相见恨晚”，而且在其后半生甚至晚年，也仍是“不离不弃”地以还珠作品为伴。据其朋友王亦令回忆，陆晚年“整天斜依床上，百看不厌《红楼梦》以及还珠楼主的剑侠小说”。〔《忆陆小曼》，王亦令，柴草编《众说纷纭陆小曼》，山西古籍出版社 2006 年 1 月出版，第 123 页〕此外，昆艺活动家贾馨园女士也从陆小曼表妹吴锦（庄篪之母，人称“陆婆婆”）处获悉：“大陆解放后，小曼的毒瘾戒了，身体仍差，偶尔还画点画。大部分时间都赖在房间里，看还珠楼主的《蜀山剑侠传》。”吴锦晚年一直在照顾陆小曼，是其身边最亲近的人，其所言应该不虚。〔《陆小曼琐闻》，贾馨园，柴草编《众说纷纭陆小曼》，山西古籍出版社 2006 年 1 月出版，第 229 页〕

作为一代才女与名媛，情感丰富的陆小曼自徐志摩失事后，对还珠的神怪武侠小说痴迷到如此程度，其后半生也算是对还珠与其作品“情有独钟”了。只是后来还珠曾有多年寄寓沪上，由于史料缺乏，不知他们二人是否还有过更进一步的“礼尚往来”。

第四节　与张君秋先后身陷日本宪兵队

随着《蜀山剑侠传》《青城十九侠》《云海争奇记》三部“大著”在报上连载日深，再加上这三部书和《蛮荒侠隐》单行本的接连推出，还珠的稿酬收入虽然不菲，但家中人员的增多，也让他确实“感觉家累甚重”——继 1939 年 12 月 18 日夫人为他产下次子李观鼎后，眼下孙经洵又怀上了第五个孩子。〔还珠的第五个孩子、三女李观淑出生于 1941 年 1 月 21 日〕因此，他不得不将北平东观音寺的房子卖掉，全家搬到史家胡同东罗圈巷居住。而且他在北平沦陷之初产生的“一动不如一静，写写小说也可勉强糊口”〔《我所认识的还珠楼主》，唐鲁孙，见 1982 年 6 月 20 日台湾《民生报》副刊。引自山西人民出版社、北岳文艺出版社出版的《还珠楼主小说全集》第 46 卷，1998 年出版，第 377 页〕的想法，此时便也愈加成熟。此刻他已有了更进一步用写作和出书来换取全家生活费的冲动，同时也有了以武侠小说创作为终身职业的打算。

于是，在 1940 年 11 月出版的《蜀山剑侠传》单行本第 21 集的扉页，他刊出了不久前写下的这段言不由衷的“还珠附启”：

> 不佞哀乐中年，衷怀恶劣，心疾时发，歌笑无端，本已无心再多写作，学为商贾，抱布贸丝，养家活口，顾以本短计疏，迟迟未果，而拙著又复布局稍大，线索繁多，尚未结束，年来重劳各地读者，嗜痂有癖，函电相属，盛意殷勤，感何可纫！

明知砚田无税，素乏丰年，笔耕所获，难为生活之计，至于薄宦微官，更是眼不见心不烦，厌倦风尘，已历年载，性懒而癖嗜多，钱少实不够用，思来想去，还是做点小本营生，种种稳当，但又有负读者期爱之雅。现拟于持筹握算、莳花种菜之余，每天匀出三小时来，续成前作。预计月可多写十万言，报端所载不算，一月左右，总可续成一集，至全书结束为止。本是无稽落伍之谈，伧俗荒唐，自所难免，无奈此外没得可写何。敬此奉布，并代答复，赐函诸公，多多鉴宥为幸。

本是想告诉读者诸君，欲加快写作速度，为自己每月多写十万言、每月多出一本书做广告，可写的却是“著书难为稻粱谋”的“满心不愿意”。这种既自我宣传又赚取同情，同时还为自己作品和写作计划做广告的“启事”，可谓老谋深算的巧笔所为。然而，“是祸躲不过”。就在这个“附启”刚刚随书面世其规划尚未实施之际，他已无端被抓到日本宪兵队了。对此，我们还需从还珠子女观贤、观鼎的一段回忆，以及为之所作“更正”说起——

1941 年初，“一天晚上，父亲和几个朋友应邀到宣武门草厂胡同顾家吃饭。酒菜上桌，大家正欲把盏举箸，突然响起一阵砸门声。顾先生刚刚拉开门闩，便冲进来一队全副武装的日本宪兵。‘带走，统统的！’率队的一声喝令，屋子里的人全被押上了汽车，连当时在场的名伶张君秋先生也未能幸免”。1988 年 3 月 21 日，还珠子女在《人民日报》（海外版）刊发怀念父亲文章时，这样描绘了还珠被逮入日本宪兵队时的场景。对于那一晚和此后的情况，该文跟着写道：

父亲和友人被捕后，大家都很着急。尤其是张君秋，因为他演出的戏码已经排出，广和楼正等着他上戏呢。父亲心里明白，这回八成是冲自己来的，朋友们都受连累了。于是他就想法安慰张君秋，说自己会算命，按张君秋先生的生辰八字和气色，绝不至于走“背”，不出三五天，即可平安回家。果然，张君秋在第三天被允许取保释放，其他人也被陆续保释。只有父亲因“涉嫌重庆分子”，在看守所里受了七十多天的难。在那令人发指的日子里，日本人百般折磨父亲，鞭笞、灌凉水，甚至向眼里揉辣椒面，还恶毒他说：“你们四川人不是喜欢辣子吗？”在酷刑面前，父亲并不是没有动摇。事后回忆这段遭际，他曾坦率地承认，有几次简直就要挺不住了，但终于还是“熬”了过来，因为他还没有忘记：自己是人，不是狗，绝不能答应给日本人做事！

張君秋和還珠樓主在日本沙灘憲兵隊

· 阿　瀾 ·

还珠长子李观承以“阿澜”笔名于 1980 年第 12 月号香港《明报月刊》上刊出回忆父亲的文章

三十余年前，当海内外报刊互动交流尚未频繁之际，《人民日报》（海外版）刊出的这组由还珠次女李观贤、次子李观鼎合写的回忆文章，曾在信息相对闭塞的内地引起很大反响。“失踪”近四十年的“还珠楼主”重新“露面”，不但让新老读者感到诧异，而且其一生的波澜传奇也引发了人们的极大关注。继此组连载之后，相关研究者每每涉及还珠生平，均因袭了上述这段“身陷囹圄志行如初”的史料。然而人们不知的是，还珠后人的这段亲述，却是“实中有虚”。而且就在此文刊出的前八年，还珠长子李观承曾以“阿澜”笔名在金庸麾下的《明报月刊》上，专门写有《张君秋与还珠楼主在日本沙滩宪兵队》一文，其中的一些情节与观贤、观鼎的文章也是相抵牾的。

从还珠子女的回忆中可知，无论是李观承，还是李观贤、李观鼎，在文章里都提到了其父还珠曾被捕入狱日本宪兵队。而且从相关史料看，这也是事实。但据李观承回忆，在宣武门草厂胡同顾家吃饭那次被捕的人员中，是没有其父的。据他讲，“1940 年腊月十六（一九四一年一月三日），顾子言先生在家中请吃晚饭，饭没吃成，所有客人全部被捕，其中年纪最轻的是京剧演员张君秋，那年他刚刚二十岁。”至于被捕细节，李观承有过如下描绘：

顾子言，常州人，年近六十，是一家银行的经理。一生喜好交游，当时名流、学者、演员……几乎没有一个不认识他的。他非常喜爱京戏，和谭小培换过贴，成了把兄弟，谭富英是他的干儿子。许多名演员像梅兰芳、尚小云、程砚秋、荀慧生、言菊朋、马连良、李多奎、金少山、姜妙香、萧长华、徐阑沅、杨宝忠等，经常是他的座上客。顾子言不仅自己能下厨房烧一手好菜，还能讲解各种菜的做法及其营养价值。那天的菜也是他亲自拟定的，有三丝鱼翅、鲍鱼裙边、红烧鱼唇、干烧海参、十锦火锅，野味有干熊掌，烤山鸡卷，还有栗子烧白菜，最后是茉莉花汆鸡片。

晚上七点半钟，客人都到齐了，顾子言正与客人寒暄，一个上海口音的听差慌张地跑进来。"四爷（顾排第四）不好了，来了不少东洋兵，有的还站在房上……"

"什么？"顾子言刚要迈步出去查看，五六个日本宪兵已经闯了进来，手中端着枪，气势汹汹地盯着每个人。

"大家不要怕……"顾子言话没说完，一个日本宪兵走过来："你的顾子言，走！"

"上哪去？"

"宪兵队的去，统统地去！"日本宪兵吼叫着。

当顾家"客厅里的落地大钟"指向"七点三刻，除了顾太太及女客外，全部被押送上了停在胡同口外的卡车"。"顾子言的家，在宣武门外西草厂内的海北寺街。卡车进宣武门，驶向西面，然后至丁字街折向东，过北海桥至沙滩，一直开进日本宪兵队。"这里"是专门关押政治犯的地方，被认为是当时北京城里四个宪兵队中最残暴的一个。卢沟桥事变后，原北京大学整座红楼被日本宪兵队占去，这座著名的京师学府，在日本侵华期间竟成了侵略者蹂躏中国人民的人间地狱。红楼地下室，全部成了关押中国人的牢房"〔《张君秋和还珠楼主在日本沙滩宪兵队》，阿澜（李观承），香港《明报月刊》1980 年 12 月号，第 82 页〕。

在上述回忆中，李观承除将时间算错——"民国廿九年腊月十六"并非“一九四一年一月三日”，而是1941年1月13日——以外，其余对顾子言其人，以及他与张君秋等人被捕的具体地点、经过、去处等，均做了详细而生动的描绘，但唯独没有提到其父还珠被困其中，而且对顾子言、张君秋等被捕原因亦未做任何交待。查曾经“跟踪采访”张君秋并与之“相处了三五年”，还与张夫人谢虹雯合写过《张君秋》一书的安志强所撰《张君秋传》〔《张君秋传》，安志强，河北教育出版社1996年12月出版，第322—323、168—175页〕，其中的“被捕”章节，与李观承所述完全相同。不但被捕人员中没有还珠，而且亦未述及众人被捕原因。

然而还珠罹难日本宪兵队又确是事实，那么他到底是何时被捕的呢？他的被捕及顾子言、张君秋等人被抓又都是因为什么呢？他们在狱中又都经历了哪些磨难呢？对此，七十余年前出版的一本畅销书中给出了部分答案。

抗战胜利后的1945年底，北平风行一本用小说体写作的连续时事读物《汉奸内幕》。该书第一辑于1946年1月第五次再版，墨绿色的书籍封面上，除书名、再版时间及“北平图书杂志审查处临时审查登记号第〇〇〇一〇五”外，没有标明出版社。在此书第十四节《张君秋入狱内幕》中，作者胡开明写道：

> 平市沦陷以后，伪特份子，挟其势力，为虎作伥，国人饱受涂炭，然皆噤若寒蝉，敢怒而不敢言，虽以做戏鬻艺之身，亦莫不饱受压窒，张君秋以一伶人之身，犹未幸免焉。
>
> 一日，银行界之顾某，宴客于寓，第以无声色不欢，遂召张君秋往。事遭某伪特之忌，遂诬主人私设长短波收音机，并作“发报”工作，促“日宪”往拘焉。至时，乃前后包围，入宅搜索，客人十三名无一幸免。惟一人入厕，久而泻肚，闻声未外出，遂漏网，余则悉被架上汽车，押往沙滩“本部”。
>
> 时天色仓茫，一日宪，持刺刀，逼君秋脱去外衣，乃换日宪为犯人特制之棉衣裤。视之，渍渍者斑斑皆血迹也，既更衣，即裤带之什，亦概须解去，乃威逼入笼。笼者，以木制为栏，如笼房也，笼内稻草横铺，秽气四溢。君秋既进入，乍见隔壁

木栏中，一中年胖子正张目四望，视之，则小说家还珠楼主是也。还珠瞥君秋至，以目示意，勿使人知为相识，盖恐有不利也。既入夜，则乃询君秋何以亦入狱，君秋茫然不知所答。

夜深，冷风瑟瑟中，有人哭喊，狼嚎鬼叫，惨不忍闻。少顷，隔壁一女犯，伸其蓬垢之首向君秋云：你修修好，把我给掐死吧！免得受罪。君秋益觉悚然。

翌晨，适为伪国府还都纪念，广播电台举办"合作戏"庆祝，戏目为谭富英、金少山、张君秋之《二进宫》，珠联璧合，缺一不可。电台日人，出具保结，保君秋出狱唱戏，戏完之后，则仍须回所谓"日本宪兵队"焉。君秋一夜未寐，朝来查见身上有红点斑斑，盖虱咬也。含悲忍泪犹须敷花簪粉，装腔作调。戏散后，复由日宪二名，押解回队。亲友慰问，亦不敢向前，举目相送，视君秋则已珠泪婆娑矣。越二日，以君秋事涉嫌疑，遂告无罪，然则已饱受五日牢狱之灾矣。

《汉奸内幕》一书写作于1945年秋，是时距还珠与张君秋等人先后入狱刚过四年有余，其所述应该是最接近"现在进行时"的"过去时"。据此可知，1941年1月13日顾子言、张君秋等十余人之所以被捕，是因为顾氏遭某伪特诬陷，被指"私设长短波收音机"，并作"'发报'工作"，张君秋等人是碰巧受了牵连。对此，张君秋义父马连良之孙马龙也有一说：临近庚辰年岁末，"广播电台主办了一场大合作戏，是谭富英、金少山、张君秋合演的《二进宫》。三位铁嗓钢喉联袂，早早卖了个满堂，观众翘首以待。前一天晚上，张君秋到朋友顾子言家中吃饭，顾是银行家，家中有一部电台做商业用途。日本鬼子在搜寻到电台信号之后，把顾家围了个水泄不通，把顾子言、张君秋及其他人等全部抓到了宪兵队，张君秋也落了个'通敌'的罪名"〔《我的祖父马连良》，马龙著，团结出版社2007年1月出版，第98—100页〕。

马龙所言，虽在"被捕"原因上，与胡开明的《张君秋入狱内幕》略有出入，但基本上大同小异。然而这已不重要，重要的是，在胡开明的《张君秋入狱内幕》中已明确写出，当张君秋一行来到宪兵队，被押入"笼房”时，“乍见隔壁木栏中，一中年胖子正张目四望，视之，则小说家还珠楼主是也”。由此可见，还珠是早于顾子言、张君秋等人罹难沙滩日本宪兵队的。对此，还珠长子李观承也作如是说，而且说得比《张君秋入狱内幕》更“翔实”：

> 张君秋被押送着，在一座房牢门前，宪兵打开锁，把他推进去。牢门刚一关上，十几个难友围拢上来，问长问短。这是一个只有十四平方米的小房，除了有一只马桶，没有任何东西，人们都睡在地上。铁门上有一个五寸见方的小孔，走廊上的宪兵不时从那里射进手电光来。后墙有一扇不大的窗孔，没有窗子，只有铁栏。“君秋”，一个年约四十的人突然喊了一声。
>
> 张君秋走过来，“李大爷！”激动地拉着他的手，原来是李寿民，北方人称“大爷”就是大伯的意思。他们万万想不到，昨日梨园说戏，今日牢房相遇。
>
> ……
>
> “你怎么也进来了？”李寿民关切地问张君秋。
>
> 看着李寿民还穿着夏天的单衣，白恤衫上血渍斑斑，张君秋难过地说：“你受苦了。”
>
> “今天过堂时灌了两次凉水。”
>
> “为什么？”
>
> “他们说我和重庆……”
>
> 灌凉水是日本宪兵队的一种残酷的刑法。先让人平躺在一条木板上，用橡皮管子向鼻孔里灌凉水，直到灌不进去时为止。再用人从肚子上踩，肚子里的水会从鼻、嘴里喷出来，然后再灌水，灌满后再踩，惨无人道已极。〔《张君秋和还珠楼主在日本沙滩宪兵队》，阿澜（李观承），香港《明报月刊》1980年12月号，第82—84页〕

李观承对其父与张君秋关系的描写是真实的，张君秋称呼还珠为“李大爷”，也是符合辈分的。张君秋曾向尚小云学艺，尚小云与还珠是把兄弟。作为长辈，还珠是看着张君秋成名的。还珠之子李观洪曾告诉笔者，当年尚小云辅导张君秋，尚的嗓音高，张的嗓音低，但琴师按着尚的调门拉京胡，还珠几次指出不妥，琴师都没改，还珠一气之下上去就把琴弦扯断了。〔2014年11日22日晚，在重庆市长寿区长寿宾馆，还珠之子李观洪与笔者谈话记录〕因此，张君秋对还珠是尊敬的，即使在牢里，也是如此。

但李观承在写作此文时，肯定没看过《汉奸内幕》中的《张君秋入狱内幕》，也应是事实。因此，他只能凭借父母对事件的回忆，想当然地将监牢进行了细化。于是，“木制笼房”变成了有“五寸见方的小孔”的“十四平方米的小房”。但即使如此，其父在里面受刑被“灌凉水”，应是确有其事。因为他与弟妹观鼎、观贤在不同的文章中都写到了此点，这应该是还珠出狱后说给家人的牢中遭遇，而且是让还珠难以忘却的记忆。此外，据观贤、观鼎披露，还珠被捕的当天夜里，日本宪兵还抄了他们的家〔《回忆父亲还珠楼主》，观贤、观鼎，《人民日报》（海外版）1988年3月21日〕。对此，曾任北京市朝阳区副区长和北京市教育委员会常务副主任的还珠小女儿李观政说得更详细：“日本人特别狡猾，进入家里，把父母隔离开来审查，最后核对情况是否吻合。日本人问母亲，父亲是做什么的，母亲的回答是，中国女人不关心男人做什么。”〔《往事依依蜀山青——还珠楼主子女访谈录》，天津《品报》（内部电子刊物）第23期，2013年7月1日出版〕

顾子言、张君秋等十余人被捕原因，胡开明在《张君秋入狱内幕》中已讲明白。那么还珠入狱又是为哪般呢？在这个问题上，李观承与李观贤、李观鼎说的倒是一致，尽管有详有略有繁有简。

据李观承1982年在台湾媒体发表文章讲：1940年深秋，“有一天，当上汉奸的周大文带着一个小女孩（就是现在走红大陆的京剧旦角刘长瑜〔李观承此说有误。刘长瑜原名周长瑜，确为周大文之女，但其出生于1942年1月，还珠被抓入日本宪兵对的1940年底和1941年初，她还未出生〕）来找父亲，请他担任电台的策划，父亲没有答应。过了没多久，周作人（当时已做了汉奸，任华北教育总署督办）也来劝父亲。父亲不干，不愿去教育总署，就问：抽大烟的要不要？周说：日本人是要禁烟的。”如此这般不识抬举，还珠自然惹恼了日伪当局，于是便被他们抓个茬逮进了宪兵队。〔《我的父亲还珠楼主》，李观承，《近代中国武侠小说名著大系·还珠楼主卷》，台湾联经出版事业公司1984年12月出版，第49页〕而观贤、观鼎姐弟俩说的则要复杂些：

利用文人做“御用工具”，这是历来侵略者的惯伎。日本人很快就盯上了父亲。先是汉奸周大文登门求见，请父亲到敌伪电台任职。接着担任华北教育总署督办的周作人又来劝说，均遭到父亲的拒绝。他说：“我是写小说的，旁的不会干！”父亲不识“抬举”，自然惹恼了日本人。偏巧这时有一个姓徐的出版商，看到父亲的书销路好油水大，想把版权从励力印书局夺过来。但父亲是个讲信义重感情的人，尽管徐老板肯出高价，也没有答应他。徐老板怀恨在心，托他在日本人那里当翻译的亲戚，要求“治治李寿民”。〔《回忆父亲还珠楼主》，观贤、观鼎，《人民日报》（海外版）1988 年 3 月 21 日〕

能把陷害父亲的出版商姓氏说得如此肯定，看来徐老板确有其人，而且还珠夫妇对此人也应是“耿耿于怀”。否则，观贤、观鼎姐弟是不会称其姓知其行的。对此，还珠老友唐鲁孙后来在台湾的回忆亦可为证：还珠“写的说部销路如此之好，有一家出版商，想把《蜀山》的版权从励力印书局拿过来。他跟励力印书局相处非常乳水，并且时通缓急，他又是道义情感并重的人，无形中把那家出版商徐老板得罪。徐老板有一亲戚在日本宪兵队当翻译，于是还珠被扣上一顶帽子，以所写小说荒诞不经、妖言惑众的罪名，关进宪兵队沙滩人犯羁押所。他自知这场牢狱之灾是免不掉的，所以也处之泰然。不过有烟霞癖的人，突然断绝烟火，其狼狈可知”〔《我所认识的还珠楼主——兼谈〈蜀山〉奇书》，唐鲁孙，1982 年 6 月 20 日台湾《民生报》副刊〕

至于还珠被抓捕的时间，按李观承回忆，民国廿九年（1940 年）“腊月廿九日，除夕日的早晨（那年没有腊月卅）李寿民交保释放”〔《张君秋和还珠楼主在日本沙滩宪兵队》，阿澜（李观承），《明报月刊》1980 年12 月号，第84 页〕，“父亲在日本宪兵队被关了近三个月”〔《我的父亲还珠楼主》，李观承，《近代中国武侠小说名著大系·还珠楼主卷》，台湾联经出版事业公司1984 年12 月出版，第49 页〕，以及李观贤、李观鼎所言“父亲因‘涉嫌重庆分子’，在看守所里受了七十多天的难”，而这“七十多天的铁窗生活，极大地损害了父亲的健康”〔《回忆父亲还珠楼主》，观贤、观鼎，《人民日报》（海外版）1988 年3 月21 日〕来计算，还珠应该是在1940年的11月10日左右被抓的，其在狱中度过了七十余天非人生活。对此，他自己亦言，因“不肯附逆从敌，见嫉虎狼，为敌寇宪兵队拘禁七十余日，刑酷余生，幸免于死”〔《〈蜀山剑侠传续集〉峨眉七友·前引》，还珠楼主，《还珠楼主散文集》，（香港）天地图书有限公司2014年10月出版，第427页〕。

通过以上推算，我们可知，在还珠被捕六十余天后，张君秋等人方才入狱的，而且此前还珠已遭受酷刑。这也正是李观承所言“李寿民还穿着夏天的单衣，白恤衫上血渍斑斑”的由来。此外，在张君秋入狱后，还珠确实给惶惶不安的他算过几卦，而且这几卦还与他们二人的出狱有关。据李观承回忆：

> 张君秋和李寿民成了难友，同居一室，这是做梦也想不到的，难友们都睡着了，他们却久久不能入睡。
>
> “明天我还有戏呢！”张君秋着急地说。
>
> “什么？还有戏！什么戏？”李寿民惊讶地问。
>
> “明儿腊月十七，是合作戏，在新新和金老板、谭老板的压轴戏，《二进宫》。”
>
> “别急，”李寿民深思着。“君秋，快，快报一个时辰。”
>
> “丑时。”
>
> 李寿民用手指盘算，然后望着张君秋，他笑了，张君秋也笑了。他知道李寿民在算卦。
>
> “准能出去！”李寿民有把握地说。
>
> 在日治时期，每逢年节，戏班或团体邀请不同剧团的名角出来合作演出，叫合作戏，票价较贵。因为是名家合作，海报一出，立即客满。那天的合作戏是金少山、谭富英、张君秋主演的《二进宫》，主办单位是日本广播电台。
>
> 第二天早上，值班难友通过翻译将张君秋当晚还有演出的情况报告了宪兵队长，意外地得到批准，大都为张君秋能放出去而高兴。
>
> ……
>
> 晚上，在一个翻译和宪兵的“陪同”下，张君秋到新新戏

院去唱戏。……民国廿九年腊月十七日(一九四一年一月十四日)的晚上,在北京的舞台上,在日本宪兵监视下,《二进宫》开场了。……(散戏后,张君秋)正在卸妆,日本宪兵和翻译又来到了后台。……张君秋在宪兵和翻译“陪同”下,又回到沙滩宪兵队。

……

张君秋疲倦地坐在地上。“君秋,不要着急,来,报一个时辰。”李寿民走过来。

“子时。”张君秋无可奈何地说。

“准能出去,今日二进宫,不久准回家。”

“您老是那么乐观。”

“你也替我报一个。”

“午时。”

李寿民的拇指在另外四个指头上移动着,口中念念有词。

“中上,我也能出去,只是比你晚一点儿。”李寿民满怀希望地说。

……

一月二十日,腊月廿三,……这一天,李寿民给大家讲完灶王爷的掌故后,他说他算过,大家都能出去,因为没有犯法,是冤枉抓进来的。

“张君秋。”随着喊声门打开了,日本宪兵和翻译站在门口。

“恭喜你了,可以回家准备过年了。”翻译大声说着。

晚上七点三刻,张君秋离开日本沙滩宪兵队。和他抓进来的时间一样,整整一个星期。全体难友站起来目送着他离开牢房。李寿民紧握张君秋的手,说:“我也快了,君秋,现在已经封箱(当年戏班腊月下旬封箱,封箱后即不再唱戏,等到来年正月初一才开箱正式演出),开箱后一定先看你的戏。”

“大爷多保重。”张君秋眼眶里含着泪水。

牢房门又被关上了,夜风从铁栏外吹进来,带着凛冽的寒意,铁窗外已是一片白茫茫的。腊月廿九日,除夕日的早晨(那年没有腊月卅)李寿民交保释放,因为他进来时还穿着单衣,宪兵队又不准家人送东西和探视，同室难友送了他一件棉袍子。出了宪兵队，雇上一辆车子，洋车（黄包车）飞快地向史家胡同他的寓所奔去。〔《张君秋和还珠楼主在日本沙滩宪兵队》，阿澜（李观承），（香港）《明报月刊》1980 年 12 月号，第 83—84 页〕

李观承的上述“演义”，在事实上基本与胡开明的《张君秋入狱内幕》相同。除了没写明“合作戏”是所谓“伪国府还都纪念”，以及张君秋在狱中比“五日牢狱之灾”多了两日外，其余与胡文最大区别，便是增添了还珠算卦及还珠出狱的情节。

还珠爱“算卦”，此乃事实。其本人便有被岳父孙仲山诬陷入狱时，于狱中给难友“扶乩”“算卦”的回忆〔详见《自家一页》，还珠楼主，《自家》，中国文史出版社 2018 年 3 月出版，第 190—193 页〕，并言“余薄知星相，尝察近代伟人八字”〔《记富连成四秀》，还珠楼主，天津《天风报》1935 年 1 月 17 日〕。其子女亦在怀念父亲的文章中讲过：“（父亲）走到书桌前，铺开纸，用毛笔端端正正写下一行‘卦辞’”〔《代后记：沉淀下来的往事——父亲还珠楼主生活琐忆》，李观鼎，《蜀山剑侠传》第八册，作家出版社 2012 年 3 月出版，第 4289 页〕；“他在佛学、易理方面也下了很大工夫。”〔《我的父亲还珠楼主》，李观承，《近代中国武侠小说名著大系·还珠楼主卷》，台湾联经出版事业公司 1984 年 12 月出版，第 49 页〕但揆之史料，他与张君秋的出狱，却远非像他“算卦”那样简单。“算卦”只是一种游戏，“卦象”也是凑巧碰对了两人的大概出狱时间，而出狱的过程则要复杂得多。

关于张君秋的出狱，马连良之孙马龙曾有如下解说：“在一次全城查抄电台的搜捕中，马（连良）、张（君秋）两家都祸不单行。马家本来有一台大型的电子管收音机，顶上有一部电唱机，体积像一口普通的箱子，是当时少有的家用电器。听到‘全城查抄电台’的消息后，不知是什么高人指点，说此物像电台，赶紧埋了吧，省得麻烦。不久就走漏了‘秘密’，突然来了一队日本鬼子，说马家有电台，有‘通敌’嫌疑，把收音机连同马连良次子崇义一起抓到宪兵队。经查证确实不是电台，加上又‘孝敬’了老头票，才把人放了。”然而——

马家这边刚把儿子崇义接回来没多久，心还没定下来，又出了张君秋被囚日本宪兵队这桩“公案”。马连良一听就急得直跳脚，头上顿时冒出了汗，脱口就问：“是哪个宪兵队？是不是铁狮子胡同那个？”因为他知道“铁狮子胡同”是魔窟，据说进去的人就没有生还的，赶快托人打听消息。回信说，不是“铁狮子胡同”，但这次与崇义的案子不同，真抄着电台了。人要一个一个地过堂，慢慢审。马连良心想，若真被宪兵队过了堂，君秋非“散了架”不可。为了君秋和晚上的戏，马连良只好硬着头皮去求“金司令”。“金司令”就是臭名昭著的金璧辉，也叫川岛芳子，时任日伪安国军司令。……（马连良）夫人陈慧琏知道丈夫不愿与金往来，可是为了营救张君秋和保障晚上这台大戏好顺利演出，不得不硬着头皮前往。于是她对丈夫说：“你若一个人去，弄不好把你也搭进去，还是咱们一块儿去吧。”然后夫妻一道前往金府。陈慧琏不愧为大智大勇之人，她想起金曾对自己手上的那颗钻戒流露过垂涎目光，这回算是派上用场了，连忙把它包在礼盒里送到了“金司令”手上。金厚颜无耻地收了，说了句：“看你的面子，不会让他受苦，晚上的戏可以先唱，唱完了还得回来再接着审。马老板，你这件团龙马褂的料子不错，哪儿弄的？”马连良知道她还要再敲一笔，连忙说：“我家还有一匹，明天给送过来。”隔了一宿，张君秋终于被“释放”。〔《我的祖父马连良》，马龙著，团结出版社 2007 年 1 月出版，第 98—101 页。关于张君秋入狱几日，历来众说不一。马龙在此书中说是 3 日；胡开明在《张君秋入狱内幕》中说是 5 日；李观承回忆说是 7 日；安志强的《张君秋传》说是 4 日〕

对此，张君秋之子张学津在《生正逢时》一书中的记载，与之大同小异。据他讲：“拜师以后我仍然管马连良先生叫马爷爷。这是为什么呢？一天我向奶奶问起这件事情。奶奶很感慨地说：‘你爸爸刚成名的时候，有一天去顾四爷家拜客，突然房上站满警察，把所有来的人都带到宪兵队，到晚上也没回家。我着急，一夜未眠。第二天还有演出，是《大探二》，而且要实况播音，等他《二进宫》唱完了，又给你爸爸押回警察局去了。这下我可更着急了，便到你马爷爷家，托马太太出面找人，送了不少金条才把你父亲放回来。如此救命之恩，无以回报，你爸爸便拜马先生马太太为义父义母，所以你一定要管马先生叫马爷爷，什么时候也不能忘记人家的恩德。’”

就这样，在马连良的奔走和川岛芳子的敲诈下，张君秋逃出了魔窟。

那么还珠又是如何出狱的呢?

在此问题上，还珠子女及老友唐鲁孙的叙述大致相同。据唐鲁孙回忆:“幸亏华北驻屯军军部有几位‘蜀山迷’，好在他的罪名又是莫须有，糊里糊涂又把他放了。”〔《我所认识的还珠楼主——兼谈〈蜀山〉奇书》，唐鲁孙，1982年6月20日台湾《民生报》副刊〕而长子李观承则说:“父亲在日本宪兵队被关了近三个月，灌凉水、坐板凳，备受酷刑。后来放他，是因为他给日本大佐算卦，说对了大佐的遭遇。当然更主要的，他是无辜的，他是一个不过问政治的人。”〔《我的父亲还珠楼主》，李观承，《近代中国武侠小说名著大系·还珠楼主卷》，台湾联经出版事业公司1984年12月出版，第49页〕李观贤、李观鼎后来撰文亦云:“父亲被释放，一是因为有个日军大佐听说父亲谙星相，会算卜，便前来问卜，不料他的身世遭遇竟被言中;二是因为母亲和亲友们多方奔走，托人找到华北军部里的熟人，而他们之中又有几个《蜀山》迷;最主要的则是因为父亲并非什么‘重庆分子’，而是一个不问政治的人。”至于还珠此次入狱的代价，则是“七十多天的铁窗生活，极大地损害了父亲的健康，特别是他的眼睛;抄家时还丢失了三部小说手稿，不得不重新写过”。

1941年1月26日是农历庚辰年腊月二十九，因那年没有大年三十，是日即为除夕。就在故都人们于日寇淫威下苦中作乐迎接新春之际，还珠被释回家了。此时刚于五天前生下三女李观淑的孙经洵，正在哺乳期。见到伤痕累累的丈夫突然站在床前，又想到前些时拖着沉重身孕四处奔走疏通关系的艰辛，她不禁悲喜交加，泪满胸襟。看着与自己同经患难的爱妻和襁褓中的女儿，又仔细端详了观承、观贤、观鼎三子女的面容，还珠也是热泪盈眶、百感交集。身经此次磨难，还珠已更加珍惜这个来之不易的家庭，他暗下决心，一定要用手中这支笔让全家过上幸福生活。

正是在此激励下，他顾不上调养身上的伤病，便急不可待地拿起笔来，赶写报纸上的小说连载，他要把入狱七十多天的时间抢回来。虽然在被捕期间，连载他小说的各报在发完存稿后，便陆续刊出了“还珠因病续稿未到”的启事，但时间一长，人们还是知道了他“辍笔”的真相。因此，甫获自由，他便昼夜不停地赶写续稿，一方面是向报馆还债，另一方面也是给关心他的读者报个平安。也正因此，在此后一段时间，还珠笔耕甚丰，收获颇富，而且作品的内容也是更加绚丽多姿。

据目前所见史料统计，在1941年，除《蜀山剑侠传》《青城十九侠》《云海争奇记》继续在原先各报连载外，当年8月10日，还珠平生唯一一部现实题材的社会世情小说《轮蹄》〔《轮蹄》于1943年9月由天津励力出版社出版单行本第一集，未完。1948年10月易名为《征轮侠影》，由上海三新书店、上海励力出版社先后分四集出版〕，亦开始在《新北京报》连载。为了与《青城十九侠》署名相区别，此连载他用了一个新笔名“老翘”。同时，也在这一年，《青城十九侠》单行本分别于2月、4月、6月、8月推出了第13集、第14集、第15集、第16集、第17集；《云海争奇记》单行本分别于2月、4月、7月、8月、9月、11月推出了第3集、第4集、第5集、第6集、第7集、第8集；《蜀山剑侠传》单行本分别于9月、11月推出了第23集、第24集。翌年，《蜀山剑侠传》单行本又分别于1月、5月、8月、10月、11月、12月推出了第25集、第26集、第27集、第28集、第29集、第30集；《青城十九侠》单行本亦分别于1月、6月、9月、11月推出了第18集、第19集、第20集、第21集。

如此众多作品的接连面世，在北平再次造成“还珠热”的同时，亦引起了一个富家少年的好奇。此人就是20世纪60年代中后期，在中国港台地区以《大醉侠》《龙门客栈》《侠女》等影片开创“新派武侠电影”先河的著名导演胡金铨。

胡金铨1932年4月29日出生于北平，比还珠小三十岁。作为汉八旗蓝旗的后人，其自幼就在父母督促下研习古文。祖父胡景桂乃翰林出身，曾任清朝监察院御史；父亲胡源深早年随兄长留学日本，回国后先任河北井陉煤矿技师，后从商经营面粉厂，置下不菲家业；母亲刘庆云也是知书达礼，尤擅工笔国画。少年时期的胡金铨，就读于北平汇文中学，酷嗜国学与传统艺术，经常与三五好友到书场去听说书艺人评古论今。1942年还珠的作品在平津地区接连上市时，他刚刚十岁。一次在茶馆与书友闲聊，他听说还珠的武侠小说风靡京城，于是便找来阅读，岂料甫一过目，便看得如痴如醉。不久他得知还珠不但就住在北平，而且还和父亲是好友。在随后的日子，他看到父亲在家里曾多次设宴款待还珠，并在还珠每次告辞时，都要给他备上一小包鸦片作礼物。

胡家大宅坐落于东城南锣鼓巷板厂胡同，十岁的胡金铨因对还珠过分崇拜，初始在家里还不敢和还珠说话，每次还珠到来，他只是偷偷站在门外听还珠与父亲闲聊。后来熟了，觉得还珠所讲天文地理鸟兽虫鱼颇为有趣，越听越入迷，就背着父母跑到还珠家，缠着让还珠讲故事。然而还珠当时一是写作繁忙，二是家累甚重（就在胡金铨登门还珠家前不久，1942 年的3 月13 日，还珠夫人刚刚生下三子李观洪。这样，除去早夭的长女外，此刻还珠已有二女三子。虽然此时他稿酬渐丰，已雇佣了两个保姆和一个短工，但一家大小的生活只凭他那支笔，还是让他颇为焦虑和分心），于是便随声敷衍几句就打发了他。结果他动起了歪脑筋，偷偷带上家里待客的鸦片再来。如此的结果，便是他与还珠很快就无话不谈，并在还珠的熏陶下开始迷恋武侠小说。当时还珠编剧、叶盛章主演的京剧武戏《酒丐》在北平常演不衰，经常与还珠出入剧场的胡金铨一见此戏，立即着迷。据他后来自述，其小时看得最多的便是叶盛章的戏，其中印象最深者，就是《酒丐》。

或许当年只是一时兴起，贪恋故事中的声色犬马，但谁承想几十年后，胡金铨竟以武侠电影为职业，并以超群的武侠文化造诣，开创了中国武侠电影的新纪元。而他“新派武侠电影”的开山之作，便是根据还珠《酒丐》移植改编的《大醉侠》。这出武戏在他的脑子里已盘旋数十年，虽然没有剧本作依托，没有剧团在重演，仅凭记忆，他便将其搬上了银幕。还珠及其作品对少年时期的胡金铨影响之深，由此可见一斑。

《大醉侠》于1966 年4 月7 日在中国香港地区公映后，旋即风靡东南亚，并影响欧美。此后，随着《龙门客栈》《侠女》《迎春阁之风波》《忠烈图》《山中传奇》《空山灵雨》等影片的接连面世，胡金铨不但成了中国武侠电影超级大师，而且还被誉为“作者型导演”和“中国第一位扬名国际影坛的导演”〔《胡金铨的世界》序，黄仁编著，台湾亚太图书出版社1999 年4 月出版，第69 页〕。

第九章　客居江南，营造纷繁『蜀山系列』

1930年代峨眉山（蜀山）万年寺中的北宋铜铸象

第一节　只身南下　沪上鬻字获“买断”

1943年的北平，虽然已是陷落的第六个年头，但随着抗战进入相持阶段，日伪为了装点沦陷区的表面“繁荣”，还是在西单附近新建了一批商场。其中较典型者，便是矗立在槐里胡同东口由日本人经营的两层楼高的“高岛屋”。其次，则统称为“临时商场”。

据京城老人回忆，在西单所开设的这些“临时商场”中，除设有书摊、书店和食品铺外，“还有韩大臣兄弟一南一北的两大租书部，可以说是风靡全市”。这两大租书部“所租之书颇能吸引读者。当时深受读者欢迎的书可分两大类——神怪武侠小说和言情小说。其中最受欢迎的莫过于还珠楼主的作品了”〔《西单商场忆旧》，萧承熹，《燕都》1987年第二期（总第十期），第44页〕。除《蜀山剑侠传》《青城十九侠》《云海争奇记》《蛮荒侠隐》《边塞英雄谱》外，此时被摆上租书摊的，还有还珠刚出版的新书《皋兰异人传》〔《皋兰异人传》没见报刊连载，1943年1月由天津励力出版社出版单行本，共上下两集4回15万字。查1942年11月《青城十九侠》第21集所附“新书预告”可知，此书原名《雍凉异人传》〕。

由此可见，出狱后的还珠经过近两年的辛勤笔耕，无论是其大名还是其作品，在华北地区尤其是平津一带，都是声名大噪、如日中天，其作品甚至远播东北与江南。此时能与他一决“江湖”者，除凭借1938年在津门甩出《十二金钱镖》的社会武侠小说圣手白羽外，已再无人与他争锋。即使此刻已以帮会技击武侠走红平津的郑证因，也是因为出道稍晚直至

1941年初其皇皇巨著《鹰爪王》才在北平《369画报》打响，而屈居其次。更何况被后人称为民国武侠小说成就最高者的“北派五大家”中的另两家，此刻还是处于暴得大名前的“隐忍”阶段。虽然偏居青岛一隅的王度庐此前已赖其悲剧侠情“鹤铁五部”蜚声胶东，然其影响也仅限半岛周围，真正让他走出海岛名扬全国，那是在光复不久他被天津励力出版社老板刘汇臣“买断”之后；至于当年在天津电话局受还珠影响亦操觚任侠的朱贞木，此时还仅是在平津各小报上频写频发而略有微名，其首创的武侠“奇情推理派”成熟定型并成为“港台新派武侠小说之祖”，那已是1949年前后的事了。

此外，同时期南北武侠小说名家，除“南向北赵”因年龄过大已退出“江湖”外，余者如文公直、顾明道、漱六山房、江蝶庐、何一峰、汪景星、姚民哀、徐春羽、杨尘因、姜侠魂、徐哲身、海上漱石生、张箇侬、陆士谔、唐熊、许慕义、张恂子、庄病骸、许吟秋等，无论是自身知名度还是作品影响力，与还珠相比，均难以望其项背。也正因此，当时南北一些本未刊登其作品的报刊，此刻便纷纷上门约稿，均以刊载他的作品为“入流”。

面对此等局面，还珠不但不急不恼，反而有求必应，应对裕如。甚至对于一些老朋友的盛意，他不但欣然命笔，而且有时还白搭功夫白送稿。其友人羽生便回忆：

> 还珠楼主真名字是“李寿民”，住在北平四牌楼附近。某年，他为北平某报写小说，因为和该报社长有旧，坚不肯收稿费，恰好我是编副刊的，社长就命我每月把稿费替他领下来以后，买一件东西送去，我记得我经手买的有一张转椅，一个鱼缸，一个台灯，一份香烟具，一套文具，这些东西不知现在是否仍在还珠楼中？北方几位名小说家，以刘云若最懒，一月中往往“续稿未到”十五天；写武侠小说的白羽，拿断稿也当做家常便饭；李熏风写稿过于省纸，字挤成一堆，排字房最感头痛；陈慎言铅笔复写纸撰稿，字虽看不清，但一旦遗失可查底稿；不脱期，字迹容易看的要推还珠楼主，这种有条不紊的习惯，从他那“司麦脱”的西装上，是可以看得出一点的。〔《还珠楼主像袁世凯》，羽生，

《大地周报》1946 年第 21 期〕

这里除了赞许还珠义气“坚不肯收稿费”和写连载“不脱期，字迹容易看”外，其中提到的“某年”，便是 1943 年；“北平某报”，目前尚未查到具体报名；“小说”，应该是《天山飞侠》。因为就在 1943 年的 7 月，该书便由王彦邦经营的北平新华书局出版了单行本第 1 集，转年 1 月其 2 集、3 集也接连面世。据还珠在书前“引言”中说：“笔者向来不喜自我宣传，惟是六载杜门，三千说剑，《蜀山》《青城》以次，诸拙著大都信笔写去，然后照应前文，欲使各有段落。俗尘鹿鹿，苦无暇时，全书千三百万言，已成近七百万，头绪稍繁，其中人物事迹悉凭追忆，章皆急就，未暇检阅，疏文脱节当所不免。此则全书早有腹稿，仿佛一气呵成，或可博得读者一笑也。”〔《还珠楼主小说全集·边塞英雄谱》，还珠楼主，山西人民出版社、北岳文艺出版社 1998 年 8 月出版，第 141 页〕

在这段“广告”词中，还珠除了披露其“蜀山系列”要写一千三百万言，目前已有柒百万字外，还告诉人们虽然“蜀山系列”因头绪纷繁，信笔写来漏洞频出，但《天山飞侠》却因“早有腹稿”，故而写得一气呵成，颇为可观。能够贬“蜀山”而挺“天山”，可见《天山飞侠》是还珠极为看重的一部作品。实际上此书是上接几年前《青城十九侠》出书时捎带的那部《边塞英雄谱》，书叙清康雍年间侠客在新疆保护明室遗民反抗清廷剿杀之事。据此可知，其已不是“蜀山系列”那样的“出世”小说，而是循着《蛮荒侠隐》《边塞英雄谱》《云海争奇记》的路子在写“入世”武侠。对此，他在全书第 1 集正文后的“作者附识”中，曾有如是交代：

拙著自《蜀山剑侠传》以次，除山川名胜、风土人情、草木鸟兽、衣服饮食一切，多系实写本地风光而外，至于书中人物事实，大都出于臆构，时代年月，舛谬尤多。盖以稗官小说，本尚铺陈，语怪搜神，寓言八九，自昔已然，匪自蒙始；第以稗官虽属小道，立言贵有寄托，涉笔不慎，往往影响世道人心，故于荒唐事迹之中，辄寓爱国孝亲之旨，微言所指，谅已早荷同情，复以史实具在，何敢以一时疗贫之作，厚诬前人？虽读者中不乏精研史学、明达之士，是真是伪，入目分明，作者腹俭贻讥固非所计，诚恐销行既久，观览众多，仁智之见不一，是非之分，易于淆乱，故书中朝代年月，往往颠倒错乱，使稍具史学常识之士，一见而知其非，只博同情者会心一笑，免积笔孽，且误后人。

随后，他在对新疆的历史和得名做了一番考证后写道：

本书所指，尚在平乱设省之前，时正频年变乱，戎马纵横，何来桃源乐土、世外仙侠？如此写法，良非得已，敬乞高明，有以谅之。〔《天山飞侠·作者附识》，还珠楼主，《还珠楼主散文集》，（香港）天地图书有限公司 2014 年 10 月出版，第 422 页〕

这便是还珠“入世”武侠的特点——以宏大的历史史实为依托，而故事所展现的，则是对“史前史”的虚幻铺陈。唯有如此，还珠精彩讲述博大精深神话故事的本领，方才可以得到尽情发挥。这种神话与历史的有机结合，恰恰是还珠“入世”武侠的魅力所在。人们正是在这种似是非是、似疑非疑中，享受到了“意乱神迷”般的阅读快感。

然而，正如事物祸福相依中的“物极必反”那样，盛名之下的还珠很快便遇到了麻烦。对此，几年后他在上海《沪报》连载剑侠小说《蜀山剑侠续集·峨眉七友》时，开篇“前引”曾言：

不佞前著《蜀山剑侠传》，原经通盘筹拟，计日成书。不意天儆宗邦，强夷入寇，平津沦陷，为时八载。寒家眷口十余人，大多妇孺，始而关河险阻，行李艰难，继以不肯附逆从敌，见嫉虎狼，为敌寇宪兵队拘禁七十余日，刑酷余生，幸免于死。由此时受监视，备尝诱胁之苦，虽幸终始坚持，勉全夙志，然而虏氛日恶，国难方殷，己身已因微名贾祸，时在敌寇恐吓凌逼之下，夫复何心，再事写作！中间除因书局方面再四力说，勉强零落续成若干集外，自三十二年夏起，一味杜门避祸，便不再写一字。此八九年中，迭承海内外各地读者函电交属，劝成全书，盛意殷勤，宏奖周至，无如此时环境艰危，敌人惯于罗织；亲友音书均早断绝，神交通信如此众多，保不引启猜疑，因而概不奉复，中心藏之，唯有感愧。〔《蜀山剑侠续集·峨眉七友·前引》，还珠楼主，《还珠楼主散文集》，（香港）天地图书有限公司 2014 年 10 月出版，第 426—427 页〕

“盛名”对人本就是一把双刃剑：盛名之下，荣誉、地位、物质、金钱都可以得到；盛名之下，自由、安全、健康、爱好也可以失去。凭借一部《蜀山剑侠传》，还珠爆得大名；随着“蜀山”“青城”“云海”等系列的接连推出，还珠已享盛名。然而，盛名之下的还珠，在享有名气和稿酬的同时，也失去了自在与安然，甚至中断了赖以生存的写作和与亲友的交往。继被诬入狱七十余天后，重见天日的他，实际上仍然没有得到充分的自由。虽然出狱以来他不问政治与时事，只是埋头赶写连载和整理出版单行本，但日伪的监视与纠缠并未因此而远离。而且随着其作品的畅销和火爆，这种监视与纠缠反而愈来愈甚——

首先，逃离魔窟后的这两年，起先是“家里还有伪军看守着”〔还珠楼主小女儿李观政言。见《往事依依蜀山青——还珠楼主子女访谈录》，天津《品报》（内部电子刊物）第 23 期，2013 年 7 月 1 日出版〕，随后则是无论居家还是外出，身后总是如影随形地有人跟踪。尤其是近一年来，即使偶尔在家中宴客，房门也会被突然推开，有佯装走错门者左顾右盼后离去。而还珠又偏爱请客和被请，于是总是闹得满座紧张甚至友朋不欢而散。

其次，作为爆得盛名的名人，还珠每日往来信函不断。然而无论是寄出还是收到的邮件，似乎无一例外地都有被人拆阅的痕迹，这让他及亲朋不寒而栗。时间一长，他为了自己和他人的安全，只得与外界断绝了往来。

最后，也是最为关键的一点，则是遍布北平城里形形色色的汉奸组织，对他仍未死心。继前期周作人、周大文等“大人物”邀他出山被拒后，此时又有各类大小不一的日伪组织，有如走马灯似的上门相邀，威胁加利诱地迫使他这个“华北名作家”去办报办刊。虽然对此还珠依然坚守底线，或坚拒或婉辞，但其心中则总是七上八下、惴惴不安。

身处此等境遇，再加上素有的“家国情怀”正在遭受异族蹂躏，还珠可谓心神忐忑、忧心如焚。正是在这种心烦意乱、惶惶不可终日的重压下，自1943年初夏起，他便闭门谢客，搁笔停墨，除为周作人在北平主办的《民众报》副刊写过一篇记述哀牢山的“还珠楼丛谈”《神峰灵桂》〔《神峰灵桂》，还珠，北平《民众报》1944年1月1日〕外，其余便“不再写一字”。即使各报连载稿件告罄，报馆主人上门苦求，他也婉言相辞拒不执笔。至于各种小说连载后结集的单行本，在当年9月《蜀山剑侠传》出完第33集、《云海争奇记》出完第10集、《轮蹄》出完第1集，以及10月《青城十九侠》出完第24集、翌年1月《天山飞侠》出完第2集、3集后，便都戛然而止了。

由此，开启了还珠写作生涯中罕见的近三年“空档期”。

在1943年夏天至1946年夏天这三年光景里，除了应付周作人一篇小稿外，还珠再没有于媒体上发表一个字。无论是小说连载，还是单行本出版，还珠重拾旧笔“再作冯妇”，那已是抗战胜利后的1946年8月了。

然而坐吃山空的日子并非可以长久。还珠一家人口众多，除长女观芳在三岁因病夭亡外，此刻还珠夫妇已有二女三子，再加上雇佣的两个保姆和一个车夫一个短工，这恰如其本人所言“寒家眷口十余人”，而且“大多妇孺”。如此众多的人口，温饱全赖还珠一支笔。若笔不再动，全家生活费用则完全没了着落。恰在此时，又赶上华北粮食等物资加紧管制，北平已是米珠薪桂。尽管此前还珠稿酬甚丰，家中尚有不菲的存项，但只出不进的结果也是难以为继。当然，生活的窘况还在其次，不再写作，做点小本买卖亦可生存，况且还珠早有“无心再多写作，学为商贾，抱布贸丝，养家活口”〔《还珠附启》，详见1940年11月天津励力出版社出版的《蜀山剑侠传》单行本第21集扉页〕的打算。可怕的是，大小汉奸的频繁骚扰和日本人的不断纠缠，让还珠寝食难安、度日如年。正是在这种万不得已的境况下，还珠想到了跑！赶快逃离这个对他虎视眈眈的北平城。

那么逃往何处呢？还珠此时心中已有了去处。自幼便浪迹天涯的他，对于国内的交通地理早已谙熟于心，入职冀察政务委员会和身陷日本宪兵队，又让他知道了眼下各地的战况时局：整个华北、东北都已是日伪天下，无论跑到何处，都是豺狼当道；厕身戎幕时曾数度到过西北，那里地广人稀、经济贫瘠，也不是安身立家之地。如此看来，只有逃往江南了。江南山清水秀、风淳物阜，秦淮河畔的首都南京和平津一样，都是五方杂处的大都市，目前虽然亦已陷落，但毕竟人口繁杂、机会较多。潜往此地，眼下即可暂时藏身，将来又能匿名办个刊物，养家糊口的同时，还能继续连载自己的小说。主意已定，他便开始了南下金陵的准备。

但就在此时，他偶然间读到了一本前两年在上海出版的《万象》杂志。在其中一篇谈章回小说的文章里，他发现自己的名气在上海还不是太大，觉得上海更便于隐姓埋名。据这篇署名徐文滢的文章讲："不少人模仿着《江湖奇侠传》，不少作品捏造着剑侠的派别的争斗，可是已不再有一部作品值得提出了。最近天津有一作家写着《蜀山剑侠》和《青城十九侠》，荒唐的故事更百十倍地出现，给予民间的兴趣恐很难有那样巨大了罢。"〔《民国以来的章回小说》，徐文滢，上海《万象》杂志，1941 年第四期〕知书而不称作者名，可见自己在上海滩还未"家喻户晓"。而且对于上海，他也并不陌生，儿时随父母客居苏州时，他便经常来往，即使到了沦陷前夕，他也因公因私多次往返。上海的繁荣摩登，让他印象深刻。同时，他还深知，作为远东最大都市，上海报刊业的发达程度，也要远远超过南京。尤其是连载各类通俗小说的小报小刊，更是此起彼伏地交替出现。如果自己将来有机会创办报刊，上海应该是个理想之地。

于是，他决定舍弃南京，就去上海！为了避免鲁莽冒失，他安排全家暂且不动，只是他一人单身前往，待站稳脚跟，一切安排就绪，再接全家迁移。

但是这次还珠却是判断有误。1944 年的上海，其实既不繁荣，亦不安全，当年是"市民在八年抗战中灾难最深重的一年！人们生活更受煎熬，社会风气败坏到极点，敌伪方面的丑闻怪事也在这一年更多地暴露出来"〔《孤岛见闻——抗战时期的上海》，陶菊隐，上海人民出版社 1979 年 11 月出版，第 270 页〕。尤其是自年初元旦起，日伪便在南市、闸北、沪西三地同时清查户口，以半月为期，对虚报户口者严加处罚，对未报户口者则一律驱逐出境。当时清查人员佩有白底红字臂章，可以不经任何手续就穿房入户搜查，因此许多人家的贵重物品不翼而飞，有些人则因抗日嫌疑而被捕。同时日伪还规定，每月 9 日为"防空日"，例须举行防空演习，全市断绝交通。此外，为了"节约"用电，日伪严令全市各商店营业时间限于每晚八时停业，各种霓虹灯招牌则须提早一小时关熄。舞场、饭店也必须在晚上十一时熄灯，其余各娱乐场所则限于零点打烊。上海自晚清以来所形成的“不夜城”，至此宣告结束。

治安如此，百姓的生活更是苦不堪言。1944年4月7日，日伪突然宣布撤销限制食米搬运禁令，恢复米市。然而5月25日米市开放首日，黑市每石为六千元，但到了6月1日上午便涨到了六千八百元，而到了下午则涨到了八千元，傍晚更是飞涨到一万元。一日之间，米价如此狂涨不落，这是前所未有之事。更甚者，则是到了年底，米市行情陷入空前混乱，每石成交价已到五万至五万五之间，而且一度爆升到七万元。黄金与白米历来就是衡量物价的重要标准，日伪认为引领物价涨落的标志就是此等黄白二物。为了说明还珠逃离北平这一年上海的物价飞涨，不妨就以敌伪档案中黄金、白米等生活用品的价格为例，与此前物价做一比对：

> 一九四四年，上海物价上涨的速度为战后七年来最快的一年。一九四一年太平洋战争发生时，物价比一九四〇年同期平均涨起了三倍，一九四二年十二月又比上年同期涨起了三倍，一九四三年又涨起了五倍，一九四四年又涨起了十倍。一九四二年，上海工业生产较上年减少了百分之三十，一九四三年，除军需工业外，民用工业大部停工，一九四四年则几乎全部停工。
>
> 一九四四年，黄金每十两的黑市价由年初的十万元涨至年终的八十万，涨起了八倍。米价每石由五千元涨至五万元，涨起了十倍。
>
> 以一九四四年年终主要物价与战前物价作比，战前米每石十一元，一九四四年年终五万元；面粉战前每袋三元八角八分，一九四四年年终一万两千元；豆油战前每百斤二十元五角七分，一九四四年年终五万六千元；白煤战前每吨十六元二角五分，一九四四年年终十万元；棉花战前每担三十四元八角七分，一九四四年年终十二万元；二十支棉纱战前每包二百九十五元，一九四四年年终五十万元。〔《孤岛见闻——抗战时期的上海》，陶菊隐，上海人民出版社1979年11月出版，第283页〕

就是在这个“民不聊生”的年份，还珠于炎炎夏日来到了上海滩。虽然行前他对这个远东最大都市在太平洋战争爆发后的情形做了最坏预估，但当他在火车上颠簸几日最终抵达时，看到的满目疮痍和听到的民声民怨，还是让他震惊。先不说百姓的生活如何艰辛，就是市容街景也失去了昔日“夜上海”的软红十丈。

作为文人，尤其是常年为报刊写稿的文人，还珠到任何地方，都离不开报纸。然而此时沪上的新闻纸，老牌《申报》，已由具有日本海军报道部背景的陈彬龢所操办，一版上的所谓新闻、专电、电讯及社论，均一面倒地采用“同盟社”稿件，其编排比日本人办的《新申报》还媚日；其他当年颇具影响的《新闻报》《时事新报》《晨报》等，也均论调转变，亲日色彩浓厚。倒是众多开型各异的各种街头小报，此时虽也刊有“新闻”，但比重很小，更多的版面则是娱乐明星的八卦秘闻和各类通俗小说连载，尤以言情和武侠居多。这让还珠看到了希望，认为在此还是能有“用笔之地”的。

为了考察谋生环境，还珠将暂住地选在了文人聚集、书报业集中的“麦家圈”。此地在今日黄浦区中部，当年泛指山东中路(福州路至广东路)一带。其得名源于英国伦敦会传教士麦杜斯。他1835年来沪传教，于1843年在山东路与河南路之间，划地三十余亩，建成私宅，人们便俗称此地块为“麦家圈”。为了传播西方科技文化，1845年麦杜斯在麦家圈开设了中国近代第一家出版机构——墨海书馆，并雇用了一些不名仕途的华裔文人进馆工作。这批首次和洋人科技、文化打交道的文人，当时被称作“秉笔华士”。时间一久，他们便成了“海派文化”的先驱，其中较著名者有绰号为“长毛状元”的一代文章圣手王韬、沈毓桂等。

在墨海书馆的带动下，“麦家圈”很快便成为全国报刊和图书出版与传播中心。特别是短短二百来米的望平街(山东路)上，更是汇集了《申报》《新闻报》《时报》等多家著名报馆，以及大大小小的各种书局、书肆。与此同时，此地也成了买春妓女与文人才子活跃的舞台。尤其是其中的四马路(福州路)，更是一条出名的“红粉街”。当年设在这里的众多“书寓”“茶馆”以及“长三堂子”里，“文人雅士”“媒介精英”和“书寓佳人”“长三阿姐”云集，他们吃喝冶游纵情享乐，为后人留下了许多津津乐道的香艳话题。

当年的上海“麦家圈”报馆、书局鳞次栉比

对于“麦家圈”战前之“盛况”，后来有论者曾言：“四海报人、笔士，少长咸集，群贤毕至。办报的，则弄得大小报纸百花纷呈；开书馆的，则述著中外，五花八门，弄得一班读者扑朔迷离，云山雾罩；经营印刷的，则机声轰轰，油墨刺鼻；一条统共1453米长的四马路上，居然有大小书报馆100余家（至上海解放时，仍有62家）。真可谓：书山报海，翰墨飘香。……更为显见的是，作为旧上海滩青楼娼门的集中地，这里的无烟消费实在是惊人。随之而起的时尚与衣饰，也就成了上海滩一大发源地。尤其是女子服饰，四马路几成上海女士的样本。”〔《老上海四马路》，胡根喜，学林出版社2001年11月出版，第11、12页〕

对于这个既翰墨飘香又声色犬马的“麦家圈”，还珠极为熟悉。此前多次来沪，这里都是他的必到之处。虽然眼下上海滩已面目全非，空袭不断，但此地却仍保持着文人麇集、人声鼎沸的局面。这是因为各大小报馆每日印出的各类报纸，其真假难辨的新闻和小说连载，仍吸引着大批报贩和文人前来趸报和抢阅。此外，面对日军的最后疯狂和盟军的狂轰滥炸，人们也在醉生梦死般地及时行乐。因此，就在还珠于四马路租到一家书局楼上亭子间住下时，“麦家圈”的“喧嚣”倒是让他蓦然间找到了昔日上海滩的“繁盛”。

随着所带盘缠的日渐减少，为了挣取吃住费用，也为了能给家里汇些钱去，还珠想到应赶紧找个事做。但因战时各家书局、报馆都在裁人，在匿名谈过几家报馆均碰壁后，他只得在亭子间偷偷地挂单鬻字。这不是他首操此业，早在天津编《天风报》时，他便有过“卖字”让“收入年增约千金”的经历。而且当年他也确实在报端刊过《还珠楼书润》：“扇面每把二元，如写蝇头小行书加十元，以八千字为限。”〔《还珠楼书润》，天津

《天风报》1934 年6 月10 日第四版〕

但此番重操此业，他却不敢公开登报悬润，也不敢在亭子间外打出广告。偶尔遇到识货的买主，他在满足对方书写要求后，属名时也是遮遮掩掩。因为他不想暴露自己的行踪，北平的大小汉奸们正在四处找他呢，他怕给家里人惹祸。至于这一时期他在“麦家圈”卖出了多少幅字获利几何，目前已不可知。但后来香港武侠小说作家倪匡等人在海内外市场买到的，下款署名“还珠李寿民”“寿民长寿”的书法卷轴，就是他此时所卖之字，则是无疑。

但即使这样，他还是很快便暴露了。因为在“麦家圈”，商铺互通，于此逗留的人们，几乎没有任何秘密可言。因此，还珠的字和其“大名”甫一出现，“《蜀山剑侠传》作者还珠楼主在麦家圈卖字”的消息，便在“圈内”传开了，而且还让一个人“欣喜若狂”。此人便是在“麦家圈”望平街 209 号开办正气书局的陆宗植。

陆氏乃苏州人，身患驼背残疾，早年来上海曾入职沈知方创办的世界书局。1937 年日军全面侵华后，他离职自办正气书局。老出版人俞子林当年曾“多次见过他”，据其回忆，当时麦家圈“出版武侠小说的以山东路（望平街）上的正气书局最著名。我常去那里进货。书店开在楼上，楼梯宽而平坦，好像原是仓库用房。店堂就在人字形屋顶下，十分阴暗。我去取书时只凭一个小折子（一种经折装的小册子）记录一下，定期结账付款。王度庐的《铁骑银瓶》，还珠楼主的《蜀山剑侠传》都是他们出版的。老板陆宗植，苏州人，驼背，我多次见过他，但从未交谈”。〔《上海文化街旧梦路》，俞子林，《出版史料》2012 年第 4 期，第 24 页〕

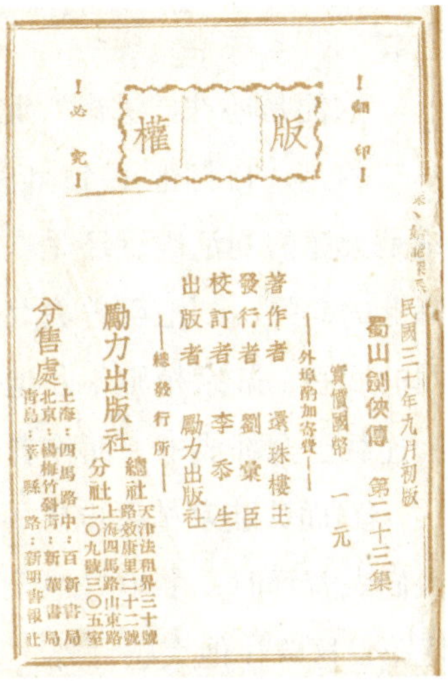

1941 年天津励力出版社老板刘汇臣已在上海开办了分社

正气书局是一家既搞发行又兼出版的图书机构，其开业之初所发行和印制的书籍，以新文学丛书及写作门径、公文常识等为主，也捎带批销一些武侠、侦探类说部。其后来将主要业务转向通俗小说尤其是武侠小说的发行和出版，是和还珠有关。1941 年 2 月，将天津励力印书局易名为天津励力出版社刚刚两个多月的刘汇臣，为扩大发行业务，来到了上海“麦家圈”。在经过一番考察后，他看中了陆宗植的正气书局。双方通过反复洽谈，最终决定天津励力出版社在上海设立分社，地址就在正气书局所在的“上海四马路山东路 209 号 305 室”，牌匾则挂在正气书局的下方，平时业务由陆宗植负责打理，主要是批发兼零售天津励力出版社所出的武侠小说。

于是，仿佛一夜间，还珠、王度庐、陈挹翠等北派武侠名家的作品，便摆上了正气书局的柜台，而且迅速热销。当然，无论是批发还是零售，还珠几部作品的需求量都是居于首位。同时，还珠这些作品在坊间，也是倍受各阶层人们的欢迎。《解放日报》老记者许寅便回忆，当年在静安寺路跑马厅围栏外，看跑马者人山人海，他“回头一瞥，只见一黄包车夫，正坐在车上看书，觉得奇怪，仔细一看：封面白底红字——《蜀山剑侠传》赫然入目。”于是他也“到一个借书摊上，租了一本《蜀山剑侠传》读了起来，一读，欲罢不能。手中一有铜板便去租书。短短一年时间，竟把当时能借到的所有还珠楼主的武侠小说，全部看完。成了标准的‘蜀迷’、还珠楼主崇拜者”。〔《当代武侠小说之王还珠楼主》，许寅，《还珠楼主小说全集》第 46 卷，山西人民出版社、北岳文艺出版社 1998 年 9 月出版，第 386 页〕

这便是还珠“逃离”北平之前，其作品在沪上风行的缩影。但让还珠不知的是，自打他 1943 年夏天搁笔及不久单行本也“戛然而止”后，无论是天津的刘汇臣，还是上海的陆宗植，便都因他“杳无消息”而成了热锅上的蚂蚁。刘汇臣曾去北平其府上打探，得到的只是外出做生意去向不明的回答；陆宗植则不断地催促刘汇臣新书发货，但得到的答案也仅是报上连载已全部成书，而作者却踪影全无。

然而让陆宗植再也想不到的是，就在他频繁地向前来购买还珠新作的人们做解释时，梦里寻他千百度的“还珠楼主”，竟然出现在了自己眼皮底下。这既让他大感意外，又使他大喜过望。在获悉还珠踪影的第一时间，他在给天津刘汇臣发加急电报的同时，便一头奔向了还珠租住的亭子间。

见到既兴奋又急迫的陆宗植，还珠没有显露出过分的热情。因为他知道，自己的书正是在对方的书局销售，而对方的书局也就是天津励力出版社上海分社。此前他已去看过多次，也见过陆氏。但他没有暴露自己的身份，因为他不想让对方知道自己已“逃”到了上海，否则天津的刘汇臣就会得到消息追踪而至。如果见了刘汇臣，自己已搁笔多时，手中无货，则无法向他交代。因此，他只是淡淡地说，自己已无心笔耕，此次欲往南方军政界谋职，眼下只是路过上海，偶尔出售几幅笔墨，也仅是换些盘缠而已。

但陆宗植却顾不上这些，在寒暄过后便做了详细自我介绍，并告诉还珠已通知了天津刘汇臣，刘老板马上来沪。随后他便要求还珠立刻开笔，并说：“军政界的事，不用去搞了，你还是住定在上海写稿子罢，想来生活总可以维持的。”尽管还珠再三推辞，但架不住陆宗植的好言相劝，再加上行踪已然暴露，刘汇臣马上就到，最终还珠同意了，决定“就在上海开始写作生活”。

为了能“套住”还珠，让他安心写作，精明的陆宗植将闸北老垃圾桥北堍唐家弄卅一号自家住宅腾出，让还珠住了进去。据还珠子女回忆，当时“双方在饭桌上敲定，父亲的全部著作由正气书局独家出版，写一本出一本，稿酬从优”。〔《回忆父亲还珠楼主》，观贤、观鼎，《人民日报》（海外版）1988年3月22日〕而且陆宗植还答应还珠，由他去和刘汇臣洽谈，拟以高价购买天津“励力”所拥有的还珠版权，包括此前的全部作品和以后的所有新作。

就在还珠思考如何向刘汇臣解释时，刘氏已风尘仆仆地从天津赶到了上海。他在见过还珠问明情况后，知还珠南迁决心已定，觉得再说也无益，于是就与陆宗植商谈起了版权买卖事宜。看到刘汇臣已经松动，陆宗植遂报出了让还珠震惊刘氏满意的价码。于是，经过几轮版权转移的磋商与谋划后，天津“励力”与上海“正气”的买卖便正式成交。

刘汇臣之所以能够忍痛割舍还珠这棵“摇钱树”，除了陆宗植给出的价钱让他心动外，更重要的原因则是，此时他已掌握了更多北派武侠名家的版权，他已没必要在还珠这一棵树上吊死。他认为，既送了还珠与陆宗植的人情，又得到一笔不菲的转让金，同时自己手里还攥着多棵“摇钱树”，这样的买卖何乐而不为？！

从后来结果看，刘汇臣此举也不蚀本。因为虽然丢了还珠，但他很快便将多位其他北派武侠名家的作品，或租型或买断地付梓，并通过陆宗植的正气书局，迅速打入以上海为中心的南方市场，随后便是收获巨额回报。如白羽的《侠隐传技》（1947 年）、望素楼主的《夜劫孤鸾》《胜字旗》（1948 年）、徐春羽的《逃刑传》（1948 年）、郑证因的《五凤朝阳刀》《离魂子母圈续集》《鹰爪王》《续鹰爪王》《贞娘屠虎》（1948 年、1949 年）、王度庐的《紫电青霜》《绣带银镖》《洛阳豪客》《香山侠女》《宝剑金钗》（1948 年、1949 年）等，便是这样进入上海滩的。

这些作品的获利加上出卖还珠版权所得，刘汇臣瞬间便成了国内出版界的“巨擘”。以至于 1948 年 2 月，他看到平津吃紧，遂将买卖由津迁沪，在保留“天津励力出版社”名号的同时，又于上海四马路（今福州路）384 弄 5 号创立了“上海励力出版社”。而其出版物，也不仅限于北派武侠小说，而是涵盖了北派社会小说、言情小说、社会言情小说以及武侠小说等诸品种。刘云若、李山野、陈慎言、李熏风、朱贞木等名家的作品，当年便是这样打入南方市场的。是年底，在淮海战役的隆隆炮声中，刘汇臣携巨款移居香港地区，由此结束了励力出版社在津沪两地出版北派通俗小说的历史。据后来定居香港的还珠长子李观承披露，刘氏“一九四八年来香港后，曾在中环威灵顿街开一小书店，一九六四年去世”〔《我的父亲还珠楼主》，李观承，《近代中国武侠小说名著大系・还珠楼主卷》，台湾联经出版事业公司 1984 年 12 月出版，第 48 页〕。

看到陆宗植与刘汇臣已达成版权买卖协议，还珠心中的一块石头也就落了地。就在他们二人谋划具体版权转移事项时，还珠已在考虑下一步的写作规划并着手开写《蜀山剑侠传》续书了。他首先向二人提出，各种续书的撰写当然要抓紧，但更重要的是，眼下要让更多的上海市民看到此前已出版的各种单行本。只有这样，“蜀山”等续书的推出才会有市场，人们也才会追着往下看。此建议，其实正合陆宗植与刘汇臣之意。他俩商量的，也正是如何尽快地再版此前已在天津面世的《蜀山剑侠传》前 33 集之事。有了此等共识，三人便做了具体分工：刘汇臣迅即返津筹集全部再版本的原刊本；陆宗植在沪上照顾还珠写作的同时，做好再版本及续书的印制与发行准备；而还珠则一门心思地在唐家弄卅一号陆宅安心写续作。

然而，无论是陆宗植还是刘汇臣，他们都不曾想到，还珠心中此刻已有了更庞大的写作规划。

自打住进上海闸北老垃圾桥北堍唐家弄卅一号陆宗植私宅，还珠便发现，这是一个乱中取静的写作佳地。自己酝酿多年的一个庞大写作计划，有可能在这里完成。

所谓“老垃圾桥”，便是今日的浙江路桥，其1880年始建于苏州河上，旁边便是四行仓库。当年“一·二八事变”中，其附近的大部分地区均遭炮火洗劫，唯桥北堍的唐家弄因处于闸北租界而幸免。唐家弄泛指今日天潼路西段一带，其1893年划入租界后，城市化程度迅即提高，至还珠移此居住时，已为成熟住宅区。在当时战火正弥漫整个大上海之际，这里却显得安稳平静，既不用整日的跑防空，也不必担心日伪的频繁搜查。因此，还珠有了在此静下心来，于续写“蜀山”等书的同时，再以“蜀山”“青城”枝蔓为线索，重开几部与之相关联新书写作的想法，并由此完成在他心中盘桓多时的那个庞大的“蜀山系列”。

这是还珠自从开写剑侠小说以来，便在心中酝酿架构许久的一个“出世”与“入世”完整结合的“整个计划”〔《论还珠楼主的“入世武侠”小说》，周清霖，详见台湾淡江大学中文系主编《侠与中国文化》，台湾学生书局1993年4月出版，第510页〕。而要完成这个计划，则需要安稳的环境与充足的时间。在当下这个乱世之中，这显然是可遇而不可求之事，但眼下自己却真的就遇到了。于是他格外珍惜这来之不易的机会，在陆宗植与刘汇臣忙着筹划《蜀山剑侠传》前33集再版之时，他便沉下心来有条不紊地开始了续书与新书的同时写作。为了调剂枯燥的爬格子生活，他还在写作间隙，顺手写下了众多的书法作品。岂料这随手产生的“副产品”，却让陆宗植看到了商机。

为了让还珠安心写作，不为家人生活分心，也为了不让“麦家圈”同行知道自己已“买断”还珠，陆宗植想让还珠在“麦家圈”搞一次书法售卖。这样一来可以让还珠有更多进项汇往北平，免去他对家人的牵挂；二来也可以借此迷惑同行，让众人知道还珠来沪仅是鬻书小游，免得旁人获知内情登门拉稿。于是，在1944年8月20日，“还珠楼主（李寿民）沪上书法展”便在“麦家圈”开幕了。此前一日，为扩大影响，陆宗植特意找到还珠在上海的老友苏少卿，请他专门写了一则消息刊于媒体：

峨眉李寿民先生，别号还珠楼主，擅小说家言。所著《青城十九侠》《蜀山剑侠传》等说部，多家乡奇士故事，早已脍炙人口。又能编剧本，如《芝龛记》《花蕊夫人》《峨眉剑》《梁红玉》《青城十九侠》《汉明妃》《鞭打芦花》等数十出，皆楼主大手笔，付与名伶尚小云；而十余年来，常演于南北各埠者也。

民廿一年，吾因沙大风君之介，识楼主于天津，佩其小说戏剧为中国第一流，犹不知其雅善书法也。今楼主来沪小游，携所作书屏条、对联百余件，将于明日开书展于大众书局（福州路山东路口），与沪滨人士结一重文字因缘。楼主信多才多艺，吾亦自幸得与为友，故乐以一言为介焉！〔《还珠楼主（李寿民）沪上开书法展》，苏少卿，上海《海报》1944 年 8 月 19 日〕

2014 年 11 月 21 日，在重庆市长寿区召开的还珠楼主高端论坛上，叶洪生向重庆市长寿区政府捐赠还珠书法卷轴

据中国香港地区出版家许礼平近年披露，1990 年前后，他曾“在广州文德路文物商店购得李一轴行书宋人诗，无上款，即此时期（这次售卖）所书”，并解释说：“笔者所藏还珠楼主这件行书宋人诗两首，前者系陈简斋〔与义（一〇九〇至一一三八）〕所作，陈诗多感时伤事，以学杜甫名。后者系福建连江人郑起（一一九九至一二六二）所作，郑专研周易，人称道学君子。郑的儿子郑所南（思肖）系大画家，名气更大。王渔洋《池北偶谈》卷十九载宋人绝句数十首，前中也录有这两诗，且连在一起，还珠楼主或据之抄录。末钤‘寿民长寿’、‘还珠楼主’朱文方印。还珠楼主工诗擅书，此幅冷金笺朱丝栏，用笔如行云流水，飘逸若剑仙，小阁风凉，茗余静对，如见蜀山侠客。”〔《旧日风云》，许礼平，生活·读书·新知三联书店 2015 年 3 月出版，第 297、298 页〕

至于此次书法售卖获利多少、是否成功，因没有后续报道，不得而

知。但还珠随后便在上海滩“销声匿迹”，却是事实。因为自此至1946年8月，沪上媒体再也未见还珠消息。

平静的写作状态并未维持多久，处于多事之秋的上海滩便再次面临危机。因为就在还珠刚刚安下心来开始写作时，沪上就已频频遭遇美机轰炸。虽然每次空袭警报解除后，日方都会发公告称“敌机盲目轰炸，由于我机升空迎击，我防空阵容无比坚强，敌不得逞，狼狈分散窜走”，但当局还是实行了严格的灯火管制。对警报发出后露出光亮的门户，在给予停电处罚的同时，还将以“妨害大日本皇军军事行动论罪”，轻者牢狱之灾，重者充军杀头。而且这种防空警报和灯火管制越来越勤，从几天一次到一天几次。就在如此这般闹得还珠和上海市民战战兢兢之际，申城自沦陷后最大的一次空袭到来了。

1944年11月10日上午八时三刻，近二十架美机飞临沪滨上空。它们每隔三五分钟便向北、南、东三个方向投弹一次，其目标是沪北的江湾机场、沪南的龙华机场及高昌庙军用仓库，以及停泊在沪东黄浦江中的日本军舰。据当时居沪的报人陶菊隐回忆：“当日每投一弹，上海就像发生七级强烈地震一样，房屋震动得像要跳起来，玻璃窗震碎了，房中什物用具也被震得东歪西倒。这是上海自有空袭以来最大的一次空袭。许多市民举目一望，但见铁鸟蔽空，火光一片，浓烟四起。”在经过四个小时的轰炸后，“到下午一时，他们才消失在硝烟迷漫的蔚蓝色天空之中。下午二时，日方才解除了空袭警报。”事后统计，“是日上海市民死伤达数百人之多，是上海受空袭时市民大量伤亡的第一次，打破了‘上海无危险’的乐观论”。

此次空袭十一天后，11月21日沪上又经历了一次时间最长的空袭警报，从上午八时警报发声一直到下午四时方才解除。“这一天的情形更严重，电话打不通了，电车走不动了，晚上电灯也开不亮了。”〔《孤岛见闻——抗战时期的上海》，陶菊隐，上海人民出版社1979年11月出版，第289—290页〕

虽然还珠所居的唐家弄，因系租界区而免遭轰炸，但刺耳的警报、震耳欲聋的爆炸以及频繁的停电，仍是搅得他惊恐不安、六神无主，以至于写作也是时断时续，思路难以集中。这种状况一直持续到年底，由于日军在与盟军作战中兵力吃紧，驻沪部队纷纷调往前线，美机的轰炸方才歇息。

没有了频繁的警报和轰炸，这时的上海滩复旧如初，不但街上行人见多，而且各种生意亦开始恢复。表现在文化方面，便是各大小租书铺此时纷纷开张。

据当时媒体报道："因为书价高昂，一般人无力购买，故出租小说的书店，日见其多。最初是旧书店附设的，目前却有许多专门出租小说书的铺子开设，所备的书，全是新买的。"这种生意"对于读者是最经济、最实惠了，每月只要花二三百元，再付三五百元保证金，就可以读书一月，有许多商店，价钱特别公道，一百余元也可以看一个月了"。这些"出租小说的商店，大概分布于下面几处：辣斐德路（吕班路以南）、福煦路、三马路、卡德路、黄家沙……但，目前几乎每条路上都有出租小说商店。所备的书，大约有下面数种"：（一）武侠小说；（二）社会小说；（三）侦探小说；（四）历代章回小说、笔记小说；（五）新文艺小说。而"每一家对于张恨水、刘云若、还珠楼主著作，必须齐备"。〔《出租小说书店概况》，方谷，《大上海报》1945 年1 月3 日〕

这里所说的还珠著作，便是刘汇臣付梓、陆宗植批销的《蜀山剑侠传》等剑侠小说。

第二节　申城刮起“还珠旋风”

在期盼日军战败和渴望安稳中，还珠翻开了1945年的月份牌。

因为有了长住上海写小说的打算，这一年春节，他抽空跑回北平，与夫人商量举家南迁之事。过完正月，在返沪前夕，他已与孙经洵商定，上海光复在即，只要日军战败撤离，全家即刻动身。之所以有如此判断和安排，是因为他一直在关注着时局——自新年开始，美军在太平洋上的“跳岛作战”，便频频得手：1月9日在吕宋岛登陆成功；2月3日，攻入马尼拉；3月16日，攻陷硫磺岛；3月19日，对日本濑户内海的日方舰队实施了毁灭性打击。至此，日军吹嘘在太平洋上“全歼美军”的神话已彻底破灭。

本就有“军政情结”的还珠，在获悉以上消息后，心里清楚，日军在中国的日子已经不长了。返沪之后，他对战况更是格外留心——4月1日，美军在冲绳岛成功登陆，战争进入了日本本土；4天后，苏联政府宣布取消苏日两国中立条约，预示着苏军即将对日宣战。5月2日，苏军攻入柏林；8日德军宣布投降，上海滩一片欢腾。这时还珠已预感到，战争快要结束了。为此，他的精神格外振奋，不但又开了几部新书，而且笔下也在明显提速。他是想尽量多写，尽量多挣些稿费，等日军投降天下太平，好把家人接来上海团聚。

此时的上海，虽然日伪管束相较以往已显松动，但灯火管制依旧，而且用电已从过去的每户只限七度缩减到五度。因此，一到夜晚，无论是马路还是居所，都是一片漆黑，蜡烛成了抢手货。这一年8月7日，还珠从日本人在沪发行的《日日新闻》上看到了前一日“暴米（美国）在广岛投下了一种猛烈性的地毡弹，死亡人数无算”的报道。9日晚上，陆宗植又神秘地告诉他，从收音机里得知，又一颗“地毡弹”在日本长崎爆炸。并说所谓“地毡弹”，又名“原子弹”，其杀伤力巨大，一声巨响就有五六十万人毙命。还珠闻此不禁大骇，想不到自己在小说中虚构的“九子阴雷”“青雷子”“二行珠”“混元一炁球”等神奇爆炸物，竟然变成了现实！

就在还珠颇觉不可思议之际，10日晚上十时左右，陆宗植突然破门而入，兴奋地向他大喊：“好消息！好消息！刚从俄国人那儿得来消息，日本已接受波茨坦公告，准备投降啦！”烛光下写作正酣的还珠，闻讯大喜，立刻丢下纸笔奔向阳台，当他看到法租界一带果然已灯火通明时，拉着陆宗植便冲出了房门。

这时的唐家弄，人们已陆续涌向街头，欢呼声、鞭炮声响成一片。尤其是一些白俄人，更是在道路中央跳起了哥萨克舞和各式古典舞。他们二人穿大街走小巷，当来到霞飞路时，这里已是人山人海、欢声雷动。各商店已不顾电力限制，灯火齐开，将马路照得亮如白昼。还珠与陆宗植挤进一家名为E.B.C的餐厅，这里早已人满为患，他们兴高采烈地抢着店主人提供的免费啤酒，尽情畅饮。随后二人再次走上街头，加入到狂欢的人群中。

就这样，还珠在上海度过了这个让他一生难忘的不眠之夜。

此后的几天，还珠始终沉浸在兴奋之中。12日，上海广播电台终于证实了日本“无条件投降”的消息；15日，在沪日军中上级军官集中在霞飞路国泰大戏院后13楼，收听日本天皇的投降诏书；16日，蒋介石在重庆发表广播演说，宣布抗战结束；同日，日本首相铃木也作了“战争结束”的声明。

当申城百姓纷纷欢呼“天亮了”的时候，日军的大部队撤走了。在国民党正规军进入上海之前，首先出现在人们眼中的是军统系统的“忠义救国军”，随后便是政府从重庆派出的一批批“接收”大员。很快，上海滩便陷入了新一轮混乱。这些接收者“以逮捕汉奸为借口，黑帽子满天飞”。许多人被戴上政治汉奸、经济汉奸、文化汉奸的帽子。接收大员“只要带上三五名彪形大汉，口称某某机关大员，汉奸们就只能任其翻箱倒箧，饱载而去。这是一种变相的公开抢劫。上海市民骂他们比日伪人员‘宰填鸭’的手段更恶劣”。“上海人日日盼天亮，满以为天亮后带来的是无限光明和莫大幸福。谁知敌人尚未缴械，政府尚未还都，这个美丽的梦就被贪污、狂暴、无能与无耻的新台风吹散了。胜利带给人民的不是光明和幸福，而是血和泪。无怪乎上海人称胜利为‘惨胜’，并且认为‘天还没有亮’呢。”〔《孤岛见闻——抗战时期的上海》，陶菊隐，上海人民出版社 1979 年 11 月出版，第 325、330 页〕

正是耳闻目睹了太多“五子登科”的丑剧，还珠兴奋的心情渐渐冷却。接家人来上海的迫切，也变得徘徊、踟蹰、犹豫不决。在经过多日权衡后，他决定，暂缓全家来沪，还是自己一人暂居沪上，一方面抓紧写作抓紧挣钱，一方面静观时局重做打算。主意已定，他反倒安心了许多。于是，尽管外面灯红酒绿、乌烟瘴气，他却独居小屋心无旁骛地笔耕不辍。

1946 年到来了。这年 1 月 10 日，孙经洵在北平生下了四女李观政。家里又添一张嘴，还珠顿觉自己手下这支笔的分量陡增。好在已经开写的几部小说，无论是进度还是去向，目前都进展顺利。对于这一时期的生活与写作状况，一年后他写道：“去秋强虏屈服，国纪重光，邦家再建，懔于匹夫之义，敢怀一得之愚；欲以微言，少陈鄙见，不图枭鸾并集，举措全非，时机坐失，隐忧无既。由不得说，变为不能说，再变而为没法说，不忍说，以至于不敢说。没奈何，暂时重理旧业，就《蜀山剑侠传》未完节目，续写下去。”〔《蜀山剑侠续集·峨眉七友·前引》，还珠楼主，《还珠楼主散文集》，（香港）天地图书有限公司 2014 年 10 月出版，第 427 页〕

然而就在这“续写”的过程中，他发现，大都会久违的“歌舞升平”又重现了。环境的变化让他的心情舒朗了许多，笔下的速度也明显加快。虽然此时的上海滩“五子登科”依旧，但市面街景却快速“繁荣”，战前的“夜上海”仿佛又回来了。对此，国民党战将白崇禧之子白先勇曾追忆说：“我是1946 年春天，抗战胜利后第二年初次到达上海的，那时候我才九岁。”“战后的上海是个花花世界，像只巨大无比的万花筒，随便转一下，花样百出。”“那时上海滩到处都在播放周璇的歌，家家‘月圆花好’，户户‘凤凰于飞’”。“周璇最有名的《夜上海》大概也相当真实地反映了战后上海的情调吧。当时霞飞路上的霓虹灯的确通宵不灭，上海城开不夜。”〔《上海童年》，白先勇，《夜上海》，经济日报出版社2003年3月出版，第265、267页〕

就是在这个被洋场才子范烟桥称作“夜上海”的“不夜城”里，隐居租界的还珠，伴着商场飘出的“上海没有花，大家到龙华，龙华的桃花都回不了家”“桃噢花江是美唉人窗，桃噢花啊千哀万唉万朵喔喔喔，比不上美唉人嗯嗯嗯多”等靡靡之音，不但赶写出了《蜀山剑侠续集》〔《蜀山剑侠续集》又名《峨眉七友》，出版单行本时易名《峨眉七矮》〕等多部新作，而且还分别找到了“买主”——多家或老牌或新创的“上海小报”。

所谓“上海小报”，就是内容以休闲趣味为主的小型报纸。其滥觞于晚清时的申城，并于民国年间形成独特的文化风景线。据学者李楠介绍：晚清至民国时期，曾经在上海创刊发行过的小报总数，至少有一千种以上。在民初至1937年“八一三抗战”前多为三日刊；“八一三抗战”到1949年上海易帜前多为日刊。其类型也是千姿百态，有文学文艺小报，有戏报和游戏报，有社会新闻报，有生活常识报，有揭载内幕秘闻的小报，有综合性小报，当然还有少量的黄色小报。新月派作家梁实秋曾把“上海小报”比喻为风情万种的“姨太太”，他说：“我们平常看大报，像是和太太谈天，她老是板着脸，不是告诉你家里钱不够用，就是告诉你家里兄弟吵架，使你听得腻而且烦。偏是翻翻小报看看，她会嬉皮笑脸地逗着你玩。姨太太逗着你玩，使你笑眯眯的开心。”〔《小报》，梁实秋，转引《晚清民国时期上海小报》，人民文学出版社2006年9月出版，第24—25页〕由此可见，“上海小报”的特性便是游戏性、趣味性、通俗性、轻型性、软性及流言性。

据李楠不完全统计，1931年至1937年，上海有小报近百种，仅及20世纪20年代的七分之一。抗战全面爆发后，上海大小报纸先后告停。但至1939年5月，复刊或创刊的小报又有五十余种，出现了“孤岛”时期小报数量的高峰。1941年底上海完全沦陷后，小报再度落入低潮。此时期较有特色的小报，仅为1942年金雄白创办、由汤修梅主编的《海报》。到 1945 年上海光复前夕，小报则只剩下《海报》《平报》《东方日报》三家。但很快，复刊和新创办的小报便达到八十多种，其中较有影响的是《铁报》和《东方日报》。当时支撑这些小报的主要稿件之一，便是因贴近市场而造成类型化写作，并具有因媒体连载传播方式而造成非单行本化、片段化、未完成时态和与新闻结缘等特点的“小报小说”。〔《晚清民国时期上海小报》，李楠，人民文学出版社 2006 年 9 月出版，第 10、17、24—25、26、52、56、57 页〕

其实通过梳理可以发现，上海小报从肇始起，连载“小报小说”便是其最大特色。民初一张四开四版小报，在二、三版就有一至两篇“小报小说”连载。学者孟兆臣“根据上海图书馆馆藏报纸的统计，20—40 年代登载过小说的小报约有 180 种，共登载小说约 3500 篇，绝大部分为长篇”。而当年这些“小报小说”的作家，多是由“鸳蝴派”文人充任。

但当时光流转到1946 年的时候，八十多家小报的主人们却发现，当年上海滩上那些“鸳蝴派”名家，大多已不见了。李涵秋、许指严、徐枕亚、毕倚虹、朱瘦菊、袁寒云、张丹斧、戚饭牛、天虚我生、余大雄、徐哲身、奚燕子、海上漱石生等，已先后故去。即使在世者，也多是另操他业。如平江不肖生已在蚌埠厕身戎幕，出任少将参议；沈禹钟做了私家秘书；范烟桥吃了电影饭；施济群挂了医生牌；陆澹庵、朱大可当了教书匠；张恂子两栖于话剧与教育界；平襟亚改行成了律师；程小青则开了影戏馆。此外，也有人踏入仕途，如刚刚逝去的叶楚伧。当时仍活跃于文坛报海者，仅剩王钝根、包天笑、徐卓呆、顾明道、郑逸梅、程瞻庐、严独鹤、周瘦鹃、秦瘦鸥等有限的数位名家。

但此时各小报对小说的需求，却是与日俱增。“战后，上海地方小报上，每日一般都有5 到7 篇小说同时连载，声势浩大，铺天盖地，小报成了当时登载小说最多的媒体。”而且“所占版面更加重要，许多小报甚至在第一版登载1 到2 篇小说”。故此，发现“鸳蝴派”新的替代者，便成了这些报馆主人的当务之急〔《20 世纪 20—40 年代通俗小说在上海小报上的传播》，孟兆臣，《中国现代文学研究丛刊》2005 年第 6 期，第 130、131 页〕。

正是在此背景下，以“新感觉派”为代表的“海派小说”作家和北派通俗小说名家，引起了他们的注意。而早已在南北大名鼎鼎的还珠，则是在陆宗植的策划与引荐下，于此时与这些上海小报发生了联系，并迅速迎来了作品爆发期。

沉寂近三年的还珠重出“江湖”，几乎是在上海滩多处同时“现身”的。

1946年8月1日，其两部新著联袂亮相：剑侠小说《柳湖侠隐》由《大众夜报》开始连载，至翌年的1月12日结束；《蜀山剑侠新传》则由《铁报》连载，直至1948年1月10日告停。8月15日至11月28日，新撰剑侠小说《武当异人传》由《诚报》连载；8月16日至翌年4月8日，新撰剑侠小说《峨眉七友》由《沪报》连载。还珠在这部“新传”的开篇，曾“奉告频年赐函诸公以及各界读者”，此书“先由本报（《沪报》）逐日刊登，预计每隔三月便可由不佞续出一单行本。完成全书，当不在远”。〔《蜀山剑侠续集·峨眉七友·前引》，还珠楼主，《还珠楼主散文集》，（香港）天地图书有限公司2014年10月出版，第427页〕后该书更名《蜀山剑侠续集》，出版单行本时又易名《峨眉七矮》〔《峨眉七矮》单行本三集九回17万字。1946年12月由上海百新书店出版第1集，封面书名前冠以“蜀山续集”；1947年6月出版第2集；第3集未印出版年月，而扉页书名前冠以“蜀山外集”〕。同在8月，其十余年前在天津《天风报》《还珠楼丛谈》专栏上连载的《名菜谱》，经整理添加后，也由上海北新书局推出单行本。

同年10月1日，新撰武侠小说《侠丐木尊者》，由上海《今报》开始连载；10月5日，新撰剑侠小说《北海屠龙记》，也连载于上海《茶话》杂志，至1948年1月5日共刊出16期。随后，又一部剑侠小说《丛林侠隐》，亦刊于1946年上海《沪光》杂志革新1号上。

与这些新著的杀青几乎同步，1943年9月出至第33集便“戛然而止”的《蜀山剑侠传》单行本，亦于1946年10月连出了34集、35集、36集三集。但出版方，已不是天津励力出版社，而是标注为“出版者：两利出版社”（又名“两利书局”）“总销售：上海正气书局”“发行人：陆宗植”“社址：上海山东路二〇九号”。与此同时，这个“两利出版社”还先后两次重印了《蜀山剑侠传》第1—33集，并在各集版权页处均标注“新X版（第X集）”，以示与此前的“励力”版相区别。在这些新出和重印的《蜀山剑侠传》封底，还都刊有宣传语称：

> 本书为还珠楼主一鸣惊人、刻意经心成名之作。自第一集出版以后，佳誉鹊起；读者欢迎如疯如狂，盼望续集如饥如渴。良以楼主学养精深，见多识广；足迹遍历名山大川，博闻天地间奇情怪事；著为小说，深入浅出，雅俗共赏。故能不胫而走，使远近读者望风而归，声势浩大，无与匹敌也。内容虽神怪至于不可思议，而加以咀嚼，无不合于古今哲理、中外人情，绝非信口开河、胡言乱语者可比。所有盈虚消长之理、邪正生克之势、风雨雷电之变、情爱淫欲之别、山水花草之美、生老病死之苦等等，均有极切实之发挥；否则何以能抓住读者心魂，得广大读者之叹赏哉？

对于这种版权变化，当年就在上海的评论家徐国桢 1947 年底曾有记载：“此书（《蜀山剑侠传》）最初归天津励力出版社发行，因战事关系，中间一度停止续出。到励力上海分社探听续出消息的人很多，外埠来信探问者远及南洋一带。西南地带，闻曾有翻版伪本流行。那时出至第三十余集。不久，上海有一个两利出版社，向励力出版社把该书纸型和版权同时购得，重版出书，由正气书局发行。购买的人果然很多，而且有许多人都从第一集购起，可见他（还珠）的老读者固然不大肯忘怀他，新读者还是在继续产生。”〔《还珠楼主及其作品的研究》，徐国桢，上海《宇宙》杂志 1948 年第三期〕

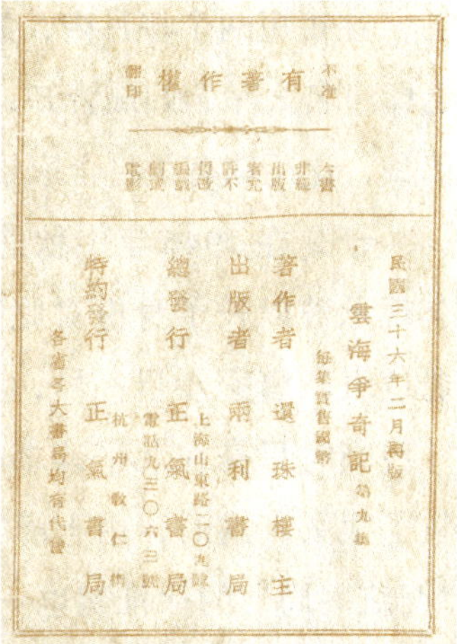
有著作權 不准翻印

本書非經出版者允許不得改編戲劇演電影

民國三十六年二月再版

雲海爭奇記 第九集

每集實售國幣

著作者 還珠樓主

出版者 兩利書局

總發行 正氣書局 上海山東路二〇九號 電話九三〇六二號

特約發行 正氣書局 杭州教仁街

各省各大書局均有代售

1947 年以“两利书局”名义出版的还珠楼主作品

徐国桢是还珠“知音”兼好友，然而当时连他也不知道，此文中所提到的“两利出版社”，其实正是陆宗植与刘汇臣在还珠版权“谈判”中策划出的结果——“两利出版社”只是个虚拟的牌号，其幕后操盘者正是天津“励力”老板刘汇臣和上海“正气”老板陆宗植。为了还珠版权的平稳过渡，也为了探探沪上读者对还珠作品的真实需求度，他们二人决定先以这样一个虚拟的出版社再版和出版卷数浩繁的《蜀山剑侠传》。虽然标的是上海正气书局“总销售”及“发行人”是陆宗植，但印制费用和销售盈利则是两家按商定比例投入与分成。取名“两利”，就是预示着两家都能得大利。后来的事实证明，还珠虽然“稿酬从优”，但拿的是有数的回报，两家投资人赚的却是无数的钞票。文人受累，商人赚钱，于此显现无遗。

同在1946年10月，陆宗植的正气书局还独家结集付梓了还珠正在上海报纸上连载的《武当异人传》〔《武当异人传》单行本一集二回7万字，未完，下接1948年9月20日上海《真报》开始连载的《武当七女》〕和《柳湖侠隐》（第1集）〔《柳湖侠隐》单行本六集十三回36万字，1946年10月上海正气书局出版第1集，至1948年5月6集全部出完〕。两书上市后，也很快风靡坊间。

在短短两个多月内，如此“井喷”般地密集推出作品，还珠在上海滩迅即声名大噪、妇孺皆知，同时也赚得了预期钞票。各处源源不断汇来的稿酬，让还珠有了将全家接到上海团聚的底气。

于是在1946年中秋前夕，还珠再返北平，携一家大小及女佣来沪。李观承曾以长子身份对此回忆说：“抗战胜利后，举家南下，住在上海老垃圾桥唐家弄卅一号，不久，又搬到建国西路。这段期间，除我以外（我当时只身在北平读书），全家还在西藏路的远东饭店五一六号房，住了很久。这时，由上海‘正气书局’老板苏州人陆宗植出版他的书。‘百新书局’的徐稚鹤也一度出过几本。”〔《我的父亲还珠楼主》，李观承，《近代中国武侠小说名著大系·还珠楼主卷》，台湾联经出版事业公司1984年12月出版，第49页〕据此可知，虽然长子未至，但仍因人口众多，唐家弄陆宅已不敷使用，他们先在富有异国情调的法租界建国西路租房而居，后又搬到了地理位置优越，距南京路、淮海路及大世界游乐场均一箭之遥的远东饭店，而且一住便是两年。

上海远东饭店是由四明公所董事洪贤钫于1923年建造，内设的评弹表演，乃沪上高档书场之一。此外，这里还常年有沪剧、越剧等班社演出。在当年华人旅馆中，娱乐休闲较著名的“三东一品”，便是指南京路东亚旅馆和大东旅社、西藏路远东饭店和一品香旅社。既然于远东包房居住，在紧张的写作间隙，听听评弹看看戏曲，便成为还珠此时最好的休息。

关于他这一时期的写作状况，徐国桢曾以朋友的身份做过介绍："我和他相知甚浅，可也常有相遇的机会。""他现在是一个纯粹的职业写作家，每天非写不可的小说稿在万言上下，不好意思去打扰他，免得影响他的工作。""他除续写未了各部小说外，同时应上海、香港、无锡、镇江、北平等地的日报特约，按日写寄长篇小说。""他一天总要做足十二小时的工作，脑力休息的机会，除睡眠以外，就很少了。一个人脑力能够'长期抵抗'，同他一般久用不疲的，也不多见。"〔《还珠楼主论》，徐国桢，上海正气书局1949年2月出版，第7、9页〕对这种写作状态，当年曾在还珠身边的子女更有切身感受：

> 抗战胜利后，父亲把全家接到上海，在西藏路远东饭店包了几个房间住下。在那里，我们亲眼看到父亲进入创作高潮时的情景。
>
> 那时，父亲每日要写二万字，书局每隔十天就出一本书。陆老板催稿催得特别紧，父亲则因子女众多，负担很重，加之他又有"烟霞"癖，离不开鸦片，只有拼命地写作，才能支付浩繁的开销。但是，父亲的眼睛在日本宪兵队看守所受到损伤后，再也不能像以前那样写蝇头小字了，只好请秘书笔录，由他口授的文字。每天吃过午饭，喷云吐雾之后，他便意兴大发，文思如潮，在房间里踱着步子口授小说。两个秘书轮换着休息，他却要一直"说"到深夜。有时半夜醒来，还听见他在说"笑和尚"、"齐霞儿"呢！就这样，日复一日，《蜀山》之外，父亲又写出了《虎爪山王》、《大侠狄龙子》、《大漠英雄》、《黑孩儿》、《黑蚂蚁》、《天山飞侠》等数十部小说，随着父亲著作的陆续出版，上海滩出现了"还珠热"。当时《蜀山》等书每本印数上万，仍不能满足需要。记得远东饭店附近有一书摊，早上摆出十余册《蜀山》，下午就售光了。更有一些热

情的读者，或登门拜访，或设宴相邀，或要求赠书题字，或恳请合影留念，令人感动却应接不暇。自然，也有一些好事者，为了“扎台面”、“吃得开”，就打起“还珠”的招牌。那时舞台上演连台本京剧《蜀山剑侠传》，本与父亲无涉，海报和文告上却赫然写着“还珠楼主亲自编导”。〔《回忆父亲还珠楼主》，观贤、观鼎，《人民日报》（海外版）1988 年 3 月 22 日〕

复旦大学教授贾植芳是还珠晚年挚友，他忆起首次知道还珠大名，便是在这个时候，而且和还珠子女的回忆颇为吻合：

我知道还珠楼主这个武侠小说作者的名字，是抗战胜利后到上海落脚以后的事。那时候年轻，又加上是初次进入上海，我走在马路上的时候，总喜欢东张西望地看看。有几次走过大世界附近的“共舞台”，我被这家戏院门口的大幅彩色招贴所吸引，那里正在上演还珠楼主的《蜀山剑侠传》，说是“连台本戏、机关布景”云云。我又喜欢逛书摊，当时的大小书摊上，还珠楼主的作品如《青城十九侠》《云海争奇记》等等，也总是被排列在显眼的地方。这些反复重叠的印象，使我形成了这样一个认识，这位叫还珠楼主的武侠小说作家是个福星高照、走红运的作家。他的作品不仅以书刊形式和广大读者见面，而且用戏曲的形式深入民间。〔《暮年杂笔》，贾植芳，汉语大词典出版社 1997 年 8 月出版，第 14—15 页〕

贾植芳初入申城时看到的这番场景，徐国桢当年曾有解读：

二十年来，坊间新出的章回小说，不能算少。作品最畅销者，张恨水部分，以及向悄然的一部《江湖奇侠传》而外，只有还珠楼主的各种作品了。张恨水先生的作品，材料偏于男女情爱方面的纠纷，和还珠楼主在性质上相差很远。向恺然（不肖生）先生写的是武侠小说，和还珠楼主的神怪武侠小说，比较的相近。当年《江湖奇侠传》风行一时，销行甚广。可是，书局方面对于此书的宣传，也很着力。《蜀山剑侠传》的风行，有所不同，书局方面未曾有过盛大的宣传，它是在读者互相传说之间，日益广其流传。而篇幅的浩大，在近年间即使不能说已经空前，可以与比者已很难见到了。说到多产作家，还珠楼主大概可以当得起。〔《还珠楼主及其作品的研究》，徐国桢，上海《宇宙》杂志 1948 年第三期〕

在小说畅销戏曲轰动的同时，还珠在天津《天风报》所开随笔专栏《还珠楼丛谈》，此时也在上海报刊重现。如 1947 年上海《茶话》杂志上，便先后登出《脂砚斋本红楼梦》《韩小窗》《王紫稼》《龚定盦先生飞靴处》《前清西安外宫之狐》等五篇，作者署名李寿民。此外，其作品这时期还被改编为连环画销行南北。上海联益社书局是抗战胜利后著名的连环画出版机构，在 1946 年前后，该书局特聘沪上连环画“四大名旦”中的赵宏本、沈曼云、陈光镒三人，分别绘制了《云海争奇记》《蜀山剑侠传》《蛮荒侠隐》等连环画数十集，除在上海本地畅销外，还远销台湾、厦门、广州、北平、天津、沈阳、香港等省市，以及新加坡等地区。

抗战胜利不久的上海，能够很快形成“还珠热”，除了还珠作品本身魅力使然外，还与此时沪上先“新”后“俗”的文化环境有关。所谓“新”，是指“新文学”；所谓“俗”，是指“市民文学”。对此，还要从抗战胜利之初说起。

几乎与驻守上海日军的缴械同时，设在重庆的“中华全国文艺界抗敌协会”（简称“文协”），在第一时间便向坚守在申城的新文学家郑振铎、夏丏尊、王统照、李健吾等人致函：“谨代表大后方及解放区的作家和文艺工作者向诸位表示诚恳的慰问。八年以来，诸位先生在敌人的包围之中，继而是在敌人的直接的屠杀威胁之下不屈不移，备尝辛苦，为中华民族保存了崇高的气节，中国人民以诸位为光荣，中国文艺界以诸位为骄傲。”〔详见《新华日报》1945 年 9 月 25 日〕

1945 年 10 月 14 日，“文协”召开理事会，决议改名称为“中华全国文艺界协会”（仍简称“文协”）。当月 20 日，“文协”宣布，将总部移驻上海，并请在沪的郑振铎等人进行筹备。沪上新文学作家郑振铎、夏丏尊、王统照、李健吾、许广平、周建人、柯灵、许杰、黄佐临、师陀、唐弢等人闻讯，立即复函“文协”，请其“继续领导全国文艺界，从事建国工作”，并表态“此间友好，必当竭尽绵力。加以声援”〔详见《新华日报》1945年10月23日〕。同年12月17日，“文协”上海分会宣告成立，并致电重庆总会，表示将在其领导下努力工作。

随后，“文协”上海分会便迎来了新文学作家复员潮。除在沦陷各个时期先后离沪的郭沫若、茅盾、夏衍、叶圣陶、巴金、胡风等陆续归来外，一批来自国统区和解放区的新文学作家（包括部分由大后方途经上海出国者），如老舍、曹禺、吴祖光、戈宝权、葛一虹、姚蓬子、宋之的、叶以群、张俊祥、凤子等，也纷纷奉命赴沪。与此同时，一大批在沦陷时期内迁的出版社和文学期刊，也相继回归，与新创刊的新文学期刊共同构筑起了新文学阵地。上海，似乎又回到了战前新文学大本营的局面。

然而这种局面并未维持多久。随着国共“双十协定”墨迹未干，内战便开始爆发，上海刚刚繁荣起来的新文学创作再遭重创。据相关史料记载，仅1946年内，在全国遭国民党当局禁封的263种报刊中，上海出版的几乎占了半数，而且多为新文学刊物。同时，大批新文学作家也遭到了当局压制。从1947年开始，一批批著名新文学作家秘密撤离上海，经香港转赴解放区。正是在如此情形下，如昙花绽放的上海新文学创作迅即跌入低谷。被新文学作家刚刚抢占部分地盘的沪上文坛，又重新恢复了此前“市民文学”众声喧哗的状态。但与过去不同的是，此时受新文学影响的一批“海派作家”已经崛起，他们与固有的第二代甚至第三代通俗小说作家一道，在趁势而兴的大量“上海小报”上，大写特写“小报小说”，共同建构起了具有浓郁沪上风情的“市民文学”景观。

近年有研究者指出，20世纪40年代的上海文坛，可谓新人辈出，佳作云集。尤其是涌现出一大批年轻的女作家，将这个时间段升华成为“五四”以来女性作品最为喷薄的重要时期。而且随着对这一特定历史时期文学构成的进一步深入考察，更多早已如珠散落的女作家也逐渐进入今日文化界的视野。如施济美、汤雪华、俞昭明、程育真、杨琇珍、郑家瑷等人在内的“东吴系女作家”，便是当时风行一时的写“市民文学”的著名女作家群体。她们中最优秀者，当属张爱玲与苏青。苏青的笔下，大多为“市民生活指南”，举凡育儿、搬家、烫发、吵架、送礼、过年等，均是她小说的题材。张爱玲本人更自称“是个自食其力的小市民”〔《童言无忌》，张爱玲，《流言》，五洲书报社 1944 年出版，第 3 页〕，她出色的都市叙述，讲的几乎全是“人间烟火”。

而此时的上海滩，能与张爱玲、苏青相抗衡的男性畅销书作家，则非还珠莫属。虽然与当时已“走红”的海派“市民文学”相比，还珠作品是个另类。但正因其不走俗套，用他那生花妙笔，另辟蹊径地构筑起云谲波诡、波澜壮阔的“蜀山胜境”，故才使得人们看得神魂颠倒、如醉如痴，并在不可思议的光怪陆离中，感受到中国传统文化的博大精深。翻检这一时期的“上海小报”可以发现，正是张爱玲、苏青和还珠，撑起了上海光复后“小报小说”与“市民文学”的半边天。他们一同佳作迭出，一同倍受追捧，同时也一同遭受指责与批评。

据 1946 年底上海《风光》杂志第 24 期报道，沪上曾有组织警告还珠，“倘不改变作风，而一仍过去之诞妄者，当局将予以取缔，并将处分及于刊载之报纸”。翌年 12 月 14 日，由张爱玲编剧、桑弧执导的电影《太太万岁》，在上海皇后、金城、金都、国际四大影院同时献映，两周内不但场场爆满，座无虚席，而且盛况空前，好评如潮，各媒体赞誉之声不绝如缕。然而和市民对影片的狂热追捧形成鲜明对比，当时的评论界、文化界几乎众口一词地予以否定。对于《太太万岁》的遭遇，有学者“详考其渊源”后“推知，这是上海地下党为争夺话语权而策划的一起文化事件”。“它上承重庆文艺界 1945 年关于茅盾《清明前后》、夏衍《芳草天涯》的论争，下启 1951 年《武训传》批判及此后一系列的文化整肃和思想清理”，是在“规范‘战后’国家意识形态生产，构建新的话语秩序的总体目标。”〔《“战后”上海文坛：以〈太太万岁〉的批判为个案》，巫小黎，《现代中文学刊》2013 年第 5 期，第 39 页〕

“地下党”对张爱玲作品如此，那么“当局”对待还珠又是因何呢？

但即使这样，还珠作品在上海以及大江南北仍是备受青睐，不但在市民阶层风靡，而且在名流政客间也大受欢迎。据南怀瑾晚年曝料说：“许多学者大师们，也乐此不疲而藉资消遣。就如大家所谓当时的哲学家胡适之先生，据说也是还珠楼主的忠实读者之一（是否属实已无法考证）。”

而《解放日报》记者许寅则回忆：

> 一九四六年，记者自渝东返，途经南京。曾往拜谒前辈老先生刘成禹（兴中会会员，时任南京政府监察委员），见此老书桌上，便摆着《蜀山剑侠传》。
>
> 一九四八年，记者就学于上海民治新闻专科学校，曾至某同学家作客，其父乃南京政治立法委员、著名学者许宝驹（与其弟宝杯、宝瞭，合称"杭州许氏三杰"）。亲耳听此老对女儿、女婿说："街上看到还珠楼主的书，不论什么，都给我买回来。"其女告："老爸爸一拿到还珠楼主的书不看完不睡觉。"〔《当代武侠小说之王还珠楼主》，许寅，《上海滩》1988年第10期。转引自《还珠楼主小说全集》第46卷，山西人民出版社、北岳文艺出版社1998年9月出版，第386—387页〕

对此，十余年后，有学者在海外认为："武侠小说的起源应上溯到《唐人传奇》，如《红线》《聂隐娘》《昆仑奴》等诸篇，都是当代文豪的大手笔，至今展读，千载以下，仍觉书中人物虎虎有生气，但此后到清末，始知无人继起。《七侠五义》及《彭公案》《施公案》等只合少年欣赏。民国以后的《江湖奇侠传》则杂凑成篇，文学意味消失殆尽。此后，忽然出现了一个还珠楼主。还珠楼主的武侠小说打进了知识分子的书斋，那是《唐人传奇》以后的仅有现象。比诸同时代的那些武侠小说，他的作品有书卷气，有想象力，还有浩瀚的人生境界。"〔《哀还珠楼主》，高翔，香港《真报》1959年4月12日〕而再往后二十年，有人在新加坡撰文回忆说："当年（指一九四六至四八年）还珠小说第一版一万册，例必三日沽清，当时任何名家初版出书均只数千册而已。那时，天津励力出版社及上海正气书局版的还珠楼主作品，风行港澳。"〔《还珠楼主剑侠小说》，何龙，新加坡《南洋商报》1980年7月14日〕

由此可见，这时期还珠的剑侠小说，不但文学性与可读性均达上乘，而且"故事"亦越写越神，已入化境。由此产生的结果，便是其本人在读者心中和媒体上也成了神秘人物。关于他本人的"故事"，也在南北迅即传开——

陆小曼在沪上与人提起他，说他小说人物众多，但“在写人时，是做了模型的，写一个做一个，写完了，把模型放在旁边。另外再做一个模型，看看是否有异同”。

《北平日报》则云：“李氏抵沪后，各报亦竞请撰著，迄今已有十一个定期书报物刊李新作。”〔《现代小说家还珠楼主》，《北平日报》1947年5月16日，第三版〕

甫一创刊便在平津旺销的休闲刊物《一四七画报》，更是对他有连续报道：“还珠楼主自胜利后，即行南下。初拟在首都办一杂志，以沪上小型刊物过多，大量倾销，遂又之沪。海上慕其文名，乃争以‘蜀山剑侠’为续，楼主乃以‘新蜀山剑侠’发表于《铁报》。一时嗜武侠说部者，咸快朵颐。又楼主精于书法，在沪悬润例，一时条屏山积，收入顿丰云。”〔《还珠楼主挂起笔单》，外史氏，北平《一四七画报》第八卷第五期，1946年12月4日出版，第18页〕

“楼主居沪上，逍遥做海上寓公矣。”其在“执笔时，孩辈每在案旁盘旋不去，楼主触动玄思，恐其一纵即逝，于是拍案大喝一声，孩辈恐触其怒，相率离去”。

“楼主有一秘密，鲜为外人知道，即其每于床下置一提篮，蓝内皆水果糖物，客有往还珠楼者，以谈天南地北之山海经，最为楼主欢迎，且悦听，盖可以作小说参考也。相谈既欢，楼主乃就床下摸索良久，出水果各什以敬客。若客所谈无所用，则楼主床下之物，亦不出矣。记者不敏，则每次皆独邀楼主青睐焉。”

“其人头如斗，脑量发达，故好涉玄想，于是乎其小说乃神乎其神矣。”“其人浪荡不羁，徜徉烟雾之余，抖擞精神，其《青城十九侠》《蜀山剑侠传》皆于是时为之，后为人垢，日宪掣之于宪兵队，烟瘾乃无形中忘掉。”〔《还珠楼主床下物》，1946年12月11日北平《一四七画报》第八卷第七期，第18—19页〕

甚至在许多年后，南怀瑾对这些“传说”还有记忆：“据说他客居上海写小说时，堕落到终日躺在鸦片烟铺上吞云吐雾，挖空心思构想情节，而口授助手来笔录。后来我碰到有些传授道家方术的人，居然说出自得明师真传‘离合神光’的道法，实在令人哑然失笑而瞠目不知所对。因为这些法术的名称，实出于还珠楼主小说中的杜撰臆造，结果竟公然有人信以为真，岂非不可思议。”

还珠此时期在上海滩弄出如此大的动静，其实还与当时市民阶层的阅读习惯有关。20世纪40年代中后期，随着“左翼”作家的纷纷撤离，沪上文坛已不再是新文学家的天下。各种海派小报盛行造成的结果，便是很快便“培养”出大批嗜读各类海派“小报小说”的市民读者。而新文学作品，反倒渐渐“曲高和寡”。如1946年至1947年，巴金的《第四病室》和《寒夜》，分别在郑振铎、李健吾主编的《文艺复兴》第1卷第1期和第2卷第1—6期刊出，后者还于1947年3月由上海晨光出版公司推出了单行本，但市场反响却是平平。与此同时，钱锺书的《人·鬼·兽》《围城》和师陀的《马兰》《结婚》《大马戏团》等，也相继或连载或出书，市场反馈也是难收预期之效。

与这些新文学面世的“尴尬”形成鲜明反差，此时海派“小报小说”作家群，却于各类海派小报上竞相伸手，争奇斗艳。如果说钟吉宇、桑旦华、桃花郎、冯蘅、金小春、苏广成、蓝白黑、周益世等是以量大而闻名，那么王小逸、周天籁、田舍郎、予且、周瘦鹃等，则是以质与量的双高而著称。而站在这一批海派小报小说作家肩上者，便是张爱玲、苏青、秦瘦鸥和还珠。通过文本考察可以看出，张爱玲、苏青二人是以日常生活写作为本位，内容在于都市叙事和人间烟火；秦瘦鸥表现的是社会历史中的揭露与批判；作为北派武侠侵入海派阵地的最早成功者，还珠给人们带来的则是天马行空般的超级神怪和宇宙异象。

与这批具有天时地利人和的海派名家相比，还珠虽然在地域、时间上不占优势，但在作品质量和数量上，绝对不输侪辈。有学者曾做过如下统计：截至1949年底，笔名“捉刀人”的王小逸，在十五年内，共为35家小报写了100部小说连载。此外，周天籁在十一年内，为15家小报写了53部；冯蘅在十年内，为22家小报写了49部；田舍郎在十一年内，为16家小报写了43部；金小春在十年内，为11家小报写了31部；桑旦华在十九年内，为18家小报写了37部。〔《20世纪20—40年代通俗小说在上海小报上的传播》，孟兆臣，《中国现代文学研究丛刊》2005年第6期，第135—136、137页〕

而还珠，只在1946年到1951年的区区五年间，便写出了32部长篇武侠小说。而且九成以上为卷帙浩繁的名篇巨著，可谓本本精彩绝伦，部部倾倒朝野。1948 年上海正气书局所出还珠《长眉真人专集》所附广告页上，便刊有还珠此时期在上海所出武侠小说书目，其中仅由正气书局出版者，计有《长眉真人专集》2 册、《大侠狄龙子》1 册、《蜀山剑侠传》50 册、《青城十九侠》25 册、《蛮荒侠隐》5 册、《云海争奇记》11 册、《边塞英雄谱》1 册、《冷魂峪》2 册、《峨嵋七矮》3 册、《柳湖侠隐》6 册、《武当异人传》1 册、《黑孩儿》3 册、《青门十四侠》4 册、《虎爪山王》1 册、《侠丐木尊者》1 册。

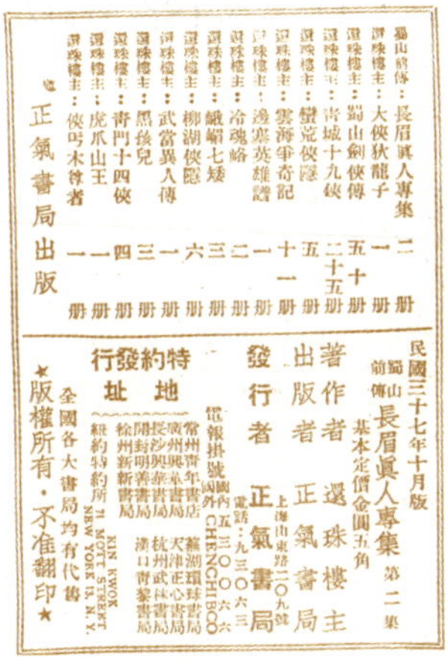
蜀山前傳：長眉真人專集 二冊
還珠樓主：大俠狄龍子 一冊
還珠樓主：蜀山劍俠傳 五十冊
還珠樓主：青城十九俠 二十五冊
還珠樓主：蠻荒俠隱 五冊
還珠樓主：雲海爭奇記 十一冊
還珠樓主：邊塞英雄譜 一冊
還珠樓主：冷魂峪 二冊
還珠樓主：峨嵋七矮 三冊
還珠樓主：柳湖俠隱 六冊
還珠樓主：武當異人傳 一冊
還珠樓主：黑孩兒 三冊
還珠樓主：青門十四俠 四冊
還珠樓主：虎爪山王 一冊
還珠樓主：俠丐木尊者 一冊
正氣書局出版

民國三十七年十月版
蜀山前傳 長眉眞人專集 第二集
基本定價金圓五角
著作者 還珠樓主
出版者 正氣書局
發行者 正氣書局 上海山東路二〇九號 電話：九三〇六三
電報掛號 國內五三〇〇六 國外 CHENCHIBCO
特約發行地址
常州青年書店 廣州興華書局 長沙興華書局 開封明善書局 徐州新新書局
蕪湖環球書局 天津正心書局 杭州武林書局 漢口青藜書局
紐約特約所 KIN KWOK 71 MOTT STREET NEW YORK 13, N.Y.
全國各大書局均有代售
★版權所有·不准翻印★

打入上海的还珠楼主著作（部分）简目

从以上统计对比可以看出，在 20 世纪 40 年代中后期，还珠的神怪武侠小说已成了沪上小报和图书的“宠儿”，称这一时期上海滩刮起了“还珠旋风”，绝不为过。

第三节　翁婿相认　双珠重逢

上海滩 1946 年刮起的这股“还珠旋风”，在风靡沪上的同时，也让一位饱经“商海”沧桑的老人心中五味杂陈。他就是已年近七旬，因长子入狱天津房产被政府查封，目前正避祸申城的还珠岳父孙仲山。

身为将分行已开到南北十三大城市的大中银行董事长，孙仲山的金融生涯可谓一路拼搏一波三折。在与人联手创办大中银行后，由于擅长投机善于钻营，虽然他个人财富瞬间便以几何倍数增长，但这种暴富却充满了祸福相依般的跌宕起伏。考察孙仲山的一生，可谓始终都在不择手段地“掘金”与“进取”。关于他早年发家及控告还珠“拐带良家妇女”等“故事”，前文已有详述，而关于他经营大中银行的“尔虞我诈”与“险象环生”，以及眼下的遭人敲诈和长子入狱、房产被封，却鲜为人知。对此，还需从大中银行天津分行的创办说起。

大中银行天津分行于 1929 年开业后，其主要业务为发行钞票。然而由于账面资金绝大部分是财政部欠款，故而缺乏流动款项，经常因周转不灵而发生挤兑。艰窘之下，孙仲山接受时任财政总长阎廷瑞建议，到东北奉系招股。在他和阎廷瑞的游说下，前吉林督军孟恩远投资 120 万元，在哈尔滨成立了大中银行哈尔滨分行，聘金融里手王堂、王璞万任正、副经理。虽然开张便赚钱，但对天津分行的窘况，“二王”却不肯充分接济。如此艰难维持到 1931 年，天津分行已到了难以为继的地步，此时又发生了“师生相恋”的“家丑”，情急之下，孙仲山在将还珠告上法庭的同时，只身赴豫，与河南帮同和裕银号总经理王宴卿洽谈合作。

同和裕乃河南帮中首屈一指的大银号，分号遍布河南全省，并在冀、鲁、晋及上海、汉口等地皆设有分号。王宴卿为扩大经营，虽同意与孙仲山合作，却大权独揽。对此，孙仲山虽不情愿但也无奈。1933 年冬，河南帮在上海的钱庄，刮起了一阵挤兑风潮，同和裕也因资金周转不灵而停业，并连累大中银行天津分行，使其也岌岌可危。当时正在哈尔滨分行督阵的孙仲山，闻讯后为了挽回损失，积极奔走活动。后得哈尔滨三江闽粤会馆会长胡厚卿相援，写信给沪上金融界大佬及黄金荣、杜月笙等，请他们从中斡旋帮助。

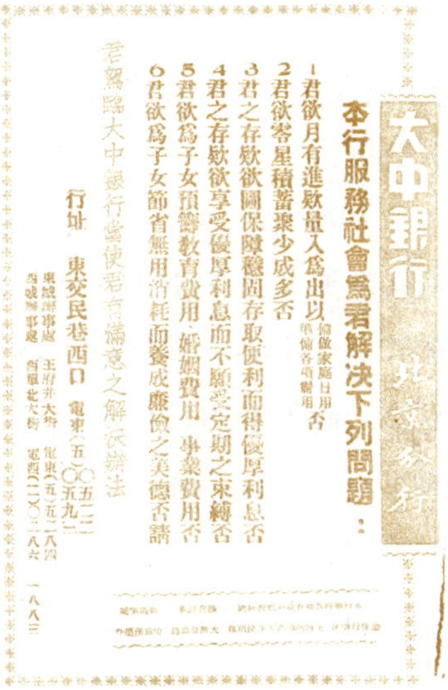

大中银行北京分行广告

孙仲山持信匆匆返回天津，先从王宴卿手中把大中银行接收回来，席犹未暖，便马上赶赴上海。在拜见了一众金融界要人和社会闻人后，又找到老友、前北洋财政总长李思浩，欲由他出面，在沪上扩招新股。在接受了孙仲山不菲的贿款后，李思浩遂召集湘、鄂、沪各地财阀聚会，游说他们投资大中银行182 万元。有了新股东加入，大中银行各分行方业务稳定，钞票发行也有了起色。孙仲山旋即返回天津坐镇，不久又在北平廊坊头条开设了北平分行，并买下了北平真武庙一号一座屋宇宽敞、中西合璧的庭院，作为北平寓所。

经过这一系列折腾，天津大中银行终于步入了正常运行。

但好景不长，随着天津沦陷，民族金融业也受到挤压。面对日方管控，孙仲山的投机本性暴露无遗。如当时伪政权为了麻痹中国人，公然允许奸商开设鸦片烟馆。一时间，华北各城市烟馆林立，烟土客发此横财者大有人在。孙仲山见此“生意”有大利可图，遂与北平分行副理王锡恒合谋，指使同乡、伪华北政务委员会委员长王揖唐义子曹云甫，携现款到萨拉旗

（今内蒙古自治区萨县）购进大批烟土，囤于平津分行库房，随后再陆续卖给伪天津市长潘毓桂及各烟土商，从中赚取暴利。再如1939年天津闹大水后，孙仲山让大中银行买来美国制造的雪佛莱大卡车40辆，倒手卖给日本特务机关，从中又赚一大笔。

有了巨款支撑，孙仲山遂在天津买下东马路中南药房及苏家药铺的地皮，强行拆迁，于原址建造大中银行天津大楼。1941年该楼建成后，被命名为大中银行天津分行东马路支行。由于其地处华北金融中心，大中银行各分支机构的重心便纷纷迁移至此。不久，孙仲山又经大中银行天津分行秘书吴济苍介绍，聘朝鲜人尹柱福担任了银行顾问。在尹的引荐下，孙仲山结识了更多的日本要人，并与日本利华公司密谋联手合作做生意。利华公司是日本战时军需机构，当时的经营范围和经济实力，以及在日方的影响和地位，均远超三菱、三井等老牌公司。其创办人为当时的日本首相东条英机，在津负责人名为中川清。

1943年，孙仲山与中川清签订合同后，与利华公司所做的第一笔交易，是从上海运来龙头市布两万匹，归大中银行天津分行包销。当时棉花、棉布等纤维物品，均属统制物资。棉布行商购销，必须由日本“纤维组合”配给。而大中银行作为金融机构，却大肆批销棉布，这不但遭到国内商界的非议，而且也让日本同行震怒。三井洋行天津负责人便向日本驻津领事馆质询此事，但得到的回答却是“此事不是你们过问的范围”。

有了日本官方撑腰，孙仲山从此便更加肆无忌惮地与利华公司倒腾买卖，不但先后为日方卖出了大批颜料、人造丝织品、工业钻石、稀有金属等物品，而且还派人去邯郸为日方购得大量紫铜、白金、水银、锡等紧缺物资。如此不择手段地赚钱，虽然让孙仲山和大中银行都发了横财，但也为日后的“麻烦”埋下了伏笔。

就在孙仲山与利华公司大做棉布买卖的时候，伪天津市警察局经济股长张敏以“黑市售卖罪”和“扰乱经济罪”，逮捕了孙仲山长子、大中银行天津分行经理孙经纶，以及一些收购棉布的商号老板。孙仲山当时正在上海筹资，获悉此事，便电告天津分行东马路支行副理冯昌照，让其出面托出伪警察局特高股长丁鑫培，去向张敏说情。在被敲了一笔竹杠的情况下，伪警察局释放了孙经纶和棉布商，案情也被暂时压下。但日方利华公司在津负责人中川清知晓此事后，颇为不安，他害怕将来对自己不利，遂把孙经纶叫到公司，逼迫他去伪警察局翻供，承认所卖棉布是用铜材易换的，目的是支援“大东亚战争”。孙经纶慑于对方淫威，只得照办，而且为此还给伪警察局写了一份以铜换布支援日方的供词。

孙仲山由上海返津，听说了事情的整个经过后，又花重金托出张作霖的如夫人寿氏，向伪警察局局长阎家琪关说后，此事才在伪天津市警察局结案。然而让孙仲山做梦也想不到的是，此事不但没有彻底完结，而且随后还给他招来了更大的“横祸”。

抗战胜利后，1946 年春天，国民党平津敌伪产业处理局副局长张子奇在查阅敌伪档案时，从伪天津市警察局文档中，发现了孙经纶所写的那份供词。据孙仲山在大中银行的老部下常铸九等人回忆：张子奇打算向孙仲山敲一下竹杠，授意上海中统特务赵子青用这张字据胁迫孙仲山贿赂法币一亿元。赵子青是上海大中银行经理王尔藩（原名王乃孙，系孙仲山胞姐之子）的朋友，张子奇的企图很快便传进当时避居上海的孙仲山耳朵。孙仲山舍不得花一亿元的运动费，同时他自己也明白这件案情过于复杂，就是此次破财也还会发生其他事情，所以就断然拒绝了勒索。后来，平津敌伪产业处理局便把此案送交法院提起公诉，法院遂以汉奸嫌疑罪查封了孙仲山在天津的房产，并将孙经纶逮捕羁押于天津警备司令部稽查处。〔《大中银行与孙仲山》，常铸九、冯昌照、吕次言，中国人民政治协商会议天津市委员会文史资料研究委员会编《天津文史资料选辑》第三十五辑，第 176 页〕

正是在这样的背景下，从 1946 年春天起，孙仲山便被困居上海，一直住在外甥、大中银行上海分行经理王尔藩家中。

一日，孙仲山在翻阅《沪报》查看金融行情时，看到了当年曾被他数度“惩治”的那个不被认可的女婿李寿民，眼下正以“还珠楼主”的笔名在连载《蜀山剑侠续集·峨眉七友》。再翻开沪上其他大小报纸，“还珠楼主”的大名也是频频出现并受到各阶层热捧。放下报纸，孙仲山不禁感慨万端。

李寿民成了“还珠楼主”，成了南北闻名的武侠小说作家，他早在平津沦陷前便已知晓，甚至他私下还被当时已风靡华北的《蜀山剑侠传》所吸引。对于这个小同乡和自己的女儿谈恋爱，当年正值中年暴富、财大气盛的他，虽然因门户不当、辈分不对而坚决反对，并数度采取“措施”予以阻拦，但事后看到木已成舟，嫁过去的女儿非但没有受罪，反而夫妻和睦、夫唱妇随，孙辈们又接连而出，他便逐渐接受了这个现实，并从心里认可了这门亲事。尤其是看到昔日的小文人成了大作家，他更是感到当年就少年老成、学富五车的还珠，日后肯定还会发达。再加上毕竟血浓于水的思女之情和欲见隔辈人的渴望，他早在几年前，便有了认下这门亲事并接女儿一家团聚的想法和做法。对此还珠子女曾回忆说：

> 父亲成名以后，一些亲戚朋友对他的态度变了。其中，变化最大的就是我们的外祖父。十多年后，不知是人老心善了呢，还是别的什么原因，他竟萌动起“承认亲事”的念头来了。
>
> 当时外祖父家住北京真武庙一号，那是一座屋宇宽敞、池苑秀美、中西合璧的建筑。外祖父先派大舅经涛前来说合，并欲把母亲和我们几个孩子接到那里去。母亲知道真武庙条件优越舒适，却不肯离开东罗圈的破瓦寒窑一步。接着，外祖父又让三姨经仪给父亲往上海写信，邀父亲来北京相聚。三姨在父亲和母亲婚恋的过程中，始终持同情态度，父亲觉得不好对她硬顶，便以“文债在身，不好擅离”为由婉言谢绝。〔《回忆父亲还珠楼主》，观贤、观鼎，《人民日报》（海外版）1988 年 3 月 23 日〕

或许是真的愈到老年愈发怀念亲人，也许是因为长子入狱触发了舐犊之情，对于女儿和女婿的“不识抬举”，孙仲山虽然当时还有些气恼，但眼下不但不以为忤，反而思亲之情更烈。他已从外甥王尔藩处知道，还珠目前就住在上海，而且女儿孙经洵携自己的多个孙辈也刚刚移居沪上。此刻，他已不计前嫌，急欲见到女儿一家的心情更加迫切。

为此，他不止一次地让王尔藩出面，前往还珠和家人租住的远东饭店，邀女儿全家相聚。最终，孙经洵心软了，在她的劝说下，还珠答应了“翁婿相见”。但虽然是父女团圆翁婿相认，而结果却仍然“破镜难圆”。当年已九岁的还珠次女李观贤和七岁的次子李观鼎，曾亲历了此事的前前后后。许多年后，他们姐弟在追忆亲情时写道：

我们全家南下不久，外祖父也赶来上海。他让任上海大中银行总经理的表舅王尔藩出面，向父亲表示，打算把在上海的亲友都请来，在国际饭店丰泽楼摆下十桌酒席，举行盛宴认亲仪式。父亲听了，不由一笑，说："这场家庭纠葛并不是什么体面、光彩的事情，何必要大事张扬？事情已经过去多年，我看还是算了吧！"可是，坐在一旁的母亲这时动情了。她想，凡事不过三，外祖父三次来请，事实上已经三认其错，何况，老人家已经年过六旬，再不同意，就有悖情理了。于是，她转而劝父亲道："就依了老人家吧。过分的铺排没有必要，可以找安静点的地方……"话还未讲完，表舅马上接过来说："要得！要得！就在我家可好？"父亲素来敬重患难与共的夫人，看到她已点头答应，也就不再说什么了。

一九四六年夏日（应为深秋——本书作者注）的一天，父亲和母亲带着我们几个孩子，到建国西路懿园表舅家去见外祖父。那天，父亲特意穿上当年在天津孙公馆做家庭教师时穿的旧长衫，这与外祖父那身做工考究、熠熠闪光的丝绸裤褂，恰成鲜明对比，新旧贵贱悬殊，显得极不协调。当时我们并不明白，就去问父亲，他不回答，只说了一句："小孩子家，莫问！"后来一想，父亲这样做，或许是借此表明自己"宠辱不惊"的心志吧？！

翁婿相认，外祖父给父亲送了见面礼，父亲给外祖父磕了头。仅此而已，事后各走各的路，彼此很少往来。要说父亲排斥富贵，倒也不是。那些于危难中帮助过父亲的人，像三姨经仪、六姨经楼、八姨经华、十五姨经信，父亲总是耿耿于怀，念念不忘。在一起时，父亲常陪她们看戏、打牌，给她们讲新写好的小说情节，请她们吃自己烧的拿手好菜，就跟亲兄妹一般。〔《回忆父亲还珠楼主》，观贤、观鼎，《人民日报》（海外版）1988 年 3 月 23 日〕

了却了与女儿一家团聚的心愿，也终于了结了这段充满戏剧情节的恩怨，孙仲山的心情刚见好转，从天津又传来了坏消息。当初被他聘为大中银行顾问，并将他介绍给日方、合伙倒卖军需的朝鲜人尹柱福，因亲日不但被国民党平津敌伪产业处理局没收了全部财产，而且还以战犯的罪名被羁押在北平监狱。急于立功赎罪的尹氏在狱中交代了所有亲日活动，并捎带举报了孙仲山。当年的当事人常铸九等后来在回忆此事时写道：

> 一九四六年十一月平、津中央银行接受敌伪产业处理局的通知，查封了平、津大中银行。孙仲山在上海听见消息，马上跑到南京向财政部交涉，财政部电令平、津中央银行给大中银行启封，为时仅三天，封了又揭。孙仲山深知自己处境不利，亦没有能力把银行继续维持下去，因此请求上海中国实业银行总经理奚东曙给他帮忙。奚派刘子余等到平、津大中银行进行视察，当时（天津分行副理）冯昌照早已去了上海，分行由唐裕周负责，情况极为混乱。刘子余回到上海，即由奚东曙出面介绍上海交通银行董事长赵棣华与孙合作。大中银行归赵棣华接办后，改为大中商业银行，实行总行制，以上海为总行，赵为董事长，王尔藩为常董，赵的亲信杨某为协理，张某为徐州分行副理，奚东曙推荐李楠公为天津分行经理，洪渭渔为副理，张伯苓先生的儿子张希陆为北平分行经理，其余旧人一概未动。李楠公到津后，大中银行又走上一个新的阶段。一九四八年天津法院对孙经纶予以不起诉处分，一场汉奸官司到此方始结束，但是孙仲山的损失，已经极为严重了。〔《大中银行与孙仲山》，常铸九、冯昌照、吕次言，中国人民政治协商会议天津市委员会文史资料研究委员会编《天津文史资料选辑》第三十五辑，第 176—177 页〕

按下孙仲山的结局暂且不表，本节接着讲述 1946 年上海滩刮起的“还珠旋风”，以及后续“故事”。

徐国桢既是当时上海知名文学评论家，又是还珠好友和还珠研究专家。他认为，1946 年的还珠，实际上已经在沪上开创了中国“神怪

上海正气书局印行的还珠楼主作品已不标定价，而是随行就市，定价随涨随标。上图为上海正气书局标记

小说的一个时代”。据他当年在耳闻目睹了“还珠旋风”后写道：“他（还珠）的作品，十之八九，归上海正气书局发行。据书局主人说：在每一集出版的三四天内，一万册之数，一抢而空。早晨开出门来，就有顾客望门而候了。那许多顾客，以摆设书报摊的小贩为多，一个人要买好几本，买去不是完全靠卖出，而是以租出为主。现在上海以‘租借小说’为营业的书店报摊，几于无不备有《蜀山剑侠传》，读者之多，在上海已足惊人。”

在分析这种“旺销”和“旺读”现象形成的原因时，徐国桢认为，这是当年“社会形态”使然。当时的社会，如果“剥去了小康局面的外皮，内质就是众邪纵横、群魔乱舞的奇景了。那些邪魔，和还珠楼主在小说中描写的邪魔，在形象上有不同，在性质上倒是非常相像的，而且其魔法的厉害，更未必弱于《蜀山剑侠传》中绿袍老祖和毒手摩什之类”。因此，还珠的作品便有了“群众心理”基础。那便是读者“从这种角度去窥察社会内层的真相，再转而阅读还珠楼主神怪小说的内容，就有了互相符合之处：社会上什么妖魔都有，等于小说中神怪人物的不一而足。不假思索而言：‘社会是不神怪的，还珠楼主小说是神怪的，’倘然加以深思，那么反转来说：‘还珠楼主小说是不神怪的，社会才是神怪得很，’也是无所不可”。〔《还珠楼主及其作品的研究》，徐国桢，上海《宇宙》杂志 1948 年第三期，第 58 页〕

正是有了这种“社会形态”下形成的“群众心理”基础，当时间跨入到 1947 年时，上海滩又迎来了新一轮还珠作品连载和出版热潮：

2 月，《云海争奇记》单行本第 11 集〔《云海争奇记》全书二十四回，96 万字，前后共出版单行本 11 集，全书未完，下接《兵书峡》〕、《柳湖侠隐》单行本第 2 集，

上海百新书店印行的《蜀山剑侠新传》

由陆宗植的上海正气书局出版发行。

3月，《蜀山剑侠传》单行本第37集不再由两利出版社出版，而正式由正气书局出版发行。至此，两利出版社完成其过渡使命后，销声匿迹。同月，《蜀山剑侠新传》单行本第1集，由徐稚鹤经营的上海百新书店出版发行。

5月1日至9月17日，新撰剑侠小说《柳湖侠隐新集》由上海《小日报》连载。

6月，《峨眉七矮》单行本第2集、《蜀山剑侠新传》单行本第2集，由上海百新书店出版发行。

7月2日至翌年2月9日，新撰武侠小说《黑孩儿》由上海《罗宾汉》报连载，而且每日配有名画家董天野插图一幅。同月，《蜀山剑侠传》单行本第38集由正气书局出版发行。

8月，《蜀山剑侠传》单行本第39集、《柳湖侠隐》单行本第3集，同时由正气书局出版发行；《北海屠龙记》单行本第1集，由上海百新书店出版发行。同月，武侠小说《天山飞侠》略作删改后易名《冷魂峪》〔《冷魂峪》全书上下集，共十三回，27万字，内容完整〕，由正气书局出版发行单行本上下两册。据书前所刊“还珠附启”称：“仆所撰武侠小说，原有整个计划；顾以多经事变，情绪靡宁，而《蜀山》《青城》诸书，又复卷帙浩繁，遂致时作时辍，未有完篇。此十年中，重劳海内外读者函电交瞩；环境艰危，愧无以应。今夏重来海上，始决计续成各书，勉副读者期爱之厚。”这是还珠本人首次披露他写作武侠小说是“有整个计划”的。而这个计划，便是系统讲述峨眉、青城这“殊途同源”的两派剑侠“诛奸杀恶”“除暴安良”的传奇故事，通过“出世仙侠”和“入世武侠”的交替登场，从而完成他那庞大的“蜀山系列”。

9月，新撰武侠小说《虎爪山王》，在上海《永安月刊》连载5期。同月，《蜀山剑侠传》单行本第40集，由正气书局出版发行；《峨眉七矮》单行本第3集〔《峨眉七矮》全书三集，共九回，17万字，内容完整〕、《蜀山剑侠新传》

单行本第 3 集，亦由上海百新书店出版发行。其中《峨眉七矮》第 3 集结尾处有《还珠附启》云："本书原继三十七集《蜀山剑侠》而作，定为《蜀山》续集，嗣因《蜀山》近归正气书局收回，读者函电纷属，乃两书同写，今《蜀山》全书，不久观成，月出至少一二集，乃将此书，告一段落，下文便与《蜀山》三十九集相接，二书实一书也。"

10 月 25 日，剑侠小说《武当异人传》，又由上海《群报》重新连载。同月，《蜀山剑侠传》单行本第 41 集、《柳湖侠隐》单行本第 4 集、《侠丐木尊者》单行本全一册〔《侠丐木尊者》全一册，共四回，6 万字，内容完整〕，同时由正气书局出版发行。

11 月，《蜀山剑侠传》单行本第 42 集、《青城十九侠》单行本第 25 集〔《青城十九侠》全书 25 集，共一百零七回，203 万字。此书前 24 集由天津励力出版社出版至 1943 年 10 月，1947 年上海正气书局出版第 25 集，全书未完〕、新撰武侠小说《黑孩儿》单行本第 1 集〔《黑孩儿》全书三集，至 1948 年 4 月出齐，共六回，19 万字，内容完整。其第 1、2 两集，有董天野插图 78 幅〕，同时由正气书局出版发行。

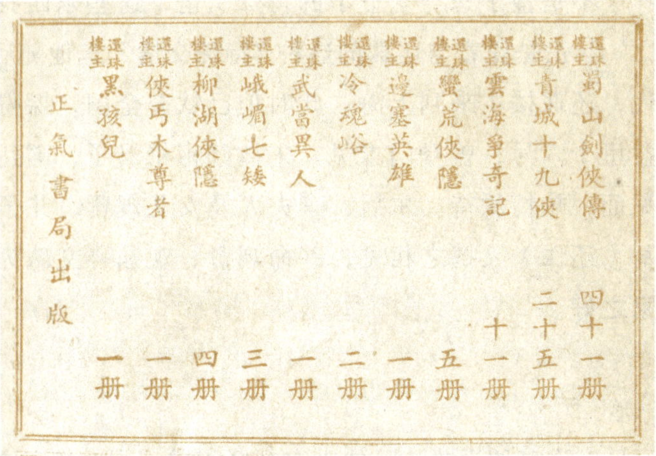

1947 年上海正气书局出版还珠楼主作品广告

12 月 2 日至翌年 12 月 8 日，新撰武侠小说《万里孤侠》，由《无锡人报》连载。同月，《蜀山剑侠传》单行本第 43 集、《虎爪山王》单行本全一册〔《虎爪山王》全一册，共四回，4 万字，内容完整〕，同时由正气书局出版发行。〔以上统计据《还珠楼主李寿民先生年表》，周清霖、顾臻。《还珠楼主散文集》，（香港）天地图书有限公司 2014 年 10 月出版，第 429—432 页〕

这一轮的还珠作品连载和出版热潮，不但使还珠的人气在沪上达到鼎沸，而且还给他带来了一个意外惊喜——他和初恋情人文珠在上海滩重逢了。

前文已有交待，1920 年春天，还珠饥躯北游与文珠分手后，文珠于 1923 年被家人卖到了烟花巷中。但不久她获遇良人，被律师朱鸿儒赎出，明媒正娶做了正室，并定居上海南京西路479 弄（同益里）16 号。分手二十七年后，还珠是因何契机又是如何找到初恋情人的？至今没见任何材料披露。

据还珠忘年交许寅说，1988 年的一天，他在上海接到还珠女儿李观贤来信，“谈及北京学术界几位前辈，拟成立‘还珠楼主研究会’，并计划在年内召开国际研讨会”。于是他“称快之余，即飞北京。观贤姐弟不仅有问必答，而且将家中珍贵的图片资料，还珠楼主手迹，倾囊任拣，并将唯一的一部《蜀山剑侠传》交付作者，委托全权处理。观贤笑谓：‘不是鉴于您与老爷子的特殊交情，这些东西我是决不会拿出来的。’”正是凭着与还珠的这种“特殊交情”，他随后曝料称：“四十年代，还珠楼主来到上海。此时他已饮誉全国，探得朱家住南京西路同益里十六号，曾登门求见。朱律师彬彬君子，豁达大度，请其与妻子见面，热情款待。尔后，李夫人及女儿观贤、儿子观鼎相继来沪，善基（还珠）又携之相见，并命观贤、观鼎拜文珠为义母，两姓遂成通家之好。”〔《当代武侠小说之王还珠楼主》，许寅，《上海滩》1988 年第 10 期。转引自《还珠楼主小说全集》第 46 卷，山西人民出版社、北岳文艺出版社 1998 年 9 月出版，第 385、386、392 页〕

由此可见，许寅的说法，显然来自观贤姐弟。为此笔者亦曾问过还珠后人。2014 年11 月，在参加重庆市长寿区政府主办的“第二届中华长寿文化暨还珠楼主学术研讨交流活动”期间，笔者就此问题曾专门请教了还珠之子李观洪。据他讲：“父亲带二姐二哥去文珠家，二姐二哥回来告诉了母亲。母亲很大度，曾随父亲去拜见过文珠和她的丈夫。那时朱律师与文珠夫妇都抽大烟，父亲有时去他们家，就与他们一起抽。因父亲在家中大排行老七，文珠就称父亲为七弟。”随后他还披露说：“听说父亲有时候还到陆小曼家中去抽。”〔2014年11月22日晚，李观洪与笔者谈话记录。在座者尚有还珠研究专家李永明、张元卿、顾臻〕

观洪先生所言，不但证实了许寅的说法，而且还补充了还珠携夫人孙经洵共同探望文珠等细节。至于还珠居沪的这段岁月，是否与陆小曼有过联系，目前除观洪先生所言外，尚未发现其他史料。

或许是分别数年后一家人终于团聚，也许是常年笔耕和奔波让还珠感觉对家人有所欠缺，此刻爆得大名的他在写作之余，又重新操起了烹饪爱好。如果说当初他走进厨房并恋上锅铲，是为了用有限薪酬让新婚妻子感受家庭温馨，那么眼下他忙里偷闲重入庖厨，则是他享受天伦之乐的另类表现，也是他在繁忙创作间隙对业余爱好的一种深度体验。当然，也不排除此乃盛名之下的赏心乐事。对此其子女深有体会：

> 父亲后来成了名，有了可观的收入，做菜仍一如既往，乐此不疲。悠闲自得地在家中做些吃食，和亲人一道品品口味，是他在紧张笔耕之余的一大嗜好。他又非常好客，客人来了，他总愿下厨房露两手，以博得高朋赞许为快。我们家几度迁徙，从北京到上海，到苏州，再回到北京，处处都有一些亲友来家中“打牙祭”。见面一声：“又流口水了！”父亲便热情地张罗起来。我们小时候最盼望两件事：一是父亲停笔；一是宾客临门。因为我们又可以吃到美味佳肴了。
>
> 父亲对烹调的自觉追求，是他到了上海以后的事。十里洋场的上海滩，集中了全国各地的饮食派别：新雅菜馆的粤菜，取材广泛，花色新异；梅龙镇酒家的川菜，调味讲究，浓而入味；上海老饭店的沪菜，汤卤醇厚，咸淡适口；老正兴的锡菜，新鲜脆嫩，味浓带甜；老半斋的扬菜，选料精美，刀工细致……在品尝诸家拿手好菜并加以比较之后，父亲愈发感觉到中国烹调作为一门“艺术”的美妙。一九四六年夏，他终于按捺不住自己，忙里偷闲，以一个美食家的口味和眼光，一个厨师的感受和体验，编出一本《名菜谱》，交由北新书局出版。本来他还打算写一

本关于中国烹调术的理论专著，可惜时间不允许，否则，他完全有可能对此作出融会贯通的阐释的。〔《回忆父亲还珠楼主》，观贤、观鼎，《人民日报》（海外版）1988 年 3 月 25 日〕

就是在这种佳作迭出、功成名就及亲人团聚、其乐融融的日子里，时间到了国内无论是政局还是战局都最为紧张的 1948 年。

第四节　隆隆炮声中携眷离沪

抗战胜利后，国民党挑起内战。国共经过一年半较量，到了1947年末，双方力量对比发生骤变，全国政治和军事形势已有利于中共。在此背景下，中共中央开始酝酿同国民党展开战略决战。

对此，当时正身居沪上埋头“飞仙剑侠”的还珠，不是完全知晓。十里洋场的上海，眼下还是歌舞升平、软红十丈。1947年的年底，他和张元济、谭泽闿、夏敬观、刘海粟、张充仁、吴子深等沪上名流，仍一起出席了名画家颜文樑外甥吕沅桢的油画展，在与以上诸人联名撰写《吕沅桢先生油画展缘起》的“前言”后，还执墨笔为画展题签。然而当几天后新的一年到来时，他却感到了时局的变化。

1948年元旦，《人民日报》发表了毛泽东在中共中央会议上的报告——《目前形势和我们的任务》。其中宣告了一个国民党政府欲竭力否认却又掩饰不住的事实：经过十七个月的较量，中国共产党领导的中国人民解放军已经打退了得到美国支持的国民党数百万军队的进攻，并已转入了战略反攻。随后毛泽东又以石破天惊之语判断：“这是一个历史的转折点。这是蒋介石的二十年反革命统治由发展到消灭的转折点。这是一百多年以来帝国主义在中国的统治由发展到消灭的转折点。”

同日，蒋介石也广播了题为《继续八年抗战精神，肃清匪患安定民生》的“元旦献词”，声称将在“一年内消灭共军主力”，全国各地的“散匪”也可望能在一二年内“肃清”。这天上午十时，蒋介石还率文武百官拜谒了中山陵，并做了长篇训话。但无论是“元旦献词”还是长篇训话，均因不敢正视现实、空洞无物而不受时人欢迎与重视，与毛泽东的《目前形势和我们的任务》在知识分子、民主人士及老百姓中不胫而走，形成了鲜明对比。

两天后的下午，一群已离开学校的中山大学师生在海边一幢洋房的四楼举行新年团拜，特请郭沫若作了题为《一年来中国文艺运动及其趋向》的报告。郭在强调要“在毛泽东先生的号召下努力建立人民文艺”的同时，一口气指控了四种据说是“反人民的文艺”，即他所总结的“茶色文艺”“黄色文艺”“无所谓的文艺”及“通红的文艺，托派的文艺”，并首次点名沈从文、萧乾等人，认为以萧乾为最“坏”。

这或许是因为萧乾在前一年5月5日，为纪念“五四”，曾在《大公报》刊出了一篇题为《中国文艺往哪里走》的社评。文章针对“有些批评家对于自己脾胃不和的作品”，“动辄以‘富有毒素’或‘反动落伍’的罪名来抨击摧残”，呼吁文坛“民主”及“容许与自己意见或作风不同者的存在”，希望“文坛由一片战场而变为花圃：在那里，平民化的向日葵与贵族化的芝兰可以并肩而立”。

因此，郭沫若在这一天的报告中宣布，对这种“反人民的文艺”“应予消灭”，而且毫不回避地宣称：“要消灭他们，不光是文艺方面的问题，还得靠政治上的努力。”这是第一次按照“非红即白，非革命即反革命，非为人民即反人民”的逻辑，把作家、知识分子分为势不两立的两大阵营，并要求借助政治的力量消灭对方。〔《1948：天地玄黄》，钱理群，中华书局2008年12月出版，第12、14—15、16、21—22页。《中华民国大事记·第五册（1944—1949）》，韩信夫、姜克夫主编，中国文史出版社1997年2月出版，第662页〕

对于上述政治时局和文坛动态，还珠虽已知晓了前者，但对后者却还蒙在鼓里。因为前者直接影响了他和广大市民的生活：当年1月5日，“上海市戡乱救国运动委员会”成立，随后沪上空气紧张，十天后全市执行“禁舞”，市内所有舞厅全部封闭。而后者，当时还只是在非正式场合的一种主张，并仅在有限的范围内传播。尽管郭沫若的讲话决不是代表他个人，但此刻沪上市民文化的从业者们却还浑然不知。因此，在这新一年开始的时候，还珠的作品照常出版。1月，《蜀山剑侠传》单行本第44集、《黑孩儿》单行本第2集、《青门十四侠》单行本第1集，先后由上海正气书局出版。

与此同时，根据还珠作品改编的机关布景连台本京剧也仍照常上演。“禁舞”而不“禁戏”，这也算是当年上海滩执政者管理“海派”文化的一种“怪现状”。

共舞台与天蟾舞台、大舞台、黄金大戏院并称沪上四大舞台，其原属“大世界”乾坤大剧场划出的一部分。1926年遭遇大火，重建后改名“露天舞台”，专演京剧。后来，大佬黄金荣等入伙，经过一年多争逐，黄金荣获胜亲任经理，遂改名为“荣记”共舞台。其在上海“孤岛”和沦陷时期，以专演机关布景和根据武侠小说改编的连台本京剧而享誉沪上。翻开当年的报纸可以发现，1948年初，在这个舞台上上演的，正是根据还珠《蜀山剑侠传》《青城十九侠》改编的同名机关布景连台本京剧。

这不是首轮公演，抗战胜利前后这些剧目便已搬上舞台，学者贾植芳初入申城时，便被共舞台门前这些剧目的巨幅彩色广告所吸引。据说当时无论是戏院还是剧团，营业亏损时只要演出这些剧目，立马就能扭亏为盈。据1948年初观过《蜀山剑侠传》的老人追忆：“舞台中心的顶端滑轮上引下一根绳索，绳索的下端接上细钢丝绳吊环和吊登，运用‘荡秋千’的办法表演特技，演员‘荡秋千’必须有足够的臂力和腕力，当年，演此技是关肃霜，关正处青年时期，她武功底子扎实，胆子也大，她扮演的角色是李英琼，当她被敌人追赶到台右侧鼓楼时，敌人用‘掌心雷’将鼓楼炸毁，在鼓楼摇摇欲坠的瞬间，关的表演是从右侧鼓楼飞向左侧鼓楼，就在起飞的同时，右侧鼓楼倒塌，给观众一种惊险的效果。”〔《上海共舞台》，吕铭，《天津日报》1992年5月9日〕

然而社会的动荡有时是让人猝不及防的。几乎与这红氍毹上的“载歌载舞”同时，1948年的2月2日，上海申新纱厂第九厂工人举行了大罢工。国民党军警三千五百余人出动镇压，共打死女工3人，打伤43人，逮捕一百九十多人，另有四百多名工人被开除。同日，针对上海连续发生市民骚动事件，市长吴国桢、警备司令宣铁吾联合宣布处理民众激烈行动紧急措施，宣称：“今后再发生暴动事件，将格杀勿论，必要时将宣布戒严，望市民不要为阴谋分子利用。”还是在这一日，上海市社会局再次强令全市各舞厅停止营业。三天后，美驻华大使司徒雷登就近日上海滩连续发生三次市民骚动事件，在给美国务卿马歇尔的报告中明确指出：“这种趋势本质上是表示政府由于行政的失当，已失去人民的拥护，这种行政上的失当现在已发展到危及政府稳定的时候。”〔《中华民国大事记·第五册（1944—1949）》，韩信夫、姜克夫主编，中国文史出版社1997年2月出版，第677、678—679页〕

就在国民党统治快速失去人心的时候，3月1日，一本名为《大众文艺丛刊》的杂志，已由香港生活书店推出，并陆续出现在香港、上海、南京、北平等大中城市的书店或书摊上。据说该刊甫一上市，便在国统区文坛产生震动，“发行数字与日俱增，影响也逐渐扩大”。该刊编者在发刊词《致读者》的开篇便申明“我们不想在这里来多作自我介绍”，但却强调“这不是一个同人的刊物而是一个群众的刊物”。那么这些代表群众的编者和主要作者都是谁呢？粗略统计后可知，他们是郭沫若、邵荃麟、冯乃超、胡绳、林墨涵、乔木（乔冠华）、夏衍、茅盾、丁玲等“左翼”文人。对此学者钱理群称“结论是很清楚的：《大众文艺丛刊》的主要著作者都是当时及1949年以后中共主管文艺工作的重要领导人，或作为主要依靠对象（‘旗帜’）的文坛领袖人物”。

丛刊第一辑打头炮的是郭沫若，他在《斥反动文艺》这篇文章里，旗帜鲜明地指出：“今天是人民的革命势力与反人民的反革命势力作短兵相接的时候，衡定是非的标准非常鲜明。凡是有利于人民解放的革命战争的，便是善，便是是，便是正动；反之，便是恶，便是非，便是对革命的反动。”他据此而把他所说的“反动文艺”分作“红”“黄”“蓝”“白”“黑”五种，而以“红（粉红）”“蓝”“黑”为主要对象，对他所说的几个代表人物大加挞伐。如指控沈从文从抗战时期高唱“抗战无关”论，反对“作家从政”，到把解放战争“谥之为‘民族自杀悲剧’”，“一直是有意识地作为反动派而活动着”；指责朱光潜提出“人生有两种类型，一种是生来看戏的，另一种是生来演戏的”，其逻辑就是以国民党老爷为“生来演戏”的，老百姓是“生来看戏”的，足证为国民党的御用作家与学者；对为《大公报》写社评，鼓吹自由主义的萧乾，则怒不可遏地要作震天“怒吼”：“御用，御用，第三个还是御用，今天你的元勋就是政学系的大公！鸦片，鸦片，第三个还是鸦片，今天你的贡献就是《大公报》的萧乾！”

学者钱理群对此评价道，“郭沫若认定这几位作家所代表的是‘封建’‘买办’的‘反人民革命’的‘反动文艺’，因此大声疾呼：‘要毫不留情地举行大反攻’。‘不分轻重，不论主从，而给全面的打击’，‘要号召读者，和这些人的文字绝缘’——在一个月以后发表的一篇文章里，则干脆说要把这些打引号的学者们‘赶出地球以外去！’郭沫若这篇檄文写得如此激烈，却不免言过其实，捕风捉影，无限上纲，但又义正辞严，声情并茂，铿锵有力，颇适合于朗诵、广播，为‘我们’体的革命话语增添了几分文学、戏剧表演色彩，并逐渐成为其文体特征与标志之一。这类文字在大转折的混乱中，是很能起振聋发聩的作用的。其内容与形式在当时及以后都产生了极大的影响”。〔详见《1948：天地玄黄》，钱理群，中华书局2008年12月出版，第27、28—29、33页〕

对于上述社会与文坛的“动荡”，还珠仍是只知前者，不晓后者。他看到了社会乱象，认为社会动荡市民骚动是政权鼎革的前奏，他对国民党的统治也是感到失望，期盼着一个全新政府的到来。但他绝对想不到，此时上市的《大众文艺丛刊》上，郭沫若那篇《斥反动文艺》已将“色情、神怪、武侠、侦探，无所不备，迎合低级趣味，希图横财顺手”的作品，统统划入到了“反动文艺”的范畴，而且在几年后会危及自己。所以从这时起到年终，他的作品不但依然紧密“出笼”，而且其本人还在反复强调读者的“敦勉”与“谬赏”。

据《还珠楼主李寿民先生年表》一文统计：

1948年3月，《蜀山剑侠传》单行本第45集、《北海屠龙记》单行本第2集〔《北海屠龙记》，全书二集，共四回，12万字，内容完整〕、《青门十四侠》单行本第2集，同时由陆宗植的上海正气书局出版发行。

4月，《蜀山剑侠传》单行本第46集、《柳湖侠隐》单行本第5集、《黑孩儿》单行本第3集〔《黑孩儿》，全书三集，共六回，19万字，内容完整〕、《青门十四侠》单行本第3集，同时由正气书局出版发行。

5月1日至1949年7月6日，武侠小说《大侠狄龙子》由上海《罗宾汉》报连载，每日有董天野绘制插图一幅；5月至10月，武侠小说《关中九侠》

在上海《蓝皮书》月刊连载〔《关中九侠》共六期，6万字，全书未完〕。同月，《蜀山剑侠传》单行本第47集、《柳湖侠隐》单行本第6集〔《柳湖侠隐》，全书六集，共十三回，36万字，内容完整〕，同时由正气书局出版发行。

韩国翻译版《蜀山剑侠传》封面

6月，《蜀山剑侠传》单行本第48集，由上海正气书局出版发行。武侠小说《万里孤侠》单行本第1集、剑侠小说《大漠英雄》单行本第1集，同时由沪上百新书店出版发行。

7月，《蜀山剑侠传》单行本第49集、《大侠狄龙子》单行本第1集，同时由正气书局出版发行。《大漠英雄》单行本第2集，由沪上百新书店出版发行。

9月20日至27日，剑侠小说《武当七女》由上海《大风报》连载〔《武当七女》1948年9月20日至27日在上海《大风报》连载仅8天，复于当年12月11日至1949年3月23日连载于上海《真报》〕。同月，《蜀山剑侠传》单行本第50集〔《蜀山剑侠传》，全书五十集，共三百零九回，410万字，全书未完，下接《蜀山剑侠后传》〕、《青门十四侠》单行本第4集〔《青门十四侠》，全书四集，共二十回，28万字，全书未完〕、剑侠小说《蜀山前传·长眉真人专集》单行本第1集，同时由正气书局出版发行。

10月，《万里孤侠》单行本第2集〔《万里孤侠》，全书二集，共五回，13万字，全书未完〕、《大侠狄龙子》单行本第2集、《大漠英雄》单行本第3集、《长眉真人专集》单行本第2集，同时由正气书局出版发行。同月，社会小说《轮蹄》易名为《征轮侠影》，其单行本第1集由上海三新书店出版发行。

11月，《长眉真人专集》单行本第3集、《大漠英雄》单行本第4集、《蜀山剑侠后传》单行本第1集，同时由正气书局出版发行。同月，武侠小说《关中九侠》易名为《女侠夜明珠》，其单行本第1集由上海华英书局、广艺书局联合出版发行。〔以上统计详见《还珠楼主李寿民先生年表》，周清霖、顾臻编。载《还珠楼主散文集》，（香港）天地图书有限公司2014年10月出版，第433—435页〕

这其中，在9月20日于《大风报》连载的《武当七女》“前言”中，还珠有过如下披露：

本书第一集已由正气书局出版（名为《武当异人传》）。书成三日，值仆北归度岁，未再续写。客秋重来海上，笔债愈多，无暇及此。时序骎流，忽又秋风。此次南迁，原拟以三年之力，将仆所著各种小说，依次完成。无如卷帙浩繁，南北各报，特约长篇又多，日草万言，犹不暇给，而拙著《蜀山剑侠》复以书多价昂，欲竭力缩短至四十八集，告一段落。消息甫出，海内外读者函电纷驰，佥谓此书头绪繁多，非此短短数集所能终篇，并列举纲目，以相敦勉。所论至为精当，乃止前念。仍按昔年预计，写至全书完成为止，即此一种，已非千万言不得终篇；余十八种，未终篇者，达十之七八以上，约需要二三千万言始克毕事，总数当在四百册以上。自今夏起，始暂停新著，专续前书，以免久悬，辜负读者雅爱。中秋前十日，十云先生，以老友慕云兄之介，属为本报撰拟长篇，遂以续写此书应命。〔《还珠楼主散文集》，（香港）天地图书有限公司2014年10月出版，第436页〕

而在11月付梓的《蜀山剑侠后传》中，其“前引”又云：

本书前传已五十集，初意物价高昂，书局成本奇重，读者购买力弱，原拟暂时结束，俟将来纸张、印工稍廉，再续后传。不意消息传出，读者函电交驰，多谓拙著篇幅浩长，头绪繁多，如不全部完成，实太可惜云云。家人良友亦以此书曾耗作者廿年心血，中经忧患，备历艰危，断而续者数次，近三年始应正气（书局）主人陆君宗植之约，再四敦劝，于可能范围内完成全书。虽橐笔三载，砚田未丰，近顷举室南迁，栖迟旅舍，欲谋一椽之借而不可得，幸蒙海内外读者谬赏，神交日众，时复敦勉，今销行由南洋以迄美洲，遽尔中断，认为憾事，平居相对，时以为言；书局方面，劝勉尤殷，于是乃有后集之作。惟是近数月来，迭接海内外读者函电，都千百封，大抵雅爱关切，盛谊勤厚，宏奖过情，愧无以任，每拟匀旬日之功，勉力复谢，无如笔债山积，日草万言，犹不暇接，亲朋音问皆疏，亦由于此。时序殷流，迁延未报，翘首高雯，徒增惭感。兹特附志敬意与感谢之忱于此，仍乞谅其苦衷，时锡周行，以匡不逮。神交千里，企幸曷极！〔《还珠楼主小说全集·蜀山剑侠后传》，山西人民出版社、北岳文艺出版社1998 年8 月出版，第2 页〕

综合这两篇“书外话”透露的信息，可以发现：还珠这一时期同时写作的武侠小说，竟多达19 种。因这些作品大多“烂尾”，故他原打算用三年时间依次完成。而且自1948 年夏天起，他已暂停新著专续前书。然而无奈各书均是卷帙浩繁，仅《蜀山剑侠传》一书，便欲写千余万字，其余18 种，累计也要在两三千万字以上。19 部小说的总字数相加，预计要高达四千万字以上，册数当在四百余册。即使是日写万言，三年也难以完成。故此，他只能压缩字数，欲将《蜀山剑侠传》缩至 48 集而终篇。可是这样的处理，海内外读者却函电纷至坚决反对，因为该书的影响已从国内蔓延到“南洋以迄美洲”。同时家人、朋友亦认为此书曾耗去他近二十年心血，草草结尾未免可惜。于是，他便努力写到50 集准备暂时结束。但读者的“敦勉”与“谬赏”，还是让他欲罢不能，结果就又有了《蜀山剑侠后传》。

然而此刻时局的发展已超出了他的预料，长江以北的隆隆炮声已逼近上海滩。

1948 年9 月8 日至13 日，中共中央在西柏坡召开政治局扩大会议，为与国民党进行战略决战，从思想上、政治上、组织上做了重要准备。几乎与此同时，9 月16 日至24 日，人民解放军集中强大兵力对济南发动攻击，经八昼夜激战取得完胜。这是一场人民解放军实现从农村包围城市到攻克大城市战略方针转变的标志性战役，并由此拉开了国共两大政治集团军事大决战的序幕。就在此战前后，决定中国前途命运的三大战役也依次展开。9 月 12 日，辽沈战役拉开战幕；11 月 6 日，淮海战役正式打响；11 月 29 日，平津战役开打。

这一切，身在上海西藏路远东饭店的还珠，都已从各种媒体上获知。尤其是11 月6 日，当被南京政府所称的“徐蚌会战”（即淮海战役）战火点燃时，国民党南京军事会议恰好结束，会议决定实行战时体制。当这一消息传来后，还珠已感到了长江北岸的战云密布。此刻，军政情结在他心中再次生发。他已无心剑侠，每日除必须完成的连载撰写外，其余时间基本上都是在翻看各类报纸，研究时局。

在淮海战役第一阶段，解放军粟裕部开始在东线围歼距徐州仅六十余公里的碾庄黄百韬兵团时，还珠经过分析研究，还未感到江南不保，认为大战是在中原地区展开，将来局面最为不堪也就是国共划江而治，上海还是安全的。因此他除了急忙给孤身留在北平读书的十五岁长子李观承写信，要其尽快终止学业，赶在长江局势恶化之前，速来沪上与家人团聚外，尚未有其他想法。然而当李观承冒着战火硝烟赶到时，上海的局面已不容乐观。早在战役初起之际，当局便在上海实行了户口总清查。随后，便是物价飞涨。据媒体报道，战役刚刚打响的 11 月 7 日，上海的米价已暴涨到每石 500 元金圆券；8 日，再涨至每石 900 元；9 日，又飞涨到每石 1800 元。同时，街巷屡发饥民抢米事件，为此当局出动了七万余军警宪特在全市进行“大清查”，并最终由国民党上海淞沪警备区宣布：全市临时戒严。

淮海战役的进程，再次让还珠始料不及。11 月14 日，人民解放军中野四纵与华野三纵在徐州南三堡地区歼灭国民党第三绥靖区冯治安部残部第三十七师四千余人，并已逼近徐州。同日，新华社公开发表了中共领袖毛泽东所写时评《中国军事形势的重大变化》，指出“中国的军事形势现已进入一个新的转折点，即战争双方力量对比已经发生了根本的变化。人民解放军在质量上早已占有优势，而且在数量上现在也已经占有优势”，“使我们原来预计的战争进程，大为缩短”，“从现时起，再有一年左右的时间，就可能将国民党反动政府从根本上打倒”。〔《中华民国大事记·第五册（1944—1949）》，韩信夫、姜克夫主编，中国文史出版社1997 年2 月出版，第808 页〕

至此，还珠已对国民党的政治、经济、军事完全失去了信心，而对于毛泽东在时评中对时局所做的预判，则是心悦诚服。他认定，中国很快就是中共的天下。他还断定，从人民解放军一路所向披靡看，所谓的“长江天堑”也是空谈，南京、上海很快也会被攻克。这时，他想到为了躲避战火，应该尽早离开上海这个国共即将殊死相争的“标志性”都市。那么迁往何处呢？还珠再次面临着家居的选择。

還珠樓主及其作品的研究

徐國楨

一、這個奇蹟是事實

二、「蜀山劍俠傳」的魔力

上海《宇宙》杂志 1948 年第三期开始连载徐国桢的《还珠楼主及其作品的研究》

其实，从打几年前来到上海时，他就认为这个远东第一大都市虽利于办刊物谋生，但嘈杂的环境和拥挤的人口却不是宜居之地。因此，几年来他为了生计宁可全家租住宾馆，也不在沪上购置房产。他的理想定居地，是人熟地稔的苏州。这除了姑苏小城是他的少年玩耍、初恋之地及尚有多处亲友外，还因为苏州距上海间的咫尺之遥及交通便利。他认为，具有小桥流水般江南风韵的苏州，既利于长期安心写作，少被外界打扰，又便于随时往来沪上，与报馆书局沟通。而且对于苏州，他也一直怀有眷恋。当年移居天津时，他便屡发梦回姑苏的诗情。如在 1935 年的《天风报》上，便刊有他抒写的《吴趋怀古杂咏》〔《吴趋怀古杂咏》，寿，天津《天风报》副刊《黑旋风》，1935 年2 月25 日〕组诗。在这几首分别题名《横塘春泛》《虎丘剑池》《白洋湾》《万笏朝天》的诗作中，他发自内心地吟咏了对吴国故地的所念所思。

但苏州也是他的伤心之地，当年的初恋，当年的文珠姑娘，以及文珠姑娘后来的遭遇，都曾让他五味杂陈并产生心灵创伤，可谓剪不断理还乱。他怀念苏州，但不敢去苏州，怕睹物思人再思情。所以他虽独居或举家而居上海几年，但始终没有回过苏州。

现在好了，上海滩上的“双珠重逢”，不但使初恋的伤痛大半释怀，而且两家还成了通家之好。如今再去苏州，看到的，不应是伤心之地；想到的，也不应是苦涩的回忆。正是在这种伤情释怀和时局所迫的双重驱动下，还珠决定全家“定居”苏州。经过一番考察选址，他最终在苏州天赐庄东吴大学（今十梓街一号苏州大学）附近购置了房屋。

1948年冬天，还珠一家离开上海迁居水乡姑苏。

而就在他们全家离沪前后的10月至12月，沪上知名文人陈蝶衣主编的《宇宙》杂志复刊号第3—5期上，连载了还珠朋友徐国桢所写的长篇论文《还珠楼主及其作品的研究》。全文三万余字，共分十六，从社会影响、内容探究、思想意识、写作手法、读者心理等诸方面，对还珠本人及其作品进行了既深入又深刻的学术评骘。其在文章开篇，便指出还珠创作的神怪武侠小说创造了一个“奇迹”，而“这个奇迹是事实”，理由如下：

有人口口声声嚷着“大众”“大众”，好像大众都是他的私产。那些人之中，如果他是一位作家，写起文章来好像把大众爱护得无以复加，如果他是作家之中的一位小说家，那当然故事更是惟大众化是尚。然而，真正的大众，对于他们的杰作，的的确确，没有什么好感，不过是那些作家们向大众妄托知己而已。这种现象，可以说是大众的教育程度不够，不容易接受“宗旨纯正”“意识准确”作品之中的“金玉良言”，也可以说那些大众作家的能力尚差，以致弄成功那个心有余而力不足的悲惨局面。

据说，中国的文盲，为数有百分之八十之多，而这浩大数目的文盲，都是最真正的大众，他们根本没有读书看报的能力。能读书看报而被视为大众者，并非最底层的人物，已是比底层上一层的人物了。一个作家或一种作品，能够为次底层人物所欢迎，就是一个通俗作家或一种通俗作品。以此为标准而看，还珠楼主可算一个通俗作家之中最受欢迎的人物，而其所著《蜀山剑侠传》，更是一部通俗作品之中读者最广的作品。

许多人对于还珠楼主表示憎恨，因为他以写神怪小说为“绝技”，而神怪小说，据许多人说，是有毒的。可是，还珠楼主不客气地把《蜀山剑侠传》一集、二集依次写下去，自有那么许多人伸长了头颈等他三集四集写出来，先睹为快。这未尝不是一个奇迹，而这个奇迹是事实。

对于还珠在作品中所透露的“思想面目”，徐国桢认为：

十分芜杂，差不多找不出中心点所在。说他是儒家，他却把释家看得至高无上；说他是道家，他却很肯为儒家说教；说他是释家，他却是对于游侠社会中人拔刀相助舍命全交的德性非常推崇；说他是阴阳家，他却援用声光电磁等等作用而演为书中的各种‘法宝’；说他肯接受科学，他却又是金木水火土说得光怪陆离。其芜杂在此，其作品的具有令人眼花缭乱的魔力的原因也在此。

而对还珠的作品，徐国桢更是认为：

与其说是小说，不如视为神话。不过这种神话，并非古代流传下来，而是出于他的创造罢了。他的神怪作品，和现实世界隔离得非常遥远，故事的基础，不是建立在人间社会，而是建立在仙佛妖魔鬼怪鸟兽虫鱼混合而成的一个不成其为社会的世外社会上面。虽然在书中都给人格化了，而彼此之间的斗争（斗争就是故事的骨干），在形象和性格上面，都已超脱了人间社会的羁绊。”并作出结论说：“还珠楼主的神怪小说，和‘尘世’隔得很远很远，和前人笔记中所写‘飞剑取人首级百里之外’那种剑侠，其色彩不知要浓重到若干万倍，实是长篇神话也。〔《还珠楼主及其作品的研究》，徐国桢，上海《宇宙》杂志 1948 年第三期，第 58 页；第四期，59 页；第五期，第 68 页〕

在民国通俗文学领域，用三万余字的篇幅对一个武侠小说作家及其作品作深入细致的学理研究，徐国桢的这篇超长学术论文，可以说是空前绝后。而对还珠及其作品而言，能够享受学者型文学评论家如此厚爱如此评价，在民国通俗文学领域，也可以说是“前无古人，后无来者”。即使是和他在武侠“江湖”几乎平起平坐的平江不肖生、白羽、王度庐、郑证因等，也是望尘莫及。

第十章　欣逢盛世，挥笔别旧有新篇

旧时峨眉山（蜀山）之“万年寺”

第一节　姑苏教子中迎来政权鼎革

天赐庄位于苏州十梓街望星桥以东，北傍干将河，南抵十全街，西临官太尉河，东至护城河边古城墙。宋以前亦称东庄、姜家巷。南宋文学家范成大《吴郡志》卷十四云：“东庄与南园，皆广陵王钱元璙帅吴时，其子文奉为衙内指挥使时所创营之。三十年间，极园池之赏。奇卉异木，及其身见皆成合抱。又累土为山，亦成岩谷。”天赐庄的得名源于南宋天子将东庄恩赐给了名将韩世忠，故亦别称韩衙前。清末，美国基督教卫理公会来此创办东吴大学、博习医院，建圣约翰教堂，此地遂成文人雅士聚居之所。

当战火即将燃到江南的 1948 年冬天，还珠之所以选址天赐庄安家落户，除了躲避兵家必争之大都市的炮火硝烟外，应该是既看中了此地的湖光园景，亦满意其浓郁的人文气息。

安置好家当与家眷，还珠便投入到紧张的写作中。人离开了上海滩，但沪上各报刊的连载还在继续。因此，他不敢懈怠也顾不上重温江南水乡的一川风月。躲避开喧嚣的洋场，置身于布满花圃园林的小城，原先被战火扰乱的心绪也平复了许多。因此，这一时期他的写作速度明显加快。从 1948 年年底到翌年开春，他又有多部作品或连载或结集出版单行本：

1948 年 12 月 11 日，剑侠小说《武当七女》复由上海《真报》连载。同月，《长眉真人专集》单行本第 4 集、《蜀山剑侠后传》单行本第 2 集、

《大侠狄龙子》单行本第2集，同时由上海正气书局出版发行。

1949年元月，社会小说《征轮侠影》单行本第2、3、4集〔《征轮侠影》，共四集，二十四章，29万字，全书完整〕，由上海三新书店出版发行；《蜀山剑侠后传》单行本第3集由正气书局出版发行。2月，《长眉真人专集》单行本第5集、《大漠英雄》单行本第5集、《大侠狄龙子》单行本第3集、《蜀山剑侠后传》单行本第4集，同时由正气书局出版发行。3月，《长眉真人专集》单行本第6集〔《长眉真人专集》，共六集，二十四回，30万字，全书未完〕、《大漠英雄》单行本第6集〔《大漠英雄》，共六集，十二回，35万字，全书未完〕、《大侠狄龙子》单行本第4集、《蜀山剑侠后传》单行本第5集〔《蜀山剑侠后传》，共五集，二十回，25万字，全书未完〕，同时由正气书局出版发行；当月，沪上文友莲川居士的新著出版，还珠作序赞曰：

> 画梅有神，绘兰有馨，美人香草，寄托遥深，如闻湘瑟，瑽瑽铮铮，即景成趣，花雨缤纷。莲川居士，风流文采，照映江南，彼此尺素相通，神交已久，每于报端读其佳作，心向往之，而铅椠困人，拜芝莫由也。近顷书来，以大著《柔乡摘艳录》将付剞氏，属题数语，以志鸿雪。乃得展诵冬篇，济词丽句，美不胜收，珠玑满目，尤称杰作。昔东坡评山谷以玉肌花貌，代却山光水色。诗人风怀，大抵如斯焉。〔《柔乡摘艳录》，莲川居士，上海文化企业公司出版1949年3月出版〕

在还珠推出上述作品的同时，评论家徐国桢应上海正气书局老板陆宗植之邀，将1948年底于《宇宙》杂志连载的长篇论文《还珠楼主及其作品的研究》，按“一般论”“写作论”“思想论”“社会论”整理成四章十六节，并易名《还珠楼主论》后，交其出版。此单行本于1949年2月面市后，迅速风行。在全书卷首，有作者于1949年1月13日补写的“序”。通过摆事实，心平气和地讲出了还珠与其作品值得研究的“道理”，以及该书付梓内情：

> 一位作家，能够得到多数读者的欢迎，一部作品，能够广

远行销于各地，都不是偶然的。我们可以在主观上说这位作家或这部作品的不合于某种标准，从而以为不好，或好得不够，甚至于低劣；可是，同时，在客观上决不能抹杀其超过了同时各作家与各作品之上的优势。凡是一位真正的批评家，决不作恶意的谩骂，或者盲目的颂扬，一定虚心地考察及研究其原因。

还珠楼主李寿民先生，他是一位如今受到多数读者欢迎的通俗小说作家，他所著的《蜀山剑侠传》《青城十九侠》等作品，都是如今行销广远的作品，那是不可否认的事实，因而，也是值得研究的作家与作品。

……

本篇原名《还珠楼主及其作品的研究》，曾经在陈蝶衣先生主编的《宇宙》杂志，复刊第三到第五期上发表。正气书局陆宗植先生看到了，要把它印成小册子，给爱读还珠楼主作品的许多读者参考。我和陆先生是多年的老朋友了，他既有意，我就遵办。不过，这使我十分惭愧，因为，写得太草率了。最初我自己没有刊行单行本的意思，提笔就写，太少于准备了。

武當七女

（七十二）

還珠樓主著

1949年3月9日上海《真报》上连载的还珠小说《武当七女》

中華民國38年2月出版

還珠樓主論

—編著者—

徐國楨

—發行者—

正氣書局

地址：上海山東路二〇九號

電話：九三〇六三

電報掛號：國內 五三〇〇六六

國外 CHENCH BCO

特約發行

不准翻印

版權所有

基本定價金圓

全國各大書局均有代售

1949年2月出版的《还珠楼主论》版权页

而在同样是补写的第一章开头，徐国桢开宗明义地将还珠与那些所谓的“大众文学”作家作了区分：“‘大众文学’，这是近十余年来才有的新的名词。致力于大众文学的第一个条件，应该贡献些真正大众确能接受的文学作品出来，然后才有教育大众的功效可以发挥。许多先生们，在竭力研究这个问题，而且在试写着这种作品，都是可敬可佩的作家。可是，努力到现在，所见的功效，依然不怎么宏大。”但“还珠楼主的小说，虽然拥有广大的读者群，若因此而就视之为大众的作家，那是不很妥当的。当然更不能说他的作品，可以归入大众文艺之类。他的小说作品，主要目的，在供给读者以趣味，不是给予读者以教育（当然道德观念还是有的）”。因此他认为，还珠的作品与那些口口声声喊着用“大众文学”去“教育”大众但结果却适得其反的作家的作品截然不同，还珠是在“趣味”中让大众得到“教育”。

此外，在全书最后补写的“结论”中，徐国桢先是对“序”中所指出的“不可否认的事实”做了进一步阐述，认为还珠“作品的出现与风行，真有值得注意的价值。说他好也罢，说他不好也罢，其足以成为一个‘问题’，那是不假的”。随后，他便解释说：“还珠楼主的作品，在中国最近的小说史上，那确是占有一席之地。尽管若干人对之极力反对，仍旧不能够加以抹杀，不能视之为‘无’。”至于原因，一是“他的神怪小说，即使以后衰落，而曾经有过一个不胫而走的盛况——像现在这么的一个时期，是无可否认的事实”；二是“他的神怪小说，在中国神怪小说史上，开创了一条新路，这条路，据我个人所见，以前未曾有人走过。他把近时的物理，融化入于他的玄想之中，构成作品的特殊风格，和前人与近人所著的神怪小说绝然不同”。

最后，该书“结论”认为：“像《蜀山剑侠传》那些作品，应该算是还珠楼主的初稿，希望在全部完成以后，能够有修订的机会，篇幅不一定要那么多，时间不妨多花费些，一定能够代表着中国神怪小说的‘一个时代’。”〔《还珠楼主论》，徐国桢，上海正气书局 1949 年 2 月出版，第 1、3、51—52 页〕

然而时局的发展，已不可能让还珠有“多花费些”时间去打磨、修订自己那些神怪小说的“机会”了。

1948 年年末的“辞旧”时刻，蒋介石在首都黄埔路官邸，举行了在京常委及政治委员会委员参加的便宴，在宣读将于翌日公布的“新年文告”时称，迫于内外压力，他决定下野。

1949 年元旦的“迎新”之际，新华社播发了毛泽东在西柏坡写下的新年社论《将革命进行到底》，指出：“中国人民将要在伟大的解放战争中获得最后的胜利，这一点，现在甚至我们的敌人也不怀疑了。”〔《将革命进行到底》，毛泽东，人民出版社 1967 年出版《毛泽东选集》（一卷袖珍本），第 1263 页〕

这一切都与国共在军事上的惊天逆转有关。早在 1948 年 11 月 2 日，历时 52 天的辽沈战役便已结束，解放军攻占了东北全境；1949 年 1 月 10 日，历时 65 天的淮海战役也已熄火，解放军完全占领了淮河以北的中原地区；1949 年 1 月 31 日，历时 64 天的平津战役落下帷幕，解放军基本控制了华北全境。三大战役，中国共产党领导的中国人民解放军取得了决定性胜利。不但东北、华北两大解放区完全连成一片，而且解放军已基本占领了长江以北的华东和中原地区，正饮马长江，剑指江南。江浙沪等国民党统治的核心区域，已完全处于解放军的直接威胁之下。

1949 年 4 月 20 日，国民党代总统李宗仁拒绝在“和平协定”上签字，国共和谈破裂。21 日，毛泽东、朱德发布《向全国进军的命令》，人民解放军百万雄师强渡长江。23 日，解放军攻占了总统府，南京城鼎新。27 日拂晓，解放军三野十兵团二十九军八十五师在运河之畔枫桥西端，打响了进攻苏州第一枪，随后便迅速击溃盘踞在枫桥、铁铃关、高板桥一线及虎丘山附近的国民党守敌。凌晨 6 点 40 分，解放军分别由平门、金门、阊门、齐门、娄门攻入古城，会师于市中心察院场，苏州宣告解放。上午 9 时，苏州各界在开明大戏院隆重集会，欢迎解放军入城。

当城外枪炮声响成一片时，还珠全家并未感到惊慌。早在攻城之前，中共地下党便通过寄发信函、传单等方式，向苏州市民广泛宣传战争形势及中共城市政策、解放军入城纪律等。同时，地下党的活动还保证了城市在战火中电灯照亮、电话照通。这一切，都让还珠对共产党和解放军心生好感。

4 月 30 日，苏州市军事管制委员会成立，在主任韦国清的带领下，开始对国民党驻苏州党、政、军、警机关及财经、建设、文教等系统进行全面接管。在此过程中，军管会对原国民党机关、学校、企业留下的人员进行了登记和安置。除部分劣迹显著的反动分子和自动离职人员外，大都予以留用，实行“原职、原薪、原岗位”政策，让他们继续发挥一技之长。对于各类不适于留用而裁减的人员，则一律协助转业或发给路费，让其回乡从事生产。还珠虽主动向军管会文教部申报了自己的职业和收入，但主管部门对他未加任何干涉和管束，反而鼓励他利用手中的笔为新政权服务。这一切，又让还珠的心里踏实了许多，感到共产党的清正廉洁和一心为民与国民党在抗战胜利后的“五子登科”截然不同，由此他开始拥护共产党和新政权。

苏州易帜时，上海尚在国民党手里。虽然此刻已是风声鹤唳人心惶惶，但书商们仍是在抓住最后机会挣钱。就在解放军占领苏州的4月，陆宗植经营的上海正气书局仍是印行了还珠的《大侠狄龙子》单行本第5集、《女侠夜明珠》单行本第2集。而还珠另一本剑侠小说《武当七女》〔《武当七女》，上接《武当异人传》，全书一集，共四回，5万字，全书未完〕，亦由沪上广艺书局梓行。此刻，还珠仍能自由地与上海书商们保持着联系。

据史料披露，就在“上海解放前夕，香港一书商为其（还珠）全家买了飞机票，敦请他赴港写武侠小说。他为了献身新中国，断然拒绝前往”。〔《长寿县志》，四川省长寿县地方志编纂委员会编纂，四川人民出版社1997年10月出版，第1155页〕这个书商，便是推出还珠早期作品并使他誉满南北的原天津励力出版社老板刘汇臣，他此刻已移居香港。从还珠的以往经历和当下意识考察，他之所以拒绝前往港地，一方面是因为家室所累，仍是觉得一动不如一静，另一方面则是他已对共产党和新政权产生了敬意，意欲融入新时代。

晚年的唐鲁孙

又据1946年便移居台湾地区的还珠友人唐鲁孙晚年回忆，也正是在这时，唐“因好友宁培宇回大陆接眷之便，曾经给他（还珠）带口信劝他来台定居，他一直没有回音。据说他知道台湾烟禁森严，对于渡海来台，踟蹰不决；等海空交通断绝，想飞也飞不来了。从此音讯隔绝，杳无信息”。〔《我所认识的还珠楼主》，唐鲁孙，1982年6月20日台湾《民生报》副刊〕

唐鲁孙是还珠的恩人，当年就是他将还珠的武侠处女作《蜀山剑侠传》拿到《天风报》连载的。其自1946年与还珠一别，彼此便没了音讯。因此他后来在台湾地区所写所发的这篇回忆，对当年身在苏州的还珠的所思所想，理应都是猜测。但他披露的一个事实却不容忽视：对于当年恩人的隔海招呼，还珠也是没有顺从。个中原因，除与他不去香港大致相同外，还有一个重要因素，便是中共对他的争取。其子李观洪便对笔者讲过："在上海解放前夕，田汉、阳翰笙曾请父亲吃过一次饭，他们让父亲留在大陆，不去台湾。此时父亲的把兄弟段茂澜已随着国民党政府败退台湾了，但父亲没走。"〔2014年11月22日晚，在重庆市长寿区长寿湖畔的长寿宾馆，还珠楼主之子李观洪接受笔者访谈时所讲。在座者，尚有还珠研究专家李永明、张元卿、顾臻〕

继苏州解放整整一个月后，5月27日上海新生。在上海市军事管制委员会主任兼文教接管委员会主任陈毅的领导下，左翼作家夏衍出任文管会副主任并具体负责报刊社、书局、出版社的接管。据他回忆，本着"先接后管"的原则，他们对此前沪上的二十家大报、四五十家小报，以及大大小小的杂志社、出版社进行了接收整顿。最终，接管和实行军管的共58个机构，其中报社及通讯社25家，书店、书局和印刷厂30家。〔《懒寻旧梦录》，夏衍，生活·读书·新知三联书店2000年9月出版，第403、404、407页〕剩余者，均允许继续经营。如曾长期出版还珠作品的正气书局，由于老板陆宗植此前没有任何政治背景，其所出图书也与政治无关，故而不但允许照常经营，而且对其继续出版还珠、朱贞木等人的各类武侠小说，也未加管束。

虽然在这历史骤变时期，无论是对还珠本人武侠小说写作，还是对正气书局付梓其作品，新政权都不曾干涉，但面对日新月异的新时代，还珠还是有些摸不着头脑，诚惶诚恐。因此，这一时期他主动放缓了写作速度，明显减少了写作数量，甚至有一段时间干脆搁笔。据相关史料统计，在上海鼎新的5月，他只有一本《女侠夜明珠》第3集出版；6月，也仅有武侠新作《力》第1、2集付梓；7月略有上升，武侠新作《兵书峡》1、2、3、4集及《力》第3、4集印行；而到了8、9两月，面世的则只有《兵书峡》第5、6两集。〔《还珠楼主李寿民先生年表》，周清霖、顾臻编。载《还珠楼主散文集》，（香港）天地图书有限公司2014年10月出版，第438页〕而且由于战争原因，这11本由正气书局新出武侠小说的发行及影响范围，也仅限于苏沪杭等少数地区。

不再为写作昼夜不停地绞尽脑汁，也不再紧张地转换思路赶写各报连载，还珠这时期有了更多的时间陪伴家人教育子女。其次女观贤、次子观鼎多年后曾回忆说——“一九四九年苏州解放，由于武侠小说暂停出版（此说有误，不是‘暂停出版’，而是还珠主动搁笔），大半辈子埋头写作、无暇顾及子女教育的父亲，这时有了管教我们的工夫，而我们也算是由此得到了一点‘家学’”。虽然“父亲执教很热心，可是他教的东西太杂，举凡诗词歌赋，琴棋书画，京昆皮黄，天文地理，乃至饮食游戏，无一不教，也不管人家爱不爱听。教起来又没有章法，碰上什么讲什么。超初，我们对他这种‘零敲碎打’很不以为然，心想：那算得甚么学问！时间长了，才渐渐品出其中‘味道’”。随后，姐弟俩举例说：

> 记得一次，父亲给我们讲宋词。那首小令描写恶鬼在坟场出现的情景，有两句写道：“鬼火一现，露出桃花面。”父亲问：“谁能用一个更好的词语，把‘桃花’替换下来？”我们略一思索，便七嘴八舌抢着回答：“青白”“凶恶”“狰狞”……父亲只是一个劲地摇头。大家正在纳闷，父亲风趣地说：“谁都知道做菜要放盐，若是菜已经够咸了，再撒一把盐，又会怎样呢？鬼本来就是凶恶的，你们再加上一些‘凶恶’的字眼，恶上加恶，反倒乏力了。这首词的妙处，就在于给恶鬼画了一幅‘桃花面’，一丑一美，两相对比，鬼的阴鸷可怕情状便出现在我们面前了。”
>
> 事隔不久，父亲带我们去开明戏院看越剧《梁祝》。回来的路上，他故意问：“《楼台会》一场，祝英台有句唱，叫做‘强颜欢笑上楼台’。为什么一定要‘欢笑’呢？用‘哭哭啼啼’、‘悲悲切切’不是更好吗？”我们一下子想起了“桃花面”，异口同声地回答：“咸上加咸——齁了！”顿时，小巷里响起了愉快的笑声。不知当时父亲是不是有心的，我们长大以后才明白，父亲的“东拉西扯”竟是艺术哲学呢！〔《回忆父亲还珠楼主》，观贤、观鼎，《人民日报》（海外版）1988年3月26日〕

对于还珠这种“东拉西扯”的随意“教学”，李观鼎感触尤深。他曾对笔者讲过："父亲对我们的教育，是随时随刻的。他要求我们对中国传统文化要有敬畏之心，他给我们不是讲国学，而是遇到事就点拨一下。如春天我们赖床，他便讲'春眠不觉晓'如果倒着读，就更好理解了。"〔2014年11月21日，在重庆市长寿区长寿湖畔的长寿宾馆，还珠之子李观鼎接受笔者访谈时所讲〕此外，李观鼎近年还在文章中说："父亲没上过几年学，连中学都没有念完，可是他在我们这些子女眼里，却是一个很有学问的人。古人云：'世事洞明皆学问。'父亲的'学问'，便在他对日常事物的洞彻中。"据他追忆：

2014年11月21日，还珠哲嗣李观鼎（右）、李观洪在重庆市长寿区政府召开的还珠楼主高端论坛上回忆父亲

> 记得大哥观承在苏州上高中的时候，有一次数学考试不及格，原因是微积分部分没弄懂。那天吃过晚饭，父亲照常带我们几个孩子出去散步，途经那座也不知走过多少遍的望星桥时，他停下脚步，对观承说：你来看，一条条石块砌成的这座桥，不就是"积分"么？要是把石块从一头慢慢拆去，到最后不就是"微分"么？过了一会儿，又说："看东西最忌熟视无睹。这里面还有一层曲直关系变化呢，你们看得见么？想想，当桥身被拆到只剩下一条石块时，它的曲线不就变成直线了么？"周末，家教吴兆基先生来家里给我们补习功课，大哥向他转述了父亲的"桥论"，这位当时苏州的数学名师说，那是一个高等数学原理：在一定条件下，曲线和直线是一回事。〔《代后记：沉淀下来的往事——父亲还珠楼主生活琐忆》，李观鼎，载《蜀山剑侠传》第8集，作家出版社2012年3月出版，第4284页〕

对此，身受其益的李观承近年亦是感慨地说，从上述事例"可以看出父亲有一种辩证的思考方式，这对我们以后一生的学习和思维都是非常有

帮助的。解放后我们学到了毛泽东哲学理论，他就说过：事物在一定条件下会向相反的方向转化。我们一看这个，就觉得很容易接受。对问题的辩证思考，这个能力应该感谢父亲”。〔《怀念我的父亲还珠楼主李寿民》，李观承、李观鼎口述，徐红强撰稿，上海市文史研究馆、中央文史研究馆主办《世纪》杂志，2021年第2期，第33页〕

在接受新意识和享受儿女亲情中，还珠逐渐适应了新时代的生活。但他没有想到，即将出台的新时代文学创作格局里，他的“神怪剑侠小说”已没有一席之地了。

1949年7月2日至19日，中华全国文学艺术工作者代表大会在北平召开。这是一次旨在规范新政权文学艺术秩序、为即将成立的新中国文学艺术指明方向的盛会，是被迫分离在解放区与国统区的文艺工作者的一次“大会师”。还珠的朋友，身在北平的社会言情小说翘楚张恨水、身在天津的著名报纸副刊编辑兼武侠小说作家吴云心，均以“平津代表第二团”代表的身份出席了大会；还珠的“同道”、身在天津的武侠小说大家白羽，也以“平津代表第二团”特邀代表的身份参会。他们是此次文学艺术界盛会中仅有的三位旧派通俗小说作家。还珠没有这个荣幸，偏居江南一隅的他，此刻正在享受着他的天伦之乐。

就在这次大会上，郭沫若当选为主席团总主席，茅盾、周扬被选为副总主席。周扬在《关于解放区文艺运动的报告》里，阐明了毛泽东《在延安文艺座谈会上的讲话》为新中国的文艺方向，新中国文学要以这个“讲话”为指导，继承和发扬解放区在文学创作、文学运动和文学斗争等方面的经验，要用新的主题、新的人物、新的语言、新的形式来为工农兵服务、为人民服务。茅盾在宣讲《十年来国统区革命文艺运动报告提纲》时指出：“反动文艺在国统区的城市中并不是毫无市场的。由于进步的、革命的文艺作品的基本读者仍限于小资产阶级的知识分子，就留下了很大的空隙给反动文艺做活动场所。带着浓厚的封建愚民主义气息的旧小说和有些无聊文人所写的神怪剑侠的作品，在反动统治势力下散播其毒素于小市民层乃至一部分劳动人民中。”

而郭沫若在作总报告《为建设新中国的人民文艺而奋斗》时，则仍保持着1948年初的战斗姿态，坚决地表示：“我们要扫除半殖民地半封建的旧文学旧艺术的残余势力。”“我们应该采取各种有效的方法来完成这种任务。”〔《中华全国文学艺术工作者代表大会纪念文集》，中华全国文学艺术工作者代表大会宣传处编，新华书店1950年3月公开发行，第69—70、55、41、43页〕

如果说当年（1933年）茅盾在《封建的小市民文艺》中批判“飞仙剑侠”类武侠小说，主要是针对平江不肖生的《江湖奇侠传》，还没有指向还珠及其作品的话，那么在十余年后的1949年，他所称的“无聊文人所写的神怪剑侠”，肯定包括了还珠和他的作品。因为在抵近1949年的近二十年间，国内风行最广影响最大的“神怪剑侠”，已非还珠的《蜀山剑侠传》莫属。至于周扬、郭沫若的讲话，则不仅将还珠等一众民国武侠小说作家与作品排斥在新中国文学格局之外，更是号召与会者，要采取各种有效的方法来对他们进行扫除。

文代会后的7月23日，中华全国文学工作者协会（即后来的“中国作家协会”）在北平成立，与还珠同为著名通俗小说作家的张恨水，被吸收为会员。与此同时，还珠在天津的文友吴云心与白羽也分别履新。前者因在1948年底便秘密加入了中共，故被安排为天津文化接管干部；后者也成了早已被中共地下党掌控的天津知识书店属下《新津画报》社社长。与他们相比，身居姑苏小城的还珠，则显得落寞。不但此时身份还是一个写“旧小说”的自由职业者，而且对于自己的创作前景也是捉摸不透观望不清。

就在这种生活适应写作茫然中，四十七岁的还珠迎来了中华人民共和国的诞生。

一个旧时代彻底结束了，新生的共和国是否还允许武侠小说或者说是自己所写的神怪剑侠小说存在，还珠心里没底。彷徨间，他看到了刚刚创刊的由中华全国文学艺术界联合会编辑、新华书店向全国发行的《文艺报》。在10月份的创刊号上，一篇《争取小市民层的读者——记旧的连载、章回小说作者座谈会》的报道，引起了他的关注。

原来，在首次文代会后，上海发生了“可不可以写小资产阶级”的讨论，北平随后也出现了对作家萧也牧写作倾向的批判。这些事件，都涉及市民读者群的趣味等问题，同时也表现了评论界在这个问题上的高度警惕心理。此时文学界的领导层也意识到，通俗小说的取材、艺术形式和表现方法等，都具有难以取代的特征，而且它们还存在着广泛的读者群。因此，在具体处理这一复杂问题时，便有些犹豫不决。正是在此背景下，1949年9月，即将创刊的《文艺报》召开了有平津常写“长篇连载、章回小说”作者参加的座谈会。

参会者宫竹心（白羽）、李熏风、郑证因、徐春羽、耿直（小的）、刘雁声、陶君起、陈逸飞、么其琮、金寄水、景孤血、刘植莲、左笑鸿、连阔如等一众通俗小说作者，大多数都是还珠的朋友。他们与文学界的领导共同“研究这类小说的写作经验与读者情况，讨论怎样发展并改革这种形式”。最终，座谈会虽然强调这种“旧形式小说”在内容和形式上有改革的必要，但却没有采取全盘否定的态度。“旧小说”作家也表现出创作“新内容”通俗小说的热情〔详见《争取小市民层的读者——记旧的连载、章回小说作者座谈会》，《文艺报》第一卷第一期，1949年10月出版；转引自《中国当代文学史》，洪子诚，北京大学出版社2007年6月第2版，第112页〕。

看到这篇报道所释放出的管理者对“长篇连载、章回小说”的态度，也知道了众多老朋友的消息，还珠的心中宽慰了许多。但怎样对这种“旧形式小说”在内容和形式上进行改革，以及如何创作“新内容”的这类小说，报道却没有指明，因此还珠的心里还是没底。好在10月下旬，上海正气书局照常推出了他的《女侠夜明珠》单行本第4、5两集〔《女侠夜明珠》，共五集，十回，25万字，全书未完〕。为了探探形势，摸摸管理者的“底”，同时也为了给自己过去做一些表白，对创作“新内容”的通俗小说做一个表态，他在《女侠夜明珠》第5集第12页至13页上，以夫人孙经洵（字少兰）的名义，写了这样一则“附言”：

> 余夫二十年来所作小说，因以无产无业、生活所迫，不得不以多方面技巧，迎合读者兴趣，以求销路；但此二十年来所有作品，无不同情弱者，爱护劳苦人民，极力反对贪污土霸，提倡生产。今日新时代之来，早在意中，故他所描写劳苦人民与开荒生产，往往慨乎言之。十五年前所作《蛮荒侠隐》以及解放前两年的《大漠英雄》，早有表现，非自今始，但极端反对无政府无秩序之主义而已。屡为余言，小说最易深入人心，

以收潜移默化之功；此后言论自由，已无禁忌，当可尽自身所学所知、经验技巧与新学得之知识，改旧从新，献诸大量读者，以求批评检讨，与日改善，而求前进。此节为前三集所限，顾虑全文，虽不能如他心愿，畅所欲言，每一人物之个性环境与阶级描写，均用心思，各有不同。请读者留意指教为幸。少兰敬识。

〔《还珠楼主李寿民先生年表》，周清霖、顾臻编。载《还珠楼主散文集》，（香港）天地图书有限公司 2014 年 10 月出版，第 439 页〕

从这篇尽量使用“无产”“阶级”“劳苦人民”等措辞的小文中，可以看出还珠此时急欲融入新时代的迫切心情。但又由于尚未完全弄通弄懂这些新词，故而将此等“新学得之知识”用得生硬，仿佛在贴标签。而且为了表白自己已“改旧从新”，还特意强调“请读者留意”这些变化。此外，明显感到自己的创作已不合时宜，又不知新政权对神怪剑侠小说的态度，但为了全家生活又不得不写的矛盾心态，亦尽显其中。

让还珠稍感心安的是，此时人民政府还未完全取缔武侠小说，其神怪剑侠小说仍能接连付梓。在1949 年 11 月至 12 月间，他的《兵书峡》单行本第7集、第8集、第9集、第10集、第11集，仍由上海正气书局出版。同时他新创作的武侠小说《龙山四友》，因已无报纸能够连载，亦直接由浦祖明经营的上海育才书局推出单行本第1 集。这让他仿佛看到了一线希望，觉得新政权并不排斥自己的作品。于是，他心怀侥幸地又接连开写了《黑蚂蚁》《黑森林》《铁笛子》《酒侠神医》等几部新武侠。虽然已很少有报纸可以连载，但还是很受上海几家书局的青睐。

这一时期，还珠除了极力接受新意识、新思想，并勉强将其嵌入自己的武侠创作外，他仍是把一部分精力放到了教育子女上。除了经常给孩子们“零敲碎打”地灌输“学问”，他还非常重视子女的人格塑造和品质养成。在这方面，李观鼎体会尤深，“父亲教育我们主要是三条：第一，要与世无争，宇宙之大，你争什么，争的结果是疲于奔命；第二，做好自己，干好自己应该干的事情；第三，要我们尊重人，对人要有敬畏之心。他说，孔子讲的‘仁’，就是两个人的关系。‘侠’，左边是一个大人，右边是一个大人和两个小人，因此它是四个人的关系。‘义’，宜也，凡事适宜

便为义。”〔2014年11月21日，在重庆市长寿区长寿湖畔的长寿宾馆，还珠楼主之子李观鼎接受笔者访谈时所讲〕

而观贤亦说：“在学习上，父亲从不勉强我们学什么，他认为，人各有志，亦各有长，应该顺其自然，发展所长。但在为人处事上，他却要求我们必须诚实、勇敢。莫看父亲同我们平等相处，甚至可以骑到他脖子上去，要是有谁违反了这两条‘家规’，那可不得了。”对此，他们曾举有以下事例来加以说明：

观鼎小时候很调皮，经常扰乱课堂秩序，都念五年级了，还没有加入少先队。一天中午，他忽然戴着红领巾回来了，进门就对父亲说：“买足球罢！”原来父子订有“协议”：何时观鼎入队，奖励足球一只。父亲二话没说，跑到百货公司买回一只小型足球。哪知正要“颁奖”，一位小同学找上门来：“还我红领巾！”想不到观鼎脖子上的红领巾是硬“借”来的。父亲一怒之下，打了他二十板子，责令他用打肿的手送还红领巾。晚上，父亲把全家召集到一起，严厉地批评观鼎说：“谎言终难长久，说谎的人，不该让他达到目的！”说罢，举刀把那只崭新的足球砍成两半。

说也奇怪，有时我们犯了过失，看来必罚无疑，父亲倒并不怎么计较。一天，我们和邻家几个孩子瞄上一只空船，趁主人去街里购物的当儿，跳上去把它撑走了。本想玩一会儿就回来，哪知越玩越兴奋，渐渐忘乎所以，到大家七手八脚地把船“划”回来时，天色已晚，农民伯伯正在岸上骂街呢！这种“罪过”，依了母亲是要“重罚”的，我们也都做好挨打的准备。不料父亲竟反转来替我们求情：“小娃娃敢撑船出城，遇到困难还能‘同舟共济’，不简单！下不为例吧！”〔《回忆父亲还珠楼主》，观贤、观鼎，《人民日报》（海外版）1988年3月26日〕

对于这次“偷船”，李观鼎更是终生难忘。近年他对此“事件”的描述更为翔实，而且还从中感受到了父亲的“善于教导”：

> 苏州当时还是河流纵横，家家户户都烧稻草来煮饭、烧水。农民会把农产品或者是一些稻草用船运到城里来卖，卖掉之后，就到市中心的百货公司或者观前街这些地方去买日用品，这时船就没有人看管了。于是我们这几个小朋友就趁机上了船，把船撑走了，一直撑出了葑门，外面就是很大的湖。开始的时候还能撑，后来水越来越深，竹篙就只剩一尺多长了，很难再撑船了，船就在湖面上打转，北方人叫“转腰子”。好不容易回来的时候已经很晚了，着急坏了的农民看到了我们，就跑过来想要揍我们，我们会水的就扑通扑通跳了水，就留下一个6岁不会水的小胖孩在船上。那农民上了船就打了他两个耳光。这事闹得很大，街坊邻居都知道了，都说我们偷了别人的船。我父亲却说：第一，你们偷别人的船是绝对不对的，人家的整个身家都在船上，你们给人弄坏了怎么办？第二，你们也有好的地方，就是你们到了比较宽广的水面上，遇到困难的时候，不慌张而且能够团结。你们这个团结精神就很好，越是在困难的时候，越要互相扶助。第三，你们还有一个不好的地方，就是都跳水逃跑了，留下一个小朋友，结果让他挨了耳光。

在追忆了这件难忘的“偷船事件”后，观鼎深有感触地说：“其实我们撑船出去，是带着小孩的天真好奇，谁也没想过要霸占这个船。所以在这个事情上，我父亲并没有过多苛责我们。我们就觉得这样的父亲是很善于教导的，能够让你知道什么地方对，什么地方不对，而不是一概否定。”“父亲没有给我们讲什么大道理，他就是在具体的问题发生时，谈自己的一些感受来启发我们，我们也觉得是很有收益的。”〔《怀念我的父亲还珠楼主李寿民》，李观承、李观鼎口述，徐红强撰稿，上海市文史研究馆、中央文史研究馆主办《世纪》杂志，2021年第2期，第33页〕

对于在苏州的这段生活，还珠最小的儿子李观洪也有记忆，但却是不愉快的记忆。近年他在接受采访时，曾讲道：“当时我在苏州上中学，很为父亲而自豪，然而当时出了一件事情，一个年轻人突然失踪，到深山之中练功夫去了，据说是因为看了《蜀山剑侠传》中了毒。于是有人写了大字报，班上的同学也在议论，这事当时对我打击很大。”据说还珠为此还反省了许多时日。〔《往事依依蜀山青——还珠楼主子女访谈录》，李永明，《品报》（内部电子刊物）第23期，2013年7月1日出版，第12页〕

在生活上，虽仍偷偷吸食大烟，但其他方面已逐渐适应新环境并腾出时间悉心教子；在创作上，彷徨、矛盾而又急于跟上时代步伐；在前途上，迷惘、观望而又心存侥幸——这便是还珠在1949年下半年和1950年初的心态和状况。

第二节　履新“天蟾”　痛别“武侠”

就在还珠对自己的前景迷惘茫然，对未来写作彷徨徘徊之际，1950年一开年，他结识了后来成为著名学者的进步文人贾植芳。

贾植芳一年多以前刚走出国民党监狱，在青岛避居休养了一段时间后，他先是到了易帜不久的上海，但由于不太适应大都市喧闹的环境，遂通过老朋友正气书局老板陆宗植，在陆的老家苏州找到了一个居处。他那时只在震旦大学教两门课，一周有三天去上海就可以了，其余时间便在苏州进行文学创作与书稿翻译。

一日，陆宗植来苏州找还珠商量新作版权事宜，“因友及友”，贾植芳与还珠相识了。此前他已知晓还珠大名，并认为是个“福星高照、走红运的作家”，因此二人很快便频繁往来、无话不谈了。在贾植芳的印象中，还珠“虽系川人，但身材高大，浓眉重眼，于文质彬彬之中隐现出几分江湖豪侠之气。一看就知道他是个久经风尘、见多识广而又富有才情的中国旧式文人”。

关于这一时期还珠的生活和写作状态，贾植芳晚年曾回忆说：“现在我已不复记忆他的寓所地址，但离我家住的三元坊不算太远。他的寓所是一个旧式家庭布局，除过他们夫妇和几个孩子外，还有一个天津籍的老年女佣。他当时鸦片烟瘾还未戒除。据他说，他的写作时间是从清晨到中午——他自己不动笔，由他雇佣的一个中学程度的青年代他笔录。他每天早晨抽足鸦片烟后，闭目静坐在藤椅上，他一句一句口述，他的书记用蝇头小楷一个字一个字地记录，他讲得很慢，记起来并不吃力。他说，他同时在为几家书店写小说，他准确地掌握它们各自的内容进度和章节段落，凡是某一部作品告一段落就紧接着口述另一部。这同时用口述方式创作的几部题材不同的小说，每天由书记分别记好以后，再由他一一过目，便同时投邮，分寄给各书店付排，直至终篇，再装订发售。他的这种写作方式，颇使我感到惊奇。”

然而更让他感到“惊奇”的事情，很快就出现了。那是在他们刚刚熟识不久，一天下午，还珠突然急匆匆地跑到贾植芳家，一进门就嚷着说：“唉！贾大哥，不好了，出了事了！”

贾植芳被他说得莫名其妙，忙关上门，将他让进里屋，斟茶递烟。

还珠落座，深深吸了几口烟后，惊魂未定地说：“今天中午，派出所户籍警来我家查户口，刚坐下不久，我家那个老佣人便走进来对我说，老爷，开饭了！她这么一说不要紧，户籍警马上警觉起来，严肃地对我说：她怎么称你老爷？你准是在旧社会做过官，是个官老爷！你考虑考虑，明天到派出所交代历史问题！”随后他摊开两只手，又苦笑着说：“这真是从何说起！真是秀才碰着兵，有理说不清！”

贾植芳听罢，再看看满脸认真、焦虑的还珠，不觉得暗自好笑，忙告诉他事情没有他想象得复杂，明天到派出所说清楚就没事了。

听了贾植芳的安慰，还珠悬着的心方才放下，又说了几句闲话就怅怅地走了。

可是过了没几天，还珠又来贾家闲聊，还是接着上次的话茬。他告诉贾植芳，他家的那位老女佣，是跟他妻子陪嫁过来的。他妻子的娘家，在天津开大中银行。由于那个银行老板不愿意将女儿嫁给他这个穷书生，因此他们的成婚费了很大周折。他还说，因为和自己的意中人成亲不易，为了报答她对自己的恩情，所以他生平决不二色。

贾植芳听了还珠的述说后，感觉很惊讶，忙问具体情形。

于是还珠便将他与孙经洵如何恋爱如何受阻如何终成眷属的经过，细细地讲了一遍，而且最后还特意告诉贾植芳：“那个女佣原来是我妻子在娘家的贴身丫鬟，她是主动跟着陪嫁过来的。按照我们老家庭的规矩，她称呼我为老爷已成了习惯。妇道人家不知道解放以后这种旧称呼已经不时兴了，所以那天惹起了那位警察的疑心，闹出了一场风波。转天我按你嘱咐的去派出所解释清楚后，就没事了。”

看到贾植芳饶有兴味地听完他的长谈，还珠不好意思地笑了起来。临走时他又说：“对了，贾大哥，我还把我和我老婆的这段姻缘做题材写了一部小说，这也是我唯一的一部社会言情小说，隔天我给你送来。我写的那些东西你尽可以不看，但这部小说你却无论如何抽空看一下，它凝聚着我的感情和心血。”

以上便是贾植芳与还珠相识不久后发生的“故事”。贾植芳晚年在接待台湾作家白先勇时，得知其最崇拜的作家是还珠，遂在意外之余引起了对往事的追忆，并将其行于文。他在讲完上述“故事”后，又接着写道：

> 这大约就是我和他相交中最长的一次谈话，我听了他的故事，仿佛读了一部佳人才子式的传奇小说。后来再见面时，他又一再说起，解放了，大家都在学习，公家提倡改造思想，看来他的武侠小说饭吃不长了，他很想写点适合时势的作品，为此求教于我。我劝他不妨写些农民起义的小说，这和写武侠多少有些关连，可能会手顺些。或许这还是一条出路，但要他参看一些用新观点写的这一类历史文章，才不至于在思想上走样。不久，他就写了以张献忠为题材的《独手丐》。他说，因为他是四川人，张献忠和四川关系很深，后来就在成都建立了王朝，最后又死于四川，他听来的口头材料，实在太多了。这部小说就由陆宗植办的“正气书店”出版。他所说的以他和妻子的爱情和婚姻故事为题材的作品，后来也曾带来给我看了，可惜书名和具体情节我已不复能记忆了，只记得它是天津“励力出版社”印行的，薄薄的四册（书名可能是《轮蹄》）。〔以上回忆，均见《记还珠楼主》，此文收入贾植芳所著《暮年杂笔》，汉语大词典出版社 1997 年 8 月出版，第 15—18 页〕

据此可知，正是在贾植芳的点拨下，迷惘彷徨中的还珠仿佛找到了一条写作新路。回到家中，他立即终止了已面世11集的旧武侠《兵书峡》的写作，在将剩余文字草草整理寄给陆宗植，由正气书局于1950年1月印行后〔《兵书峡》，共十二集，二十四回，61万字，全书未完〕，便从尚未付梓的旧稿《铁笛子》中岔出一个由头，开始了对“农民起义”的“颂扬”。

由于脑中早就有张献忠在四川的“传奇故事”，加上这种农民起义题材又颇适章回体武侠小说写作套路，因此他写得颇为顺手，也颇为神速。从1950年年初开始动笔，在短短一个多月时间里，便完成了二十余万字。继当年2月《龙山四友》单行本第2集由上海育才书局梓行后，3月，这部以张献忠起义为背景，表现“官逼民反”后两个“阶级”逐鹿江湖的武侠新作《独手丐》，便由上海元昌印书馆一气推出了单行本第1—3集。〔关于《独手丐》的初版机构，贾植芳回忆有误。该书不是由陆宗植的“正气书店”出版，而是由上海元昌印书馆付梓〕

为了表明自己“弃旧从新”的态度，他在第1集卷首特意写有《从新写起》的“前言”。在这篇近一千五百字的长文中，他不但作了“自我检讨”“自我批判”和“自我改造”，而且还表“决心”式地宣告了今后的责任担当。因这篇文章可视为还珠毕生创作的转折标志和最后十年的写作“宣言”，故字数虽多，仍须全文援引如下：

> 新的中国诞生了，我们都是新国家的一个成员，在此新旧激变的时代，时代要求每个作者，对过去做一番检讨，对将来有一番希望，首先要从事一番自我改造的工作，通过自我的批判，来确立今后写作的态度与方针，以期在发挥与推广群众教育的意义上，对新的社会，贡献一方面的力量。
>
> 我过去二十多年来的作品，其中多是神奇怪诞的武侠小说，故事取材，既多与现实脱离，人物塑造，也多是虚构的幻影。这当然是我属于的阶级观点，限制了我的认识，使我认为小说根本就是一种消遣品，而不是一种阶级麻醉和阶级战斗的武器，而这多年来半封建的腐败统治下，人人在现实的压迫与剥削中，都走到逃避的路上去，在当时政治经济、社会环境反映之下，我的作品，不得不有意或无意的迎合了他们，因而取得多少年

来的大量读者，所以我的小说，从个人立场而论，是把它当成了一种职业，从社会意义来说，是只为了供给小市民层空闲时的读物，谈不上什么教育与作用，虽然环境也不允许，但在今天想来，我以前只从旧道德方面着想，打算用多方面的技巧，于引起读者兴趣中，提倡崇善除恶，孝友义侠，以收潜移默化之功，使人学好归正，敦品励行，或是独善其身等等，用意未始不良，但是个人观念太重，那是狭义的，落伍的，没有顾及群众，更没认定这是一个武器，或是用错了这个武器，也没有领导群众走向光明的胆勇，这是我的极大错误。

解放后，我接触到了一些进步的文学理论，以及革命的理论与事实，使我知道了革命的意义、性质和内容，尤其认清了一个写小说的历史任务是什么，于努力学习之中，方始力求从根本上改造自己，把旧观点加以改革，从新建立新的社会观点。

现在我才理会到，我过去二十多年来，所写的是那么低级和内容空虚，主要是因为我没有在现实生活中去找材料，去反映时代的进步与发展，写出群众的斗争生活，虽然也有如《力》与《兵书峡》《女侠夜明珠》之类，略有一些意识与描写、夹叙夹议穿插在内，到底还嫌太少，材料思想也还不够。其实，一个作家，只要肯虚心学习留意体验，现实生活是丰富的，群众斗争的历史事件，如其不受史家欺骗，由正反两面去仔细观察，求出反证，全都是那么活生生的；即便为了速成，顾及生活，想要多产，由多方面发展他的技巧，不为史实所限，并使理论意义更深一层了解，以求增加读者兴趣与认识，哪怕出于创造虚构出来的故事，只要抓住中心思想，一样成功。一个写小说的人，履行了他历史的和前进的任务，他的小说也自然灵活生动，吸引读者，发生出伟大效力了。

早在数月以前，我已将销行二十年、在旧小说中销路最广、读者最多、历时二十年而不衰、能够顾我全家生活的《蜀山》《青城》等带有神怪性的武侠小说，在当局并未禁止的环境之下，毅然停止续作。近月印行的作品，虽以续写旧作居多，连这本《独手丐》，也是旧作续成，内容已全改革，当经过学习与深刻检讨，写而未成的新作品《火》（一部描写农民斗争的创作）未完成发表以前，此书为了旧作限制，仍不免于偏重趣味与紧张动人，虽未合乎我的理想，但已稍有含义，不是为职业而写小说的态度了。

今后，我将尽力做到夏衍、卢鸣谷先生所讲的话，遵守新的写作原则，为我所拥有的大量读者，灌输新的时代意识，通过我固有的写作形式、文字技巧等等，将新的时代内容，或是采用旧时代的情况作为背景，加以创造，由多方面取材，增加兴趣，作为现时代的反映与必然的结果，来表现在读者面前，促进他们对时代的深刻认识，得到共同前进的效果。

我有决心这样做，并认作终身事业，做得如何，能否发生一点效力，有无错误，敬请读者们及各界贤达不吝赐教，加以批评，无任荣幸。〔《还珠楼主李寿民先生年表》，周清霖、顾臻编。载《还珠楼主散文集》，（香港）天地图书有限公司 2014 年 10 月出版，第 440—443 页〕

“前言”是这么写的，但结果却没有达到他的预期目的。《蜀山剑侠传》与《青城十九侠》倒是真的“毅然停止续作”了，可是“灌输新的时代意识”的《独手丐》，写得既不尽如人意，也不太合己意。

对于《独手丐》，还珠投入了比以往写作更多的精力，而且更是努力地“遵守新的写作原则”，按照刚刚学过的“新民主主义”理论，力图用“新的时代意识”去表现历史烟尘。但由于对“新的时代意识”和“新的写作原则”学习不深，领会不透，加上笔下经常不自觉地追求可读性，故而总是在时不时地重蹈旧武侠的覆辙，给人以“旧瓶装新酒”之感。可以说，他这部“戴着镣铐跳舞”的新著，既没有达到用新的“含义”去“促进”读者“对时代的深刻认识”的目的，也失去了他此前武侠小说固有的魅力和神韵。然而对于此等“败笔”，身陷其中的还珠不但浑然不知，反而“痛并快乐着”。结果全书越写越多越写越长，在一年多时间里，他竟写下了五十八回六十八万字，直到连续出书至 14 集时，方才将这段岔出来的“农民起义”，重新嫁接回武侠旧著《铁笛子》中。〔《独手丐》，共十四集，五十八回，

68 万字，全书故事完整，下接《铁笛子》〕

自以为找到了新时代写作出路的还珠，此刻不但乐此不疲地苦耕《独手丐》，而且心情亦为之一爽，这从他对待儿女的态度中可见一斑。2012 年已七十三岁的李观鼎曾言："如我一般年纪的人，小时候或许都有这样一种经验，当我们有了过错而被板起面孔的大人们要求'伸出手来'时，大概就要吃'手心'、挨板子了。"可是在 1950 年的春天，"父亲让我们伸出手来，却并未见板子的跟进，而是别有一番用意"。据他回忆，当时他们兄弟姊妹都在苏州上学。其三姐观贤天资聪颖，又肯用功，学习成绩总在班上名列前茅。那年春天她在小学毕业考试中得了第一。回到家里，把奖状和成绩册往还珠手上一递，略显激动地说："我第一……"声音虽然不高，脸上却流露出十分得意的神色。那气氛，让考试勉强及格的观鼎颇为尴尬。他想，父亲又要拿三姐的"优异"来贬责他的"低劣"了。然而事实并非如此。还珠认真看过奖状和成绩册后，对观贤说："很好。不过也别把这第一看得太重了。人有了长进，倒应该先伸出手来，看看自己。"然后又转过身来对观鼎说："其实，人不单是要在顺境里看到自己的短处，还要在落后时看到自己的长处。鼎儿学习成绩不好，那是贪玩的结果；你踢球的时候，不怕累不怕苦，不是很顽强么，这就是长处呀，要是用在念书上，还愁念不好么？"听到此处，观鼎竟也不自觉地伸出手来观看。〔《代后记：沉淀下来的往事——父亲还珠楼主生活琐忆》，李观鼎。收入《蜀山剑侠传》，作家出版社 2012 年 4 月出版，第 4286—4287 页〕

由此可见，还珠此时的心情确是很爽。因为除了带有新"含义"的《独手丐》不断上市让他精神振奋外，他此前写出的一批旧作，此时也仍然能够付梓，这也让他颇感慰藉，认为自己的作品还是能够"服务"于新社会的。为此，他在对这些旧作的续写和改写过程中，亦同样加入了新"含义"，产生了一批有别于《蜀山剑侠传》《青城十九侠》式的新武侠。海外还珠研究专家黄汉立曾言："还珠著作虽多，尽力之者，在作者心中仅有《青城》《蜀山》二书，其他则率尔为之，以谋取衣食之资而已。"〔《论〈蜀山〉后传之真伪》，黄汉立，《近代中国武侠小说名著大系》第 1 册，台湾联经出版事业公司 1984 年 12 月出版〕其所指的"其他"，应主要是指这一时期的作品。据统计，从 1950 年 3 月到年底，除《独手丐》外，他又推出武侠单行本新作共 39 集〔《还珠楼主李寿民先生年表》，周清霖、顾臻编。载《还珠楼主散文集》，（香港）天地图书有限公司 2014 年 10 月出版，第 440—444 页〕，计有：《力》第 5—8 集〔《力》，共八集，四十一回，40 万字，全书完整，上海正气书局出版〕；《龙山四友》第 3—9 集〔《龙山四友》，共九集，三十九回，45 万字，全书未完，上海育才书局出版〕；《黑蚂蚁》第 1—7 集〔《黑蚂蚁》，共七集，二十九回，32 万字，全书完整，上海广艺书局出版〕；《黑森林》第 1—7 集；《酒侠神医》全 1 集〔《酒侠神医》，共一集，四回，5 万字，全书未完，上海励力出版社出版〕；《铁笛子》第 1—7 集〔《铁笛子》，共七集，二十八回，35 万字，内容完整，下接《翼人影无双》，上海汇文书店出版〕；《大侠狄龙子》第 6—10 集；《翼人影无双》第 1 集等。

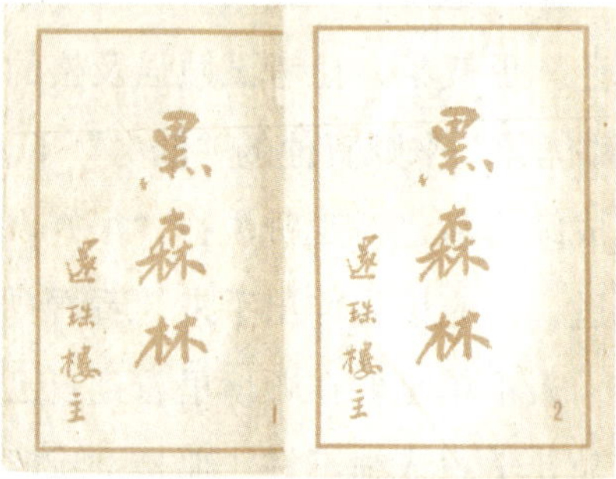

1950 年上海民生书店与新流书店接力印行的《黑森林》

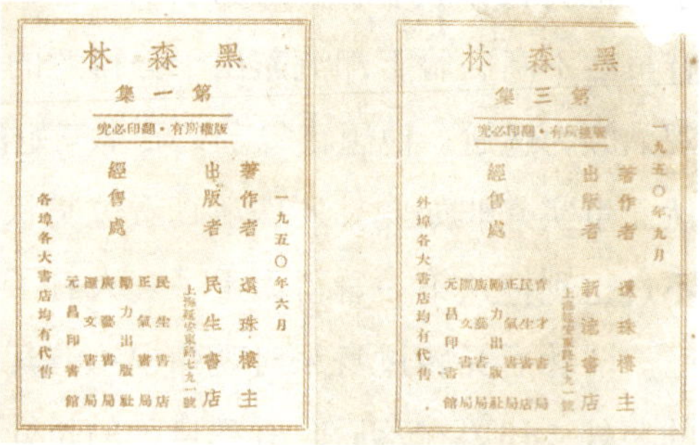

1950 年上海民生书店与新流书店接力印行《黑森林》的版权页

产量可谓甚多，但质量却难以比肩早期作品。个中原因，除了想证明自己确是在“灌输新的时代意识”外，也不排除为谋稻粱计，趁着能出赶快写的心理使然。因为一家老小的生活，毕竟要靠他手中这支笔。然而就在他奋力笔耕之际，他的家庭和他本人都遇到了重大选择，他要在两件重大事情上做出决断。

1950 年 6 月 25 日，朝鲜战争爆发。7 月，新中国掀起了抗美援朝运动。此时年仅十七岁的还珠长子李观承，作为热血青年，在学校积极报名参加了中国人民志愿军空军。面对长子的壮举，母亲孙经洵虽千般不舍，但父亲还珠却深明大义，毅然做出了慷慨悲壮的抉择，挥泪将长子送到军营。这既是他常年执笔扬善惩恶的“任侠”情怀，在遇到国家感召时的具体体现，同时也是他从军报国、建功立业夙愿在新时代的延续。当年 10 月，李观承作为首批中国人民志愿军赴朝作战人员，开赴朝鲜前线。

刚刚送走长子，悬着的心还未放下，还珠又遇到了个人前景的抉择——他接到了上海天蟾舞台老板顾竹轩派人送来的聘书，邀请他担任刚成立不久的上海天蟾京剧团的总编导。

在上海滩上赫赫有名的天蟾舞台，当年有新老之分。“老天蟾”原名新新舞台，位于九江路与湖北路口，于1912年春天开业，后几经易名，由亦官亦匪的风云人物顾竹轩接办，始称天蟾舞台；“新天蟾”最早名为大新舞台，位于福州路与云南路转角，于1926年初开始经营。1930年顾竹轩将“老天蟾”迁址“新天蟾”，此后成为沪上四大舞台之首并享“远东第一大剧场”之誉的天蟾舞台，便是指此。该建筑为四层钢筋混凝土结构，占地面积约二千平方米，屋顶呈拱型，覆盖整个观众厅。建成时上下四层共有座位3917个，后四楼座位因视线不佳被废止，为当年上海滩上容纳观众最多的“戏园子”，同时也是当时全国最大的戏曲演出场所。因南北各路京剧名角到沪演出必来此拜“码头”，故业界有“不进天蟾不成名”之说。

当年的上海天蟾舞台外景

上海解放后，由于顾竹轩当年曾暗助中共，不但天蟾舞台由他继续经营，而且他还被选为上海市首届各界人民代表会议特邀代表，受到陈毅市长的登门看望和勉励。正是在此背景下，1950年夏天，顾竹轩以天蟾舞台为基地成立了天蟾京剧团，不久便向老朋友还珠发出了邀请。

经过多日斟酌思量后，还珠再次做出决断：将家眷继续留居苏州，自己带着各种武侠小说未完稿，于当年秋天只身赴沪履新天蟾。

在还珠到来之前，天蟾京剧团虽已成立近半年，但演出的还是传统老戏，有一段时间还请来了荀派花旦童芷苓演出其成名作《大劈棺》《纺棉花》。还珠到来后，面临的首要任务，便是如何“推陈出新”。关于他这一时期的工作情况，当年利用假期数度来沪看望父亲的观贤、观鼎曾有描述：“上海天蟾京剧团虽然年轻，却也行当齐全，人才济济，如谭派传人谭元寿，青衣新秀李丽芳，都是撑得起大台面的‘台柱子’。他们正盼着上演新戏，父亲便赶到了。”他们记得，“父亲到上海后，住进天蟾舞台三楼一间斗室，仅有一张写字台，一把椅子，一张木板床。就在这间简陋的房间里，父亲‘日夜兼程’，创作、改编出一个个剧本：《雪斗》《白蛇传》《岳飞传》……”对此他们评价说：

> 这些戏，“站在今天看昨天”，对传统剧目和历史题材予以重新审视，沟通了历史人物与当代人某些相关的思想感情，因而受到观众的欢迎。特别是《岳飞传》，父亲把这个以生为主的剧目，改编成生旦并重的戏，既表现岳飞誓死抗金的英雄品格及其历史局限，又突出岳母深明大义的美德对他的影响，从而说明了岳飞性格形成、发展之必然。〔《回忆父亲还珠楼主》，观贤、观鼎，《人民日报》（海外版）1988 年 3 月 27 日〕

天蟾舞台演出京剧《岳飞传》戏单，上面印有“还珠楼主编剧”

作为总编导，还珠在编写新戏的同时，还对传统剧目的演出形式，如定场诗、自报家门等进行了改革。此外，对演出的说明书他也做了改造创新。以《岳飞传》为例，在这出共分上中下三部、分别于两年内相继上演的新戏说明书上，首先彰显的是“宋代历史爱国巨剧”。其下除了大字标出剧名和“还珠楼主编剧”，并写明天蟾舞台地址和订座电话外，在写有“调整阵容，武生会师”的演员表前，还特意注明“不分名次一律姓氏笔画为序”及“全体优秀基本团员通力合作精彩演出”。而在天头地角，又分别写有“郑重研究加强阵容精细排练赶制彩景”“倘有邻座观客离座外出请注意其座位下有否物件遗失”“观众散戏回家时，请不要在戏院门口雇车，请到三轮车停车场去雇车”“奉税局通知凡1米2以上儿童一律均购买全票入场”等文字。使人一看，便感到“新社会新风气”扑面而来，与旧时戏单截然不同。

就在这样紧张的忙碌中，时间到了1950年底。此时还珠除了昼夜不停地赶编新戏外，他还要忙里偷闲地赶写武侠小说。而这些武侠小说，目前已遇到了强劲的阻力。同时，单位里的一系列规章制度又与他的写作习惯相冲突。这些都让他的身体和精神压力倍增。

来到上海，离望平街（山东路）、四马路（福州路）上的各家书局近了，此时熟识或不熟识的书局老板纷纷找上门来，或向他催要续稿，或向他急索新著。因为这些书局老板已经从各种“学习班”上预感到，武侠小说的寿命已经不长了，要挣钱只有抓住这最后机会。如此一来，还珠的写作量陡增，这让他不堪其重。

同时加盟天蟾，也有诸多不便。首先天蟾是新社会的新单位，新单位有新规矩，那就是不允许职工私自雇用他人。这让当年在日本宪兵队眼睛受伤的还珠颇为难受，他不能再像原先那样雇用他人作书记了。其次此前还珠是“职业坐家”，整天坐在家里口述“剑侠”，如今成了“业余作者”，只能在工余执笔“江湖”，这让他身体既疲惫眼睛又痛苦。此外过去写作时间自由支配，灵感出现可以不吃不喝甚至不睡，如今单位集体生活集体管理，到点开饭过时不候，到时起床正点上班，这让还珠极感不适。最后也是最为关键的一点，便是以前在家是起床抽足大烟唤来灵感再“口吐莲花”，如今则是偷偷摸摸东躲西藏聊过烟瘾便仓促执笔，以往的“文思泉涌”和“下笔千言”已很难再现。因此，上述的这一切，都让还珠身心俱疲、苦不堪言。

如果说为了家人温饱，身体痛苦尚可忍受，那么此时大环境大气候对武侠小说的出版发行大为不利，则让还珠的精神更为苦恼。

1950年10月28日，政务院发出了“关于改进和发展全国出版事业的指示”。其开宗明义便指出：“书籍杂志的出版、发行、印刷是与国家建设事业、人民文化生活至关重要的政治工作。”要本着“‘统筹兼顾，分工合作’的原则调整公私出版业之间的关系，并逐渐消除出版发行工作无组织、无计划的现象，以求有计划地充分供给为人民所需要的各种出版物”。今后“一方面，出版总署应当按时提出全国出版事业的总方针，以利于各公私营书刊出版、发行、印刷机构在统一的方针下分工合作；在另一方面，全国公私营的书刊出版机构应当按时向出版总署提出其工作计划和工作报告，以便得到及时的调整和改善”。并特别提出“书籍期刊的出版与发行工作，不论公私营，均不应单纯以营利为目的”。〔《政务院关于改进和发展全国出版事业的指示（1950年10月28日）》，详见《出版工作文件选编（1949—1957）》，文化部出版事业管理局办公室1982年3月编印，第1、3页〕

此“指示”发出之后，各地政府部门积极响应。尤其是在书刊出版业极为繁盛的上海，见效更是明显。如靠着还珠作品赚了大钱的正气书局老板陆宗植，此时便将自己的书局并入了上海联通书店，并开始推出新书《鲁迅名言钞》《东王杨秀清》等。

对于这些变化，还珠从出版他小说的各书局老板的态度中，可以明显体察出来。因此，这让他本就超负荷的身体更增加了精神负担。贾植芳曾回忆说，1951年春天，他因课务增加，不得不从苏州搬回上海居住。有一天还珠去出版社结算稿酬，顺路到他家探望。贾植芳记得：

> 他仍然穿着那件深蓝色的蓝呢长衫，还带着一本《联共党史》。他对我说，他去找过文协（上海作协的前身），希望得到帮助，找一条出路。文协同志虽然鼓励他努力学习，改造思想，为人民服务，但他总感到前途茫茫。他的旧出版家也正在看风色，已经不像过去那样要抢着印他的小说了。过去他的收入一直很好，还有舞台上演费好拿。这次他在我家吃了一顿中饭，陪我喝了不少酒。他酒量很好，但或许由于心情激动不安的缘故，有些喝过了量，喝到最后竟然失声痛哭起来了。我劝慰了他半天。在我搬回上海以后，他还托一家出版社的伙计给我送来两大捆他的作品，他写的东西数量实在可观。他又工于诗词，书法也为其所长。他为我妻子写过一个条幅。在一九五五年我们夫妇碰到那场反胡风的政治风暴的时候，它们连同我们的一切书物，都消失得无影无踪了。〔《记还珠楼主》，贾植芳，此文被收入《暮年杂笔》，汉语大词典出版社1997年8月出版，第18页〕

贾植芳描述的，便是还珠在1950年底到1951年春天的精神状态。这一时期，还珠在武侠小说写作方面，除了新开《白骷髅》《拳王》两部新书外，基本是在加紧续写旧著，而且最后大多是以“烂尾”结束。因为很快他便“金盆洗手”，彻底告别了曾让他全家赖以生存并使他“誉满朝野”的神怪剑侠小说和武侠小说了。

在此，我们不妨看看他在即将结束“纸上江湖”时，“武侠”单行本出版的“倒计时”状况：

1951年1月，《独手丐》第11集、《黑森林》第8集、《翼人影无双》第2集出版发行；2月，《大侠狄龙子》第11集、《独手丐》第12集、《黑森林》第9集、《翼人影无双》第3集和第4集出版发行；3月，《大侠狄龙子》第12集〔《大侠狄龙子》，共十二集，二十九回，59万字，全书未完，正气书局出版〕、《独手丐》第13集、《拳王》第1集出版发行；4月，《黑森林》第10集、《翼人影无双》第5集、《拳王》第2集、《白骷髅》第1集出版发行；5月，《独手丐》第14集〔《独手丐》，共十四集，五十八回，68万字，全书完整，下接《铁笛子》，上海元昌印书馆出版〕、《翼人影无双》第6集〔《翼人影无双》，共六集，二十四回，30万字，全书未完，由上海汇文书店出版〕、《拳王》第3集〔《拳王》，共三集，十三回，15万字，全书未完，由上海武陵书屋出版〕、《白骷髅》第2集〔《白骷髅》，共二集，八回，10万字，全书未完，由上海正华书店出版〕、《黑森林》第11集〔《黑森林》，共十一集，三十六回，55万字，全书完整，上海民生书店、新流书店、新风书店接力出版〕出版发行。〔详见《还珠楼主李寿民先生年表》，周清霖、顾臻编。载《还珠楼主散文集》，（香港）天地图书有限公司2014年10月出版，第445页〕

而在《黑森林》一书的“结束语”，心情复杂的还珠，终于写出了下面39个字：

> 全书至此结束，作者现已放弃武侠旧作，不久将有新作品贡献社会，敬乞读者不吝指教批评为幸。

至此，还珠彻底告别了他的武侠世界，其苦心孤诣二十余年搭建的“蜀山系列”，也终于以“烂尾”状态收工。但历史会记下这个庞大系列在当年曾产生的轰动效应。为便于读者一窥此“工程”之全貌，在此不妨援引还珠研究专家叶洪生归纳的“蜀山系谱”，简列其结构与书名如下：

前传：《长眉真人传》《柳湖侠隐》《北海屠龙记》《大漠英雄》；

正传：《蜀山剑侠传》《蜀山剑侠后传》《峨眉七矮》；

新传：《蜀山剑侠新传》《边塞英雄谱》《冷魂峪》；

别传：《青城十九侠》《武当七女》《武当异人传》。

此外，叶洪生亦将《云海争奇记》《兵书峡》《天山飞侠》《侠丐木尊者》《青门十四侠》《大侠狄龙子》《蛮荒侠隐》《女侠夜明珠》《皋兰异人传》《龙山四友》《独手丐》《铁笛子》《黑孩儿》《白骷髅》《翼人影无双》等十五部作品列入“蜀山系列”中的“外续传类”。〔《还珠楼主小传及作品分卷说明》，叶洪生，《近代中国武侠小说名著大系》，台湾联经出版事业公司1984年12月出版，第12页〕

俱往矣！历史的烟尘曾经遮蔽了这个“系列”，但其价值不会随着时间的流逝而消失。在当今海晏河清之际，该“系列”每隔几年就会重新出版，便可说明一切。

其实，此时将“蜀山系列”甚至是“农民起义小说”搁笔，对还珠来说是明智的。因为几乎与他刊出“放弃”声明同时，1951年5月20日，《人民日报》发表社论《应当重视电影〈武训传〉的讨论》。其原文第二自然段最后一句是这样说的：“承认或者容忍这种歌颂，就是承认或者容忍污蔑农民革命斗争，诬蔑中国历史，诬蔑中国民族的反动宣传为正当的宣传。”社论发表翌日，该报又在第一版下方刊出了“补正”，将话说得更为清晰明白：二十日本报第一版社论《应当重视电影〈武训传〉的讨论》中第二段最后一句应该是“承认或者容忍这种歌颂，就是承认或者容忍污蔑农民革命斗争，诬蔑中国历史，诬蔑中国民族的反动宣传，就是把反动宣传认为正当的宣传”。

以这篇社论为开端，到7月23日做总结的《武训历史调查记》在《人民日报》连载，两个多月内，《人民日报》共刊登社论、批判、检讨、消息及读者来信共134篇。而在全国，从当年5月至10月，共有三十多家报纸和八十多种刊物发表批判文章九百余篇。〔详见《武训传批判纪事》，袁晞，长江文艺出版社2000年3月出版，第13—14、16、124—125、128页〕

在这起主要涉及文化人的事件中，身在电影《武训传》出产地上海、同样在作品中涉及农民起义的旧文人还珠，却安然无恙。这是因为他还“不入流”，他写“农民起义”的小说，此时还未引起相关部门的注意。在他们这批写“新内容”的通俗小说作家中，失手的是“办报坚持‘有趣’”的著名报人张友鸾。他在1950年创作并在上海《新民报》连载的“新内容”章回小说《神龛记》，甫一结集出版，便被1952年的《人民文学》第2期、第3期和《文艺报》第5期刊文批评，作者本人也在同年《文艺报》第9期做了《对〈神龛记〉的初步检讨》。〔详见《一本为不法商人辩护的小说——读〈神龛记〉》，江华，《文艺报》1952年第5期，第18—20页；《对〈神龛记〉的初步检讨》，张友鸾，《文艺报》1952年第9期，第39页〕

虽然对神怪剑侠小说或武侠小说恋恋不舍，但真的放下了这个压在身上近二十年的“包袱”，还珠还是有如释重负之感。而且在此之后，他也有了常回苏州看望家人，或把儿女接到上海享受天伦之乐的时间。其哲嗣李观鼎近年曾有如下描述：父亲回苏州的时候，“哥哥（李观承）参军了，我和弟弟（李观洪）还有姐姐（李观贤），6点钟一定要起床锻炼身体。男孩子就在院子里扎马步练腿功，骑马蹲裆式，90度蹲着，父亲就坐在椅子上抽一支烟，他这支烟不抽完我们就不许起身”。而到了上海，则又是一番“景象”，据观鼎回忆：

> 有一天把我和姐姐（李观贤）接到上海去，看他编的《岳飞传》。因为我母亲的兄弟姐妹都在北京，母亲去了北京探亲，没有一起去上海。当时我姐姐坐在父亲的左手边，我坐在父亲的右手边，看着看着戏，我就听我姐姐好像发脾气喊了一声，说：“爸你干什么啊？”我父亲当时也没说什么，我也不知道怎么回事。后来散了戏，我父亲就带着我们两人去吃夜宵，就在上海天蟾舞台附近的福州路，我还记得清清楚楚，一个小食店，卖生煎包还有馄饨的。我们一边吃馄饨，父亲就一边解释给我姐姐听，我才知道是怎么回事。原来刚才看戏的时候，父亲用左脚伸向我姐姐脚边，伸过去了好几次，我姐姐就觉得很不习惯。父亲为什么会伸脚呢？因为我母亲身材比较矮小，解放前旧的戏园子里面观众的座椅都比较高，如果腿短两

只脚只能悬着，就容易累，所以每次我父亲陪母亲看戏总是把他的左脚伸出去，让母亲踩着，给她垫脚。这已成了多年的习惯了，所以这次我姐姐坐在父亲的左边，虽然夫人不在，但他还是照着养成的习惯伸了脚。这个细节说明我父母间的夫妻情感是非常深的。〔《怀念我的父亲还珠楼主李寿民》，李观鼎口述，徐红强撰稿，《世纪》2021 年第二期，第 33、32 页〕

除此之外，这段时间还珠更是把主要精力放在了政治学习和京剧推陈出新上，并在学习、工作之余，积极投入到对时事的宣传中去。当年 11 月，他以“李还珠”为笔名，在上海通联书店出版了他编撰的《抗美援朝四字经》《建设国防保卫世界和平三字经》。两书均 32 开本，共 32 页，每页上半页为画面，下半页文字两句一韵，竖排六行，每行八字。前者由画家江栋良绘画，书法家邹梦禅以小楷书写；后者由画家何仲达绘画。〔《还珠楼主李寿民先生年表》，周清霖、顾臻编。载《还珠楼主散文集》，（香港）天地图书有限公司 2014 年 10 月出版，第 447 页〕

应该就是在这不久，还珠结识了上海《解放日报》记者许寅。许寅晚年曾在文章中对他们的相识和交往所述甚详——

许寅早在上小学时，便成了“还珠迷”。1952 年初的一天，已经是记者的他，偶过天蟾舞台，见海报刚刚贴出，上书“尚长春、尚长麟演出新京剧”，而在编导署名处，他看到了“还珠楼主”的大名。这让他大吃一惊：想不到此人还能编戏！于是他匆匆进入剧场，问工作人员：“还珠楼主今在何处？”那人顺手一指说：“他就是！”许寅抬头一看，但只见“一条汉子，大头大脑，国字脸上浓眉、大眼。蒜鼻、阔口，身穿一套旧中山装，张开两条臂膀，两只大手撑住栏杆，正站在楼梯上，目注售票窗口：显然，正全神贯注于售票情况”。他急忙三脚并作两步，跨上楼梯，一边伸出手去，一边自我介绍：“你好，我是你的忠实读者。”

还珠先是一愣，问明对方是《解放日报》记者，马上热情招呼，将许寅领到天蟾舞台三楼他的工作室。大概由于仰慕已久，此时许寅却似老相识一般，一坐定便问：“你怎么不写小说，写起剧本来了？”

对于这个令人不大愉快的问题，还珠却毫不在意，反而有点尴尬地说：

"解放了，怎么还好写这种东西？"

"谁说不能写了，想看你的书的人那么多，你又有那么多的书没写完。"许寅反问地说。

听了这个主流媒体记者的问话，还珠茫然了。他沉默了一会儿说："这些都是害人的东西。旧社会为了吃饭，没有办法才写，新社会怎么还能再写啊！"

闻此，许寅又急不可耐地说："谁说害人了，我从小爱看武侠小说，看了快二十年了。从书里我懂得的是除暴安良、锄强扶弱、济困扶危；再从此想到旧社会大不平，应该革命，应该拥护共产党，以铲除人间不平等……"

据许寅追忆，他的这番议论，显然很对还珠的劲。一来，还珠可能从来也没有想到，一个党报工作人员，竟会这么公然赞扬武侠小说。二来，还珠虽然一再批评自己过去写武侠小说，害了人民，害了国家，但思想深处对自己十来年的心血结晶大概未能忘情。所以，听完许寅这番话，还珠仿佛旧友重逢，刚才还存在的那点拘谨便一扫而空了。

许寅见此忙问："你家里还有没有《云海争奇记》？"

这一问更加突兀，还珠的回答明显有点阴沉："都烧了！一屋子的书，一本也没剩！"

"啊！太可惜了，烧它做啥？"许寅随后又大发议论说，"《蜀山》当然精彩，描绘细腻，想象丰富，开创了武侠小说与神话结合的新纪元；《青城》与《蜀山》异曲同工；《云海》我最喜欢，人物个个生龙活虎，个性鲜明；《蛮荒侠隐》，写'蛮荒'风土人情，融入柔肠侠骨，情景并茂，只是有些地方过分细致变成繁琐，变成了游记……"

就这样，二人虽系初识，但一谈便是三个小时，直至楼下厨房喊还珠吃晚饭，许寅才不舍地起身告辞。许多年后，许寅忆起这次与还珠的相识和随后的交往，曾云：

> 这一面，双方印象都极其深刻。二尚走后，谭元寿、李丽芳进天蟾，不久小王桂卿、小二王桂卿、小三王桂卿兄弟同来，院方都续聘还珠楼主为编导，前后大约一年时间，记者几乎有

空即往；他也有事即招，一谈总是几个小时。其间，记者还为他引见《解放日报》同事、博览群书的牟春霖同志，同样也是一见如故。在这段时间里，他先后编写了《雪斗》《白蛇传》《岳飞传》等剧本。要编写一个本子，总要拉记者去闲扯一番。从这些剧本的创作过程以及东拉西扯里，记者发现他学识的渊博、才思的敏捷、文笔的流畅，特别是那惊人的记忆力，简直很难想象。例如为了写《岳飞传》，他要记者到《解放日报》资料室借好几本书，主要是《宋史》《金史》的有关部分以及其他论著。今天刚刚把书送到他的手上，第二天再去，他已经能成段背诵《高宗本纪》《岳飞传》《秦桧传》等章节的主要段落。

同这位大作家相聚，自觉得益匪浅，惜乎时间太短，一年之后，他与谭元寿、李丽芳等人，一起参加中国人民解放军总政治部京剧团，离沪北上。……

〔许寅的上述回忆，详见《上海滩》，1988 年第 10 期。另见《还珠楼主小说全集》第 46 卷，山西人民出版社、北岳文艺出版社 1998 年 9 月出版，第 387—389 页〕

第三节　北上加盟总政“解放实验京剧团”

1952年8月的一天，在上海淮海中路与武康路相交的武康大楼内，毕业于浙江省立女中、年仅十八岁的王晓棠，坐在著名电影演员赵丹、黄宗英家里，焦急地等待一个人。傍晚时分，身穿中国人民解放军军装的黄宗英大哥黄宗江风尘仆仆地赶来。赵丹急忙将王晓棠推荐给他：“这个女孩本是要报考上海剧专的，经宗英提醒，她想参军，加入你们的京剧团。”黄宗江上下打量着这个清纯漂亮的女孩，为难地说：“离开北京时，陈部长指示只要名角儿。”“她今天不是名角儿，将来会比名角儿还要名角儿！”因主演电影《武训传》而受牵连，刚刚结束检讨的赵丹，惜才地大声喊道……

最终，凭着以前学会的三十多出京剧和赵丹夫妇及此次来沪招考的黄宗江、言小朋等人的力荐，经中国人民解放军总政治部文化部部长陈沂特批，王晓棠如愿参军，成为总政属下刚刚成立的“解放实验京剧团”的一名演员。当年9月，王晓棠身着军服，踏上了赴京列车。而与她身着同样服装一同北上加盟总政“解放实验京剧团”的，还有从上海天蟾京剧团走出的名角儿谭元寿、李丽芳，以及年已半百满腹经纶的还珠。

总政“解放实验京剧团”的前身，是战争年代聂凤智任司令员的华东野战军第九纵队所属平剧团。该团后来上调张爱萍任司令员的第三野战军第七兵团，进驻新生不久的杭州。1952年6月，该团集体转业为浙江省文化局所属浙江省京剧团。但仅一个月后，演职人员便再度穿上军装开进北京，成为即将成立的解放军总政治部属下的“解放实验京剧团”的“班底”。

在这个“班底”的基础上，负责“解放实验京剧团”具体筹建工作的总政文化部部长陈沂，又指示部下迅速赶赴上海等大城市，广邀名角儿加盟。经过短时间的“招兵买马”，黄宗江、班世超、言小朋、杨宝忠、童葆苓、李鸣盛、朱玉安、李荣安、高韵笙等一批演职人员先后入队。当年7月底，这些新招“人才”和已奉命到京的“班底”共同组建成总政“解放实验京剧团”。团址设在北京前门附近，首任团长由总政俱乐部主任戴夫兼任，荣春社科班出身、此前已调入总政的原五省联防军区平剧院的刘元彤任总导演，而编导则只有原先剧团的李永华一人。

虽然这个刚成立的京剧团一经磨合，便排出了《定军山》《乾元山》《霸王别姬》《四杰村》《三岔口》《闹龙宫》等传统戏，并旋即赶赴辽宁安东（今丹东）慰问即将跨江作战的志愿军，但总政文化部部长陈沂仍不满足，他要求剧团继续求贤，网罗能写新戏的文人和能演新戏的名角儿加盟这个部队唯一的京剧团。正是奉了陈部长的指示，刚刚调入剧团的原华东军区专业创作员黄宗江、京剧言派艺术创始人言菊朋幼子言小朋，便再次来到上海，最终他们不但相中了新秀王晓棠，而且还从天蟾舞台顾竹轩那儿“挖走”了擅演新戏的名角儿谭元寿（后来的新编现代京剧《沙家浜》主角郭建光扮演者）、李丽芳（后来的新编现代京剧《海港》主角方海珍扮演者）和“京剧资深编剧还珠楼主”。

曾在旧中国三次“入伍”，辅佐过胡景翼、傅作义、宋哲元三位将军的还珠，此时虽已年过五旬、儿女环绕、家累甚重，但他能够舍弃上海天蟾舞台的高额酬金，由南北返再次“参军”，一方面是缘于他早年未竟的“从军报国、建功立业”情怀，另一方面也是出于结束武侠小说写作后，急欲有个安稳的“主流”职业，好为新时代服务。但来到北京后他发现，后者的目的并未完全达到。由于他此前错综复杂的履历和“著名神怪剑侠小说作家”的身份，总政一时无法将他纳入正式编制，他只能作为编外“特聘人员”，每月领取150元的薪酬。

对于这个待遇，还珠并没有特别放在心上。他认为自己过去是一个写旧小说的，现在能为“最可爱的人”服务，已是至高无上的荣光。但这一时期生活上遇到的“困难”，则让他颇为苦恼。此时他的全家已随他迁到北京西单皮裤胡同29号居住。由于子女多，又要安置新家，一家老小生活费靠他那点薪酬显然不够。在他当年的记事簿上，便记有山西省人民政府副主席兼山西大学校长邓初民资助过他四百元。此外，田汉、阳翰笙也曾分别帮助过他家二百元和三百元。〔《回忆父亲还珠楼主》，观贤、观鼎，《人民日报》（海外版）1988年3月29日〕

好在很快，他的困难就得到了解决。其子女观贤、观鼎曾近距离地观察到了这些变化，后来他们曾回忆说：

> 入伍后，父亲遇到两大难题。一是经济收入落差太大。在上海，他每月至少也有上千元的进项，而现在，他拿一百五十元已经算是“高薪”了。父亲是大手大脚惯了的，又有那么多子女，怎么办？团里领导早已想好了解决办法——破例允许他在团外兼职。这样，父亲又在张君秋领导的北京京剧三团和北京市戏曲编导委员会，分别兼任编导和委员，均得到相当高的报酬。一人身兼三职，领取三份薪金，这在当时是绝无仅有的。二是鸦片断源。在旧社会他染上的“烟霞癖”，直到解放后还在纠缠、折磨着他。在上海，他熟人多，多少还能抽上几口；到了北京，鸦片绝迹，连烟味也闻不上了。没办法，只能强忍着。
>
> 一天，总政文化部王同志来访，一进门，见父亲蜷缩在沙发里，浑身发抖，还以为他病了，忙说：“请医生看看吧？”父亲心里紧张，一边硬撑着站起来，一边说：“不用麻烦……”话未说完，又倒在沙发上。母亲是个痛快人，见此情景，便说：“莫要瞒了，讲出来罢！”于是真相大白。组织上知道父亲旧习未除，非但没有歧视他，反而鼓励他，把他送到最好的医院——协和医院。三个月后，当母亲接父亲出院时，她激动地说：“共产党为我家做的天大好事！”
>
> 摆脱了痼习的困扰，父亲显得格外精神焕发。他从内心深处感激组织的关怀，以极大的热情投入创作。他和团里同事亲

密合作，改编整理了《秋江》《打渔杀家》《抗金兵》等一系列剧目，还大胆进行戏曲改革，成为最早取消自报家门、引子、定场诗等传统手法的编导之一。〔《回忆父亲还珠楼主》，观贤、观鼎，《人民日报》（海外版）1988年3月27日〕

或许是为了紧跟形势，也许是为了报答组织对自己的关爱，就在这时，还珠为自己取了个颇有时代色彩、寓意一目了然的笔名——李红。在此后的几年中，他在整理或编写新戏及创作历史小说时，基本上用的都是这个与“还珠楼主”有天壤之别的名号。

已改名“李红”的戏曲编导

1953年初，总政文化部为进一步丰富部队文化生活和为地方服务，决定成立总政文工团。文工团下设歌舞团、京剧团、越剧团、杂技团。当年2月初，还珠所在的总政“解放实验京剧团”便改组为“总政文工团京剧团”。来自延安“鲁艺”的戏剧家陶德康为首任团长，不久由部队戏剧家李舒田接任，总政电影处处长时晨任政治协理员，团址迁到北京西单报子街。随后，这个团便赶赴大连、天津、上海等地慰问苏军和中国人民解放军。

这一时期，还珠心情舒畅，先后整理和新编了一系列戏曲剧作，如《打渔杀家》《抗金兵》《霍小玉》《南山化蝶》《李岩之死》《快活林》《夜明珠》等。其中最具代表性者，便是《秋江》。

曾见网络上有材料说，还珠“写了许多京剧剧本，却没有写川剧剧本，心中不安，总感到对不住父老乡亲，于是便在百忙中，熬更守夜，创作了一出川剧剧本，剧本始名《陈姑赶潘》。李红创作态度素来谨严不苟，经过三改三易出稿，才又改名《秋江》。剧本故事精彩，对白风趣幽默，表演出一个年轻貌美的女尼，在浩浩的秋江之上，追赶离他而去的情人潘相公。《秋江》一搬上川剧舞台，就轰动蓉城。50年代，在北京举行全国戏曲观摩大会，川剧是全国五大剧种之一，当然少不了川剧，川剧代表团带去的剧目第一个就是《秋江》”。中国戏曲研究院院长梅兰芳“对《秋江》的演出大加表扬，对李红写的《秋江》剧本认为是不可多得的佳作，并请其他剧种移植，李红在戏曲观摩会上也成了一个大名人”。

此说是否属实，因目前未见佐证史料，姑且存疑待考。但由中央人民政府文化部主办的第一届全国戏曲观摩演出大会，确是于 1952 年 10 月 6 日至 11 月4 日在北京举行。来自全国各地37 个剧团的一千六百多名演员济济一堂，共演出 23 个剧种的 82 个剧目。西南代表团的川剧《秋江》，不但确实出现在演出剧目中，而且随后即被总政文工团京剧团“移植”为京剧，也是事实。如在 1953 年 5 月由“中央商业部政治部主办、军委总政治部文工团京剧团演出”的“京剧晚会”戏单上，李丽芳、李荣安等主演的《秋江》剧名下，便赫然印着“编剧：李寿民”“改编导演：刘元彤”。据戏单介绍：“《秋江》是根据明朝高濂所著的《玉簪记》改写的，叙述南宋时代的一个女尼和一个书生的恋爱故事，表现了一对诚实善良的青年，为了追求爱和幸福，向封建制度的重重压迫进行了斗争，终于冲出旧礼教的束缚，而获得自由。”

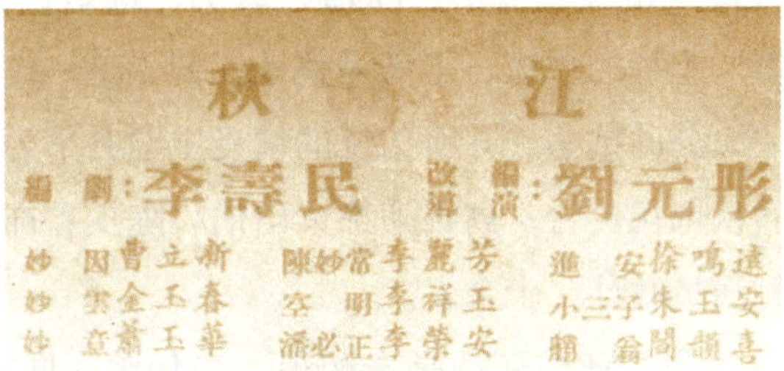

总政文工团京剧团演出的京剧《秋江》说明书，编剧署名还珠本名“李寿民”

《秋江》的编剧，堪称“古为今用”“推陈出新”之经典，此后不光是各地剧团争相上演，更是成了总政文工团京剧团“压箱底”的保留剧目，每逢重大演出必有此剧。时至今日，它也成为国内各京剧团的“传统剧目”。

1953 年 11 月北京京剧三团演出的《南山化蝶》说明书。此剧乃还珠以笔名“李红”编剧，由张君秋主演

在随总政文工团京剧团为广大指战员服务的同时，还珠还被部队特许在张君秋领衔的北京市京剧三团兼职。他为该团所编的第一部戏，便是据传统戏《祝英台》《柳荫记》改写的大型分场京剧《南山化蝶》。与传统“梁祝”题材的戏曲相比，还珠的这部新戏故事跌宕、人物众多，全剧通过“相会、书馆、闻信、送别、抗婚、访友、殉情、逼嫁、祭坟、化蝶”十场的规模，丰满完整地展现了这一古典爱情悲剧的缠绵凄美和男女主人公的抗争，并将传统的情爱主题升华为与封建礼教的冲突。该剧由张君秋饰祝英台、高维廉饰梁山伯、陈少霖饰祝公远，其余出场人物算上蝶舞演员共计二十余人。

张君秋与还珠是老相识，当年曾一同被日本宪兵队逮捕。因了还珠与把兄弟尚小云的关系，张君秋过去管还珠喊“李大爷”。如今新社会了，虽都以“同志”相称，但张君秋对还珠还是恭敬有加。在1953年的《南山化蝶》演出说明书中，“编剧：李红”的下方，有张君秋署名的前言“写在前面”，其对还珠拒绝脸谱化、概念化、表面化的写作高度非常赞赏，并代还珠作解释说：

> 任何历史人物，均有其一定的社会意义，“父母之命，媒妁之言”，并非土豪、恶霸、贪官、浪子所特有。如果专一刻画祝公远的凶横，对马文才加以丑化，势必削弱了祝英台的斗争性；这就是说：假使说祝公远不是横不讲理的恶人，祝英台的婚姻，是不是就能如愿呢？我想是不可能的；假使马文才的才华人品，比梁山伯更好，是不是祝英台就会嫁他呢？这岂不又成了一个问题？因此，我们对马文才不作形象上的表达；虽说祝公远，也只作为一个相当固执的寻常人物——一般中的典型。同样不把他当成一个反派人物来处理，虽然他对英台爱之适以害之。因为这是封建制度来负责，不应强调于个人。

新中国激情燃烧岁月中出现的欣欣向荣景象，深深地感染着还珠，不觉间，过去老气横秋的他，也变得开朗外向了。对此，其子女感受最深：“父亲耽于京剧艺术，从不吝惜气力，有时还要逢场作戏呢。一次晚会，

《女起解》中饰崇公道的演员突然发病，舞台监督正在犯愁，父亲已经换了装，准备出场了。可是，他‘哎嘿’一声刚上场，便引起哄堂大笑。原来父亲只顾酝酿感情，竟忘了戴‘吊搭‘（髯口）！幸好他灵机一动，现编了两句：‘这个世道哇，真叫人气恼！一气能把你胡子气掉。’观众平息了，他就光着脸演下去，快到太原府了，他又编新词儿，对苏三说：‘你等着，我瞅瞅前面是什么地方了。’边说边走，来到上场门，迅速接过‘吊搭’，往脸上一挂，转回身来，再添几句：‘苏三哪，太原府总算到喽。走了好几个月，我胡子都长出一把来啦……’他的沉着、机智赢得了观众的欢心，剧场里响起热烈的掌声。”〔《回忆父亲还珠楼主》，观贤、观鼎，《人民日报》（海外版）1988 年 3 月 27 日〕

就在这次“粉墨登场”不久，贾植芳在上海也看到了与过去“判若两人”的还珠。

新中国成立前夕，尚小云“全家开会商量，现在怎么办？演不演戏？最后决定成立与旧班社性质完全不同的剧团——尚小云剧团”。于是在“1949 年底，开国大典刚过，尚小云剧团紧跟着出现在社会上，排演了新编历史剧《墨黛》《夜归》《太原双雄》《洪宣娇》等”。〔《尚小云与荣春社》，尚长春，《京剧谈往录续编》，北京出版社 1988 年 6 月出版，第 39 页〕而这部《墨黛》，便是还珠在上海时为尚小云“量身打造”的。及至还珠北来首都，这两位二十余年前便开始合作的把兄弟，终于又走到了一块儿。还珠不但继续帮尚小云编写新戏，而且还忙里偷闲，于 1953 年夏初陪尚剧团到上海巡演。

贾植芳就是此时与还珠不期而遇的。虽然他晚年在回忆此事时，误将 1953 年写成了 1952 年，但他的描写还是让我们看到了还珠当时的精神面貌：“我一天上午在福州路的天蟾舞台听大报告，中间休息时，我又意外地在小便的地方碰到了他。这时他已经换了一身灰布中山装，面色也很红润，他说他已戒绝了嗜好，现在在尚小云剧团担任编剧，家也搬到了北京，此次尚小云剧团南来公演，他也随团来到上海。他这时的情绪开朗了许多，和在我家喝酒那次相比，前后简直判若两人。”〔《记还珠楼主》，贾植芳，《暮年杂笔》，汉语大词典出版社 1997 年 8 月出版，第 18 页〕

由此可见，还珠这一时期确是心情舒畅精神焕发。而且由于身在中国人民解放军的行列，又是受人尊敬的著名剧作家，他在自豪之余，过去对朋友“行侠仗义”的本性也再次显露。其子李观洪在接受笔者采访时便讲：“父亲当年贫困时，能给傅作义当秘书，是因为得到朋友侯少白的举荐。侯既是实业家，又是傅作义的同乡兼好友。北平和平解放时，他做过傅作义的工作，后来他在北京开了一个规模很大的化工厂。1953年，由于种种原因，化工厂资不抵债，面临倒闭，侯无法安置众多下岗工人。父亲得知后，便给毛主席写信，反映侯在北平解放时有贡献，可眼下遇到了困难，希望政府能够帮助解决。毛主席接信后，非常重视，立即派人来调研。情况属实后，不仅所有债务由政府偿还，下岗工人由政府安置，同时还安排侯当了政协委员。此事过后，父亲看到侯的大女儿侯增中学毕业没工作，又自己花钱将她聘为秘书。后来父亲的剧本和小说，大多都是自己闭眼口授，侯增负责记录抄写的。”

这一年的秋末冬初，还珠随总政文工团副团长夏洪任领队的京剧团，到大西北兰州军区慰问部队。在长达半年的巡演中，剧团先后上演了《秋江》《将相和》《三岔口》《失空斩》《乾元山》《闹天宫》《卧虎沟》《玉堂春》《挑滑车》《三江越虎城》《大顺春秋》《红鬃烈马》等一批传统和新编剧目。演出时，由于战士们对一些剧情的理解有困难，剧团团长李舒田便让还珠等人将剧情简要写出，再由报幕员王晓棠报幕时向战士们介绍清楚。

当时的王晓棠身着苏式演出军服，藏蓝色的裙子，腰扎宽皮带，长筒靴，无檐帽，不但声音甜美，表情丰富，而且青春俊美，靓丽无比。还珠之子李观洪曾说，还珠看到王晓棠报幕时的扮相和表情，便“劝她不要从事京剧，觉得王晓棠不适合唱京剧，演京剧没有大的发展，如果演话剧、电影，肯定会大有作为。转年，王晓棠调入总政话剧团，后来果然成为著名电影表演艺术家”。〔详见《辉煌的历程》，张小琪，宁夏人民出版社1999年12月出版，第49—51页。《往事依依蜀山青——还珠楼主子女访谈录》，李永明，《品报》（内部刊物）第23期，2013年7月1日出版，第14页〕

部队的工作和生活虽然朝气蓬勃充满阳光，但其严格的军纪和军事化管理，多少让自由散漫惯了的还珠感到不适。渐渐地，我行我素的文人习性又开始在他的身上显现。观贤、观鼎便认为：“父亲虽然入了伍，却算不得合格的军人。别的不提，就说那军风纪吧，他都很难按规定做到。穿军衣，风纪扣常常忘记扣好。军帽‘顶’在他那大脑袋上，总让人觉得有些滑稽。团里开会，他往往人在心不在，灵感一来，就暗自编起戏词儿来。尽管领导并不苛求父亲，他也意识到这‘的确很不像话’，想努力改一改。不料还没有来得及适应紧张、严格的部队生活，又要离开它了。”至于原因，则是“一九五四年，总政京剧团撤销，大部分演员转入宁夏京剧团。父亲则留在北京，成了名副其实的‘坐家’。”〔《回忆父亲还珠楼主》，观贤、观鼎，《人民日报》（海外版）1988 年 3 月 28 日〕

观贤、观鼎对父亲离开部队的解释，其实并不完全准确。核查史料可知，总政文工团京剧团 1954 年不但并未撤销，而且还在翌年 7 月扩大编制，接纳了因西南军区裁撤而面临转业的西南军区政治部京剧院的部分人员，并将团址迁至北京宣武门内大街 128 号。该团被撤销是在 1955 年 10 月，除团长李舒田和王晓棠、言小朋调往八一电影制片厂外，其余人员均转业组建为中国京剧院四团。

据当年媒体报道：“中国京剧院第四团于 11 月 7 日在京成立。这个剧团是由原中国人民解放军总政治部文工团京剧团，和中国人民解放军西南军区政治部京剧院合并组成的。他们都有九年以上的光荣历史。”〔《中国京剧院四团成立》，《光明日报》1955 年11 月23 日第二版〕1958 年9 月，因宁夏回族自治区即将成立，经周恩来总理批准，中国京剧院第四团被调往银川，变身为宁夏京剧院。

从上述史料可知，还珠 1954 年离开总政文工团京剧团的原因，并非因为该团被撤销。那么他究竟是因何而离职呢？其实，这是有直接原因和间接原因的。

直接原因是他的我行我素自由散漫——据当年曾和还珠一同在北京生活的李观洪讲：“父亲在总政，总是不守纪律。除了穿军装敞怀不系扣子、因脑袋大军帽经常顶在脑后外，他还爱吃爱喝爱请客。每晚散戏后，他总喜欢请演员下饭馆吃饭。回来晚了，部队关大门，他便扯开嗓子叫门。一来二去，领导急了，便开会批评他。他受不了，就离开了部队。”〔2014 年 11 月 22 日晚，在重庆市长寿区长寿湖畔的长寿宾馆，还珠楼主之子李观洪接受笔者访谈时所讲。在座者，尚有还珠研究专家李永明、张元卿、顾臻〕

而间接原因，则是这时的舆论环境对还珠也是非常不利——由中国作协编辑、中国青年出版社出版的青年理论刊物《文艺学习》，1954 年刚刚创刊，便发出了《彻底肃清黄色书刊对青年的毒害》〔《彻底肃清黄色书刊对青年的毒害》，秋耘，《文艺学习》1954 年第八期，1954 年11 月出版，第13 页〕的声音，并迅即引起高层的关注。这里所说的“黄色书刊”，是指内容“反动、淫秽、荒诞”者。还珠的“蜀山系列”，当时便是“荒诞”的代表。

因本来就是“特聘人员”，故离职时手续相对简单，也没留下“后患”。李观洪曾追忆说：“父亲没有档案，实际上是‘自由职业者’。1965 年二哥李观鼎入党外调时，母亲是‘家庭妇女’，而父亲却开不来证明，最后是总政寄来一封信，证明曾是‘革命军人’，方才解决。父亲从总政退下来后，便没单位了。后来北京市文化局找他，聘他为北京市戏剧编导委员会委员，每月工资 120 至 150 元。”〔2014 年 11 月 22 日晚，在重庆市长寿区长寿湖畔的长寿宾馆，还珠楼主之子李观洪接受笔者访谈时所讲。在座者，尚有还珠研究专家李永明、张元卿、顾臻〕对还珠了解较深的戏剧家田汉，当时还曾对他说：“这样或许于你更合适些。”〔《回忆父亲还珠楼主》，观贤、观鼎，《人民日报》（海外版）1988 年 3 月 28 日〕

北京市戏剧编导委员会的前身是“戏曲改进委员会”。1949 年解放军开进北平后，在平的戏剧家马彦祥、田汉、马少波、方华、杨少宣等人便成立了“戏曲改进委员会”，组织艺人们办起了学习班。据尚小云之子尚长春回忆，邓颖超曾亲临学习班为艺人们讲长征时的亲身经历。〔《尚小云与荣春社》，尚长春，《京剧谈往录续编》，北京出版社 1988 年 6 月出版，第 39 页〕后来该委员会由成立不久的北京市文化局接管，成为对旧戏整理改编的专业部门。

还珠受聘戏剧编导委员会委员时，委员会主任是荀慧生，北京市文化局文化科科长曾伯融担任副主任，负责具体业务。当时的专职编剧只有还珠和柳倩两个人。当时仅还珠改编的传统京剧，便有二百多部，但因为当时是工作，都不署个人名，统一署名北京市戏剧编导委员会。这期间，还珠还配合梅兰芳解决了《洛神》开场的对白问题，既让观众好懂，又把神与人有机结合起来。〔《往事依依蜀山青——还珠楼主子女访谈录》，李永明，《品报》（内部电子刊物）第 23 期，2013 年 7 月 1 日出版，第 14 页〕对还珠这一时期的工作，李观鼎近年曾在不同的文章中记有如下往事：

> 大概是 1955 年左右，我正在北京读中学，当时我们住在北

京的西四，有一次荀慧生大师到我家里来。当时父亲是北京市戏曲编导委员会委员，而荀慧生大师就是这个委员会的主任，所以他们经常往来。我们就在旁边听他们两人交谈，因为家规很严，我们是不可以进客厅跟他们一起平起平坐的。他们聊的内容是聊一场戏，对我很有吸引力，所以就在门边上听。什么戏呢？就是荀派的名剧《香罗带》，父亲就和荀慧生两人聊这一出戏重点抓什么。荀慧生说这出戏的关键，就是抓开门还是不开门。后来我父亲就说，这门看起来很简单，什么时候开门，什么时候关门，这是很不容易做到的。〔《怀念我的父亲还珠楼主李寿民》，李观鼎口述，徐红强撰稿，《世纪》2021 年第二期，第 31 页〕

二人谈得很投机，客厅里不时传出阵阵笑声。那天父亲格外兴奋，送走客人，便向我们讲起了《香罗带》的故事：一个领兵打仗数月未归的守备，因怀疑自己的夫人与家里的教书先生有染，竟做出荒唐事来。他先是斥骂，继而以剑裹胁，硬逼着夫人夤夜去至书房唤教书先生出来“相会”，以验证自己的猜疑。幸得那书生人品端正，恪守礼教，无论夫人如何“呼唤”，他都拒不开门。结果真相大白，守备不得不赔礼谢罪。故事讲完，父亲意犹未尽，跟我们就戏论起“理”来：“一扇门，牵扯着门里门外三个主人公的个性、心理、人格和命运，留香（荀慧生的别号）先生说，这出戏的‘戏眼’就在书房那扇门上，真是卓见，卓见。”后来我们在父亲的手记上，看到这样两行字：“进出寻常事，开阖须有心。”仔细想想，不是吗？人生如门，该开的时候开，该关的时候关，多不容易呀。〔《代后记：沉淀下来的往事——父亲还珠楼主生活琐忆》，李观鼎。收入《蜀山剑侠传》，作家出版社 2012 年 4 月出版，第 4285 页〕

然而就在还珠于旧戏改革中大显身手之际，文化部已在奉令着手解决“反动、淫秽、荒诞的黄色书刊”问题。1955 年 3 月 4 日，文化部党组同时向中央报送了两份报告，即《文化部党组关于处理反动的、淫秽的、荒诞的书刊图画问题的请示报告》和《文化部党组关于加强对于私营文化事业和企业的领导、管理和改造的请示报告》。

前一份报告的开篇称："我们在接到刘少奇同志和周总理对青年团中央关于反动、淫秽、荒诞书刊图画毒害青年儿童的报告的批语以后，先后调查了几个城市的这类有毒害的图书和租书铺摊的情况，召集了北京、天津、上海、武汉、广州、重庆、沈阳、西安等八大城市，辽宁、河北、江苏、河南、广东等五省和通县文化行政机关的负责人，协同中央一级有关部门的同志，共同研究了处理办法，并曾经提请全国财经会议讨论。"随后，在具体情况汇报中讲道：目前虽已对全国租书铺摊加强了管理，"但还有一千家左右租赁旧小说的铺摊却改造得很少。"这"一千户左右旧小说铺摊所出租的图书，只有百分之十左右是新文艺作品，百分之十左右是旧的说部演义，其余百分之八十是带有色情淫秽成分的'言情小说'和荒诞的武侠小说，以及描写特务间谍活动和盗匪流氓行为、鼓吹战争和杀人的反动小说。"至于处理办法，除"保留""'五四'以前出版的图书"和"'五四'以后的一般新文艺作品"，以及部分害处不大的"鸳蝴派"小说、神话、童话、生理知识等外，余者分别处理如下：

> （1）查禁。凡内容极端反动和极端淫秽的，例如：《我的奋斗》、《中国之命运》、《蒋先生奋斗史》、《请看今日之华北》、《苗疆风云》、《科学原子弹》、《第一号勋章》、《性史》、《淫妇性史》，春宫图片等等，一概宣布查禁。这次查禁时，不搜查，也不登报，一般地由书铺书摊自行检查上缴。为了照顾铺摊生活，在这次查禁时，可以按收缴图书的数量，酌给一部分款项，作为救济；或发给一部分新书，帮助他们维持营业。但这类被查禁的图书，以后再有租售贩运，即属犯法，应将这一部分图书没收，并给予适当处分。
>
> （2）收换。淫秽的色情小说和荒诞的武侠图书，例如：《云破月圆》、《红杏出墙记》、《蜀山剑侠传》、《青光剑侠》等等，一律收换，即以新书与之调换。

在该"请示报告"的最后，文化部党组"建议这次全国省辖市或相当于省辖市以上城市，在七月初开始进行处理反动、淫秽、荒诞图书的工作。至于其他县、市这次是否行动，可由各地党委视当地情况决定。”

1955年5月20日，针对文化部的“请示报告”，《中共中央关于处理反动的、淫秽的、荒诞的书刊图画问题和关于加强对私营文化事业和企业的管理和改造的指示》下发。文件明确指示“上海局、各分局、各省、市委，国务院各办，国家机关各党组，青年团中央、各人民团体党组、人民日报”：

> 中央同意文化部党组关于处理反动、淫秽、荒诞书刊图画的请示报告和关于加强对私营文化事业和企业的领导、管理和改造的请示报告，现转发你们，望各地党委和有关部门研究执行。

并称：“坚决地有计划地有步骤地处理这类反动的、淫秽的、荒诞的书刊图画，是当前阶级斗争中必须完成的一项重要的政治任务。”同时也指出：“对于流散在社会上的旧的著译、绘画、编辑人员，除反革命分子和不可救药的流氓分子外，应一律加以收罗，或以组稿办法发挥他们的力量。维持他们的生活，并逐步改造和提高他们。”〔《出版工作文件汇编（1949—1957）》，文化部出版事业管理局办公室1982年3月编印，第158、159、160、161、162、165—166、172页〕

从上引文件可知，还珠的《蜀山剑侠传》属于“荒诞的武侠图书”，是被管理层放在被“处理”之列的。虽然对此还珠当时并不知晓，而且这次“查禁”和“收换”行动，也是在“不搜查”“不登报”的状态下进行，但他仍能从媒体上愈来愈强烈的声讨“反动、淫秽、荒诞书刊”的声浪中，感觉出自己已有了“问题”。

率先发出“声讨”呼声的，是韦君宜主编的权威青年刊物《文艺学习》。继1954年创刊不久既登出《彻底肃清黄色书刊对青年的毒害》一文后，旋即又在1955年第一期刊出专栏为《我们控诉黄色书刊的毒害》的三篇文章〔三篇文章分别为《一个有为青年沉沦堕落的经过》《王京中了流氓与黄色书刊的毒箭》《有关部门应当重视黄色书籍泛滥的严重情况》。详见《文艺学习》1955年第一期，1955年1月8日出版，第32—33页〕；而在第三期发表的“社论”中，更是直接点出了“还有一部分是荒诞神怪小说。那些东西更是完全的胡诌。”并批判说：

> 至于现在还流行在租书铺里的“武侠小说”很多是国民党反动统治和敌伪统治时期无聊文人的胡扯。什么鼻孔出剑，口中吐剑，白光青光，百里之外，取人首级……真是五花八门，愈出愈奇。什么峨眉派、崆峒派、少林派、武当派……名目繁多，这一派那一派，谁也说不清他们这一派和那一派究竟是为了什么要互相斗杀，只见杀来打去，“好不热闹！”少年读者看了，不由得就把这些混杀混斗的人物当成自己心目中的英雄，把组成宗派盲目斗杀当成英雄事业。许多少年读者模仿起书中人物来，也学着组织流氓集团，叫什么“小七侠”“大八义”之类的名目，也学着打群架，调戏妇女；学成了一副流氓样子，终至发生犯罪行为。还有一些最幼稚的读者，竟相信书里那些鬼话都是真话，以为世上真有什么峨眉派、武当派的侠客住在什么山顶上收徒弟，于是私自逃跑去寻仙访道，习武练功，身体和精神都受了极严重的损害。所有这些，阻碍他们去认识真正的为共产主义事业而战斗的英雄事业，严重影响我国社会主义的建设。
>
> ……北京有个最坏的下流书商张瑞生，当他被捕时曾好像很冤屈似的说：“这书在国民党和敌伪时候本来都是公开卖的。”是的，他们的文化本来就是那样的文化。我们必须进一步向青年读者们揭穿：帝国主义和蒋匪大力传播这些“作品”，是有政治阴谋的。蒋匪帮出版的反动政治宣传品的报屁股上就经常附有这类“作品”。

虽然这个“社论”只批判了“徐訏、无名氏之流的作品”，〔《文艺学习》1955年第三期社论《不要阅读黄色小说！》，1955年3月8日出版，第3—4页〕，并未点名还珠，但随后还珠已明显感到了自己“问题”的严重。因为除了此文所述“事实”与自己有关外，他很快又看到了《文艺学习》第六期上的那篇“答读者问”《水浒传、西游记和武侠神怪小说有什么区别》。其开篇便指出:“水浒传西游记和一般的所谓武侠神怪小说，从表面上看，虽然都是写绿林好汉，英雄侠义和神魔故事的，但在内容上却有着根本的不同。它们本质的区别就在于前者是反映社会现实生活的矛盾和斗争的优秀的现实主义作品，后者是掩饰社会的阶级矛盾，对现实生活采取虚伪态度的反现实主义作品。也就是说，前者是为广大人民服务的，后者是为反动统治阶级服务的。两者主要的分歧就在这里。”并特别强调“清代以后出现的那些神怪武侠小说，……干脆就是为帝国主义的殖民政策和蒋匪帮的法西斯统治作宣传的。”〔《水浒传、西游记和武侠神怪小说有什么区别?》，张侠生，《文艺学习》1955年第六期，1955年6月8日出版，第25、26页〕

与此同时，文艺界的顶级权威刊物《文艺报》，也在当年刊出了《根绝黄色书刊对青年工人的毒害》〔《根绝黄色书刊对青年工人的毒害》，直言，《文艺报》1955年第14号，1955年7月30日出版，第40—41页〕等文章，并在《创作更多的通俗文艺读物》一文中，严正指出：“反动、淫秽和荒诞的书刊每天向几十万读者散播毒素，宣传反动的人生观，宣传封建的、资本主义的、腐朽的道德观念和堕落、糜烂的生活方式，以贪欲、性乱、械斗、凶杀来掩盖阶级斗争;有时甚至在描写工人、农民和革命党的时候，直接地、肆无忌惮地歪曲和诬蔑劳动人民和革命。这是剥削阶级对人民进行猖狂的思想进攻的一种表现。因此，处理反动、淫秽和荒诞的书刊，实质上是一场刻不容缓的阶级斗争。”〔《创作更多的通俗文艺读物》，华应中，《文艺报》1955年第15号，1955年8月15日出版，第45页〕

如果说《文艺报》《文艺学习》只是在文艺工作者和文艺爱好者之间畅销，其影响只限于文艺圈内的话，那么在1955年的主流媒体《光明日报》上，则是连续刊出了多篇倡议“读好书”，呼吁取缔“反动、淫秽、荒诞”等“坏书”的文章——

5月14日刊出的《和好书交了朋友》一文，开篇便写道：“黄色武侠小说用荒诞离奇的情节迎合孩子们好奇和幻想的心理，把浓厚的毒素散满给他们。”随后便以成都十六中学二年级的学生罗炜为例，讲了他因迷恋神怪剑侠小说，遂“立下志愿：毕业后挣些路费，上峨眉山或是武当山访师学艺。一天，遇见一个长发老人，罗炜心想：‘可能遇见神仙了。’跟在后面看来看去，未能发现什么神仙举动，反而有些老态。他叹了口气:

‘现在的神仙比古时少多了。’”而且如此“中毒”者并非罗炜一人，还有“许多同学入迷地想学剑仙”。针对这些被“坏书”迷惑的学生，班主任老师通过收缴“坏书”“读好书”“讲故事比赛”“编快板剧”等形式，终于让同学们远离了神怪剑侠小说，而“和好书交了朋友”。〔《和好书交了朋友》，徐亦安，《光明日报》1955年5月14日，第二版〕

6月1日刊出了中国人民保卫儿童全国委员会委员陈鹤琴的文章《迅速取缔毒害儿童的书刊》。该文指出：“去年，在中国人民政协全国委员会第一次会议上，文化部部长沈雁冰同志曾经郑重地指出：在全国各大小城市内，有不少出租反动、淫秽、荒诞的图书的书铺、书摊，传播着封建思想和资产阶级思想。全国每天大约有一百五十万到二百万的读者受着毒；其中有很大一部分读者是儿童和少年，这不能不引起我们的严重注意。”在文章的最后，他严厉地提出：“我们一定要下决心，和那些反动、淫秽、荒诞的书刊进行不妥协的坚决的斗争”。并“请政府迅速取缔反动、淫秽、荒诞的书刊”。〔《迅速取缔毒害儿童的书刊》，陈鹤琴，《光明日报》1955年6月1日，第二版〕

6月2日在“文学遗产”专版，又登出了理论文章《试谈民间文艺遗产中的神仙和妖怪》。作者认为“对于神仙和妖怪的看法，统治阶级与人民之间，自古以来就存在着两种不同的思想和两种不同的力量，二者之间是有着本质区别的。在统治者认为：神是天上地下的最高统治者，也是万物的命运的主宰者，一切必须服从于神，服从于神所掌握的命运。听天由命，安分守己，就是‘善’。妖怪之所以为‘邪’为‘恶’，就因为他们常常是不安分守己，企图兴风作浪。当然这种看法的用意无非是借此来巩固他们的封建秩序，所谓‘司马昭之心，路人皆见’。而人民则认为，妖怪之所以往往可爱，正因为他常是不甘心向命运屈服，敢于触动神所规定的森严律条，竟然兴风作浪。”而“这两种对立的态度，其实质也就是反映了两个敌对阶级——地主与农民——不同的思想感情，意志和愿望；反映了两个敌对阶级在文艺领域上所展开的尖锐的复杂的斗争”。〔《试谈民间文艺遗产中的神仙和妖怪》，班友书，《光明日报》1955年6月2日，第三版“文学遗产”〕

10月29日，中国新民主主义青年团中央委员会宣传部部长项南更是著文《指导青少年读好书，不要读坏书》。他明确指出：“坏书，许多人又叫它黄色书刊，确切点说，是反动、淫秽、荒诞的图书。这种坏书，给予青少年的危害是十分严重的。”并对其危害具体归纳为：一是影响工作，影响健康；二是意志消沉，不求上进；三是腐化堕落，为非作歹；四是脱离革命，破坏革命。因此，“正如人民日报社论所指出的：这类反动的、淫秽的、荒诞的图书，事实上已经起了并正在起着帝国主义和蒋介石匪帮的‘第五纵队’的作用。”〔《指导青少年读好书，不要读坏书》，项南，《光明日报》1955年10月29日，第二版〕

除此之外，这一年7月以后的《光明日报》还先后刊发了多篇文章，对部分地区清除“黄色书刊”进行报道。如《大量出版通俗及青少年读物，驱除反动、淫秽、荒诞的图书》〔《大量出版通俗及青少年读物，驱除反动、淫秽、荒诞的图书》，《光明日报》1955年9月1日，第二版〕《政协四川省重庆市委员会举行座谈：拥护政府清除反动、淫秽、荒诞的图书》〔《政协四川省重庆市委员会举行座谈：拥护政府清除反动、淫秽、荒诞的图书》，《光明日报》1955年9月1日，第二版〕《全国许多城市的青年团组织协助政府处理反动、淫秽、荒诞图书》〔《全国许多城市的青年团组织协助政府处理反动、淫秽、荒诞图书》，《光明日报》1955年10月29日，第二版〕《重庆逮捕租书摊贩中的反革命分子》〔《重庆逮捕租书摊贩中的反革命分子》，《光明日报》1955年11月2日，第二版〕等。而到了年底，这一清理运动便已在全国展开。据当时权威媒体报道：

> 处理反动、淫秽、荒诞书刊图画工作，自从国务院发布了“管理图书租赁业暂行办法”以后，引起全国各省市党政领导机关的重视和广大人民群众热烈拥护。各省市、自治区人民委员会、文化局积极进行了各项准备工作和组织工作，到1955年底为止，全国范围内大多数省市，都已开始了处理反动、淫秽、荒诞书刊图画工作。
>
> 广西、湖南、河北、青海、四川、重庆、西安、沈阳等十四个省市，首先开始了清理工作，组织了干部学习有关文件，制订了实施方案，发布了补充指示，并且动员了报刊、广播电台、影戏院、文化馆、站等宣传机关和群众团体等宣传力量，运用各种形式进行了规模宏大的宣传活动。……天津有个租书

铺摊听了报告以后，立即把八千多册违法图书的书目交出来了。……各地广大群众经过处理违法图书的宣传，受到了教育，从而提高了觉悟，从而形成了一种抵制坏书、阅读好书的良好风气。如长春市制粉厂有九十多个青年过去主要看荒诞、淫秽小说，经过了共产主义教育，说明违法图书的危害，大家说："再看下去危险哪！得赶紧回头。"

……目前全国各省市处理反动、淫秽、荒诞图书的工作，正在健全地进展着，并且取得了很大的成绩。现在北京、天津、武汉、上海等大城市，已经开始处理违法图书的工作。各省市将对租书铺摊进一步加强安排和改造，使他们成为国家领导的图书流通的场所，为新文化服务。〔《各地积极处理反动、淫秽、荒诞图书》，《光明日报》1956年1月15日，第二版〕

正是在这种强势的舆论压力下，还珠内心受到了极大震撼。虽然这些文字在今天看来，带有那个时代极强的色彩，但当年对还珠而言，不但振聋发聩，而且确实是捅到了他的痛处。除此之外，国内各省市如火如荼的清理运动，也让他"如坐针毡"。

因此，在1955年临近岁末时，还珠陷入了深深的反省和思虑中……

第四节　燃情岁月新作连连

1955年12月25日，《北京日报》第三版刊出了一篇重头文章——《一个荒诞、神怪小说制造者的自白》，作者署名"李寿民（还珠楼主）"。这篇两千余字的"自白"，不但信息量颇大，而且文字真诚，甚至有些地方还"生动有趣"，其全文如下：

> 过去，我是专写荒诞神怪小说的人。二十几年以来，我制造了两千多万字含有毒素的东西，如《蜀山剑侠传》《青城十九侠》《云海争奇记》《大漠英雄》《峨嵋七矮》……之类。
>
> 我所写的这些所谓"武侠"的荒诞小说，内容都是凭空捏造的，也都是具有反动本质的。在这些书里，有的是乱打乱杀，有的是恐怖残忍，其中也夹杂一些色情淫乱的成分。这实际上替资产阶级、封建地主阶级作了宣传品。这些坏书对读者的毒害很大，使读者思想堕落，身体败坏，生活腐化，工作消极，学业旷废，甚至远离人生，寻仙修道，做出殴斗、盗窃、淫乱、凶杀的犯罪行为。现在，我已经认识到我写了这么多坏书，是要负很大责任的。因此，我竭诚拥护政府采取措施，对反动、淫秽、荒诞的图书进行严肃的处理之外，还愿意和读者谈一谈这些坏书的内容，而且我也有责任把我搞的那套害人的

把戏揭露出来，把谎话戳穿，以向广大读者赎罪。

我所写的小说里，有许多怪人、怪事和奇怪的动物。我就借着它们引诱读者。如果有人要问：这里头有真的吗？我负责肯定地答复：没这样的人，没这样的事，也没这样的动物。一句话：一切都是我捏造的。

我所写的那些“人”，是不可能有的。我国武术具有几千年的优良传统，是一种锻炼身体的方法，善长技击的人见于记载和民间传说，不是没有；可是我所写的那些所谓“武侠”，即荒诞小说里的什么寻仙修道、身剑合一、破空入云、瞬息千里，却与那些记载传说毫无共同之点。我写那些乱七八糟胡编的东西，是怎样符合反动统治阶级的利益就怎样写，不管多么胡说八道，只要给钱就行。那时候的反动阶级也正要利用这些东西去夺取进步的革命的文化阵地，作为从思想上瓦解革命，反对革命的方式之一，所以他们对于这些东西，不只不加反对，反而还加以提倡。实际上，我所追求的稿费、版税，就是他们给我的酬劳。

至于我所写的那些奇禽异兽，是从哪儿来的呢？我是采用昆虫的形象加以改变、夸大和渲染而来的。我利用了人们的好奇心，把那些昆虫放大到千万倍以上，给牠再添点什么，去点什么，用甲昆虫的头，安在乙昆虫的身上，或者添点犄角、翅膀、腿、爪什么的，最后给牠取上一个奇怪的名字，一个猛恶可怖的怪物，就捏造出来了。再让牠们去胡作非为，凶杀殴斗，变成书中主人翁的帮手。我就这样利用牠们宣传宗派仇杀、荒诞绝伦的反动思想。至于书中穿插的一些色情情节，更是资产阶级和封建地主阶级糜烂的生活方式的具体宣扬。

有些天真的读者，在看了这类有毒的小说后就着了迷，以为世界上真有那样神通广大的人，甚至于抛弃了一切正事，离家出走，到深山中去寻“世外高人”“学道”，甚至寻神找鬼，觅花探柳，其结果不是一场空，就是走上犯罪的路，哪里还谈得到正义和进步？而这，恰好就是反动统治阶级所要达到的罪恶目的。

这里，我愿意说一件我亲身经历过的事情。

我在小时候，常听人说鬼的故事，看过一些记载鬼怪的书，因此我老想亲身寻访一下，看看鬼到底是个什么样儿。在一个有星无月的夏夜，我到乱坟堆里去访鬼。旷野中四面黑沉沉。忽然一阵风来，沙土吹在我的身上，沙沙乱响，灯箱的烛光也摇摆不定，仿佛前头有个黑影要朝我扑来，我心里直发慌，真有点沉不住气，后来一咬牙朝着黑影走去。近前一看，原来是树桩。像这样去过好几次，有时还睡在坟旁，祷告无灵，便加以辱骂，我以好语商求和恶言相激的方法，希望活见鬼，但是，白熬了好几个夜，始终也没看见过鬼。

另外，我也访过“高人奇士”。一九三三年初夏，我到黄山，在莲花峰后遇到一个瘦长子，须发很多，乱糟糟连成一片，独居在一个人迹不到的崖洞里。洞中一块大青石上，放着两套旧书。我想，这人不怕饥寒，独居深山，一定是位高人，或者还是半仙之体。那两套书就许是“天书”什么的。于是我恭恭敬敬上前求教。他瞪了我一眼，没答话。我当他要试验我的求“仙”诚意，依然肃立。后来，他开了口，说的是徽州话，又有点结巴，我一句也不懂。他朝我一指，我才知道他发现了我的干粮袋。我忙把干粮献上，他就大吃起来。这时我凑近前偷看了一下“天书”，原来是两本旧账簿。心刚一凉，他已把干粮抛了一地，其势汹汹地朝我抓来。我和他纠缠了一阵，他忽然把手松开，跪向石上，捧着那几本破账簿，哭喊咒骂起来。我这才看出他是个神经病患者。后来下山一打听，原来此人是个茶商，因为受骗和闹家务，得了疯病，逃上黄山已经两次，他家里人正到处找他呢。这样，基本上虽然结束了我寻访高人的妄想，但并没有完全死心，后来我又连游过好些名山，费了许多的心力，休说高人，连个稍微明白事理、武功很好的人都未见到过，更谈不到什么飞仙剑侠。

这个亲身经历，使我觉得什么都是一场空，人生不过如此，虚无缥缈，相互欺骗，谁的手段高，骗住人的时候多，被人骗住的时候少，谁就是高人雅士。于是，我想，既然有人用神怪骗我，我为什么就不能也用神鬼骗人？至于信不信，那由你们。这思想，不只有些流氓气，实质上就是反动。

今天回想过去我写的那些坏书和它们对读者的毒害，我真不寒而栗，日夜不安。我愿意努力改造自己，尽自己的力量，多写一些通俗读物和剧本，多为人民做些事情，以赎我从前造下的罪愆。〔《一个荒诞、神怪小说制造者的自白》，李寿民（还珠楼主），《北京日报》1955 年12 月25 日，第三版〕

这个被称作“自白”的检讨，做得可谓深刻，甚至从字里行间可以发现，其自我揭露、自我反省和自我批判，也确实是深受触动后的由衷之言。关于它是在什么状态下怎么写出并怎样刊于《北京日报》的，随着当事人的先后故去，目前已很难知其详情了。即使是还珠子女，多年来尽管写出了许多对父亲的回忆，可是对这个检讨，也都缄口无言。但它的出现，与此前各主流媒体对“反动、淫秽、荒诞图书”的“口诛笔伐”，以及还珠对自己“问题”认识得越来越深，应该具有直接的因果关系。如果往远处或开处说，则不应忽视此前和当下的文坛状况。

其实关于这篇刊于休息日的“自白”，是还珠主动写出要求发表，还是受到外界指示或暗示而为之，目前已不重要。重要的是，还珠在应该检讨的时候适时地做出了检讨，这让他省去了许多麻烦。

就在刊发这篇“自白”的版面下方，同时登出了“文化信箱”专栏：《答读者问——反动、淫秽、荒诞图书的界限是什么？》。1949 年以后，随着政治中心的北移，文学的核心已转到了北京。因此，《北京日报》的声音便带有了一定风向性。

“自白”面世九天后，香港《文汇报》便以《还珠楼主拆穿神怪小说真相》为题，做了全文转载。其“编者按”称：“著名神怪小说作家李寿民（还珠楼主），近在北京报上为文拆穿所作神怪小说的真相，并决定今后改写有益人民的通俗读物和剧本。这篇文字生动有趣，亦由此可略觇内地著作界的新风尚。”〔《还珠楼主拆穿神怪小说真相》，香港《文汇报》1956 年1 月3 日〕

而在“自白”面世十九天后，1956年1月13日，文化部便发出了《关于续发处理反动、淫秽、荒诞图书参考目录的通知（56）（文陈出密字第9号）》，其第二条称：

> 有一些人专门编写反动、淫秽、荒诞的图书，如徐訏、无名氏、仇章专门编写政治上反动的、描写特务间谍的小说，张竞生、王小逸（捉刀人）、蓝白黑、笑生、待燕楼主、冷如雁、田舍郎、桑旦华专门编写含有反动政治内容或淫秽、色情成分“言情小说”，朱贞木、郑证因、李寿民（还珠楼主）、王度庐、宫白羽、徐春羽专门编写含有反动政治内容或淫秽、色情成分的神怪、荒诞的“武侠小说”。为了肃清反动、淫秽、荒诞的图书，请各省市文化局在审读图书时，对于徐訏、无名氏、仇章、张竞生、王小逸（捉刀人）、蓝白黑、笑生、待燕楼主、冷如雁、田舍郎、桑旦华、朱贞木、郑证因、李寿民（还珠楼主）、王度庐、宫白羽、徐春羽等二十一人编写的图书特别加以注意。但决定是否处理和如何处理，仍应按书籍内容而定。〔载中国出版科学研究所、中央档案馆编《中华人民共和国出版史料》第8辑，中国书籍出版社2001年10月初版，公开发行，第471页。本书转引自《自家》《还珠楼主散文集》，中国文史出版社2018年3月出版，第312—313页〕

此通知虽点了还珠之名，且也有所定性，但对其作品也仅是要求“特别加以注意”，至于“如何处理，仍应按书籍内容而定”。由此可见，文化部当时对还珠等“旧文人”和他们“旧作”的处理，是非常宽大审慎的。即使是对神怪荒诞武侠小说的代表作《蜀山剑侠传》，也仅是用新书进行“收换”，而未处以“查禁”。至于对作者本人，不但没有任何行政处置，相反还鼓励他们为海外媒体撰写新作。对他们需要“肃清”的，仅是作品中的“流毒”。

故此，同在1956年1月，北京出版的《读书月报》第一期，便发表了涂树平的文章《为什么说租书摊贩上的反动、淫秽、荒诞图书主要是近三十年产生的？》。其在回答“新华书店保定分店赵金柱同志来信要求对……反动、淫秽、荒诞的书产生的时代，予以进一步的说明”时，提出了自己的“意见供参考”。〔《为什么说租书摊贩上的反动、淫秽、荒诞图书主要是近三十年产生的？》，凃树平，《读书月报》1956 年第一期，1956 年1 月12 日出版，第9 页〕此文系首次公开点出还珠和其作品出现的时代背景。而在 2 月份出版的《文艺学习》上，越明的文章《从淫秽荒诞书刊中能学到写作技巧吗？》，也在回答读者提问时，指出“淫秽、荒诞的书刊根本是没有什么技巧的”，“事实上，这本书里的剑侠和那本书里的剑侠，除去他们所使用的‘法宝’有些不同外，谁也找不出他们在性格上、语言上，以致外形上还有什么分别。如果说‘公式化’，那极端的公式化了”。〔《从淫秽荒诞书刊中能学到写作技巧吗？》，越明，《文艺学习》1956 年第2 期，1956 年2 月8 日出版，第24—25 页〕

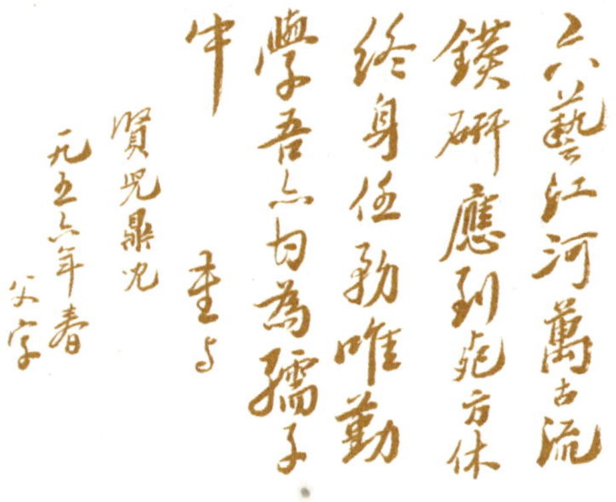

1956 年还珠手书赠给子女的诗句

写出并公开发表了自己的检讨，并且媒体也直接批判了自己的作品，还珠反而感到轻松了许多。悬在心中多时的“巨石”终于落地，一段时间以来始终惴惴不安的他反倒坦然了。同时，中共中央在 1956 年 1 月 14 日召开的知识分子问题会议，尤其是周恩来总理在会上所作的《关于知识分子问题的报告》，更是让他这个旧文人感到，经过不断的改造与自新，特别是此前已经将自己过去的“罪愆”和盘托出并认识深刻，自己应该“已经是工人阶级的一部分”了。于是感慨中的他诗情难抑，手书七绝一首，说是“书与贤儿鼎儿”，其实更是他个人的自勉：“六艺江河万古流，钻研应到死方休。终身任务唯勤学，吾亦甘为孺子牛。”

此外，他还积极响应郭沫若于 1 月 31 日在全国政协会议上倡导的《在社会主义革命高潮中知识分子的使命》，又重新拿起了笔，欲开始新的创作。恰在此时，中国新闻社专稿部文艺组的编辑找上门来，约他为海外媒体撰写小说连载。当时的“中国新闻社”只是新华通讯社总社的“华侨部”，专门负责向海外媒体发稿。关于他们找到还珠的原因，民国社会言情小说名著《秋海棠》的作者、新中国成立后奉命去香港主持《文汇报》副刊编辑工作的秦瘦鸥，后来曾有解说：

> 大约在一九五四年左右，香港各爱国进步报纸鉴于当时客观形势的需要，为了打开销路，更广泛地争取团结香港、澳门和东南亚各国的同胞、侨胞，决定在副刊上也连载一些武侠小说，先是约请留在大陆上的还珠楼主、宫白羽等先生写作。可他们当时刚接触马列主义和毛泽东思想，还没能结合实际，灵活运用，满脑子的阶级斗争和农民起义，怎么也不敢再动笔，好容易经过劝说商请，他们有作品寄来了，可是内容竭力仿效《吕梁英雄传》《新儿女英雄传》等革命小说，处处强调阶级性、阶级斗争，这教当时的香港读者如何能接受呢？〔《谈香港"新派"武侠小说》，秦瘦鸥，《海棠室闲话》，上海文艺出版社 1991 年 5 月出版，第 156 页〕

尽管顾虑重重也并不情愿，但还珠接受这个"政治任务"后，还是在一个多月的时间里，根据此前已写出的"爱国主义"京剧剧本《岳飞传》，夜以继日地赶写出了二十回二十余万字的同名"历史小说"，交给香港《新晚报》于1956 年 3 月开始连载。至于刊出效果，虽如秦瘦鸥所言，并不理想，港媒当年也有文章认为"笔底无力，才气消磨"〔《哀还珠楼主》，高翔，香港《真报》1959 年4 月12 日〕，但放弃武侠小说多年后，能够重新在报纸上推出类似武侠的新连载，作者"还珠楼主"的名气，仍是让这部作品走红海外。继《新晚报》之后，当年 6 月 15 日，《岳飞传》又开始被泰国《星暹日报》连载。随后，又被印度尼西亚的报纸转载。当年 10 月，该书单行本由香港文宗出版社出版。

关于此书的价值及与清代钱彩《说岳全传》之异同，还珠研究专家叶洪生曾有学术评判：一、此书毫无神怪色彩，与《说岳全传》托言乃西天大鹏金翅鸟转世等荒诞不经的内容完全两样，格调自高；二、此书主要依据《宋史·岳飞列传》所载之故实而作，对于历史人物及史事年代之引述，均正确无讹；三、此书采用旧式武侠小说笔法，注重故事布局与结构，强调戏剧性及传奇性，因而能引人入胜；四、此书承袭《水浒传》以来中国侠义小说之传统，对“乱自上生”的看法，颇多致意并加以发挥；五、此书通篇振奋民族大义与爱国精神。此外，该书所描写的人物关系及出场先后，也均与《说岳全传》等大相径庭，内中尤以宋名将杨再兴为甚。“奇的是当代武侠泰斗金庸的成名作《射雕英雄传》恰恰写于一九五六年底（即还珠《岳飞传》出版后不久）。《射雕》开场写杨铁心时，强调他是杨再兴之孙，祖传‘杨家枪法’又如何厉害云云；并且对岳飞的千古奇冤多所不平，再三致意。由此观之，金庸写《射雕英雄传》的创作动机，应与阅读《岳飞传》有关。”〔《〈蜀山〉之外——校勘〈岳飞传〉小记》，青灵子（叶洪生），台湾《中国时报》1983年7月28日〕

其实，就在《岳飞传》于香港《新晚报》连载前夕，1956年元旦，金庸的第二部武侠小说《碧血剑》已在《香港商报》推出，此前他已写出成名作《书剑恩仇录》。当年2月，梁羽生继《龙虎斗京华》《草莽龙蛇传》《塞外奇侠传》后，其代表作《七剑下天山》亦于香港《大公报》亮相。“港台新派武侠小说”此时不但已然发轫，而且到了“金梁并举”时代。

而早在1952年，“金梁”尚未踏入“纸上江湖”以前，在香港《新晚报》为同事时，谈论最多的话题，便是读还珠和白羽作品的心得。金庸曾言，他写武侠小说受还珠影响很深，晚年在接受采访时，他称自己并非中国历史上最伟大的武侠小说家，当主持人问这“最伟大”三个字应该给谁时，他指着书架上的《蜀山剑侠传》说：“飞雪连天射白鹿，不及还珠一卷书。”梁羽生亦言：“白羽、还珠的作品我是必读，其他作家的就只是选读了”，并称还珠“想象力之丰富，时至今日，恐怕还是无人能与其比肩”。〔《笔花六照》，梁羽生，广西师范大学出版社2008年2月出版，第6页〕而他们在台湾地区的“小老弟”古龙，则认为“我们这一时代的武侠小说，由平江不肖生的《江湖奇侠传》开端，至还珠楼主的《蜀山剑侠传》而达到顶峰。”〔《浪子悲客古龙传》，彭华，江苏文艺出版社2001年3月出版，第27页〕

由此可见，1956年于海外“复出”的还珠，在“港台新派武侠小说”名家心目中的位置之高，以及对他们的影响之大。

1956年的中国文坛，可谓喜事接连。继年初改善文化人精神环境条件和物质生活条件的知识分子问题会议之后，在5月2日召开的最高国务会议上，毛泽东主席在讲话中正式宣布："在艺术方面的百花齐放的方针，在学术方面的百家争鸣的方针，是必要的。"

随后，5月26日，中共中央在中南海怀仁堂，又召开了由在京的知名文学家、艺术家、科学家参加的会议，中宣部部长陆定一在作题为《百花齐放，百家争鸣》的报告时，进一步指出"双百"方针"是提倡在文学艺术工作和科学研究工作中有独立思考的自由，有辩论的自由，有创作和批评的自由，有发表自己的意见、坚持自己的意见和保留自己的意见的自由"。同时他还指出："社会主义现实主义，我们认为是最好的创作方法，但并不是唯一的创作方法；在为工农兵服务的前提下，任何作家可以用任何自己认为最好的创作方法来创作，互相竞赛。题材问题党从未加以限制。只许写工农兵题材，只许写新社会，只许写新人物，这种限制是不对的。"〔《1956：百花时代》，洪子诚，北京大学出版社2010年1月出版。第2、3、4、5页〕

在这个当年被知识分子称作"早春天气"的日子里，还珠也是精神振奋，跃跃欲试。这一年的年初，浙江省昆苏剧团根据清初剧作家朱素臣《双熊梦》整理改编的昆剧《十五贯》，在浙江、上海演出时，引起轰动。4月10日至26日来京公演期间，更是造成"满城争说十五贯的盛况"。《人民日报》为此发表社论《从"一出戏救活了一个剧种"谈起》〔《从"一出戏救活了一个剧种"谈起》，《人民日报》1956年5月18日，第一版〕，没有署名地引用了周恩来总理的话肯定这出戏的意义。对于这个陈静执笔、浙江省《十五贯》改编小组反复修改，由著名昆剧演员周传瑛、王传淞、朱国梁主演的"百花齐放，推陈出新"典型剧目，毛泽东、刘少奇、周恩来等中央领导不但亲临观看，而且给予了高度评价。

同时，"全国文艺界把《十五贯》的演出作为重大事件。文化部授予昆苏剧团五千元奖金，还专门向全国戏剧团体推荐《十五贯》。"〔《浙江昆苏剧团载誉而归》，《光明日报》1956年5月28日，第二版〕正是在此推动下，全国文艺舞台出现了争演《十五贯》的景象。截至当年7月5日，仅天津一地，便有不同剧种的90台《十五贯》在演出。〔《"十五贯"与"七十五贯"》，田佳，《光明日报》1956年7月14日，第三版〕

面对这种盛况，当年6月，还珠在得知由草厂移植改编、董天野配图的小说《十五贯》，已在上海《新民报·晚刊》连载后，仍是按捺不住创作激情，立即开始了对这一题材另起炉灶的小说创作。即使是到了年底，草厂改编的小说《十五贯》，已由北京出版社出版了单行本，发行量达到68000册，他仍是乐此不疲地继续写作。此外，他还开始钻研《史记》《汉书》等典籍，打算为古代侠客剧孟、郭解等立传。

此时的还珠，除了和戏曲同行经常交流切磋和欣然创作外，还充分享受着亲情与友情。

随着时光交替，当年长寿故里城关镇凤岭街李家祠堂的人们大多已经作古，还珠一家也仅剩下他和两个弟弟。而两个弟弟又远在上海，走动不便。因此，此时能够与他往来的亲戚，便只有夫人孙经洵的娘家人了。岳父孙仲山在北京真武庙1号的豪宅仍在，但其人已经故去。

1948年夏天，天津法院虽对犯有"汉奸嫌疑罪"的孙仲山长子孙经纶免予起诉，可是被巧取豪夺走的大中银行，还在上海交通银行董事长赵棣华的手中。是年底，赵棣华欲飞往台湾，此时已气到极点的孙仲山，声色俱厉地提出要其交还大中银行，并以死相拼。仓皇出走的赵棣华在索要二十条黄金后，遂将银行交回。天津解放后，孙仲山让外甥王尔藩出任大中银行总经理，孙经纶为协理，并设协理办公室于北京。上海鼎新后，大中银行总行因补送交换差额逾过规定时间而被处分停业。1950年5月，京津两行亦接到金融管理处通知，以总行既不存在，分行应即停业清理为由，予以关闭。此时孙仲山亲自监督京津各行进行清理，然而就在此工作即将结束时，他忽因心脏病发作而逝世。〔《大中银行与孙仲山》，常铸九、冯昌照、吕次言，中国人民政治协商会议天津市委员会文史资料研究委员会编《天津文史资料选辑》第三十五辑，第177页〕

孙仲山故去后，其19个子女也都各自成家并各奔东西。当时留在北京的，如三女儿孙经仪、六女儿孙经楼、八女儿孙经华、十五女儿孙经信等，经常与还珠一家往来。观贤姐弟曾回忆说："在一起时，父亲常陪她们看戏、打牌，给她们讲新写好的小说情节，请她们吃自己烧的拿手好菜，就跟亲兄妹一般。"〔《回忆父亲还珠楼主》，观贤、观鼎，《人民日报》（海外版）1988年3月23日〕

除与亲戚走动外，还珠此时还经常与友朋相聚。李观鼎曾言："父亲交往的一些人中，文人、政界的比较多，像张伯驹、叶恭绰等等。"并回忆说："父亲跟当时中国京剧院的一个总导演阿甲，也是非常好的朋友。阿甲就是《红灯记》的作者，也是导演。阿甲经常到我家里来谈京剧。其实在20世纪50年代，他们就讨论过京剧的现代化问题，他们还曾经在1956年想搞一台现代京剧。我父亲还可以粉墨登场，虽然他五音不全，但是可以演丑角，可是后来'反右'运动开始了，就没有成功。还有著名的小说家汪曾祺，他跟我父亲一起编过剧本，当时汪曾祺在北京市文联任职，也到我们家里来过，他是一个非常好学谦虚的年轻人。可惜的是父亲跟汪曾祺先生的交往过程我们不太熟，但是我知道他来过我家，有的京剧剧本的编剧一栏写的就是汪曾祺、李寿民。"〔《怀念我的父亲还珠楼主李寿民》，李观鼎口述，徐红强撰稿，《世纪》2021年第二期，第30、31页〕

还珠颇好美食也研究美食，1933年编写的京剧《酒丐》，在由名丑叶盛章演出时，剧中酒保那串"报菜单"的"贯口"，曾激起满堂掌声和喝彩声。据说演出结束后，叶盛章佩服地对还珠说："绝了！您是吃家，我得请请您。"因此，他在与朋友相聚时，品鉴美食便成了常态，而且还吃出了传奇。1988年观贤姐弟曾在文章中写道：

> 的确，父亲是"吃家"。一只烧鸡，他一尝，就能品出主料是柴鸡还是油鸡；一盘烤肉，他一品，就能尝出燃柴是果木还是松木。事实上，他不仅会吃，而且善做。一九五六年，戏剧家阿甲在北京西单峨眉酒家宴请同好，父亲也在座。一道鱼香猪肝端上来，父亲望了一眼，就说："火候不够，我来试试。"说罢，径奔后面厨房。那峨眉酒家由上海迁京时，王经理曾请父亲题写匾额，彼此熟识，也就听任他越俎代庖了。不料一比较，后者在色、香、味诸方面竟大大超过前者。技惊四座，大家啧啧称奇言妙。他们哪里知道，父亲结缘厨事业已二十余载了。〔《回忆父亲还珠楼主》，观贤、观鼎，《人民日报》（海外版）1988年3月25日〕

在充分地享受着亲情与友情的同时，还珠还有了一次随多位文艺名家西北远游的机会。

从1950年开始，中央人民政府已多次邀请著名作家、艺术家及民主人士，组成中央慰问团，远赴西北、西南、东北、内蒙古等边远地区参观访问。1956年7月，中国文联再次组织作家、艺术家参观团赴大西北访问。在这个由著名诗人、翻译家冯至任团长的参观团中，还珠与朱光潜、钟敬文、张恨水、常任侠、孙福熙、周怀民、周元亮、陶一清、张文新、姜燕等名家均为团员。他们一路西行，沿途游览了西安、铜川、延安、兰州、玉门、敦煌、酒泉等城市的名胜古迹，参观了沿途的工矿与农业建设，访问了各地先进生产者和老艺人、艺术家，历时一个半月，行程一万七千里，被张恨水称之为“豪举”。

对于西北，还珠曾在不同时期来过多次，但这次重游，仍是让他兴奋。抚今追昔，感慨颇多。为向海外读者展现祖国新貌，一个月后，他将此次出行日记以游记形式，署名“还珠楼主”刊发在1956年8月27日的香港《大公报》上。据这篇名为《奔腾浩瀚见黄河》的游记记载：

> 七月十六日下午七时半到前门车站集合。三女观贤等赶来欢送，谓此行可以看到大西北建设新面貌，收获既多，学习良机尤不可失，宜多所游涉，笔录以告国人……执手依依，稚气可掬，絮语未终，车已鸣笛促客，乃同挥手而别。
>
> 车行后，略为安排，便各归座。一行十三人，彼此关怀，热情流露，其亲切乃如一家。十时许，分别就寝。车行正速，夜风凉爽，枕上回忆：幼遭孤露，流转长江大河间，游涉既多，遂成癖好。彼时军阀割据，频为鼠雀之争，变乱相寻，迄无宁岁；蛇虎暴客，亦山野间所恒见，选胜登临，已每使人有行不得也之感。继以巨憝当权，强敌内迫，乱世人命不如鸡犬。闭门闲居，尚难免于矰罗，虎狼载途，讵能多历山川？漫游遂从此止，体力亦不似前。今则宗邦再建，百废俱兴，社会主义建设事业之突飞猛进，乃如云蒸霞蔚，电射涛飞，随时万变，美景无极，远出吾人想象以外。间或一游西郊，所见者尚日新月异，此行往返数千里，更不知要见到多少新事物与新气象。憧往欣来，喜而不寐。
>
> 未明即起，盥洗后，与诸友倾谈更洽，得益尤多，私衷快慰，

顿忘炎暑。二十年不事吟哦，诗律久乖，此则情发乎中，乃复不可遏止，率成绝句，略吐心声，何足言诗，上口而已。

车中

暑夜犹嫌夜未央，倾谈未觉昼偏长；
非关此去多欢喜，祖国山河无尽藏。

十七日下午到黄河南岸，倚窗外望，浊流浩瀚，依旧奔腾。经过近年的几次洪峰，水面且较一九二四年所见为宽，势亦更猛。未过桥前，浊流澎湃中忽现小山一座，孤岛分波，碧乃如染；岸上大片原野，人正忙于收割，微闻农歌四起，若与涛声相应。晴空万里，白云在天，广野无垠，景殊壮阔！

二时许，车抵郑州，遥望厂房鳞比，站上布置焕然一新，回忆昔年混乱情景与旅客身受之苦，依稀若梦矣！

文章多以四字成句，依然是《蜀山剑侠传》《征轮侠影》似的文字，但内容却是沧海桑田。这让喜欢他小说的海外读者读了，既感亲切，又觉新颖，同时还感受到了新中国的新气象。紧接上文，还珠随即又将此游记记了下去：

此行舒适而愉快，车上乘务员认真而周到，使旅客均有好感。

西行不久，便见嵩洛，一路峰峦，都是画图，晚照斜晖，红紫晚状。回忆三十年前独上少室（嵩山高峰）所经之险之乐，曷胜神往。

车过华阴，细雨敲窗，殊觉凉爽，天近黎明，始略辨终南山色。重浴华清，再访碑林，均将于此行践之。抵站前写诗一首。

将抵西安

溟濛晓色辨终南，叠嶂横空取次看。
好水好山观不尽，清风消暑入长安。

18日凌晨下车，入居人民大厦。开窗面对终南，山色岚光可映几席，景尤清丽。忝有作家之名，而此行对自己如不能有所提高，对社会亦不能有所贡献，将何以见家人子女也！

休息至午后，照日程进行，参观新发现的新石器时代遗址——半坡村。……

3时许，车发骊山，山在临潼县南门外，距西安约五十里。千三百年前，李世民（唐太宗）曾建温泉宫于此；后百余年，李隆基（玄宗）又改建为华清宫，杨贵妃的浴池——华清池遗址犹存；……浴罢，写诗一首。

华清池

妃子承恩坡下死，
香山老去尚痴情。
不知剑阁闻铃夜，
忆否温泉试浴时。

〔《到西北去》，李红，《早看西北》，甘肃人民出版社1957年12月出版，第29—30页〕

新时代的新感受，跃然纸上。此后时日，还珠还记下了大量日记，并将其中感触较深者整理成文，刊于北京及西北媒体。如今重读这些散文，激情岁月中的激情文字扑面而来。而且从字里行间，亦可分明地感受到还珠此时的所思所想：

“7月19日早7时，赴西安南城孔庙参观碑林。”自“东廊石刻”进入，“从这许多石刻和塑像上，可以看出……我祖国文化之悠久与丰富多彩，使人感奋不已”。随后“越大成殿而西，由一小门入，进石窟艺术陈列室”，此处留有深刻印象者，是麦积山石窟模型。再往前走，则是西魏“佛传造像碑”，其“刚柔相济，充分表现了祖国文化艺术的优良传统”。出“陈列室门，绕行一院落，入青铜器陈列室”。看后感叹“惟明季钱币种类繁多，……因而回忆到国民党统治时期，币制一日数变，我们所受到的痛苦；今则全国物价稳定，人民生活只有不断提高。忧患余生，喜逢盛世，抚今追昔，爱憎交萦”。

随即“再转入碑林。此为三十年前旧游之地，童时所临夫子庙堂碑、玄秘塔、多宝塔、东方画像赞、大唐三藏圣教序、争坐位碑……咸集于此。我和画家周怀民先生正徘徊碑下，不舍遽去；忽忆大秦景教流行中国碑，即在近侧（在大智碑前），遂同往观”。观罢“经一院落，入碑林第二室。昔年所见有名碑刻，仍历历可指，而保管之周到整洁，则为前此所未有。第三室，均历代名画石刻，也都有一定的艺术价值”。最后“循西廊出，往观六骏浮雕”。“六骏中‘拳毛騧’、‘飒露紫’，已于1914年被文化盗窃分子勾结卖国军阀盗去，现藏美国费城大学。1917年又将留下的‘青骓’、‘什伐赤’‘特勒骠’、‘白蹄乌’切碎，盗运出国。中途被人民强力扣留，虽得运回原地，然此祖国之瑰宝，已不能保其完整。这类无耻的盗窃行为，实令人愤恨不已！”〔《碑林半日》，李红，《早看西北》，甘肃人民出版社1957年12月出版，第31—33页〕

“七月二十五日，作家艺术家西北参观团朝发铜川。”至“十二时，抵黄陵县，皇帝葬此。陵在‘桥山’上，又名‘桥陵’。满山古木葱茏，松柏有千年以上者。昨夜失眠，且旧游之地，独卧车中，未随诸同志往游。停约一小时，开出直驶延安，下午七时到达，入居招待所”。〔《铜延道中》，李红，《早看西北》，甘肃人民出版社1957年12月出版，第43页〕翌日，全团“参观革命圣地杨家岭”：

七月二十六日，参观革命圣地杨家岭。下午二时出发，汽车渡过延河而上，行约二十余分钟，甫达目的地，心即怦怦跳动，由主管同志引导全团参观“革命纪念馆”。馆中珍藏的历史文献，共有四五千件；未来更广泛的收集，必然还要逐渐增多。限于地势，现陈列者，虽只千余件，而在当时为了共产主义和人类解放事业而英勇斗争，以致献出他宝贵生命的先烈，和受尽万苦千辛，出死入生，现在仍站在不同的岗位为，为了建设伟大的社会主义中国而始终坚持斗争的同志们的革命史迹，依然班班可考。虽然这一切有关文献，多半在报刊上看到过，今天见到这些实物真迹，竟会感动得忍不住要流泪。当参观完毕，到当时的中共中央办公厅办公楼外集体摄影时，由不得触景兴怀，作了一首七律：

当年曾是党中央，伟绩真同日月光。
文物斑斑昭史册，乡村处处建农庄。
千秋大计欣开始，此日环游喜欲狂。
为要毕生留景慕，几回欲去又回肠。

由办公楼上木桥，通往对面山腰平地，达毛主席故居。窑洞三间，作圆拱形，高大敞亮而凉快，一陈旧竹椅，仍是当年毛主席坐以读书的故物。全团同志在室外合摄一影后，又往中央大礼堂参观。1945 年第七次党代表大会即于此召开。其广大能容千人，堂皇富丽而又具有朴实之美，人均诧为仅见。此不用木料、钢筋、水泥，而能建成这样坚美的圆拱形伟大建筑，曾使许多前往延安参观的国际友人称赞不已。

归抵招待所，觉着当天所见到的一切，没有一样不是最好的写作材料；可是兴奋太过，千头万绪，竟不知写哪样好。临走的头天晚上，党委书记要我们留点书画作纪念，大家谈到十一点多钟，还舍不得分手。我写了一首留别延安的诗：

无限欢忻来圣地，离歌将唱更流连。
匹夫应有兴亡责，恨我迟来十九年。

〔《参观革命圣地杨家岭》，李红，《早看西北》，甘肃人民出版社 1957 年 12 月出版，第 44—45 页〕

离开延安，参观团一行到了兰州。8 月 7 日，游览五泉山。“见道旁巨柳斜撑，亭亭若盖，浓荫当路，摇曳生姿，宛如满地碧云，因风流走。此合抱垂杨，依稀犹是三十年前故木，而今日之回廊高阁，美轮美奂，更有无数穿着整洁之男女游人，笑话往来于两旁绿树荫中，则非当年所能梦见。”及至登高“前望兰州城野全景，已在脚下。所居兰州饭店与甘肃日报等郊区诸高大建筑，均历历可数；而通往远近各矿厂之林荫大道，则与伟大之黄河并列其前。这样雄伟壮阔的美景，竟见于号称荒凉之西北，不身临其境者，真难以想象。凡此，皆我政府远大规划之实践与广大人民之劳动创造而成”。有感于此，归途遂于“车中写诗一首”：

五泉纪胜

谁言西北景荒寒，劫后重来竟大观；
十里楼台新画稿，千年建设壮云山。
无穷美景临将近，喜见工人改自然；
最是胜游归去晚，万家灯火映遥天。

在兰州，参观团一行还参观了刘家峡水电工程。“因思此水利宝藏，被淹没于荒原峡谷间者，实不知其若干万年，今天才得发挥其无穷潜力，以造福于人民。光明幸福的美景已越来越近了。情发乎中，欣然有作”：

刘家峡

全凭人力控长河，范水镕山造福多；
行见农村皆电化，明灯处处听讴歌。

红柳沟

怒吼深山几万年，奔湍日夜欲冲天；
而今始作蛟龙舞，去灌人间万顷田。

〔《兰州杂记》，李红，《早看西北》，甘肃人民出版社 1957 年 12 月出版，第 64—66 页〕

据与还珠同行的作家孙福熙披露，还是在兰州五泉山上，“公园大门内有两廊，预备作壁画，供游人欣赏”。他们到后，“省市领导同志请我们参观团同志担任壁画四幅”。盛情之下，他们遂“在四天内完成”。“这四幅画的题材都表现伟大祖国的壮丽山水”，其中陶一清画的是“长江帆影”，孙福熙画的是“稽山红叶”，周怀民画的是“太湖晚秋”。而“周元亮作云汇天都，黄山的奇伟山峰间，有大家认为形似的松鼠，想往天都峰跳去。张恨水、李红题诗”。〔《江南景色——兰州五泉山公园作壁画记事》，孙福熙，

〔《早看西北》，甘肃人民出版社 1957 年 12 月出版，第 62 页〕其中还珠的诗句为："清泉白石玉琅玕，常与梅花共岁寒；鱼儿也知怜冷玉，乱寻疏影舞澄澜。"〔《西北纪游杂咏（十首）》，李红，《旄头漫卷西风》，甘肃人民出版社 1957 年 12 月出版，第 18 页〕可见此行还珠之兴奋，诗词、文章、书法俱现。

返京后，这种兴奋仍在持续。一路上所见到的热火朝天的新气象，让还珠在万千感慨之余，又相继以"李红"笔名写出了旧体诗词《西北纪游杂咏》十首〔《西北纪游杂咏（十首）》分别名为：《再别西安，途经渭水》《兰州邓宝珊省长召宴，食瓜有怀》《送别冯至同志》《登嘉峪关遥望（两首）》《车行过祁连山（两首）》《赠玉门油矿工人王仲昌同志》《题周怀民先生画》《参观酒泉石油新村》〕、《三门峡水库将成志喜》八首，并先后在《甘肃日报》《西安日报》《北京日报》发表。其中《西北纪游杂咏》中的《再别西安，途经渭水》一诗的开头，他先是写下前引曰："昔人渭滨送别，阳关折柳，多是离愁别恨，无限酸辛；今则宾主双方都为祖国伟大辉煌的成就而欢呼，在非常乐观的情绪下握手分别，所说都是互相鼓励之词，今昔对照，天地悬殊。"随后诗云：

残照西风渭水滨，汉家宫阙已成尘。
当年切齿群魔舞，此日欣看百废兴。
万里山河新气象，千秋建设待传真。
叮咛未是伤离别，西出阳关到处春。

《三门峡水库将成志喜》八首七绝，则分别以"建桥""移民""崩山""人力""河清""同航""赞美""喜望"为题，讴歌赞颂了这一"人工科学胜天然"的壮举。〔《三门峡水库将成志喜（八首）》，《旄头漫卷西风》，甘肃人民出版社 1957 年 12 月出版，第 19—20 页〕

对西北参观回来后还珠的"工作"状况，其子女观贤、观鼎还有过如下描述："父亲一面埋头写作，一面对理论学习发生了浓厚兴趣。记得那年黄药眠教授主编的《文艺理论学习参考资料》刚刚出版，他便购回连夜翻阅，以后又多次研读，字里行间画着各种符号标记，'天'上'地'下记着每次阅读的感受体会。当时，戏剧家阿甲正跟苏联专家学习体验派表演理论，父亲得知，便请这位好友来家转授。每逢周末阿甲一到，他即停笔请教，殷切之态可掬，仿佛一个小学生。学习理论的结果，大大提高了父亲艺术创作的自觉性。我们看到，一向自视甚高的父亲，渐渐变得谦虚起来。一次，观贤批评他由越剧《梁祝》移植的京剧《南山化蝶》，说这个剧本旦角戏太多，小生戏太少，有点‘重女轻男’。他听了，连声承认‘有道理’，还检讨说：‘旧时编戏有个毛病，就是只顾因人设戏，而很少考虑内容的需要。我就有这个毛病。’”〔《回忆父亲还珠楼主》，观贤、观鼎，《人民日报》（海外版）1988年3月28日〕

令人振奋舒畅的1956年即将过去。在这一年的年底，《光明日报》“文艺生活”专版，刊出了记者所写的新年采访《旺盛的创作激情——访问老作家和老艺术家》。此文开篇写道：“在新的一年的日历纪事上，作家和艺术家们已经写下了自己的创作计划。他们有的准备收拾行装，到群众中去落户；有的准备让生活的激情留在画布上，在调色板上配出最美的色彩；有的要为现实谱出美妙动听的歌。”随后，便以“二十年没动笔的汪静之又写新诗了”“张恨水、陈慎言编写民间传说”“李红要写《勘探姑娘》”“陈白尘酝酿创作太平天国的剧本”“吴祖光正在写《女审判员》”“刘雪庵、应尚能积极作曲”“卫天霖、李瑞年挥动画笔”等专题，对这些“名人”在1957年的创作计划进行了分别报道。在涉及还珠时，披露信息如下：

> 张恨水、李红（还珠楼主）和陈慎言，都是写章回小说的老作家，年纪都已六七十了，如今他们还埋头于写作，而且写得很快。
>
> ……
>
> 曾经写过不少“武侠小说”的李红，写作计划十分庞大。秋天，他曾去西北参观，写了一些游记和小诗。在玉门油矿和铜川煤矿参观的时候，他听到很多动人的故事，根据这些材料，他要写两本小说，一本是《一个劳模》，另一本是《勘探姑娘》。《史记》和《汉书》里，有不少故事他十分熟悉。明年的创作计划中，他要写两部二十万字上下的古代侠客小说：《游侠列传》和《刺客列传》。目前，他已经写好了《游侠列传》

中的人物之一——郭解。《十五贯》也计划在明年完成，现在已经写成一半，有五万字左右。

李红在和我们的谈话中，不止一次地提到前几年生活曾一度发生困难，得到了国家的帮助。他说要加紧努力地创作，给人民更多的作品。今年一年中，他自己编写和与别人合编的京戏剧本，有《赵氏孤儿》《文君当垆》《郭子仪单骑见回纥》等，不下十余本。不久前，他还应中国新闻社的邀请，写了一部历史小说《岳飞传》，受到了南洋侨胞的欢迎，印度尼西亚的报纸也曾经转载了这部小说。〔《旺盛的创作激情——访问老作家和老艺术家》，本报记者，《光明日报》1956年12月29日，第四版〕

1957年，还珠应该又是创作丰收的一年。

尾声　『跃进』声中一病不起

2014 年 11 月 21 日，在重庆市长寿区政府召开的还珠楼主高端论坛上，与会人员考察即将修建的还珠墓地

1957年4月10日，《人民日报》发表社论《继续放手，贯彻“百花齐放，百家争鸣”的方针》。14日，经过数期的改版试刊后，面目一新的《文艺报》当年第一期面世。在这期已由中宣部和中国作协党组双重领导的刊物所发“社论”中，除了强调“‘百花齐放，百家争鸣’的方针，是和党中央去年所提出的关于人民内部矛盾问题的理论相联系的”外，还对方针出台后的效果作了初步评估：“从党中央正式提出这个方针，到现在不过九个月的时间。要马上来估计它的效果，显然为时过早了。可是，单就文艺界说，也已经可以看出一种欣欣向荣的新气象：作家们创作的勇气和信心大为增强了；很多作家订出了深入群众生活、反映群众斗争的长期规划；许多搁笔多年的老诗人、老作家重新拿起笔来了，并且出现了许多有才能的青年作家的名字。文艺界的一种新风气正在推广，这就是自由讨论、自由争辩的风气。这是文艺界思想活泼起来的标志。”〔《争取社会主义文学艺术的高度繁荣》，《文艺报》1957年第1期，1957年4月14日出版，第2页〕

数字的统计也恰好证实了这种欣欣向荣的局面。截至1957年5月，全国作协会员已发展到707人；中国作协已有了上海、广州、武汉、重庆、沈阳、西安、昆明、新疆、延边、内蒙古十个分会，分会会员达923人；各地编辑出版的文学艺术类刊物多达83种，月平均印数约四十万册。《保卫延安》《高玉宝》《刘胡兰》等文艺图书的发行量均在七十万册以上。

〔详见《文艺报》1957年第7期，1957年5月19日出版，第13页〕

正是在这个“文艺界思想活泼”的时刻，还珠的新作又开始在内地报纸上连载了。5月15日，上海《新闻日报》在头版发出“本报讯”——《还珠楼主近作〈剧孟〉明起在本报连载》。其文称：

著名的连载小说作家还珠楼主近作《剧孟》明起在本报发表。《剧孟》取材《游侠列传》，还珠楼主以细致清新的笔触刻画出这一古代游侠的英雄形象。解放前，他所写的《蜀山剑侠传》，曾在国内享有盛名。

不但新著可以连载，而且旧著也被正面提及，还珠很是感激相关的文艺政策。5月16日，历史武侠小说《剧孟》以配有名画家董天野插图的形式，如期在《新闻日报》刊出，至7月25日共连载了71天。

然而，事情的变化此时已经出现。

1988年春天，还珠子女观贤、观鼎合写的《回忆父亲还珠楼主》，在《人民日报》（海外版）连载时，第十五节《“跃进”声中一病不起》的开头写道：

在那场“运动”中，父亲并没有被打成“右派分子”。时至今日，一些老朋友对此仍感到大惑不解：父亲这样一个旧文人，怎么竟安然无恙呢？

一九五七年四月，中国共产党内部整风开始后，《光明日报》《文汇报》《新民晚报》的记者纷纷登门采访。他们问父亲：对共产党有什么看法？对党的文艺政策有什么意见？是否希望重新出版解放前的旧作？等等。父亲一一婉谢了他们，没有提什么意见。

倒不是父亲有什么预见，他这样做的主要原因，在于他是一个极重情义的人。解放以来，文艺界的一些领导人，像周扬、田汉、夏衍、阳翰笙等，在思想上、创作上，乃至在生活上，都曾给父亲许多鼓励和帮助。父亲的杂记簿里，就有这样

> 一页接受资助的记录：邓（初民）副省长：四百元，寿昌（田汉）公：二百元，阳翰（笙）老：三百元……在父亲的心目中，他们既是党的文艺政策的体现者，又是于自己有恩的人，十分可敬可亲。莫说自己没有什么委屈，即使真受了委屈，也可以慢慢向他们诉说，何必一定要公之于众呢？至于重新出版旧作，父亲倒是有些想法。比如《蜀山剑侠传》卷帙浩繁，可否出个删节本？但他又觉得这时提出此事，似有见利忘义之嫌，终于没有开口。

不但自己没意见，还珠还规劝朋友们要正确对待党中央的号召。当时他的老友、曾任西南联大教授的北京文联副主席施伯芜，因“鸣放”和他发生争论，他便以个人经历为例说明共产党好。结果对方不听他的劝阻，遂成“右派”。〔2014年11月22日晚，在重庆市长寿区长寿湖畔的长寿宾馆，还珠楼主之子李观洪接受笔者访谈时所讲。在座者，尚有还珠研究专家李永明、张元卿、顾臻〕他的忘年交许寅也回忆说：“在一九五七年‘反右’期间，他几乎每星期必来一信，叮咛复叮咛：‘讲话要小心，千万要听党的话……’”〔《当代武侠小说之王还珠楼主》，许寅，《上海滩》，1988年第10期。另见《还珠楼主小说全集》第46卷，山西人民出版社、北岳文艺出版社1998年9月出版，第387—389页〕这期间，他还参加了几次“鸣放”会议，亦均是“出席”而已，说话很少。

当年6月初，地处北京的通俗文艺出版社为了倾听通俗文艺作家的呼声，召开了一次座谈会。还珠与张恨水、陈慎言、张友鸾、舒芜、王亚平、苗培时、金受申、金寄水、李微含等二十余人应邀到会。会上作家们纷纷发言，述说自己的苦恼，但还珠却很少出声。

据当时的《文艺报》报道，张友鸾激动地说：章回小说为人民所喜爱，但章回小说家却不被重视，往往被看作旧文人。章回小说的稿费千字只有五、七元，定额却是十数万，这不合乎按劳取酬的原则，这会减低作家写作的积极性。张恨水也说：“我出版的几本书最少的是七万册一个定额。《白蛇传》销到九万，不满十万就拿不到稿费。这样做，作家是吃不消的，因为十万字的一本书，作家要写一年，定额十万册，就很难再拿到第二次稿费了。”也只有在这时，还珠才说，“一部小说往往要写几十遍”，并拿他正在写的《杜甫》举例，说他“看的参考书就达一百多种，所花的劳动甚至倍过创作”。寥寥几语后，便又不作声。

倒是通俗文艺出版社编辑陈允豪替他说出了一些苦衷：“去年《光明日报》发表了一篇评论李红先生（还珠楼主）作品的文章，把李红先生说得一无是处，东也不是，西也不是，左也不是，右也不是。他看了不大舒服，就写了一篇反驳文章。文章写好后，中宣部看过，没提什么意见，送到出版局，一压就是几个月，《光明日报》及其他报刊都不肯发表。他气得把稿子扯得粉碎。”〔关于这次座谈会的全部发言，详见《通俗文艺作家的呼声》，木杲，《文艺报》1957 年第10 期，1957 年6 月9 日出版，第8—9 页〕

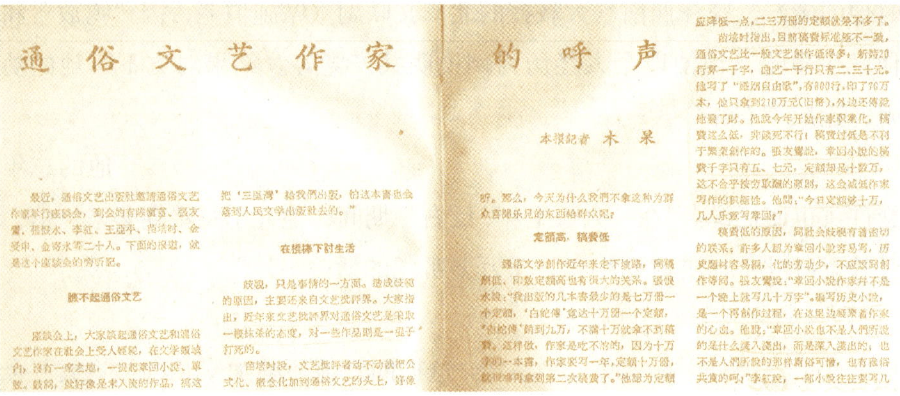
通俗文艺作家的呼声

本报記者 木杲

最近，通俗文艺出版社邀請通俗文艺作家举行座談会，到会的有陈慎言、张友鸞、張恨水、李紅、王亞平、肖培时、金受申、金寄水等二十人。下面的报道，就是这个座談会的旁听記。

瞧不起通俗文艺

座談会上，大家談起通俗文艺和通俗文艺作家在社会上受人輕視，在文学領域内，沒有一席之地，一提起章回小說、單弦、鼓詞，就好像是末入流的作品，搞这

把'三里灣'給我們出版，怕这本書也会落到人民文学出版社去的。”

在提棒下討生活

歧視，只是事情的一方面。造成歧視的原因，主要还来自文艺批評界。大家指出，近年来文艺批評界对通俗文艺是采取一概抹煞的态度，对一些作品則是一棍子打死的。

肖培时說，文艺批評者动不动就把公式化、概念化加到通俗文艺的头上，好像

听。那么，今天为什么我們不拿这种为群众喜聞乐見的东西給群众呢？

定額高，稿費低

通俗文学創作近年来走下坡路，同稿酬低、印数定額高也有很大的关系。張恨水說：“我出版的几本書最少的是七万册一个定額，'白蛇傳'竟达十万册一个定額，'白蛇傳'銷到九万，不滿十万就拿不到稿費。这样做，作家是吃不消的，因为十万字的一本書，作家要写一年，定額十万册，就很难再拿到第二次稿費了。”他認为定額应降低一点，二三万册的定額就差不多了。

肖培时指出，目前稿費标准很不一致，通俗文艺比一般文艺創作低得多，新詩20行算一千字，曲艺一千行只有二、三十元。他写了“婚姻自由歌”，有800行，印了70万本，他只拿到210万元（旧幣），外边还傳說他發了財。他說今年开始作家职業化，稿費这么低，非餓死不行！稿費过低是不利于繁荣創作的。張友鸞說，章回小說的稿費千字只有五、七元，定額却是十数万，这不合乎按劳取酬的原則，这会减低作家写作的积極性。他問：“今日定額够十万，几人乐意写章回？”

稿費低的原因，同社会歧視有着密切的联系；許多人認为章回小說容易写，历史題材容易編，化的劳动少，不应該同創作等同。張友鸞說：“章回小說作家并不是一个晚上就写几十万字”。編写历史小說，是一个再創作过程，在这里边凝聚着作家的心血。他說：“章回小說也不是人們所說的是什么淺入淺出，而是深入淺出的；也不是人們所說的那样庸俗可憎，也有雅俗共賞的呵！”李紅說，一部小說往往要写几

1957 年第 10 期《文艺报》刊出了《通俗文艺作家的呼声》文章，报道了当年 6 月初由通俗文艺出版社召开的一次“鸣放”座谈会，还珠参会并做了简短发言

循着这个线索，笔者曾查阅了1954 年至1956 年的《光明日报》，结果均未发现有评论还珠作品的文章出现，有的仅是对张恨水新作《梁山伯与祝英台》的批评。〔《不许歪曲民间传说——对张恨水的〈梁山伯与祝英台〉的意见》，李弘，《光明日报》1955 年6 月4 日〕看来陈允豪是记错了文章发表的报刊，但他所说还珠“不大舒服”这个事实，应该是存在的。只不过这件不愉快的事，还珠很快就淡忘了。因为随着新连载的面世，他又信心十足地开始了新作的撰写。当年8 月19 日，《光明日报》刊发了一条由成森撰写的文艺简讯《李红的新作〈十五贯〉已脱稿》，其中称：“作家李红（还珠楼主）在写作小说《杜甫》同时，最近将去年秋天所写的《十五贯》整理完毕。”

并进一步解释说：

> 李红的《十五贯》是一部长达十五六万字的长篇章回体小说。小说着重描写了“况钟”“过于执”“娄阿鼠”这三个典型形象。李红曾长期寄居江南一带，对故事发生地点的风俗、语言都极熟悉，他在写作时，对当时的司法制度也做了相当详细的考证。

对于还珠这时的写作状况，贾植芳也有回忆。他曾在《解放日报》上，看到了对他（还珠）的报道。他已改名为李红，说是仍然从事创作通俗文艺作品云云，报上还刊登了他的头像照片。“我为他终于能重操旧业，感到由衷的高兴”。〔《记还珠楼主》，贾植芳，《暮年杂笔》，汉语大词典出版社1997年8月出版，第18页〕

由于年轻时频于笔耕和走南闯北，还珠与家人聚少离多，现在生活安定，加上年岁已大，他把家庭亲情看得很重。日常生活中，除了与夫人孙经洵相敬如宾外，更多的是享受着与子女交流的天伦之乐。其次子李观鼎上高中时，喜欢上了写诗，曾打着父亲旗号，闯到北大燕东园著名诗人冯至家去请教。没想到，冯至对他的名字产生了兴趣：“观、鼎，《易经》六十四卦，你的名字就占了两卦，而且都是好卦呢！”回到家里，他向父亲求解。还珠先是写了一行“卦辞”——观，盥而不荐，有孚颙若，随后便开始了耐心地解释。据观鼎近年追忆：

> 只见父亲习惯性地眯了一下眼睛，我知道，这是要给我们“上课”了。父亲说，古人祭祀祖先神灵、进献祭品之前须洗净双手，以示诚信景仰之志，而只要有了这份诚敬之心，即使不荐祭品也无可非议。可见“观”并非一般意义上的看，而是满怀诚敬认真地对待，为人处世、受业用功，都要有这种精神和态度。说时兴起，又把我们兄弟姐妹的名字与“观”字联系起来：承运之观、芳菲之观、贤淑之观、鼎新之观、洪（天）钧之观、兴废（政）之观，岂可不诚敬以对？

听了父亲的解释，我不由想起有一次他应邀出席国庆观礼的情景，便问道："那次您观礼而落泪，也是诚敬心绪的流露吧？"父亲笑了："是的，是的。国庆大典，那是一种宏伟气象，它让你感到一种热烈的需要，一种个人微小的身心和力量融入其间的需要。"我终于明白了父亲给我们命名的用心，其中蕴含着多少祝愿和寄托啊！〔《后记：沉淀下来的往事——父亲还珠楼主生活琐忆》，李观鼎《蜀山剑侠传》，作家出版社 2012 年 3 月出版，第 4289—4290 页〕

除了与家人勤于沟通外，还珠还与邻居们和睦相处。据长年随他生活的李观洪、李观政追忆："父亲为人非常低调，日常生活中，他善良仗义，十分厚道。经常教育子女与人为善。凡是有客人来访，他总是特别热情，遇到吃饭，一定要请人上桌。有时在住家附近，遇到认识不认识的人，只要有困难，他都会帮助。要是有人要向他借钱，他一定会毫不犹豫地慷慨解囊。父亲故去后，很多人主动到家里来还钱，说是什么什么时候向李老先生借了多少多少钱。这些，家里人都完全不知道。"〔《往事依依蜀山青 ——还珠楼主子女访谈录》，李永明，《品报》（电子内部刊物）第 23 期，2013 年 7 月 1 日出版，第 13 页〕

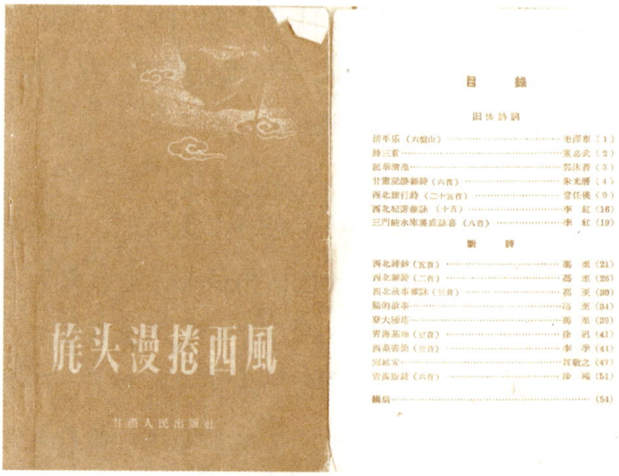

1957 年甘肃人民出版社出版的诗词集《旋头漫卷西风》中，收有还珠以"李红"笔名所作旧体诗词两首。此为该书封面与目录

1957年12月，收入还珠多篇诗文的诗集《旄头漫卷西风》、散文集《早看西北》，同时由甘肃人民出版社公开出版。前者在“旧体诗词”部分，共收录了六人作品，排在毛泽东《清平乐·六盘山》、董必武《诗三首》、郭沫若《记华清池》、朱光潜《甘肃纪游杂诗（六首）》、常任侠《西北旅行诗（二十五首）》之后的，便是还珠以“李红”笔名写的《西北纪游杂咏（十首）》《三门峡水库将成志喜（八首）》。而随后的“新诗”部分，则依次为冯至、徐迟、李季、贺敬之、沙鸥的作品。后者则将还珠在报刊上发表的西北游记，与郭沫若、叶圣陶等人赞美西北的文章，一同被收入到散文集中，用的仍是笔名“李红”。

当月，还珠的历史武侠小说《剧孟》单行本，亦由河北人民出版社出版，首印49500册。其“内容提要”称：

> 《剧孟》这部小说是中国章回小说作家还珠楼主李红的近作，是根据司马迁史记游侠列传写成的，他着意刻画了主人翁剧孟，到处行侠仗义，为民除害的侠义行为，既没有旧剑侠小说的荒诞，但有章回小说引人入胜的故事情节，更有名画家董天野的多幅插图，为读者助兴。

而在该书扉页书名的下方，则标有“游侠列传之一”。据此可知，还珠的意图是依据《史记·游侠列传》写成一个新的武侠系列。可是让他所料不及的是，就在他研读典籍对游侠心织笔耕之时，一篇突如其来的文章打乱了他的写作计划。

继两年前在《读书月报》上发表《为什么说租书摊贩上的反动、淫秽、荒诞图书主要是近三十年产生的》一文后，1958年3月，作者涂树平又在《读书月报》第三期（总第33期）上，发表了“火药味”十足的《评还珠楼主的武侠小说〈剧孟〉》，文章对还珠这部游侠新著进行了迅速而又“上纲上线”的批判：

> 最近河北人民出版社出版了一本武侠小说《剧孟》。这本书的“内容提要”中写道：本书“是根据司马迁史记游侠列传

写成的”，“没有旧剑侠小说的荒诞”。我的看法与此相反，《剧孟》只能称为“荒诞”的武侠小说。他的荒诞之处在于内容完全脱离了历史的真实；过度的渲染打斗；把侠客的武艺神奇化。

……《剧孟》名义上虽然是根据《史记》中“游侠列传”写的，实际上是极端牵强附会的歪曲史实。……写剑侠以经商致富而救贫济苦，本是许多荒诞武侠小说作者的惯技，目的不过是用来粉饰、掩盖小说主题的反动性，《剧孟》的作者也不例外，他也把这个公式套在剧孟的头上。其实这和剧孟毫不相干，不过是作者对历史人物最大胆的歪曲。

……武侠小说《剧孟》所描写的侠客的本领，那就完全是“满纸荒唐言，一套骗人语”。这种骗人的打斗描写对读者是十分有害的，各地青少年受这种骗人文字的毒害，不是个别的现象。

……在反右派斗争中，我们竟然发现了这样的事情：有一个中学的一部分学生因为互相借阅武侠小说而结成一个小集团，武侠小说中个人英雄主义的腐化思想，把这些青少年的思想毒害得和社会主义现实生活格格不入，这个小集团最后竟变成了反党小集团！这一事实不是充分说明了问题的严重性吗？

……《三侠五义》之类的小说中，对那些“侠义”们的武艺虽然有些渲染，却并不像解放前若干年出的武侠小说荒诞无稽。因此作为古代小说的一种样式加以保留是可以的。然而如果现代人还把古代文人的这种笔墨奉为津梁，并且写出更加荒诞无稽的有毒的武侠小说来，那就是毫无道理的。

社会主义社会的出版工作的任务，在文艺方面是出版用社会主义和爱国主义精神教育人民的作品，启迪人民群众有益的文艺活动，然而还珠楼主的新著《剧孟》，是与这种精神背道而驰的。〔详见《评还珠楼主的武侠小说〈剧孟〉》，涂树平，《读书月报》1958年第3期，1958年3月12日出版，第4—5页〕

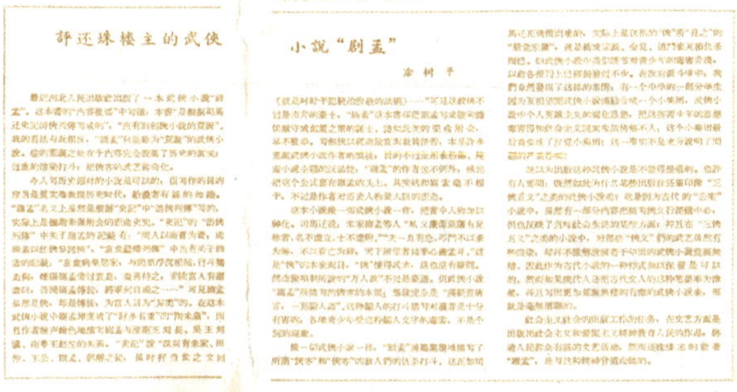

評还珠楼主的武侠

小说“剧孟”

涂树平

1958年3月，《读书月报》第3期（总第33期）上发表的凃树平文章《评还珠楼主的武侠小说〈剧孟〉》

就在这期《读书月报》上，刊出了凃树平的文章《评还珠楼主的武侠小说〈剧孟〉》

除了引述司马迁《史记》中的文字外，以上这近八百字，便是这篇不足一千五百字文章的主要内容。文中反复出现的口号式的“荒诞”“有害”“毒害”“腐化”“反动性”“荒唐言”“骗人语”“歪曲史实”“最大胆的歪曲”等词语的简单粗暴、蛮横无理，尚且不说；仅是将薄薄一本“武侠小说”和当时正在进行的“反右派斗争”牵强附会地“焊接”在一起，并强调“反党小集团”和“问题的严重性”，文章作者之用心已是不言而喻。

据许寅后来披露：

一九五八年夏天，记者正为大炼钢铁而筋疲力尽，突然他（还珠楼主）女儿观贤来信：家父不久前中风偏瘫，非常想念您……

这个消息使记者大吃一惊：此老性情旷达，体魄健壮，何以罹此恶疾？这个念头始终萦绕脑际。

一九五九年冬，先母病危北京，记者赶往侍奉。第二天，即往西单皮库胡同二十九号探望。此时他仍卧床不起，但由于老嫂子和子女们护理精心，精神健旺，脑子也非常清楚，一见记者，便紧紧拉住不放，要我坐到他床边。初时四目相对，竟至莹莹欲泪。在谈到中风原因时，他说：“有一个人为了追求我女儿，开始好话说尽；我们不答应，他便在杂志上骂我，说我写《剧孟》是继续放毒，要置我于死地。”说罢，以手击床，咬牙切齿。

老嫂子在旁却说：“这篇文章是不是他写的，又说不准，你生那么大气，干嘛？”

他说：“肯定是他，否则不会那么巧！”

记者一听，气往上冲，半晌无言，最后他背了两句杜诗：“尔曹身与名俱灭，不废江河万古流。”随后便把话岔开。〔《当代武侠小说之王还珠楼主》，许寅，《上海滩》，1988年第10期。另见《还珠楼主小说全集》第46卷，山西人民出版社、北岳文艺出版社1998年9月出版，第389—390页〕

关于还珠患“中风偏瘫”的经过，观贤、观鼎曾在文章中有过详解：“‘反右’之后，紧接着就是全民‘大跃进’。既然这‘跃进’是‘全民’的，文学创作自然也不能例外。一九五八年六月初，父亲抱回来一大摞旧戏本子，说‘这十五出戏，要在两个月里整理出来’。从此，他每天坐在写字台前，攻苦食淡，直到深夜仍不得休息。一天下午，名画家董寿平来访。他将一本杂志递给父亲，关切地说：看看吧。‘反右’余波未平，听说还有补划的‘右派’呢，你要好自为之啊！客人离去后，父亲打开那本杂志一看，蒙了。我们见父亲脸色不好，连忙过去看他手里的杂志，上面一行黑体标题赫然入目：《不许还珠楼主继续放毒！》这篇文章挥舞着‘棍子’，从《蜀山》批到《剧孟》，大有置人于死地之势。父亲叹了口气，没说什么，晚上继续整理剧目。次日清晨，我们见他趴在写字台上，以为他又睡着了，就按惯例给他披上一件衣服，然后上学去。万万没有想到，当我们回到家里时，父亲已经躺在北京医学院附属医院的病床上了！”〔《回忆父亲还珠楼主》，观贤、观鼎，《人民日报》（海外版）1988年3月29日〕

观贤姐弟所说刊登《不许还珠楼主继续放毒》的那本杂志，笔者始终没有找到。近年面世的《还珠楼主李寿民先生年表》则称：“（1958年）6月，先生挚友、名画家董寿平携一杂志（疑即载有涂树平《评还珠楼主的武侠小说〈剧孟〉》的第三期《读书月报》）登门拜访，关切地说：‘看看吧。

‘反右’余波未平，听说还有补划的右派呢，你要好自为之啊！’先生读后叹气，默然，次日清晨突发脑溢血，送北京医学院附属医院抢救脱险。”〔《还珠楼主李寿民先生年表（第9次修订稿）》，周清霖、顾臻。此年表收入还珠楼主散文集《自家》中，中国文史出版社2018年3月出版，第315页〕

但核查涂树平文章可知，他只是批《剧孟》，虽然写有“解放前若干年出的武侠小说”这样的文字，却并没有具体点名《蜀山剑侠传》。因此，还珠到底是读了哪篇评论他新作的文章后患病的，我们只有在找到《不许还珠楼主继续放毒》那篇文章后，才能说清——但眼下确实是没有找到。

与涂树平的《评还珠楼主的武侠小说〈剧孟〉》形成反差的是，就在此文刊出不足一月，还珠的“游侠列传”系列之二，便于1958年4月10日在泰国《中原报》上开始连载了。这部名为《游侠列传·郭解》的小说，共八回，7万字。此书并非还珠擅自寄往国外，而是仍由中国新闻社约稿转出。继此书之后，还珠另一部精心打磨的历史传奇小说《十五贯》，也在当年5月继续由河北人民出版社出版发行。全书146页，共14回近14万字，初版印刷37000册。扉页上标有“根据昆苏剧团《十五贯》演出本改编”，封底“内容提要”则称：

> 这本书是名章回小说家还珠楼主根据轰动一时的名剧《十五贯》渲染成书的。全书不仅人物性格都有细腻的刻画，就是故事的情节，也更加充实丰富。特别对苏州知府况钟的不辞劳瘁、为民请命的精神，用力叙写，着意表扬，对赌徒恶棍娄阿鼠之流，则肆意鞭挞，丑态毕露，并将自命廉洁、刚愎自用、主观任性、草菅人命的过于执，也大胆的给以揭露，虽系旧闻往事，借古喻今，读后亦能发人深省，获益良多。

与此前演出的戏曲和出版的小说不同，还珠版的《十五贯》在结尾处做了如下改动：

> 况钟等娄阿鼠把行凶经过，当堂供出，便命人将过于执座

位撤去，等把当事人和一干邻右有关人等一一当堂问过，都画了押；过于执已几乎站立不稳，况钟命将过于执暂禁花厅，自往抚衙去见周忱。

过了一会，况钟回转，除常州府以上各官，均由抚台酌情参奏外……娄阿鼠、过于执、冯承、张四，各拟“斩监候”和永远监禁，一律当堂钉镣收监，完结了这一件人命重案。

这样的处理，与宋话本《错斩崔宁》中“原问官断狱失情，削职为民”的方向一致，不要说对过于执及其手下与造成冤狱有关的冯承、张四的惩戒，就连“常州府以上各官”都要“酌情参奏”，并且还要周忱负“领导责任”（因为是让他本人硬着头皮去参奏原本被他肯定工作业绩的部署们），这是各种“十五贯”故事中对涉案官员最为严苛、最为特立独行的结局：一个都不放过。戏曲史论家张庚曾在《剧本的成功改编》一文中指出，“审鼠”一场还可以增加况钟与周忱、过于执的斗争，但宜短不宜长。由于舞台版的逐步定型，之后的昆剧演出并没有做这方面的改动，还珠的这个结局，则很好地实现了张庚的这个建议。〔详见《〈十五贯〉作者曾易名“李红”》，张一帆，《博览群书》2020年第6期，第95页〕

1958年9月9日至11月14日，《游侠列传·郭解》又被广东《羊城晚报》连载，并配有画家赵崇正所绘插图27幅。此书非但没有出版单行本，而且还成了还珠一生武侠小说创作的压卷之作。从此，还珠的“游侠系列”封笔，“蜀山系列”烂尾，剑侠小说告停，武侠小说终篇。

1959年至1960年，还珠完全是在病榻上度过的。据还珠子女回忆：“父亲由脑溢血造成左偏瘫，生活不能自理，这就苦了母亲。特别是父亲出院后，一切都靠她来操持料理。喂水喂饭她不嫌烦，端屎端尿她不嫌脏，翻身擦背她不嫌累。……在母亲的精心照料下，父亲在床上躺了两年半，竟连一点褥疮都没有生过。更令人难忘的是，在母亲的抚慰下，父亲竟又萌生起（接着）创作长篇历史小说《杜甫》的念头来。”“一九六〇年二月，父亲躺在床上，开始口授《杜甫》，由秘书侯增记录。”创作过程中，曾得到后来担任澳门市政厅贾梅士博物院副院长的赵文房之助。“当时，他是科学院历史所青年研究人员，也在北医住院，慕名请教，不意与父亲结为忘年之交。父亲出院后，赵先生亦常来家中问候，《杜甫》一书的参考资料即为其所提供。”〔《回忆父亲还珠楼主》，观贤、观鼎，《人民日报》（海外版）1988年3月29日〕

与此同时，还珠对最终没有写完《蜀山剑侠传》也是耿耿于怀。其次子李观鼎近年曾披露：“父亲突发脑溢血病倒的时候说，他有个愿望，就是如果有机会的话，希望有一天能够完成《蜀山剑侠传》。但最后没有完成，这成了他这辈子最大的遗憾。父亲临终前还惦记着这事，他说没有写完，对不起读者。”据此可知，对成名作《蜀山剑侠传》，还珠是分外看重的。这从他弥留之际给子女的留言亦可证实。李观鼎便回忆说：父亲“临终前还特别强调自己对于‘一本书主义’的理解。父亲说，‘有的人写一本书是为了几万元稿费，为了名利，这个应该批判。但是，也有人一辈子完成一本好书，比如《红楼梦》就为中国文学做出了很大的贡献。’”〔《还珠楼主之子：父亲毕生憾事〈蜀山〉未完成》，中国青年网2012年3月30日，转自《京华时报》〕

认为《蜀山剑侠传》是一本好书，这应该是还珠心底里的认知；期望这部书能对中国文学有所贡献，也应该是他发自内心的渴求。由此亦可反证，还珠在写这部卷帙浩繁的巨著时，绝不是随心所欲的信笔为之，而是当作传世“经典”来创作的，尤其是在此书连载的中后期。

1960年底，还珠的生命即将走向尽头。这时他除了拼尽全力“口授”《杜甫》外，还念念不忘的，便是生他养他的故乡。在其幼子李观洪的记忆里：“父亲得病后最挂念的，就是长寿故土。躺在病床上，他常跟母亲念叨：‘二小姐，我好想回长寿看看，那是我的根呀。’当时二人曾约定，等病好了就一同回故乡。”〔2014年11月22日晚，在重庆市长寿区长寿湖畔的长寿宾馆，还珠楼主之子李观洪接受笔者访谈时所讲。在座者，尚有还珠研究专家李永明、张元卿、顾臻〕

2019年春天，李观洪和妹妹李观政在接受重庆“长寿新闻网”采访时，再次回忆说：“故乡是父亲心灵深处最柔软的地方，离开长寿后，他虽然一直漂泊在外，但始终思念着家乡。父亲生前经常告诉我们，老家在长寿城内的李家祠堂，小地名叫‘洗墨池’，家门口悬挂的牌匾叫‘忠恕堂’。五十八年前，父亲在临终前曾躺在病床上悲叹：‘看来，长寿我是回不去了……’”〔《还珠楼主后人特地回到长寿，就为这……》，袁颖、徐熙孟，长寿新闻网 http:www.ccs.cn，2019 年 4 月 15 日〕

1961 年 2 月 18 日，还珠的最后一部作品，9 万字 11 回的《杜甫》终于完稿。三天后，他便因肺脓疡不治而病逝于北京大学附属医院。观贤、观鼎这样描述了父亲的最后时刻：“一九六一年二月，（父亲）终于完成了作品（《杜甫》）初稿。当侯增用工整的钢笔小楷，录下关于杜甫‘穷愁潦倒，病死舟中’那一段描写时，父亲对母亲说：‘二小姐，我也要走了。你多保重！’果然，到了第三天，即二月二十一日，父亲溘然离开了人间，享年五十九岁，恰与杜甫同寿。”〔《回忆父亲还珠楼主》，观贤、观鼎，《人民日报》（海外版）1988 年 3 月 29 日〕

对于 1961 年 2 月 21 日这个日子，还珠幼子李观洪也是记忆深刻。当天他刚从上海的八叔李祥基家回来，就遇上了父亲病故。据他回忆，当时没有举行什么仪式，胡同里的人都自发前来吊唁。置办寿衣时，因父亲脑袋大，他跑了好几家商场，买了最大号的帽子，仍然无法戴上。最让他惊奇的是，父亲死后四肢不僵。他还清楚地记得，三四天后给父亲穿鞋时，不但双腿松软，而且死时双脚脚尖朝外，此时却变成了脚尖朝里。最后，父亲被装进一个简陋的小木棺材，用一辆木板车拉到东郊火葬场火化，骨灰装在了一个楠木制作的骨灰盒里。〔2014 年 11 月 22 日晚，在重庆市长寿区长寿湖畔的长寿宾馆，还珠楼主之子李观洪接受笔者访谈时所讲。在座者，尚有还珠研究专家李永明、张元卿、顾臻。另见《往事依依蜀山青——还珠楼主子女访谈录》，李永明，《品报》（内部刊物）第 23 期，2013 年 7 月 1 日出版，第 13 页〕

一代武侠小说巨子从此灰飞烟灭。

1972 年 6 月 14 日，还珠爱妻孙经洵病逝，享年六十四岁。饱经患难的夫妻终于在天堂又得到了团聚。

如今，还珠故去已过一甲子，但有关他人生与作品的传奇，却仍在人们中间口口相传，且大有愈传愈奇之势……

参考文献

报刊

《大公报》（天津，民国）

《大公报》（上海，民国）

《益世报》（天津，民国）

《天风报》（天津，民国）

《庸报》（天津，民国）

《商报》（天津，民国）

《新天津报》（天津，民国）

《新天津画报》《天津，民国》

《北洋画报》（天津，民国）

《中华画报》（天津，民国）

《游艺画刊》（天津，民国）

《天津商报画刊》（天津，民国）

《新北平报》（北京，民国）

《369画报》（北京，民国）

《一四七画报》（北京，民国）

《立言画刊》（北京，民国）

《华北作家月报》（北京，民国）

《人民日报》（北京，1953 年—1958 年）

《光明日报》（北京，1951 年—1960 年）

《文艺报》（北京，1949 年—1961 年）

《北京日报》（北京，1955 年—1957 年）

《文艺学习》（北京，1954 年—1957 年）

《文艺月报》（上海，1956 年—1959 年）

《读书月报》（北京，1958 年）

《新闻史料》（天津，1982 年—1995 年）

文章

《民国以来的章回小说》，徐文滢，上海：《万象》杂志 1941 年第 4 期。

《还珠楼主及其作品之研究》，徐国桢，上海：《宇宙》杂志 1948 年第 3、4、5 期

《还珠楼主的武侠小说》，燕人，香港：《武侠与历史》第 1 期，1960 年

《回忆父亲还珠楼主》，观贤、观鼎，北京：《人民日报 · 海外版》1988 年 3 月 15 日至 29 日

《我的父亲还珠楼主》，李观承，《近代中国武侠小说大系 · 还珠楼主卷》，台北：台湾联经出版事业公司，1984 年

《代后记：沉淀下来的往事——父亲还珠楼主生活琐忆》，李观鼎，《蜀山剑侠传》，北京：作家出版社，2012 年

《怀念我的父亲还珠楼主李寿民》，李观承、李观鼎口述，徐红强撰稿，上海：《世纪》2021 年第 2 期

《张君秋和还珠楼主在沙滩日本宪兵队》，阿澜，香港：《明报月刊》1980 年 12 月号

《还珠楼主李寿民先生年表》，周清霖，重庆：《西南大学学报 · 社会科学版》2008 年第 6 期

《还珠楼主李寿民先生年表（第八次修订稿）》，周清霖、顾臻，《还珠楼

主散文集》，香港：天地图书有限公司，2014 年

《当代武侠小说之王还珠楼主》，许寅，上海：《上海滩》1988 年第 10 期

《还珠楼主的故乡文脉》，李永明，重庆：长寿新闻网，2014 年

《还珠楼主家世考述》，李永明，苏州：《苏州教育学院学报》2016 年第 3 期

《往事依依蜀山青——还珠楼主子女访谈录》，李永明，天津：《品报》（内部电子刊物）第 23 期，2013 年

《还珠楼主诗赠傅作义》，李永明，苏州：《苏州教育学院学报》2019 年第 2 期

《严迪昌黄汉立论还珠往来书札》，天津：《天津记忆》（内刊）第 9 期，2009 年

《我所认识的还珠楼主》，唐鲁孙，台北：《民生报》，1982 年 6 月 20 日

《忆还珠楼主》，刘叶秋，《回忆旧北京》，北京：北京燕山出版社，1996 年

《记还珠楼主》，贾植芳，《暮年杂笔》，上海：汉语大词典出版社，1997 年

《大中银行与孙仲山》，常铸九、冯昌照、吕次言，《天津文史资料选辑》第三十五辑，天津：天津人民出版社，1986 年

《台湾查禁武侠小说之“暴雨专案”始末探析》，林保淳，重庆：《西南大学学报·社会科学版》2018 年第 2 期

《中国台、港、澳地区通俗小说的创作语境和价值评估》，汤哲声，北京：《中国当代文学研究》2021 年第 2 期

《论还珠楼主的“入世武侠”小说》，周清霖，《侠与中国文化》，台北：学生书局，1993 年

《还珠遗文〈青藏番族志〉叁篇》，顾臻，天津：《品报》（内部电子刊物）第 8 期，2011 年

《李寿民、孙经洵情难本事考》，顾臻，苏州：《苏州教育学院学报》2015 年第 3 期

《再谈游历甘青与入胡景翼幕时间——还珠楼主事迹新考之二》，顾臻，天津：《品报》（内部刊物）第 19 期，2012 年

《青年还珠楼主师友志 ——还珠楼主事迹新考之三》，顾臻，天津：《品报》（内部电子刊物）第 20 期，2012 年

《漫话还珠楼主系列》，倪斯霆，天津：《天津老年时报》，1993 年

《中国武侠小说源头辨》，倪斯霆，北京：《文史知识》1993 年第 1 期

《一个荒诞、神怪小说制造者的自白》，李寿民，北京：《北京日报》1955 年 12 月 25 日

《上海文化街旧梦路》，俞子林，上海：《出版史料》2012 年第 4 期

《得新书，思故人——再谈还珠楼主的小说》，金开诚，《艺术欣赏之旅》，北京：中国工人出版社，2000 年

《〈青城十九侠〉》：从小说到戏曲》，鲍开恺、艾立中，苏州：《苏州教育学院学报》2017 年第 7 期

《修仙者的爱——〈蜀山剑侠传〉里的“情孽”》，徐斯年，苏州：《苏州教育学院学报》2020 年第 3 期

《还珠楼主武侠小说序跋研究》，韩云波，苏州：《苏州教育学院学报》2016 年第 3 期

《天下第一奇书》，倪匡，香港：《武侠春秋》创刊号

《从〈蜀山剑侠传〉到〈青城十九侠〉——代〈青城十九侠〉导读》，黄汉立，《近代中国武侠小说名著大系（第一册）》，台北：台湾联经出版事业公司，1984 年

《20 世纪 20—40 年代通俗小说在上海小报上的传播》，孟兆臣，北京：《中国现代文学研究丛刊》2005 年第 6 期

《“战后”上海文坛：以〈太太万岁〉的批判为个案》，巫小黎，上海：《现代中文学刊》2013 年第 5 期

《〈十五贯〉作者曾易名“李红”》，张一帆，北京：《博览群书》2020 年第 6 期

《评还珠楼主的武侠小说〈剧孟〉》，涂树平，北京：《读书月报》1958 年第 3 期

著作

《还珠楼主论》，徐国桢，上海：上海正气书局，1949 年

《近代中国武侠小说名著大系 · 还珠楼主卷》，叶洪生编，台北：台湾联经出版事业公司，1984 年

《长寿县志》，四川省长寿县地方志编纂委员会，成都：四川人民出版社，

1997 年

《四川省情》，中共四川省委研究室编，成都：四川人民出版社，1987 年

《长寿李氏族谱》，重庆：重庆市长寿区档案馆收藏，1945 年

《中华民国大事记》，韩信夫、姜克夫主编，北京：中国文史出版社，1997 年

《蜀山剑侠传》（10 卷本），舒群点校，长沙：岳麓书社，1988 年 5 月至 1989 年 7 月

《蜀山剑侠传》（15 集），邵秋、凌建点校，南宁：漓江出版社，1988 年

《青城十九侠》（6 卷本），成都：巴蜀书社，1989 年

《云海争奇记》（5 集），成都：巴蜀书社，1990 年

《还珠楼主小说全集》（46 卷本），周清霖辑，裴效维、李观鼎编校，太原：山西人民出版社、北岳文艺出版社，1998 年

《还珠楼主散文集》，周清霖、顾臻编，香港：天地图书有限公司，2014 年

《蜀山剑侠评传》，叶洪生，台北：远景出版公司，1982 年

《论剑——武侠小说谈艺录》，叶洪生，上海，学林出版社，1997 年

《天下第一奇书〈蜀山剑侠传〉探秘》，叶洪生，上海：学林出版社，2002 年

《民国通俗小说论稿》，张赣生，重庆：重庆出版社，1991 年

《侠的踪迹——中国武侠小说史论》，徐斯年，北京：人民文学出版社，1995 年

《吴云心文集》，吴云心，天津：天津古籍出版社，1990 年

《鸳鸯蝴蝶派研究资料（上卷·史料部分）》，魏绍昌，上海：上海文艺出版社，1962 年

《鸳鸯蝴蝶派研究资料（下卷·作品部分）》，魏绍昌、吴承惠，上海：上海文艺出版社，1984 年

《鸳鸯蝴蝶派文学资料》，芮和师、范伯群、郑学弢、徐斯年、袁沧洲，福州：福建人民出版社，1984 年

《中国武侠小说鉴赏辞典》，宁宗一，北京：国际文化出版公司，1992 年

《中国武侠小说辞典》，胡文彬，石家庄：花山文艺出版社，1992 年

《中国武侠小说名著大观》，周清霖，上海：上海书店出版社，1996 年

《台湾武侠小说发展史》，叶洪生、林保淳，台北：台湾远流出版事业股份有限公司，2005 年

《超越雅俗——抗战时期的通俗小说》，孔庆东，北京：北京大学出版社，1998年

《中国现代通俗小说流变史》，汤哲声，重庆：重庆出版社，1999年

《中国近现代通俗文学史》，范伯群主编，南京：江苏教育出版社，2000年

《中国现代通俗小说史·插图本》，范伯群，北京：北京大学出版社，2007年

《民国北派通俗小说论丛》，张元卿，太原：山西古籍出版社，2001年

《武侠小说指掌录》，袁良骏，北京：新华出版社，2003年

《旧人旧事旧小说》，倪斯霆，上海：上海远东出版社，2010年

《旧文旧史旧版本》，倪斯霆，上海：上海远东出版社，2012年

《旧报旧刊旧连载》，倪斯霆，上海：上海远东出版社，2017年

《还珠楼主前传》，倪斯霆，天津：天津古籍出版社，2014年

《老天津的文坛往事》，倪斯霆，天津：天津社会科学院出版社，2022年

《中国帮会史》，周育民、邵雍，上海：上海人民出版社，1993年

《峨眉武术文化读本》，颜下里、龙海霞，天津：天津社会科学院出版社，2018年

《话说峨眉山》，骆坤琪，重庆：西南交通大学出版社，1995年

《津门论剑录》，王振良、张元卿编，上海：上海远东出版社，2011年

《春明旧事》，石继昌，北京：北京出版社，1996年

《回忆旧北京》，刘叶秋、金云臻，北京：北京燕山出版社，1996年

《北洋政府总统与总理》，杨大辛主编，天津：南开大学出版社，1989年

《民国初年的动荡》，周俊旗、汪丹，天津：天津人民出版社，1996年

《民国天津社会生活史》，周俊旗主编，天津：天津社会科学院出版社，2004年

《天津的九国租界》，杨大辛，天津：天津古籍出版社，2004年

《蜀山剑侠之英琼传》，陈洪导读、批点，天津：南开大学出版社，2019年

《蜀山剑侠之孽海情天》，陈洪导读、批点，天津：南开大学出版社，2019年

《云海争奇之儿女恩仇记》，陈洪导读、批点，天津：南开大学出版社，2019年

《谈史说戏》，来新夏等，北京：北京出版社，1987年

《中华人民共和国出版史料》，中国出版科学研究所、中央档案馆编，北京：

中国书籍出版社，2002 年

《中国当代出版史料》，宋应离、袁喜生、刘小敏编，郑州：大象出版社，1999 年

《出版工作文件选编（1949–1957）》，北京：文化部出版事业管理局办公室，1982 年

《天津英租界工部局史料选编》，天津市档案馆编，天津：天津古籍出版社，2012 年

《报海旧闻》，徐铸成，上海：上海人民出版社，1981 年

《旧大公报坐科记》，孔昭恺，北京：中国文史出版社，1991 年

《辛亥武昌首义人物传（下册）》，贺觉非，北京：中华书局，1982 年

《侠与中国文化》，（台湾）淡江大学中文系主编，台北：学生书局，1993 年

《晚清文学丛钞・小说戏曲研究卷》，阿英编，北京：中华书局，1960 年

《武侠小说话古今》，梁守中，南京：江苏古籍出版社、香港：中华书局（香港），1992 年

《茅盾文艺杂论集》（上集），上海：上海文艺出版社，1981 年

《胡蝶回忆录》，胡蝶，北京：新华出版社，1987 年

《私语张爱玲》，陈子善编，杭州：浙江文艺出版社，1995 年

《永远的张爱玲》，季季、关鸿编，上海：学林出版社，1996 年

《中国现代小说史》，夏志清，上海：复旦大学出版社，2005 年

《蓦然回首》，白先勇，上海：文汇出版社，1999 年

《艺林散叶》，郑逸梅，北京：中华书局，1982 年

《自家》，还珠楼主，北京：中国文史出版社，2018 年

《刘云若评传》，张元卿，天津：天津古籍出版社，2016 年

《华北事变资料选编》，南开大学马列教研室、中共党史教研组编，郑州：河南人民出版社，1983 年

《华北危局纪实》，萧振瀛，北京：中国国际广播出版社，1989 年

《南渡北归》，岳南，长沙：湖南文艺出版社，2015 年

《铁蹄下的平津》，阿英等，（地址不详）战时出版社，约 1937 年

《众说纷纭陆小曼》，柴草编，太原：山西古籍出版社，2006 年

《张君秋传》，安志强，石家庄：河北教育出版社，1996 年

《我的祖父马连良》，马龙，北京：团结出版社，2007 年

《晚清民国时期上海小报》，李楠，北京：人民文学出版社，2006 年

《中国近代小报史》，孟兆臣，北京：社会科学文献出版社，2005 年

《民国小说目录》，刘永文，上海：上海古籍出版社，2011 年

《民国出版标记大观》，张泽贤，上海：上海远东出版社，2008 年

《民国出版标记大观续集》，张泽贤，上海：上海远东出版社，2012 年

《孤岛见闻——抗战时期的上海》，陶菊隐，上海：上海人民出版社，1979 年

《上海“孤岛”文学回忆录（上、下）》，上海社会科学院文学研究所编，北京：中国社会科学出版社，1984 年、1985 年

《老上海四马路》，胡根喜，上海：学林出版社，2001 年

《夜上海》，陈子善编，北京：经济日报出版社，2003 年

《1948：天地玄黄》，钱理群，北京：中华书局，2008 年

《1956：百花时代》，洪子诚，北京：北京大学出版社，2010 年

《懒寻旧梦录》，夏衍，北京：生活·读书·新知三联书店，2000 年

《中华全国文学艺术工作者代表大会纪念文集》，中华全国文学艺术工作者代表大会宣传处编，北京：新华书店总店，1950 年

《武训传批判纪事》，袁晞，武汉：长江文艺出版社，2000 年

《早看西北》，本社编，兰州：甘肃人民出版社，1957 年

《旄头漫卷西风》，本社编，兰州：甘肃人民出版社 1957 年

《辉煌的历程》，张小琪，银川：宁夏人民出版社，1999 年

《海棠室闲话》，秦瘦鸥，上海：上海文艺出版社，1991 年

后　记

敲完这部书稿最后一个标点符号，是今年1月12日。一个阴风怒号的日子，同时也是疫情肆虐，整个城市停工停产全员核酸检测的日子。“后记”当时没写。不是没时间，而是不想写。实话实说，结束这部书稿，真的没有一块石头落地的轻松，更没有如释重负的快感。身心俱疲的我，有的只是惶惶恐恐战战兢兢。这是因为，还珠楼主太“博大”太“精深”。从民国到当今，研究他和他作品的名家不可谓不多，成果也是有目共睹，但动笔作传，尚无一人。我想，这是对他既敬又畏使然。因此，八年前我那本简陋的《还珠楼主前传》出版后，虽然获得业内不少中青年才俊的佳评，但在“传统”还珠楼主研究领域，除了得到宁宗一、徐斯年、叶洪生几位前辈的鼓励外，余者反响平平，便不足为怪了。

正是有了此前的际遇，这次我因不吐不快而“铤而走险”地再撰《还珠楼主评传》，便显得心中忐忑诚惶诚恐，甚至时不时地会生出“心有余而力不足”之感。这种心态不但一直伴随着我的这次文字之旅，而且在书稿完成后，还突然出现了羞于示人和不敢交稿的心理障碍。如此一来，本应在完稿后乘着余兴写“后记”的惯例，便被打破了。这在我近年的出书经历中，尚属首次。

好在一日接过一个电话后突然醒悟，“丑媳妇总得见公婆”，否则嫁人干嘛。电话是与我有约但没限定交稿时间的北岳文艺出版社孙茜女史打来的，她说社里正在申报2022年度出书选题，《还珠楼主评传》不但上报而且已获通过，要求尽快看到书稿。闻此我很感愕然，忙乱中便将电子邮件发了过去。岂料转天便接到她的微信，称已看了两章，感觉“仿佛穿越，比眼前的人人事事有意思多了”，并说她家“常年不开电视，鸦雀无声，可心中江河滚滚啊！”此后的日子，我不时接到她的微信，谈问题的同时，总是带上“稿子看得很过瘾”之类的赞语。这让我心中稍安，心结也渐渐解开。随后我又将书稿发给了两位还珠楼主研究专家和一位海外武侠小说研究者兼出版家，承蒙不弃，他们费时几天看完后，肯定远远高于否定。于是我的平常心在恢复，作为作者的自信心也在回归。熬过了津门几次疫情反复后，在这个乱花渐欲迷人眼的人间四月天，终于开始了“后记”的撰写。

掐指一算，电脑上显示已达44万的这些文字，从改写增删旧著《还珠楼主前传》“引言”和六章24节，到新撰后四章16节及“尾声”，用时已近两年。如果算上2013到2014年的“前传”撰写时间，那么这部书稿的写作已整整耗时三年。如果再算上迷上还珠楼主，产生为他作传的想法并开始有目的地收集史料，则可以说，这部“评传”，从准备到完成，已有35年以上的光景了。

知道并迷上还珠楼主，是受恩师张赣生先生的影响。那是上世纪八十年代中后期，我正追随先生左右。那时他已在为写作那本影响深远的《民国通俗小说论稿》，做史料上的准备。一次我陪他去天津图书馆查旧报旧刊，在看到馆藏的《天风报》时，他说，民国言情小说和武侠小说两大巨匠刘云若和还珠楼主，都是这张报纸推出的。不久我不但在他那看到了两位作家的生平和代表作《红杏出墙记》《蜀山剑侠传》，而且还迅速地迷上了这两位“鸳蝴派”名家。那时年轻，无论是能力还是阅历，都不足以对他们有更深入的研究，只是外行看看热闹而已。迷上刘云若，是因为他作品中勾魂摄魄的风花雪月和缠绵悱恻；迷上还珠楼主，则不是他的小说，儒释道的杂糅和山精海魅医卜星相，当时我都不谙其道。让我瞠目结舌的，是他那波澜壮阔充满传奇的人生经历。

于是，从那时起，我便开始了对珠楼主生生平史料的搜求，并于1993年秋天，不揣浅陋地在《天津老年时报》上连载了文史随笔《漫话还珠楼主》。岂料这次不成功的尝试却让我此后欲罢不能，先是应邀在不同的场合多次为市民讲述了“还珠楼主与天津”，后来便是被逼出版了那本反响平平的《还珠楼主前传》。再后来因我始终没有放弃对还珠楼主生平史料的蒐集钩沉，又经赣生师引荐或在不同会议上，先后结识了还珠楼主子女李观贤、李观鼎、李观洪，以及范伯群、徐斯年、叶洪生、林保淳、周清霖、汤哲声、罗立群、王立、孔庆东、韩云波、顾臻、李永明等海内外还珠楼主研究专家，并从他们处得到了众多有关还珠楼主生平与作品的新史料和新论述，于是写一部完整的还珠楼主传记的想法，便日复一日地在我脑中萦绕，并时不时地产生一种写作冲动。

终于，机会来了。2020年春节过后，一场波及全国乃至全球的新冠疫情爆发了。被单位要求居家办公的我，遂响应政府号召，闭门谢客，深居简出。公务之余，我有了大把时间进行个人写作。就在此时，按捺许久的重写还珠楼主的冲动，便毅然变成了行动。至今记得清楚，那是在写完并发走香港独家出版社所约《一叶白羽惊江湖——现代武侠小说宗师白羽生平散记》书稿的翌日早上，我走进书房，打开电脑，鬼使神差般地敲下了“还珠楼主评传”的书名。此后的时日，我便把大部分业余时间都投入到了这部书稿的写作，写得很苦很累也很顺。这期间发生过许多事情，让我难忘。比如，插进了两部书稿的二校和三校；比如，应邀写下了一批“遵命文章”；比如，为了评传中的一个细节，我曾三去图书馆，翻阅了1953年到1958年的全部《光明日报》；比如，我戒掉了抽了近四十年后来已一天两包的香烟；又比如，因劳累过度我得了一场大病，幸亏救治及时方才转危为安；再比如 ，就在书稿即将完工之际，我则年满花甲“光荣”地退休了。就这样，在痛并快乐中，时间到了2022年的年初，评传完成了，但“序”却迟迟没能写出……

如今书稿已然进入编辑阶段，此“序”也正在撰写中。作为作者，在此有必要向读者诸公做一番实事求是的交代。

首先，与八年前那本“前传”相比，“评传”的“引言”和前六章，无论是在史料上还是评述上，均有了极大改变。具体而言便是，不仅增加了“拜师古怪的王二爷”“未来岳父伸出援手”“孤身远游上书吴佩孚‘开发西北’”“与朱贞木一同任职电话局”等章节，而且对原先错讹和语焉不详之处，也依据最新史料进行了重新撰写，例如还珠楼主及其作品在海内外不同时期的境遇、还珠楼主的家世家谱、其故居的原始形态、其岳父孙仲山的完整生平、其初恋情人文珠姑娘的真实身份、其与孙经洵恋爱并被诬“拐带良家妇女”案的真实完整经过、其两次投笔从戎的背后史实，以及对其前半生各个时期不同际遇的评骘等。同时，“评传”还对“前传”中的所有章节，均进行了最新史料的修订和增删。通过数字统计可知，和“前传”相比，“评传”的“引言”和前六章，改动处高达百分之七十，字数增加了近十万。

其次，新增写的后四章16节及“尾声”这二十二万字，自我感觉不但不逊色前面的内容，而且在几次通阅全书过程中，还有“渐入佳境”之感。其实，这也是几位方家看过书稿后的同感。如果追述原因，第一是大量一手材料的掌握，如还珠楼主在华北政务委员会辅佐宋哲元的真相、《蜀山剑侠传》等作品辗转在天津厉力出版社和上海正气书局付梓的内幕、还珠楼主由天津移居北平的实情、还珠楼主罹难日本宪兵队的辨析、当事人回忆晚年陆小曼钟情“蜀山系列”的史实、还珠楼主在上海的遭际、还珠楼主加盟总政“解放实验京剧团”的始末、1949年后媒体对还珠楼主状况的报道、《光明日报》《文艺报》《读书月报》等媒体对还珠楼主作品的评骘、还珠楼主病逝前后的境遇等等，均是我在采访当事人和知情者，以及访求钩沉旧报旧刊的基础上，经反复甄别取舍后，方才写入书中的；第二是众多鲜见材料的运用，如还珠楼主在天津《天风报》上连篇累牍刊出的随笔、还珠楼主与“富连成”的史料、京剧《青城十九侠》上演的原始档案、还珠楼主作品中的多处“自述”、1949年后还珠楼主发表的“检讨”及诗文等等，亦是我从多种内部资料和海外出版物中遴选后加工成文的。这其中，尤其是顾臻兄发在内部电子刊物《品报》上的《天风报》史料，让我受益良多，在此深表谢意。第三是写作过程也是深入认识传主的过程，越是临近最后越是能够体会和感悟到传主的所思所想和所为。因此写到后来，自我感觉已和传主在某些地方相通了。

就在这部书稿写作正酣之际，2021年7月的一个黄昏，开车途中，友人微信转来一段文字。下车一看，原来是李观鼎先生为其父母还珠楼主和孙经洵所作的“墓志铭”。不算标点，107字，字字珠玑，文采飞扬。因是“征求意见稿”，遂不揣浅陋，妄添一字后发回。岂料旋即便接观鼎先生回言：“‘亦’字加得好，谢谢斯霆先生！”蓦然间，我忽有所悟，当年已是还珠楼主故去整整一甲子了。同时，即将到来的2022年，还是这位“开中国小说界千古未有之奇观”的传奇作家诞辰120周年。于是，从那时起，我便加快了此书的写作进度。

真的不是矫情，这部“评传”初写之时，丝毫没有考虑到要与传主的纪念日挂钩。就如当年写《还珠楼主前传》，事先全然不知书稿出版的2014年11月，恰与重庆市长寿区政府主办的首届“还珠楼主高端论坛”召开日期相吻合一样。结果“前传”尚未上市，主办方便购书百余册作为论坛材料发放。本人有幸，不但受邀亲历其盛，而且还对拙著先睹为快。也就是在这次论坛间隙，在长寿湖畔，还举办了“还珠楼主纪念园暨墓园奠基仪式”。然而转瞬数年已过，消息杳无。此番看到观鼎先生所撰平和中透着凄美的文字，我想我这部书主人公入土为安的日子应该不远了。既然无意中错过了传主的逝世甲子纪念，那么如果能够碰巧赶在事先并未意识到的传主诞辰两个甲子之年出书，岂不是对传主的最好纪念！祈盼这个美好的愿望今年能够实现。

书稿写作期间，我便有了不请贤达赐“序”，而将恩师张赣生先生当年在《民国通俗小说论稿》中有关还珠楼主的章节做“代序”的想法。因为我一直认为，从民国到当今，真正在著述中“认识”和理解还珠楼主者，仅徐国桢、叶洪生、张赣生三人。赣生师这篇对还珠楼主的真知灼见，不但当时发前人未有之稀声，对同道影响甚大，而且时至今日，仍是难有后来者所取代。再加上当年我就是在赣生师的领路下，开始迷上还珠楼主的。所以，将先生的遗作放在全书之首，应该是合情合理并合乎“惯例”的。如此操作，虽然今日我已不能征求先生的意见了，但我想天国中的先生，是会欣然同意的。需要说明的是，对先生的这篇文字，我略微做了引文删减，标题也是我拟的，但愿先生在天之灵不会责怪。

最后，感谢北岳文艺出版社能够接纳这本传记的出版；感谢责任编辑孙茜主任对书稿所付出的智慧劳作；感谢书中所引资料的作者们及所有提供史料的师友们。同时，也感谢对我关怀备至的家人。

倪斯霆记于沽上双牛堂

公元2022年4月8日壬寅年清明后三日